凤凰文库
PHOENIX LIBRARY

凤凰出版传媒集团
PHOENIX PUBLISHING & MEDIA GROUP

凤凰文库·教育理论研究系列

主　　编　顾明远

项目总监　顾华明

项目执行　赵　明

凤凰文库
PHOENIX LIBRARY

教育理论研究系列

HOUGHTON MIFFLIN

Foundations of Education

教育基础

（第八版）

[美] 艾伦·C. 奥恩斯坦
莱文·丹尼尔 著

杨树兵 等译
杨韶刚 审校

江苏教育出版社
JIANGSU EDUCATION PUBLISHING HOUSE

图书在版编目(CIP)数据

教育基础 / (美) 奥恩斯坦等著;杨树兵等译. —南京:江苏教育出版社,2012.4

(凤凰文库. 教育理论研究系列)

ISBN 978-7-5499-1656-6

Ⅰ.①教… Ⅱ.①奥… ②杨… Ⅲ.①教育理论 Ⅳ.①G40

中国版本图书馆 CIP 数据核字(2012)第 059794 号

书　　名	教育基础(第八版)

作　　者	[美] 艾伦·C. 奥恩斯坦　莱文·丹尼尔
责任编辑	王家俊
装帧设计	张金风
出版发行	凤凰出版传媒集团 凤凰出版传媒股份有限公司 江苏教育出版社(南京市湖南路 1 号 A 楼　邮编 210009)
苏教网址	http://www.1088.com.cn
集团网址	http://www.ppm.cn
照　　排	南京展望文化发展有限公司
印　　刷	江苏凤凰通达印刷有限公司(电话 025-57572508)
厂　　址	南京市六合区冶山镇(邮编 211523)
开　　本	960×1304 毫米　1/32
印　　张	22.25
版　　次	2012 年 5 月第 1 版　2012 年 5 月第 1 次印刷
书　　号	ISBN 978-7-5499-1656-6
定　　价	59.00 元
邮购电话	025-85406265,85400774 短信 02585420909
E - mail	jsep@vip.163.com
盗版举报	025-83658837

出版说明

要支撑起一个强大的现代化国家，除了经济、制度、科技、教育等力量之外，还需要先进的、强有力的文化力量。凤凰文库的出版宗旨是：忠实记载当代国内外尤其是中国改革开放以来的学术、思想和理论成果，促进中西方文化的交流，为推动我国先进文化建设和中国特色社会主义建设，提供丰富的实践总结、珍贵的价值理念、有益的学术参考和创新的思想理论资源。

凤凰文库将致力于人类文化的高端和前沿，放眼世界，具有全球胸怀和国际视野。经济全球化的背后是不同文化的冲撞与交融，是不同思想的激荡与扬弃，是不同文明的竞争和共存。从历史进化的角度来看，交融、扬弃、共存是大趋势，一个民族、一个国家总是在坚持自我特质的同时，向其他民族、其他国家吸取异质文化的养分，从而与时俱进，发展壮大。文库将积极采撷当今世界优秀文化成果，成为中西文化交流的桥梁。

凤凰文库将致力于中国特色社会主义和现代化的建设，面向全国，具有时代精神和中国气派。中国工业化、城市化、市场化、国际化的背后是国民素质的现代化，是现代文明的培育，是先进文化的发展。在建设中国特色社会主义的伟大进程中，中华民族必将展示新的实践，产生新的经验，形成新的学术、思想和理论成果。文库将展现中国现代化的新实践和新总结，成为中国学术界、思想界和理论界创新平台。

凤凰文库的基本特征是：围绕建设中国特色社会主义，实现社会主义现代化这个中心，立足传播新知识，介绍新思潮，树立新观念，建设新学科，着力出版当代国内外社会科学、人文学科、科学文化的最新成果，以及文学艺术的精品力作，同时也注重推出以新的形式、新的观念呈现我国传统思想文化的优秀作品，从而把引进吸收和自主创新结合起来，并促进传统优秀文化的现代转型。

凤凰文库努力实现知识学术传播和思想理论创新的融合，以若干主题系列的形式呈现，并且是一个开放式的结构。它将围绕马克思主义研究及其中国化、政治学、哲学、宗教、人文与社会、海外中国研究、外国现当代文学等领域设计规划主题系列，并不断在内容上加以充实；同时，文库还将围绕社会科学、人文学科、科学文化领域的新问题、新动向，分批设计规划出新的主题系列，增强文库思想的活力和学术的丰富性。

从中国由农业文明向工业文明转型、由传统社会走向现代社会这样一个大视角出发，从中国现代化在世界现代化浪潮中的独特性出发，中国已经并将更加鲜明地表现自己特有的实践、经验和路径，形成独特的学术和创新的思想、理论，这是我们出版凤凰文库的信心之所在。因此，我们相信，在全国学术界、思想界、理论界的支持和参与下，在广大读者的帮助和关心下，凤凰文库一定会成为深为社会各界欢迎的大型丛书，在中国经济建设、政治建设、文化建设、社会建设中，实现凤凰出版人的历史责任和使命。

凤凰文库出版委员会

目　录

前　言

《教育基础》第八版对美国基础课程中讲授的主题和材料进行了综合性的叙述和分析。这本书是为那些即将从事教育工作的学生和那些希望更多地了解影响美国教育的主要问题和政策的人所写的。

本书阅读的对象和写作本书的目的

这本书是为教育基础中的导论课程及更高水平基础课程的学习而设置的。对于刚刚接触教育的学生来说，本书会使你对教育专业及今日美国教育存在的问题和争议有一个明确的了解。本书也适用于更高水平的课程，因为本书具有牢固的研究基础，引用了广泛的基础文献资料，并对当前教育现状进行了系统的分析。

我们出版本书的目的与前面7版是相同的，即：使你对各种教育基础的信息及目前有重要意义的问题，获得一个综合的了解，并综合了解各种跨学科的观点。我们只想告诉你一些基本的概念，通过实践分析的方法，使你对所争议问题的处理有一个全面的了解，而不会使这本书太简单化或太复杂化。

修订本的目标和特点

本版有三个目标：(1) 确定本书所研究及分析的主题是当前最

有意义的；(2) 提高学生的学习效率；(3) 为即将成为教育工作者的学生提供一些教师可能需要的知识。

为了实现第一个目标，即把当前最有意义的经典的主题加以合理的融合，我们对主题和重点进行提炼，表现在以下四个方面：

■ 多样性：改版后，我们还是强调学生的多样性和文化的多元性，例如：我们讨论了教育专业成员多样性的重要性，讨论了废除种族隔离制度的现状及其他重要的公平机遇的发展趋势，讨论了教育体制对日益增多的美国学生的多样性作出的反应。

■ 技术：我们系统地论述了在教育中技术所担当的越来越重要的角色，我们对技术的不断强调，包括在新版本中增加了教育技术的历史、技术在学校改革中的地位及数字技术教育对孩子的影响。

■ 标准和责任：我们在部分章节中增加了一些新的内容，即强调要使学生、教师和学校为实施地方、州和国家的不同水平的标准负责。

■ 发展个人教育哲学：在新版本中，许多章节强调发展个人教育哲学，以及个人哲学与日常教学现实之间的关系。

在第 8 版中，对当前的其他重要论题也都进行了专门的强调，其中包括职业发展、以学校为基础的管理、品格教育、中国和印度教育史、对受攻击的教师和学生的合法保护、择校和特权学校、课程和考核标准、有前途的教育改革和创新、帮助弱势学生和推进教育机会平等的方法、学校和其他教育机构之间的合作、班级规模研究和国际教育发展的成就。

我们取得了当前论题中最新的有效数据，例如教师聘用趋势、学生和学校的人口统计状况、青少年奢侈浪费、学校经费发展趋势、家庭变化、学校管理的变化和学生成绩等。本版中 40%以上的引用数据材料都来源于 2000 年及以后的资料。

供我们进行修订工作的资料绝大部分是通过网络资源获取的，由于这个原因,许多引证没有具体的参考文献和页码。学生可以探讨个人感兴趣的领域,在学院、社区、大学图书馆仔细查阅我们引证的许多材料的印刷版本,包括新闻来源,如《纽约时报》和《教育周刊》以及其他报纸杂志,如《美国学校委员会日报》《教育资料情报交流中心》和《科学美国》。但一般地说,教师应该认识到,我们引证的材料实际上有很大一部分可以通过因特网提供给学生(例如《教育周刊》,通过www.edweek.org网站,可以很容易地查询到许多资料)。为了方便进入,我们经常提供网址,它能让学生从任何一台与因特网链接的电脑上进入到我们的站点(在我们准备这本书时,网站是可以登录的)。对于杂志中的许多文章,我们提供了第一期的网址,读者由此便能在首页点击"文档"或者点击"过期期刊"来寻找指定的期刊,本书提到的所有网站都与相关网站链接。

为了达到我们的第二个目标,提高学生的理解力,在以前版本的基础上,我们保留并更新了在以前版本中有助于学生理解的关键的教育学特征,包括重点问题、旁注、资料来源、讨论话题的特征、论题概述表、章节概括、关键术语表、对专业发展的建议、大量的专业词汇、问题讨论和一系列选好的网上阅读资料。此外,我们在本书中对新出现的问题和具有连续性的问题的论述应该说是不惜笔墨,对以前版本中许多问题的论述作了修订,本版更加具有可读性,并易于理解。

最后,为了强调我们的第三个目标:帮助学生为从事教师职业做准备,我们在每一章均加入了"学校与网络技术"这方面的内容。插入这些相关内容,将帮助学生跟上教育技术发展的步伐,为学生在将来的教学生涯中提供切实有效的信息。

内容结构

本书分为六大部分十六章。第一部分("对教师职业的理解")对当前教师工作的环境、教师的职业市场和职业地位的变化，以及诸如给教师赋权、以学校为基础的管理、可替代的证书之类的问题都有详细论述。

第二部分（“历史根源和哲学基础”）的四章通过调查那些影响美国教育发展的事件和观念，为理解当前教育实践和趋势提供了历史背景和哲学基础。鉴于读者希望建立一个更完整的历史和哲学系统的要求，我们将“教育的哲学基础”这一节列为第四章，这将使学生在这门课程中较早地形成哲学理解，为帮助他们理解和批判性地思考后面章节中出现的一些更现代的基础内容打下知识基础。

第三部分（“教育的政治、经济及法律基础”）论述了初等和中等教育的组织、管理、经营、公共教育经费和教育法律等方面的内容。

第四部分（“社会基础”）分析了社会和为社会服务的学校之间的关系，这一部分的三章内容讨论了文化和社会化，社会阶层、种族与学业成绩之间的复杂关系，提出所有不同措施都是为了实现使所有学生享受同等教育机会的目标。

第五部分（“课程基础”）阐述了由于社会的变化而导致的对教育目标、课程和教学方法的改变。通过这两章，我们明确指出，我们在第四章所说的特定的教育哲学思想是怎样和教育目标、课程和当代教育的其他方面相联系的，这一部分还包括了对课程发展趋势的展望。

第六部分（“成功教育：国际和美国教育展望”）对世界上的学校及其发展作了一个概括性的比较，并深入分析了美国学校为提高教育成效所采取的措施。

新的板块模式

《教育基础》第八版有许多新的板块模式，通过选择自己需要的章节，你便能建立起针对学生个人所需的模式。若想了解更多内容，可与经销商 Houghton Mifflin 联系，也可登录《教育基础》第八版网站。

独特的教育学特征

《教育基础》第八版有许多独特的特征，旨在帮助学生更加易于理解和掌握本书的内容，本书独特的教育学特征主要有六个方面：

(1) 新的学校与网络技术：旨在帮助学生跟上教育技术发展的步伐，给学生在将来的教师生涯中提供切实有效的信息，例如"全球教育"(第三章)，"帮助学生进行多媒体扫盲"(第十章)以及"提防学生接触网上不良材料"(第十四章)。

(2) 新的热点话题：在以前版本中出现在每一章的开头处，现在这些热点话题继续给学生提供每一章内容的引导。这一版本中，我们将热点话题放到每一章内容提要的后面。热点话题旨在通过把本书所讨论的概念问题应用于个人自我理解体系，帮助学生加强理解。

(3) 参考资料：使学生熟悉各式各样的第一手资料，在每章中包括一页各种有意义的最新的重要资料和作者的评论及问题，新加入的文章包括儒家思想中的优秀教师、卢梭的自然教育理论及"儿童必读"。

(4) 讨论话题列表：揭示了教育领域中有争议的问题，提供双方对某一问题的论点，使学生明白话题的重要性以及它对同时代学校的影响，在每章中都会出现这样一个包括可替代的资格证书、按劳取酬、优秀学校、品格教育，以及设立国家课程的列表。新材料涉及"是普遍真理还是文化相对论"和"教育是否应该以孩子为中心"等，教员可以以这些图表作为课堂讨论及课后作业的依据。

(5) 总结：提炼课文中的精华、摘要和重点论题。

此外，前一版中其他重要的教育学特征被保留下来，这包括：

* 焦点问题：讨论在每章开始时的主要论题。

* 关键术语列表：在每章的结尾对全章重要内容进行概括。

* 参考文献:在每章的后面提供一些参考书目,供有兴趣的读者作更深的研究。

* 专业词汇:在书的末尾为重要术语和概念下了定义。

致谢

没有许多人的贡献,第八版是不可能发行的,特别是 Towson 大学的 James lawlor 教授为第二、七、八、十三和十四章的编写做出了大量的修订工作。他对本书做出的卓越贡献,本身就是其渊博学识的一种证明,他以一个教育工作者的深刻和敏锐致力于改进教师的职业准备。芝加哥 Loyola 大学的荣誉退休教授 Gerald Gutek 是第三、四、五、六章的作者,他所做的全新修正和更新对本版的完善做出了卓越的贡献。

许多专家仔细认真地审核校对了全书,并提出了许多宝贵的意见,热忱感谢以下人士在本版编写中提供的帮助:

Nacy A. Blair (鲍尔州立大学)

Les Bolt (詹姆斯·麦迪逊大学)

Kate Friesner (桑塔·费学院)

Maureen A. Reynolds (科科莫印第安纳大学)

Sevan G. Terzian (佛罗里达大学)

此外,我们也对为以前的版本做出贡献的许多审阅者表示深深的谢意。

我们同时特别感谢编辑 Sheralee Connors 女士为本书各方面的修订做了大量工作。特别是她在准备"学校与网络技术"的新材料,建议章节内部和章节之间的结构改进,热忱地帮助作者在写作过程中防止偏题,以及帮助作者在很短的时间内进行校正,并寻找相关材料方面发挥了重大作用。

第一部分

对教师职业的理解

第一章　教师从教的动机准备及条件

你的亲戚或朋友中曾经会有人问过你这样一个问题：你有没有兴趣成为一个教师？他们可能会问你“你确信自己想和小孩打交道吗？”“你为什么不选择在计算机科学之类的高技术领域工作？那样你可以获得很多声誉，有很高的薪水，而且除了担心自己的孩子之外，你不必为其他的孩子担心。”

你或许会努力以帮助小孩以及年轻人变成有能力和有责任的成年人的重要性作为回答。你可能会说，现在学校里的教师，他们正获得越来越多的权利，担负越来越重要的责任，理所当然，他们的薪水也越来越高。尽管如此回答，你可能还是会不由自主地考虑到自己教学的动机，以及潜在的机会、报酬和教学的困难等情况。本章将考察这些主题，包括：首先，想成为一名教师的动机；其次，教师的供求情况；最后，教师的工资等级、职业准备，以及要努力改进教学工作队伍和给教师更多决策权。在阅读本章时，想一想，当下一次有人问你时，你可能会怎样解释你对教师这一职业的兴趣。为了帮助你集中思考，你要牢记下列问题：

焦点问题：

■ 想成为教师的通常理由是什么？和你自己的理由有何异同点？

- 教师聘用呈现什么趋势？
- 教师的收入情况如何？与其他职业相比有何异同？
- 怎样培训教师？他们是怎样获得文凭的？
- 教师教育的趋势是什么？
- 教师这一职业有何令人满意和不满意之处？
- 教师工作队伍的质量和教学条件的发展呈什么趋势？

第一节　以教师为职业

当你第一次决定教学时，你已经开始走上成为教师之路。在本节中，我们将回顾一些选择教学职业的动机。同时我们也要关注这样一个焦点：少数民族的大学生几乎没有想成为教师的动机。

一、选择教师职业的动机

进入该职业的理由

选择教师这一职业的动机有许多，既有理想性的又有现实性的。通常，一个人从事教学的理由来源于他或她个人的教育哲学，关于这一主题我们将在本书中不断涉及。对于那些正在考虑从事教育职业的人——甚至那些已在从事教育工作的人，我们应该问他们自己为什么做出从教这个选择。他们的动机可能包括：(1) 喜欢孩子；(2) 渴望传授知识；(3) 对教学的兴趣和热忱；(4) 渴望从事对社会有价值的工作。其他的理由可能包括教师工作稳定、有养老金，与从事其他职业的培训要求相比，教学的准备相对轻松。

教学的理由

有一项研究对 76 所师范学校和学院的未来教师们选择教学的原因进行了调查。90％的调查对象把“帮助孩子成长和学习”作为他们的理由之一。居于第二位的原因是说“这似乎是一个富有挑战性的领域”(63％)，接下来比例相近的是“喜欢这种工作条件”(54％)、“受到最喜欢的教师的激励”(53%)和“教学的职业感和荣誉感”(52%)。这些原因和在过去15年里其他几个研究的引证基本相似。这些研究中也有一些人认为,对自己中小学老师的崇拜通常也对他们决定成为教师起着重要作用。①

焦点问题回顾:与那些被调查的教师相比,你想成为教师的原因是怎样的?你的答案的顺序是否与此相同?除了这些,还有其他补充理由吗?

二、教学队伍的多样性:一个越来越受关注的话题

尽管美国学校人口的多样性不断增加,但教学队伍的多样性却并非如此。例如,公立学校中非洲裔、亚裔和西班牙裔的美国学生几乎占学生总数的40%,但在中小学里,来自这些少数民族群体的教师估计只占15%或者更少。这种差异在大城市特别明显,那里少数民族学生入学人数占学生总数的比例将近90%。

教师多样性的需要

这种在教学队伍中的少数民族教师人数不足的情况在将来可能会更加严重。当前,大约仅仅有10%主修教师教育课程的人是美籍非洲人或美籍西班牙人。然而据估计,在未来的几年里,少数民族群体的学生在中小学中将保持更高的比例。最近几年,美籍的亚洲教师缺乏也成为一个重要的问题。当前在中小学里,美籍亚裔学生占总人数的将近4%,但相应教师却只有2%。②

---

① 唐纳德·B.克鲁克香克:《向教师和教师教育者报告的研究》(印第安纳州:费戴尔特·卡普出版社,1990年);《美国教师的都市生活调查》(纽约:都市生活出版社,1995年);《一种职业感觉》(纽约:大众议程出版社,2000年)。

② 朱迪·泰勒和莉娜雅·若科:“城市教师准备教学吗?”《城市学校》(1998年春),pp. 13—17;约翰·杰瑞:“少数民族服务学院呼唤教师培训帮助”,《教育周刊》(2000年10月4日);珍妮弗·麦克纳尔蒂:“为美籍亚洲教师教学扫清障碍”,《圣克鲁斯操纵电缆草案》(2000年2月14日)。

增加教师多样性的原因

增加教师队伍的多样性被普遍地视为一个重要的目标。首先，来自于一种文化或种族的少数民族群体的教师通常比那些专门为少数民族学生服务的非少数民族的教师占有更大的优势。在许多情况下，当少数民族教师为那些在工人家庭中长大的、低收入家庭的学生教学时，少数民族的教师对少数民族学生的期望和学习风格有可能更了解（参见有关“社会阶层、种族与学业成绩”的章节以及有关“提供平等的教育机会”的章节）。例如，莉萨·德尔皮特（Lisa Delpit）和其他的分析家指出，美籍的非洲教师与中产阶级的非少数民族的教师相比，更倾向于认为：低收入家庭的黑人学生对一名非常友好的教师会做出好的反应。另外，来自亚洲、西班牙和其他少数民族群体的美籍教师应不断地为那些英语技能缺乏的学生服务。①

促进多样性的建议

在看了有关少数民族教师比例低的数据后，美国师范学院协会（AACTE）的官员发表声明说，这些数据反映了一种“毁灭性的”危机。和其他组织一起，AACTE 建议并帮助创建有关提高少数民族教师人数的各种新方案的法律。这些建议包括增加对未来少数民族教师的财政资助、增加少数民族教师的招收名额、发起大学预科方案（Precollegiate Programs）来吸引少数民族的学生。②

第二节　供 需 分 析

你能找到一份像教师一样的工作吗？你将能获得多少收入？这两

① 莉萨·德尔皮特：“沉默的对话：教育他人孩子的权利和方法”，《哈佛大学教育评论》（1988年8月），pp. 280—298；马文瑞·威登、乔利·迈耶-史密斯、巴巴拉·穆恩：“对学会教学研究的批判性分析”，《教育研究评论》（1998年夏），pp. 130—178；吉尔伯特·布朗：“美籍非洲教师的角色”，《黑人大学生》（2000年10月），pp. 88—91。

② 《少数民族教师的供与求》（华盛顿，哥伦比亚特区：美国师范学院协会，1990年），p. 3；苏珊·麦尼克和肯尼思·蔡奇纳：“以师范教育责任来说明多样性问题”，《理论联系实践》（1998年春）；肯尼思·蔡奇纳：“师范教育的新学问”，《教育研究员》（1999年12月），pp. 4—14。

个问题是相关的，是遵循经济规律中的供求关系的。当一项职业的供给人员超过需求人员时，他们的工资就会下降；相反，高需求低供给就会增加工资。就像在“教师职业”这章中所讨论的一样，供求关系也会对这项特殊职业的社会地位和威望产生影响。

一、工作机会

不断变化的模式

从1950年到20世纪60年代中期，由于二战后的生育高峰，学校注册人数猛增。这些高出生率时出生的群体必须依赖那些在经济大萧条时期、出生率非常低下的情况下出生的教师——教师人数犹如细流，而学生人数则像洪水。在20世纪60年代和70年代，出生率逐渐下降，使得教师供求形式发生逆转，导致教师过剩。当师范生、师范教育者和各州政府官员意识到教师大量过剩时，师范教育计划的招生数就下降了，并且在大学新生中，有兴趣将来成为教师的人数百分比也从1968年的23%降为1982年的5%。从那以后，形势又一次逆转。部分原因是新教师数量的下降缓解了教师过剩的状况，大学生中有兴趣教学的人数百分比又一次上升，在20世纪80年代后期至90年代期间上升了将近100%。①

预测教师短缺的原因

那么，将来的趋势是怎样的呢？分析学家的预测认为，教师将有许多工作机会。在下一个10年中将需要超过200万的新教师。主要原因如下：②

(1) 当初始的生育高峰期的婴儿长大后又生小孩，这样一个“小”的生育高峰又形成了。此外，最近几年，许多家庭移民至美国，结果学校注

---

① 沙米尼·舍普伽特：“传统职业的新发展”，《纽约时报》(1997年8月3日)；苏珊·M.约翰逊：“下一代教师”，《教育周刊》(2000年6月7日)。

② 理查德·W.赖丽：“教学中的高质量教师”，《K-8教学》(1999年2月)，p.6；贝丝·凯勒：“政府采取行动改善师资队伍”，《教育周刊》(2000年6月14日)。

册人数一直上升。(见表 1.1)

表 1.1　公立和私立学校 1—12 年级注册学生数,1990—2009 年(百万)

年　份	总　数	公立学校 1—12 年级	私立学校 1—12 年级	私立学校占总数的百分比
1990	41.9	37.6	4.3	10.3
1997	46.4	41.9	4.5	9.7
2009(预计)	NA	44.1	NA	NA

【资料来源】《2000 年教育状况》(华盛顿,哥伦比亚特区:美国政府出版署,2000 年)。

NA=Not Available(意为“无法得到”)

(2) 在下一个 10 年中,有相当比例的现职教学人员将达到退休年龄。

(3) 某些地区的教改者试图缩小课堂规模,扩展学前教育,更多地重视自然科学和数学,此外,进行的其他教学改革都需要更多的教师。

(4) 对教学人员的水平要求的提高限制了新教师的来源。

(5) 许多州正提议减少那些不合格的教师数量;这种非正规任命的教师人数的减少则需要聘请更多的教师。

预测无师资缺乏的原因

但是其他的教育者辩论说,在将来的 10 年里教师不会大量缺乏。在供给方面跟前几年比起来,几乎没有教师离开这一职业,学生注册人数增长的势头正趋于平稳。工资的提高可能使那些弃教的教师重新回到学校,并吸引那些受过教师培训却未正式教学的人到校任教。此外,许多州正准备通过其他的获取证书途径而使成为教师变得更容易。(将在本章后部分讨论。)①

① 《东南地区教师劳动力市场的供给状况》(北卡罗来纳州研究三角公园:东南部教育改善实验室,1990 年);约翰·沃特等人:《2000 年教育状况》(华盛顿,哥伦比亚特区:美国政府印刷署,2000 年)。

"特殊需要"领域中教师的缺乏

鉴于对这一问题有不同的看法，我们很难确定在下一个10年主要的教师是否会大量缺乏。然而，教师缺乏现象将继续存在于那些"特殊需要"的领域中，如：残疾人教育、矫正教育、双语教育、自然科学与数学以及外语教学。此外，在许多乡村地区和一些城市以及市郊的那些人口增长较快的地区仍缺少教师，特别是在南部和西南部。①

升级的方案

在下一个10年里，非公立学校为未来的教师提供了大量的就业机会。如表1.1所示，全国的中小学学生在私立学校中的注册人数超过了10%。像公立学校一样，许多私立学校正努力提高他们的教学方案，通常通过聘用更多的在科学、数学、计算机、残疾人教育和双语教育等方面有专长的教师来实现提高。

不断变化的注册模式

数年以前绝大多数学生进入的非公立学校是天主教学校，但这种形势现在已改变了。在过去的30年里，天主教学校的学生注册人数已下降，许多其他的非公立学校建立起来了。那些由福音派教徒和原教旨主义者资助的大多数独立的(非宗教的)部门和学校的学生注册人数增加幅度最大。还有，许多天主教学校一直在提高他们学校全体教职员工中未受训练的教师的比重，并且这种趋势似乎要继续下去。②

不管在将来几年教师大量缺乏的问题是否会更严重，有远见的教师能够而且也应该采取措施来更好地提升自己的就业机会。这些情况见概述1.1所列。

焦点问题回顾：你准备进入高需求的特殊教育领域吗？如果不，你

---

① 伊丽莎白·F.费德勒、伊丽莎白·D.福斯特、雪莉·施瓦茨：《城市教师挑战》(华盛顿，哥伦比亚特区：大城市学校委员会，2000年)。

② "天主教学校教育者出来抗议"，《教师杂志》(1992年1月)，p. 9；戴维·贝克和科尼利厄斯·赖尔登："美国大众天主教学校的精英与国民教育危机"。

会怎样改善你的就业前景?

概述 1.1 改善就业前景的策略

提前准备	收集和计划	收集材料	申请工作	准备面试
检查该州对证书的要求,并严格遵守。 如果你有附加的技能,就可以做一个多面手,在活动中像教练或学生报社编辑一样为学生提供帮助。 建议你制作一张现代化的简历,要将你的职业活动、成就和奖励情况涵盖在内。 经常将你从课堂观察中所学的知识做好笔记。 关注一份与教学有关的杂志。通过它来对你所见和所闻进行反省,再来发展你的观点。	搜集有关学校行政部门有无空位的信息,这些可能的信息资源包括你的职业计划或者就业指导处和州教育部办公室的教师就业情况。通过专业组织或因特网,调查网络化的工作大楼的操作情况。 直接与你所感兴趣的学区行政部门联系。 提前计划你的申请表策略。	准备一份整洁、精确、清晰的履历。 准备一个公文包,用来装你的课程计划、同学间的批评、相关经验的描述、管理者的评价,如有可能,装一份你的教学录像带。 在其他的材料(包括你将要提交的履历表)的基础上,对你的就业计划提出建议或到就业指导处去寻求建议。	一有可能就开始申请教学工作。 一次可申请几个空缺。	花点时间来阐明你的教育哲学观和学习观。理解你所信仰的并能够解释它。 同时准备其他的面试问题。尤其是准备一些处理班级管理、课程设计以及就业历史等方面的预期问题。 在你面试之前,尽可能多地了解有关学区方面的知识,例如:学区的组织、教学职位等级、学校类型以及技术使用。

二、工资等级与发展趋势

工资的增加

以往教师的工资相对较低。例如,在 1960 年,以当时美元来算,教师的年平均工资略低于 2.6 万美元。到 2000 年这个数字上升到 4.128 万美元。今天在一些经济状况好的学区任教的有经验的教师的年工资收入普遍为 7 万美元至 9 万美元。另外，教师还有机会通过负责课后工作、体育运动、戏剧和其他的课外活动而挣得外快，并且有的教师还可晋升为行政职务，年薪在 10 万美元以上。另外，我们必须牢记的是，与其他行业的工作人员相比，公立学校的教师通常有优厚的福利（如抚恤金和健康保险）。[①]

各州间的差异

各州之间以及各州内部的教师工资有所不同。图 1.1 表明了各州之间教师年平均工资的变化范围。工资最高的 3 个州的年平均综合工资（康涅狄格州、新泽西州和纽约州）比年工资最低的 3 个州（北达科他州、俄克拉何马州和南达科他州）的年平均综合工资高一倍。当然，必须把生活消费的差异考虑进去。比如，生活在纽约的消费比生活在北部平

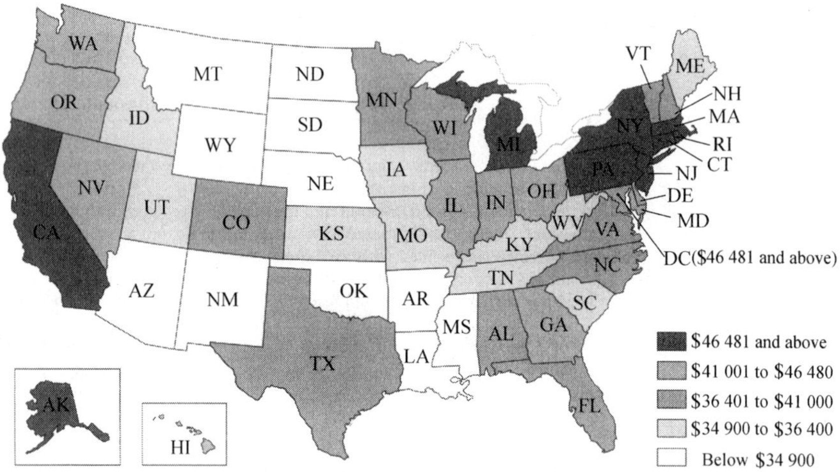

图 1.1　美国教师的年平均工资

【资料来源】F. 霍华德·纳尔逊、雷切尔·布朗和朱厄尔·C. 古尔德：《2000 年教师工资发展趋势的调查与分析》（华盛顿，哥伦比亚特区：美国教师联合会，AFL-CIO，2001 年）。表 1.1 在www.aft.org 网上可查到。

---

① 杰伊·战伯斯和沙伦·博比特：《教师补偿模式》（华盛顿，哥伦比亚特区：美国教育部，1996 年）；F. 霍华德·纳尔逊、雷切尔·布朗和朱厄尔·C. 古尔德：《2000 年教师工资发展趋势的调查与分析》（华盛顿，哥伦比亚特区：美国教师联合会，AFL-CIO，2001 年），摘自www.aft.org。

原各州的消费要高得多。各州内部的工资差异也很大，特别是在年平均工资级别高的各州。通常在富裕的市郊地区的教师工资实际上要比绝大部分其他学区的教师工资要高。

工资随工作经验与受教育程度而变化

工资的最大变化是由工作时间长短和受教育程度决定的。那些教龄长、受教育程度高的教师的收入比那些教龄较短、受教育程度较低的教师要多得多。表1.2表明的是在一个典型的工资表中，教师工资随教龄和附加教育程度而变化的范围——这是马里兰州圣·玛丽县的公立学校的工资情况。工资表表明在2001年获得正规文凭并且工作了一年的教师年工资为3.151万美元，而给工龄最长和受教育程度最高的教师的年工资为6.0866万美元。虽然各地区之间、各州之间的工资数额会发生变化，但是最高工资和最低工资之间的巨大差别是相当普遍的。

表1.2　选自马里兰州圣·玛丽县的公立学校工资等级表，2001年（美元）

年　度	学士学位以及标准证书	硕士学位以及高级证书	硕士学位以及高级证书＋规定的15小时	硕士学位以及高级证书＋规定的45小时
第1年	31 510	32 400	34 138	35 887
第5年	33 133	34 922	37 175	41 327
第10年	39 968	41 772	44 075	48 188
第30年	44 437	54 425	56 790	60 866

注意：所有的教师在获得初级州资格证书的10年之内必须获得高级资格证书。
【资料来源】马里兰州圣·玛丽县公立学校的网站：www.smcps.k12.md.us。

初级工资

尽管处在工资表最高层的教师能得到一份诱人的工资（特别是对那些工作不到10个月的大学教师），但是教师的初级工资仍比其他一些职业的初级工资低。认识到这个问题后，许多行政领导和教育领导就已经致力于提高第一年参加工作的教师以及有经验的教师的工资，以吸引和保证高质量的教师队伍。图 1.2 表明的是致力于提高教师工资的结果。在 20 世纪 70 年代的通货膨胀期间,教师的工资和其他所有工人的年平均工资都因此而下降,但从 1980 年开始的对教师补偿措施的确立,使教师获得了很大的补偿。

焦点问题回顾: 你认为你第一次教学会获得多少工资?

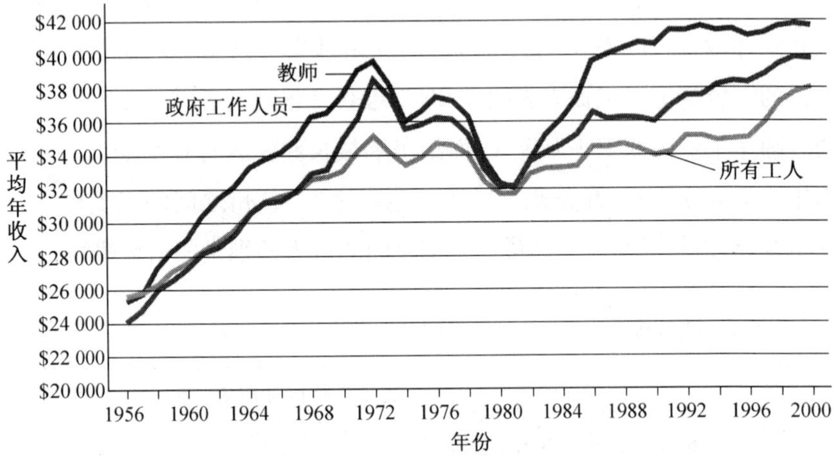

图 1.2　美国教师、政府工作人员和所有工人的平均年收入

【资料来源】同表 1.2。

第三节　成为一名教师所做的准备

教师培训的演化

在殖民地期间和 19 世纪早期,任何人要成为教师,通常要得到当地长官或得到与教会组织有联系的理事会的同意。高中和大学文凭并不是必要的。如果你会读、会写、会拼并且有良好的道德品质,你就可以教学。直到 19 世纪 20 年代,尽管仍然不要求正式的资格证书,但未来的教师已经开始进入师范学校(详见第六章"美国教育发展史")。最终,师范学校变成了师范学院,并且绝大多数的师范学院现在已成为综合性的学院和大学。今天，除了那些可替代的资格证书或非永久性的证书外，所有的州都要求教师必须有学士学位或 5 年大学经历。随着教师岗位资源和好的教学方法逐渐丰富，培训变得很重要。

一、资格证书

证书要求

为了在美国公立学校教学，未来的教师们必须得到各州颁发的相关学科领域和他们希望教学的等级水平的资格证书。直到最近，大多数州在授予资格证书时，依然要看教学候选人是否参加过适当的职业准备，是否有档案记载，并且还要看其道德品质是否良好。然而，由于公众对教育质量的不满意之处日益增多，导致对未来教师进行能力测试的方法的广泛使用。①

可更新的证书

在过去的几十年里，教师证书通常终身受用。现在一些州颁发的证书的有效期仅为 3—5 年。这对当前拥有终身证书的教师是没有影响的，但对那些拥有可更新的证书的教师，则通常要求他们必须备有积极肯定的评价或大学课程工作的证明，以用来更新他们的证书。

各州之间的众多差异

证书要求的多样性。在教师准备中，一个令人困惑的问题是各州对证书的要求存在着巨大的差异。这些情形可总结如下：教师证书内容的决定权由立法团体、州教育部、师范学校和师范学院、教育厅长和市教育局分摊。全国中级职称证书要求普通教育(即艺术和科学)的学时范围为：从最少的 30 学时到最多的 75 学时。专业师范教育课程最少学时和用于教一门学术课程的学期数量也因各州要求不一而不同。但从全国来看，决定选修什么课程能满足本学期需要通常是教师准备机构的责任，而不是州的责任。还有一点事实是，在两个不同学校机构中，同一主

---

① 伊丽莎白·A.凯等编：《对获得中小学教师、咨询师、图书管理员以及行政人员资格证书的要求(2000—2001 年)》第 65 版(芝加哥：芝加哥大学出版社，2000 年)。

题的内容可能完全不同;即使将两者合而为一,各州和各机构的要求也仍不能保证教师所学的是统一的一套技能和概念。

州际的教师变动

教师证书的互惠原则。各州证书要求的差异性阻碍了全国范围内的教师的变动。例如,在纽约获得证书的教师,不一定能达到伊利诺伊州的要求。关注教育质量的组织经常批评各州之间缺乏一种互惠机制。许多教育者认为更自由的州际的教师变动在以下四方面有帮助:(1) 教师的供求平衡;(2) 教师就业机会的提高;(3) 地方学校系统的近亲繁殖和地方主义的减少;(4) 教师士气的提高。

地方性的证书

随着一定程度的成功,早在1900年,一些州之间就已经建立了互惠原则。近年来,人们已采取行动确立了地区协议,其内容是规定了各州间公认的师资准备条件。已经有超过20个州签订了州际合同,其中签订者同意为那些在地方公共机构完成教师培训计划的教师提供可比较的证书。另外,多种组织正致力于探求推动教师区域流动的全民途径。①

参考资料

优秀教师所应具备的条件

凯提·海科克

凯提·海科克(Kati Haycock)是教育信托公司的主任,这个组织旨在推进所有不同水平的学生都取得很高的成绩。它尤其致力于提高低成就人群,包括低收入家庭的学生和处于不利地位的少数民族群体的教育机会。其出版物和新闻简报在www.edtrust.org网站上可以查到。

【资料来源】《思考K-16》(2000年春),p. 304。华盛顿特区教育信托公司准许重印。

---

① 这些组织包括全国师范教育证书州长协会(NASDTEC)、主要州级学校领导委员会和教育测试服务中心。参见全国证券交易商协会和其他文献,摘自www.nasdtec.org。

1998 年夏，教育信托公司出版了一个研究纲要，认为教师之间的差异确实重要，而且非常重要。连续接受好几位有效师范教育的学生在学习成绩上会发生戏剧性的变化，而那些连续接受两位无效师范教育的学生则会失去重要的基础，这可能使他再也无法恢复好成绩。确实，在 3 年级学习成绩水平相似的学生在 3 年后可能会有 50%的产生分化，这依赖于分配给他们的教师的教学质量。

对“优秀教师所应具备的条件”以及对我们就其主要发现所提供的许多观点做出解答，使我们获益匪浅。例如，我们了解到，虽然有些教师非常高兴，他们有明确的、无可争辩的证据证明，他们对学生来说确实非常重要，但其他教师却很生气。师范教育工作者也同样如此：有些人似乎很激动地想起，他们确实有差异，而另一些人似乎只想找到有缺点的证据。

即使是那些早就认为他们的教师相当参差不齐的学校校长，也对这个证据感到吃惊，即他们的观点确实是正确的。确实，在田纳西州——在那里所有的校长现在都有了每个教师的明确数据——以及在其他一些得出类似分析的地区，校长们似乎不愿意把这些新的工具用做他们努力改进的一个基础。

结果，关于成绩低下原因的旧观念有很长时间处于半死不活的状态。实际上这使我们感到奇怪，在我们的职业生活中，承认我们作为父母所应该知道的东西以及作为学生时就已经知道的东西之前，还要堆积许多证据。教师确实事关重大。

问题

(1) 为什么有些教师会对“某些教师比另一些教师取得更高成绩”这个证据感到生气？

(2) 为什么有些师范教育工作者想要发现“教师在使学生取得成绩方面有差异”的证据这种做法是不对的？

(3) 你知道作为一个中学生，教师对你取得成绩至关重要吗？你是怎么知道的？你的朋友们知道吗？

(4) 为什么校长不愿意使用教师教的学生成绩有差异的数据，并把它作为改进教学的依据？他们可以做些什么，他们应该做什么？

(5) 凯提·海科克所提到的学生成绩低下的原因是什么？

非传统的师资准备

一方面为了吸引更多的有天赋的人来教学，另一方面为了反映当前或将来在科技与数学等教育领域的不足，绝大部分州引进了替代性证书方案。这些方案允许预备教师不需通过传统的学校准备途径和师范教育就可以得到证书。例如，在新泽西州，有一套方案专门吸引"没有在大学学过教育的有天赋的人们"从事教育工作。在全国范围内，有 12.5 万多名教师通过替代性证书方案取得了证书。这个群体中的许多新教师是那些退伍后追求教育事业的人们。①

对替代性证书的批评

替代性证书方案尽力提供人性化管理，并在早先的学习教学的几年里压缩正规课程。替代性证书方案的几种系统考试已经为我们带来了一些令人鼓舞的效果，即一些受过良好教育的人被这一方案吸引，而且该方案也提供了那种人性化管理。然而，最近的评估产生了问题。例如，一些替代性证书方案的数据表明，许多参与者只受到一点或几乎没有受到学区承诺提供的培训和管理。一些参与者留下了大量的债务，并在此后无法找到教学工作。②

美国教学

最著名的替代性证书方案可能是由全民努力产生的美国教学。这一方案专门吸引那些在大学里成绩优秀的大学毕业生，它耗费数千万美元来招募那些有潜力的教师，对他们进行 8 个星期的认真培训，然后安排他们到市区里存在严重问题的学区。许多最初的承诺得到实现。例如，有些年

---

① C.埃米莉·费思崔彻："替代性教师证书：各州之间的分析"，摘自 2000 年因特网 www.ncei.com。

② C.埃米莉·费思崔彻："替代性教师证书的演化"，《教育论坛》(1994 年冬)，pp. 132—138；约翰·M.米勒和迈克尔·C.迈肯纳："替代性师资准备和传统的师资准备之间的比较"，《师范教育杂志》(1998 年 5—6 月合刊)，pp. 167—176；巴尼特·贝里："师资准备中替代性方案的质量"，《国家教育标准》(2000 年冬)，摘自 www.nasbc.org standard。

超过四分之一的参加者是少数民族的，并且许多中学教师也学到了数学和科技方面的许多必需的技能。超过6 000 名教师受到了培训，接近 4 000 名参加者仍在教学。但这些数据也表明许多有潜力的新教师因为学校的环境差而受到挫折和/或在没完成最初的任务之前就离校了。①

尽管参加替代性证书方案的人数不断增多，但绝大多数的教师仍参加了传统的师范教育方案。下面讨论的话题是当前对替代性证书方案赞同与反对的一些观点。

讨论话题：避开传统的教师教育要求的替代性证书方案应该受到鼓励吗？

讨论主题	赞成的观点	反对的观点
可替代性证书：通过传统教师教育要求的替代性证书方案已在许多州使用。通常，这些方案为大学毕业生提供了确定性的经验，然后让他们在全职教师岗位上接受培训，以获取学习教学和教育的证书。	1. 在工作中学习教学将更加有效，因为这为他们在真实的世界里决定该做什么和不该做什么提供了更好的机会，以及与成功教师交流、观察并仿效成功教师的机会。 2. 与理论课程相比，这一方案融入在全职教学中，这使得职业教育变得更有意义，更具有实践性。 3. 替代性证书方案不要求获取证书的学习年限，这能够吸引教师候选人注意那些欠缺的领域，如数学、科技和双语教育。 4. 替代性证书方案有助于吸引少数民族教师，吸引在技术上有特殊技能的退休的人和吸引其他能为提高教育体制做出贡献的人们。 5. 具有竞争力的替代性证书方案将促进大学和学院改善它的教师培训方案。	1. 在工作中学习教学通常是不能成功的，因为许多或大多数参加者会因为刚成为新教师就被提出要求而感到有压力，而且他们的技能得不到充分的发展和磨炼。 2. 实际上，学区要么不能为职业学习的参加者提供足够的资源，要么就是有其他的优先选择。几项替代性证书方案提供的数据显示了这一点。 3. 这些方案提供的帮助仅仅能在短期内减轻负担。一旦许多参加者意识到他们不适合或对这个工作不感兴趣时，他们就会在教学的第一年或其后离开。 4. 替代性证书增加了教育方面的不公平，因为它让一些毫无经验的人在高薪的并最需要受过良好培训的有经验的教师的城市学校任职。 5. 具有竞争性的替代性证书方案，可能会影响学院和大学为那些从事数年研究工作的反思型的教师提高理解和技能所提供的培训。

① 温迪·考普："职业公司的一个案例"，《国内评议》(1997 年秋)，pp. 211—217；乔迪·威尔格林："温迪·考普，美国教学的领导者"，《纽约时报·教育生活》(2000 年 11 月 12 日)。

焦点问题回顾：你知道你所在州要求的证书是什么样的吗？你是怎么发现的？如果你希望在做教师期间，各州之间教师能够流动，那么你将怎样做好自我准备？

二、职前教育培训的发展趋向

在过去的20年里，许多师范教育方案着重强调以能力为基础的准备和更早的职业经历。最近几年的主要发展也包括向第五年和五年方案转变，更加强调培养"反思型"教师，增加计算机和其他技术的使用，要求未来教师了解对有缺陷的学生和其他"特殊"群体进行教学的方法，以及有关当代美国学校里不同的文化和种族环境的师资准备方案。

教师成绩的测试

基于能力的师范教育和成绩评估。能力型师范教育(CBTE)方案要求未来的教师能证明自己有完成特殊教育任务的起码水平。例如，不需要候选人通过写一篇短文或从多项选择里选一个答案来确定一种合适的教学策略，而是需要他去给模拟课堂上课，然后再讨论他的教学行为的原因。技能测试和理解测试是建立在对教师有效人格的研究发现的基础上的。

20世纪70年代，美国有一半的教师培训机构在他们的培训方案中使用了CBTE证书，但这个数字因学院和大学遭受经济问题(CBTE如果要做好，代价是很昂贵的)以及人们对CBTE的有用性和可行性产生怀疑而下降。批评观点如下：①

对CBTE的批评

(1) 成绩评估方法因引进太多分离的技能而分割了师范教育。

(2) 能力测试的信度和效度不好确定。

---

① 克劳迪娅·朗和肯德尔·斯坦斯伯格："新教师的成绩评估"；拉里·卡班："高科技资金投入如此之多，实践中使用和改变如此之少：怎样解决？"文章发表于主要州级学校领导委员会的网站上，摘自www.cesso.org。

(3) 很难将未来的教师的信息评估转化为构成证书的内容和证书所需要的东西。

学校里的早期任务

早期的职业经历。在早期的培训中，许多师范教育方案因为需要未来的教师花费更多的时间在小学或中学而变得越来越实际。职业课程把教育心理或教育学方法中的课程与教师在当地学校中的课堂观察、作为教师助手的任务或其他的培训课程密切联系起来。要求有早期的、连续的职业经历的机构构建一个序列，让学生通过观察获得知识，然后作为教师的助手将知识应用于实践，最后像传统“实习”一样承担相对全面的教学责任。①

职业学习中各部分的进度表

第五年和五年方案。在20世纪80年代，有几个州和大量的学校以及师范学院，或者引用五年方案，或者通过五年准备扩大师范教育。我们将五年方案定义为未来的教师在获得学士学位的前四年里，有很少的或没有职业学习的成分；职业培训集中在第五年。相反，五年方案在未毕业的年限里扩大职业准备，并且主要集中于实际操作的经验和培训。②

“富有思想的”实践者

反思性教学。与最近强调提高学生的思维和理解技能相一致，许多机构强调将反思性教学作为师范教育的一个中心主题。反思型教师不断反省他们的教学结果，并相应地调整他们的教学方法。与此相关的术语，如师范教育导向查询、专家作决定和更高级的自我反省等也被用来描述这一概念。数百所师范学校为尽力培养反思型教师，重新组织了他

① 凯瑟琳·科恩布莱丝和珍妮·埃尔斯沃斯：“教师与师范教育：临床教职员工的角色与关系”，《美国教育研究杂志》(1994年春)，pp. 49—70；朱迪·斯汪森：“教育者专业主义中的全面改革”，戴维·C.柏利纳：“对那些抨击师范教育的人们的个人回答”，《师范教育杂志》(2000年11—12月合刊)，pp. 358—371。

② 琳达·达林-哈蒙德：“教师与教学”，《教育研究者》(1998年1—2月合刊)，pp. 5—15；“师资准备与引导”，《教育改革进程(1999—2001年)》(2000年10—11月合刊)，摘自www.ecs.org。

们的方案，但是各个学校的方案又是多种多样的，并且对反思性教学的内涵几乎不能达成共识。①

教师的技术培训

计算机和技术的使用。对师范教育方案的全民调查表明，90％以上的学校建立了计算机和技术实验室。这些实验室主要围绕一些广泛的、多样的行为和目标，如为未来教师在计算机使用方面定向，介绍一些促进中小学发展的硬件和软件，以及加强课程设计或传授技术的兴趣与能力。许多学生在他们的教学方法课程中也学到了这些技术。然而，许多方案明显没有足够的资金来维持未来教师高质量地使用当代技术。②

师资准备的主流和内涵

残疾学生的教学要求。现在许多州和教师培训机构都要求，所有的未来教师必须做好某种对有重大缺陷的学生进行教育的准备。法律规定残疾的学生应在最大可能和可行的基础上成为常规学校的主流，并且对残疾学生而言，不管他们有多大的特殊要求，这种趋势将不断上升（参考“提供平等的教育机会”一章中有关主流、内涵物和相关主题的信息），因此，绝大多数教师希望有机会为那些有特殊需要的学生工作。通常教师培训的要求包括如下方面。③

基本要求

■ 高等教育教职员工和知识领域的教育者之间的合作、学科融合可以帮助未来教师学会为有缺陷的学生工作的方法。

■ 减少准备“常规”教师和“特殊教育”教师的方案之间分离的安排。

---

① 多萝西・R.斯图尔特：“职前师范教育中的反思型师资”，《师范教育杂志》(1994 年 9 月)，pp. 298—302；黛博拉・S.尧斯特、萨莉・M.桑特纳和安娜・佛棱萨-贝利：“批判性反思的结构考察”，《师范教育杂志》(2000 年 1—2 月合刊)，pp. 39—49。

② 唐纳德・R.科克尔和玛丽・威尔森：“重新界定师资准备进程的内涵”，《教育》(1997 年夏)，pp. 500—506；《美国师范学院协会，成功还是失败：21 世纪师范教育技术》(华盛顿，哥伦比亚特区：AACTE，2000 年)。

③ 卡罗尔・思陀德曼和帕梅拉・林德西：“跟上时代的节拍”，《师范教育杂志》(1995 年 3—4 月合刊)，pp. 95—100；丹尼斯・利特尔顿：“特殊学校的师资准备”，《州教育领导者》(2000 年春—夏)。

■ 许多州要求所有未来的教师要完成一门或多门的特殊教育的课程，或目前的课程要把一定数量的有关该主题的材料结合进来。

多元文化课堂的准备

不同情境中的教学准备。与美国学校中各种族的注册人数和少数民族群体的人数上升相一致，未来师资准备方案正在增加一些新的成分，它用来确保未来的教师能在不同的情境中成功地发挥作用。与此相似的努力是正在进行中的教师执照方案。举例来说，在教育测试服务机构(ETS)开发的教师成绩评估方法的习题3中，详细说明了一名获得教师执照的未来教师必须能够证明自己"全面地理解"了为什么熟悉学生背景知识和经历很重要。国家教育董事会也正在考虑确保未来教师更好地在不同的城市学区教学的建议。①

焦点问题回顾：在你的师范教育方案中是否有与此相同的倾向？这里所描述的倾向中有没有可以作为你的方案的主要组成部分？

第四节　未来教师的能力与测试

在最近几年里，一直有对提高教师工作队伍质量的可能性的争论。大部分提高教师和教学质量的努力集中在未来教师的能力和对他们的能力进行测试上。

一、教师的能力

标准化测试的分数

对教师工作队伍"质量"的讨论经常集中在诸如学习评估测试

① G.普里特·史密斯：《关于不寻常知识的常识》(华盛顿，哥伦比亚特区：美国师范学院协会，1998年)；卡拉·科雷寇姆："高素质城市学校教师"，《国家教育标准》(2000年冬)，摘自www.nasbc.org/standard。

(SAT)和美国大学测试(ACT)这样的标准化测试的"能力"分数。在有潜力的教师中,这些测试分数在 20 世纪 70 年代有所下降,因为他们测试的是主修商业性课程和大量的其他课程的学生。例如,从 1973 年到 1981 年,打算教学的大学生的平均 SAT 口头分数从 418 分降到 397 分。然而,从 1982 年开始,那些打算成为教师的大学生的测试分数明显上升,并且好像与那些主修商业贸易、心理学以及健康卫生专业的学生分数很相似。除此之外,最近有一份关于成人文化水平的研究表明,教师的平均分数和那些学习师范教育的成人大致相同。[①]

二、教师的测试

基本技能的测试

习题测试。许多提高教师队伍的努力集中在对职前教师、新教师以及偶尔对一些有经验的教师的基本技能的测试上。从一些争论中可以看出,那些阅读、算术、沟通和专业知识分数都很低的教师教学可能不会成功,因此许多州都要求未来的教师要通过某种形式的在阅读、语言、算术、特殊的学科领域和专业知识的最低技能的测试。有超过 40 个州为了实现这一目的,现在已使用了由教育测试服务中心制定的习题测试。[②]

对测试的批评

对未来教师和当前教师的测试已成为一个不能在短期内解决的有争议的问题。许多行政领导明白,测试是仅有的几种可以提高公众对教师队伍信任的有效手段之一。反对者认为,这一不合理的程序将那些不善于纸笔测验的人排除在外。许多反对者也认为,现行的测试对少数民

---

① 凯瑟琳·E.卡迪纳和约翰·K.罗登:"有主修师范专业意向的学生的学术水平",《师范教育杂志》(1998 年 1—2 月合刊),pp. 38—46;安迪·莱瑟姆和德鲁·H.吉特姆:《未来教师的学术质量》(新泽西州普林斯顿:教师测试服务中心,1999 年),摘自www. ets. org;巴巴拉·A.布拉什和理查德·J.科利:《怎样比较教师》(新泽西州普林斯顿:教师测试服务中心,2000 年),摘自www. ets. org。

② 琳达·达林-哈蒙德:《教师政策的演化》(加利福尼亚州圣伊萨莫尼卡:兰德,1998 年);杰夫·阿彻和朱莉·布莱尔:"教学与学习",《教育周刊》(2001 年 1 月 7 日)。

族和其他来自于非主流文化地区的教师候选人有偏见。许多批评也引用一些数据说明，像 NTE 那样的标准化测试分数与随后的在实践中说明教学效率的测量不相关。①

对测试的支持

支持测试的人通常会反对这种观点：如果所有的或几乎所有的教师希望在教学中有效地工作，那么，他们必须能够证明他们的阅读、写作和算术都至少处在第七或第八等级的水平——这是当前一些测试指定的最低水平。许多支持者也认为，已有研究提供了足够的信息证明最低的标准是正当的，并考虑应创造一些更有效的测试方法。②

马萨诸塞州的争论

在 1998 年，马萨诸塞州为了实现这一目的在全州进行了第一次测试之后，有关未来教师测试的争论在全国变得更加激烈。在这次测试中，有 30%的未来教师没有通过阅读和写作的测试，希望取得数学证书的未来教师有 63%没有通过他们参加培训的这一科目的测试。该州的教育部部长发表声明说："真实的故事……是有如此之多的未来公立学校的教师没有通过就是一个聪明的 10 年级学生也能毫不费力就能通过的考试"，"没有一个负责任的人愿意把任何人的孩子，更不用说把他自己的孩子，交给那些没有通过考试的教师"。马萨诸塞州及各地的立法者和教育家发起了持续的争论，涉及是否应将这种测试的水平强加到正进入和即将推出的师资准备方案中，以及是否强加到获得和保留教学证书中。③

① 艾尔斯·G.德科斯塔："教师能力测试带来的冲击"，《理论联系实践》(1993 年春)，pp. 104—112；安·布拉德利："佩内尔·泰普德对教师证书测试的全民研究"，《教育周刊》(2000 年 3 月 15 日)。

② 理查德·J.莫内姆："能力性教师证书案例"；艾伦·榕伦："通过测试"，《AACTE 大纲》(1998 年 8 月 10 日)；凯特·则奈克："教师联合会建议进行全国性人员征募测试"，《纽约时报》(2000 年 4 月 14 日)。

③ 约翰·斯尔伯："那些不能教书的人"，《纽约时报》(1998 年 7 月 7 日)；戴维·J.霍夫："马萨诸塞州要求数学教师进行测试"，《教育周刊》(2000 年 5 月 31 日)；拉里·H.勒德洛："教师教学效能测试"，《教育政策分析档案》(2001 年 2 月 22 日)，摘自 http://epaa.asu.edu。

第五节　教师的工作环境

一旦成为教师,人们就会对自己的工作感到满意吗?教师的满意度受他们的工作环境影响。就像我们在本节中所说的一样,工作环境的不断变化是对呼唤相应的教育改革做出的反应,其中的几种变化好像有可能提高教师的工作满意度。

一、对教师工作的满意度

全民调查

在都市生命保险公司所做的一项民意调查中,他们问教师"你对教师这一职业的总体满意程度如何?"将近90%的调查对象说"非常满意",或者"比较满意"。将近一半的调查对象说他们现在比刚从事这一职业时更有激情;认为自20世纪80年代初以来,从事教学工作使他们生活很体面的教师,其人数百分比上升了近两倍。①

满意的原因

对教师工作满意的一个重要原因是,他们在帮助自己的学生学习和成长时会感到一种成就感。近来教师工资的增加,对教师专业技能的更全面的认可,以及他们与学生及其家长之间人际关系的融洽也增加了他们的满意度。因为教师对这些因素以及他们工作的其他方面大多持肯定态度,所以他们普遍表示出来的对工作高度满意的态度也不足为奇了。

不满意的原因

然而,许多教师确实对他们的工作不满意,并且他们认为这些方面

① 全国教育统计中心:"国家处在危急之中",《颁布10年后的美国教师》(华盛顿,哥伦比亚特区:美国教育部,1995年);安德鲁·S.莱瑟姆:"教师的满意度",《教育领导才能》(1998年2月),pp. 82—83。

妨碍他们教学能力的发挥，也妨碍他们与学生之间建立和谐的关系。全民调查表明：许多教师认为他们没有足够的时间教育学生、规划课程以及发挥其他教学功能。另一些教师抱怨上级领导期望不明确；他们认为要求教职员工参加培训是无意义的，或者是无效的；供给物和设备缺乏；需要做大量的文书工作和记录保存工作；以及没有足够的机会参与组织决定。提高教师工资和改善教学环境在将来可能会减少教师对这些方面的不满。①

二、州、学区标准与教师压力

“高风险”测试

教学是一种很困难的职业，因为它经常会有非常大的压力。最近几年，因为引进评定学生成绩的州标准和地区标准，这种压力对许多教师来说就大幅度增加了。这些标准通常伴随着一些责任机制，如标准化的测试、学校成绩的公布，有时还有每个班级成绩的公布。现在除一个州之外，所有学区都要求学生通过某种程度的统一考试。这些测试中包括“高风险”测试。它们决定学生是否能从一个年级升到另一年级，决定学生是否能合格地毕业，决定学生是否需要参加暑期班，决定他们在学校里大致相近还是因为很低的测试分数而相差太远，也决定他们需要其他方面的东西还是被鼓励严格实施这些测试并将它们做好。

针对测试进行教学

有一个结果表明，许多教师认为，为了提高学生的测试成绩，他们有很严重的压力。这种反作用在那些成绩差的学校很普遍，但是甚至在一些成绩非常好的学校里也会发生，并且在这些学校，州或地区每年都会对提高学生成绩提出很高的要求。许多学校的教职员工对此做出的反

---

① 康妮·安德森：“时光飞速流逝”，《K-8 教学》(1999 年 1 月)，pp. 80—81；巴巴拉·L.布罗克和玛丽琳·L.格雷迪：《重新燃起火焰》(加利福尼亚州千橡树：考文出版社，2000 年)；韦德·A.卡彭特：“银弹的十年”。

应是，一学年要耗费太多的时间准备测试，并且在获得和使用教学资源时强调对材料的测试准备。像我们在本书的其他地方指出的一样，这种情形已经导致了一些有争议的问题，如关于是否像教职员工“针对测试进行教学”一样，将普遍的教学方法狭隘化；这种标准化运动是推动还是阻碍了学生成绩的提高。尽管一些教师声称他们正在寻找新的途径提供吸引人的、在框架之内的高质量的教学方法，这些教学方法要求持续地注意州和地区测试所制定的大量学习目标，甚至当这些教师在这些框架内学着有效行使这些方法时，他们也会经受很大的压力。①

三、缓解压力

教学会带来压力

正如我们平时所见，教学有时有它自身的困难和压力。研究还表明，小学和初中的教学比以前变得更有压力。

应付压力的技巧

现在人们正在帮助有压力的职业人员学习处理压力的技巧。专家指出，锻炼、休息、娱乐、合理的营养、沉思或其他放松技巧、有效的私人作息表以及度假，可帮助个体处理好高压力的工作。建议教师们要减轻压力，也应该参加专业的恢复运动，或者互助合作小组，把他们的工作从家庭生活中分离出来，并且尽力以开明的态度对待变化。许多专门的组织和学区还提供课程或研讨来强调处理技巧和其他减轻压力的途径。由于新教师进入工作领域、专业组织、学区时，他们会经受特别的压力，因此，甚至美国教育部也提供方案支持新教师。

综上所述，我们就能明白为什么大部分教师有与年轻人一起工作的动机和进入具有挑战性的、有荣誉感的领域的愿望。大部分教师对他们工作的绝大多数方面感到满意，然而仍有一些教师对多种“非教学”因素

---

① 琳达·迈克尼尔：“创造新的不平等”；罗伯特·罗斯曼主编：“给所有的学生一个平等的起点”，《成绩政策大纲》(2000 年秋)，摘自 www.achieve.org。

不满意，还有一些教师对同时代提出的成绩标准化运动要求不满意。正如我们将在本章以下部分所看到的，全国范围内都在致力于改善教师认为存在困难的教学环境。

四、教育改革与教学环境

在过去20多年中，有许多呼唤教育改革的呼声。最为人所知的是来自美国教育部的一系列有关各州教育的全民报告。改革的努力已经改变，并将继续以基本的方式改变教师的工作环境。

《国家处在危急之中》确定的问题

国家报告与发展。从20世纪80年代中期开始，大量的报告内容集中在美国教育中存在的问题上。其中最为人所知的、也是最有影响力的一个国家报告是《国家处在危急之中》(1983年)，它是由国家优异教育委员会准备，由美国教育部发起的。报告中说美国正“处在危急之中”，它应意识到“美国一直处于领先地位的商业、工业、服务业和技术创新方面，正在被全球的竞争者赶上”，该委员会的结论认为，美国领先地位下降的一个重要的方面是学校中“庸才的大量涌现”。这里，我们要特别注意报告中所提出的增加教师报酬和尊重教师这一职业方面的建议。①

对教师这一职业的建议

■ 设立进入这一领域的更高标准。

■ 增加教师工资，从而使他们成为“具有竞争性的、市场急需的、成绩突出的”人。因此，把付给优秀教师更多的报酬作为这一体制的一部分(换句话说，就是要创立成绩奖励支付制度，该内容在“教师职业”这一章节中讨论)。

■ 增加教师一个月的额外工资。

---

① 国家优异教育委员会：《国家处在危急之中：必须进行教育改革》(华盛顿，哥伦比亚特区：美国教育部，1983年)，p.5；保罗·D.胡斯顿：“我们患上了教育青光眼吗?”，《学校行政管理者》(1999年1月)；也请参见《良性循环：建立一种连贯的师资准备系统》(华盛顿，哥伦比亚特区：州教育委员会国家协会，2000年)。

■ 创立一种区分不同水平教师的职业阶梯，从而使合格的人们从新教师到有经验的教师，直到最后成为一名高水平的教师。

■ 通过补助和贷款这类吸引措施，吸引杰出的候选者成为教师，特别是吸引他们成为科技和数学这些短缺专业的教师。

■ 利用高级教师培训和监督试用的教师。

NBPTS 证书

在 1987 年，根据《教师作为职业的特遣部队》的最后一条建议，卡内基公司帮助建立了全国教学行业标准委员会（NBPTS），它是一个非功利性的组织，其目的是给那些专业能力和知识都符合委员会标准的教师颁发证书。这些标准将焦点集中在主要知识和有效的教学方法方面，比那些各州确定的证书标准测试要严格得多。评估方法包括面试、角色扮演、计算机和电视模拟，以及其他的创新方法。要获得符合国家委员会条件的证书，教师必须有学士学位和至少 3 年成功的教学经验。[①]

INTASC 标准

这种情况下的新教师成绩标准也被由美国教育部提供资金的州际新教师评估和支持协会（INTASC）进一步完善。当前的有关 INTASC 的信息可以通过网站 www. cesso. org/acadfact. html 得到。有超过 30 个州参加了 INTASC。

霍姆斯（Holmes）群体的建议

霍姆斯和其他群体。从 1986 年开始，霍姆斯群体就开始关注教学职业改革，该群体是一个由一些主要的研究性大学的教育系主任组成的协会。后来改名为霍姆斯伙伴协会，它被委托制作一系列的报告，包括《明天的教师》、《明天的学校》和《明天的教育学校》。除了在其他报告中强调的改革之外，霍姆斯群体还强调接受师范教育的学生要有早期学校经历。因此，这个群体致力于职业发展学校（PDSs）的建立。和传统的

① 艾里斯·C.奥特伯格、玛丽·H.福特尔和乔伊斯·M.里尔伯曼："国家委员会证书"，概况可见 www. nbpts. org。

“实验”学校一样，职业发展学校主要是用来将地方学区与教育学院或教育学校联系起来的，但它更全面和系统。学院教职员工像班级教师一样行使职责，担任新教师指导者。依照提倡者的意见，职业发展学校允许有经验的教师、新教师、师范教育者以及行政人员一起工作，创建一个学习团体，为成绩差的学生提供学习机会。现在建立了大约 1 000 多所职业发展学校。①

支持职业发展学校

其他的群体，包括美国教师联合会、美国师范学院协会（AACTE）和全国教育学会，也已经在制定与职业发展学校相似的学校计划。这些努力还处于初级阶段，但美国师范学院协会调查表明，许多学校和教育学院已经合作建立了职业发展学校或相似的机构。另一方面，由于学区和高等教育机构缺乏资金而阻碍了它的发展。②

新兴群体的建议

新兴群体（主要由以前的教师培训学院组成的高等教育机构协会）为教师职业的改革提供了额外的帮助。新兴群体主张教师培训应该结合学生的整个的大学经历而不是最后一年的经历，并且应将广泛的、有次序的领域与临床的经验结合起来。在 1999 年，这个群体的 10 名成员加入到一个获得 855 万美元基金，用来提高他们教师教育的方案中。③

对国家报告的批评与建议

对国家报告和随后发展的反应。对上述过多的国家报告和随后发

① 霍姆斯群体：《明天的教师》（密歇根州东兰辛：霍姆斯群体出版社，1990 年）；霍姆斯群体：《明天的教育学校》（密歇根州东兰辛：霍姆斯群体出版社，1995 年）；也请参见温迪·施瓦茨：“职业发展学校对城市学生教育的影响”，《城市教育文摘情报交换所》（2000 年 9 月），在http://www.eric-web.tc.columbia.edu 网站可查阅。

② 安妮·里尔伯曼和林恩·米勒：“职业实习学校的教师发展”，《师范学院档案》（1990 年秋），pp. 105—122；艾斯迈特·艾伯德-哈奇：“职业发展学校”，《教育资源信息中心评论》（1995 年冬），pp. 16—17；“教师隔离的处方”，《今日全国教育学会》（2000 年 3 月），p. 10。

③ 有关复兴群体的信息来自于www.emporia.edu/rengroup。

展的反应一直比较混乱。毫无疑问,这些报告帮助人们集中关注教育问题,并产生了大量的有用的具体建议。然而,许多教育者认为,这些报告在诊断和解决问题时都过于单纯化,许多建议遭到了实质性的抵制和批评。①

例如,许多教师、行政人员以及研究者,都对强调给一些教师比他们的同事更多的权威和薪金,让这些教师成为"领导型教师"和"职业阶梯"的方法提出了批评。此外,对职业发展学校的批评集中在它的高消费和缺乏可靠资金上,同时也集中在阻碍学区和高等教育机构合作的不同利益上。同时也涉及认为教师参与改革活动会因大量的、互相矛盾的变化需求而增加负担。②

州的改革

尽管没有一致约定,但几乎所有的州政府都按照某个国家报告一致采取行动。绝大多数州已提高了教师的工资,增加了师范教育收支的必备条件,并增加了对新教师的测试。

校本管理

教育改革与增加教师自主权。一些改革的努力都致力于增加教师自主权,它通常包括通过校本管理增加教师在做决定中的作用。例如,许多地区的教师联合会与学校董事会达成协议,使教师在决定学校政策和实践方面发挥更大的作用。这些规定通常给教职员工更多的机会选择教学方法,挑选教学材料以及决定学校资金如何使用。(校本管理在"教师职业"这章中详细讨论)

大德县(Dade County)的自我管理

近来的几个通过增加教师自主权来提高教育的实验目标更大、内

---

① 例如,参考约瑟夫·墨菲等:《20世纪80年代教育改革运动》(加利福尼亚州伯克利:麦考卡特琴出版社,1990年);迈克尔·福兰等人:《师范教育改革的大起大落》(华盛顿,哥伦比亚特区:美国师范学院协会,1998年);苏珊·L.麦尼克和黛安娜·普林:"你能记录口述吗?"《师范教育杂志》(2000年9—10月),pp. 262—275。

② 威廉·R.约翰逊:"向从业者授权:霍姆斯、卡内基与历史教训",《教育史季刊》(1987年夏),pp. 221—240;苏珊·M.约翰逊:"教师职业证书能够改造教师职业吗?"。

容更广。例如，在佛罗里达州的大德县，许多学校参加一种自我管理实验，在实验中，教师和行政人员一起工作，一起重新设计他们学校的教育方案。更有意义的是，全体教职员工能决定聘用的人数及他们的职责。作为这个方案的一部分，学校教育董事会降低了在诸如课堂规模的最大化、教学时间的长度和各科备课笔记的数量等领域的要求。①

罗彻斯特(Rochester)的全面改革

许多观点都认为，纽约的罗彻斯特的改革更加全面。从1987年开始，教育董事会与罗彻斯特教师协会便达成协议，主要内容如下：②

(1) 建立在卡内基模式基础上的“领导”教师，已经在教学方案中作为一种职业得以确立。在此方案中，教师发展经过四个阶段：① 在有经验的同事指导下工作的实习(新)教师；② 仅仅拥有临时证书的实习期间的常驻教师(Resident Teacher)；③ 拥有永久证书的专业教师；④ 至少有10年工作经验的领导型教师，他们要多工作10%的时间并且要奉献他们一半的时间担任指导者、制定教育提高计划或充当其他领导角色。领导型教师由4名教师和3名行政人员组成的座谈小组评选，年收入约为7.5万美元。

(2) 决定教师的任务并不是根据传统的教师工作年限，每所学校的全体教职员工委员会共同对那些想转入的教师进行面试，并根据学校的实际需要决定是否录取。同时，专业教师和领导教师被分派任务是根据需要，而不是根据资历，因此他们要更多地教成绩差的学生和班级。正如罗彻斯特教师协会的主席亚当・俄班斯基(Adam Urbanski)指出的：“这些学生的成功不能依赖新教师，他们只是学习这项工作就有很多事

---

① 苏珊・H.福尔曼和理查德・F.埃尔莫尔：《取消规则》(新泽西州新布伦斯威克：CPRE，1995年)，相关信息摘自 www.utofd.com/waivers.htm。

② 乔安娜・理查森："纽约罗彻斯特、有责任的契约、资源"，《教育周刊》(1993年12月15日)，p.3；克里斯廷・E.默里、杰拉尔德・格兰特、瑞杰・斯瓦米-内森："罗彻斯特的改革"，《消除师资质量提高的障碍》(华盛顿，哥伦比亚特区：美国教育部，2000年)。

要做。让新手教师承当最艰苦的教学任务等同于让外科实习医生做心脏手术而让内科主治医生治疗皮肤擦伤。”

对这些实验得出成功或失败的结论还为时尚早。这些改革努力将遭遇很多障碍，并且参与计划的教育者将不得不学会如何将增加教师自主权转化为改善学校的功能。

焦点问题回顾：你最希望看到的这里所描述的哪些教育改革能在你想要教学的学区得到实施？你认为哪些改革可能会引起教师的不满或压力？为什么？

学校与网络技术

因特网在培养未来教师中的地位

登录到 URL www. ed. gov/teacherquality/wantobe. html，打开屏幕，你将发现一篇由美国教育部提供的题为“因此你想成为一名教师”的文章。

这一页中可以点击的超文本标题包括：

■“教师招聘交流会”，描述的是“为未来教师寻找工作，为学校、地区和州寻找高质量教师的拥有在线资源的一站”。

■“你期望中的第一年教学是什么样的”，描述的是“自由讨论编辑，并对新教师中的优秀分子予以奖励”。

■“新教师的生存指导”，描述的是“对新教师中的优秀分子予以奖励的反应资料汇集”。本页底端的信息中将告诉你如何从教育部获得一份免费的印刷副本。本部分为你如何与老教师、学生家长以及校长一起工作提出了建议。这是从那篇信息介绍中摘录下来的：

“下沉与浮起”是什么意思？

一开始，新教师仍有可能被分配教授一些最具有挑战性的课程，这些课程伴随着繁重的发展重点和一些需要其他专门知识教学的学生。

此外，许多新教师在他们工作之前，接受到的对学校政策和程序的快速定位方面的信息很少。对于这个问题，他们没有哪天或哪个星期可以抽出时间坐下来和同事一起讨论教育学方法，讨论日常的如时间与班级管理以及应对策略……这些两难选择的问题。

幸运的是，一些有希望的新的主动探索正在进行中。例如，关于毕业于得克萨斯州A & M大学的新教师的计划中，100%的毕业生在5年过后仍在自己的工作岗位上。同时，依据这所大学的看法，全州范围内的教师在5年后仍居其职的保持率大约在50%。

得克萨斯州的教师职业第一年计划的设计是为未来教师向专家水平职业发展提供支持和指导。这一方案的焦点集中在诸如班级管理、沟通技能以及训练等实践问题上。教职员工也会通过定期参观参与班级来评价教师的成绩……

除了大学师资准备方案之外，学区为了使新教师获得成功也做了大量的工作。从特拉华州到俄亥俄州的哥伦布，到内布拉斯加州的奥马哈，这些地区都创立了为新教师提供导师、助手以及其他形式的引导和支持的辅导计划。

你也可以看到从标题上链接到“美国教育部”和教育资源信息中心(ERIC)的一份题为“因此你想成为一名教师”的文献。

这些文献中，除了信息摘要和提供的建议之外，你还可以和其他的未来教师讨论它们的内涵，或者使你熟悉自己的州或其他州有关证书的信息及提供援助的可能性。

你还可以回到首页(www.ed.gov/teacherquality)，找到与本章许多主题有关的大量材料，包括教师征聘、教师标准以及新教师测试。

第六节　教 学 展 望

教师的光明前景

直到20世纪80年代的学校改革运动，主修教育的大学生才面临一个矛盾：买方市场需要教师，同时许多人又想知道进入一个工资、地位和魅力都呈下降趋势的领域是否明智。现在全民的注意力都集中在教育上，这对教师的前景来说是一个好消息。教师过剩的形式已经逆转，各级政府正着力于提高教师工资，改善教学环境，开展教师招聘以及师资准备工作。在学校中致力于帮助年轻人学习和成长的个体应该也有相当多的实现他们抱负的从业机会。将来，教师职业将再次令人兴奋，并使人们达成一个更广泛的共识：这一工作对美国社会至关重要。

总　　结

(1) 尽管进入教师职业有许多原因，但研究表明，绝大多数教师教学是为了帮助年轻的孩子并为社会提供服务。

(2) 许多教育者集中精力去增加教师工作队伍的多样性，从而更好地与学生人口的构成比例相一致。

(3) 对未来新教师的需求将持续。

(4) 最近几年，教师的工资快速增加。

(5) 各州之间以及高等教育机构之间的教师证书要求多样化。

(6) 一般地说，师范教育将变得越来越实际，越来越现实。这种发展方向的趋势包括，对未来教师增加基本技能测试，并增加要有早期的在中小学班级实习经历的规定。其他的重要趋势包括，第五年和五年方案的引入以及发展反思型教师。师资准备中还增加了使用现代科技，为有特殊需要的学生工作以及在多种环境下进行教学。

(7) 尽管某些教师对他们职业中的初始工资和其他某些方面不满意，但绝大部分教师对他们工作的大多数方面满意。

(8) 仍有广大的国民对教学工作队伍的质量表示关注。主要的有关教育的国家报告的内容包括，建议给教师证书的获得设立更高的国家标准，以及确立“领导型”教师和“专家型”教师的高薪地位。

(9) 为了使学校工作效率更高，许多学区致力于解决增加教师自主权的问题。

（10）大众对教育的关注的增加，学校发生的改变以及对教师前景的看好使得教师的角色重新令人兴奋和变得更加重要。

关 键 术 语

供需分析
资格证书
替代性证书
基于能力的师范教育
反思性教学
基本技能的测试
国家报告
《国家处在危急之中》
全国职业教学标准委员会
职业发展学校
教师自主权

讨　论　题

（1）你成为教师的原因是什么？怎样将这些原因与你的同学的原因相比较，以及与本章引用的研究进行比较？

（2）你认为本章所确定的师范教育的发展趋势是否符合需要？你认为它们会导致学校教育水平的提高吗？如何使它们变得有效？

（3）采取什么措施能够提高教师工资？哪一种最可能成功？决定它们是否成功的因素是什么？

（4）中小学除了教学工作外，还有什么工作对有教学证书的人开放？还有什么准备对获得这些工作是必需的或有帮助的？

专业发展的建议方案

（1）到几个路近的学区收集教师工资表的信息并加以分析。把你的数据与你的同学在其他学区所获得的数据进行比较，你能发现什么？这些学区教学的优点和缺点各是什么?

(2) 在你的校园里调查给师范教育提供的资金水平。有没有理由使你相信你们的学校或教育学院像"现金奶牛"(cash cow)那样为其他的教育单位提供实际的资金?

(3) 调查一名小学教师和一名高中教师对工作的满意程度,并说明满意的原因或不满意的原因。把你的发现和你的同学进行比较。

(4) 个人或一个小组,准备一份有关行动计划和行动组织的报告,该报告要能证明教师对他们的工作做了高水平的准备。可测试的计划和组织包括有关教学和师范教育的教育资源信息中心交流会(www.ericsp.org)、例题Ⅲ(www.ets.org)、州际新教师评估和支持协会(www.ccsso.org/acadfact.html)和全国职业教学标准委员会(www.nbpts.org)。

第二章　教师职业

20世纪之前，教师为他们的工作准备相对较少，而且对于决定雇用他们的条件也没什么发言权。在师范学校或师范院校中，培养教师只需要一两年时间甚至更少，教师的校外行为还得遵守严格的规章制度。在一些规模小的学校或校区，教师由于没有组织起来而相互分离。因此，他们很容易被教育董事会开除，多数的理由是他们无能力上课，因为社区中有人反对。

时代发生了变化。如今，教师渴望在自己的领域中，不论是在教学内容还是在方法上，都成为具有渊博知识的专家。而且，他们也组成了一个良好的群体，获得了更大的权利。现在对教师的评价，主要是依据他们在校的表现，而不是校外的行为。通常，他们还能就他们的工作状况参与决策。在许多情况下，他们与学校行政人员、大学研究人员、政府官员以及所服务社区的人们有着密切的联系。本章第一部分就是描述教师努力塑造职业形象的过程，第二部分阐述教师组织在权力和权威方面是如何增长的。阅读时，请思考以下问题：

焦点问题：

■ 哪些趋向表明，教师正在成为成熟的职业？

■ 在哪些方面,教师还不是一个完整的职业?

■ 按劳取酬是怎样促进或阻碍教师职业的?

■ NEA(全国教育协会)和 AFT(美国教师联合会)的目标和活动是什么? 这些差别能消除吗?

■ 教师的其他重要行业组织有哪些?

■ 师范生和刚分配的教师可以加入哪些行业组织?

第一节　教师是一种职业吗

对于教师是否是一种完全意义上的职业,教育家们已经关注了几十年,许多教育家试图描述一些职业的理想特征,通过把教师与这些特征相比较来判断教师是否是一种职业。根据一些权威人士 25 年来的努力,描述了完整职业的一些特征。①

职业的特点

(1) 公众服务意识,事业献身精神;

(2) 超出外行人掌握的一套有明确规定的知识、技能体系;

(3) 长期的专业训练;

(4) 对证书标准的控制和(或)对从教的要求;

(5) 选择工作的自主权;

(6) 承担与所提供服务相关的责任(如判断、执行);一系列行为标准;

(7) 员工自我管理机构;

(8) 鉴别个人成就的专家协会和(或)精英群体;

(9) 有助于澄清模糊分歧点的伦理准则;

---

① 罗纳德·G.考文:《教育社会学》(纽约:大苹果城—世纪—农场出版社,1965 年);罗伯特·B.豪森:《教育》(华盛顿:美国高等师范教育协会出版社,1976 年);苏珊·J.罗森豪茨:"教师工作室",《学校的社会组织》(纽约:朗曼图书公司,1989 年)。

（10）高威望和良好的经济条件。

教师是一种“半职业”

一般认为教师不是一种完全意义上的职业，因为它不具有以上某些特征。在某些方面，教师应被看成是一种“半职业”或“成长性职业”，正处在获得这些特征的过程中。① 一些社会学家还认为，保育员和社会工作者也是一种“半职业”。

教师工作似乎在四个重要方面落后于如法律和医务等工作：（1）超出外行人掌握的一套有明确规定的知识和技能体系；（2）对证书标准的控制和对从教的要求；（3）选择工作的自主权；（4）高威望和良好的经济条件。下面，我们就来分析教师行业的这四个方面。

一、一套有明确规定的知识

未达成共识的知识

任何职业都独具一定的知识，以使其成员与大众区别开来，使他们对这个职业实施控制。具有这样一套明确的知识，其成员才能履行其职责，才能建立自己的专长，才能分出庸才和外行。过去，没有一致的教师或教育专业知识体系，②也没有（诸如物理、健康关怀这些学科中所有的）程序规则和方法论指导。结果，许多人，尤其是外行人士，冒充专家谈论教育问题——形成了大量的矛盾或消极的状况。③

职前培训的主要成分

这种不明确的知识体系还导致州与州之间，甚至某一个州内教师培

---

① 阿米塔尔·伊茨昂：《半职业及其组织：教师、保育员和社会工作者》（纽约：自由出版社，1969 年）p. v。

② 戴维·迪尔：《教师须知》（旧金山：约塞-巴斯出版社，1990 年）；约翰·I.古德拉德：《我国的学校教师》（旧金山：约塞-巴斯出版社，1990 年）。

③ 海德瑞克·D.纪德昂斯：《师范教育的相关知识》（华盛顿，哥伦比亚特区：美国师范学院协会出版社，1989 年）；布赖恩·罗恩：“教师工作与其他行业之比较：教师职业地位注解”，《教育研究者》（1994 年 8—9 月合刊），pp. 4—17，p. 21；乔纳森·塞弗尔：《篝火和魔力子弹，使教师成为真正职业》（马萨诸塞州卡莱尔：教学改进研究出版社，1995 年）。

训机构中的教师教育课程内容的不一致。教师的培训通常由三个主要部分组成:(1) 自由的(或通识)教育;(2) 专业学科领域内的教育——指导学生"主修的"或"辅修的"课程;(3) 专业的教育。几乎所有的教育工作者都认为好教师的培训由这三部分构成。然而,关于哪一种成分相对重要,这一问题存在着激烈的争论。例如,学教育的学生应在自由的课程、专业学科领域内的课程以及专业的教育课程各投入多少时间呢?关于实践工作经验,这种在实际的教学环境中所强调的实习,在职业教育课程里应统一到什么程度也存在不同的观点。

詹姆斯·科纳在《美国教师的错误教育》一书中深刻批判了美国师范院校开设太多的教育课程(一些州立师范院校开设60小时的教育课程),而这些课程又太"软弱",培训出的熟悉教育学的老师是以牺牲学术内容为代价的。① 虽然这些批评有助于减少必修课程的数量,但争论还在继续②,也就使得建立一种明确的全国教师培训标准相当困难。

NCATE 标准

然而,这一状况正在逐渐发生变化。全国师范教育鉴定委员会(NCATE)已规定了课程设置标准和授课教师资格。在这一点上,许多师范院校仍然没达到 NCATE 标准,2001年,NCATE 测评的1 200所大学中,有57%没通过。但是,大多数学校在努力奋斗,以求达到 NCATE 标准。2001年,有86%的学校得到了 NCATE 的批准通过。③ 而且,1995年,美国师范学院协会(AACTE)决定加大寻求达标力度。为达到这个目的,AACTE 正在扩大技术援助。例如,在鉴定过程中,向未达标

---

① 詹姆斯·D.考恩纳:《美国教师的错误教育》(波士顿:哈夫顿米夫林出版社,1963年)。

② 例如,帕梅拉·C.博伊德:"职业学校改革和公立学校重建:合作关系的生动描述",《师范教育杂志》(1994年3—4月合刊),pp. 132—139;罗伯特·A.罗思:"大学不能培养教师:职业转化",《师范教育杂志》(1994年9—10月合刊),pp. 261—268。

③ 全国师范教育鉴定委员会:《十年的发展:1991—2001年》(华盛顿,哥伦比亚特区:全国师范教育鉴定委员会,2001年),p. 4;阿瑟·E.怀斯:"我们需要的不仅仅是重新设计",《教育领导》(1991年10月),p. 7。

机构咨询。[①]

二、对从教的要求和对获得证书的控制

各种各样的证书

虽然大多数行业都有一贯的录用和资格证书要求，但历史上在教师中还没有发生这种情况。如第一章所述，近来大多数州进行改革，要求先通过最低限度的能力测试才能做教师。同时，全国职业教师标准委员会正在设计一种测量个人教学能力的方法。但是，各州之间的资格证书要求仍不一致，而且对教师的测试也产生了广泛的争论。甚至有人估计，许多在中学工作的教师是没有证书的教师——换句话说，是没有得到专业领域认可的。这一现象在科技和数学领域尤为严重。

对可替代性证书的争论

倾向于使用可替代性证书，使得这一问题更为模糊。正如第一章所述，现在教师是由受过大学教育的退休教师、工厂工人、寻求第二职业的有经验的人士组成。为了克服某些学科领域（如数学、科学、计算机教学）教师的不足，为了提高新分配教师的质量，可替代性证书常常被外行人士和校董事会成员认定是可行的、创新的。但大多数教师组织认为它是对教师职业的威胁。一位批评者写道："懂得一点东西的人都能自动地教书，这一设想不会解决教师质量问题。"[②]AACTE 站在中间立场，它只是在具备硕士学位水平以及配合有监督的培训时才支持可替代性证书。[③]

教师组织的参与

不管他们在资格要求上有何不同，教师过去对这一问题讨论很少。

---

① "AACTE 策略计划包括鉴定"，《NCATE 通讯》（华盛顿，哥伦比亚特区：全国师范教育鉴定委员会，1998 年），p. 5；"重建师范教育"，《师范教育委员会 21 世纪宣告》（华盛顿，哥伦比亚特区：师范学院协会，1992 年）。

② 李・S. 苏勒门："知识和教学：基础和革新"，《哈佛教育评论》（1987 年 2 月），p. 324。

③ 《进入教师职业的其他途径》（华盛顿，哥伦比亚特区：美国师范学院协会，1995 年）；格伦・巴克等："替代性证书计划"，《师范教育和特殊教育》（1995 年冬），pp. 39—48。

但现在，教师组织开始和州立法机关以及教育部门合作，修改资格标准，建立专业培训董事会(本章后面有阐述)。教师的投入越多，他们对自己在资格程序上要求就越高，教师也愈将成为一个完全意义上的职业。

三、选择工作的自主权

专业控制与外行控制

每个行业中，任何成员估计都能对工作性质作出专业性评价。事实上，外行的控制被认为是行业的天敌，因为它限制了专家的力量，为外界的干扰打开了大门。专业人员往往通过制定规章和习俗确保自己的全权管理。

教师参与的传统性缺乏

相比之下，教师传统上很少参与课程决定。而且，当他们的课本或课题与当局相冲突时，他们又很软弱。实际上，学校当局经常雇佣外界没有教学经验的“专家”来帮助选择课本，编制资助计划，或解决学校与社区的纠纷。[①] 甚至于发动学校改革的也不是老师，而是政府官员、商业领导和市民群体。

标准化教学方法

与改革的努力相联系，一些州和地方学区已经制定了一些在计划和授课方面使用的特殊方法。对教师的评价在很大程度上是根据他们遵守这些标准方法的能力。例如，在阿肯色、密苏里和得克萨斯，教师评价的指导方针已经有了普遍的指导顺序——例如，介绍主题、展示材料、检查理解的情况、提供指导性的和独立的练习，以及讨论家庭作业——这是教师在实行“示范”课时所应遵循的。

标准方法的负面效应

一位研究者断言，对学生进行大量测试的立法要求与适当的教学方

---

① 迈克尔斯·W.阿普尔：“有开设新课程的呼声吗?”；艾尔弗雷德·G.赫斯：“教师变化的角色：从旁观到参与计划”，《教育与城市社会》(1994年5月)，pp. 248—263；约翰·J.迪拿达拉：“学校改进与重建：一种三维取向”，《NASSP公告》(1994年10月)，pp. 79—83。

法的行政命令一起，已对教师队伍的“非职业化”和“非技能化”做出了贡献。当政策鼓励或要求教师简化课程和教学时，为了确保学生掌握通过简单的升级考试的技能，非职业化就出现了。林达·麦克内尔(Linda McNeil)、罗伯特·罗斯曼(Robert Rothman)和其他观察者说，许多教师用“防御性教学”方式做出了反应。在这种教学方式中，为适应考试，他们分解了课程。为了强调在理解上出现的实际反复，他们使主题“蒙上了神秘的色彩”，以及为了让学生掌握，他们把材料作了简化。①

奖励的消极面

规定教学方法的结果似乎对教师评价是同样消极的。正如西南部一位观察者所描述的那样，评价方法通常是奖励那些给一个比较被动的班级讲课和提问的教师，而不是那些帮助学生克服困难的教师——如指导学生独自进行科学实验、英文写作、计算机编程的教师。其他地方的研究者也描述了这种情况，独特的教学方法的规定已导致教师强调被动的学习和对低水平材料的记忆。② 就在最近，随着校本管理(本章后面要讨论)和其他形式的教师参与的出现，这种情况才开始有所好转。

大众的责任

尽管由工会代表劳方集体进行的劳资谈判导致重新安排教师和管理人员，但是，大多数人仍然认为教师是公仆，他们对于人民，对于被人们雇用、选举和任命的学校领导负有责任。纳税人及其代表可以“合理地”宣称他们享有很大的决策权，因为他们负担费用和提供生源。因此，

---

① 林达·M.马克内尔:《控制的矛盾》(1986年);苏珊·莫尔·约翰逊:《工作中的教师》(纽约:基础出版社,1990年);罗伯特·罗斯曼:《测量》(旧金山:约塞-巴斯出版社,1995年);威廉·桑德斯和桑德拉·P.霍恩:“教育评价的再评价”,《教育政策分析档案》(1995年3月3日),在olam. ed. asu. edu网站查看;克里斯·理查茨:“流行文化、政治和课程”,《教育研究者》(1998年6—7月合刊),pp. 32—34。

② 哈里特·泰森-伯恩斯坦:“得克萨斯的教师评价体制”,《美国教育家》(1987年春),pp. 26—31;阿瑟·E.怀斯:“重新审视立法学习”;丹尼尔·U.莱温和瑞纳·F.莱温:《社会和教育》第9版(马萨诸塞州尼达姆高地:阿林培根出版公司,1996年);约翰·史密斯、杰夫·夏克洛克和罗伯·哈塔姆:“困难时代中的教师发展”,《教师发展》(1997年11月1日),在pp. www. triangle. co. uk. 网站查看。

在许多情况下，教师得按学生家长、校长、地方教育官员和学校董事会成员的要求去做事，甚至有时这些指示与他们的专业判断恰恰相反。

四、较高的威望和较好的经济条件

高威望的职业

职业声誉指在一个特定社会的一种职业所受到的尊敬。当对社会做出了特别有价值的贡献并且能被大多数人所理解时，那么这些职业就会有很高的威望。那些需要高学历和高技能的，不需手工劳动或体力劳动的职业也有受尊敬的趋势。在这些社会地位方面，同历史相比较，中小学教师的地位得到了很大的提高。

教师的威望

或许最著名的职业威望的研究可能是由国家舆论研究中心(NORC)指导完成的。在对500多种职业的研究中，内科与外科医生的平均分数最高达到82分，而最低的是擦皮鞋的，只有9分。小学教师排在第60位，中学教师在第63位，两者都在90%以上。此外，在最近的几十年中，说自身"在当今社会上感到受尊敬"的教师的百分比已大幅提高。在一项跨国研究中，70%接受调查的美国人都相信中学教师"非常受尊敬"或"相当受尊敬"。①

教师地位提升的原因

教师保持甚至增加了职业威望的原因是，在过去的一个世纪里，他们受教育的水平已大大增加了。另外一个原因可能是教师工作的复杂性。布赖恩·罗恩(Brian Rowan)通过把教师工资与其他职业相比，发现职业的声誉与工作的复杂性有直接关系。因为教师的工作比其他行业复杂75%，所以，教师声誉的排名相当高。教师工作的复杂性是通过

---

① C.C.诺斯和保罗·K.哈特："工作与职业：一种流行的评价"，《舆论新闻》(1947年9月1日)，pp. 3—13；罗伯特·W.何奇、保罗·H.西格尔和皮特·H.罗西："美国的职业声望(1925—1963年)"，《美国社会学杂志》(1964年11月)，pp. 286—302；唐纳德·J.特雷曼：《职业声望的比较》(纽约：学术出版社，1977年)；罗文："教师工作之比较"，pp. 4—17。

其工作需要体现出来的。如需要运用科学或逻辑思维的原则来界定问题、收集资料、明确事实和得出结论。他们必须具有相当熟练的语言水平(读、写、说),并且,最重要的是,他们必须跟各种人群进行有效的交往——儿童、青少年、家长、同事和上级等。这种与人打交道的工作也就使得教师与其他大多数行业有所区别。然而,社会却赋予医生、大学教师、律师、工程师等很高的荣誉(当然,报酬也高一些),主要原因是说他们处理的是一般被视为较抽象的信息,还因为这些领域需要严格的大学培养和文凭。①

工资趋势

地位一致性假设

尽管20世纪30年代以后,教师的工资增长超过了工厂普通工人工资的增长,但仍低于诸如工程师、保育员、会计、商业主管等专业的大学毕业生。② 另外,与律师、商业总经理或受过类似程度的正规教育的人相比,教师挣的钱要少得多。例如,和教师受过相等程度正规教育的商业主管,每年能挣15万美元,有的能挣50万美元甚至更多。但是,地位一致性假设认为,一些人总倾向于跟他人比成绩(包括地位和金钱),企图赶上与自己做类似工作或受过相同年限教育的人。③ 如果真是这样的话,我们可以确定,教师如果与其他群体相比,在某种程度上就会感到不满意。过去,这种不满一直是教师进行斗争的原因,也导致一些教师离开了这个岗位。④

---

① 罗文:"教师工作之比较",pp. 4—13。

② 维克多·R.林德奎斯特和弗兰克·S.爱蒂科特:"林德奎斯特-爱蒂科特西北报告:大学生就业趋势",《第46个年度调查》(伊利诺伊州,伊万斯顿:西北大学出版社,1992年);"低薪教育的工资级别",《今日全国教育学会》(1995年3月),p. 5;也可参见"Just the Stats",在www. nea. org/publiced/edstats查看。

③ 罗纳德·G.考文:《好战的职业主义:中学军事冲突研究》。

④ 乔·安娜·纳达拉:"教师为何离去",《教育行政领导》(1993年10月),pp. 8—15;帕特里夏·龚查拉:"保留教师的策略",《NSTEP信息简介》(亚历山大里亚、弗吉尼亚州特殊教育指导者国家协会,1995年)。

教师的地位在上升

值得称道的是,教育改革把教师推向显赫的位置,同时也给学区施加了增加教师工资的压力。尽管乐观主义的方案总是不能完满地实现,[①]但教师收入与其他受过高等教育的人相比,差距已开始缩小。在教师自己的职业组织的帮助下,伴随着提高教育标准的压力,教师应继续享有较高的地位。

焦点问题回顾: 前面这几个专业领域(一套有明确规定的知识体系、对证书和录用的控制、决策的自主性、高威望和经济地位)中的哪一个对于你个人的职业定位最重要?教师职业好像滞后于这些领域的其他职业,这对你重要吗?为什么重要或为什么不重要?

第二节 职业化的趋势

尽管可能有人认为,教育不是一种完全职业化的行业,但它已经出现了职业化趋向。例如,集体谈判就可以提高教师的工作决定权,职业化趋向还表现在其他方面,如下所述。

一、集体谈判的范围

集体谈判是职业吗?

到1980年,在美国大多数州,教师已获得选派代表与其雇主进行谈判的权力。集体谈判的程度和性质在不同场合是不同的,它不受法律干预,却受罢工权力的支持。

从某些方面讲,集体谈判可认为是非职业化甚至是反职业化的行

---

① 艾伦·C·奥恩斯坦:"社会上的教师工资",《中学杂志》(1990年1月),pp.129—132;也请参见"Just the Stats",在www.nea.org/publiced/edstats网站可查看;南方地区教育董事会:《SREB教师工资:1995年、1996年维持现状,估计1997年增加》(佐治亚州亚特兰大:SREB,1996年)。

为。例如,在律师、医生、牧师中,事情很少是通过集体谈判决定的。但从另一个方面讲,集体谈判又可以显著促进教师职业化,因为它给予教师对工作条件的更大决定权。

集体谈判不断改变的中心问题

集体谈判趋向带来的远不止工资问题。如今,焦点经常集中在同代人之间的评论、事业发展、按劳取酬、标准确定、校本管理等方面①(后面将讨论这些问题)。教师谈判组经常感到主要"压力"就是和职业关注相反的日常问题。② 随着新世纪的到来,学校改革、重建和教师权力运动将给教师更多的职业自主性,更大的组织力量和更高的工资,作为对承担更多的责任和减少敌对谈判的交换。长此以往,集体谈判不仅能解决学校董事会和教师之间的冲突,而且能提高整个职业的地位。③

二、行业执行委员会

设置行业标准

在确定专业执行标准方面,不可能给予教师完全的自主权。但近来,他们也发挥了较大的作用。现在除了缅因和南达科他两州外,其他州都建立了州行业执行委员会或类似的机构,来为教师资格证书制定标准。这些委员会通过限定教师的最低能力标准、惩罚教师的非职业性或徒劳的行为,在极端情况下甚至通过中止教师证书的有效性来推动行业的发展。但实际上,只有少数州的委员会成员主要是由教师构成,有些

---

① 路易斯·费舍、戴维·希梅尔和辛西娅·凯利:《教师与法》(纽约:朗曼图书公司,1999年),pp. 57—63;林·M.科耐特:"教师十年改革的教训",《教育领导》(1995年2月),pp. 26—30;威廉·A.费尔斯通:"教育改革中应重新考虑教师工资",《美国教育研究杂志》(1994年秋),pp. 549—574。

② 沙伦·考利:"现场管理集体观:学校领导在集体谈判中的影响",《计划与变化》(1993年),pp. 147—159。

③ 查尔斯·T.基尔奇纳:"在飞机滑行时制造飞机",《学校行政管理人员》(1993年11月),pp. 8—15;德尔·斯托弗:"示威现场发回的报道",《美国学校委员会杂志》(1991年12月),pp. 46—47;威廉·基恩:《双赢还是别的:大众不满年代的集体谈判》(加利福尼亚州千橡树:考文出版社,1996年)。

州甚至不要教师参加。①

国家教育学会的地位

国家教育学会(NEA)赞同行业执行委员会的设想,但同时指出,它应受教师控制——与其他群体,如学校管理当局、大学、某个少数民族代理机构谈判。国家教育学会认为,同律师、医生和会计一样,教师是自身行业的真正管理者。② 一些教育者主张建立一个全国委员会,而不是相互独立的各州委员会,这也是美国教师联合会的立场,也受到全国许多工作小组的欢迎。正如在第一章所提到的,卡内基公司帮助建立了全国教育行业标准委员会(NBPTS)。国家教育学会也支持该组织,因为NBPTS中三分之二的主管是教师出身——也就是说,它代表了教师团体、学科领域协会和优秀教师。③ 当前,NBPTS已经在21个领域给近1万名教师授予了国家级证书。预计该计划最终将涵盖40多个不同的资格证书领域。尽管NBPTS证书是民办的(非官方的),不能作为聘用的依据,但许多教师希望地方学校董事会和教育官员鼓励教师争取这一国家级证书。④ 已经有39个州利用证书费用补偿或工资增补等措施支持这一行动。⑤ 如需要更详细的关于国家委员会标准及40个证书领域的信息,请访问:http://new.nbpts.org。

① 《各州的师范教育政策:50个州立法和行政行为调查》(华盛顿,哥伦比亚特区:美国师范学院协会,1990年);与彭尼·厄尔利的电话访谈,他是美国师范学院协会的研究专家(1998年8月21日)。

② 基思·戈格:"履行美国义务",《华盛顿邮报》,(1991年5月6日),p. 34;国家教育学会:"行业标准委员会",《NEA手册》(华盛顿,哥伦比亚特区:国家教育学会出版社,1994—1995年),p. 311。

③ 约翰·W.波特:"呼唤国家教师证书",《NASSP公告》(1990年10月),pp. 64—70;阿瑟·E.怀斯:"教师培训",《美国学校委员会杂志》(1994年6月),pp. 22—25;唐娜·H.勒克:"证书:行业巅峰的教师",《美国学校委员会杂志》(1994年6月),p. 24;艾尔伯特·尚克:"质量保证:加强教师职业该做些什么"。

④ 国家教师职业标准委员会:《教师资格证书国家委员会》(2001年),见www.nbpts.org/2000 nbct/index.cfm。

⑤ 美国师范学院协会:"NBPTS研究:获得教师资格证的教师比无资格证的教师更出色",《师范教育报道》(2000年11月27日),p. 2。

三、间接介入

间接介入是指人们进入一种行业要经过严格的监督。这样有助于他们了解在特定的情况下怎样成功地运用专业知识。例如，在医务工作中，经过1年或1年以上的实习，然后是做见习医生，最后才能成为真正的医生。

新教师缺乏帮助

丹·C.罗提从社会学角度研究了教师的工作，并得出结论认为：在有序的职业介入方面，教师排名处于随便介入和高要求介入之间。[①] 缺乏细致的间接介入将产生长期的影响，它意味着新来的教师从以前的教育者提出的原则和实践中受益的机会相对少些。教师们经常说，他们是从课堂教学的尝试错误中学会教学的。他们还说，刚教书的几年可以说是焦虑、孤独、恐惧甚至满是创伤的几年。[②] 尽管任何行业开始都存在着困难和焦虑，但一个更为系统化的间接介入将可以减少这些问题。

作为实习基地的职业发展学校

在实习之前，学院和大学运用职业发展学校进行专业化训练已逐渐成为一种趋势(第一章讲过)。安排教师与学生进行一年时间的现实教学，通过几个学期的接触——在有经验的教师和大学教授指导下的实际课堂教学——为进入教师行业提供了更加系统的指导。[③]

建立转换时期

教育界现在意识到有必要在进入教师角色之前安排一个引导和转

---

① 丹·C.罗提："学校教师：社会研究"(芝加哥：芝加哥大学出版社，1975年)。

② 巴里·A.法伯："教育危机：美国教师的压力和灭亡"(旧金山：约塞-巴斯出版公司，1991年)；帕梅拉·格罗斯曼：《教师培养》(纽约：师范学院出版社，1990年)；苏珊·穆尔·约翰逊：《在职教师》(纽约：哈珀罗出版公司，1990年)；安·科伯恩：《压力下的教学》(宾夕法尼亚州布里斯托尔：法尔莫，1996年)。

③ 伊斯麦特·阿布杜-哈克：《职业发展学校衡量证据》(加利福尼亚州千橡树：考文出版社，1997年)。

换时期。自从 20 世纪 80 年代初以来,30 多个州已经建立州范围内的激励机制或为此提供资金。一些地区,如俄亥俄州的托莱多,让有经验的教师给见习或实习教师提供帮助和反馈。成绩评定法有时被用来判定新教师是否掌握了一些最重要的教育技能。由于帮助了新教师,其他地区也特别安排有经验的教师(尤其是那些教“高冒险型”学生的教师)和新来的教师配合工作。① 指导教师可能会得到更多的自由时间或更高的薪水。许多其他学区对所有教师都进行评价,但对于实习教师和有经验教师的要求和培训期限不一样。② 一些大学对即将从事教育工作的毕业生提供过渡性指导,要么是通过直接督导,要么是通过员工发展,或者两者结合。总之,一些教师协会和教育改革人士都主张:细致的间接介入应该继续。

四、教职员工的发展

赶上时代发展步伐

教师需要持续严格的培训。教职员工发展是指一个学区的教师进一步地接受教育和培训。为了跟上时代要求,获得新的教学能力,教师们一般都得参加各种形式的在职培训。

教职员工发展的日益重要性

NEA 和 AFT 都非常支持教职员工发展,认为它是教师专业成长的一个不可分割的部分。事实上,美国教师是一个老年群体(教师平均年龄在 50 岁左右,拥有 20 年的工龄)。许多州现在要求教师参加教职员工发展计划,来保住自己的教师资格证书。一些不超过 10 年工龄的年轻教师希望利用这一机会提高学历(多数是取得硕士学位);超过 10 年

① 汤姆·盖斯马:“合作教师和指导教师对教师职业发展的贡献”(美国教育研究协会的年会论文,伊利诺伊州芝加哥,1997 年 3 月 24—28 日)。

② 阿瑟·E.怀斯、琳达-帕灵-哈蒙德和巴奈特·巴利:《有效的教师选择:从招募到留置》(加利福尼亚州圣莫尼卡:兰德公司,1987 年);戴维·豪茨考姆:“南卡罗来纳州教师行为评价:偏爱和实践”;约瑟夫·克瑞托威克斯·凯思琳·法伯和威廉·阿马里纳:“自下而上的改革”。

以上工龄的教师则是更多地参加一些专业研讨班或在职培训。①

教育技术和研究的培训

教职员工发展的一个重要任务是提高教师在使用教育技术方面的知识和技能，包括从掌握计算机基础知识（如文字处理、制作成绩表）到熟练使用因特网、互影视频、CD－ROM影碟和远程教学等。② AFT已经建立一种教育研究与发展机构来展现教师在教育中的重要研究成果。通过一系列的大学培训，接受培训者了解到最新的研究和探索在实际课堂教学中的应用。1 500多名教师接受了大学培训，担任研讨班的领导者，而且这一活动计划仍在开展。③

总之，各种新型的教职员工发展计划提高了教师在专业领域中的决定权，也有助于形成一种理念：像其他成熟行业一样，教育行业也需要持续地接受培训。高需求的全员发展主题包括学生的阅读和写作能力、特殊需要，及合群学生的工作、积极学习策略的运用、课程修正、班组管理及法律意识和法律事务等各个方面的提高。

学校与网络技术

互联网上的职业发展机遇

不管你是打算从教者，还是从教第一年的教师，或是老教师，职业的提高与发展都是你教学成功的关键。对于教师、学生甚至学生的父母，互联网都提供了丰富的技术资源。

新教师特别需要搜索工作信息，不但需要替代性学习、证书、职业期望与行为方面的信息，而且需要书写履历表和会见信息。新教师网站（www. geocities. com/Athens/Delphi/7862）包含所有这些主题，甚至

---

① 《教育状况》（华盛顿，哥伦比亚特区：美国政府出版署，1997年），p. 138。

② 朱迪思·达菲尔德："试验，磨难和少许成功：技术融入职前教师培训计划"，《技术趋势》（1997年9月），pp. 22—26；詹姆斯·哈维主编：《技能与教师职业发展》（加利福尼亚州圣莫尼卡：兰德公司，1995年）。

③ 《AFT教育研究与扩展项目》（华盛顿，哥伦比亚特区：AFT出版社，1990年）；与教育研究和拓展项目的助理主任迪安娜·伍兹的电话谈话（美国教师联合会，1995年11月14日）。

更多，访问此网站，可获得组织课堂教学、委员会的意见、教学策略、教育者的资源，甚至评价规则的情况、教学实习计划以及激励学生等情况。

对于想提升他们自己以及他们学生的互联网技能的新老教师来说，可查阅卡塞 · 斯洛克所著《教育工作者提导——互联网的信息》(http://school.discovery.com/schrockguide/yp/iypabout.html)。点击“About the net”能获得网上信息和资源，对于学生和教师，点击图表而进入插图，就能将网络图表、展示教育目的的图片链接到与学校有关的网站上。在此只有少量可利用的资源。

卡塞 · 斯洛克的《教育工作者指导——教育资源目录》(见http://school.discovery.com/schrockguide/edres.html)，不但有关于学龄前儿童资源的单独章节，而且也有适合于中小学教师的大量的“一般的教育资源”。每个资源区都与其他资源网址相联系。通过互联网找教师资源，访问斯洛克女士的网址是一种较简单的方式。此外，该网站也有职业发展、课程计划、思维技能、学习、特殊教育、互联网方案以及在线出版物等信息。

对于有丰富的职业经历且有兴致帮助新教师的老教师，可点击新教师网站的“指导新教师”栏（网址见上）。该栏网址和研究总结，提出了辅导计划的观点和新教师入门指导的建议，可用来帮助辅导新教师。

五、奖励性报酬

对奖励性报酬问题的批评

教师报酬中的真正变化还在继续。越来越多的学校委员会认为，奖励性报酬（对教师的基本工资加以补偿，以奖励其优异的成绩）是鼓励教师和激励先进的最经济的手段。但也有些教师联合会和一些评论家不太赞成这一方法。他们认为，教师的工作是复杂的，是难以测量的。奖励性报酬的评估通常是主观的，甚至有时只有一个评估人选——校长。

如果是同事测评,他们倒觉得轻松些。[①] 据有关报道,奖励性报酬方案一旦执行,教师总觉得获得优惠待遇的是些素质差的人。有些观察者担心,奖励性报酬问题会使少部分人牺牲其他人的利益,从而影响到教师间的团结。何况,奖励性报酬方案还存在资金缺乏问题。批评者们认为,必须提高所有教师的工资,而不只是少数人,不能使教师之间互争互斗。[②] 讨论话题中列出了赞成或反对奖励性报酬的争论。

讨论话题:教师个体应该根据其业绩而获得特别增加的报酬吗?

讨论主题	赞成的观点	反对的观点
奖励性报酬:从传统上讲,教师是根据他们的教学年限和所获得的最高学位而领取工资的。但是,最近的一些计划提出了给教师额外补贴,根据他们在教学技能、工作习惯、领导或学生成绩方面是否高于平均水平来判断。	1. 有些教师的学生考试成绩一直获得高分,有健康的社会态度,这样的教师肯定是优秀的或者说是公民的榜样。他们应获得额外补贴。 2. 一些教师给学生创造性的有意义的教育经验,他们努力工作,为了学生牺牲了自己许多时间,他们也应获得特殊补贴。 3. 奖励性报酬激发教师采用不同的教学方法,减少了教师间的附和,从而使教师独立思考,超出了课本和辅导材料。 4. 一些奖励性报酬计划使教师能挣到 7.5 万美元甚至更多。如果没有这种机会,仅获得基本工	影响成功和社会态度的因素是多种多样的,不能依此确定教师贡献的大小。家庭、社会阶层、同伴群体的影响与教育的作用是相关联的。 努力工作或许可以测定,但许多"创造性"活动不一定和良好的教学相关。如果创造力是一个判断标准,那么奖励性报酬可能是奖励教师的表面创造,而不是学生的学习。 评价教师成绩的人可能会无意识地会偏袒那些不挑战地区政策,没有革新精神,不威胁学校稳定的人。这样,奖励性报酬可能会助长附和行为。 纳税人永远无力或不愿意支持高昂的奖励性报酬。商业中可以通过提高价格获得

① 罗恩·布兰德:"论教师的研究",《教育领导》(1992 年 4 月),pp. 14—19;斯蒂芬·雅各布森:"金钱激励与教师补偿改革:一个长期的两难问题",《国际教育改革杂志》(1995 年 1 月),pp. 29—35。

② 卡罗琳·麦克雷特:"教师的损耗、短缺和留住教师的策略"(ERIC 文件:ED44986,2000 年);也可参见"工资与利益",《NEA 手册(1997—1998)》(华盛顿,哥伦比亚特区:全国教育协会,1998 年),pp. 297—298;艾伦·奥登和卡罗琳·凯利:《根据教师的知识和劳动付报酬》(加利福尼亚州千橡树:考文出版社,1997 年)。

续 表

讨论主题	赞成的观点	反对的观点
奖励性报酬：从传统上讲，教师是根据他们的教学年限和所获得的最高学位而领取工资的。但是，最近的一些计划提出了给教师额外补贴，根据他们在教学技能、工作习惯、领导或学生成绩方面是否高于平均水平来判断。	资，有能力、有抱负的人是不愿意从事教育工作的。 5. 奖励性报酬作为一个激励因素，可以助长优秀教学，使每个教师受到激励去更好地改进教学行为，更加关心学生。这种激励在商业和许多行业都有，教育中为什么不能用？	资金，但学校的资金要通过更高的税收，这往往是不容易的事。 很明显，奖励只能给予少数的人，对于那些合格的但由于名额不够未受到奖励的教师来说是不公平的。而且竞争奖金还可能使教师之间相互斗争，鼓励人们玩政治游戏，不利于学校内的团结。

虽然争论还在继续，但奖励性报酬的观念已在许多学区甚至全国范围内传开。如今，人们经常把奖励性报酬与职业阶梯并列，职业阶梯确立了明确的等级阶段，教师可由此而获得发展。在纽约罗彻斯特的学校中，先进教师有四个等级，他们每年可获得 75 万美元。北卡罗来纳州 1991 年执行了一项称为“不同报酬”的奖励性计划，当地的学区用超过平均工资 3％的经费，根据教师的成绩评估和承担额外任务的多少进行分配。① 总之，提高教师工资，根据成绩的大小有区别对待的趋势应该吸引聪明的学生加入到教师队伍中，应该能稳住优秀教师不因其他行业更诱人的薪水而离开教学岗位。

六、校本管理

学校决策

我们知道，许多教育改革都涉及教师权力问题——增强教师对工作

① 杰弗雷·T.萨尔尼卡：“教师福利工资”，《美国学校委员会杂志》(2000 年 2 月)，pp. 34—36；与罗彻斯特教师委员会首席谈判代表托马斯·吉莱特的电话谈话(1991 年 7 月 10 日)，和北卡罗来纳公共指导部首席顾问大卫·赫尔茨卡姆的电话谈话(1991 年 7 月 8 日)。

和职业问题的参与决策权。校本管理就是这样一种改革(又叫现场管理、现场决策或集体决策)。在这个系统中,关于课程、教学、员工发展、资金分配以及成员安置等许多问题都是由个别学校自己决定的,而不是由地方教育官员或教育委员会决定的。通常,学校教师、行政人员和学生家长一起研究学校未来的发展计划。

教师做专家

采取校本管理的假设是人们共同承担责任和做出决策时,相信他们正在做的事或将要做的事将能更有效地达到共同目标。这个改革的概念还认识到教师是专家,他们的才能应当用在制定计划上。纽约市的佛罗里达的大德县和纽约的罗彻斯特的改革计划(在第一章有论述)就包括了全面的校本管理。路易斯维尔、芝加哥、丹佛、洛杉矶、费城以及巴尔的摩等地区也有类似的计划。

参与的意愿

校本管理尤其强调教师和校长之间的关系,强调教师对自己行为负责的愿望,强调给教师额外的时间去解决问题和达成共识。① 校本管理的倡导者声称,大多数老师都欢迎这种管理,教师士气和学校的整个风气都能得到显著提高。②

对校本管理的批评

反对者们认为,合作通常导致无用的结果。他们认为,学校如果把大量的时间用于讨论日常的教学问题(如班级管理、设备需求、办公室日常工作以及工作条件等),就没有时间解决教学效率的大问题。还有一些管理人员抱怨,许多教师参加领导工作是错误的,因为他们缺乏或没有接受过员工发展的培训,他们不但不合作,反而还可能转而采取敌对

---

① 戈登・卡韦尔提:"现场管理的关键性因素",《教育领导》(1989 年 5 月),pp. 46—54;奥内达・马丁和约翰・赫夫林:"对现场管理系统的领导角色重新定义"(出自中南部教育研究协会年会提交的论文,1995 年 11 月 8—10 日)。

② 普丽西拉・豪斯太塔和凯瑞・L.布里格斯:"校长在校本管理中的作用",《校长》(1994 年 11 月),p. 14, pp. 16—17;赫斯:"变化中的角色",pp. 248—263; 尼尔・登普斯特:"校本管理对学校的影响",《教育行政管理杂志》(2000 年 1 月),pp. 47—63。

的集体谈判的方式。① 另外,有些地区已经发现,使家长有意义地参与以学校为基础的决策是很困难的。②

发展校本管理还需要耐心和期望解决分歧的意愿。但一旦付诸实施,共享决策权将有助于增加教师权力,进一步提高他们的职业地位。

焦点问题回顾: 教师职业化的运动,你认为将会对你有怎样的影响?你将会在学校寻找一个职位,使你能尽力帮助新教师吗?你觉得,在成为一名熟练的职业教师之前,参加间接培训计划怎么样?这项计划类似于医学职业中的计划,包括"见习"和"实习"教师水平。

第三节 教 师 组 织

NEA 和 AFT

教育行业发展的一个关键因素是教师组织的发展。尽管今天教师的工作条件还有待改善,但与教师们曾经受到的种种限制相比,却已有了显著的变化。例如,下面就是 1922 年一名威斯康星州教师的合同,该合同禁止女教师约会、结婚,不许在晚上 8 点以后外出、抽烟、喝酒,在冰淇淋店里闲逛、染发、画眉、抹口红等。③ 教师职业发展的关键因素是教师职业组织的增加。全国教育协会(NEA)和美国教师联合会(AFT)是两个最重要的组织。它们是斗争、竞争、认可和权力的象征。概述 2.1

① 玛丽·L.万德罗大斯基:"授权和权力不变:教师对重新构建的理解",《国际教育改革杂志》(1994 年 4 月),pp. 154—164;阿伦·B.亨金、彼得·J.西斯通和杰伊·迪:"在现场管理的学校中校长的冲突管理决策",《教育行政管理杂志》(2000 年 2 月),pp. 42—58;简·戴维:"现场管理的人、事和原因",《教育领导》(1995 年 12 月—1996 年 1 月合刊),pp. 4—9。

② 埃迪·范·米特:"校本管理在肯塔基的实施",《NASSP 公告》(1994 年 9 月),pp. 61—70;阿伦·赖利:"家长的权力:90 年代的一个理念",《加拿大教育》(1994 年秋),pp. 14—20;林恩·贝克和约瑟夫·默菲:"家长参与现场管理:一堂现场观摩课",《国际教育领导杂志》(1999 年 4—6 月合刊),pp. 81—102。

③ 《芝加哥民权保卫者》(1975 年 9 月 28 日),p. 3。

总结了这两个组织的主要不同之处。尽管一些教育者相信，这种分裂的永久存在是职业竞争的一种健康的形式，但也有人认为它是对教师职业的伤害——是权力分离和资源的浪费。也有人说，只有当有一个统一的声音为教师说话时，他们才能获得完整的职业地位。

概述 2.1　美国教育协会(NEA)和美国教师联合会(AFT)的比较

	美国教育协会	美国教师联合会
总人数(2001 年)	250 万	100 万
其中教师人数	220 万	50 万
主　　席	罗伯特・切斯	桑德拉・费尔德曼
主席任期	2 年(每人最多 6 年)	2 年(不得超过)
组织形式	专业协会	劳联—产联(AFL - CIO)的分支机构
组织氛围	相对正规(白领)	相对非正规(蓝领)
成员的地区分布	郊区和农村地区	大中城市

有组织的成员的好处

不管你愿意加入或想要加入哪个教师组织，重要的一步就是要承担义务，做一名积极分子。会员的资格不仅能增强你的职业特性，给你大学文凭，还会提高你的工资，改善工作条件，提高收益。而且阅读杂志、期刊和新闻简报(多数由职业组织印刷)可以使你与该领域的最新发展并肩前进。

一、全国教育协会

NEA 会员资格

全国教育协会是一个复杂的多方面组织，包括地方、州和国家的许多教育领域，不像 AFT 和 NEA 包括国家级水平的教师和行政人员。如表 2.1 所示，1998 年总人数为 230 万，到 2001 年增加到 250 万。[①] 1998

---

① 罗伯特・蔡斯："NEA 主席的讲话"，《今日 NEA》(1998 年 1 月)，p. 2。

年，NEA 人数中，有 200 多万人是教师①，这个数字占全国 260 万公立学校教师的四分之三。一开始，郊区和农村有自己的代表，NEA 代表的是全国第五大力量。州一级的 NEA 成员通常在最有影响的教育机构。②

NEA 服务

NEA 提供了广泛的职业性服务。研究科负责专业情况的日常研究，也印制每年的研究日历和民意调查情况。NEA 的主要刊物是报纸(月刊)《今日 NEA》。50 个州的机构大多数也印制月刊。在参考资料中列出了 NEA 的道德规范。

表 2.1　NEA 和 AFT 的最新成员

年　份	美国教育协会成员	美国教师联合会成员
1960	71.4 万	5.9 万
1970	110 万	20.5 万
1980	165 万	55 万
1990	205 万	75 万
1995	220 万	87.5 万
1998	230 万	95 万
2001	250 万	100 万

【资料来源】“AFT 翱翔”，《1988—1990 年美国教师联合会官员的报告》(华盛顿，哥伦比亚特区：美国教师联合会，1990 年)，p. 15；《NEA 手册(1986—1987)》(华盛顿特区：全国教育协会，1986 年)表 4，p. 142；《NEA 手册(1994—1995)》(华盛顿，哥伦比亚特区：全国教育协会，1995 年)表 1，p. 164；《NEA 手册(1997—1998)》表 1，p. 166。

二、美国教师联合会

AFT 成员

美国教师联合会建于 1916 年，是美国劳工联合会—产业工会联合

① 《NEA 手册(1997—1998)》，表 1，p. 166。

② “NEA 1997—1998 年度预算”，《NEA 手册(1999—2000)》，p. 409。

会的一个分支机构。开始时，成员只有学校教师，到了 1976 年，为了增加成员，联合会又把职业员工如保育员和非专业的学校员工如自助食堂的工作人员、保管员、维修员、搬运工等作为目标成员。2001 年，成员猛增至 100 万人（如表 2.1），其中 50 万人是教师。

AFT 服务

过去，AFT 不如 NEA，它没有研究项目和出版物，但现在，它出版一份专业性杂志《美国教育工作者》和一份报纸（月刊）《美国教师》。另外，各地方机构每月也发行新闻通讯。不像 NEA，AFT 要求成员同时参加地方、州（共 22 个）和国家三种机构。①

AFT 和教师的斗争

20 世纪 60、70 年代，因为教师们罢课以及其他的斗争行为，AFT 发展很快，成员迅猛增加。在许多大城市，AFT 成为教师组织的统帅。在这些地方，AFT 机构过去就已形成，斗争也很普遍，而且教师大体上都懂得，需要一个代表他们的强有力的组织。在农村和郊区，由于联合会的策略没有得到很好的支持，因此 NEA 保持着主导地位。

除了 NEA 和 AFT 之外，还有多于 325 个其他全国性的教师组织。② 下面章节就介绍一些典型的组织。

焦点问题回顾： NEA 和 AFT 两者的活动和目标，哪一种更吸引你呢？为什么？

参考资料

NEA 的道德规范

几乎所有的人都认为一个行业应该有一套道德规范。所以，NEA 和 AFT 也都制定了这样的规范，企图明确师生间的关系和对教师所期

---

① 见“关于 AFT”，在http://www.aft.org 查看。

② 见《教育协会指南（1997—1998）》（华盛顿，哥伦比亚特区：美国教育部，1997 年）。

望的行为。尽管在各州之间适用于教师的法律各有不同,但法院经常受NEA和AFT规范的影响。下面是NEA的规范,最初制定于1929年,后来经过6次修订,最近一次在1975年。NEA的规范跟AFT的规范有些类似,但比它更为全面。

序言

教育工作者相信每个人的价值和尊严,认识到追求真理、献身完美、建设民主原则的极端重要性。这些目标的根本目的在于确保教与学的自由,确保给予每个人公平的受教育机会。教育工作者都愿意遵守这一最高的伦理标准。

教育工作者认识到自己在教育过程中的重大责任,渴望得到同事、学生、家长以及社区的尊重和信任,这种渴求激励我们争取和保持最大限度的道德行为。教育行业的道德规范表明了所有教育工作者的激情,提供了判断教育工作者行为的标准。

由NEA和/或其分支机构指定的违反这一规范的补救方法是惟一的,除了NEA或其机构制定外,任何其他的形式都是无效的。

原则1——对学生所负的责任。教育工作者努力帮助每个学生认识到自己作为一个有价值的社会成员所具有的潜能。因此,教师要激发学生的探究精神,鼓励学生获取知识,鼓励学生树立有价值的理想。

要完成对学生的这些义务,教师——

(1)不能无理限制学生追求知识的独立行为。

(2)不能无理禁止学生接受各种不同的观念。

(3)不能故意隐瞒或扭曲与学生发展相关的题材。

(4)应该努力保护学生,避免学生在学习、健康和安全方面受到伤害。

(5)不能蓄意为难或贬低学生。

(6)不存在各种偏见,包括种族、肤色、信仰、性别、民族、婚姻状况、政治或宗教信仰、家庭、社会或文化背景、出生等方面,从而不公平地——

① 拒绝任何学生参与任何项目。

② 不让学生受益。

③ 把任何优惠给任何学生。

(7) 不为私利与学生发生职业方面的关系。

(8) 不能泄露学生在专业服务过程中所获得的信息，除非有助于一项必要的目的或是法律所要求的。

原则 2——对职业的责任。教育职业是由公众信任和赋予责任的行业，需要有最高的行业服务理想。

如果树立"教育专业的服务质量直接影响国家和公民"的信念，教育工作者将竭力提高专业水平，鼓励进行职业评价，创造吸引值得信任的人员的条件，阻止不合格人员的职业行为。

要履行专业上的这些义务，教育工作者——

(1) 在能力和资格审查上，不能故意做出错误的说明或错误吐露一些情况。

(2) 不能错误说明他(她)的专业资格。

(3) 不能帮助明知在品格、教育能力或其他相关要素方面不合格的人加入教师行业。

(4) 在关于专业职位的候选人资格上，不能故意做出错误表态。

(5) 不得帮助非教育工作者进行未批准的教育行为。

(6) 不得泄露同事在专业服务过程中的情况，除非是为了一个必要的专业目标或是法律允许的。

(7) 不得故意错误或恶意评价同事。

(8) 不得接受任何可能损害或影响职业决策行为的赏金、礼品或奖励。

问题

(1) 道德规范是怎样巩固一个行业的? 它可能在哪些方面对行业造成削弱?

(2) 处理违反道德规范的个人，最好的程序是什么? 秘密审讯，公开审理，职业调换，还是提出公诉? 为什么?

(3) 如果你有机会增加一项条款，删去另一项条款，你会使 NEA 的规范发生什么变化?

【资料来源】全国教育协会:《教育行业道德规范》,NEA 代表大会 1975 年通过。封面和摘录经协会同意后重印。

三、专业化的职业组织

与学科有关的协会

从课堂教学工作层面上讲,行业组织对教师(或学教育的学生)来说,最大的作用通常在于一点,也就是他(她)的工作领域。每一个学科的专业协会都会给具有类似兴趣的教师提供一个聚会场所,这些行业组织的活动主要是举行地区性或全国性会议和出版专业性杂志,提供当前的教学信息,列举当前专业中的问题,总结当前的研究及其与实践的关系。概述 2.2 中列举了专业学科的 15 个主要组织。

与学生相关的组织

其他组织也是全国性的,它关注特殊类型的学生的需要和权利,确保这些儿童和青少年能得到良好的学校集体教育。这种组织在概述 2.2 第二列中列出了 15 个。这些协会举办地区性和全国性会议,出版月刊或季刊型杂志。

概述 2.2　教师的主要专业组织

针对特定学科的专业组织	针对某种类型或一定年龄学生的组织
1. 美国健康、体育、娱乐和舞蹈同盟	1. 美国天才儿童协会
2. 美国外国语教学委员会	2. 美国服务盲人协会
3. 美国工艺协会	3. 美国亚洲研究协会
4. 美国学校卫生协会	4. 美国蒙台梭利协会
5. 美国职业协会	5. 美国语言—言语—听力协会
6. 旅游教育协会	6. 国际儿童教育协会
7. 世界读物协会	7. 学习障碍儿童协会
8. 现代语言协会	8. 特殊儿童委员会
9. 全国音乐教师委员会	9. 全国双语儿童协会
10. 全国艺术教育协会	10. 全国幼儿教育协会
11. 全国商业教育协会	11. 全国多元文化儿童协会
12. 全国社会研究委员会	12. 全国中学协会
13. 全国英语教师委员会	13. 国家振兴协会
14. 全国数学教师委员会	14. 国家黑人学生奖学金服务与基金会
15. 全国科学教师协会	15. 农村教育协会

其他专业协会

还有一种类型的组织，它的成员是不同学科或不同类型的学生。比方说，管理与课程开发协会，PDK 联谊会，这些组织着重于教育实践的改革，描绘影响整个教育领域的新动向、新政策。成员来自于广大地区，目的在于为整个教育事业的发展服务。

四、宗教教育组织机构

天主教教育组织

在近 37 万非公立学校教师中，有 13.5 万加入了宗教教育协会。最大的宗教教师组织是全国天主教学校教师协会(NACST)，它现在拥有 5 000 多名教师，主要来自于大城市。① 只有少数天主教教师加入 NEA 或 AFT。

最大、最古老的天主教教育组织是全国天主教教育协会，拥有 8 146 个机构和 20 万成员。其中多数是管理人员：校长、督学、各自学校的教育官员。少数是教师。②

五、家长—教师群体

家长—教师群体在一次论坛上提出了一项议题：由家长和教师共同解决包括地方、州以及全国的教育问题。教师们通常都积极参加这些组织，与家长一道共同致力于课程、教学大纲、学生守则、学校与社区关系的研究工作。

PTA 成员

家长—教师协会(PTA)建立于 1897 年，是团体中最突出的组织，是一个松散的同盟。到 2000 年，已有 54 个分支机构和 28 228 个地方组

---

① 全国天主教教育协会公关助理海地·伍德的来信及电话采访(1995 年 7 月 12 日)；与国家天主教学校教师协会人事主管弗吉尼亚·克劳瑟的电话访谈(2001 年 3 月 16 日)。

② 伍德：NCEA(2001 年 3 月 16 日)。

织,655.4万成员(多数是母亲)。每一个PTA组织都设计自己的组织模式,以迎合学校和地区的需要(一些小组现在使用PTSA的首字母缩略词,强调它们包括了学生),PTA的成员资格向所有人士开放,只要他们乐于促进孩子们幸福,乐于与学校和教师合作,支持PTA的目标。①《今日PTA和华盛顿的变化》是这个协会的官方杂志(月刊)。②

全国PTA的活动

作为全国最大的保护儿童的组织,国家PTA不断地评估学生的幸福情况,以满足社会的变化和儿童的需要。几年来,国家PTA四处游说,倡议减少电视中的暴力内容,提高少儿电视节目的质量,同时开播一些有关阅读、城市教育、性教育、艾滋病教育、儿童营养与安全教育、禁止毒品泛滥以及严格学校纪律、对学校和图书资料进行审查等方面的节目。

六、未来教师组织机构

帮助了解专业

打算当教师或注定要从事教师工作的学生可以加入许多行业组织,这些组织有助于解答许多问题;加深对专业的理解;激发专业理论、标准和培训的理想;提供在全国或地方会议上与其他师范生或教师的见面机会;出版的杂志能帮助成员赶上专业的时代潮流。概述2.3中列举了5个这种组织。

愿意加入这种组织的学生可以从他们教师那里了解相关信息,如果到图书馆,你就能看到各个组织的杂志,每份杂志的第1页或第2页将列举成员名单、网址和会员费;一些杂志中可能显示出学生成员的比率相对较低。概述2.3列出了学生可能进入的职业组织。

---

① 《教育伙伴:PTA的教师》(芝加哥:国家PTA出版社,1987年);对国家PTA公关部主任帕特里夏·尤克斯敖的电话采访(2001年3月16日)。

② 《国家PTA手册》(芝加哥:国家PTA出版社,2000年)

概述 2.3　学生加入的专业组织机构

名称和地址	成员简介	关注的焦点	主要杂志(出版物)
全国学生教育协会 华盛顿哥伦比亚特区 www.nea.org	本科生(4.6 万人)	未来教师；了解专业；责任范围	《今日教育》(年刊) 《NEA 手册》(年刊)
印第安纳州布卢明顿 PLD 组织	本科生、研究生、教师、管理人员(11.5 万人)	名誉协会、教学	《教育视野》(季刊)
印第安纳州布卢明顿 PDK 组织 www.pdkintl.org	本科生、研究生、教师、管理人员和教授(13 万人)	荣誉协会、研究、服务、领导、教学；问题、动态与政策	《PDK 联谊会》(月刊)
印第安纳州拉法耶特 KDP 组织 www.kdp.org	研究生、教师、管理人员和教授(2.97 万人) 本科生(2.53 万人)	荣誉协会、教学	《教育论坛》(月刊) 《KDP 大事论》(季刊)
美国教育研究协会 华盛顿哥伦比亚特区 http://aera.net	研究生和教授(2.25万人) 本科生(4 500 人)	研究及其在教育中的应用	《教育研究》(双月刊) 《美国教育研究杂志》(季刊) 《教育研究评论》(季刊) 《教育评估与政策分析》(季刊)

焦点问题回顾：本章中列出的哪一种职业组织最能引起你的兴趣？在以后的职业中你可能会加入哪一种呢？你怎样才能发现更多的关于你感兴趣的职业组织的信息呢？

总　　结

(1) 普遍认为，教师虽然在朝一个完整意义上的职业靠近，但还不是一个完全意义上的职业。

(2) 集体谈判是教师职业中的一个不可分割的部分，在决定工作条件和工作效益方面给予教师很大的自主权。

(3) 教育中的许多倾向都旨在提高教师专业化水平。例如，州立专业执行委员会和全国专业教育标准委员会使教师能够参与制定进入该行业的标准；间接介入和教职员工发展计划有助于形成一种观念，认为教学是一种成熟的行业，需要长期不断的培训；奖励性报酬和校本管理提供了加薪的机会，也增大了职业责任。

(4) 现在，NEA 和 AFT 代表了大多数教师，这些组织提高了教师的工资，改善了工作条件，增加了教师在教学方面的决策权。

(5) 对于本科生、研究生和教师，都有许多专业性组织。所有组织都在不同层面为教育工作者提供了有用的信息和服务。

关键术语

职业
全国师范教育鉴定委员会
非职业化
职业声誉
集体谈判
行业执行委员会
全国教育行业标准委员会
间接介入
教职员工发展
奖励性报酬
校本管理
全国教育协会
美国教师联合会
家长—教师群体
家长—教师协会

讨论题

(1) 你认为教师是否是一个职业？教师要获得真正的职业地位还需做哪些事？就你来说，教师专业化对你来说意味着什么？

(2) 你所在的师范院校与周围校区或学校之间有什么联系？这些联

系是怎样促进你、其他教师和管理人员的培训的？这些联系怎样得到改善？

（3）对于高质量的教育来说，员工发展计划有必要吗？如果有必要，员工发展计划又该重视哪些？由谁决定？怎样决定这些计划？

（4）如果像校本管理所倡导的那样，你认为教师在学校管理中应该有更大的权力吗？作为一名教师，你希望参加哪些决策工作？有没有你不愿意参加管理的地方？如果有，为什么？

专业发展的建议方案

（1）通过地方报纸、专业文章和与教师、管理人员交谈，明确地方校区最重要的教育问题和动态，这一问题和动态为什么重要？在这一问题上有哪些不同观点（赞同或反对）？你认为这对作为专业人员的教师和管理人士意味着什么？下课之前，同你的教员讨论一下，选几个同学，提出他们的问题，成立一个专门的讨论小组分析一下。

（2）同当地公立学校教师和教育人士就奖励性报酬进行交谈，把你的结果同谈论话题上的观点进行比较，你持什么意见？哪些你不能确定？你怎样获得更多的信息来弄清这些不明之处？

（3）通过电话或因特网，与当地 NEA 和 AFT 机构联系，询问各种信息。如会费、利益、服务和重大教育问题的论点声明。与你参观的学校教师交谈，询问他们哪个组织倾向于代表你所在地区的教师，为什么？把你的信息列成一张表，与同学分享。

（4）同你所参观学校的教师和专家交谈，看看他们属于哪一种专业组织，为什么？回顾一下概述 2.2 中的专业组织，选择你感兴趣的两三个问题，就学生成员的会费、特殊利益、出版物和特殊计划等问题与这些组织联络一下。

第二部分

历史根源和哲学基础

第三章　美国教育的世界根源

作为上岗前教师职业知识基础的一部分，他们需要了解教育和学校教育是如何产生、发展和达到它们目前的状况的。除非我们考查了它们的历史根源，否则即使是最紧要的当代教育问题，也仍然是混淆不清的。正如布拉德利委员会所指出的那样，学生“需要面对世界上许多民族多种多样的文化遗产，他们需要知道影响我们制度及其他方面的政治、宗教和社会思想的来源和演变”。①

这一章分析了形形色色的文化遗产如何影响了今天的教育。尽管这一章考查的是西方历史对美国教育的影响，但它也从世界和全球的角度探讨了教育在古代中国、印度和埃及的发展。通过展示一些今天的重要问题和惯例在过去是如何出现的，试图使我们了解现在和建设好未来。

综观整个历史，教师面临的许多问题现在仍旧没有得到解决。这些重要的问题致力于研究知识的本质、教育、学校教育、教和学。它们处理

---

① 本章由格里·盖特克博士校订。

学校布拉德利历史委员会：《建立一种历史课程：学校教学历史的指导方针》(华盛顿，哥伦比亚特区：教育卓越网，1988 年)，pp. 3—4。

诸如接受学校教育的个人和群体的权利，及教育机会如何经常被性别、种族和社会经济等级偏见限制的重要问题。当你阅读这一章时，需考虑下列问题：

焦点问题：

- 在重要的历史时期，知识、教育、学校教育、教和学是如何界定的？
- 在这一章探讨的每个历史时期，对于受教育的人，什么样的观念占统治地位？
- 在过去，种族、性别和社会经济因素是如何制约教育机会的？
- 在历史上，学校教育被用来传播文化或变革文化了吗？
- 在不同的历史时期，分别使用什么样的课程（教育内容）和教学方法？
- 主要教育家的思想是如何为现代教育做出贡献的？

第一节 文字出现之前的社会教育状况

文化的传播

我们的讲述从发明读和写之前的没有文字的时代开始，那时我们的祖先通过上一代传给下一代的口头形式来保存他们的文化。我们能够发现家庭里的非正式学习的起源，并领会到它为什么甚至在今天仍有如此强大的影响。尽管我们生活在一个用计算机电子储存和检索信息的时代，但是对文字出现以前的教育的考查能帮助我们了解当学校训练年轻人基本的“生存”技能时，为什么经常抵制变革。

尝试—错误的学习

文字出现以前的人们在环境中面临的首要的生存问题是，他们和干旱、洪水、野兽及来自敌对群体的袭击进行斗争。通过不断的尝试错误，他们所形成的跨越时代的生存技能转化成了文化的形式。为了使文化得以延续，必须有意识地由群体的成年人传给儿童，这个过程叫做文化适应。当儿童学习了群体的语言、技能和价值观时，便继承并保持了他们的文化。

道德规范

在过去的时代,群体形成了被作为道德规范灌输给年轻一代的生存技能。随着从儿童时代向成人时代的推移,用舞蹈、音乐及戏剧性的表演作为仪式来创造一种强大的、超自然的含义,并唤起一种道德上的反应。结果儿童懂得了群体的约定俗成的事(他们应该做的事)和禁止或禁忌(被禁止的行为)。

口述传诵、讲故事

由于缺少文字来记录他们的过去,文字出现以前的社会依靠口述传诵——讲故事——来传递他们的文化遗产。年长者或祭司通常是天才的讲故事能手,他们歌唱或吟诵群体过去的故事,结合神话和传说,口述传诵,告知年轻人有关群体的英雄人物、胜利和失败。歌曲和故事帮助年轻人学会了群体的口头语言和形成了有关时间和空间的更加抽象的思维能力。今天,讲故事不但仍然作为一种娱乐形式,而且是让儿童了解他们的过去和他们自己的重要方式。

识字

作为工具的制造者,人类制造和使用了矛、斧和其他的工具,这是一种人类制造技术最早的例证。相类似的是,作为语言的使用者,他们制造、使用和掌握了符号。当这些符号用记号、图表和字母来表示时,就创造了一种书写语言,这是人类在文化上朝识字及学校教育进行的巨大飞跃。

一个全球性的参考框架有助于理解在有文化教养的社会中的世界范围的学校发展运动。因为这个缘由,我们的历史综观从古代的中国、印度和埃及开始。

第二节　中国古代文明中的教育

由于其漫长的历史和巨大的影响,中国文明为教育的演变提供了重要的洞察力。拥有世界上最多人口的现代中国是一个重要的全球性的强国。在历史上，它是一个庞大的帝国，它的文明达到了政治、社会和教育发展的顶峰。这个帝国从公元前 2200 年到公元 1912 年，在跨度超过 4 000 年的历史中被一系列的王朝所统治。① 起源于中华帝国的许多教育传统今天仍然有影响。（参见概述 3.1 中国和其他国家的重要时期）

像许多民族一样，中华帝国的人是有种族优越感的，他们认为他们的语言和文化优于其他所有的民族。② 中华帝国的人把外国人鄙视为野蛮人，他们看上去是内向的，他们很少看到其他文化的价值。中国人不愿意接纳来自其他文化的技术，从而孤立和削弱了帝国，到了 19 世纪，对待外国的开拓表现得异常脆弱。如何适应新思想，特别是科学和技术，还要保持本国自己的文化，这个挑战对今天的中国和其他类似的国家仍然是一个关键的教育问题。

中国的教育遗产揭示了为维持没有遭受破坏的文化的延续而做的不懈努力。③ 这些努力有助于我们理解教育家仍在提出的问题：在文化的延续和变革之间有什么样的关系？教育如何促进一方面或另一方面？

一、儒家道德准则

有序的关系

在帝王统治的中国，儒家的道德规范调整着政治、社会、经济和教育的关系。作为一个哲学家和政府的官员，孔子（前 551—前 479）害怕暴力和政治动乱。结果，他设计了一种强调家庭价值、政治和社会稳定的道德体系。孔子使用了两个重要的概念——等级制度和服从规则——来引导人们的关系。④ 他把庞大的中华帝国设想成一个巨大的延伸的家

---

① 爱德华·肖内希：《中国：帝国和文明》（纽约：牛津大学出版社，2000 年）。

② 罗斯安尼·普拉齐尼克：《跨过文明的对话：中国和欧洲经验的世界历史概述》（科罗拉多州博尔德：哈珀科林斯西方观出版社，1996 年）。

③ 戴维·格罗斯曼："变革中的中国教学"，《社会教育》（1986 年 2 月），p. 100。

④ 关于孔子的原始资料，参见孔子：《论语》，转引 D. C. 劳（纽约：企鹅图书公司，1979 年）；也可参见周凯韫、罗恩侍和约翰·B. 亨德森合编：《想象的界限：变革中的儒家学说、著作和解释学》（奥尔巴尼：纽约州立大学出版社，1999 年）。

庭，由帝国的父亲——皇帝进行家长式的统治。所有的帝国臣民都处于顺从的次要地位，并对他们的统治者表示出深深的虔诚。① 参考资料中提供了一些儒家的教学思想。

二、学问与社会等级制度

等级制度的社会

中国社会等级制度的顶端是皇帝和帝国的官员。稍微低一点，但仍然非常有地位和权力的是为皇帝统治着中国的学者、官员。接下来的是富裕的地主和绅士，然后是拥有更小块土地的农夫、工匠和商人。底层是没有土地的劳动者。

知识分子的领导地位

像柏拉图的共和制一样(在本章后面会探讨到)，中国的教育体制建立在只有知识分子有能力去统治的基本原理上。由于知识分子的活动被认为比从事实践的和体力的工作更有价值，学校的目的是为下一代的学者、官员重新培育知识分子的精英，因此他们着重学习儒家的经典著作，特别是孔子关于社会、政府和道德标准的言论集《论语》。孟子(约前372—前289)，一位解释孔子哲学的学者，他的著作也是重要的。②

儒家的道德规范

在帝王统治的中国，儒家的道德规范在教育上占据统治地位，它尽力去发展个人的美德、道德和忠诚。这些价值观反过来将会创造一个和谐的社会。非正式的教育在有亲属关系的群体中进行，强调年长者的智慧，认为应该维持传统的价值观，背离习俗是危险的。这些传统的家庭关系和价值观是中国世俗社会秩序的基础。儒家的道德学说也流传到了日本和韩国，日本和韩国深受中国文化的影响。

---

① 约翰·K.费尔班克斯、爱德温·O.赖辛索尔和阿尔伯特·M.克雷格:《东亚：现代的转变》第二卷(伦敦：阿伦和昂温出版社，1965年)，pp. 80—85。

② 康拉德·斯基罗考尔:《中国文明简史》(纽约：哈考特·布雷斯乔万诺威奇出版社，1991年)，pp. 40—41。

概述 3.1　教育史上的重要时段(至 1600 年)

历史群或时期	教育目标	学生	教育方法	课程	有影响的人和场所	对教育的影响
文字出现以前的社会 前 7000—前 5000 年	传授群体生存技能；培养群体凝聚力	群体中的儿童	非正式的教育方法;儿童模仿成人的技能和价值观	狩猎、捕鱼、食物采集的实际技能;故事、神话、歌曲、诗歌、舞蹈	父母、部落年长者和祭司	在传递技能和价值观上强调非正式的教育
中国,前 3000—1900 年	根据儒家的信条为统治帝国培养精英官员	上流社会阶层的男子	记忆和背诵经典著作	儒家经典著作	政府官员	为公务和其他职业而进行的笔试
印度,前 3000 年—现在	根据《吠陀经》学习行为方式和仪式	上层等级中的男子	记忆和解释神圣的著作	《吠陀经》和宗教著作	婆罗门的祭司、学者	文化的传播和同化;精神的分离
埃及,前 3000—前 300 年	为管理帝国培养神职人员	上层等级中的男子	记忆和抄写口述的著作	宗教的或技术的著作	祭司和抄写员	对一种祭司的精英进行教育的控制和服务的限制;让教育为官僚政治服务
希腊,前 1600—前 300 年	雅典：培养市民的责任心和对城邦国家的认同,培养全面发展的人 斯巴达：训练成武士和军队的领导者	公民中的男孩,年龄 7—20 岁	在初级学校,训练、记忆、背诵;在高级学校,演讲、讨论和对话	雅典：读、写、算术、戏剧、音乐、体育教育、文学、诗歌 斯巴达：训练、军事歌曲和战术	雅典：私人教师和学校、智者派、哲学家 斯巴达：军官	雅典：全面发展的概念,自由的受教育者 斯巴达：为军事国家服务的概念

续 表

历史群或时期	教育目标	学生	教育方法	课程	有影响的人和场所	对教育的影响
罗马,前750—450年	培养对共和国和帝国的公民责任感;培养管理和军事技能	公民中的男孩,年龄7—20岁	在文法学校进行训练、记忆、背诵;在修辞学校作慷慨激昂的演说	读、写、算术、《十二铜表法》、法律、哲学	私人学校和教师;修辞学校	在教育上强调实际的管理技能;把教育和市民的责任联系起来
阿拉伯,700—1350年	培养对伊斯兰教信仰的宗教承诺;发展数学、医学和科学上的专业知识	上层等级中的男孩,年龄7—20岁	在低级学校的训练、记忆和背诵;在高级学校的模仿和讨论	读、写、数学、宗教文学、科学研究	清真寺;宫廷学校	阿拉伯数字及计算;保存了科学和医学上的经典资料
中世纪500—1400年	培养宗教信仰、知识和仪式;为等级社会培养适宜的角色	上层等级中的男孩或那些进入宗教生活的人;进入宗教社团中的女孩或年轻的女子;年龄7—20岁	在低级学校的训练、记忆、背诵和交流;在大学和高级学校的逐字分析和争论	读、写、算术、大学文科;哲学、神学;工艺;军事战术和骑士制度	教区、小教堂和教堂学校;大学;学徒身份;骑士身份	把建立大学的结构、内容和组织作为高级教育的一个重要制度;知识的制度化和保存

续　表

历史群或时期	教育目标	学生	教育方法	课程	有影响的人和场所	对教育的影响
文艺复兴时期 1350—1500年	培养在经典著作（希腊文和拉丁文）方面的一种人文主义专家；培养为王朝的领导者服务的侍臣	贵族和上层等级中的男孩，年龄7—20岁	希腊及罗马的经典著作的记忆、翻译和分析	拉丁文、希腊文、经典文学、诗歌、艺术	古典人文主义教育家和诸如大学预科学校、体育馆、拉丁文学校等教育机构	强调表达在经典文学中的文学知识、优点和风格；学校的双轨制
宗教改革运动 1500—1600年	培养对特定宗教教派的一种信奉；培养普遍的识字能力	在方言学校，年龄7—12岁的男孩和女孩；在人文主义者学校，有上层等级背景，年龄在7—12岁的年轻男孩	在方言学校的记忆、练习、灌输思想、使用问答方式的教学；在人文主义者学校的古典文学的翻译和分析	读、写、算术、基督教教义问答集、宗教观念和仪式；拉丁文和希腊文；神学	服务大众的方言初等学校；为上层等级服务的古典学校	一种给大众提供识字的普遍教育的承诺，确保一致性的监督学校教育制度的起源；依据社会经济等级和职业目标的双轨学校体制

参考资料

儒家学派关于良好教育的思想(孔子)

孔子(前551—前479)创立了古代中国统治社会、政治和教育的道德规范制度。关心维持社会和文化的和谐,孔子的教育思想强调教师和学生之间适当的态度和关系。儒家哲学已经并继续对中国、日本、韩国和其他亚洲国家的文化和教育发挥某种重要的影响。下面的片段选自孔子的"教育主题的记录"。

当一个优秀的人知道使教育成功的原因,而其他人不知道时,他就能成为其他人的教师。在他的教学中,他引导而不是灌输;他鼓励学生而不是使学生气馁;他开辟了道路,但没有学习者自己的努力不能产生结果。引导而不是强制产生和谐;鼓励学生而不是使学生气馁容易获得成功。开辟道路而不是产生结果使学习者充满想象。拥有诸如和谐,容易获得成功,富有思想的教师也许能被称为一个熟练的教师。

在学习者中,有四个缺陷是教师必须自己认识到的。一些人的缺陷在于他们学习的量大了;一些人的缺陷在于他们学习的量小了;一些人的缺陷在于他们学习过程中有悠闲的感觉;一些人的缺陷在于他们事先准备好要放弃了。这四个缺陷是由他们的思想差异所造成的。当一个教师知道学习者的思想特征时,他能将学习者从有缺陷的倾向中解救出来。教学应该引导学生发展特长,并纠正他们容易受到感染的缺陷。

好的歌手能使人跟着他的曲调,好的教师能使人贯彻他的思想。他的言辞简洁但发人深思,谦逊但很深刻,没有什么例证但富有指导性。按照这种方式,他也许能使他的思想流传下来。

当一个拥有才能和品德的人不但知道困难,而且知道获得学习的技能,也知道他学生好的和坏的品质,那么他能改变他的教学方法。当他能改变他的教学方法时,他就能成为一个真正的教师。当他能真正成为一个教师时,他就能成为一个官方部门的领导。当他能成为这样一个领导时,他就能成为国家的统治者。一个人确实是从教师那里学会成为一个统治者的，因此教师的选择要求最大的细心，正如记载中所说的："三皇四朝的统治者就是这些老师教导出来的。"

问题

1. 根据孔子的观点，什么样的原理有助于成功的教和学？

2. 缺乏什么可能妨碍学生的学习？

3. 教师应该什么时候改变他们的教学方法？

4. 孔子认为教师和学习者之间什么样的关系是适当的？

5. 对于好的教学，你的想法是什么——这是你教育哲学的一部分——它们和孔子的思想是一致还是不一致？为什么？

【资料来源】罗伯特·尤里奇主编：《三千年的教育智慧》（马萨诸塞州，剑桥：哈佛大学出版社，1954 年），pp. 21—22。

三、中国对世界和西方教育的贡献

考试的重要

古代中国的一个重要的教育遗产就是它的全国考试制度。中国的教育家建立了广泛的笔试来评估学生的学术能力。学生通过学习古代中国文学并在官方学校和私立学校的博学教师的指导下学习儒家的著作，准备考试。考试强调背诵记忆的内容，而不是解决实际问题。考试的过程像社会一样，等级森严并有选择地进行。学生在往上层阶层攀登的过程中，不得不通过一系列严格的考试。如果他们失败了，他们将被从这过程中淘汰。[①] 在帝国的岁月里，最终只有一小部分的人适合于帝国最高层次的公务职位。教育和考试资格为上层等级的男子所独有，女子是没有资格担任政府职位的，女子也被排除在学校教育之外。

目前，全国考试，特别是大学入学考试，在现代中国和日本居于教育主导地位。其他国家，如英国，最近已形成了全国考试。2001 年在美国，为了得到政府的援助，由布什政府倡议的教育法案要求各州实施一种从

---

① 费尔班克斯、赖辛索尔和克雷格：《东亚》，pp. 87—88。

3年级到8年级学生的全国性考试。尽管全国性的考试有助于整个国家的统一评估,但它们经常迫使教师为了考试而教,而不是为了学生的兴趣和需要而教。

焦点问题回顾: 反思本章开始列出的焦点问题。如果你被要求对中国古代的教育进行总结,你对这些问题的答案是什么?在美国学校,全国性考试中的哪些方面会影响你的教学?

第三节 古印度文明中的教育

像中国一样,印度是一个文明古国。从公元前3000年到公元前1500年,河谷文明在印度的幼发拉底河和底格里斯河的印度河河岸繁荣起来。这些文明形成了一个拥有精心设计的砖瓦房、铜具、排水系统和卫生设备系统的复杂的城市文化。

文化的平衡

印度的教育历史揭示了一种被入侵者侵入的总体模式,接着是和本地人的一种文化摩擦,然后是社会文化平衡的恢复。在这种文化平衡中,入侵者被吸收进了印度文化,而本地人也借用了入侵者的一些思想。①

印度教育简史

早期入侵者中的雅利安人,是印度说印地语的大多数人的祖先。在公元前1500年左右,雅利安人征服了印度,并强行对本地的达罗毗荼人进行他们的统治。他们为穆斯林所追随,在13世纪建立了莫卧儿王朝。然后,在18世纪,英国人获得了对印度的控制权。

---

① 关于印度的历史和文化,参见兰比·沃哈拉:《印度的形成:一种历史纵览》(纽约州阿蒙克:M.E.夏普,1997年);赫曼和迪特马·罗萨曼:《印度史》(纽约:路特里奇出版社,1998年)。

文化上的变革是由印度最早的入侵者雅利安人倡导的，雅利安人强大的社会和教育影响甚至持续到今天。雅利安人引进了他们的宗教——印度教和他们高度等级化的社会秩序——等级制度。

印度教

印度教在印度是一个强大的文化力量，它和一种广泛的宗教信仰及复杂的仪式相结合。印度教信仰灵魂的转世，强调一个人的灵魂经历了一系列的再生。一个人在宇宙层中的位置取决于他或她对义务和仪式的表现如何。只有当一个灵魂达到了最高的精神水平并被神圣的力量——婆罗贺摩重新接纳了，再生才结束。①

等级制度

四个最初的等级是婆罗门——祭司教育工作者；刹帝利——统治者、法官和武士；吠舍——商人；首陀罗——农夫。在等级制度的底层是贱民，他们从事最卑贱的工作。等级之间没有社会流动。人们停留在他们出生的等级里。人们依据他们的等级，通过模仿父母和其他的成年人来学会他们的义务和角色。学校教育是为上层等级，主要是为婆罗门保留的。现代印度宣布犯罪带有等级根据的歧视，对低等级的成员有一种“肯定的行动”。无论如何，像美国的种族主义一样，歧视仍然存在。

一、印度教育的发展

印度教育的发展和同化不同文化的总的历史模式紧密联系。早期的学校反映了由雅利安人所带来的文化上的变革。古代印度有下面多种类型的学校。

吠陀

婆罗门学校是为最高的等级设立的，强调“吠陀”、宗教和哲学。《吠陀经》、《福音之歌》和《奥义书》是印度教神圣的宗教著作，它把生命的目

---

① 詹姆斯·穆尔汗：《教育史：一种社会诠释》(纽约：罗纳德出版社，1959年)，pp. 80—128；穆罕迪·纳克斯泰尼：《教育史和教育哲学》(纽约：罗纳德出版社，1965年)，pp. 23—40。

标描绘为一种寻求普遍的精神的真理。印度的教育家认为对真理的探究要求有经过训练的深思。现代的超越深思和瑜伽追随古代印度的这些原理，发现内在的精神真理和安宁。托尔斯是一间房子的学校，只有一个教师教授宗教和法律。

宫廷学校是由王子主办的，教授文学、法律和行政管理。

学校和教学

印度的教育哲学强调教育的宗教目的，规定了适当的师生关系。教师应鼓励学生尊敬所有的生命和寻求真理。学生应尊敬教师，将他们看作智慧的一个源泉，禁止教师羞辱学生。①

莫卧儿王朝

莫卧儿王朝建立于穆斯林入侵之后，它引进了伊斯兰教、波斯人和阿拉伯人的哲学、科学、文学、天文学、数学、医学、艺术、音乐和建筑。

英语的进入

到18世纪晚期英国人进入印度的时候，印度的学校或者由印度教徒，或者由穆斯林，或者由更小部分的如佛教徒、耆那教徒和波斯人管理。只有大约只占印度10%的儿童，大部分是男孩进入学校。印度教的高级学校由婆罗门管理，强调宗教文学、数学、天文学和梵语语法。穆斯林学校叫做穆斯林学院，依附于清真寺，强调语法和《古兰经》。② 当英国人在印度确立他们的殖民统治时，他们面对一种有许多种语言和宗教的古代文明。英国人认为他们自己的语言比印度的那些语言有更大的价值，强行把他们自己的语言作为政府和商业的官方语言。因此，他们建立了英语学校来培训印度人担任英国人控制的公务部门的职位。

二、印度对世界和西方教育的贡献

古代印度对世界的遗产证明了教育如何帮助一种文明历经了数个

① 南迪西·佩特尔："西方和雅利安人的教育制度理论的一种比较解释"，《国际教育管理杂志》第8期(1994年)，pp. 9—14。

② 米海尔·爱德华兹：《统治：英联邦的印度记事》(伦敦：潘恩图书公司，1967年)，p. 133。

世纪。通过文化同化和重新适应的过程，印度文化生存到了现在。在今天不断增加的道德标准和宗教间的紧张状态中，印度还面临同化和尊重各种文化的深远的挑战。美国和其他文化多元国家也面临类似的挑战。最后，像美国的种族主义一样，印度的状况揭示了等级制度如何曾被社会灌输用来作恶，但现在正通过教育的过程加以纠正。

焦点问题回顾：反思本章开始列出的焦点问题。如果你被要求对古代印度的教育进行总结，你对最初五个问题的答案是什么？在处理文化多元性方面，印度和美国存在哪些相似和差异之处？

第四节　古埃及文明中的教育

像其他早期文明一样，古代埃及——世界上最早的国家之一——形成了一种河谷文化。由于尼罗河是维持生命生存的水源，农业群体在尼罗河岸建立了小的村庄定居点，首先有组织地形成了部落王国。在公元前3000年左右，这些王国联合成一个大的帝国，最终成为一个具有高度组织和中央集权的政治巨人。

没有变化的宇宙

埃及人一个重要的宗教和政治原理是确认法老——国王——是神的化身。神圣的皇权观念通过赋予国王以超自然的认可基础，给埃及帝国带来了社会、文化、政治和教育的稳定。知识和价值观被看做是用来反映一个有秩序、不变的和永恒的宇宙。在埃及社会里，国王—祭司的观念也给祭司的精英很高的地位和相当大的权力。教育制度通过使祭司的精英成为国家文化的保护人，强化了这种地位。

一、宗教和世俗事务

在教育上，埃及人既关心理想世界，又关心现实世界。尽管他们主要关注超自然现象，但他们也关注需要灌溉尼罗河谷和设计及建造巨大的金字塔和寺庙的技术。为管理和保卫他们庞大的帝国，他们研究治国才能，他们关注木乃伊的制作，从而导致他们研究医学、解剖学和进行防腐处理。埃及人也形成了一种文字制度，一种象形文字的字母表，这使他们能够创造和保持宗教、政治和医学。

寺庙和宫廷学校

埃及帝国要求用一种受教育的官僚体制去征收和记录税收。到公元前 2700 年，埃及人有了一种广泛的寺庙和宫廷学校的制度。学校制度的基本功能之一就是训练抄写员读和写的技能，他们中的许多人是祭司。学校的建造经常作为寺庙综合系统的一部分，在正式的教育和宗教之间有一种紧密的关系。① 在受到一些基本的教育之后，男孩开始研究适合他们将来职业的文学。特别先进的学校是为特定类别的祭司、政府官员和医生而设的。

抄写员的教育

在抄写员的学校中，学生通过抄写纸莎草纸上的文献学会写象形文字的字母表，纸张由长在尼罗河沿岸的芦苇制成。教师教学的基本方法是口授给学生，学生抄写他们所听到的。目标是把一本著作复制成一个正确的、准确无误的抄本。学生经常吟诵一小段文章，直到完全记住。对那些继续进行高级学习的人，课程包括数学、天文学、宗教、诗歌、文学、医学和建筑。

二、埃及教育史上的争议

传统的解释

在影响西方文明方面，古代埃及的作用已变得有争议了。在公元前 332 年，埃及被亚历山大大帝征服并被吸收进古希腊文明，又反过来受古代希腊文化的影响。通常的历史解释是，古代埃及的文明是一个高度不变的专制文明，它的主要文化遗产是它宏伟的建筑纪念物。这种解释把

---

① 穆尔汗：《教育历》，pp. 55—79。

希腊文化，特别是雅典民主政体看做是西方文化的摇篮。

伯纳尔的理论

马丁·伯纳尔的一个极有争议的解释认为，希腊从古代的埃及借用了许多有关政治、哲学、艺术和科学的观念。而且，埃及在地理上位于北非，是一个非洲民族，而西方文化的起源就是非洲人。① 尽管马丁·伯纳尔的批评者承认埃及人和希腊人之间有相互联系，但他们认为马丁·伯纳尔过分强调了埃及对古希腊的影响。在历史学家继续争论这个问题时，目前的发现表明了埃及人和希腊人的接触，特别是在克里特岛，把埃及的知识如数学和艺术形式引入了希腊。

作为力量源泉的历史

这个引起极大兴趣的历史争论有重要的思想意义。无论谁解释"过去"，获得的都将是阐明和影响"现在"的权力。特别是有关目前非洲中心论和非洲中心课程的争论，它也表明现代多元文化的关键问题是如何激励出新的历史解释。

在下一节我们转向古希腊。无论是直接还是间接地受埃及人的影响，古希腊在教育史上仍继续保持着一个重要的地位。记住，无论如何，大多数历史文化在很多方面是互相借鉴的，希腊思想的根源也许确实可追溯到埃及或其他的地方。

第五节　古希腊和古罗马文明中的教育

古希腊和古罗马的教育史阐明了今天的教师面临的许多持续的重要问题的起源。在教育问题中，古希腊和古罗马争论的是：什么是真、善、美？谁是值得儿童模仿的榜样？教育如何影响好的公民？教育对社会、经济和政治的变革应如何反应？

---

① 马丁·伯纳尔：《忧郁的雅典娜：古典文明的亚非语系的根源；古希腊的建构（1785—1985）》（新泽西州新不伦瑞克：鲁特格斯大学出版社，1987 年），pp. 2—3。

荷马的教育

多少代人对荷马史诗《伊利亚特和奥德赛》的戏剧性的悬而未决感到害怕。出现在公元前1200年左右，荷马史诗帮助雅典人解释了他们自己和他们的文化。像文字出现以前的社会仪式一样，荷马戏剧性地描述了希腊武士反对特洛伊人的战争，这种描述服务于重要的教育目的：(1) 它通过从成年人到年轻人的传递，保存了文化；(2) 它依据神话和历史起源，培养了希腊文化的同一性；(3) 它塑造了年轻人的品质。① 阿伽门农、尤利西斯和其他武士戏剧性地成为人类英雄人物的完美化身。通过把这些英雄作为角色典范，年轻的希腊人懂得了使生命值得度过的价值观，武士、勇士所期待的行为和导致一个人堕落的品格缺陷。②

公民教育

古希腊人也阐明了教育在培养好公民中的作用。正如美国人在教育好公民的过程中不大可能达成精确的规划一样，希腊人对这个重要的问题也是争论不休。和中国、埃及庞大的帝国不同，古代的希腊被分成一些小的并经常争斗的城邦，如雅典和斯巴达，它们对公民责任和权利有不同的界定。在用不同形式的政府做了实验之后，雅典成为一种强调与它的公民共同分担公共责任的民主政体。斯巴达和雅典的主要对手是一种专制的军事统治。③ 为和它特定的政府相一致，每个城邦或城市都有自己的公民教育。

文化适应与正式教育

希腊人认识到相互关联的文化适应——融入和参加城邦总体文化——和正式的学校教育的重要性。通过文化适应，希腊的年轻人准备成为他们社会的公民。反过来，正式的教育为更加充分地实现社会对良好生活的期望提供了必需的知识。例如，雅典人认为，一个自由的人需

---

① 路易斯·哥德曼："荷马、文学和教育"，《教育理论》(1989年秋)，pp. 391—400。

② 罗特特·霍姆斯·贝克："伊里亚特：原理和课程"，《教育理论》(1986年春)，pp. 179—195。

③ 尼格尔·M.肯尼尔：《美德体育观：古代斯巴达的教育和文化》(北卡罗来纳州教堂山：北卡罗来纳大学出版社，1995年)。

要一种开明的教育去履行他的公民义务和促进个人的发展。① 与此呈鲜明对比的是，斯巴达将正式的教育用做军事训练。

奴隶的作用

希腊社会至少部分地依靠奴隶劳动。绝大部分的奴隶，包括女子和儿童，是战俘或那些司法上被宣判为服劳役的人。在雅典，尽管有一些受过教育的奴隶为有钱人的孩子做家庭教师，但大部分奴隶被训练从事特定的农业或商业中的技能工作。希腊人认为，奴隶不需要接受适合自由人的开明的教育。现代在职业教育和自由教育的倡导者之间的争端渊源于雅典为奴隶进行的职业训练和为自由公民开设的自由教育之间的差别。

女性教育

尽管个别的女子获得了某种正规的教育，但希腊社会是由男子占统治地位的，女子的地位和教育反映了特定的希腊城邦的风俗。在雅典，女子只有非常有限的法律或经济的权利，绝大部分女子没有进入学校。比较幸运的年轻女子是在家中由家庭教师教育的。其他人，如宗教教派中的祭司，会在特定的宗教学校学习宗教仪式。和雅典相比较，斯巴达的年轻女子受到为成为未来斯巴达士兵的健康的母亲做准备的运动技能和军事训练。

当智者派出现在历史舞台上时，一个更加有组织的教育开始了。智者派为道德哲学家苏格拉底和柏拉图以及试图阐明自然现象合理解释的亚里士多德和雄辩家伊索克拉底所追随。

一、智者派

公元前 15 世纪，一种变革的经济给希腊，特别是雅典带来了新的社会和教育模式。拥有土地的旧贵族被从雅典人的扩张和殖民统治中获利的新的商业阶层所替代。这种社会经济的变革为智者派的产生创造了条件。

---

① 克维纳·罗伯：《古希腊的文学》(纽约：牛津大学出版社，1994 年)。

漫游的教师

智者派是一群漫游的教师，在公共演讲技能上形成了新的教学方法，以指导新出现的商业阶层。在一个民主政体里，例如在雅典，精通演讲是非常重要的，它被作为劝说议会和宫廷以利于自己的方法。

语法、逻辑和修辞学

智者派试图培养他们学生的交流技能，以使学生能成为成功的辩护人和立法者。最重要的科目是语法、逻辑和修辞学——这些科目形成后来的大学文科。作为正确辩论的规则，逻辑学训练学生清楚地组织他们的演讲和形成他们有效地使用语言能力的语法。修辞学，研究的是有说服力的演讲，它对于未来的演说家是特别重要的。智者派认为，通过有效的组织和交流，一个演讲者在任何情况下都能取胜。

各种各样的记载

因此，最重要的是精通技巧，而不是案例的道德价值。但是，智者派有作为教师的各种各样的记载。一些人是有天赋的，并为教学做了充分的准备，然而，一些人是通过诡计和花招使许诺即刻兑现的冒牌货。智者派和用媒体“包装”政治候选人和名人的现代形象设计者相似。

普罗塔哥拉的方法

普罗塔哥拉(前 481—约前 411)是最杰出的智者派代表人物中的一位，他制定了一种高度有效的教学策略。① 他的步骤是：(1) 发表一场出众的演讲，使学生知道他们的老师能做到他试图教给他们的那些内容；这个演讲也给了他们一个模仿的范例。然后普罗塔哥拉有了许多学生。(2) 考查著名演讲者的精彩演讲，阐明可获得的范例。(3) 研究修辞学、语法和逻辑学这些重要的科目。(4) 发表他认为可以向学生提供反馈的练习演讲。(5) 学生演讲者发表公共演说。普罗塔哥拉的方法类似于现在的师范教育计划——未来的教师研究大学文科和职业的科目，学习各

① L·格伦尼·史密斯：《教育生活：教学发展中的人和思想》(衣阿华州埃姆斯：教育研究出版社，1984 年)，pp. 7—9。

种教学策略，在一位有经验的合作教师的指导下从事练习教学。

把知识作为一种工具

智者派抛弃了真理是不变的普遍原理的思想。对于智者派来说，有用的知识不是推测关于真、善、美的抽象概念。更确切地说，它被用来实现实际目的。因此，智者派许诺，讲授的技能和信息会给他们的学生带来政治权力和社会声望。尽管许多智者派夸大了他们的断言，但他们为更多的人创造了教育的机会。但是批评者如苏格拉底和柏拉图，将他们和那些只注重表面和技术而不注重真理和诚实的机会主义者相提并论。

二、苏格拉底：认识自我的教育观

普遍原理

和智者派不一样，雅典的哲学家苏格拉底（Socratēs，前469—前399）试图去发现真、善、美的普遍原理，他认为应由这些来统治人的行为。苏格拉底在教育史上重要的地位缘于他坚定地为思考、质疑和教学的学术自由辩护。作为柏拉图的老师，他也是很重要的，后来柏拉图把苏格拉底的许多思想加以系统化。①

道德卓越

苏格拉底的哲学强调一个人应努力追求道德的卓越、生活的明智和行为的理性的道德原理。一种真正的教育应培养道德上卓越的人。苏格拉底认为，这种概括性的道德卓越远远优于智者派的技术训练。

苏格拉底式教师的作用

苏格拉底的教师概念不同于智者派的教师概念。他认为知识或智慧不应该由教师传给学生，因为他认为正确的知识概念是现存的，只是埋藏在人的大脑中。教师提出恰当的问题将使学生批判性地思考重要的问题。一种真正的自由教育将通过使学习者意识到现存的、只是隐藏

① 阿尔文·雷曼："具有讽刺意味的学校教育：苏格拉底、实用主义和高等教育"，《教育理论》(1991年秋)，pp. 371—384。

在心灵中的真理，从而激励学习者去发现真理。

自我检测、对话和苏格拉底法

苏格拉底的教育目的是通过自我检验来帮助个人确认他们自己。从这方面来说，每个人能获得的是在所有的人中普遍存在的真理。作为一个教师，苏格拉底提出，首要的问题是激励学生去调查研究人类长期关注的有关生命、真理和公正的意义。然后让学生积极地参加进来，认真地讨论或对话，阐明、批判和重建他们的基本观念。在苏格拉底看来，对话不仅仅意味着分享观点，它更意味着通过对它们的反思和批判去发现潜在的真理。这种方法还被称为苏格拉底法。

由于时常出入雅典的市场，苏格拉底吸引了一批年轻人加入了他对宗教、政治、道德和美学等各种重要问题的批判性的检验。但作为一个社会批判者，苏格拉底招来了强大的敌人。然后正如现在一样，许多人，包括那些高层的人，害怕批判性的思考将挑战社会现状，导致动乱。在公元前399年，苏格拉底在被指控对神的不敬和使雅典的年轻人堕落之后，被宣判死刑。

三、柏拉图：永恒的真理和价值观

把现实作为普遍的、永恒的理念

苏格拉底的学生柏拉图(Platon，前427—前347)继承了他的良师益友的教育传统。柏拉图在公元前387年建立了学园，一种哲学学校。他写了《普罗塔哥拉》——一本关于美德的演讲、《理想国》和《法律篇》——有关政治、法律和教育的论文集。在驳斥智者派的相对主义时，柏拉图认为，现实是由一个完美思想——诸如真、善、美和正义的普遍概念的不变世界构成的。这些概念的单个实例，正如我们所感觉到的那样，只是停留在一种绝对理念，即善的形式的普遍和永恒概念中的不完善的表现。

回忆

柏拉图的知识理论是建立在回忆基础上的，这是一种个体回忆以潜在的形式现存在他们大脑中的理念的过程。回忆的含义是，在出生前人的灵魂已存在于一种理念的精神世界里，它是所有真理和知识的源泉。人在出生时，这些理念被抑制在一个人下意识的心灵里。在柏拉图看来，学习意味着一个人重新发现或收集这些完美的理念。① 因为感觉印象歪曲了现实，真正的知识是理智的、不变的和永恒的，不是感觉的。不管什么时候或人类生活在什么地方，对所有的人来说只有一个完美的理念。由于真理的东西总是真理，教育也应该是普遍的和不变的。关于这个理念的争论在讨论话题栏目中提出。

普遍主义与相对主义

先天的理念

先天的知识潜在地现存于心灵中的信念对早期的西方教育有一种强大的影响。正如在这章前面所描述的，在印度，教育也受先天知识信仰的影响。吠陀的教育鼓励通过沉思去发现先天的知识。在西方，先天理念的理论受到后来教育改革者如洛克、裴斯泰洛齐、杜威和其他人的挑战，他们的观点在"教育先驱者"那一章里阐述。许多后来的教育争论，甚至目前建构主义的兴起，都可以看做是对柏拉图理念的反驳。

理想国

柏拉图的理想社会。在《理想国》里，柏拉图设计了一个由哲学王——一种知识分子的精英统治的一个完美社会的计划。尽管柏拉图的理想国从来没有实现，但他的思想对描绘一种教育的理想化形式是有用的。理想国的居民被划分为 3 个等级：(1) 哲学王，知识分子的统治者；(2) 辅助者和武士；(3) 劳动者，生产商品和提供服务。柏拉图认为一个人的知识才能将决定他或她的等级分配。

柏拉图理想国里的等级制度的社会和古代印度教的等级制度是并存的。这两个社会的顶端都是知识分子——柏拉图的哲学王和印度的婆罗门。

① 格拉尔德·L.古泰克：《教育的历史和哲学基础：一种自传性的介绍》(俄亥俄州哥伦布：梅里尔/普伦蒂斯豪出版社，2001 年)，pp. 15—19。

教育和社会角色相一致

一旦被分配到某个阶级，理想国中的个体将受到和他们的社会角色相适应的教育。哲学王，将接受为成为领导者而进行的教育，也是对识别下一代的知识能力和为他们注定的角色做准备负责的。第二个等级，武士，勇敢的但缺乏智谋的，将被训练用来保卫理想国和听命于哲学王。第三个等级，也是最大的等级，劳动者，将被训练成农夫和手工业者。教育追随每个群体，理想国为它的成员准备了相适应的职责，这反过来有助于社会的和睦和功能的有效发挥。

讨论话题：普遍真理与文化相对论

讨论主题	赞成的观点	反对的观点
普遍真理与文化相对论：在古希腊，教育应反映相对于生活在特定的地方和时代的不同人的普遍真理，还是反映信仰的问题经常被争论。柏拉图认为，真理是不变的，他在这个重要问题上和智者派进行争论。智者派声称，所有的事情都和时代及环境有关。这个重要的问题今天由那些想让学校灌输基本道德的人和那些想让学生澄清他们价值观的人争论着。普遍论者主张今天的真理总是真理。相对主义者认为，在特定的时间和地点，变化的价值观使生活得到满足。	1. 真理是普遍的和永恒的。当人类追寻真理时，他们的探索将带给他们相同的普遍思想和价值观。正确的东西在所有的地方和所有的时代都是正确的，它不依据变化的舆论观点。 2. 尽管地球上居住着不同的种族、民族和语言群体，但他们是同一人类家庭的所有成员，因此分享着共同的希望和梦想。 3. 正如苏格拉底和柏拉图所认为的那样，教育应促使学生试图回答诸如真、善、美是什么的重大问题。特别是在新的计算机推动的信息时代，计划必须依据持久的真理和价值。 4. 学校应强调超越特定的文化和政治障碍在宗教、哲学、数学、科学和其他科目中发现的普遍的真理和价值观。	1. 所谓“真理”确实是一种暂时的知识宣称，它和生活在不同地方、不同时代的不同群体有关。在特定的时代是真理的东西是解决生活中的问题的东西。 2. 社会是相对的和变化的。人类的行为需要灵活地适应社会的、经济的、政治的和技术的变革。 3. 教育是一种实际的工具，是一种个人的和社会的适应方法。正因为这样，它强调运用新的学习方法，把人们培养成为新技术的有效使用者。让学生具备计算机能力比思考关于真、善、美的那些无法回答的问题更重要。 4. 学校教育依据人们的需要，将随不同的文化和时代而出现差异。这就是为什么建构主义的方法通过学生创造他们自己的现实观念而在今天的学校非常有用的原因。

女性教育

不像雅典人，柏拉图认为女子和男子一样应该有特权和责任。[①] 女子也纳入了柏拉图划分人的 3 个等级里。拥有高水平认识能力的女子能成为占统治地位的哲学精英的成员；其他拥有较少智慧的将被划分到较低的等级。像男子一样，女子将受到和她们的能力及她们注定的职业相适应的教育或训练。

国家管理的托儿所

柏拉图的课程。柏拉图的课程与一种等级制度的社会教育目标相一致，而不是和主张人人平等的社会教育目标相一致。由于他担心父母将把他们的无知和偏见传给他们的孩子，柏拉图希望儿童由儿童护理方面的专家来抚育。让儿童远离他们的父母，住在国家托儿所，准备的环境有助于培养儿童的良好习惯和消除对儿童正常发展有害的习惯。

柏拉图的基本课程

从 6 岁到 18 岁，孩子应在学校里学习音乐和体操。按照柏拉图的解释，“音乐”是一种包括读、写、文学、算术、唱诗班的唱歌和舞蹈的广泛的科目。在掌握读和写之后，学生将阅读经过允许的经典著作。把文学当做品格形成中的一种巨大力量，柏拉图认为，儿童应该只阅读那些集中表现真理、服从权威、勇敢和控制情绪的诗和小说。在掌握基本的算术之后，学生将钻研几何学和天文学。体操由对军事训练有用的功能练习所组成，如剑术、射箭、投标枪和赛马，体操被认为对品格的培养和身体的发展有重要作用。柏拉图也把食品和卫生学的规则包括在他的课程里。

高等教育

从 18 岁到 20 岁，学生将从事广泛的身体和军事训练。在 20 岁，未来的哲学王将被挑选出来，在数学、几何学、天文学、音乐和科学上进行

---

① 罗伯特·S.布鲁姆博格：“柏拉图的理想课程和现代教育哲学”，《教育理论》(1987 年春)，pp. 169—177。

10 年额外的高等教育。在 30 岁时，这个群体中拥有较少智力能力的人将成为公务员；最有智力能力的人将继续从事更高层次的哲学的辩证法的学习，寻找解释终极现实世界的原理。当他们的学习结束时，哲学王将开始指导理想国的军事和政治事务。在 50 岁时，哲学王将成为理想国年长的政治家。

四、亚里士多德：理性的培养

柏拉图的学生亚里士多德(Aristotelēs，前 384—前 322)是亚历山大大帝的家庭教师。亚里士多德创立了吕克昂学园，雅典人的哲学学校，他还写了大量有关物理学、天文学、动物学、植物学、逻辑学、伦理学和辩证法的著作。他的《尼各马可伦理学和政治》考查了教育和社会及政府的关系。①

一个客观的现实

柏拉图认为现实存在于纯粹理念的王国里，和他的导师柏拉图不同，亚里士多德认为现实是客观存在的。柏拉图是哲学理想主义的创立者，而亚里士多德建立了现实主义。(理想主义和现实主义在"教育的哲学基础"那章中探讨。)

对于亚里士多德来说，物体是由形式和内容构成的，它们独立存在于人类知识本身。非常重要的是，亚里士多德认为人类拥有才智——思考和推理的能力。作为理性的生物，人类有根据统治宇宙的自然法则进行认识和生活的潜力。

作为知识来源的感觉

在亚里士多德看来，认识开始于人对环境中物体的感觉。从这种感觉的经验中，人形成了有关物体的概念。亚里士多德强调把感觉经验作为认识和教育的开端，这个观点被后来 18 世纪和 19 世纪的教育家洛克

---

① 萨拉·布罗迪：《亚里士多德的道德规范》(纽约：牛津大学出版社，1991 年)；玛丽·M.斯潘格勒：《亚里士多德的教学》(马里兰州兰厄姆：美国大学出版社，1998 年)。

和裴斯泰洛齐所强化。

亚里士多德在教育上的观点

作为培养理性的教育

在他的《政治篇》里，亚里士多德认为，好的社会依靠其成员的理性。如果培养理性的教育被忽视了，那么社会将遭受损失。像柏拉图一样，亚里士多德区分了自由教育和技术训练之间的差异。亚里士多德把大学文科看做可以扩大一个人的视野、知觉和选择，而他把职业的训练看做会妨碍智力发展的一个附属成分。当代在自由教育和职业教育工作者之间的争论反映的经常是亚里士多德和希腊其他理论家考察过的相同的问题。

亚里士多德的课程

亚里士多德提倡义务学校教育。幼儿学校教育由游戏、体育活动和适当的故事组成。7 岁到 14 岁的儿童学习基本的计算、文学和适当的道德习惯，为他们将来学习大学文科做准备。他们的课程也包括体育教育和培养适宜的情绪倾向的音乐。从 15 岁到 21 岁，年轻人将学习数学、几何、天文学、语法、文学、诗歌、修辞学、美学和政治学。在 21 岁，学生将继续学习更多的理论科目，如物理学、宇宙哲学、生物学、心理学、逻辑学和形而上学。

限制女性的作用

亚里士多德认为女子在智力上不如男子，他只关注男子的教育。女子被训练从事对她们将来作为妻子和母亲的角色所必要的家务和抚养孩子的义务。

依据客体的知识概念

作为现实主义者的亚里士多德和作为理想主义者的柏拉图的区别在于，亚里士多德的知识概念是在客体中产生的，而不是产生于在心灵中预先存在的理念。由于知识总是与客体有关，教育关注的是把客体划分成主观问题。例如，如果一个植物学的教师使用亚里士多德的方法，他或她就会教授学生：树就像一个类别，植物学现实世界的一个总体的类别,特定的树也就是这个类别中的个体成员。

亚里士多德的持久影响

亚里士多德学派的一个主要目的是培养每个学生的理性。作为学术性的机构,学校应依据精深的和科学的训练提供一种规定好的有主题的课程。教师拥有他们科目的专业知识,能熟练地激发学生的求知欲并传授知识给学生。亚里士多德的哲学在西方教育中是非常有影响的。它和基督教的教义一道,成为中世纪经院哲学教育的基础,这在本章的后面探讨,它也是现实主义的基础,这在"教育的哲学基础"那一章里探讨。

五、伊索克拉底:雄辩术和修辞学

希腊的修辞学家伊索克拉底(Isocratēs,前436—前338),由于他的特别构造的教育理论而有影响,他强调了知识和修辞的技能两个方面。①他的理论在智者派和柏拉图的冲突中走一条中间道路。伊索克拉底的《反对智者派》的专著解释了他的学校使用过的方法。

强调修辞学

对于伊索克拉底,教育的主要目的是培养思路清晰、充满理性和真理的政治家。他认为,世俗的改革要求教育品德高尚的领导者成为有效的管理者。在自由的学习中,伊索克拉底认为修辞学应被解释为思想的理性表达,在培养道德和政治领导身份上是非常重要的。修辞学的教育应该包括艺术、科学和有效的交流技能三个方面。受人敬仰的演说家应该为推进公共利益的高尚事业而争辩。除了责备,演说家应该劝说人们追随好的政策。伊索克拉底反对智者派的一些人只把教授修辞学作为有说服力的日常工作或公共关系的技能。

伊索克拉底的学生进入他四年制的学校,学习修辞学、政治、历史和

---

① 格拉尔夫·L·古泰克:《西方教育经验历》第2版(伊利诺伊州希望高地:韦夫兰出版社,1995年),pp. 52—54。

道德。他们分析和模仿优秀的演讲,并练习公共讲演。作为一个模范教师,伊索克拉底认为,他有责任通过他自己的知识、技能和道德行为的示范来影响学生。

柏拉图和智者派之间的平衡

尽管伊索克拉底反对智者派彻底的机会主义,但他也反对柏拉图的教育是纯理论的和抽象的主张。在伊索克拉底看来,教育有助于由知识引导的公共事业。伊索克拉底影响了教育上修辞学的传统,特别是罗马的教育理论家昆体良。通过认识到人文主义的修辞学方面,伊索克拉底也为受过自由教育的人的理想做出了贡献。

六、古罗马的教育

当希腊文化和教育在地中海的东部逐渐发展时,罗马人在意大利岛和整个西地中海加强了他们的政治地位。在他们从小共和国到庞大的帝国的转变中,罗马人开始关注战争和政治。他们成为一个强大的帝国之后,便开始注重统治帝国所需要的管理、法律和外交。希腊以哲学著称,而罗马人注重培养实际的政治家、能干的管理者和有经验的将军。

通往教育之路

正如在古希腊一样,只有一小部分的罗马人受过正式的教育。学校教育是为那些既有钱付得起学费,又有时间进入学校的人保留的。

初级学校和中等学校

上层等级的女孩经常在家里由家庭教师教授学会读和写,而来自这些家庭的男孩进入了一种初级学校,然后进入由拉丁文和希腊文语法教师教授的中等学校。男孩由受过教育的希腊奴隶送入这些学校,追溯起源,这些奴隶被叫做教员,教育学一词就起源于此,意思是教育的艺术。

演说家的理想

我们用演说家来例证罗马的教育理想。理想的罗马演说家是豁达的、开明的有教养的公共生活人物——参议员、律师、教师、公务员和政治家。为考察罗马演说家的理想,我们转向昆体良。

昆体良(Quintilianus，约35—95)：演说家之中的能手。昆体良是罗马帝国广泛认可的修辞学家中的一位。皇帝任命他为拉丁文修辞学的第一任长官。

依据不同成长阶段的教育

昆体良的《论演说家的教育》是一本系统的教育论文集，包括：(1)准备学习修辞学的教育；(2)修辞学和教育的理论；(3)公共演讲或作慷慨激昂的演说练习。昆体良提出了教学应以人的成长和发展的阶段为基础的非常重要的教育观点。由于预见到现代教师会关注学习者的个人差异，他建议教学和学生的意愿及能力相适应。他强调儿童在早期行为的养成上的重要，并且建议教师通过使学习有趣和有吸引力来激励学生。因为第一个阶段(从出生到7岁)的孩子易冲动，并需要随时关注他们的要求，他建议父母为他们的孩子选择受过良好培训并有良好口才的保育员、教员和同伴。

读和写

在昆体良的第二个教育阶段(从7岁到14岁)，让孩子从感觉经验中学习，形成清晰的思想并锻炼他的记忆力，让他现在书写他已说过的语言。小学教师(litterator)有一种受人敬仰的品格和教学能力。他在Ludus教读和写。读和写的教学是渐进的和细心的。教师用一组象牙似的字母帮助学生学习字母表。像许多世纪后的蒙台梭利一样，昆体良建议儿童通过勾画字母的轮廓来学习书写。展望现代教育，他认为学校的工作时间包括用于游戏和娱乐的休息时间，这样学生就能消除他们的疲劳和更新他们的能量。

大学文科的学习

对教育的第三个阶段(从14岁到17岁)，昆体良强调大学文科教育。希腊文和拉丁语法、文学、历史、神话都被用两种语言、两种文化结合起来教授。学生也学习音乐、几何学、天文学和体操。

修辞学的学习

在第四个阶段(从17岁到21岁)，未来的演说家从事修辞学的学习。昆体良的修辞学学习包括戏剧、诗歌、法律、哲学、公共演讲、演讲术和辩论。[①] 演讲术——系统的演讲练习——是非常重要的。在适当的准备之后，新的演讲者在论坛上对公众演讲，然后转向修辞学的能手寻求专门的批评。教师不仅从权威意义上，而且富有耐心、机智和体谅地去纠正学生的错误。

七、古希腊和古罗马对西方教育的贡献

大学文科

西方的文化和教育从古希腊和罗马继承了一笔丰富的遗产。影响西方文明的许多文化和教育概念形成于古典的希腊和罗马。由于认为培养完善的人是有可能的，希腊人和罗马人给社会政治良性发展中的教育确定了一个重要的功能。希腊和罗马在自由教育和职业训练之间的差异导致了整个西方教育史中课程的争论。

希腊和罗马的许多思想影响了阿拉伯学者，他们保存并解释了这些思想。当欧洲人接触到了阿拉伯的学术成就时，这些思想便流传到了欧洲文化和后来的美国文化中。

焦点问题回顾：反思本章开始列出的焦点问题。如果要求你对古代希腊和罗马的教育贡献进行总结，你对所有这些问题的答案是什么？作为一位教师，从这些阶段你将乐意继承哪方面的贡献？哪些贡献你将要去修正？

第六节　阿拉伯的学习与教育

文化的吸收和传播

伊斯兰文明起源于阿拉伯，由于它能吸收和重新解释知识，并把知

---

① 威廉·J.墨菲：《昆体良的演讲和写作教学》(伊利诺伊州卡伯达尔：南伊利诺伊大学出版社，1987年)。

识从世界的一端传递到另一端,它便成为一个全球性的文化和教育力量。例如,从中国学会造纸术后,阿拉伯人把它传到了欧洲。

阿拉伯学术成就的早期动力来自于由穆罕默德(569—632)领导的伊斯兰宗教运动。受传教士传播伊斯兰教的热情所鼓舞,阿拉伯学者把他们的思想传播到了整个北非,东至印度和马来西亚,西至西班牙。他们广泛地征服,把阿拉伯人和印度人、埃及人、叙利亚人和其他大范围的各种各样的民族和文化联系了起来。他们把这些文化中的一些成分吸收到自己的文明中。阿拉伯学者从印度人、波斯人和希腊人那里接触并吸收了数学、医学、天文学、科学和建筑方面的知识进入他们自己的文化。阿拉伯人还发明了包括零的概念的一种新的数字系统,这是算术上的革命。他们把印度人的算术和希腊人的几何学结合起来,形成了代数学。[①] 阿拉伯学者在巴格达、开罗、科尔多瓦、格林纳达、托莱多和塞维利亚建立了高等学校,在那里,他们整理并教授他们对知识的见解。

保存亚里士多德的思想

在10世纪和11世纪,伊斯兰文化对西方的教育,特别是对中世纪的经院哲学(潜在的古老思想和高深学问的哲学)有一种显著的影响。从和北非及西班牙的阿拉伯学者的交往中,西方的教育家获得了数学、科学、医学和哲学上的新见识。例如,阿拉伯重要的医学成就被介绍到中世纪意大利的萨勒诺大学。阿拉伯学者也翻译和保存了一些重要思想家如亚里士多德、欧几里得、盖仑和托勒密的著作。因为到中世纪,这些著作许多在欧洲已经消失了,如果没有被阿拉伯人保存,它们可能就从欧洲文化中永远消失了。

阿拉伯学者阿维森纳和阿威罗伊

阿拉伯的遗产

阿拉伯学者,如阿维森纳(980—1037)和阿威罗伊(1126—1198),与西方欧洲的教育有某种联系。在接触到亚里士多德的著作以后,阿

---

① 玛丽斯·鲁思温:《伊斯兰教世界》(纽约:牛津大学出版社,2000年)。

维森纳把它们翻译成了阿拉伯文。尽管欧洲的教育家熟悉亚里士多德的逻辑学，但据推测，他的许多哲学著作遗失了。当经院哲学的教育家获得阿维森纳翻译的亚里士多德的译文时，他们把译文翻译成了拉丁文。①

焦点问题回顾：反思本章开始列出的焦点问题。如果要求你对阿拉伯传统教育的贡献进行总结，你对所有这些问题的答案是什么？你如何才能把从各种来源中的这些贡献结合在你的教学中？

第七节　中世纪的文化和教育

学问的衰落和复兴

历史学家把罗马的灭亡和文艺复兴之间的1000年(500—1400)称为中世纪或中世纪时代。这段西方文化和教育的年代，时间跨越从希腊—罗马古典时代的结束到我们叫做近代的开始。中世纪时代的特征首先是学问的衰落，然后是由经院哲学的教育家带来的学问的复兴。在西罗马帝国瓦解之后，由罗马教皇领导的天主教教堂部分填补了西罗马帝国瓦解的政治、文化和教育的真空。

学习机构

在中世纪时代，欧洲初级水平的正式教育是在教区、附属小教堂和寺院学校的教堂进行的。对中等水平的教育，寺院和大教堂的学校提供了一种总的研究课程。高等教育由巴黎、博洛尼亚、萨勒诺、牛津和剑桥的大学提供。② 商人和工艺行会也建立了一些学校提供的基本教育，如

① 理查德·M.伊顿：《作为全球历史的伊斯兰教历史》(华盛顿，哥伦比亚特区：美国历史协会，1990年)，pp. 22—26；伯纳德·刘易斯：《伊斯兰教和西方》(纽约：牛津大学出版社，1993年)。

② C.斯蒂芬·亚尔格：《天使的妒忌：中世纪的教堂学校和社会理想(950—1200)》(费城：宾夕法尼亚大学出版社，1994年)，p. 153。

训练一种手工艺。骑士在城堡中学习军事战术和有骑士气概的礼仪习俗。

通往学校教育之路

正如早期的希腊和罗马时代一样，在中世纪时代，只有人口中的一小部分人进入了学校。学校主要由计划进入宗教职业做牧师、僧侣或其他教士阶层的成员男子参加。作为绝大多数人的奴隶被要求做封建贵族庄园里的农业劳动者。庞大的奴隶等级普遍是文盲。

中世纪的女性教育

在中世纪社会，女子的状况根据她们的社会经济的等级而变化。尽管中世纪的基督教强调女子精神上的平等和婚姻的神圣本性，但女子继续被交付于传统的由性别认定的角色。农奴和农民等级中的女子通过模仿她们的母亲，学会了家务琐事和对孩子的抚养。贵族等级的女子也遵从她们等级的规定，学会和骑士等级制度的礼仪习俗相适宜的角色，这经常意味着从事城堡或庄园中的家庭工作。① 中世纪的教堂通过宗教团体为女子提供一种不同的教育机会。像寺院一样，修道院有为修女遵从她们团体的宗教规章而准备的图书馆和学校。

一、阿奎那：经院哲学的教育

信念和理性的结合

到了11世纪，中世纪的教育家已形成了经院哲学——一种探求知识、做学问和研究教学的方法。经院哲学学者，和被称为教学的牧师一样，依靠信念和理性作为真理的补充来源。他们不但接受神圣的《圣经》并把教父的著作作为上帝启示的话的来源，而且他们也信任人的理性。经院哲学家认为，当人的心灵被作为真理的一种来源的《圣经》权威所阐明时，就能推断最初的原理。

① 朱迪思·M.贝内特：《现代视角中的中世纪女子》(华盛顿，哥伦比亚特区：美国历史协会，2000年)。

用希腊的理性调和《圣经》

经院哲学和教育在圣·托马斯·阿奎那(1225—1274),巴黎大学的一个多明我会的神学家的《神学大全》中达到了顶点。阿奎那主要关注调和权威——也就是把《圣经》中描述的信念和亚里士多德所描述的理性主义联系起来。阿奎那使用信念和理性来回答关于基督教的神的概念、人类的本性和宇宙及神和人之间的关系的基本问题。[①] 对阿奎那来说,人类拥有一个物质的肉体和一个精神的灵魂。尽管他们临时生活在地球上,但他们最终的目的是和神一起经历永恒。像亚里士多德一样,阿奎那认为,人类的知识开始于感觉,完成于概念化。(有关阿奎那和其他教育家在这一章的探讨参见概述 3.2)

概述 3.2:主要的教育理论家(至 1600 年)

理　论　家	哲学定位	人性的观点	有关教育和课程的观点	贡献和影响
孔子　前551—前 479 年(中国)	依据人类关系和角色的等级制度的次序,形成伦理道德制度;通过服从强调秩序和稳定	人类需要一种高度稳定的社会秩序,在这种秩序中人们接受与他们生活中地位相应的义务	教育通过培养对祖先和传统的尊敬来为人们的社会政治角色培养人;古代中国的经典著作和孔子的《论语》的课程;高度选拔性的考试	儒家学者的道德规范影响了中国文化数个世纪,创造了一种强调忍耐的重要性的价值体系
苏格拉底　前469—前 399 年(希腊)	社会上和教育上反对崇拜圣像者;趋向于哲学上的理想主义和政治上的保守主义	人类通过合理的自我认识,能确认他们自己	使用探索性的机智对话来回答基本的人类所关注的事;教育应培养道德卓越的人	把苏格拉底的对话作为一种教学方法;把教师作为一种角色的模型

① 弗朗西斯·J.塞尔曼:《圣徒托马斯·阿奎那:真理的教师》(苏格兰爱丁堡:T&T 克拉克出版社,1994 年);埃蒂安纳·吉尔森:《圣徒托马斯·阿奎那的基督教哲学》(印第安纳州圣母城:圣母大学出版社,1994 年)。

续 表

理　论　家	哲学定位	人性的观点	有关教育和课程的观点	贡献和影响
柏拉图　前427—前 347 年(希腊)	哲学上的理想主义;社会政治上的保守者	依据人类的理智能力进行分类	回忆潜在的理念;音乐、体操、几何学、天文学、基本的文学技能;为哲学王统治的精英的哲学	根据理智的能力用学校把学生分类;教育紧密联系世俗的(政治的)目的
亚里士多德前384—前 322 年(希腊)	哲学上的现实主义者;以古典现实主义为基础的社会、政治和教育的观点	人类具有引导他们的行为的理性能力	客观地和科学地强调;基本的文学技能、数学、自然和物理科学、哲学	强调受过自由主义教育的、全面发展的人;理性的重要性
伊索克拉底前 436—前 338 年(希腊)	演说家;为自我和社会服务的演说教育	人类有为社会和政治的改进使用他们的语言(演讲)的能力	修辞学的学习;基本的文学技能;政治、历史、修辞学、雄辩术、公共演讲	在公共事务和政治领导中知识的运用;教师教育有内容和实践两个方面
昆体良　35—95 年(罗马)	演说家;为个人利益和公共服务的讲演	特定的个体有依据他们的气质、开明的知识和演讲技能的领导能力	基本的文学技能;语法、历史、文学、戏剧、哲学、公共演讲、法律	学习中动机形成的作用;对个体差异的认识
阿奎那　1225—1274 年(意大利中世纪神学家)	基督教的神学和亚里士多德(现实主义)的哲学	人类拥有一种精神的本性(灵魂)和一种物质的本性(肉体)	教育应建立在人性基础上,在精神和物质两个方面作适当的研究	教师作为道德的代理人;教育和普遍的神学目的有联系;神学和哲学的分析;罗马天主教学校使用的哲学基础

续　表

理　论　家	哲学定位	人性的观点	有关教育和课程的观点	贡献和影响
伊拉斯谟　约1466—1536年(荷兰文艺复兴时期人文主义者)	基督教起源；作为社会和智力评论家的教育家	人类不仅能取得巨大的成就，而且有极大的愚笨行为	一种强调批判和分析的文学精英的教育	在文学和社会批判中中等和高等教育的作用；强调批判性思维
马丁·路德　1483—1546年(德国新教徒)	改革的神学强调通过信仰和个人良知获得灵魂拯救	人类被信念所拯救；个人良知受《圣经》和改革了的神学影响	初等学校教授读、写、算术、宗教；中等学校通过提供经典著作、拉丁文、希腊文和宗教来培养领导者；职业训练	强调普遍的识字能力；学校强调宗教价值、职业训练和知识；宗教、学校教育和国家的紧密关系

教师的职业

在 *De Magistro*(关于教师)中，阿奎那把教师的职业描绘成信念、爱和学习的结合。教师需要成为沉思的学者、积极学习的代理人、他们自己科目上的专家、有经验的教师和人性的热爱者。阿奎那和其他经院哲学的教育家看到研究和教学之间没有冲突。好的教师对两者都需要，并把它们做得很好，有利于教学和学问被认真地结合起来。

学科科目

经院的教师是牧师，学校由教堂来管辖和保护。课程继承大学文科的传统被组织成正式的科目。例如，在高等教育中，科目训练有逻辑学、数学、自然和道德哲学、辩证法和神学。在他们的教学中，经院哲学家使用演绎——推理的理性——来创造有组织的知识体系。他们强调基本的原理和它们的含义。除了正式的学校教育，阿奎那认识到通过家庭、朋友和环境的非正式教育的重要性。①

① 约翰·W.杜诺霍：《圣徒托马斯·阿奎那和教育》(纽约：兰顿书屋，1968年)，pp. 76—89。

二、中世纪的大学

阿奎那和其他的经院哲学的教育家在中世纪的大学里教学，在那里，高等教育的模式被建立起来了。大学从学生和教师的被叫做Universitas的协会演化而来。著名的中世纪的巴黎大学、萨莱诺大学、博洛尼亚大学、牛津大学、剑桥大学、帕多瓦大学、海德尔堡大学、埃尔富特大学和布拉格大学是在12世纪和13世纪形成的。[①]

大学的发展

一些重要的大学从大教堂学校扩大入学人数中成长起来，到12世纪已吸引了大量的学生。由于经济条件的提高和一种更加安全的政治形势，入学人数增加了。和东正教及阿拉伯学术成就的更多接触也刺激了对更高层次学习的渴求。

重新发现经典著作

正如前面所提到的，中世纪的教育家通过东正教和阿拉伯学者重新发现了亚里士多德、欧几里得、托勒密、盖仑和伊索克拉底的著作。解释这些重新发现的著作对经院哲学家来说有巨大的意义。

职业学校

尽管在中世纪大学里神学是最重要的科目，但也开设其他的学科。除了大学文科之外，大学还提供法律、医学和神学的职业学习。

知识的保存和制度化

中世纪的教育家对西方教育的贡献主要是保存知识并使知识制度化——也就是，在一个有组织的框架里展现知识。教区、修道院和大教堂的学校都按这种方式传播知识。这种趋势的集中体现是中世纪的大学，它是现代大学的模型。在其围墙之内，中世纪的教育家通过记录和

---

① 哈斯丁格斯·拉斯达尔：《中世纪的欧洲大学》（牛津：牛津大学出版社，1936年）；也可参见斯蒂芬·C.费利罗卢：《大学的起源：巴黎学校和它们的评论家（1100—1215）》（加利福尼亚州斯坦福：斯坦福大学出版社，1985年）。

整理，不仅传授，而且保存了知识。

焦点问题回顾：反思本章开始列出的焦点问题。如果要求你对中世纪欧洲的教育贡献进行总结，你对所有这些问题的答案是什么？

第八节　文艺复兴时期的古典人文主义

古典人文主义方面的复兴

文艺复兴时期开始于 14 世纪，在 15 世纪达到了它的顶峰，希腊和拉丁文经典著作在人文主义方面开始了一种显著复兴。它被认为是在中世纪和近代之间的一种过渡时期。文艺复兴时期的古典人文主义学者，像中世纪的经院哲学家，发现了过去的权威并强调古典文学。然而不像经院哲学家，古典的人文主义者对文学比神学更感兴趣。①

意大利的古典人文主义

文艺复兴时期在意大利特别著名，在意大利，商业的复兴为艺术和文学的复兴创造了充足的财富。意大利古典人文主义者认为他们自己是一种自由主义的精英，自称是"知识的管理人"。在意大利，但丁、彼特拉克、薄伽丘的作品反映了人文主义者的文学复兴。意大利贵族在复兴古典学术中为培养他们的孩子，建立了宫廷学校。

把廷臣作为一种榜样

为了抵制经院哲学主义，古典人文主义教育家再一次转向了西塞罗和昆体良。在希腊和拉丁文古典著作中，他们发现了文学长处和风格的模型、受过教育的人的理想和拥有古代智慧的观点。对于人文主义者的教育家，廷臣成为受过教育的人的典范。一个有风格和雅致的人，在古典文学上受过开明的教育。

---

①　J．R．哈尔：《文艺复兴时期的欧洲》(纽约：巴西尔·布莱克韦尔出版社，2000 年)。

培养廷臣

廷臣是一种能在国家事务中很好地实现他的统治机智的外交家。鲍德撒·卡斯蒂廖内(1478—1529)在他的著名作品《廷臣的书》中描述了廷臣和他的教育,它以古典的希腊和拉丁文学以及谦和而有威严的礼貌为特色。[①]

批判性思维

文艺复兴时期人文主义教育家是文学家、作家、诗人、翻译家和评论家。作为艺术家、教师、有鉴赏力的社会评论家,他们把智力、魅力、讽刺和学问带进他们的工作。他们试图培养文学和生活中能挑战现存风俗习惯和平庸的批判性的人。在北欧,古典的人文主义学者批判性地检验了中世纪的神学著作。

但文艺复兴时期的人文主义者经常在他们自己和民众之间保持一段距离,从一种精细的过时的文学中提取他们人性概念的精华。正如葡萄酒被用来给一次讲究的宴会增光,人文主义教育是为鉴赏家服务的。它没有被提供给每个人,只是为一种精英保留的。

进入学校的限制

尽管入学人数有了一些增长,但文艺复兴时期没有显著地扩大学校的入学人数。人文主义者的预备学校和中等学校由贵族阶层和上层等级的孩子进入。初级学校是为商业中间等级保留的。较低的社会经济等级的孩子很少受到正式的学校教育。

一、伊拉斯谟:批评家和人文主义者

伊拉斯谟关于教育的观点

早期的童年教育

伊拉斯谟(Erasmus, 约 1466—1536)是文艺复兴后期主要的古

---

① 鲍德撒·卡斯蒂廖内:《廷臣的书》,转引自 C. S. 辛格尔顿(纽约:双休日出版社,1959年);彼德·伯克:《廷臣的命运:欧洲对卡斯蒂廖内的柯泰基安的承认》(帕克大学,宾夕法尼亚州立大学出版社,1996 年)。

典学者。[1] 他的作品显示了他作为一个评论家和世界主义的人文主义教师的观念。关于古典语言的教学，他建议教师要非常熟悉神学、天文学、语源学、历史和《圣经》，因为这些科目涉及古典文学的研究。像昆体良一样，他把早期的童年生活看做是人的发展中一个关键性的形成时期。[2] 孩子的教育应尽可能早地开始，而且父母应认真地承担起他们的教育责任。儿童应受到具有良好的行为举止的绅士教育，并倾听对积极的道德发展有良好效果的故事。

教学方法

伊拉斯谟认为，对于学生来说，理解文学的意思比盲目地模仿作者的写作风格更加重要。他特别鼓励教师使用谈话探索含义、设计游戏和其他的活动来阐明一种特定文学作品的含义。伊拉斯谟形成了下列方法让教师在讲授文学中使用：(1) 介绍作者的个人经历；(2) 识别作品的类型；(3) 讨论基本的情节；(4) 分析作者的风格；(5) 考虑道德的内容；(6) 探究作品更广阔的哲学意义上的重要问题。

二、文艺复兴对西方教育的贡献

强调古典的语言和文学

文艺复兴时期，人文主义者强调把掌握拉丁文的知识作为受过教育的人的标志。受过教育意味着已经学习了古典的语言和文学。这些古典的人文主义者的偏爱既影响又限制了西方中等和高等教育的发展达数个世纪。在欧洲和美国，直到 19 世纪末，拉丁文知识仍被视为进入许多大学所必备的要求。

人文主义的(非科学的)知识

注意到伊拉斯谟和其他文艺复兴时期的教育家趋向人文主义或以

---

① 关于伊拉斯谟的传记，参见列昂·E.哈尔金：《伊拉斯谟：一本批判性的传记》(英国牛津和马萨诸塞州剑桥：巴西尔·布莱克韦尔出版社，1993 年)；詹姆斯·姆乔尼科斯：《伊拉斯谟》(纽约：牛津大学出版社，1991 年)。

② 威廉·H.伍德沃德：《伊拉斯谟关于教育的目标和方法》(纽约：师范学院出版社，1964 年)。

人为中心的知识概念也是重要的。人文主义教育家不是通过科学的探究接近他们的人文科目，他们通过文学探究他们所关心的事。受过教育的人被定义为通过书籍来获得古典知识的人。后来卢梭、夸美纽斯、裴斯泰洛齐和杜威的教育改革(在“教育先驱者”那章里探讨)反对强调文学而忽略经验的教育。

印刷术

在1423年，印刷术的发明是一个重要的革新，它推动了识字和学校教育。在印刷术发明之前，学生费力地抄写从教师那儿进行的听写。大学的讲课基本上是学生记录他们教授的讲话的一种过程。

到了15世纪中期，进行了可移动的金属类型的印刷实验。约翰尼斯·古登堡，一个德国珠宝商，发明了一种能被用做制成印刷术的字母的耐用的金属合金。在1455年，他的《圣经》是第一部被印刷的重要书籍。印刷术传播到了整个欧洲，增加了书籍的产量，并降低了书籍的成本。它使知识被更多的人掌握。[①] 印刷术的发明开创了“信息革命”，它是一个重大的技术革新，它的结果和计算机信息的电子传播没有什么不同。(参见概述3.3“西方教育史上的重大事件”和其他有显著影响的事件。)

焦点问题回顾：反思本章开始列出的焦点问题。如果要求你对文艺复兴时期教育的贡献进行总结，你对所有这些问题的答案是什么？你认为在今天的学校中有哪些人文主义观点的成分？

第九节　宗教改革和教育

16和17世纪的宗教改革受北欧人文主义者对中世纪教育和权威的

---

① 吕西尼·费弗尔和亨利-琼斯·马丁：《书的产生：印刷术的影响(1450—1800)》(伦敦：弗孛，1990年)。

批评所鼓舞。由于人文主义代替了中世纪的经院哲学，天主教教堂实行宗教一致的中央权威被削弱了。这为各种各样宗教观点的产生铺平了道路，最终导致有关教育的争论。

从罗马教皇的权威中解脱出来的自由

商业中产阶级的增长和强有力的国家政府为改革运动做出了贡献。然而，新教徒的宗教改革者，如约翰·加尔文、马丁·路德、菲利普·梅兰希顿和尤尔理奇·茨温利——试图从根本上将他们自己和他们的追随者从罗马教皇的权威中解脱出来，并重新解释他们自己的宗教教义和活动。当他们这样做的时候，新教徒的改革者系统地阐述了自己的教育理论，建立了自己的学校，组织了自己的课程，并用改革了的教义来培养他们的孩子。

路德、梅兰希顿、加尔文和宗教改革运动的其他领导者关注知识、教育和学校教育问题，因为他们想让这些强有力的武器去推进新教事业。在知识的问题上，他们的权威是《圣经》，他们把《圣经》的阅读作为灵魂的拯救所必须的。改革者支持通过普遍的初级学校教育来推进识字。

普遍识字的增多

新教徒建立了用他们群体自己的语言来教育孩子的方言学校——例如，用德语、瑞典语或英语而不是拉丁语。这些初级教育提供了基本的读、写和算术以及宗教课程。对天主教徒来说，弥撒和礼拜仪式还是用拉丁语而不是用方言。然而，为了和新教徒竞争，天主教徒也开始在他们的学校和拉丁语一起教授本国语。

《教义问答手册》

对于新教徒和天主教徒，学校教育灌输儿童"正确"的宗教信仰。只有当教师是官方准许的宗教的成员时才能被雇佣，并且他们被严格地管理，以确保他们教授的是被批准的学说。为确保教义的一致性，宗教教育家形成了传授教义问答的方法。他们用问和答的形式，总结了特定的宗教信仰和活动。尽管记忆是学校教育中经常存在的，但教义问答的方法特别着重强调它，目的是使儿童记住《教义问答手册》并使他们学习的教义内化。问答的形式在教学上获得了一种强有力的控制，并且也被使用在世俗的科目如历史和地理的教学中。

提高识字率

通过强调普遍识字和增加学校的学生人数，新教徒宗教改革在教育和识字率上开创了一个重要的变革。例如，在1500年，英格兰只有10%的男子和2%的女子是有文化的；到1600年，百分率上升到男子28%和女子9%；到1700年，将近40%的英国男子和大约32%的英国女子是有文化的。识字率北欧高于南欧，城市地区高于农村地区，上等阶层高于下等阶层。①

概述3.3：西方教育史上的重大事件(至1650年)

时　期	政治和社会事件	重大的教育事件
希　腊	前1200年，特洛伊战争爆发。 前594年，雅典进行宪法改革。 前479—前338年，希腊(雅典的)文化进入黄金时代。 前445—前431年，伯里克利时代。 前431—前404年，在雅典和斯巴达之间的伯罗奔尼撒战争。	前1200年，荷马著《伊利亚特》和《奥德赛》。 前399年，苏格拉底受审。 前395年，柏拉图著《理想国》。 前392年，伊索克拉底在雅典建立学校。 前387年，柏拉图建立学园。 前330年，亚里士多德著《政治学》。
罗　马	前336—前323年，亚历山大大帝。 前510年，罗马共和国建立。 前272年，罗马统治意大利半岛。 前146年，希腊成为罗马的辖区。 前49—前44年，尤利乌斯·恺撒专政。 前31年，罗马帝国开始。 476年，西罗马灭亡。	前449年，参考书出现在当时的拉丁文学校。 前167年，希腊语法学校在罗马开设。 96年，昆体良著《论演说家的教育》。

① 玛丽·J.麦莱斯：《西欧学校教育：一种社会历》(奥尔巴尼：纽约州立大学出版社，1985年)。

续　表

时　期	政治和社会事件	重大的教育事件
中世纪	713 年，阿拉伯征服了西班牙。 800 年，查理曼加冕为神圣罗马帝国的皇帝。 1096—1291 年，十字军东侵。 1182—1226 年，阿加西的圣·弗兰西斯。	1079—1142 年，阿伯拉尔著《神学》。 1180 年，巴黎大学被授予罗马教皇的特许状并被承认。 1209 年，剑桥大学成立。 1225—1274 年，托马斯·阿奎那著《神学大全》。
文艺复兴时期	1295 年，马可波罗探险。 1304—1374 年，彼特拉克著《抒情诗集》。 1313—1375 年，薄伽丘著散文和小说。 1384 年，有共同生活的兄弟会建立。 1393—1464 年，科西莫·美第奇在佛罗伦萨鼓励艺术和文学的复兴。 1423 年，发明印刷术。	1428 年，达·费尔特（古典人文主义教育家）在曼图亚建立了宫廷学校。 1507—1589 年，斯图谟创立德国体育馆。
基督教改革运动	1455 年，印刷《圣经》。 1492 年，哥伦布到达美洲。 1517 年，路德发表《九十五条论纲》，号召教会改革。 1509—1564 年，约翰·加尔文进行新教徒改革。 1509—1547 年，英格兰国王亨利八世创立英格兰教会。 1540 年，罗耀拉建立耶稣会会规。 1545 年，特兰托议会发动罗马天主教反对基督教改革的运动。	1509 年，伊拉斯谟著《愚人颂》。 1524 年，路德著“为了基督教学校的信”。 1524 年，梅兰希顿，路德的一个同事，在德国成立了路德教教友学校。 1630—1650 年，由约翰·诺克斯在苏格兰成立加尔文主义者学校。

增加学校的入学人数

正如这些数字所表明的，改革者想让男孩和女孩都参加初级的方言学校，他们努力增加两性学校的入学人数。然而，新教徒改革者继续为上层等级的男孩保留有声望的古典人文主义者预备学校和中等学校。预备学校和中等学校，如德国的体育馆、英国的拉丁文语法学校和为上层阶级的男孩准备的使用拉丁语和希腊语的法国公立中等学校，古典语言为大学入学所需要。这种精英注定成为宗教和国家中的领导角色。他们中许多强有力的人物——加尔文、茨温利、伊纳爵、罗耀拉、亨利八世——对新教徒宗教改革运动和罗马天主教反基督教宗教改革运动起到了巨大的影响。作为一个重要的案例研究，我们考察马丁·路德的影响。

一、马丁·路德：宗教改革运动的发起者

挑战天主教会

马丁·路德(Martin Luther, 1483—1546)在影响西方历史和教育上是最重要的宗教改革者之一。① 作为德国奥古斯丁(教义)的僧侣，路德不断加强对天主教习俗的批判。在1517年，他把他著名的《九十五条论纲》张贴在维腾贝格城堡教堂的门口，对罗马天主教和教皇进行挑战。路德的挑战对新教徒基督教宗教改革运动是一个催化剂，它传遍了整个西欧。

教育作为宗教改革的一部分

路德认识到教育是宗教改革的一个潜在的助手。他把宗教、国家、家庭和学校看做是决定性的改革力量。由于认为家庭在形成孩子的品质和行为中起一种关键性的作用，路德鼓励家庭中《圣经》的阅读和祈祷。他也想让父母确信孩子应有职业训练，从而使他们能像成人一样养活自己并成为有生产能力的公民。

路德在学校教育上的观点

路德建议公共官员担负起教育的责任，他的“代表基督教学校给德国所有城市的市长和市参议员的信”强调学校教育的精神利益、政治和经济利益。学校应被国家官员组织和检查来训练有文化、守纪律和有生

① C.斯科特·狄克逊：《德国的宗教改革运动》(纽约：巴西尔·布莱克韦尔出版社，2000年)。

产能力的公民及宗教的成员。在体育馆和大学中，先进教育应培养在路德教会受过良好教育的牧师。

路德在女性教育上的观点

路德在女性教育上的观点既反映了传统的约束，又包含一些自由的思想。受圣·保罗的影响，他认为，丈夫作为一家之主，有权支配他的妻子。家庭的义务和孩子的抚养仍然是女子适宜的角色。另一方面，由于路德强调用一个人自己的语言阅读《圣经》，女孩和男孩应一起进入初等学校。女子受到这种学校教育，即使处于从属的地位，在教育她们自己的孩子上也有一种分担的角色。

学校的规范

为设计并贯彻教育改革，路德在很大程度上依靠菲利普·梅兰希顿(1497—1560)，试图结束罗马天主教对学校的控制，路德和梅兰希顿想让国家管理学校和给教师颁发许可证。在1559年，梅兰希顿起草了《符腾堡的学校法规》，它成为德国其他州的一个范例。法规规定，用来教授宗教、读、写、算术和音乐的初级方言学校应建立在每一个村庄。古典的中等学校、体育馆为那些挑选出来的有望进入大学的年轻男子提供拉丁语和希腊语教育。

确立教育上的双轨制

尽管路德和梅兰希顿想让建立起来的初级学校教授普通人的读、写和宗教，但他们认为，文艺复兴时期古典拉丁语和希腊语课程为教会和国家的领导者提供了最好的准备。因此在教育制度上清教徒宗教改革运动的一个总体的结果是牢固地确立了双轨学校体制：为普通大众的初级学校和为上层等级的男孩及男子的古典人文主义者学校。

二、宗教改革运动对西方教育的贡献

新教徒宗教改革运动重新确立了从文艺复兴时期开始的许多制度的发展，特别是双轨学校体制。当本国语学校把初级教育提供给较低的社会经济阶层时，各种古典的人文主义语法学校为较高的阶层准备了更高层次的教育。定居在北美的殖民主义者是迁徙的欧洲人，他们把这种双轨学校体制带到了新大陆。

通过强调《圣经》的阅读，新教徒改革者也把强调识字的重要性传给了后来的教育家。这种观点有助于加速普及学校教育的运动。

从古代的印度和埃及直到20世纪早期，宗教对教育和学校教育仍有一种巨大的影响。许多学校是由教堂管理的。在美国，早期建立的学校、大学也和宗教紧密相连。然而，在18世纪，宗教和教堂对教育的影响受到理性时代的自然主义和启蒙运动理性主义的挑战。

焦点问题回顾：反思本章开始列出的焦点问题。如果要求你对宗教改革时期的欧洲教育的贡献进行总结，你对所有这些问题的答案是什么？你认为一项普遍的宗教改革技术在你的课堂教学中会发挥什么样的作用？

第十节　启蒙运动对教育的影响

当我们考察18世纪的启蒙时代（也叫理性时代）时，我们应该记住美国的政治制度是那个时代的产物。启蒙思想影响了诸如卢梭、裴斯泰洛齐和福禄培尔等这些重要的教育改革家，这在“教育先驱者”那章里探讨。这些欧洲改革家的思想被移植到了美国。

理性和科学的方法

在启蒙运动思想中，最重要的是理性的至高无上。启蒙运动哲学家、科学家和学者坚定地认为，人类通过使用理性解决问题能提高他们的生活和制度。① 由于强调科学的探求，这些思想家试图去发现“自然法则”——宇宙有秩序运行的过程。他们也设计了社会改革的理论，例如，

① 乌尔里奇·英姆·霍夫：《启蒙运动》（马萨诸塞州剑桥：巴西尔·布莱克韦尔出版社，1994年）。

构成美国和法国革命的基础的意识形态，试图根据理性重新构建政治秩序。启蒙运动的意识形态是指学校应培养学生理性的能力，从而帮助他们自己从迷信中解脱出来。

信仰的进步

著名的启蒙运动人物，如狄德罗、卢梭、富兰克林和杰弗逊，他们都把人类看做朝向一个新的和更好的世界不断前进。没有必要再回顾希腊和罗马的"黄金时代"。人类通过使用他们的理性和科学的方法，就能在地球上获得进步。学校赋予进步制度以新的形式，鼓励学生形成一种开放的、怀疑的态度和热切地使用科学实证的方法。

启蒙运动思想在美国扎根，形成了政治民主和普及教育上的一种乐观的信念。启蒙运动思想产生于本杰明·富兰克林强调功利主义和科学的教育及托马斯·杰弗逊的国家扶持学校的论点之后。美国人认为他们有能力引导他们自己的未来，他们把教育看做是进步的关键。①

定名为"教育的哲学基础"的那一章检验了我们历史上的教育哲学。那些哲学中的一些形成于本章探讨的历史阶段。

焦点问题回顾：反思本章开始列出的焦点问题。如果要求你对启蒙运动时期教育的贡献进行总结，你对所有这些问题的答案是什么？尤其是确认那些对美国教育有最大影响的趋势。

学校与网络技术

全球教育

正如"美国教育的世界根源"这一章所阐明的，许多不同文化传统对美国教育的演变做出了贡献。世界其他部分的教育体制也受全球传统的影响。("国际教育"那一章更深刻地探究了这个话题。)你和你的学生

① 丹尼尔·斐勒：《杰克逊的诺言：美国1815—1840年》(巴尔的摩：约翰·霍普金斯大学出版社，1995年)，pp. 13—14。

也许想一起探究世界范围内学校的一些差异性和类似性。

你可以从调查不同国家的学校的一些网站入手。网络 66 为通向成千上万的学校网页提供了一条通道。国际网页也许能在http://web66.coled.umn.edu/Schools/Lists/International.html 查看。

如果它适合你的目标,你可能期望鼓励你的学生开始和其他国家的学生进行通信。学生能直接分享关于学校和诸如日常生活的信息。你能得到一些从几个网站发送的邮件交换的有价值的部分,包括"全球校舍"http://www.gsh.org,"ePALs 课堂教学交换"在http://www.epals.com,"儿童链接"在http://www.kidlink.org/english/general/intro.html,"重要伙伴"在http://www.keypals.com/。这些网站也为你能安排你的学生和另一个地方进行合作的计划提供建议。

在使你的学生参与活动之前,确信彻底地探究了所有的计划和通信,鼓励你的学生坚持你的学校可接受的使用政策,在和其他学生进行通信时,也要使用好的"网络礼节"。

总　　结

(1) 在这一章的开始,我们检验了关于教和学的历史背景问题:知识是什么?教育是什么?学校教育是什么?谁应该入学?教和学如何进行?现代教育家继续考查这些重要的问题。一些人强调传统的知识和价值,如古代中国的孔子;或强调文化的保存,如埃及。一些人试图用普通的术语来回答,如柏拉图;其他人则根据变革的知识感知和教育作用形成他们的回答。

(2) 正如在文字出现以前的社会,学校教育继续包括文化遗产从上一代到下一代的传递。

(3) 由于我们生活在一个不断发展、互相依存的星球上,所以思考教育的全球性背景是重要的。通过考察文化上多种多样的社会的教育,如古代中国、印度、埃及和希腊,我们探讨了有关知识、教育的目的和谁应进入学校的主题。

(4) 美国教育的许多制度和进程起源于欧洲。在古希腊，受过教育的人的概念、理性的探究和思想自由的概念是苏格拉底、柏拉图和亚里士多德阐明的。修辞学教育的概念和方法由智者派设计、西塞罗提炼、罗马雄辩家昆体良进一步发展的。

(5) 在中世纪时代，大学的基础被建立了。中世纪的教育受由阿拉伯进入西方世界的数学和科学贡献的影响。文艺复兴时期，古典的人文主义教育家形成了全面发展的、自由的受教育者的概念。随着对识字和本国语教育的强调，新教徒宗教改革运动直接影响了殖民地的美国学校。启蒙运动在美国特别有影响。

(6) 从古代希腊和罗马的古典时代到15世纪新教徒宗教改革运动，只有少部分的儿童进入学校。随着新教徒宗教改革的深入，学校入学人数开始增加。

(7) 在西欧社会，学校依据社会经济等级差异形成了一套双轨体制。普通人进入初级学校，而较高等级的男子进入为他们升入大学所准备的预备学校。女子进入初级学校，但通常被中等和高等教育排除在外。

(8) 2001年9月11日世界贸易中心遭袭击和美国由此作出反应的“恐怖主义战争”的余波，增加了对研究阿拉伯文化和伊斯兰宗教的关注。被认为以恐怖主义行为犯下暴行的一些人已经被确认是阿拉伯国家的公民，确认和驱赶恐怖主义者小组的努力已经引向阿富汗——一个主要的非阿拉伯伊斯兰国家。毫无疑问，一些恐怖主义者的活动不代表绝大多数阿拉伯人的想法或伊斯兰教的信仰。为了解变化中的世界形势的动态，美国的中小学和大学正竭尽全力将阿拉伯人的文化及其伊斯兰宗教包含在课程的单元和课题中。

关键术语

文化适应　　回忆

孔子
等级制度
婆罗门
吠陀
智者派
修辞学
苏格拉底法
柏拉图的《理想国》
伊斯兰教
经院哲学
古典的人文主义
方言学校
双轨学校制度

讨 论 题

(1) 把考察讲故事和假日礼仪作为给孩子介绍他们文化的一种方法。这些非正式的教育方式和文字出现以前的社会的教育方式相同还是不同?

(2) 考察和儒家的道德规范原理相适宜的行为。对比儒家的道德规范行为的观念和现代美国社会的道德规范行为的观念。

(3) 对比印度的等级制度对教育的影响和美国的种族制度对教育的影响。

(4) 阿拉伯学者倾向于从其他文化中吸取知识,而古代的中国倾向于抵制文化的输入。按照你的分析,美国教育上对“外来”观念的适应是积极的还是消极的? 最近几年,美国教育中的这种现象是如何自我表现的?

(5) 比较和对比智者派的教育目的和那些出现在现代政治和广告活动中的教育目的。

(6) 在现代美国,考虑谁最有机会进入学龄前的学校、小学、中学和学院及大学。每个层次的机会方式是如何变化的? 和在这一章探讨的历史方式相比这些教育机会如何?

(7) 历史上,女性教育的变革如何反映社会中女性角色的变革?

专业发展的建议方案

(1) 爱德华·G.罗滋克创办的"教育理论家一览",对学习历史和教育哲学的学生来说,是一个非常有用的网址。网址为www.newfoundations.com/gallery/gallery.html。在这一章所探讨的那些理论家,诸如阿奎那、亚里士多德、洛克、路德和柏拉图以及其他世界著名的教育家,是根据诸如这样的问题来分析的:什么是知识?什么是学习?知识如何传承?该网站帮助你形成你自己的教育哲学。

(2) 从本章阐述的重要理论家及一些历史运动中选择一个,并从网站上搜寻以获得更多的信息。该网站属于荷兰尼美根大学,其中的"教育的历史和童年时代"网页是一个好的起始选择。完成了资料的查找以后,你可以以自己的主题进行网站链接了。你也可以和其他学者合作,将你们的成果组成一个综合的"传记网"。

(3) 本章中讲述的与某些教育家相关的信息、资料和链接可参考www.infed.org/thinkers。该网站检验了这些教育家的非正式的教育理论。用提供的这些信息回答下面的问题:什么是非正规教育?非正规教育和正规教育如何区别?非正规教育的教育领导者有哪些思想?

(4) www.ciger.be/erasmus上载有伊拉斯谟,一位文艺复兴时期的人文主义者的传记和其他相关资料。登录该网站,你就会知道为什么整个网站都只介绍伊拉斯谟一个人了。

(5) 要用全球的眼光看待职业教育的发展,向国外学生了解他们国家的教育状况,尤其是教师的状况。

(6) 用历史的眼光看职业教育的发展,向有经验的教师了解自他们从事教育以来,教师职业的变化和发展。

(7) 职业的发展包含了一种道德感。在你的课堂或同事中进行一项调查,将道德进行对比,在世界上选出三个最值得年轻人模仿的人。这些角色榜样和古代中国、印度、埃及、希腊以及中世纪、文艺复兴、宗教改革时期的有教养的人的榜样进行比较,怎么样?

第四章　教育的哲学基础

教师每天面临着备课，评价学生的表现，创造和保持公平的课堂学习环境这些重要的挑战。① 作为一个教师，你获得多大程度上的成功取决于你如何成功地迎接这些挑战。在对职业活动的研讨和会议的非正式谈话中，提供了许多如何迎接挑战的意见。这些意见存在于教育的表面，由于教师每天面临亟需解决的许多问题，所以没有时间反思和检查。但是，如果加以反思，这些表面上每天出现的问题，便呈现出更加深入、更加富有哲学的维度。

本章提供你一幅哲学和理论的地图，或是一种定位坐标，据此，你可以检查你对教育的看法，而且将它们转变为自己的教育哲学。下面的基本问题可以帮助你阅读本章，同时也有助于你建立自己的教育哲学：

焦点问题：

- 哲学有哪些分支？它们是如何被定义的？你对此的信念是什么？

本章由格里·盖特克博士修订。

① 有关教育哲学的书籍，参见罗伯特·D.赫斯利普：《教育实践的哲学性思考》（康涅狄格州韦斯特波特：普雷格出版社，1997 年）；尼尔·诺丁斯：《教育哲学》（科罗拉多州博尔德：西方观点出版社，1995 年）。

■ 教育的主要哲学是什么？在你的教育经验中存在着某些哲学吗？这些哲学能帮助你检查、反思教育中的信念和实践活动吗？

■ 什么理论指导着教育实践——课程、教学、还是学习？在你的教育经验中，有这些理论吗？这些理论能帮助你检查、反思教育中的信念和实践活动吗？

■ 教育的哲学和理论是如何影响学校中的教和学的？例如，一个教师与学生的关系是如何解释他或她的信念、伦理和价值观的？

■ 一个教师的教学方法是如何反映知识的获得和学习的特殊理论的？一个教师对文化多样性的态度是怎样解释他或她对正义社会的观念的？

作为一个老师，你需要确定你的教育哲学，或许无须赘言，但是贯穿于你每天的行动中。你所教学校的政策和程序将反映一种潜在的哲学。① 本章主要考察教育哲学在帮助教师把未经检验的看法转变为以下哲学问题中的作用。

■ 真理是什么？我们如何来认识它？如何来教它？

■ 什么是正确、错误？我们如何来传授伦理、道德价值观？

■ 学校与课程如何体现真理与价值？

■ 教与学如何反映一个人对真理与价值的信念？

基本问题和哲学问题

我们将把这些问题作为"基本问题"贯穿于整个章节。这里没有容易回答的问题。对它们的回答不能采取对与错，也没有多项选择。很可能随着时间的变化，你对这些问题的回答将会改变，变得更复杂，通过反思，导致你形成自己的教育哲学。在今天的教育哲学实践中，手册被用来评价学生。教师用班务日志记录课堂事件，包括成功之处和存在的问

① 教育哲学相关的课堂实践，参见托尼·W.约翰逊：《信徒还是朝圣？教育哲学的研究》(纽约奥尔巴尼：纽约州立大学出版社，1995 年)。

题。手册与日志为你提供了进行个性化反思的教育事件的框架。同样，你可以建立个人的教育哲学。这不是很容易，也不会一蹴而就，但对你个人和职业都会有好处，它将帮助你把意见转变为更加审慎的信念，从而促进你的职业发展。

哲学和理论

本章考察了 4 个教育哲学理论和 5 个教育理论。系统的哲学理论，例如，唯心论和实在论，它们是完整的思想体系，教育只是其中一部分。相反，教育理论集中于教育本身和学校。(见图 4.1)本章中考察的是一般哲学和特殊的教育理论之间存在着的紧密的联系。理论是哲学方法论的基本内容。例如，要素主义理论与唯物论哲学紧密相连。同样地，进步主义和重新建构主义理论都来自于实用主义的一般哲学理论。

一般	特殊
哲学	**理论**
范围广、系统全面、包容一切	集中于教育，没有提供完整的哲学体系
与形而上学、认识论、价值论和逻辑有关的内容	与教育的具体方面，如课程、教和学有关的内容
洞察力来自一般哲学体系中	洞察力来自一般哲学或学校背景中

图 4.1　教育的“哲学”与“理论”之间的差异

要理解当前关于教育目标和课程的争论，我们需要探索这些经常有矛盾冲突的哲学基础。在做这些之前，我们必须界定某些术语和哲学领域。

第一节　专业术语

每一个研究领域都有专门的词汇。教育哲学使用形而上学、认识论、价值论和逻辑等基本的术语。哲学术语和教育之间的关系如图 4.2 所示。

哲学的分支	相关的教育内容
形而上学：	
什么是真实的？	⟶最有价值的知识：课程
认识论：	
知识的基础是什么？	⟶我们怎么教和学：教学的方法
价值论：	
什么是道德的、正义的？（伦理学）	⟶行为、品格、文明和欣赏、表达
什么是美的和好的？（美学）	
逻辑：	
我们怎样说理？	⟶我们如何组织和构建课程、上课和教学单元

图 4.2　哲学术语和教育的关系

真实与存在

形而上学。考察终极现实的本质。什么是真实，什么不是真实？有没有与物质世界相分离而存在的精神领域？例如，唯心论者，主要是用非物质、抽象或精神的术语来看待现实的。实在论者把现实看成独立于人之外的客观秩序。在学校里的许多教学反映着课程创造者、教师、课本作者竭力向学生描绘的“现实”。作为一名教师，你会发现不同的课本对现实有一些富有争议的解释，或者至少有不同的侧重点。

知识和认识

认识论。解决知识和认识问题，它影响着教与学的方法。认识论提出这样一些问题：我们对世界的知识和对真理的认识建立在什么样的基础上？我们的知识是来自于神圣的启示，来自于潜伏在我们心灵中的思想，来自于实证的证据之中，还是来自于其他方面？此外，不同的哲学有不同的认识论概念。

认为人类的观念应该与现实的有序结构相一致的教师将重视对科目进行有秩序和连续的教学。相反，认为过程（我们怎样才知道）重于内容（我们知道了什么）的教师将重视探索和解决问题。

什么是价值观?

价值论　是描述价值观的,划分为伦理学和美学。伦理学考察道德价值观和良好行为的准则;美学考察美和艺术中的价值观。不管学校是否明确地传授这些价值,教师和父母及社会一样——往往根据行为是否遵循真、善、美的观念对学生加以奖惩,从而传授确信的道德价值观。另外,学校的环境氛围总体上代表着教育社区的价值观。

归纳思维和演绎思维

逻辑论　关注正确和有效思维的逻辑,考察的是推论的规则,这些规则帮助我们正确地构建命题、论点的框架。演绎逻辑是从一般的前提到特殊的事例和应用;归纳逻辑是从特殊事例到一般前提,以得到进一步确证,课程和教学都建立在逻辑学概念的基础之上。学科本身的特点从逻辑上规定了材料应该如何组织并且呈现给学生吗(演绎的方法)?或者教师应该根据学生的兴趣、准备状态以及经验来决定如何教学吗(一种归纳的方法)?

有了这种术语背景,我们就可以考察不同的教育哲学和教育理论。在讨论了每一个教育哲学、教育理论的主要概念之后,我们将明白它们是如何回答本章开头提出的基本问题,并且帮助教师建立他或她自己的教育哲学。(关于本章讨论过的哲学,参见概述 4.1。)

焦点问题回顾: 作为一个教师,你认为哲学的哪个领域最重要?是形而上学、认识论、价值论还是逻辑论?哪一个方面最不重要?为什么?

第二节　唯心主义

著名唯心论思想家

唯心论,是传统哲学中最古老的学派,它可追溯到柏拉图。柏拉图在古代雅典建立了唯心主义原则。在德国,G. W. F. 黑格尔在唯心论基础上建立了一个全面的哲学世界观。在美国,拉尔夫·沃都·艾默生和亨利·大卫·索罗建立了一种超验的唯心论，福禄培尔把他的幼儿教育理论建立在唯心主义形而上学的基础上。[①] 亚洲的宗教，如印度教和佛教，也把精神的世界观和唯心论联系在一起。

一、主要概念

普遍和永恒的真理

形而上学。唯心论者认为，只有心理或精神的才是终极实在的，他们把宇宙看成高度概括的理智和意志——宇宙心灵的体现。个人的精神本质或灵魂，是人性中提供生命力和动力的永恒方面。理念的心理世界是永恒的、永远的、规则的、有序的。真理和价值观是绝对的、普遍的。

宏观世界和微观世界

唯心论者，如先验论者，运用宏观世界和微观世界的概念来解释对现实的看法，宏观世界指普遍的心灵、第一原因、创造者或上帝。不考虑使用的具体名称，整个的存在就是宇宙的心灵。这个宇宙灵魂是无所不包的，是一个完整的自我，所有更小的自我是它的一部分。这个宇宙的、宏观的心灵在不断思考和评价。微观世界是整体的一小部分，是一个个体的和较小的自我。但微观世界具有和宏观世界一样的精神实质。

隐藏的知识

认识论。唯心论者强调对理念的再认识和回忆，这种理念隐藏在心灵之中，已经存在但不明显。这些理念是先验的，也就是说，他们关注事先存在并独立于人的经验之外的知识。通过内省，个体检查他或她自己的心灵，发现宏观心灵的本源。既然要认识的东西已经存在于人的心灵

---

① 关于唯心论主要贡献的讨论，参见霍华德·A.奥斯曼和塞缪尔·M.克里沃：《教育的哲学基础》第6版（俄亥俄州哥伦布及新泽西州英格伍德·克里夫斯：梅里尔·普伦蒂斯出版社，1955年），pp. 14—48。

之中，教师的工作就是使这些潜在的知识复苏。教育的目的在于帮助学生形成一个广阔的、普遍的和统一的世界观。①

科目的等级

唯心论教师倾向于建立在传统学科或科目基础上的有等级的课程。在等级的最高处是最基本的课程——哲学和神学。这些普遍的和抽象的科目穿越时空、环境的限制，能在广泛的领域内转化。数学也是有价值的，因为它培养了处理抽象事物的能力。作为道德、文化资源的历史和文学同样也位于较高的等级上。在课程中等级较低的科目是自然科学和物理科学，主要表现特殊的因果关系。语言重要的原因在于它是各种水平学习的基本工具。就唯心论者而言，最高水平的知识是能识别各学科之间的关系，并能整合它们。

永恒的价值观

价值论。由于唯心论者是以普遍的、永恒的术语来看待宇宙的，所以他们规定价值观是不变的，而且可应用于所有人。因此，伦理行为反映了人类文化永恒的知识和价值观。哲学、神学、历史、文学和艺术是传播这些价值观遗产的丰富资源。这类教育要求给学生提供有价值的榜样，特别是历经岁月的不朽的经典作品。

逻辑一致性

逻辑。对唯心论者而言，逻辑也是以整体和部分的关系为基础的，较为普遍的是，特殊的思想和原则部分来自于整体并且和整体一致。在课程的组织中，唯心论教师遵循一种强调一般原则和规则的逻辑安排，并且对这些原则和规则作更加具体的说明。例如，唯心论教师将在讨论欺负同学的有害后果之前，介绍非暴力的一般概念。

---

① 杰拉尔德·L.古泰克：《教育的哲学和意识形态观》第2版(波士顿：阿林培根出版社，1997年)，pp. 13—25。

概述 4.1 教育哲学

哲 学	形而上学	认 识 论	价 值 论	教育的意义	倡导者
唯心论	现实是精神的或者是心理的和不变的。	认识是重新考虑潜在的思想。	价值观是绝对的、永恒的。	课程内容强调文化中的重要的、永恒的思想。	巴特勒 爱默生 福禄培尔 黑格尔 柏拉图
实在论	现实是客观的，由物质和形式组成；现实是确定的，以自然法则为基础。	认识由感觉和抽象组成。	价值观是绝对的、永恒的，以自然法则为基础。	课程内容强调人文的和科学的学科。	阿奎那 亚里士多德 布劳迪 马丁 裴斯泰洛齐
实用主义（经验主义）	现实是个人和环境，或是经验相互作用；现实总是不断地变化。	认识来源于经验；使用科学方法。	价值观是因情境而变化的、相对的。	教学是根据科学的方法，围绕解决问题来组织。	蔡尔兹 杜威 詹姆斯 皮尔斯
存在主义	现实是主观的，存在先于本质。	认识就是作出个人选择。	价值观念应该被自由选择。	课堂讨论使学生意识到每个人都可以通过有意义的选择形成自我概念。	萨特 马塞尔 莫里斯 索德奎斯特

二、基本问题

普遍理念知识

假如你问唯心论者："什么是知识？"他或她可能这样回答，知识是关于现实基础的精神原则。这种现实知识采取的形式是理念，假如知识是关于普遍的理念，那么教育就是把理念引入学习者意识中的智力过程。

学校教育：对真理的理智探求

回答"什么是学校教育"这一问题，唯心论教育者会说，学校是一个社会机构，在那里学生竭力寻求、探索真理。在学校这个理智机构之中，教师和学生探寻苏格拉底和柏拉图开始就探寻过的问题：什么是真理？什么是美？什么是好的生活？这些答案虽然隐蔽，但存在于我们的心灵之中，我们需要深入反思，使我们意识到这些问题。没有什么可阻挡我们对真理的理智探求。

哪些人应该上学？唯心论者会说是所有的人。不是所有的学生具有同样的理智倾向，但所有的人都需要塑造他们的心灵，以使他们的能力充分发展。对于天才学生，教师要尽其可能为他们提供最大的理智挑战。

苏格拉底法

如何进行教学？唯心论者认为，思考和学习是使理念进入意识状态过程的同名词。一种非常有效的方法是苏格拉底法，这是教师通过提出诱导性的问题，激活学生对理念的意识的过程。唯心论者方法论中另一个重要方面是树立榜样，教师应成为学生道德仿效的榜样。他们应当广泛地掌握文化遗产，并身体力行。

高标准

唯心论者通过保持高的理智标准，抵制平庸倾向，来保证教育的质量。在柏拉图《理想国》中，理智标准是非常高的，只有少数天才进入哲学王的统治精英中。今日的唯心论者可能并非如此极端，但他们把发展智能作为教育目标，他们一般接受这样的事实，即不是所有的学生都会进入教育的最高阶段。

三、对当今教师的启示

理智发展，而不是职业训练

唯心论为今天课堂教师提供了重要的可能性。它试图为教和学创造一个理智的环境。它拒绝当今社会左右人们态度的消费主义和职业主义。它把教师看做帮助学生实现其全部潜能的重要人物，它鼓励教师以及学生用文化遗产中最好的要素武装自己。通过使他们接受文化遗产的强大理念的熏陶，学习者准备为文化遗产做出自己的贡献。

重要的学科

唯心主义教师把某些学科视为特别有利于激发思维和认同文化遗产。例如，他们使用数学发展学生的抽象思维能力；历史被视为研究昔日伟大的男性和女性所做的贡献。教师为学生提供经典——伟大而不朽的艺术、文学和音乐作品，以便学生能体验和分享这些文化作品所传递的、历经时间考验的价值。

唯心主义的课程

教师如何将唯心论运用于课堂之中？例如，一个5年级的社会学教师，通过印度独立之父——默罕达斯·甘地的生活和道德影响这一单元的教学，就可以解释理念的力量和更高的伦理法则。学生就会学习甘地的传记，并思考他在领导其运动抗议南非种族主义和印度的英国殖民主义中提倡用非暴力反对不公正的原理。

焦点问题回顾：在你的课堂教学中，你发现了哪些唯心主义的要素？作为一个教师，什么要素最吸引你？哪一部分最不吸引你？为什么？

第三节　实 在 论

一个真实存在的客观世界

实在论。强调客观的知识和价值观，由古希腊哲学家亚里士多德提出。正如在“美国教育的世界根源”这一章所描述的，在中世纪，托马斯·阿奎那借鉴了各种宗教实在论，被称之为托马斯主义，它是亚里士多德主义和基督教教义的综合。托马斯主义强调现实的双重概念，低一层次的是物质，高一层次的是精神。托马斯主义成为天主教会教育的哲学基础。阿尔弗雷德·诺斯·怀特海继承了现实主义者的传统。实在论认为：(1) 世界是实在的存在，不是人创造的；(2) 人能认识真实的世界；(3) 这种认识对人和社会行为是最可靠的向导。这些教条提供了思考实在论教育意义的出发点。

一、主要概念

形而上学和认识论。实在论者认为物质世界独立、外在于人的心灵。[①] 所有物体都是由物质组成的。反过来，物质又必须假定某些物体是有结构的。

认识：感觉，然后是抽象

人能通过感觉和理性认识这些物体。认识是包括两个阶段的过程，即感觉和抽象。首先，认识者观察物体，记录感觉材料，如颜色、大小、重量、气味、声音。心灵把这些材料整理成为总是出现在物体中或者有时出现的质。通过抽象出必要的质（那些经常出现的），学习者形成物体的概念，并且认识到这个概念属于某一类别。通过对物体的这种分类，学习者认识到在同一类物质里有共同的某种质，但在不同类物质中却不能共有某种质。

有组织的学科的课程

和唯心论者一样，实在论者也认为遵循有组织的、独立的学科的课程是了解现实的最有效方式。像科学家、学者那样，组织学习题材是对物体进行分类的一种复杂方法。例如，人类的过去经验能被组织成历史；植物根据它们在植物学中的分类能被系统地研究；政治组织的单位，如国家、政府、立法机关、法律系统能被组织为政治科学。在实在论者看来，获取有关现实知识的方式，就是系统地学习这些学科。

基于现实的理性行为

价值论。在实在论者的知识概念中，某种法则控制着理性行为。例如，人类应该用理性的方式行动，当行为与物体在现实存在中一致时，行为是理性的。人们从对现实存在的研究中，根据自然、物质、社会法则发

---

① 关于现实主义的分析，参见罗伊·巴斯卡的两本书《科学现实主义和人类解放》（伦敦：弗索出版社，1986 年）和《纠正现实：当代哲学批判导言》（伦敦：弗索出版社，1989 年）；对巴斯卡的现实主义构想的分析见戴维·科森："教育研究和巴斯卡的发现性构想"，《教育理论》（1991 年春），pp. 189—198。

展理论。因为自然法则是普遍的、外在的，所以建立在其基础上的价值观也是如此。

演绎和归纳逻辑

逻辑。在演绎和归纳中实在论教师经常使用逻辑。例如，在植物学课堂教学中，学生可能会观察许多种不同类型的玫瑰，它们的颜色、气味和大小各异，但通过归纳得出结论，它们都属于同一科植物。然而，如果同学们在学校里，把种植玫瑰作为一项作业，学生们就会查阅有关玫瑰的文献，推断出成功种植的基本原理，诸如正确定位、用肥与浇水多少。

二、基本问题

客观知识

为了开始我们的哲学追问，我们又要问：什么是知识？实在论者的回答是：知识是关于我们生活于其中的物质世界。当我们认识某个东西时，我们的知识总是与这个物体有关。概念只有当它与存在于世界中的物体一致时才是有效的。①

通过主题学科进行教育

实在论者会说，正规的教育是把知识组织分类成为学科题材的研究。历史、语言、科学、数学是有组织的知识体系。假如我们知道它们，我们就将认识我们所居住的世界。这些知识是我们处理日常事件最好的行动指南。

对实在论者来说，社会已经把学校确立为基本的学术机构，给学生提供关于客观世界的知识。由于所有的人都具有理性的潜力，因此学校教育应面向所有人，通过学习同样的学术课程，将为他们作出理性决定做好准备。实在论的教师应是学科的专家，他们能把学科的专业知识与

---

① 戴维·凯利：《意识的证据：现实主义感知论》(巴顿罗兹：路易斯安那州立大学出版社，1986年)。

有效的教学方法结合起来。①

三、对当今教师的启示

课堂是用来学习,而不是治疗的

在实在论者的课堂内,教师的主要责任是教一些技能,诸如读、写、算,或者一些学科知识体系,如历史、数学、科学。虽然实在论的教师认为学生是理性的,又是富有情绪的人,但实在论的教师不会把课堂变成情绪或行为矫正治疗中心。实在论者将反对这些非学术活动,因为这些活动违背了作为学术中心的学校的初衷。

教师是学科的专家

为了履行其基本的教育职责,实在论的教师得成为他们所教学科的博学者。例如,历史教师应成为拥有那个学科背景知识的历史学家。此外,实在论的教师应该接受文科和科学方面的一般教育,这些背景知识将帮助教师说明他或她的专业领域与其他学科领域之间的联系。实在论的教师可能使用广泛而多样的方法,例如,讲座、讨论、演示或实验。掌握内容是最重要的,方法是必要的,但也只是实现该目标的附属手段。

一个实在论教学方法的例子

一个在哲学上有实在论倾向的中学物理教师,应如何设计牛顿定律这个单元的教学呢? 首先,教师会从历史的角度给牛顿定位并介绍牛顿的科学贡献。其次,教师通过实验演示解释运动法则。再次,让学生讨论演示,对刚才的解释做总体上的把握和科学概括。最后,让学生通过试验来证实他们对牛顿运动法则的理解。②

因为强调了教师的专业特长和学生的学术学习,实在论者倾向于支持对教师、学生进行能力测验,他们也认为学校管理者和学校董事会应保持较高的学术标准,鼓励高水平的成就。

---

① 威廉·O.马丁:《教育现实主义》(纽约: 哈珀罗出版社,1969 年)。
② 菲利浦·H.佛内克斯:《教育哲学》(纽约: 威利出版社,1961 年),pp. 22—24。

焦点问题回顾：当你在反思自己的教育信念时，你是否发现与实在论哲学有相似之处？

第四节　实用主义

实用主义的创立者

实用主义，一种形成于美国的哲学，强调通过实际运用来验证思想观点的必要性。它的创立者中有查尔斯·S.皮尔斯(1839—1914)，威廉·詹姆斯(1842—1910)，乔治·赫伯特·米德(1863—1931)及约翰·杜威(1859—1952)。皮尔斯强调使用科学的方法验证思想观点，而詹姆斯将实用主义哲学运用于心理、宗教和教育，米德则强调将儿童的发展视为学习和经验的有机体。特别是杜威，他就教育问题作了大量的实用主义的阐述。①

这章将考察作为教育先驱者的杜威的著作。这里我们主要关注他的实用主义或实用主义哲学，他以变化、过程、相对性和经验的重建为其哲学特点。

有机体和环境

由于受到查理·罗伯特·达尔文的进化论的影响，杜威把有机体和环境两个术语运用到教育中。杜威把人类看做生物学和社会学中的有机体，该有机体具有维持生命，并促进成长和发展的驱力或冲动。每一个有机体居于一个栖息地或环境中。因而，教育被理所当然地认为应该促进人适宜地成长。

抛开早期理想主义和现实主义的传统根基，杜威关于经验的验证是指，人的目的与计划只能通过行动和对行动后果的判断来验证，根据结

① 约翰·杜威：《儿童与课程》(芝加哥：芝加哥大学出版社，1902年)；约翰·杜威：《民主与教育》(纽约：麦克米兰公司，1906年)；约翰·杜威：《学校与社会》(芝加哥：芝加哥大学出版社，1923年)；约翰·杜威：《经验和教育》(纽约：麦克米兰公司，1938年)。

果来判断的需要也适用于教育计划。具体的教育计划、课程设计或者方法策略实现了预期的目标和任务了吗？对杜威来说，惟一有效的检验就是验证该计划并评判结果。①

问题解决

尽管唯心论与实在论强调实在的知识或者学科题材体系，但杜威强调问题解决的过程。对于杜威来说，只有当一个人处于问题解决的过程之中，才能学到更多的东西。在杜威的实用主义认识论中，学习者作为一个个体或者小组中的一员，是运用科学的方法解决个人和社会问题的。在杜威看来，问题解决的办法能够渐渐养成一种可以迁移到各种情况的习惯。②

一、主要概念

经验

形而上学与认识论。唯心论和实在论强调一个不变的实在，实用主义或实用主义则把认识论看做是一个检验不断变化的宇宙的过程。在杜威的实用主义哲学中，认识论的或者熟知的情况包括一个人或者一个有机体和环境。被界定为人与环境相互作用的经验是一个主要概念。为了生活、成长和发展，个人与环境相互作用，这种相互作用可以使个人和环境发生变化。因此，认识是一种介于学习者与环境之间的相互作用，是一种过程。尽管每个相互作用都有一些可归纳的方面，可以适用于下面的问题，但是每个问题的情节都稍有不同。通过运用科学的方法，人们能有效地解决问题，并把他们在解决具体问题方面的特点添加到他们持续的经验中。③

---

① 史蒂芬·M.菲什曼和露西尔·麦卡锡：《约翰·杜威和课堂练习的挑战性》(纽约：师范学院出版社，1988年)。

② 劳伦斯·J.丹尼斯和乔治·W.斯的克尔："米德和杜威：教育主题的主题性连接"，《教育理论》(1981年夏秋合刊)，pp. 320—321。

③ 对杜威的实用主义视角的分析，见于克里斯廷·L.麦卡锡和伊夫琳·西尔斯："杜威实用主义和寻求真理"，《教育理论》(2000年夏)，pp. 213—227。

没有永恒的现实

假如现实是不断变化着的，那么声称有以永恒的现实为基础的课程是不明智的，不变的和普遍真理的概念变得站不住脚了。在人与环境的相互作用中，人们拥有的惟一向导是有待于进一步研究与验证的暂时主张。因此，根据实用主义者的观点，所需要的是一种以理智的态度应对变化的方法。杜威主义者强调把问题解决看做将变化导向理想结果的最有效的方法。

个人和环境的"重建"

即使现实存在要求人和环境不断地变化和重建，人类也能从这个过程中获益。每当个人的经验经过重建用来解决问题时，就为人类经验的积累增加了新的贡献。

价值观的相对性

价值论和逻辑学　实用主义的价值论是高度情境化的。既然我们建立了一个不断变化的宇宙，那么，价值观也必须改变，价值观与时间、地点和环境相关。有助于个人和社会成长的事物是有价值的，而限制或禁止经验的东西是没有价值的。再者，我们可以通过和以科学观点被证明为有效的相同方法来验证和重建它们，从而澄清我们的价值观。①

归纳逻辑

由于追随科学的方法，经验主义者的逻辑是归纳的，而不是像唯心论或实在论那样是从第一原理演绎的。暂时的论断是以实证的证据为基础的，必须经过检验。

二、基本问题

知识是不确定的

实用主义者对知识、教育和学校教育的回答迥异于那些比较传统的

① 威廉・R.凯斯普利："约翰・杜威伦理学理论的价值评价"，《教育性理论》(1990 年春)，pp. 155—169；亦可参见罗伯特・B.韦斯特布鲁克：《约翰・杜威和美国民主》(纽约州伊萨卡：康奈尔大学出版社，1991 年)，pp. 151—156。

哲学,如唯心论和实在论。由于知识的不确定,必须修正,因此,实用主义者更关注运用知识的过程,而不是把真理看做一种永恒的知识体系。

实验的过程

对实用主义者而言,教育是一个实验的过程——是一种处理人们与外界交往时遇到的问题的一种方法。杜威认为,当人们以一种审慎的、理智的方法与环境交往时,也就经历了个人的或社会的充分发展过程,解决问题的最理智的方法就是使用科学的方法。

跨学科方法

实用主义赞成跨学科教育。当你面临一个问题时,实用主义者会说,解决问题所需的信息通常来自许多方面,而不仅是某一科目或者学科。例如,为了详细说明环境污染问题并提出解决的方案,我们必须考虑到历史、政治、社会、科学、技术和国际的因素。从实用主义的观点出发,一个受过教育的人,知道如何运用各方面的信息来解决问题。相反,唯心论者和实在论者对跨学科教育表示怀疑,因为他们认为学生必须首先通过学习有组织的学科来获得知识基础。

学校是社会的缩影

传播文化遗产

像杜威这样的实用主义者,他们会把学校视为一个小社会,是整个社会的一个缩影。在他们看来,学校与社会之间不存在真正的距离。学校具备三种功能:简单化、净化和权衡文化传统。简单化是指学校选择遗产中的基本要素,把复杂的事物简化为适合于学习者兴趣和准备状态的学习单元;净化是指学校选择有价值的文化成分,并且排除那些限制人的交往和成长的文化成分;权衡是指学校把经过选择和净化的经验融为一体。

文化多样性,但学习过程是共同的

由于整个社会由各种不同的文化群体组成,因此注重实用的学校会帮助某种文化中的儿童理解和欣赏其他文化的成员。虽然文化的多样性被看做使整个社会丰富多彩,但是实用主义者想使各种文化群体都运用科学的方法。他们还通过强调共同的学习过程，把学校教育视为社会一致性的构建。作为真正整合的民主的学习机构，学校应该面向全体。在杜威看来，只有当社会使各种文化圈中的所有成员尽可能地享有资源时，一个社会和它的学校才能达到鼎盛。

三、对当今教师的启示

学科是工具性的

不像把讲授学习的内容视为他们基本职责的唯心主义者与实在论的教师那样，实用主义教师更多地关注理智地解决问题的方法。然而他们并没有忽视学习内容，他们在解决问题的活动中对它进行了工具性的运用。他们没有主宰课堂，只是作为学生研究和活动的促进者来指导学习。

运用科学方法

对在实用主义课堂里的学生而言，主要的目标是能共享那些把科学方法广泛运用于个人、社会和理智问题的经验。通过使用解决问题的方法，学生将学会把这种方法运用于校内外各种情境中，并且因此减小学校与社会的距离。

教室是个社会

实用主义教师的工作旨在通过鼓励学生交流他们的兴趣与问题，把教室转变为学习的团体。实用主义者的教育家也提倡文化多样性和共同性。尽管他们承认每一种文化都有与其他文化共享的某种价值，但他们还是强调不同文化之间的共享交流，以使所有学生都能够一起帮助创建更大的民主社会，使这个社会有共同的兴趣爱好和价值观。

教师是冒险者

实用主义教师不是仅仅维持现状，而是需要冒险，他们必须将知识视为不确切的、无限制的，他们的教育目标必须是正在进行的促成行动的问询。

一堂实用主义课程

实用主义在课堂教学中如何被运用？我们可以用一个学院的师范教育的课堂教学为例，该堂课将检验把标准测试用做并确定为全国教育标准的一种手段的提议。支持和反对这些提议都将直接影响教师。教师对学生提出如下要求：

(1) 明晰问题的来龙去脉：为什么这是个问题？用标准化测试确定全国标准有哪些人赞成？哪些人反对？

(2) 通过确定问题的关键术语来解释问题。

(3) 通过诸如专业的教育工作者、教育心理学家、政客或是其他人等多种途径确定有关问题的信息，进行跨学科研究。

(4) 估计解决问题的各种可能办法，包括对提议的认可和否决。

(5) 通过达成共识解决问题，然后再为此采取行动，比如，通过撰写情况报告提交给决策者的办法。

焦点问题回顾：在美国，实用主义对教育具有重要的影响。在你的教育经验中，你能确定这些哲学对你有什么影响吗？你认为怎样才能把这些影响运用到自己的教学中？

第五节　存在主义

存在主义哲学既代表一种绝望的感觉，也代表一种充满希望的精神，它以真正个人的方式来考察生活。存在主义的教育鼓励对个人的同一性、使命和选择做出深刻的思考。

一、主要概念

个人反思

通过选择造就自己的本质

存在主义者吉恩·保罗·萨特(1905—1980)曾说过："存在先于本

质。”其意义就是人是事先存在的，而且毫不犹豫地来到这个世界。他们仅仅存在于他们不曾改变和塑造的世界之中，然而他们具有选择的意愿或意志，这使他们有了做出选择的自由，并且为存在提出自己的目的。既然人生活着，他们就要对不同情境做出选择。尽管有些选择是微不足道的，但那些有关生活目的与意义的选择导致了个人的自我界定。一个人自己给他（她）自己创造出定义，并且造就他（她）自己的本质，你就是你选择的那种人。存在主义者认为，人的自由是完全的，并且选择的责任也是完全的。①

存在主义的焦虑

将人视为他（她）自身本质的创造者这个概念，在本质上不同于唯心主义者和现实主义者，后者将人看做一个普遍的范畴。另外，虽然唯心主义者或现实主义者把个人看做一个充满意义和易于解释的世界的一员，但是存在主义者认为宇宙对人的意愿、欲望和计划是熟视无睹的。存在主义非常强调焦虑或恐惧的概念。每个人都知道，他或她的最终命运是死亡，并且他或她在现实世界中的存在只是暂时的。就是这种哲学上的焦虑感使每个人必须对自由和奴役、爱与恨、和平和战争做出选择。当人们对这些做出选择时，总是会提出这样一个问题：现实的我与我所选择的我之间有什么区别？

自主选择

根据存在主义的观点，我们还必须应付这样的事实：其他因素——人、机构和代理处——始终影响着我们抉择的自由。每个人对生活的反映是建立在对“我愿意成为自我决定的那个人或者我愿意被别人定义吗？”这个问题的回答基础上的。但是存在主义确实在绝望背后看到了希望。每个人都有爱、创造和存在的潜能。每个人都能够选择成为一个受内在指导的本真的人。一个本真的人没有自由，但意识到这种自由，

① 乔治·R.奈特：《教育哲学问题和选择》，（密西根州贝里恩：安德鲁斯大学出版社，1998年），pp. 71—79。

知道每一次选择确实是创造个人价值的举动。①

造就个人价值观

存在主义者故意回避他们哲学的系统化,因此,把他们归为形而上学、认识论的、价值论的和逻辑的观点是很困难的。然而,这方面的某些评论能解释存在主义者的观点。如前面所述,每个人都通过他或她个人的选择造就了他(她)自己的存在或者本质。从认识论的角度看,个体选择了他或她期望拥有的知识。正是价值论对存在主义者而言才是最重要的,因为人通过他们的选择产生了自己的价值观。

二、基本问题

唤醒对人类状况的意识

存在主义者有这样一种意识:我们生活在一个物质现实的世界里,而且已经发展了一种关于现实的有用且科学的知识。但是,我们生活中最重要的方面是私人的和非科学的。因此,针对我们有关知识和教育的疑问,存在主义者会说,最重要的一种知识是有关人类状况和我们所作的个人选择的知识。教育最重要的目标是要唤起人类对选择自由的意识。教育应该创造一种自我知觉感,并促进我们的本真性的提高。

人人享有同等的机会

对存在主义者而言,学校是个体相聚在一起对自身生活和选择进行讨论的场所。既然每个人都处在同样的环境中,又有相同的可能性,每个个体就都应该有上学的机会。在学校里,教师和学生都应该有机会提问题、提供答案并参加对话。

质疑和对话

一位存在主义的教师将会鼓励学生进行哲学探讨、质疑并参与有关生命的意义、爱情和死亡的对话。这些问题的答案将会是私人的和主观

① 玛克辛・格林:《学习的风景》(纽约:师范学院出版社,1978 年);范・克利夫・莫里斯:《教育中的存在主义》(纽约:哈珀和罗出版社,1966 年)。

的，而且是不能由标准测试进行测量的。一种存在主义的课程包括任何可能会导致哲学对话的内容。有些学科生动地描述了男、女个人作出抉择的整个动作过程，这些学科是特别有价值的，其中包括关于情绪、美学和诗歌的主题。①

一门存在主义课程

文学作品和传记对于揭示抉择状态是非常重要的。学生应该能够看到一些生动地描述人类状况和揭示抉择状态的戏剧和电影，并进行讨论。除了文学的、戏剧的和传记的学科之外，学生需要创造他们的自我表达方式。② 他们应该可以自由地借助艺术手段进行实验，还可以把他们的情绪、感受和见识戏剧化。

三、对当今教师的启示

教师鼓励理解

从存在主义者的观点来看，教学是很不容易的，因为教师预先并不能够详细说明教育目标和教学目的——它们是由作为个体人的每一个学生决定的。存在主义的教师不是把教育目标强加于学生，而是试图创造一种意识，这种意识存在于那些可以最终对自己的教育和自我界定负责的每个学生身上。在创设这种意识的过程中，教师鼓励学生审视那些限制选择自由的制度、势力和情境。在这些开放的学习环境里，教学是自我指导的。

存在主义的一节课

在存在主义的教学中，文学作品、戏剧和电影是特别有影响力的。存在主义教学的一个例子可能就是一节高中历史课，这节课学习的是大屠杀，也就是二战期间对欧洲600万犹太人的种族灭绝。课上观看了斯蒂芬·斯皮尔伯格的电影《辛德勒名单》，在这部电影里，实业家奥斯

---

① 玛克辛·格林：《自由的辩证法》（纽约：师范学院出版社，1988年）。

② 对于用叙述和对话对教育中的哲学观点进行检测的方法，参见卡罗尔·威瑟瑞尔和尼尔·诺丁斯合编：《现场故事：教育中的叙述和对话》（纽约：师范学院出版社，1991年）。

卡·辛德勒起初从犹太人集中营的犯人身上捞了不少好处,后来他做出了一个深思熟虑的决定,要把那些纳粹毒气室里的工人从死亡线上挽救回来。接着,全班同学就对主人公辛德勒的道德状态和他在一个麻木而残忍的世界里所作出的选择进行探究。

焦点问题回顾: 在你的教育中,你能回忆起存在主义的影响吗?这种哲学在哪些方面影响你的教学安排?

第六节 教育理论

在以下的章节里,我们要考察5个教育理论:进步主义、永恒主义、要素主义、社会重建主义和批判理论(见概述4.2)。与其说理论是对形而上学、认识论、价值论和逻辑学的全面表述,还不如说是有关特定的制度和过程的具体的思想。对于正规学校教育、课程、教和学而言,教育理论是具体的,有时理论是从哲学体系中衍生出来的。在另一些场合里,理论则是在实践中产生的。

概述4.2 教育理论

理论	目标	课程	教育含义	提议者
进步主义(来源于实用主义)	依据个体的兴趣和需要进行教育	活动、设计	以解决问题和小组活动为特征的教学;教师作为学习的促进者	杜威 基尔帕特里克 帕克 沃西伯恩
社会重建主义(来源于实用主义)	重建社会	作为重建工具的社会科学	以重要的社会经济问题为焦点的教学	布拉梅尔德 考恩茨 斯坦利
批判理论(来源于新马克思主义和后现代主义)	培养关于批判性问题的意识	被压迫民族的自传	聚焦社会冲突	麦克拉伦 杰罗克斯

续　表

理　　论	目　　标	课　　程	教育含义	提议者
永恒主义（来源于现实主义）	培育理性的人	用来培养理智的按等级安排的论题（伟大的著作，等等）	对在西方文化遗产的伟大著作中揭示的人类永恒事物的关注	阿德勒 布卢姆 赫钦斯 马里坦
要素主义（来源于唯心主义和现实主义）	教育有用的、有能力的人	基础教育：读、写、算术、历史、英语、科学、外语	强调技能和可以传递文化遗产的学科；促进社会经济效率的提高	巴格利 贝斯特 科南特 莫里森

第七节　进步主义

广泛的改革运动

教育中的进步主义者

进步主义教育是19世纪末20世纪初美国人生活中的全面改革运动中的一个组成部分。虽然进步主义的教育理论常常和杜威的实用主义联系在一起，但进步主义教育运动把许多形形色色的思想流派糅合在一起。有鉴于一些进步主义者为了社会改革的利益试图变革课程和教学，另一些进步主义者，尤其是行政管理者们，则把注意力集中放在提高学校能力和行政效率的问题上。行政上的进步主义者们试图建立更大的学校，这样的学校可以有更多的班级且能够使得课程设置更加多样化。①

进步主义教育源于对传统学校教育的反叛，像G.斯坦利·霍尔、弗朗西丝·帕克和威廉·基尔帕特里克这些教育家就为反对愚笨的程序、

① 阿瑟·泽尔沃斯密特：《不断变化的学校：进步主义教育理论和实践(1930—1960)》(芝加哥：芝加哥大学出版社，1993年)。

死记硬背式的熟记和独裁主义的课堂管理展开了辩论。进步主义的教师开发出一套强调学生自身兴趣和需要的教学模式和方法。他们的课堂教学是灵活的、宽松的、开放的。有机教育学校的创始人玛丽埃塔·约翰逊也是这样描述进步主义教育原则的。

强调儿童的需要

我们认为，教育计划应该以满足成长中儿童的需要为目的。我们还认为，童年期是独立的，并非是成人生活的准备。所以，学校计划必须回答下列问题：某一特定年龄的儿童需要些什么对他的身体健康提供帮助？需要些什么来维护儿童理智的完整？又需要些什么来保持他的忠诚和精神上的自由状态？

对这些问题的回答将构成学校的课程，而且当我们对儿童的本性和需要理解得更为深入的时候，课程也将要变革。①

一、主要概念

进步主义者反对的实践

进步教育协会这个组织融合了许多种类的进步主义观点，但它没有形成一个综合性的教育哲学理论，因为进步主义教育家在理论和实践中经常有分歧。尽管如此，他们通常谴责下面这些传统的学校教育实践：(1) 独裁式的教师；(2) 以书本为中心的教学；(3) 对事实信息的被动记忆；(4) 学校与社会的分离；(5) 课堂管理中运用了生理或心理的压制手段。

受进步主义欢迎的实践

虽然他们对自己所欣赏的做法较难达成一致，但是进步教育协会的成员们普遍认为：(1) 儿童应该自由地、自然地发展；(2) 受到直接经验

---

① 玛丽埃塔·约翰逊："阿拉巴马州费尔霍普的有机教育学校的教育原则"，节选自哈罗德·若格编：《教育研究的基础和技巧》第一部分(印第安纳州布卢明顿：公立学校出版社，1926年)，p. 349。

激励的兴趣是学习的最好的刺激物；(3) 教师应该是学习的促进者；(4) 学校和家庭应该密切合作；(5) 进步主义学校应该是教育改革和教育实验的实验室。

学校中的进步主义改革

与传统的学科课程相反，进步主义以选择性的课程进行实验，采用了活动、经验、问题解决和设计的形式，以儿童为中心的进步主义教师更强调合作学习而不是竞争。更多的以社会为本的进步主义者试图使学校成为更大规模的社会改革的中心。① 另外，进步主义学校，尤其是那些私立学校，经常努力使儿童从传统的束缚和压制下解放出来。批评者们认为这些学校削弱了成人的权威，削弱了传统的价值观念。

二、基本问题

反传统

为避免一些武断的意见和内部经常出现的分歧，进步主义者不愿意众口一词地回答一些有关知识、教育、学校、教和学的问题。虽然他们一致反对传统主义和独裁主义，但一些人强调儿童的自由，而另一些人则强调社会改革。在进步主义者看来，知识是相对的，而不是普遍性的，它来源于人类的经验。教育是一种在多种认知和情感的维度上解放人类创造力的方式。

儿童中心和社会改革派

进步主义者认为，所有的儿童生来就有入学的权利。儿童中心的进步主义者希望学校成为儿童可以自由试验、玩耍、表现自我的地方。而社会改革派的进步主义者则希望学校成为社会改革的机构。(社会重建主义中的社会改革派的观点源自进步主义，我们将在后面的章节中对这个问题展开讨论。)

---

① 关于进步主义教育的明确的历史进程，参见劳伦斯·A.克雷明：《学校的变革》(纽约：兰顿书屋，1961年)。

准备、兴趣和需要

对于进步主义者而言，是儿童的准备、兴趣和需要，而不是预定好的学科，使得课程和教学具体化的。① 为了使教育具有灵活性，进步主义教师运用学习活动的表演，如问题解决、郊游、创造性的艺术表达方式来设计教学。他们把教和学看做是一种主动的、令人激动的和不断变化着的过程。作为教育社区的创建者，进步主义教师希望学生能够对一些建立在他们共同经验基础上的设计进行合作性的研究。

正在构建的现实

建构主义是类似于进步主义的一种当前流行的认识论，它的理论依赖于3个主要的前提：(1) 学习者不是被动地接受信息并把它们储存在心灵中的，而是积极地从他们自己对现实的概念建构中产生意义；(2) 虽然一个人的以往经历影响着他的知识，但是学习者会不断地建构自己的概念；(3) 新知识的构成——新概念——在于它所获得的社会情境和相互影响之中。② 像进步主义一样，建构主义强调社会交互的、以过程为本的"传递式"学习，在这个学习过程中，学生合作起来以扩大和修正他们的知识基础。③

三、对当今教师的启示

进步主义教育方法的示例

进步主义取向在当今学校里如何运行呢？举个例子来说，一堂小学高年级或初中社会学习课可以考察西班牙裔美国人对美国社会所做的贡献。将"西班牙裔美国人"这一术语经过界定并区分不同的种族群体

---

① 有关杜威评价当代教育改革的进步主义理论框架，参见理查德·A.纪伯尼：《石头喇叭：学校改革的一个实践性故事（1960—1990）》(纽约奥尔巴尼：纽约州立大学出版社，1994年)。

② 有关"建构主义"的论述，参见凯瑟琳·图梅：《建构主义：理论、透视和实践》(纽约：师范学院出版社，1996年)。

③ 有关将建构主义认识论转变为课堂实践的可行性的讨论，参见彼得·W.艾尔瑞森和玛丽·E.沃尔什："建构主义者的谨慎态度"。

后，可以将全班分为研究和报告小组，每个小组集中关注某些特定的西班牙裔美国人群体，同时要准备一份报告，以便让全班同学共享。小组内部的活动可以包括以下内容：A 小组将追溯起源、移民、主要居住区和墨西哥裔美国人的问题；B 小组将对波多黎各裔美国人进行类似的研究；C 小组将对古巴裔美国人进行同样的研究。各小组要以多种方式递报告，包括用印刷材料、影片、图解的方法，并请每组的代表发言。随后，作为一个合作学习经验的机会，全班将使用研究小组的报告，确定这 3 个种族群体和他们对美国社会文化的贡献之间的相似和不同之处。

当各组在进行他们的计划时，教师将充当一个资料的提供者。和各个小组进行讨论时，他或她可以推荐有关图书、网站和社区资源，帮助学生发现完成计划和解决计划所提出问题的方法。教师也可以引导学生共享他们的信息，从而得出一个合作性的结论。

焦点问题回顾：在美国许多学校里，进步主义的影响是非常大的，你愿意在这样的学校里工作吗？为什么？

学校与网络技术

关于标准化测试的讨论

在美国的地方学区、州，乃至全国范围内，依赖标准化测试的现象愈演愈烈。的确，许多州通常都用这样的标准化测试，作为确定学生升学和教师业绩的基础。标准化测试有许多支持者将其视之为改革美国教育的重要途径。然而，也有反对者认为这是一个保守，而非进步的举措。作为教师，你必须关注这样的争论，争论还没有终止，一直在剧烈地变化着。你可以通过互联网关注这些争论，帮助你对这个重要问题作出决策。

一开始你可以先访问美国教育部的网站（www. ed. gov）进行研究，确定标准化测试在美国的州和全国范围内的最新动态。

随后，你还可以通过访问佛蒙特州大学约翰·杜威的进步主义教育项目网站(www.uvm.edu/dewey)和基础教育委员会的网站(www.c-b-e.org)查阅关于标准化测试的两种相反的哲学观点。

在你研究的基础上,开始确立你自己对标准化测试问题的哲学观点,考虑以下几个问题:关于标准化测试争论的焦点是什么?什么教育哲学和教育理论容易支持标准化测试,哪些则倾向于反对它?你个人的教育哲学持什么观点?

第八节　社会重建主义

正如前面所提到的,一些进步主义教育家强调儿童的自由,但另一些教育家则希望教育和学校应该成为以创造一个新社会为目标的社会改革的代理机构。这种社会重建主义很快就发展成为一种独立的教育理论。

文化危机

社会重建主义论证说:人们已经面临着全球范围内严重的文化危机。如果学校仍然反映一些传统观念和价值观的话,那么它们将会传播一些社会疾病——剥削、战争、暴力——这些也正是我们的文化危机的征兆。

通过教育重建社会

重建主义者认为,教育应该通过把新技术和科学发展与文化中依然有生命力的那些部分整合在一起,来重建社会。为此,教育的最高目标就是要创造一种世界秩序,在这种秩序里人们可以通过运用他们实际的理智来控制自身的命运。① 在一个核武器、生态环境的恶化和传染性疾病并存的时代背景下,重建主义者把教育看做是预防全球灾难的一种方

---

① 对重建主义的全球性分析,参见卡罗尔·安·瑞安:"乔治·S.康茨:教育者敢于激起世界的想象力吗?"节选自戴维·B.安尼斯编:《中西部教育哲学联盟年会进程(1990—1991)》(艾奥瓦州艾姆斯:中西部教育哲学协会,1991年),pp.11—17。

法，他们也看到了社会在自我毁灭之前有一种重建自我的迫切需要。

过时的价值观

按照重建主义者的观点，当人类文明从一个农业、农村社会发展到城市化、工业社会时，它就发生了一个巨大的技术上的飞跃。然而，前工业化的观念和价值观一直持续到现代。其中一些价值观，比如个人主义和竞争，对于解决现代问题是不适合的。在重建主义者的视野里，学校必须帮助学生缩小文化上的差距，这样我们的价值观才能赶得上技术的发展。

一、社会重建主义者的看法

鉴定社会问题

重建主义者极力主张，教师在仔细考察文化和社会时要领导他们的学生，无论是国内的还是全球范围的。当学生鉴定和分析一些主要问题时，他们正在确定需要重建的社会领域。例如，某些国家过着富裕的生活，而另一些国家则经常受到饥饿的威胁。一些人过着奢侈的生活，但许多人却被疾病和贫穷所困扰。教育应该暴露出这些社会经济的不协调，并努力去解决它们。

对一种全球性课程的需求

重建主义者视技术时代为一个惊人的、互相依存的时代。在地球的某个地区发生的事件将会对其他地区产生影响。比如说，臭氧层的减少并不只是局限在哪一个地方，而是危害着整个星球。随着全球的互相依存性的日益增强，历史遗留下来的强调个人主义、孤立主义和民族主义的教育模式已经显得很危险了。重建主义者将使课程全球化，这样人们将学会如何生活在一个地球村里。参考资料栏提供了社会重建主义者乔治·S.康茨的某些观点。

生存取决于教育

社会重建主义者深信，为了自身的生存，我们就应该变成社会工程师，来设计我们的未来，然后用我们的科学和技术的专门知识来实现这些确定的目标。总之，一个重建主义的教育计划将要：(1) 批判性地考察文化，甚至是那些争议最多的问题；(2) 培养一种制定计划的态度；(3) 使学生和教师参与到社会、教育、政治和经济的变革中去，从而成为整体文化重建的生力军。①

二、基本问题

工具主义的知识观

社会重建主义者深信：只有当教育家开始对过时的知识观、教育、正规学校教育和教学进行挑战时，才会建立起一种崭新的社会秩序。像实用主义和进步主义一样，社会重建主义者把知识看做用来达到目标的工具。特别有用的知识领域是社会科学，包括人类学、经济学、社会学、政治科学和心理学。这些学科为策划社会变革提供了洞察力和方法。

挑战现状

对于社会重建主义者来说，教育是要唤起学生的社会意识，并积极参与到社会问题的解决中去。教师如果要培养学生对现状的抉择能力，就要鼓励学生去研究经济、政治、社会和教育中的一些有争议的问题。作为一个对所有人开放的社会代理机构，学校不但是一个学术机构，而且是学生和教师设计社会改革的假想的“智囊机构”。处在这样一个变化的关键时期，社会重建主义者的学校将经常会成为争论的中心。发生这种情况的时候，争论的解决办法应该是通过一致同意的、民主的过程来实施。

三、对当今教师的启示

重建主义者教师的角色

因为重建主义者教师认为学校是将要建立一种新的社会秩序的代理机构，所以他们不单纯从学术的角度来给教育下定义。相反，重建主

---

① 有关于重建主义者的教育的论述，重要的有西奥多·布拉密尔德：《重新构建的教育哲学》(纽约：霍尔特、瑞尼哈特和温斯顿出版社，1956 年)；乔治·S.康茨：《学校敢于建立一个新的社会秩序吗?》(纽约：约翰·戴出版社，1932 年)；威廉·O.斯坦利：《教育和社会整合》(纽约：师范学院出版社，1952 年)。

义的教师鼓励学生去诊断地球上的人类所面临的主要问题：环境污染、战争、饥荒、恐怖主义和暴力以及诸如艾滋病这类流行病的传播。由社会经济阶层和种族或性别歧视而造成的诸多限制应该得到鉴定和考察，这样我们才能着手根除它们。与其做一个世界问题的中立观察者，重建主义者更想为了改善人类生活投身于这些问题的解决过程中。

再比如说，重建主义的教师或许会关注时下在美国文化核心论的支持者和多样性文化的倡导者之间发生的争论。① 由于他们视这场争论为关于民族同一性的文化战争，他们将带领学生通过全面的调查来深入研究这一类的问题。如：过去谁是美国人？现在谁是美国人？将来我们会成为什么样的人？为了回答这些问题，他们会鼓励学生去分析两大阵营的主张。目标就是要重建传承下来的文化信仰和价值观，从而形成更广泛的民族同一性意识和目标意识。教师会鼓励学生共享他们的文化遗产，并建立一种知识基础来对许多不同的民族、种族和语言群体所做的贡献加以整合。通过这一过程，重建主义的教师将会强调民主程序的运用。

焦点问题回顾： 你知道有教师好像在实施社会重建主义吗？这些教师运用一种反映他们独特观点的教学方法了吗？

参考资料

学校敢于建立一个新的社会秩序吗？

乔治·S.康茨

乔治·S.康茨(1889—1974)在美国教育发展中发挥了多重作用。他是哥伦比亚大学师范学院的教育学教授，是苏联教育研究专家，是美国教师联合会的主席，也是社会重建主义理论的创始人。在他的众多著作中，发表于 1932 年的《学校敢于建立一个新的社会秩序吗？》一书中的有关教师和学校应该首创而不是反映社会政治、

① 关于这种文化的冲突分析，参见詹姆斯·戴维森·亨特：《文化战事：诠释美国的斗争》(纽约：基础图书/哈珀·科林斯出版社，1991 年)。

经济思想和价值观的论点经常被引用。在下面的选辑中，康茨提出教师应该试图塑造社会，而不要担心在教育过程中把他们的观点强加于人。

我的坚定信念是：教师应该有意识地去寻求权力，然后充分利用他们的征服力量。当教师的力量在一定程度上发展到被允许构建课程和受教育过程时，他们将会坚定地、积极地影响一代人的社会态度、理想和行为。这么做的过程中，他们应该确保没有密谋或虚伪的稳重。他们既不会说自己仅仅在传授真知，也不会说他们不愿在自己的权力范围内运用这种权力。第一个见解是错误的，而第二个则是对自己无力胜任的交待。据我观察，对人类事件发展进程产生影响的男性或女性都是那些果断地运用他们手中权力的人。正如他们所做的那样，他们代表的不是某个时期或某个特定阶级的利益，而是人民的共同、永久的利益，教师担负着大量保护和谋求这些利益的社会义务。在这个过程中，他们在社会中有一个相对独特的地位。既然这个职业应该包括最高级的科学家和学者们，也应该包括在各级各类教育系统中工作的教师，它可以在职权范围内自由支配时代的知识和智慧，而其他群体则不可以。人们觉得几乎不可思议：这些男男女女曾经行为很自私或者曾经把事情搞得很糟糕，就像我们这代人中的所谓的“有实践经验”的人——政治家、金融家、实业家们一样。如果我们把所有这些事实考虑进去的话，这个职业就应该寻求权力，然后努力去充分地、明智地运用这种权力，并且使之为绝大多数人谋利益，而不是避开权力……

我们应该强调的是，教师要毫不掩饰地、公开地拥有权力。虽然他们的工作应该赋予他们一定的优势，但他们还是必须对在通往领导之路上遇到的拦路石有所准备。公众人物普遍地用一些虚伪的空话来奉承我们的一些同行们，而他们不应该被蒙骗……此外，虽然组织是必要的，但教师不应该主要以组织和展现一种对世界、人类和恶魔的统一态度的观点来考虑自己的问题。为了达到高效，他们必须彻底抛弃自古希腊时代以来或多或少地统治着教师意识的奴役心理。教师们必须做好准备，习惯于自主处理问题，并使自己的观点赢得公众的支持。教育作为社会重建的一支力量必须和社会秩序中现存的、创造性的力量齐头并进。

问题

(1) 按照康茨的观点，为什么教师应该谋取权力？

(2) 教育怎样才能成为一支社会重建的力量？

(3) 康茨的论点是否和不断前进中的教师专业组织和发展相关？

(4) 如果你同意康茨的观点，你作为一名新教师，将会如何给教师授权？

【资料来源】乔治·S.康茨：《学校敢于建立一个新的社会秩序吗？》(卡本德尔·南伊利诺斯大学出版社，1978年)，pp. 26—28。经玛莎·L.康茨许可，在1932年版本的基础上由纽约约翰·戴出版社重印。

第九节　批 判 理 论

批判理论是一种很有影响的教育理论，与社会重建主义有点类似，因为它支持通过学校来推动社会产生审慎的变化。然而，它的起源却是不同的。尽管社会重建主义是以美国的进步主义和平民主义为基础的，而批判理论来源于马克思主义，特别是新马克思主义。卡尔·马克思是19世纪以来重要的德国哲学家，他认为所有的社会机构都以经济为基础，并且认为人类历史是为寻求经济和社会控制而进行的社会经济阶级斗争。例如，马克思关于阶级斗争的概念对冲突理论来说是非常重要的，在批判理论中它是人们关注的焦点。① 根据冲突理论，在经济上占统治地位的社会阶级运用诸如学校这些机构以维护他们对社会的控制。占统治地位的阶级，如果意识到被他们压迫的阶级的状况，将能改变使他们丧失权利和剥削他们的状况。② 批判理论家把学校视为不同群体对

① 对马克思教育理论的评价，见于弗兰克·马格内斯："马克思主义：自由主义和教育理论"，《教育理论》(1993年秋)，pp. 449—465。

② 马丁·卡诺埃："美国社会的教育、政府和文化"，选自亨利·A.吉洛克斯和彼得·L.麦克拉伦：《批判式教学法：美国的州和文化纷争》(奥尔巴尼：纽约州立大学出版社，1988年)，pp. 6—7。

课程和教学的控制产生冲突的地方。[①] 例如,公民权利、环保论、女性主义、反主流文化、同性恋和反战团体,这些是与新保守主义相冲突的,新保守主义强调信奉正统基督教派的人的宗教价值观、国家主义者的爱国精神、经济竞争和基础教育。在文化冲突中,批判理论家通过挑战传统学校中再现的状况,站在诸如穷人、少数民族和妇女等丧失权利的群体一边。

一、主要概念

谁控制学校

批判理论包括批评和改革。关于批评,它考察教育机构和议程的控制问题。批判理论家询问下列重要的问题:谁控制着学校?谁制定学校管理的政策?谁决定教育的伦理、社会和经济目标?谁设置课程?一旦控制问题得到了回答,批判理论家就把目光转向这种控制背后的动机。[②]

强势集团的控制

批判理论家主张当代社会中许多结构,包括教育机构,应被强势团体用来控制那些缺乏权力的人。权力拥有者试图把他们的知识、信仰和价值观强加给那些缺乏经济和政治权力的人。所有资本家中的权力拥有者都会把持政治的程序和媒体。在美国,那些拥有权力的人,传统上一直是具有欧洲血统的白种人中的男性。那些遭受剥削的一直是妇女、不熟练的服务业的工人、小农场主、亚洲人、非洲人以及土著美国人。批判理论家把批评延伸到全世界,将国家分成工业发达的国家和那些多数在南半球的,科技欠发达的国家。以他们的批评为基础,批判理论家倡导一项改革议程,即授权给那些不能主宰自己生活和命运的人。

---

① 詹姆斯·戴维森·亨特:《文化战争:诠释美国的斗争》(纽约:基础图书/哈珀·科林斯出版社,1991年),pp. 52—64;亦可参见瓦莱丽·L.斯加泰姆勃洛:《灾难的卫兵:新权力的文化纷争和政权正确性的政治》(纽约:彼得·朗出版社,1998年)。

② 有关权力关系、掌权和授权的相关分析,参见塞思·瑞斯伯格:《转变中的权力:支配、授权和教育》(奥尔巴尼:纽约州立大学出版社,1992年)。

二、基本问题

后现代主义

批判理论家试图为 21 世纪的后现代创设一种新的公共哲学，他们挑战传统的知识信仰，认为传统的课程被以欧洲为中心的，白种人中的男性的观点所主宰，这种观点受到种族主义、男性至上主义和帝国主义的玷污。①

解构主义

批判理论家不赞同永恒主义关于课程必须反映西方文明的经典作品的特点，他们把这些经典作品视为一个团体对另一个团体进行文化支配的合法的"古董"。课程需要被解构，或是拆析，然后重新建立概念，以便包括不同的文化经验和观点，特别是那些在过去被占优势的权力机构忽视的经验和观点。因为对多元文化教育的支持，批判理论家强调以学生自身经历、家庭和社会经验为基础的学习。

公共领域

批判理论家要求所有儿童和青少年上学，但他们也要求学校变成自由宽松的而非灌输的机构。他们认为学校已经并且继续被占有优势的群体所支配，这些群体把他们对知识的理解作为社会控制的手段强加于人。附属群体中的儿童，通常在经济上和政治上处于劣势，学校却通过灌输使他们相信自己生活在最美好的世界中。经认可的课本和其他教育材料使这种"有害的"社会现实变得有效或者合理。"隐性课程"（参见"文化・社会化・教育"那一章）强调个人的竞争和私人的性质，强化共同的价值观念。批判理论家要求把学校改造成"民主的公共的领域"，这里的年轻人意识到有必要为所有人创设一个更加公平的社会。②

---

① 亨利・A．吉洛克斯和彼得・L．麦克拉伦："学校教育、文化政治和民主斗争"，节选自两人合编：《批判式教学法、美国的州和文化纷争》（纽约：纽约州立大学出版社，1989 年），pp. 11—12。

② 同上。

和学生一样，教师也需要得到授权，以使他们能运用为学生提供更多的社会选择的方法，而不是反映现实状况。批判理论家抨击这些标准化测试、教师能力评估和对学校进行自上而下的行政控制的机制，他们认为这些都是使教师丧失权力的机制。

三、对当今教师的启示

给予教师权力的议程

批判理论家要求教师考察将教育与广泛的社会政治问题联系起来的意识形态。授权予教师的议程包括：(1) 致力于名副其实的学校改革，给教师教与学的权力；(2) 致力于与其他教师协同研究，以使课程与教学概念更新；(3) 研究社区中文化背景各异的人，该社区的儿童在这所学校接受教育；(4) 组建社区中心，便于与社区成员之间的合作行动；(5) 致力于与学生就美国政治、经济和文化进行批判性对话；(6) 在学校里给教师更多权力；(7) 使学校努力解决社会的主要问题，诸如吸毒、少女怀孕、文盲、营养不良和医疗保障不力等问题。①

重视多样性

批判理论家重视文化的多样性，他们会引导学生探索知识，这种探索是从他们自己独特的多元文化经历开始。课程也将强调研究学生的历史、语言和文化，以及分析美国生活中持续不断的问题，特别是那些授权予一些人和剥夺其他人权利的问题。②

焦点问题回顾：批判理论是怎么影响你的？作为一个教师，你是怎么受其影响而处理教学中的文化多样性的？

---

① 亨利·A.吉洛克斯和彼得·L.麦克拉伦：《学校教育、文化政治和民主斗争》，节选自两人合编：《批判式教学法、美国的州和文化纷争》(纽约：纽约州立大学出版社，1989 年)，p. 23。

② 克里斯汀·E.斯里特和彼得·L.麦克拉伦：《多文化教育、批判式教学和差异政治》(奥尔巴尼：纽约州立大学出版社，1995 年)。

第十节　永 恒 主 义

经典著作中的真理

永恒主义是一种在文化方面持保守观点的教育理论，它集中关注传统和经典的权威问题。它认为：(1) 真理普遍存在，且不因地点、时间或人物的情况而变化；(2) 一个好的教育包括对真理的追求和领悟；(3) 真理可以在文明社会的伟大著作中找到；(4) 教育是一种旨在发展理智的通才训练。

永恒主义大量吸收现实主义的原则。因为唯心主义和现实主义之间在教育方面有相似性，所以一些教育理论家也把永恒主义和唯心主义联系在一起。然而，一些像罗伯特·赫钦斯和莫蒂默·阿德勒这类永恒主义的领导人物则把他们的教育理论建立在亚里士多德的现实主义基础之上。

学校培养理性

与亚里士多德的"人是理性的"观点相一致，永恒主义者们认为学校的主要作用在于培养理性。所以，永恒主义者反对那些企图把学校当做具有多种目的的宣传政治、社会和经济理论的代理机构。他们不想使学校强调学生的情绪调整，或变成适应市场的职业培训中心。虽然永恒主义者也懂得，情绪上的完美和职业能力对于在社会中发挥作用的人们来说是非常必要的，但他们还是相信职业培训中心，而不是学校，应该参与这些活动。给教师和学校施加额外的非学术性要求，就会把能量、时间和资源从主要的学术目的中拿走。

永恒课程

对于永恒主义者来说，最重要的教育目标是追求真理和传播真理。因为他们相信真理是普遍的且永恒不变，所以真正的教育也是普遍的和永恒的。因此，学校的课程应该包括一些强调人类生活中不断重现的主题的永久或永恒研究。它还应该包括一些可以培养理性的认知学科，培养伦理行为和公民性的有关道德、美学和宗教教义的研究成果。像唯心主义者和现实主义者一样，永恒主义者更推崇一种学科课程。这种课程包括历史、语言、逻辑学、文学、人文学科和科学。这些学科的内容应该选自文学艺术方面的古典作品。人们认为掌握这些学科对于训练理智来说十分必要。

赫钦斯：教育培养心智

罗伯特·赫钦斯曾任芝加哥大学的校长，是一位很有权威的永恒主义理论家。他把理想的教育描述成“培养理智力量的教育……理想的教育不是某种特定的教育，也不是受即时需要导向的教育；它不是一种专门的教育，也不是一种职业教育；它不是一种功利主义教育，而是一种适于培养心智的教育”。①

有关西方文明的伟大著作

赫钦斯深信人性中的理性普遍存在，所以他很强调教育的普遍性。既然理性是我们的最高力量，所以理智的培养应该是教育最优先考虑的事情。赫钦斯还特别推荐认真研读和讨论西方文明的名著。他推想，名著能够让每个时代的成员都能够和历史上的伟大心灵进行对话。这些古典著作包含了永久的或永恒的主题，而且有助于把个人培养成一个真正的文化参与者。它们可以培养理智，也能够使学生为批判性思维做准备。除了古典著作之外，他还极力主张对语法、修辞学、逻辑学、数学和哲学的学习。

对名著课程的批评

后现代主义的评论家提出，赫钦斯的名著课程确实在尝试着赋予西欧文明一种统治地位，即对其他文明，如亚非文明的统治。因此，备受赫钦斯推崇的名著仅仅维护了历史上某个特定时代的统治阶级的利益。

---

① 参见罗伯特·M.赫钦斯：《教育的对话》(加利福尼亚州圣·巴巴拉：国家基金出版社，1963年)，p.1；亦可参见罗伯特·M.赫钦斯：《学习的社会》(纽约：普雷格出版社，1968年)；赫钦斯：《美国高等教育》(康涅狄格州新哈文：耶鲁大学出版社，1962年)。

比如说，批判理论家试图解构名著中的文本，以发现其中所包含的历史意义。

一、身心全面训练建议

身心全面训练课程

莫蒂默·J.阿德勒的《身心全面训练建议：一部教育宣言》是永恒主义的复兴。① 身心全面训练是一个希腊词语，意指一个人的全部教育构成。阿德勒断言所有人都有接受普遍教育的权利，他希望美国这样的民主社会中的所有学生都能接受同样高质量的学校教育。身心全面训练课程包括语言、文学、美术、数学、自然科学、历史、地理和社会研究。这些研究是一种培养理智技能的全部组成部分的方式，这些理智技能比如读、写、听、说、计算、观察、测量、估计和解决问题的能力，能够导致更高级的思维和反思。②

二、基本问题

通识教育

进步主义批评永恒主义，鼓励教育的精英主义。为了否认这种主张，永恒主义认为他们的课程计划是真正民主的，认为所有的人都有权利接受同样高质量的教育。他们主张学生不应该分组，或者都进入阻止一些人接受通识教育的轨道，因为学生具有共同的人性，他们有资格接受这样的教育。有人学习学术课程，而有人学习职业课程，本身就否认了教育机会的真正平等。

反对文化相对主义

永恒主义强烈反对文化相对主义，文化相对主义是与实用主义、进

---

① 莫蒂默·J.阿德勒：《身心全面训练建议：一部教育宣言》（纽约：麦克米兰出版社，1982年）；亦可参见他的《身心全面训练问题及其可能性》（纽约：麦克米兰出版社，1983年）。

② 阿德勒：《身心全面训练建议》，pp. 22—23。

步主义、社会重建主义和批评理论相联系的。根据文化相对主义的观点，我们的真理是以我们应对课程变化为基础的暂时的观点。既然环境在随着时间发生变化，并且随着地点的变化而不同，那么，真理就不是永恒、普遍的正确，而是暂时的，视具体情境而定的。像阿伦·布卢姆在《走进美国心灵》一书中所描写的永恒主义者对文化相对主义进行的谴责，认为它削弱了道德品格。他们声称，文化相对主义否认普遍的标准，按此标准，一些行为在道德上可能始终是正确的，或者是错误的。①

三、对当今教师的启示

永恒主义者，像唯心主义者和现实主义者一样，把课堂看做一个学生理智发展的环境。为了促进学生的理智成长，教师必须做到自由教育、热爱真理，并且要有为此奉献一生的热情。的确，自由教育对永恒主义教师来说比教育方法更加重要。

持久的人类关注

在低年级，永恒主义教师会强调学习诸如阅读、写作和计算等基本技能，这些将有助于个人的读、写能力的发展，从而为毕生追求真理做好了准备。永恒主义的中学教师将围绕人们一直关注的历史、文学和哲学等伟大著作来组织课堂。像唯心主义者那样，永恒主义者非常重视为世人所瞩目的经典著作。在永恒主义者的学校里，行政人员、教师和学生主张学术研究的高标准。

永恒主义的一节课

永恒主义者强调人类一再关注的东西和价值观，在中学的文学课中可以看见这样的例子，课上正在阅读并讨论路易莎·梅·奥尔科特的《小妇人》。学生已经讨论了主要人物——玛米、乔、贝思、梅格、艾美和马奇一家所面临的问题。课堂讨论表明，在今天的家庭生活中可以发现马奇一家经历的悲惨时代和幸福时代。后来，班级里一个叫艾丽丝的

---

① 阿伦·布卢姆：《美国人思想的封闭》(纽约：西蒙和斯古斯特出版社，1987 年)。

学生在餐桌上被问道："你在学校里学什么？"她回答道："我们刚刚读完《小妇人》。"艾丽丝的母亲和祖母都说，在她们年轻时也非常喜欢读这本书。在后来的一次谈话中，艾丽丝、她的母亲和祖母交流了对这本书的看法。这样，永恒的主题能成为世代流传的经久的回忆。

讨论话题栏揭示了以儿童为中心或以学科为中心的课程，永恒主义者对这个话题采取一种明确的立场。

讨论话题：教育应该以儿童为中心，关注儿童的兴趣和需要吗？

讨论主题	赞成的观点	反对的观点
在美国教育中，一个比较持久的问题是课程与教学的中心是儿童的兴趣和需要，还是传递文化？进步主义者和实用主义者主张教育应该从儿童的兴趣出发。他们说，这些兴趣将使儿童更广泛地接触外部世界。虽然唯心主义者、现实主义者、永恒主义者和要素主义者各持己见，但都主张学校应该指定一些科目，这些科目把文化遗产从成人，也就是社会中成熟的人那儿传递给儿童——那些还没成熟的社会成员。	1. 在与环境直接接触中的经验使儿童认识到学习技能和知识的兴趣和需要。当儿童因为直接经验产生了兴趣时，他们的学习效果最佳。 2. 出于兴趣的学习是一个全身心投入的学习过程。学习是具有实践性的过程，儿童通过学习产生了对现实的概念。 3. 因为遵循儿童的兴趣，所以他们将做出更多的努力来解决问题和研究设计。 4. 以儿童为中心的学习方法导致合作学习，这种学习能产生一个真正的学习者团体。	1. 随着时间的流逝，有文化的人常常通过尝试和错误来发展文化。因此，主要依靠儿童的兴趣和需要来重复这些尝试和错误效果很差，是在浪费时间。有目的地把这些文化遗产从成人那儿有效地传递给儿童至关重要。 2. 某些技能，特别是读、写、计算和某些学科，如数学、科学、语言和历史已经由文化领域中伟大的思想家发展而成。这些组织化的知识需要有目的地、有顺序地教给儿童。不应该让儿童产生他们自己的、可能是错误的想法。 3. 即使儿童最初对文化技能和学科的学习不感兴趣，这一切也必须传授给他们，以使他们能参与到社会中去。 4. 依赖儿童的兴趣作为课程的基础，会危及文化的代代相传。

焦点问题回顾：你的教育经验中含有源自永恒主义的强烈影响吗？你认为这种理论将怎样影响你的教学？

第十一节　要素主义

要素主义的目的

以唯心论和实在论为基础的要素主义是一个保守的教育理论，它非常重视学术性的课程内容，并且鼓励教师强调秩序、纪律和努力。对要素主义来说，教育的主要目标是：(1) 传递文化遗产中的基本技能和知识；(2) 重视技能和能使学习者获得更高层次的技能及知识的学科；(3) 把教育作为一种培养人的机构来运用，强调过去的知识和价值观与目前的需求之间的连续性。

掌握基本技能和学科

对要素主义来说，教育包括学习基本技能、艺术和传承文明的科学。① 掌握了这些技能和学科为作为文明社会中一员的学生有效地发挥自己的作用做好了准备。既然学习基本课程需要纪律和刻苦学习，教师在学习内容和教学中就应该具有娴熟的职业技能。

核心学科

阿瑟·白斯托，20 世纪 50 年代基础教育的一个提倡者，认为作为心智训练的文科和科学是普通教育必要的核心科目。白斯托和基础教育委员会认为，降低学术标准使美国的教育处于危险之中。② 对他们来说，学校的基本职责是把学生吸引到有组织的、连贯的、结构化的学科中去。要素主义者强烈推荐：(1) 小学课程应该强调培养读写能力和掌握数学计算的基本技能；(2) 中学课程应该传授历史、数学、科学、英语和外国语等知识；(3) 学生需要学会彬彬有礼以及对纪律和合理权威的尊重。

---

① 杰拉尔德·L.古泰克：《基础教育：历史的透视》(印第安纳州布卢明顿：Phi Delta Kappa 教育基金，1981 年)。

② 阿瑟·E.白斯托爵士：《学习的复兴》(纽约：诺甫夫出版社，1955 年)。

一、基础教育

对学术缺点的批评

“回到基础去”的运动来自于要素主义者的原则。回到基础去的支持者主张，社会的实验和未经检验的改革降低了学术标准。他们告诫道，小学中许多孩子还没有掌握基本的写作和计算技能，并且由于缺乏指定的课程，导致中学学业水准的下降。回到基础去的作用在于，学校应该关注基本技能和那些有助于读写、社会化和理智形成的学科。

作业和测试

“回到基础去”的支持者要求归还教师的教育权威。教师的准备必须充分，并且对儿童的学习负责。通常的任务、家庭作业、背诵和经常性的测验、评估应该实施一定的标准。目前，要素主义者正拥护使用标准化测试来建立全国的标准。例如，总统乔治·布什已经推荐，这样的测试应该用来管理在一定年级水平上评价学生的成绩和教师的责任心。

二、新要素主义

要素主义的复兴

在 20 世纪的 80 年代和 90 年代，一系列关于美国教育状况的国民报告曾一度提出了新要素主义教育改革。新要素主义这个术语表明，这个运动重申了早些时候的要素主义主题。这些主题被看做是对美国所面临的某种经济和社会问题的补救，如生产力下降和暴力犯罪的增加等问题。

新要素主义者的观点在 1983 年的题为《国家处在危急之中》的报告中非常明显，在这个报告中新要素主义者向一所中学推荐了 5 门新的基础课：英语、数学、科学、社会研究和计算机科学。在这些学科中，只有计算机科学是全新的，其他在早期的要素主义者那里已被强调。①

① 国家卓越教育委员会：《国家处在危急之中：教育改革的必要性》(华盛顿，哥比亚特区：美国政府出版署，1983 年)，pp. 23—31。

基本知识

E. D.赫希批评美国文化水平的衰落,也赞同新要素主义者的主题,赫希认为美国人需要具有基本的背景知识的核心。这种核心有助于文化水准的形成,而这些文化水准对读写能力作用的发挥、国民的交流和沟通来说是有必要的。不经过教育来传递这种核心文化,美国社会将在文化上变得支离破碎。①

三、基本问题

要素主义和永恒主义的共同主题

既然永恒主义者和要素主义者在知识、教育、学校教育和教学方面有许多共同的观点,这些观点被看做是对文化保守主义的共同的教育防卫。对他们来说,知识存在于文化遗产中,被验证了的人类智慧随着时间的变化而不断累积。然而,他们不同意永恒主义者以人的理性来看待智慧的起源,也不同意要素主义者把智慧看做来源于经过检验的人类经验。两者都将学校视为把文化遗产从成人那儿传递给儿童的社会的主要机构。

永恒主义者和要素主义者对那些想把学校作为社会化和职业教育机构的人表示怀疑。他们对那些主张多元文化论而忽视首先在西方和美国传统基础上建立一个统一的文化核心的人提出了批评。对他们而言,学校作为一个塑造人的机构,应该使儿童和青少年经历接触语言和识数的基本过程,并接触艺术、音乐和文学。对现代社会中暴力冲突上升趋势提出警告时,他们敦促学校需要进行植根于西方文化的行为礼貌教育。

五个新要素

要素主义者认为课程应该包括基本技能,特别是读写能力、计算能

---

① E. D.赫希:《文化文学:美国人需要了解的东西》(波士顿:霍顿·梅夫林出版社,1987年)。

力和诸如在《国家处在危急之中》一书中建议的“五门新基础学科”的学术性课程。教和学应把焦点放在技能和学科的掌握上。虽然所有儿童和青少年都应该上学，但是他们应该达到严格的学术标准。升级和毕业应该要求学生掌握必要的技能和学科。在社会上的晋升——是论资排辈的而不注重学业成绩的——应该被禁止了，因为它把那些准备还不充分的人安置在社团和工场里。许多州的能力测试都要求教师和学生反思当代的要素主义，一些州要求对学生在规定的年级水平进行标准化测试，乔治·布什总统也提议使用国家标准。

四、对当今教师的启示

要素主义课程

要素主义教师更喜欢结构化的课程，他们试图通过认真有序的基本技能和学科的学习，把文化遗产传授给学生。在学习内容方面，教师将是个专家，并且熟练地把学习的内容组织成教学单元。在要素主义课堂里，学生全身心地投入到学业技能和学科的学习中，而不是只注重目前流行一时的东西。阅读、写作和算术、英语、外语、数学、历史、科学、地理等学习内容都得到了强调。

“有效”学校和教师

如今诸多的“有效学校”运动是建立在要素主义者认为行之有效的方法的基础上的。当校长和教师对学业成绩具有很高的期望，并且认为学校的功能是为学生在学业上更有竞争力做准备时，学校就被认为是有效的。教学效果好的教师对他们的教学科目有着透彻的了解，致力于对学生的教学，并且成功地使学生在取得良好的学业成绩上做得非常出色。

要素主义者强调首先要掌握事实，然后把概括化建立在这些事实的基础之上，这一点可以在一所美国中学的历史课里得到阐明，这堂课研究华盛顿和杜·波伊斯这两位非洲裔美国领导人之间的差别。首先，教师布置阅读这两个人的材料。然后，他或者她开展一个讨论，在讨论中学生仔细区分华盛顿和杜·波伊斯在背景、教育和政策上的差别。经过这种由教师引导的研究后，学生将得出一个关于华盛顿和杜·波伊斯之所以行动一如既往的评价，并且评估他们在非洲裔美国人和美国历史中的影响。

焦点问题回顾：你认为在哪些方面，你的教学将受到要素主义趋向国家标准化测试的影响？

第十二节　构建你自己的教育哲学

现在我们来看看本章开头提到的问题和教育哲学家以及理论家经常提出的富有争议的问题的解决情况。什么是真理以及我们如何知道真理？如何教授真理？像唯心主义者、现实主义者、永恒主义者以及要素主义者一样，你也相信普遍真理的存在吗？或者说你像实用主义者和进步主义者那样认为真理视变化的环境而定吗？你的回答——反映了你的现实观——将影响你的教学观。他们也将决定着你对学校中的平等和公正问题的看法，也会改变你在教学活动中对正直和合适的行为的态度。你对这些问题的回答就是你正在形成的你自己的教育哲学的一部分。

总　　结

(1) 为形成你自己的教育哲学而提供一个价值取向，文中对诸如形而上学、认识论、价值论（伦理学和美学）和逻辑等术语做了界定。然后又把这些术语和教育、学校教育、知识以及教和学联系起来。

(2) 为了对形成你自己的教育哲学提供一个参考框架，我们考察了诸如唯心论、实在论、实用主义和存在主义这些教育哲学和诸如永恒主义、要素主义、进步主义、社会重建主义以及批判性理论这些教育理论。

(3) 通过学习这些教育哲学与理论,你就可以渐渐形成你自己的教育哲学,并开始理解课程和教与学的潜在的哲学基础。

关键术语

哲学	实用主义
理论	经验
形而上学	存在主义
认识论	进步主义
价值论	建构主义
伦理学	社会重建主义
美学	永恒主义
演绎逻辑	身心全面训练建议
归纳逻辑	文化相对主义
唯心论	要素主义
宏观世界	“回到基础去”的运动
微观世界	文化水准
先验的思想	批判理论
苏格拉底法	冲突理论
实在论	

讨论题

(1) 反思你自己对知识、教育、学校教育和教与学的观点。你认为你的教育哲学是什么？假如你有机会,把你的想法告诉你的同学,然后听听他们的教育哲学,并且讨论一下出现的异同。

(2) 反思你生活中有影响力的教师,或者是关于教师和教学的书本和电影是如何影响你的教育哲学的？把这些影响告诉你的同学并和他们进行讨论。

(3) 你能从整体上把握你所学的课程中,或者教师培训计划中潜在的哲学取向吗? 它们是什么?

(4) 在本章所考察的哲学和理论中,哪些与当代的美国教育联系最紧? 哪些最没有联系? 为什么?

专业发展的建议方案

(1) 你可以从网站www. bu. edu/wcp/maineduc. htm 中获得第 20 届世界哲学大会上提交的当代教育哲学论文,挑出并浏览那些最有用的文章,以便帮助你形成自己的教育哲学。

(2) 访问基础教育委员会网站www. c-b-e. org,并考察该委员会的教育哲学。这种哲学与永恒主义和要素主义类似吗? 它与实用主义、进步主义、社会重建主义和批判理论有什么不同?

(3) 针对你的专业和教学实践,做一个记录,能说明你所观察到的学校、课程和教与学的方法所依赖的哲学或理论。把你所观察到的告诉全班同学并仔细思考。

(4) 把在普通刊物——报纸和杂志中出现的教育文章搜集起来建立一个剪报文档,可以是对学校的批评,也可以是对教育的改革提出建议。然后对以这些批评和建议性的改革为基础的观点进行哲学上和理论上的分析。把你所观察到的告诉全班同学并仔细思考。

(5) 把在当地社区的报纸中出现的教育文章搜集起来建立一个剪报文档,里面刊登的是在这些社区中,你所进行的教学实践、同学们的教学或你的教学。然后分析这些文章的哲学和理论观点。把你所观察到的告诉全班同学并仔细思考。

(6) 研究并准备一份经学区教育董事会批准的有关教育哲学的报告,陈述你正在这个学区里进行的教学实践,同学们的教学或你的教学。请把董事会的教育哲学与本章里所讨论的哲学理论进行比较。把你所观察到的告诉全班同学并仔细思考。

（7）准备一套问题，能作为与你所在的大学或学院里的主要教育人员——教务主任、系主任、教授——就他们的教育哲学进行面谈的向导。把你所观察到的告诉全班同学并仔细思考。

（8）准备一套问题，能作为和你正在进行的教育实践，同学们的教学或你的教学的学区中的行政人员和教师进行面谈的向导。这些问题应该与他们的教育哲学有关。把你所观察到的告诉全班同学并仔细思考。

（9）准备一套问题，能作为与主要的社区领导者——编辑、政治家、媒体人员、服务部门、组织和联合会的官员——就他们的教育哲学进行面谈的向导，然后让全班同学报告他们的面谈结果。

（10）准备一套问题，能作为与学校主要领导进行面谈的向导，这些领导具有广泛的文化多样性，包括非洲裔美籍官员、西班牙裔和亚裔美籍人的组织、同性恋者联盟、年轻的共和党人、年轻的民主党人、社会主义青年团、左翼主义组织、右翼组织、宗教原教旨主义者、生存权团体、自由选择团体，就他们的教育哲学进行交谈。然后让班级成员报告他们的面谈结果。

第五章　教育先驱者

在这一章和其他的章节里，你面临着形成你自己的教育哲学的挑战。这里，我们看到伟大的教育先驱者是如何创造他们自己的教育哲学的。

尽管这一章探讨的是教育家之间的差异，但我们能确认某些共同的模式。夸美纽斯(Comenius)的理论把人类的一种精神之爱和强调大自然力量的精华结合起来。他和其他自然主义的教育家如卢梭(Rousseau)、裴斯泰洛齐(Pestalozzi)和斯宾塞对长期统治学校教育的儿童堕落和被动学习的传统观念提出了挑战。儿童堕落的理论认为儿童天生是恶的，这种遗传的缺陷能被严格管教的教师所驱除。

相反，自然主义的教育家认为儿童天生是善的。他们认为人类成长和发展的阶段为有效的教学提供了线索。这些先驱教育家被称为自然主义者的原因是，他们认为儿童通过考察与他们接近的自然环境中的物体，能非常有效地和高效地学习。环境教育的力量被后来的美国进步主义教育家如杜威和康茨当做一个主题。正如我们将要看到的，福禄培尔的幼儿园和蒙台梭利的准备好的环境是创造一些学习情境的深思熟虑的努力，这些学习情境尊重和利用儿童自己的发展过程。当你阅读这一章时，请考虑下列问题：

焦点问题

■ 谁有资格成为一位教育先驱者?

■ 先驱者如何形成他们自己的教育哲学?

■ 他们是如何为知识、教育、学校教育、教和学重新下定义的?

■ 他们是如何挑战和变革传统的儿童和课程的观念的?

■ 先驱者的贡献中什么思想或活动在今天的教和学中是仍然存在的?

■ 先驱者的什么贡献对形成你自己的教育哲学是有用的?

第一节　夸美纽斯:新方法的探索

泛智论

扬·夸美纽斯(Johann Comenius, 1592—1670)出生在尼夫尼兹的摩拉维亚镇。他生活在欧洲天主教徒和追随宗教改革运动的新教徒之间的宗教战争期间——这是一段充满强烈的憎恨和歧视的年代。他的家庭属于摩拉维亚兄弟会——一个遭受到迫害的小的新教徒教会。夸美纽斯是兄弟会的一位主教和教育家,他被迫在几个欧洲国家过着逃亡的生活。他期望结束宗教的褊狭,因此他创造了一种新的教育哲学——泛智论,培养普遍的理解。作为一位先驱性的热爱和平的教育家,他认为普遍享有的知识将激励一种智慧之爱,它将克服国家的和宗教的憎恨,并创造一种和平的世界秩序。①

通过自然的方法学习语言

夸美纽斯是在"美国教育的世界根源"那一章里探讨的文艺复兴时期的人文主义教育家和后来的自然主义改革家之间的一个过渡人物。夸美纽斯自己的教育哲学——泛智论,将类似于现实主义强调的感觉学

---

① 约翰·夸美纽斯:《世界的迷宫和心的天堂》,由霍华德·罗斯安和安德里亚·斯特克翻译和介绍(纽约:普利斯特出版社,1998年),pp. 17—26。

习。这种强调后来被洛克、卢梭和裴斯泰洛齐进一步发展。

尽管夸美纽斯还强调课程中拉丁语的重要性，但他的教学方法是用感觉代替被动的记忆。在他的《语言入门》一书中，他将拉丁文教学与学生自己的本国语联系起来。课程开始于简短的词汇，然后逐渐发展到更长和更加复杂的句子。作为一个有高度创造性的教育家，夸美纽斯制作了最初的图画书中的一本——《世界图解》，作为教具。①

教和学的原则

尊重儿童的需要和发展

夸美纽斯是一位早期的推崇自由的教育环境的先驱者，他的思想倾向于进步主义。他尊重儿童自然的需要和兴趣，强烈地反对那种传统的观点，即认为儿童天生是恶的，教师需要用肉体的惩罚去训练他们。相反，夸美纽斯想让教师成为创造快乐和舒适的课堂教学环境的有礼貌的和富有爱心的教师。通过注重儿童的发展阶段，教师能形成一种有效的教学方法和合适的材料。夸美纽斯建议不要催促或压迫儿童去学习，他认为当儿童准备学习某种技能或学科时，他们才能最有效地学习。他建议教师把课程组织成使学习渐进的、渐增的和愉快的、容易消化吸收的一些小步骤。

教学的原则

在建立他自己的教育哲学中，夸美纽斯强调教师要遵循下列原则：(1) 使用物体或图画来阐明观念；(2) 把课程应用于学生的实际生活；(3) 直接地和简明地描述课程；(4) 在讲述细节前强调一般原理；(5) 强调所有的生物和物体是整个宇宙的一部分；(6) 有次序地讲述课程，在一段时间强调一件事情；(7) 直到学生完全理解了再进行下一个主题。②

---

① 爱德华·A.帕尔：《学习遗产：西方教育历》(奥尔巴尼：纽约州立大学出版社，1991年)，pp. 195—197。

② 杰拉尔德·L.古泰克：《教育的历史和哲学基础：选读》(俄亥俄州哥伦布：梅里尔/普伦蒂斯出版社，2001年)，pp. 50—57。

教育和学校教育

普遍的知识，一种和平的力量

作为一位教育先驱者，夸美纽斯以尊重宗教和文化差异的多元文化主张为荣。对于他来说，学校教育通过陶冶普遍的知识和价值观，能促进国际理解与和平。他也是一位革新家，他把他那个时代的技术变化，例如印刷术的发明结合进来，通过编写广泛使用的教科书促进了他的新的教育方法的产生。

展望进步主义和自然主义

尽管生活在17世纪，但夸美纽斯非常适宜现代教育。他提出了高效的和有效的学校教育计划，他鼓励儿童主动地参与学习，这就预见到了以儿童为中心的进步教育。拥有耐心和善意的教师应引导儿童理解他们生活的更大的世界。后来的理论家如卢梭和裴斯泰洛齐，及在“教育的哲学基础”那章里所提及的进步主义者，都被夸美纽斯自然主义教育的先驱性的研究所激励。

焦点问题回顾：在了解夸美纽斯之后，反思本章开始列出的焦点问题。你如何将这些问题中的每一个问题与夸美纽斯联系起来？

第二节　洛克：经验主义教育家

约翰·洛克(John Locke, 1632—1704)，英国的一位内科医生和哲学家，他支持进行重大的政治变革，在英国建立一个更有代表性的政府。① 他对柏拉图的先天理念的唯心主义认识论提出了挑战，强调观念是在感觉基础上形成的。

不可剥夺的权利

洛克反对试图成为英格兰绝对统治者的国王詹姆士二世。詹姆士

① 约翰·登尼：《洛克》(纽约：牛津大学出版社，1984年)。

在1688年的光荣革命中被推翻。1689年，在他的《政府论》中，洛克认为政治秩序应建立在人民和政府之间的一种契约之上，契约由建立它的那些人的一致同意来维持。他认为所有的人都拥有不可剥夺的生命、自由和财产的权利。① 洛克的哲学为代表性政府以及政府的立法、行政和司法部门之间的控制和平衡的观念做出了贡献。托马斯·杰弗逊和美国共和政体的其他建立者深受洛克思想的影响。

自我管理的教育

洛克的理论意味着，一个国家的人民应建立他们自己的政府和选择他们自己的领导者。要想理智地和负责地做这件事，他们必须受到教育。这种思想成为19世纪美国免费公立学校运动的一个重要原则，而且仍然是公立学校的一个重要责任。（对这一章探讨的洛克和其他先驱者的教育思想，参见概述5.1。）

教和学的原则

心灵是一块白板

洛克主要的哲学贡献——《人类理解论》是在1690年出版的，他在这本书中考察了我们是如何获得观念的。② 洛克认为人在出生时，心灵是一块白板，一块没有任何观念的白板。我们逐渐地从我们的感官带给我们的关于世界的信息中获得知识。当我们把它们结合起来，简单的观念就变成复杂的观念，通过比较、思考和概括，这些观念反过来变得更加复杂。

经验主义和科学方法

尽管洛克对感官的强调类似于现实主义，但他的哲学是经验主义的，它认为人的所有观念都是以感觉为基础的，这种强调比亚里士多德、夸美纽斯和其他现实主义者都有过之而无不及。由于强调感觉，经验主义就和归纳法——从观察到的现象形成解释或假说的逻辑联系起来。

---

① 约翰·洛克：《第二种政府论说》，由C.B.麦克费尔森编（印第安纳波利斯：哈基特出版公司，1980年）。

② 约翰·洛克：《人类理解论》，由亚历山大·弗雷泽编（纽约：多佛出版社，1959年）。

概述 5.1　教育先驱者

先驱者	历史背景	教育的目的	课　程	教育方法	教师角色	意　义	对今天学校的影响
夸美纽斯(1592—1670)，捷克人	17 世纪新教徒基督教改革运动之后的宗教战争	把教育和儿童的自然成长和发展联系起来；有助于和平与理解	本国语、读、写、数学、宗教、历史、拉丁文，普遍的知识	以准备和人的成长阶段为基础；逐渐的、渐进的、有秩序的；物体的使用	成为一位自由学习的促进者；把教学建立在儿童发展阶段的基础上	发展一种更富有人性的儿童观，设计一种结合感觉的教育方法	根据儿童的发展阶段组织学校
洛克(1632—1704)，英国人	1688 年的英国光荣革命	以感知觉为基础发展心灵中的观念；培养能自我管理的人	读、写、算术、外语、数学、历史、公民政府、身体锻炼	依据感觉，循序渐进地学习	鼓励感觉经验，把教学建立在经验方法的基础上	以感觉为基础，发展一种知识理论	强调感觉观察的学校教育
卢梭(1712—1778)，瑞士-法国人	18 世纪法国的启蒙运动	创造一种使孩子天生的、自然的善得以发展的学习环境	自然、环境	依据感觉，自然的经验	促进自然，不把社会习俗强加给儿童	产生一种浪漫的防止儿童堕落的教条，一位以儿童为中心的进步主义的先驱者	以儿童自由为基础的自由的学校教育

续 表

先驱者	历史背景	教育的目的	课程	教育方法	教师角色	意义	对今天学校的影响
裴斯泰洛齐（1746—1827），瑞士人	19世纪早期后拿破仑时代和工业主义的开端	和谐地发展人类道德的、心理的和身体的力量，使用感知觉形成清晰的观念	实物课、形式、数字、声音	依据感觉，实物课，从简单到复杂，从近到远，从具体到抽象	通过创造一种像家一样的学校环境，充当一个富有爱心的学习促进者，熟练使用专门的方法	设计一种变革初级教育的教育方法	以情绪安全和实物学习为基础的学校教育
福禄培尔（1782—1852），德国人	19世纪哲学唯心主义的复兴和民族主义的兴起	在一个准备好的环境里发展儿童潜在的精神本质	歌曲、故事、游戏、礼物、职业	自我活动、玩耍、模仿	促进儿童的成长	创造幼儿园——一种专门的早期儿童学习环境	设计解放儿童创造性的学龄前学校
斯宾塞（1820—1903），英国人	1859年达尔文的进化论和19世纪工业公司的兴起	使人类有效地、节俭地和科学地生活	实际的、实用的和科学的科目	依据感觉和科学的方法活动	在基本活动中组织教学	强调科学知识的重要	强调科学知识和竞争的价值观的学校教育
杜威（1859—1952），美国人	20世纪早期美国的进步运动，科学发展和实用主义哲学的兴起	有助于个体的本身的、社会的和理智的成长	创造和动手、历史和地理、科学、问题	根据科学的方法解决问题	以学习者拥有的经验为基础创造一个学习环境	发展实用主义的经验主义教育哲学	强调在社会情境中解决问题和活动的学校教育

续 表

先驱者	历史背景	教育的目的	课 程	教育方法	教师角色	意 义	对今天学校的影响
亚当斯（1860—1935），美国人	20世纪上半期；大量的移民和城市变革阶段	促进移民进入美国社会，保持他们民族的文化遗产	为城市中心服务的广泛的实践技能；以及艺术、科学和问题解决	开始于学习者邻近的地区、文化和需要；导致更广阔的社会现实和联系	和学生一起参与到一个互惠的或相互的学习经验中	形成一种城市的和多元文化教育的进步的理论	在一个分享的美国文化背景下，尊重文化的差异性和多元性
蒙台梭利（1870—1952），意大利人	19世纪后期和20世纪早期女权主义的主张；对早期儿童教育更大的关注	在一个准备好的环境下帮助儿童发展感觉、肌肉和理智	运动的和感觉的技能；预先计划的材料	自发地学习；活动；实际的、感觉的和正式的技能；练习	在一个准备好的环境里，通过使用教学的材料，充当一个学习促进者或指导者	发展一个广泛使用的方法和早期儿童教育的哲学	在理智上和发展上激励早期儿童的学校教育
皮亚杰（1896—1980），瑞士人	20世纪弗洛伊德、霍尔、荣格和其他人在心理学上的发展	依据儿童的成长和发展的模式组织教育	具体运算和形式运算	个体化的项目；用具体的材料探求和实验	根据认知发展阶段组织教学	详细阐述一种认知发展的理论	围绕认知发展阶段组织学校教育

洛克强调在环境中学习的主张被卢梭、富兰克林、裴斯泰洛齐和杜威进一步发展,他们认为科学的方法——通过实验来考证假说——是教和学的最好的方法。实际上,洛克的经验主义是实用主义哲学的一个先驱,这种哲学在"教育的哲学基础"那一章里探讨。

教育和学校教育

一种良好环境的必要性

在1697年的《教育漫话》中,洛克写道,一种适当的教育开始于儿童的早期生活。他强调在强壮的和健康的身体中要有一个健全的心灵,他提出要注意孩子身体和社会环境、食物和活动的重要性。儿童应呼吸新鲜的空气,有充足的睡眠,吃富于营养的和简单的食物,经常洗澡,有规律地锻炼,有消遣和游戏的时间。

循序渐进的学习

洛克认为,学习应是一个渐进的过程,读、写和算的教育应是循序渐进的。除了这些基础的科目,洛克的课程还包括传统的外国语学习,特别是法语、数学和历史。体育锻炼、游戏和竞技应该受到鼓励。他认为这种教育基础将实现培养熟练管理他们的社会、商业和政治事务的有道德的个人这个教育目的。①

对今天教育活动的影响

对现代实用主义取向的影响

公民教育。洛克对感觉经验和公民教育的强调,影响了本杰明·富兰克林1741年在费城为一个英语语法学校计划的实用和职业方面。反过来,富兰克林的计划是现代综合的高级学校的前身。洛克对经验学习的强调,也影响了强调"从做中学"和环境的相互作用的现代教育的实用主义和经验主义观点。他的强调个人自由的政治理论影响了美国人考虑公民及公民参与的方式。②

---

① 卢斯·W.格兰特和纳塞尼·踏库沃合编:《约翰·洛克:有关教育和理解行为的一些想法》(印第安纳州波利斯:哈克特出版公司,1996年),p.187。

② 查尔斯·F.巴赫缪勒编:《CIVITAS:公民教育的一种框架》(加利福尼亚州卡拉巴萨斯:公民教育中心,1991年),p.384。

焦点问题回顾：在阅读了有关约翰·洛克的教育思想之后，反思本章开始列出的焦点问题。你如何将这些问题中的每一个问题与洛克联系起来？

第三节　卢梭：培养自然人

在自然状态中高尚的原始人

让·雅克·卢梭(Jean Jacques Rousseau，1712—1778)是一位出生在瑞士的法国理论家，生活在预示着美国和法国革命的理智骚动时代。① 他是巴黎的一群知识分子中的一员，这群知识分子通过他们的作品，对建立起来的教会和绝对君主政体的地位提出了怀疑。他的著作《论人类不平等的起源》和《社会契约论》谴责了产生社会不平等的财富、财产和声望的差别。② 根据卢梭的观点，在自然的最初状态，人是“高尚的原始人”，单纯、自由和未堕落的，是社会经济的人为状态腐蚀了人。

《爱弥尔》：一本教育小说

卢梭通过他1762年的著名小说《爱弥尔》表达了他的教育哲学，小说讲述了一个男孩从婴儿期到成年时代的教育故事。③ 小说抨击了导致儿童堕落的理论和排他的口头和识字教育，卢梭认为它们忽略了儿童的自然兴趣和意愿。他也认为，儿童必须远离受社会限制的机构，在这些机构中学校是最具有强制性的机构之一。

尽管卢梭的小说是关于一个上等阶层的法国男子的教育，但许多进

---

① 关于传记，参见莫理斯·W.克兰斯顿：《让·雅克：让·雅克·卢梭的早期生活和工作(1712—1754)》(芝加哥：芝加哥大学出版社，1991年)；莫理斯·W.克兰斯顿：《高尚的原始人：让·雅克·卢梭(1754—1762)》(芝加哥：芝加哥大学出版社，1991年)。

② 让·雅克·卢梭：《论人类不平等的起源》(印第安纳州波利斯：哈克特出版公司，1992年)；丹尼尔·卡伦：《卢梭的政治哲学中的自由》(迪卡尔布：北伊利诺伊大学出版社，1993年)。

③ 威廉·博伊德：《让·雅克·卢梭的〈爱弥尔〉》(纽约：师范学院出版社，1962年)；阿伦·布卢姆：《〈爱弥尔〉或论教育》(纽约：基础图书出版社，1979年)。

步的和以儿童为中心的教育家在卢梭的书中发现了许多使男孩和女孩从专制主义教育中解放出来的思想。

卢梭的教育理论是在“教育的哲学基础”那一章中探讨的几种哲学和理论的一种混合物。像洛克一样，他抛弃了先天理念唯心主义认识论，并转向了现实主义。除了正式的哲学之外，卢梭在教育理论中倡导的思想为后来的进步主义者和重建主义者所支持。他的“儿童放任自由”的论断被进步主义者重新确认，他的教育能创造一种新的社会秩序的信念后来被社会重建主义者所确认。（关于这些哲学和理论的联系，参见“教育的哲学基础”那一章。）

教和学的原则

发展阶段

像夸美纽斯一样，卢梭认识到人类发展阶段的至关重要性。在《爱弥尔》中，卢梭划分了五个发展阶段：婴儿期、童年期、少年时期、青少年时期和青年期。每个阶段要求有一种相适宜的教育通向下一个阶段。[①]为保持儿童自然的善，卢梭坚持认为，儿童早期的成长阶段应远离社会的腐败。结果，爱弥尔在一个远离灾难性的社会诱惑的乡间庄园里由一位家庭教师来教育。[②]

婴儿期：和环境的首次接触

卢梭的第一个阶段：婴儿期（从出生到5岁），婴儿和环境中的物体进行了初次接触。

童年期：通过感官来探求世界

在童年期（5—12岁），当儿童意识到他的行为产生或者痛苦或者快乐的结果时，他形成了自己的人格。受好奇心的推动，他积极地探求他的环境，通过他的感官了解世界，把眼睛、耳朵、手和脚当做第一位教师。

---

① 克里斯托弗·温奇：“卢梭的学习观：一种重新估价”，《教育理论》（1996年秋），pp. 424—425。

② 戴维·B. 欧文：“卢梭的《爱弥尔》的历史和课程”，《教育理论》（1982年），pp. 117—130。

卢梭认为感官比教师更好和更有效——教师教单词而学生却不理解，也比教室里的沉默和教师的棍棒更好。爱弥尔的家庭教师在这个阶段有意识地控制对书籍的介绍，避免用阅读来代替儿童自己和自然的直接接触。

少年时期：自然科学

在少年时期（12—15 岁），爱弥尔通过观察植物和动物的生长周期学习自然科学。通过探求他的环境，学习了比研究地图更加实际的地理。另外，爱弥尔也学习一种体力的手艺——木工，使脑力和体力的工作之间产生联系。

青少年时期：进入社会

在卢梭的发展图式中的下一个阶段是青少年时期（15—18 岁）。现在爱弥尔准备应对外部的世界了，并开始了解社会、政府、经济学和商业。他的美学鉴赏力通过访问博物馆、艺术画廊、图书馆和剧院来培养。在教育的最后阶段（18—20 岁），爱弥尔到巴黎和外国旅游，访问了不同的人和社会。

教育和学校教育

卢梭喜欢自然的方法，不喜欢社会的方法，他强调把人的本能作为获取知识的最初方法。① 他认为学校经常妨碍学习。作为一个社会公共机构，学校制约儿童，使他们只接受有限的传统习俗和制度。爱弥尔是一个自然的孩子，他遵循而不是压制他天然的本能和冲动。如果结果是快乐，那么爱弥尔将赢得他自己的奖赏；如果他的行为产生痛苦，那么爱弥尔把这些后果留给他自己。无论哪一方面，他都是从经验中学习。卢梭使用下面的重要思想来阐述他自己的教育哲学：（1）童年时代是人发展的一个重要基础；（2）儿童的自然兴趣和本能是更彻底地环境探求的有价值的开端；（3）人类在他们生命周期中经历必要的发展阶段；（4）成

① J．J．查默布利斯：《作为行为理论的教育理论：从亚里士多德到杜威》（奥尔巴尼：纽约州立大学出版社，1987 年），pp. 101—115。

年人的压制对儿童的发展有一种消极的影响。这些观点对教育和学校教育有一种持续的影响。

对今天教育活动的影响

对进步教育者的影响

卢梭对以儿童为中心的进步教育做出了贡献。在美国,以儿童为中心的进步主义者,如弗朗西斯·帕克和玛丽埃塔·约翰逊,他们依据儿童的兴趣和需要设计了一种教育学,这在"教育的哲学基础"那一章里讨论过。卢梭的一个重要思想是,课程应以儿童的兴趣和需要为基础,不应强迫他们遵照成年人的指示去做。因此,卢梭提出了儿童发展的重新建构主义观点,把儿童看做是解释他们自己的现实,而不是从间接的来源学习知识。

焦点问题回顾: 在阅读了让·雅克·卢梭之后,花一点时间反思本章开始列出的焦点问题。你如何将这些问题中每一个问题与卢梭联系起来?

第四节　裴斯泰洛齐:富有情感的教育家

瑞士教育家约翰·亨利赫·裴斯泰洛齐(Johann Heinrich Pestalozzi,1746—1827)的一生刚好处于欧洲和美国的重要变革时期。他生活在用工厂制造的产品代替家庭生产的手工产品的工业革命的早期阶段。早期工业化给家庭生活带来了变化,使妇女和儿童进入了劳动大军。裴斯泰洛齐关注这种经济变革对家庭和儿童的影响,他试图发展像充满爱的家庭一样的学校来培育儿童。他的家庭和学校关系的思想在今天快速变化的社会是有用的。裴斯泰洛齐是卢梭《爱弥尔》的一位专心的读者。他赞同卢梭"人的天性是善的,但被一个腐败的社会破坏了"的观点,传统的学校教育是一种单调的死记硬背,而教学法的变革能产生社会的变革。[①]

---

① 杰拉尔德·L.古泰克:《裴斯泰洛齐和教育》(伊利诺伊州希望高地:威乌兰德出版社,1999年),pp. 21—51。

通过实物课进行的小组教学

按照他的信仰，裴斯泰洛齐在布格多夫建立了一所学校来教育孩子和培养教师。在那里，他试图设计一种群体教学的有效方法，通过它让儿童用一种充满爱的和不急不忙的方式学习。①

哲学上，裴斯泰洛齐和现实主义是联系在一起的。他特别强调通过把借助感官传递到心灵的资料进行抽象而形成概念。他的通过实物课学习的思想也影响了后来的进步主义教育家。

教和学的原则

温暖的、安全的学校

裴斯泰洛齐的教学方法可以划分成"一般的"和"专门的"两种。一般的方法是创造一种随意的、情绪上健康的、像家一样的学习环境，在更专业的教育产生之前，这种环境必须处于适当的地位。因此一般的方法要求，情绪上使自己获得安全感的教师才能获得学生的信任和爱。

感性的学习

一旦一般的方法处于适当的地位，裴斯泰洛齐就开始贯彻他的专门方法。像洛克一样，他认为思想开始于感觉，他设计实物课，以便使教育也是感性的。儿童用这种方法学习了他们环境中的普通物体——植物、岩石、人工制品和在日常经历中遇到的其他物体。为确定一种物体的形式，他们接近并追踪它。他们也计算物体，然后给它们命名。这样，他们便学会了和物体有关的形式、数字和名称或声音。参考资料栏展示了一堂裴斯泰洛齐的实物课。

在这些课上逐渐增加素描、写、计算、加、减、乘、除和阅读的练习。最初写的练习由素描课构成，在课上，儿童画出一系列升和降的笔画及进行开放和封闭曲线的练习。这些练习锻炼了手的肌肉，为儿童的写字

---

① 约翰·亨利赫·裴斯泰洛齐：《格特鲁德如何教育她的孩子》，L．E．霍兰和F．C．特纳合译(纽约州西拉丘斯：巴丁出版社，1990年)。

做了准备。用这种方法时裴斯泰洛齐遵循了卢梭的规则，他认为仅仅口头学习或抽象的课程是无效的。像卢梭一样，他也希望课程应依据起源于学习者家庭生活的感觉经验。这个基本的革新成为20世纪进步学校改革的一个重要组成部分。

教学的策略

为确保教学遵循自然，裴斯泰洛齐提出了下面的策略。教学应该：(1) 在介绍抽象的概念前先接触具体的物体；(2) 在处理远的和偏僻的环境前先接触学习者周围的环境；(3) 在介绍复杂的练习前先接触容易的练习；(4) 总是循序渐进地、缓慢地进行。

教育和学校教育

自然主义的学校教育

像卢梭一样，裴斯泰洛齐把学习建立在自然原则的基础上，并强调人的情绪的重要性。然而，和卢梭不同，裴斯泰洛齐不依靠个人当家庭教师，他试图将自然主义结合到群体教学中。对卢梭和裴斯泰洛齐来说，"知道"意味着理解自然，理解它的模式和法则。像洛克一样，裴斯泰洛齐强调经验的学习，人们通过认真地观察自然现象，了解了他们的环境。

在一个充满爱的环境里渐进地、精确地学习

像夸美纽斯一样，裴斯泰洛齐觉得儿童的学习应该是缓慢的，完全理解他们正在学习的内容。他尤其关注那些贫穷的、饥饿的和有社会或心理残疾的儿童。如果儿童处于饥饿中，那么裴斯泰洛齐在试图教他们之前，会让他们吃饱。如果他们受到了惊吓，那么他便安慰他们。对于他来说，一个教师不但要熟练掌握教学方法，而且要能够爱所有的儿童。实际上，裴斯泰洛齐认为人类的爱对于成功的教学是必要的。

对今天教育活动的影响

把裴斯泰洛齐主义带到美国

在19世纪早期，威廉·马科雷是最初把裴斯泰洛齐主义引入美国的人之一。[①] 通过马科雷这位20世纪早期先驱性的地理学家和自然科学家，使裴斯泰洛齐的教育、科学的发现及探求联系了起来。[②]

亨利·巴纳德，19世纪晚期美国的教育部长，他把裴斯泰洛齐的基本原理介绍给了美国的教育家。[③] 这些思想被爱德华·谢尔登采用，他将裴斯泰洛齐的实物课整合到纽约的奥斯威格师范学校的教师培训中。一些进步的教育改革，如强调环境、利用实物和依靠感觉经验，展现了裴斯泰洛齐思想的印记。

赫尔巴特发展了裴斯泰洛齐的思想——五步教学法

裴斯泰洛齐影响的另一条路线是通过德国哲学家约翰·赫尔巴特(Johann Herbart，1776—1841)和他的追随者。赫尔巴特对裴斯泰洛齐的观点感兴趣，他把裴斯泰洛齐的思想重新系统阐述为一种包括道德发展和系统教学的教育方法。赫尔巴特认为教育应包括知识和道德，并且每一种科目都应和其他科目联系起来教，这个重要的概念被称为课程关联。赫尔巴特的追随者发展了在教师中变得非常流行的五步教学法：(1) 准备，通过参考以前的学习，促进学习者为新的课程做准备；(2) 介绍新课；(3) 联想，将新的课程同以前学习的思想或材料联系起来；(4) 系统化，用事例阐明重要的概括；(5) 应用，考查新课的观点，证明是否掌握了。[④]

处于危险中的儿童

最后，当美国教育家开始关注对处于危险中的儿童进行教育时，裴斯泰洛齐的思想呈现出一种进一步的相关性。他的"情绪安全是技能学

---

① 《为后代的合作：威廉·马科雷和玛丽·杜克洛·弗雷塔乔特的一致(1820—1833)》，约瑟芬·M.义律特编(印第安纳州波利斯：印第安纳历史学会，1994年)，pp. 1—17。

② 夏洛特·M.波特：《鹰巢：自然历史和美国思想(1812—1842)》(塔斯卡卢萨：亚拉巴马大学出版社，1986年)，pp. 93—95；乔治·E.德布尔：《科学教育的思想历史：实践的含意》(纽约：师范学院出版社，1991年)，pp. 21—24。

③ 托马斯·A.巴尔洛：《裴斯泰洛齐和美国教育》(科罗拉多州博尔德：科罗拉多大学图书馆Este Es出版社，1977年)，pp. 35—38、74—88。

④ 赫伯特·M.克利巴德：《为美国课程的斗争(1893—1958)》(波士顿：路特里奇和凯甘·保罗出版社，1986年)，pp. 44—45、56—57。

习的一个必要前提”的主张，同现代强调支持家庭、学校合作关系的主张非常类似。

焦点问题回顾：在阅读了约翰·裴斯泰洛齐的教育观点之后，反思本章开始列出的焦点问题。你如何将这些问题中的每一个问题与裴斯泰洛齐联系起来？

参考资料

裴斯泰洛齐的一堂实物课

约翰·亨利赫·裴斯泰洛齐(1746—1827)是瑞士的一位教育改革家，他在教育中强调运用感官和实物教学。他的思想吸引了许多国家的门徒。在英格兰，查尔斯和伊丽莎白·梅奥建立了一所学校，教授未来的教师如何使用裴斯泰洛齐的方法。下面的摘录选自伊丽莎白·梅奥1835年为一个6—8岁儿童的班级讲述一堂实物课的范例。应注意的是，这类课文倾向于使裴斯泰洛齐方法形式化，使它比裴斯泰洛齐自己可能要求的更加严格。

玻璃被选作介绍给儿童的最初的物质，因为描述的玻璃的特性对感官来说相当明显。学生被安排在一块黑板或平板前，他们观察的结果应写在上面……(介绍这堂课引导每个儿童观察产生的效用，最后回忆儿童注意所发生的事情的能力，并让其很快被指导者所赏识。)

玻璃应在团体中传递并能被每个人所检验。

教师：我手里拿的这个东西是什么？

儿童：一块玻璃。

教师：你们能拼写“玻璃”这个单词吗？(然后，教师把“玻璃”这个单词写在平板上，它就这样被作为这堂课的主题介绍给全班)你们都已检验了这块玻璃；你们观察到了什么？你们能把它说出来吗?

儿童:它是明亮的。

教师:(教师已经写了“特性”这个单词,在特性的下面写下——它是明亮的)伸出你们的手并触摸它。

儿童:它是冰凉的(把“冰凉的”三个字写在平板前面的“特性”的下面)

教师:再一次触摸玻璃,并把它同系在你们平板上的那块海绵相比,然后告诉我,在玻璃上你们觉察到了什么?

儿童:它是光滑的,它是坚硬的。

教师:在房间里还有其他什么是玻璃?

儿童:窗户。

教师:向窗户外面看,并告诉我你们看到了什么?

儿童:我们看到了花园。

教师:(关上窗板)再次向外面看,并说出你们所观察到的。

儿童:我们什么都看不到。

教师:你们为什么什么都看不到呢?

儿童:我们不能看穿窗板。

教师:在窗板和玻璃之间,你们观察到有什么差别?

儿童:我们不能看穿窗板,但我们能看穿玻璃。

教师:你们能告诉我表达你们观察到的玻璃的这种特性的一些单词吗?

儿童:不能。

教师:那么,我将告诉你们。注意,你们可以回忆一下,它是透明的。当我告诉你们一种物质是透明的时候,现在你们明白了什么?

儿童:你能看穿它。

教师:说得对。尝试回忆一些透明的物质。

儿童:水。

问题

（1）裴斯泰洛齐的实物课是如何改进19世纪早期传统的教学活动的？

（2）伊丽莎白·梅奥的实物课是如何预料现代的“动手”教学方法的？

（3）实物教学的优点和缺点是什么？

（4）在今天的学校，你发现了裴斯泰洛齐的实物教学的任何证据了吗？

【资料来源】伊丽莎白·梅耶：《在一所裴斯泰洛齐学校给6—8岁儿童上的实物课》第5版（伦敦，1835年），pp. 5—8。

E. A. 谢尔登：《实物课》，为6—14岁儿童设计，并包含普通实物方面的信息（纽约：查理斯·斯克里伯勒，1866年）。

第五节　福禄培尔：幼儿教育运动

唯心主义和国家主义

德国教育家弗雷德里克·福禄培尔（Friedrich Froebel，1782—1852），由于他对为早期儿童时代的教育创立的一所学校——幼儿园或儿童花园的先驱性研究而著名。① 福禄培尔受19世纪上半期的两种趋势所影响：（1）哲学上的唯心主义的复活；（2）后拿破仑时代兴起的国家主义。正如在“教育的哲学基础”那一章里探讨的，唯心主义强调一种以精神为基础的现实。唯心主义者认为国家在世界上真正体现了世界精神。在福禄培尔生活期间，人们力图把各种各样的小的德国王国联合成一个大的国家。福禄培尔认为，一种强调德国的传统和民间故事的教育将推进这个事业。福禄培尔的唯心主义是对洛克的经验主义的一种反动。然而，他强调儿童天性尊严的教育哲学被卢梭和裴斯泰洛齐所称赞。因此，福禄培尔试图将几种思想：唯心主义、国家主义和儿童自由主义引进他的教育哲学。

---

① 诺曼·布罗斯特曼：《发明幼儿园》（纽约：哈里·N.阿布拉姆斯出版社，1997年），pp. 14—18、22—29。

裴斯泰洛齐的学生

福禄培尔对教学的吸引力促使他从1808—1810年到裴斯泰洛齐的伊佛东学院实习。尽管他接受了裴斯泰洛齐方法的某些方面——强调自然、随意的学校氛围和实物课，但是他认为裴斯泰洛齐的理论缺乏一种充分的哲学基础。福禄培尔通过说明具体实物，激发了儿童心灵中对一种相应观念的回忆，而赋予裴斯泰洛齐的实物课一个更具有象征性的含义。他乐意接受裴斯泰洛齐把学校看做儿童情绪上安全的地方这个一般的观点，但他把概念提高到一个高度精神化的水平。像裴斯泰洛齐一样，他想培养敏感地对待儿童的意愿和需要的教师，而不是那些倾听预先设置的背诵和强迫儿童记忆他们不理解的单词的监工。

教和学的原则

幼儿园：一个有准备的、随意的环境

作为一位哲学上的唯心主义者，福禄培尔认为，每一个儿童内在的自我都包含一个激励自我积极学习的精神本质。因此，他设计了一种幼儿园，一种有准备的通过自我活动而使儿童内在的精神具体化的环境。①

礼物和职业

福禄培尔的幼儿园1837年在勃兰根堡建立，是一种以游戏、玩耍、歌曲、故事和工艺为特色的随意的环境。幼儿园的歌曲、故事和游戏，现在是早期儿童时代教育的一种标准组成部分，它激发儿童的想象力，并把文化中的民间英雄、女英雄和价值观介绍给他们。游戏使儿童社会化并发展了他们身体的和运动的技能。当男孩、女孩和其他的儿童玩耍时，他们成为群体的一部分，并为进一步社会化的学习活动做了准备。课程也包括“礼物”——拥有固定形式的物体，如球体、立方体和圆柱体，旨在把物体所代表的潜在概念完全带入到意识中来。另外，福禄培尔的幼儿园带有“职业”的特征，它由儿童在设计和制作活动中能制作和使用的材料组成。例如，泥土、沙子、卡片、纸板和棍棒，它们能被熟练地使用

① 罗伯特·B.唐斯：《弗雷德里克·福禄培尔》(波士顿：特瓦尼出版社，1978年)，p.43。

和制作成城堡、城市和山脉。①

教育和学校教育

教师人格的重要性

对我们许多人来说,我们对学校和教师的第一印象是在幼儿园形成的。在福禄培尔看来,幼儿园教师的人格是最重要的。幼儿园的教师应尊重人的人格尊严并赋予人性最高的文化价值观,以便儿童能模仿这些价值观。尤其重要的是,幼儿园的教师应该是一位敏感的、可接近的、坦率的人。

对今天的教育活动的影响

幼儿园运动的传播

福禄培尔主义很快成为一个国际性的教育运动。1848 年革命后逃离德国的移民把幼儿园带到了美国,它成为美国学校制度的一部分。把福禄培尔的幼儿园结合于美国教育的一个关键人物是伊丽莎白·皮博迪,她建立了一所英语幼儿园,并使它成为美国学校制度的一部分。②

焦点问题回顾: 在阅读了弗雷德里克·福禄培尔的教育观点之后,反思本章开始列出的焦点问题。你如何将这些问题中的每一个问题与福禄培尔联系起来?

第六节　斯宾塞:社会达尔文主义和功利主义

进化论

赫伯特·斯宾塞(Herbert Spencer, 1820—1903)是英国的一位社会

① 弗雷德里克·福禄培尔:《人的教育》,由 W.海尔曼尼翻译(纽约:阿普尔顿出版社,1889 年)。

② 皮博迪对幼儿园教育的贡献,见于罗斯·M.泰勒:《伊莉莎白·帕尔玛·皮博迪:幼儿园先锋》(费城:宾夕法尼亚大学出版社,1965 年);卡罗林·温特勒:"避免'教育温床制度':19 世纪早期从婴儿学校到幼儿园的童年时代的教育",《教育历史季刊》(1992 年秋),pp. 310—311。

理论家，19 世纪后期和 20 世纪早期，他的思想在美国是非常流行和有影响的。他生活在查理·达尔文改变人们思考变革和进步的方式的时代。根据达尔文的进化论，物种经历了长期自然地、逐渐地演化。某些物种的成员通过适应环境的变化幸存下来并进行自我繁殖。当它们的后代继承了这些特性时，它们也幸存下来并进行自我繁殖，从而延续了物种的生命。那些不能适应环境的物种消失了。①

依据达尔文的一种社会理论

斯宾塞是社会达尔文主义的一个重要支持者——把达尔文的进化论转变成社会的、政治的、经济的和教育的关系。社会达尔文主义为 19 世纪后半期创造了一种理论基础，当时工业化正在改革美国和西欧社会，创造了一种带有专门化职业和工作特征的经济制度。

适者生存

斯宾塞认为，每一代“最适合的”个体能生存，是由于他们的技能、智力和适应力。竞争是一种把人种中最优秀的带到社会经济秩序顶端的自然道德力量。作为与更缓慢的和更迟钝的个体的竞争比赛的胜利者，最适合的个体将和他们聪明的和有生产能力的孩子一起继承地球的遗产并居住在上面。那些懒惰的、愚蠢的或懦弱的个体将慢慢地消失。根据社会达尔文主义的理论，竞争将带来渐进的、不可避免的进步。

反对公立学校

斯宾塞抨击公立学校教育，他声称公立学校教育通过迎合最低级的共同标准，而为平庸的人创造了一种垄断。他认为，私立学校应互相竞争学生。像一种凭证制度的一些当代支持者一样，斯宾塞认为，最好的学校将吸引最聪明的学生和最能干的教师。

教和学的原则

功利主义教育

除了是一位坚定的社会达尔文主义者，斯宾塞还遵从教育上的自然

---

① 乔纳森·霍华德：《达尔文》(纽约：牛津大学出版社，1982 年)。

主义传统。不同于人文主义的古典教育，他认为工业化的社会要求一种以有用的科学和实际的目标为基础的功利主义教育。作为一位现代课程理论的建立者，斯宾塞认为，教育应以维持物种生存的必要活动为基础。

职业的学习

斯宾塞倡导学习者和环境有关联的感觉的学习。他反对死记硬背，希望教学是循序渐进的、不急不躁的。由于他赞成教育直接面向市场，他强烈倡导能应用于科学和工程的职业的工作准备。[①]

关于教育，斯宾塞将自然主义与一种着重科学和技术的要素主义的观点结合起来。进步主义后来强调以群体为中心的活动，部分是对斯宾塞着重个体竞争的一种反应。

斯宾塞反对和传统学校教育相联系的过分口语的、文学的和古典的教育。他批评英国传统的语法学校是过时的和装饰门面的。按照斯宾塞的观点，最有价值的课程包括物理学、生物学和社会科学。

强调科学

斯宾塞使用一种预测现代课程制作的基本原理，根据它们推进生存和进步的能力，对人类活动进行了分类。科学是特别重要的，因为它能应用到生命活动的有效工作中。[②] 斯宾塞划分了课程中的5种活动：(1) 那些需要自我保护的活动，它们是所有其他活动的基础；(2) 那些从事某一项职业或工作所必需的活动，它能使一个人经济上独立；(3) 那些恰当地抚养儿童所必需的活动；(4) 那些社会和政治参与所必需的活动；(5) 那些空闲和消遣所必需的活动。

对今天教育活动的影响

对课程设计的影响

美国的教育家比英国的教育家更少抵制课程的变革。在1918年，

---

① R.S.德雷尔："赫伯特·斯宾塞的窍门"，《管理》(1993年5月)，pp. 22—23。

② 安德烈亚斯·卡扎米斯：《赫伯特·斯宾塞的教育观》(纽约：师范学院出版社，1996年)；瓦莱丽·A.海恩斯："斯宾塞的科学哲学"，《英国社会学学报》(1992年6月)，pp. 155—172。

一个全国教育协会的委员会，在它的划时代的《中等教育基本原理》一书中，反复讲述斯宾塞的一系列基本生平活动。当现代课程设计者把课程建立在人的需要和活动的基础上时，他们仍继续思考斯宾塞的影响。

在19世纪后期，成为占统治地位的美国社会科学之后，社会达尔文主义被约翰·杜威的实用主义和进步的改革推到一边。然而，在20世纪80年代和90年代，一些重要的社会达尔文主义思想通过验证重新出现在私立学校的议事日程上，它们通过有市场价值的基本技能减少了政府制定规章的力量，并增长了经济生产率。

焦点问题回顾：在阅读了赫伯特·斯宾塞的教育观点后，反思本章开始列出的焦点问题。你如何将这些问题中的每一个问题与斯宾塞联系起来？

第七节　杜威：经验学习论

学校和社会　实验学校

约翰·杜威（John Dewey，1859—1952）是最重要的美国哲学家之一。[①] 他以发生在20世纪上半叶美国的社会、政治、科学和技术变革为背景，发展了他的先驱性的实用主义的教育哲学。政治上的进步改革运动激励了他的思想。他试图将科学中流行的相对主义结合进来。杜威敏锐地意识到技术对改革社会的力量，他想把技术用做民主目的。杜威把教育看做是社会的进步，他预想学校应和社会紧密地联系。当他从1896年到1904年任芝加哥大学实验学校的校长时，他通过把它用做儿童学习活动和计划的基础，考查了他的实用

① 罗伯特·B.韦斯特布鲁克：《约翰·杜威和美国的民主政体》（纽约伊萨卡：康奈尔大学出版社，1991年）；更多评论参见瓦尔特·法尼博格："杜威和民主政体：在21世纪的黎明"，《教育理论》（1993年春），pp. 195—216。

主义的教育哲学。①（实用主义作为一种教育哲学的探讨参见“教育的哲学基础”那一章。）

教和学的原则

面对问题

杜威的《儿童与课程》为在芝加哥大学实验学校使用的原理和活动提供了一项指导。儿童被看做渴望探求并获得对其环境进行控制的社会上积极的人类。学习者通过和他们世界的相互影响，而面对个人和社会的问题。这种问题冲突激励儿童使用他们的理智力去解决困难——用一种积极的、工具性的方式使用他们的知识。② 赞成或反对杜威方法的争论在讨论话题栏中展示。对杜威来说，科学的方法是我们解决问题的最有效的过程。当儿童使用科学的方法去解决问题时，他们学会如何用导致个人和社会发展的方法进行沉思和指导他们的实践。下面的步骤作为教和学的一个过程在杜威的科学方法的描述中是非常重要的。

通过科学的方法来学习的步骤

（1）学习者涉及一种确实让他或她感兴趣的“真正的体验”。

（2）在这种体验中，学习者有一个激励思考的“真正的问题”。

（3）学习者获得解决问题所需要的信息。

（4）学习者设计能解决问题的可能的、尝试性的解决方法。

（5）学习者通过把它们应用于解决问题来考查解决的方法。用这种方式，学习者证实了他或她自己的知识。③

重新构建解决问题的知识

对杜威来说，知识不是呆滞的信息，而是一种解决问题的工具。人类知识的蕴藏——过去的思想、发现和发明，被用来设计假设的问题解

---

① 约翰·杜威：《儿童和课程》（芝加哥：芝加哥大学出版社，1902 年）；最近的评论是劳雷尔·N.塔尼勒：《杜威的实验学校：今天应吸取的教训》（纽约：师范学院出版社，1997 年）。

② 对杜威教育民主方法的分析，参见桑德拉·罗森塔尔：“民主政体和教育：一种杜威式的方法”，《教育理论》（1993 年秋），pp. 377—389。

③ 约翰·杜威：《美国民主政体和教育》（纽约：麦克米伦公司，1916 年），p. 192。

决方法。然后人们按照现存的需要，来考查和重新构建这种知识。由于人类和他们的环境不断地变化，知识也在不断地重新塑造和构建。一旦一个问题被解决了，它的解决方法就进入了知识的蕴藏。

教育和学校教育

为个人和社会发展的教育

杜威把教育看做一个社会过程，通过社会群体中那些不成熟的成员，特别是儿童，被带进群体生活。教师通过教育，把他们的文化遗产介绍给儿童，并让儿童在解决问题中学会使用它。教育的惟一目的是有助于一个人个人的和社会的发展。正如杜威指出的，教育“是重新构建或重新组织体验，以增加体验的含义和增加指导以后的体验过程的能力”。①

学校是小型的社会

按照这种观点，学校利用儿童的兴趣、需要和问题来把社会和文化介绍给他们。作为小型的社会，学校把儿童带入社会参与。学校是儿童和年轻人的社会实验室，通过使用科学的方法能考查他们的思想和价值观。②

活动课程

杜威的学习方法强调儿童和他们的环境相互作用的活动和过程。在课程上，他确定了三种水平的活动。第一种水平，为入学前的儿童，包括发展感觉的能力和身体协调的活动。第二种水平包括在环境中使用材料和工具。学校充分备有激励儿童的创造性和建设性兴趣的材料。第三种水平，儿童发现、检验和使用新的思想。这三种课程水平使学习从单纯的冲动到仔细的环境观察，再到计划行动，最后到反映并考查行动的结果。

自由和民主的学校

作为民主教育和学校教育的倡导者，杜威想让学校成为思想解放的环境，在这些环境中学生可以自由地检验所有的思想、信仰和价值观。对制度、观念、习俗和价值观都可以进行批判性的探求、调查和重建。作

① 约翰·杜威：《美国民主政体和教育》(纽约：麦克米伦公司，1916年)，pp. 89—90。

② 克利巴德：《为美国课程的斗争》，pp. 58—88。

为民主的制度,学校应对所有的人开放和被所有的人利用。杜威反对由于民族起源、种族、性别或经济等级使人们互相分离的传统,他认为当人们拥有解决他们共同问题的体验时,社会就被丰富了。他理想的学校是行政管理人员、教师和学生一起计划课程的地方。

讨论话题:杜威的实用主义探求方法应被用做美国学校教和学的基础吗?

讨论主题	赞成的观点	反对的观点
杜威的经验学习论:由于约翰·杜威发展了他的实用主义或实用主义哲学,并把它应用于教育,他的观点被激烈地争论。杜威方法的支持者中许多人是教育学教授,强调通过使用科学方法进行经验学习。杜威方法的反对者声称,由于削弱了系统的科目学习和鼓励相对性的价值观,降低了学术的水平和成就。	1. 杜威的方法提供了儿童的直接经验与起源于这种经验和发展这种经验的学校课程之间的连贯性。由于这种连贯性,学生很容易感到有兴趣和受到激励,渴望在更加广阔的重要教育领域追求他们的兴趣。 2. 杜威的方法要求以以前的现实概念为基础,脱离绝对的束缚,鼓励学生对继承的传统和价值观提出疑问。它培育了一种实验的态度,导致发明、发现和革新,以及训练人们用知识作为一种工具来解决正在变化的世界中的问题。 3. 由于杜威的探求方法要求自由的思考和询问,它鼓励对生活和社会采取一种民主的倾向。因此,杜威的方法非常适合于强调典型的制度和公开讨论问题的美国文化。 4. 杜威的教育目标——人的发展是为了进一步发展——促进一种教师和学生能自由地对个人和社会问题作出反应的教育的灵活性。这种教育鼓励对环境作出灵活反应的能力,一种在今天的技术和互相依存的世界中极度需要的能力。	1. 由于只强调儿童及青少年的兴趣和需要,杜威的方法没能强调在传递文化遗产中成年人的重要作用。它也轻视了在发展兴趣之前,学习经常要求儿童去应用成果这个事实。 2. 杜威的方法错误地认为:没有一种深厚的关于问题背景的知识,科学的方法就能被应用于任何问题。相反,重要的是,学生应系统地学习科目,而不是实验地学习。不能掌握学科问题导致美国学生的许多缺陷,特别是在数学和科学上。 3. 杜威的方法是高度相对性的和情境性的,否认普遍真理和价值观的存在。为了生存和繁荣,美国民主政体需要重新确认某些基本的和传统的价值观,而不是对所有的价值观提出疑问。 4. 杜威的观点认为:教育的惟一目标是为进一步发展而发展,这个观点忽略了鼓励理智成就和经济生产率标准的需要。学校、教师和学习者需要真实的目标去指导教育过程;人类发展的模糊概念是不足以提供指导的。

对今天教育活动的影响

对进步主义的影响

约翰·杜威对美国的教育发挥了巨大的影响。通过把实用主义应用于教育,他帮助推动了学校教育的变化和革新。杜威关于社会扩充儿童体验的思想和进步教育联系起来,强调了儿童的兴趣和需要。今天,把学校教育和社会目标联系起来的教育家经常追随杜威的先驱性的教育观念。①

杜威的影响也能在采用"传递"取向或过程定位方法的教学中看出来。例如,"整体语言"的方法,强调通过整个的教育环境教授语言艺术,是从杜威先驱性的实用主义哲学中发源的一个最新的发展。

焦点问题回顾:在阅读了约翰·杜威的思想之后,反思本章开始列出的焦点问题。你如何将这些问题中的每一个问题与杜威联系起来?

第八节　亚当斯:社会化教育

珍妮·亚当斯(1860—1935),Hull-House 的建立者,是社会工作和女子权利方面的一位先驱人物,她提出了一种叫做社会化教育的教育理论。她的教育思想,作为进步主义运动的一个部分,在强调移民和城市教育方面预见到了现代多元文化主义。

珍妮·亚当斯 1889 年在靠近芝加哥西部一个文化多样化的地区建立了 Hull-House,它是新来的各种移民的一个家园。亚当斯和她的同事,年轻的中产阶级妇女,组成核心小组教育移民,反过来,也被他们教育。Hull-House 是一个移民学习如何找工作、付租金、得到身体照顾和

① 对杜威教育哲学作品的分析,参见马特·帕孟陶:《杜威的科学道德规范的结构》;埃里克·布雷德:《杜威伦理规范之理解》,《教育哲学》(伊利诺伊州厄巴纳教育哲学协会/伊利诺伊大学厄巴纳-尚佩恩分校,2000 年),pp. 143—154。

教育他们的孩子的地方。①

教和学的原则

亚当斯认为，城市化、工业化和技术的挑战已经扩大了教育的含义和目的。现代职业和工作需要有意地和一种社会目的感相联系，而社会关系需要重新创造一个真正民主的社会。②

作为一位早期的多元文化主义倡导者，亚当斯试图在新移民和更大的美国社会之间建立联系。她相信文化的多样化能共存于一个更大的美国人的共同文化之中。亚当斯想让公立学校的课程包括各种民族及种族的历史、风俗、歌曲、工艺和故事。③

亚当斯，一位女子权利的倡导者，反对维多利亚时代的约束。她认为传统的课程限制了女子的教育选择和机会。作为一位进步主义者，她希望女子有一种鼓励献身于社会服务和改革的教育。

教育和学校教育

亚当斯的"社会化教育"受进步主义和实用主义的影响，试图让经历过从农业社会到城市工业化社会的深刻转变的美国重新恢复一种社会感。她相信，教育是具有多种功能的学校作为社会的一个代理机构，和另一个献身于社会工作的社会代理机构——调解处联系在一起的；社会工作者和教师是有关联的。为确实做好他们多功能的工作，亚当斯认为需要进行进步主义的改革，以减少他们和社会的隔离。课程应提供广泛的实践，这些实践以某种方式强调和一个技术社会相联系，来探究儿童当前的环境。④

---

① 关于亚当斯的传记，是艾伦·F.戴维斯：《美国女英雄：珍妮·亚当斯的生活及传说》(芝加哥：伊凡·R.迪出版公司，2000年)；乔娅·迪尔伯特：《一位有作为的女子：珍妮·亚当斯的早期生活》(纽约：斯克里布纳/丽莎·德鲁出版社，1999年)；芭芭拉·G.帕立克夫：《一个大胆的行动：珍妮·亚当斯的故事》(芝加哥：博斯韦尔图书公司，1999年)；詹姆斯·W.林：《珍妮·亚当斯自传》(厄巴纳和芝加哥：伊利诺伊大学出版社，2000年)。

② 珍妮·亚当斯：《民主政治和社会伦理》(纽约：麦克米伦公司，1905年)，pp. 178—181。

③ 珍妮·亚当斯：《青年精神和城市街道》(纽约：麦克米伦公司，1909年)，pp. 98—103。

④ 埃伦·康德利夫·拉格曼：《珍妮·亚当斯的教育观》(纽约：师范学院出版社，1985年)。

亚当斯对当代教育仍继续有影响。她的移民教育的思想对目前的多元文化教育做出了贡献。她的“技术应与社会目的相关联”的主张在今天正在显现和扩张的技术社会里需要注意。最后,作为一位女子权利的主要先驱者,她在当代女权主义中有重要的影响。

焦点问题回顾: 在阅读了珍妮·亚当斯的教育理论后,反思本章开始列出的焦点问题。你如何将这些问题中每一个问题与亚当斯联系起来?

第九节　蒙台梭利:有准备的环境

童年早期教育和女权主义

玛丽亚·蒙台梭利(Maria Montessori, 1870—1952),一位意大利教育家,设计了一种国际上流行的童年早期教育方法。在考虑蒙台梭利的生活和时代时,我们可以确定两个重要的趋向:强调童年早期教育和女权主义的兴起。像童年早期教育家裴斯泰洛齐和福禄培尔一样,蒙台梭利强调形成的经验对后来生活的影响。她也是一个挑战传统的女子角色和教育信念的女权主义者。

尽管父母不赞同,但蒙台梭利离开了被认为对意大利上层等级的年轻女子相适宜的传统学校教育,进入了一个技术学校,然后成为意大利第一位获得医学博士学位的女子。作为一位内科医生,蒙台梭利研究被认为精神有残缺和心理上受到伤害的儿童。她的工作对这些儿童非常有效,致使她得出结论认为她的工作对所有的儿童都是有用的。

教和学的原则

强调有结构的工作

在1908年,玛丽亚·蒙台梭利建立了一所儿童学校——“儿童之家”,她的学生是从罗马贫民窟来的贫困儿童。在这所学校里,蒙台梭利依据她对儿童的观察,形成了一种带有方法、材料和活动特征的“特别准备的环境”。通过广泛地阅读伊塔德和塞贡这两位在特殊教育领域的早期先驱者的理论，她也提炼了她的理论。和传统的学校教育的设想相反，她认为儿童有一种无需教师的催促和不受外在的奖励与惩罚促动的、为他们感兴趣的事而工作的内在需要。她发现儿童有持续集中精力和工作的能力。他们喜欢构造，并更喜欢玩耍，他们喜欢重复活动，直到他们掌握了某种活动。实际上，是儿童自发学习的能力引导了他们开始从事读和写。①

教育和学校教育

活动的类型

蒙台梭利的课程包括 3 种重要的活动和经验：实践的、感觉的和正式的技能及学习。设计一些实际的活动介绍给儿童，如安排桌子、招待一顿饭、洗盘子、束紧和扣上衣服的纽扣，以及练习基本的行为方式和社会礼节。重复性地练习发展了感觉和肌肉的协调一致。正式的技能和科目包括读、写和算术。通过描绘未镶边框的、移动的砂纸字母，使儿童掌握字母表。阅读是在教会写之后进行的。各种大小不等的彩棒被用来教授计量和计数。

说教的材料

蒙台梭利学校预先计划好旨在发展实际的、感觉的和正式技能的教学(说教)材料。例子包括通过它们的声音或气味来识别系好和扣紧门框、重物和小包裹。由于他们在准备好的环境里指导学习，蒙台梭利学校里的教育家被叫做女指导者，而不是教师。在女指导者的指引下，儿童用一种规定好的方法使用材料去获得所期望的技能掌握、感觉体验或理智结果。

对今天教育活动的影响

美国的蒙台梭利运动

蒙台梭利教育在美国已经历了两个流行阶段。第一个流行的周期

---

① 玛丽亚·蒙台梭利：《儿童的发现》(纽约：巴兰坦图书公司，1972 年)。

刚好发生在第一次世界大战前蒙台梭利访问美国，并对她的方法进行讲演时。然而，威廉·基尔帕特里克和其他的进步教育家指责蒙台梭利的方法过分结构化了，并没有为儿童的社会化提供足够的方法。①

兴趣的复兴

今天，蒙台梭利教育在美国经历了一种显著的复兴，它和逐渐强调童年早期教育一致。私立的蒙台梭利学校在全国范围内录取入学前儿童。许多父母把他们的孩子送到蒙台梭利学校，来增进儿童的理智发展，并为他们形成一个学术性大脑奠定基础。

焦点问题回顾：在阅读了玛丽亚·蒙台梭利的教育理论后，反思本章开始列出的焦点问题。你如何将这些问题中的每一个问题与蒙台梭利联系起来？

第十节　皮亚杰：发展的成长

研究儿童的发展

让·皮亚杰(Jean Piaget，1896—1980)是瑞士的心理学家，对教育心理学和早期儿童教育做出了突出的贡献。他在20世纪的工作与西格蒙德·弗洛伊德、G.斯坦利·霍尔和其他人在心理学上重要的发展完全相合。皮亚杰特别以研究儿童的思想、认知和语言的发展著称。他考察了儿童关于数字、空间、逻辑、几何、自然现实和道德判断的概念。

教和学的原则

儿童和环境的相互作用

皮亚杰认为，当儿童探究他们的环境时，在他们自己的认知发展中成为富有创造力的演员。环境激励他们对所遇到的物体产生好奇心，而

① 威廉·H.基尔帕特里克：《蒙台梭利制度的考察》(纽约：阿诺出版社和纽约时报出版社，1971年)。

当他们和这种环境保持相互作用时，他们通过同化和适应新的经验，用每个新经验不断地重新使这些观念概念化。从而增加了他们对现实的概念认识。

发展的阶段

皮亚杰认为人的理智发展是有顺序的，儿童自行从一个发展阶段到另一个发展阶段，每个阶段承接前面的一个阶段并引导到下一个阶段。皮亚杰的 4 个发展阶段是：(1) 感知运动阶段，从 18 个月到 2 岁；(2) 前运算阶段，从 2 岁到 7 岁；(3) 具体运算阶段，从 7 岁到 11 岁；(4) 形式运算阶段，从 11 岁到 15 岁。①

教育和学校教育

探索性的学习

皮亚杰的课程由儿童认知发展的这些阶段所引导。然而，这些阶段不应被用做一种刻板的或教条的方式。每个阶段不应仅仅是一种穿过时间的年代过渡；相反，它是用一种性质上全新的和更加复杂的方式探索性地理解世界的经验。儿童通过调查和探求他们在这些环境探求中遇到的物体和社会状况进行学习。为增进探索的过程，教师需要确保教室的学习环境足够丰富多彩，以激励儿童的好奇心。②

感知运动阶段、前运算阶段、具体运算阶段、形式运算阶段

在感知运动阶段的早期，婴儿通过用他们的嘴、眼和手首先进行孤立的环境探求。后来，他们为更大的环境探求而协调他们的感官。通过这种活动，儿童构建和组织了他们对世界的看法。在前运算阶段，年龄在 2—7 岁之间，儿童通过把物体分类和给它们命名，来继续组织他们的认知能力。尽管他们的思维在许多方面还和成年人的思维不同，但组织和分类开始类似于成年人的组织和分类。这标志着逻辑关系发展的开

---

① 让·皮亚杰：《儿童智力的起源》，由玛格丽特·库克翻译(纽约：W. W. 诺顿出版社，1952 年)，pp. 23—42；威廉·O. 彭罗斯：《皮亚杰入门》(印地安纳州布卢明顿：Phi Delta Kappa 教育基金会，1979 年)。

② 彭罗斯：《皮亚杰入门》。

端。第三个阶段，具体运算，年龄在7—11岁之间，出现在当儿童把物体的总体特征——大小、持久性、长度，等等——分离出来，并用更加复杂的智力运算使用它们时。尽管还依据具体的物体，但认知变得更加抽象了。儿童能理解数字符号、过程和关系。形式运算阶段，年龄有时在11—15岁之间，以个人能够系统地阐述抽象的结论为特征。由于现在理解了因果关系，儿童就能使用科学的方法来解释现实，并能学习复杂的数学、语言、机械和科学的过程。①

非正式的学习情境

皮亚杰认为，教师需要对不同发展阶段的儿童的意愿非常敏感，从而使教育个性化。有效率的教学要求教师创造儿童能实验并操纵物体，从而让他们在环境中发现结构的非正式的学习情境。这不仅仅意味着传递信息。在个体的儿童准备好之前，学习不能被强迫。在皮亚杰的课堂环境中，应包括下列内容：

（1）教师应鼓励儿童去探求和实验。

（2）教学应被个性化，以便使儿童能按照他们自己的意愿去学习。

（3）教师应安排好课堂，以便使儿童有具体的材料去触摸、操纵和使用。

对今天教育活动的影响。尽管皮亚杰的认知心理学对早期的儿童教育有它的最大影响，但它对中小学教育也有启示。学校应是教师为学生创造的一个丰富多彩的环境课堂的非正式的学习中心。他们应被随意地组织起来，以便使学生的个体差异、意愿和发展阶段用来引导教育的过程。

焦点问题回顾：在阅读了让·皮亚杰的教育理论之后，反思本章开始列出的焦点问题。你如何将这些问题中的每一个问题与皮亚杰联系起来？

---

① 皮亚杰：《儿童智力的起源》，pp. 23—42。

第十一节　创立你自己的哲学

对现代职业发展的一种批评是，教育家老是重复历史车轮，而不是用过去的观念来通报现在的活动。当你创造你自己的教育哲学时，看一看教育先驱者们是如何创造他们的哲学的，这是很有启发的。

本章考察的教育先驱者的历史揭示他们是互相学习的。他们不是在一个理智真空中，而是通过研究、结合和修正他们哲学前辈的思想创造他们的教育哲学。例如，在发展他的教学方法中，夸美纽斯通过将感觉和古典研究联系起来，修订了他的前辈的观点。洛克通过坚持观念是以感觉经验为基础的，从而在那个方向上又前进了一步。卢梭通过强调给儿童自由探求他们环境的重要性而加强了那种观点。裴斯泰洛齐发展了用于学校的实物教学。斯宾塞继承自然主义和经验主义传统，增加了进化、竞争和专门化的新成分。尽管杜威和亚当斯都抛弃了斯宾塞的社会达尔文主义的竞争道德标准，并用民主的协作代替它，但他们都强调科学的方法和一种修正了的社会感，从而继续经验主义的哲学道路。针对这种教育思想的趋势，皮亚杰增加了儿童探求他们环境的重要性。

尽管先驱教育家通过使用重新解释他们先辈的工作，构建了他们的教育哲学，但我们也能看到，他们通过挑战所继承下来的观念，创造了他们的哲学。例如，福禄培尔受唯心主义的影响，通过探索儿童的精神天性挑战了经验主义。杜威通过激励群体团结和协作，挑战了斯宾塞的个人竞争的道德标准。蒙台梭利富有首创精神地挑战了传统的限制有精神障碍的儿童的教育观点，然后她把她的研究结果详细阐述为一种普遍的教育哲学。

当你继续发展你自己的教育哲学时，要考虑先驱教育家的遗产。你想继续把它们结合到你的哲学中吗？你发现了他们思想中的哪一方面是对你有价值的？作为一个教育家，当你建立你的哲学时，你想要面对的是哪些观点？可能抛弃的是哪些观点？

学校与网络技术

构建你的教育技术哲学

在当代教育中，技术是一种非常重要的力量。全国各地的学校里都能找到计算机和其他电子数据的设备、装置。一些理论家认为，技术将显著地改变文化和革新教育过程。其他一些人则将技术看做是一种添加剂或附加物，将会使文化和教育信息的传播更快，但不会发生深刻的转变。通过对先驱者、哲学家和教育理论家的思考，你就能澄清你对技术和文化及教育关系的广泛的哲学含义的思绪。

在“教育的哲学基础”和“教育先驱者”这两章里，我们已简要地提及技术对不同的教育先驱者的思想和不同的教育哲学的相对重要性。以夸美纽斯为例，他热情地拥抱他那个时代的新技术——印刷术，并利用编写教科书来创造与那种技术相适应的教育用品。

其他的一些教育先驱者和他们的追随者可能并没有如此热情。卢梭不相信现代技术的观点能在《爱弥尔》里得到验证，他坚持认为学生直到大约 12 岁左右，才应该被允许读书。从现代视角来看，请考虑蒙台梭利关于学习环境中电视和计算机的立场，登录国际蒙台梭利网站：http://www.montessori.edu/prod.html。

关于技术对社会和文化的广泛影响，你可以考虑约翰·杜威，一个主要的实用主义者和进步主义者，看他是如何应对技术变革的。访问约翰·杜威关于进步主义教育计划的网站：http://www.uvm.edu/~dewey。在http://www.e-b-e.org 网站上可以对比基础教育委员会和杜威及其他进步主义者对教育技术运用的立场。看了这些信息，你会鼓励学生试着用计算机、数码相机和其他技术设备来解决他们自己的问题吗？或者你会运用它们来更有效率地进行基本技能的学习吗？

本章提醒，在你开始构建你自己的教育哲学时，要认真思考教育先驱者的遗产。你整体的教育哲学肯定将影响你关于教育技术的思想,但是花一些时间专门思考一下你对教育技术的哲学也是值得的。你将考虑如何回答下面的问题:对文化和教育来说,技术是一种转变性的力量还是附加到文化和教育中的力量?哪一种技术项目和信息与你关于知识、价值观或逻辑的思想最相适应?

登录本章结尾处推荐的一些网站,努力去寻找教育先驱者对教育技术的态度的证据。然后,对过去用来帮助你引导你总的哲学探究的同样问题进行反思。你认为哪一个先驱者的观点最有价值?你希望将哪一种吸收进你的哲学?你希望去面对的是哪些观点?可能抛弃的是哪些观点?

总　　结

(1) 在这一章,探讨先驱者对他们自己的国家和整个世界的教育发展做出了哪些突出的贡献。

(2) 在挑战儿童堕落的教义上,夸美纽斯、洛克和裴斯泰洛齐在儿童的自然成长和善的基础上发展了一种教育方法。

(3) 裴斯泰洛齐发展了使用在儿童临近环境中的物体的教学方法。福禄培尔的理论是幼儿园的基础。裴斯泰洛齐和福禄培尔都通过鼓励教师敏感地对待儿童的兴趣和需要解放了儿童的早期教育。

(4) 斯宾塞的教育社会学的发展是使学校和社会相联系——一个先驱性的成就。他对社会活动的识别有助于课程发展。

(5) 杜威在芝加哥大学实验学校的先驱性的工作激励了进步教育的改革,蒙台梭利准备好的环境在当前儿童早期教育中很流行。

(6) 亚当斯的社会化教育理论有助于多元文化教育、关于技术对社会影响的考察和女子权利及教育活动。

(7) 皮亚杰的发展心理学阐明了儿童认知运算的思想。

关 键 术 语

儿童堕落理论	功利主义教育
自然主义的教育家	社会化教育
经验主义	蒙台梭利学校
科学方法	感知运动阶段
实物课	前运算阶段
课程关联	具体运算阶段
社会达尔文主义	形式运算阶段

讨　论　题

(1) 你是如何界定一位教育先驱的？在这一章的教育先驱者中你将谁包括在当中？

(2) 按照你个人的教育哲学，你如何界定知识、教育和学校教育的？你的概念和这一章的哪些先驱教育家是一致的或有差异？

(3) 作为一位未来的教师，在这一章探讨的教育家中，你的观点和谁的观点最接近？和谁的关联最小？为什么？

(4) 确定一种当前的教育趋向，如完整的语言学习、协作学习、建构主义或业务责任评价。在这一章探讨的教育家是如何对它作出反应的？

专业发展的建议方案

(1) 为补充你在本章中阅读的约翰·洛克的部分内容，参考"维多利亚网站"：www. landow. stg. brown. edu/victorian/religon;lockel. html，探讨洛克的政府概念和经验主义，以及他的《人类理解论》的教育含义。

(2) 通过访问芝加哥的伊利诺伊大学 Hull-House 博物馆网站，探究珍妮·亚当斯：www. uic. edu/jaddams/hull/hull-house. html。该网站列举了建立学校与社会紧密联系的正面和反面的例子，如 Hull-House。

（3）通过访问卢梭协会网站，开始寻找有关卢梭的信息和网页：www. wabash. edu/rousseau。

（4）通过访问南伊利诺伊大学的杜威学习中心，可发现一系列有关约翰·杜威实用主义的网站：www. siu. edu/-deweyctr/index2. html。

（5）访问一个幼儿园并记录你所观察到的。你发现了福禄培尔方法的任何证据了吗？

（6）访问一个蒙台梭利学校并记录你所观察到的。你发现蒙台梭利的方法有什么根据？

（7）演示并描述一个裴斯泰洛齐的实物课的范例。

（8）选择先驱教育家中的一位。准备一些课程计划记录，描述根据该教育家的教和学的原理，你是如何教一种活动或科目的？

第六章　美国教育发展史

本章追溯美国教育制度的发展，并考察教育先驱们对美国教育的贡献。本章主要阐述以下 7 个问题：(1) 殖民时期，欧洲教育思想和教育制度的传入；(2) 共和国初期，独特的美国教育制度的创造；(3) 国民教育的普及；(4) 中等教育的发展，从通往学院之路的拉丁语法学校到今天的综合性中学；(5) 高等学校的发展；(6) 不同文化群体的多样化教育；(7) 发展趋势，如近代美国教育历史中教育技术的发展。当你阅读本章节时，请思考以下几个问题：

焦点问题：

- 欧洲教育思想和教育机构在美国的环境中是怎样变化的？
- 美国的民主思想对美国公立学校之兴起有何贡献？
- 美国教育阶梯和欧洲的双轨教育制度有何不同？
- 美国是怎样发展成为一个文化多元化社会的？
- 近代美国教育历史的趋势是什么？

本章由格里·盖特克博士校订。

第一节 殖民地时期

对本土美国人的影响

种族各异的殖民者

17 和 18 世纪北美的殖民化使得欧洲人和土著美国人之间进行着艰难的文化渗透，经常发生暴力冲突。[①] 尤其是沿大西洋海岸线一带，土著美国人因染上欧洲殖民主义者带来的瘟疫，如麻疹和天花而大批死亡。[②] 移民到北美的欧洲殖民主义者来自不同的种族，使用不同的语言。法国、西班牙、荷兰和英国四强国瓜分了大半个北美，纷纷建立自己的殖民地，如法国强占加拿大和密西西比河谷；西班牙强占墨西哥、佛罗里达和北美西南地区；荷兰强占新荷兰（今纽约州），以及英国在北美建立 13 个殖民地，即独立战争爆发后美国最初形成的雏形。18 世纪下半叶，英国先后打败荷兰和法国，对殖民地的政治、社会、文化和教育产生了最重大的影响。

欧洲殖民主义者在北美重建了他们所熟悉的、以社会经济阶层为基础的双轨制。对经济地位低下的阶级来说，小学课程包括读、写、算的基本技能以及宗教教育。教学的语言是当地的本国语，如英国人主要在英语语区学习，荷兰人在新阿姆斯特丹就学。而上等阶级的男孩则进入拉丁语法学校，这是一种预备学校，学习拉丁语和希腊语的古典文学，认为这是接受殖民地高等教育的必由之路。

各个殖民地处理教育事务的方式各不相同。在新英格兰各州，政府机关尽力发挥其对教育的监督作用，而且直接拨款维持学校。在中部大西洋殖民地，宗教的多样性导致不同的教会经营他们自己的学校。南方

① 罗纳德·塔卡奇：《一面不同的镜子：美国多元文化的历史》（波士顿：利特尔公司布朗公司，1993 年），pp. 21—24。也可参阅格雷戈里·H. 诺布尔斯：《美国边境：文化遭遇和大陆征服》（纽约：希尔-王出版社，1997 年）。

② 关于英国人和土著美国人的历史观点，参见马丁·多顿和里克·哈朋：《帝国和其他：英国人遭遇土著（1600—1850）》（费城：宾夕法尼亚大学出版社，1999 年）。

各殖民地常常把教育视为私人的责任；有钱的家长请私人教师教育自己的孩子，或将孩子送入私立学校。

一、新英格兰殖民地

在马萨诸塞、康涅狄格和新罕布夏等新英格兰殖民地，对美国教育思想和教育制度的发展是非常重要的。事实上，在马萨诸塞制定了北美英国殖民地正式教育的第一批法律。

清教徒学校

马萨诸塞殖民地主要是由清教徒建立起来的。他们相信有教养的人懂得上帝的旨意，正像清教徒牧师所宣示的那样，乐于抵制尘世的诱惑。学校和清教徒的教堂关系密切，学校教育强调信奉那些被鼓吹为神圣法律的信条。

学校的经济和社会效用

清教主义也给教育提出了一种加尔文教派的经济理论。根据清教徒的工作伦理学，好的清教徒应该是手捧《圣经》，勤劳节俭的农民、商人和手工业者。为了培养具有上述美德的公民，学校教育强调守时、诚实和艰苦工作的价值观。把学校教育和社会生产效率结合起来的这种倾向深深地影响着美国教育的发展。

儿童被看做是有罪的

儿童的堕落。清教关于儿童本性的概念，源于加尔文派神学(Calvinist theology)，形成了新英格兰殖民地抚养孩子和教育的信念。他们认为，儿童天性是堕落的——孕于罪恶之胎，生于邪恶之境。儿童之游戏被视为懒散，儿童的话语被认为混乱不明。为了培养儿童，清教徒的教师相信“孩子不打不成器”这句箴言，经常使用严厉的纪律约束儿童举止，并动辄体罚儿童。①

---

① 小罗斯·W.比尔：“寻找历史中的儿童：新英格兰殖民地的微型青年期和成年期”；也可参阅N·瑞·海纳和约瑟夫·M.霍斯合著：《在美国长大：历史视野中的儿童》(厄巴纳：伊利诺伊大学出版社，1985年)，pp. 7—24。

关于儿童教育的观念问题，清教徒与夸美纽斯、卢梭、裴斯泰洛齐及其他教育先驱们所持有的态度显著不同，“教育先驱者”那一章已经给予了探讨，这里不再详述。

每镇聘请一位教师

《老骗子撒旦》。甚至在清教徒定居于马萨诸塞的最初几年里，他们就开始建立学校。1642 年，马萨诸塞州法院制定的法律要求家长和监护人能够阅读并懂得宗教教义和州的法律。1647 年，州法院又通过了《老骗子撒旦》法案，试图通过清教徒信服的人物——聪明的撒旦，一个戏弄无知之人的智多星来表明教育对马萨诸塞的清教徒殖民地是多么重要。法案要求凡有 50 户或 50 户以上的城镇，都要指定一位传授阅读和写作的老师。有 100 户或 100 户以上的家庭的城镇，要聘请一位拉丁语教师，以培养年轻人进入哈佛学院。新英格兰殖民者重建了早先提到的双轨制教育制度。(参见概述 6.1 中的《教育大事记》)

读、写、算和宗教

城镇学校。新英格兰的城镇学校是地方管理的机构，招收当地的儿童入学，兼收男女儿童。入学儿童从 6—13 岁，入学时间并无规定，这要看天气的条件和田地里是否需要儿童干活而定。学校的课程包括：读、写、算、教义问答和唱宗教圣歌。儿童们借助背诵角贴书(hornbook)的内容，来学习字母、音节、词和句子。这种角贴书纸上有一层透明的薄膜，薄膜是由兽角压制而成的。年龄稍长的儿童读《新英格兰初级课本》，它包含更为详细的宗教材料，如威斯敏斯特教义问答、《十诫》、祈祷书及传道者信条。算术是学习加减的基本计算。

城镇学校的风格

新英格兰的城镇学校，常是一种简陋的木制结构的房舍。在一间屋子里，前面设置教师的讲台。学生们坐在凳子上，学习教师指定的课业，等待校长呼唤去背诵。教师一般是男性。一些人以教书为谋生手段，准备取得牧师的职位；另一些人是为了挣钱以偿还他们来北美殖民地时花用的路费。不幸的是，一些没有才能的教师只用教鞭来压服他们的学生。

上等阶级的子弟必读的古典名著

拉丁语法学校。上等阶级的子弟进入拉丁语法学校，准备接受培训进入大学学习。这些男孩子一般都向私人教师学习过英语的阅读和写作。男孩子8岁时进入拉丁语法学校，在15或16岁完成学业。他们的课程以一些拉丁作家的作品为基础，如西塞罗（Cicero）、特伦斯（Terence）、恺撒（Caesar）、莉维（Livy）、威吉尔（Vergil）和霍勒斯（Horace）等人的作品。那些已经学习了拉丁语法和拉丁文写作的高年级学生，就学习一些希腊作家的作品，如伊索克拉底（Isocrates）、海西奥德（Hesiod）和霍默（Homer）等人的作品。对数学、科学或现代语的学习，或者注意很少，或者根本没有。在拉丁语法学校任教的教师，都有学士学位，比小学教师享有更高的社会地位。拉丁语法学校是美洲殖民地与欧洲教育的一种最紧密的联系，它同文艺复兴时期古典的人文主义学校有类似之处。

哈佛学院

学生们读完拉丁语法学校之后，新英格兰上等阶级的年轻人可申请进入1636年建立的哈佛学院。哈佛学院以清教徒的信念为基础，认为凡是准备担任牧师或其他领导职务的人，必须充分地接受古典作品和神学教育。学生们必须对拉丁语和希腊语有一定的造诣，才能被批准进入哈佛学院。哈佛学院的课程包括语法、逻辑学、修辞学、地理学、天文学、伦理学、形而上学和自然科学。另外，为有利于学习《圣经》和其他宗教著作，也为他们讲授希伯莱语、希腊语和古代历史。

二、大西洋中部的殖民地

各种各样的文化

纽约、新泽西、特拉华和宾夕法尼亚等大西洋中部殖民地与新英格兰殖民地有显著的区别。在新英格兰存在着共同的语言和宗教，而大西洋中部殖民地的特点是语言、宗教、文化诸方面的多元主义。虽然说英语的人占多数，但纽约州的移民大多数是荷兰人。特拉华州的移民大多数是瑞典人，宾夕法尼亚州的移民则多来自德国。除了使用多种多样的语言之外，宗教方面也是多种多样的。学校教育受这种多重文化的影响，当新英格兰创建城镇学校时，大西洋中部的殖民地设立了教区附属学校。

纽约。纽约殖民地起初是在荷兰人统治之下，当它成为在英国统治下的皇家殖民地时，仍然继续办理着荷兰革新教会的学校。在荷兰教区学校里，教授阅读、写作和宗教知识。英国统治后，英国教会也举办了一些慈善学校和教会学校。

私立学校

因为纽约市是商业港，所以那里建立了一些营利的私立学校，教授航行学、测量学、簿记、西班牙语、法语和地理。这些学校是交得起学费的学生才能上的。这种营利的私立学校也在别的殖民地开设。

教友会学校

宾夕法尼亚。宾夕法尼亚是威廉·佩恩(William Penn)建立的殖民地，成为公谊会(Society of Friends)(又称教友会，是一种宗教派别)。教友会是既不支持战争，也不服兵役。他们在宾夕法尼亚成立了一些学校，对所有儿童开放，其中包括黑人和土著人(在费城殖民地，有一小型黑人社区，一些美国人仍在其中居住)。像其他殖民地的小学一样，教友会学校教授读、写、算和宗教知识，但其独特之处在于还对学生进行手工业、工艺和农业等形式的职业训练。教友会的教师与新英格兰的教师不同，反对当时盛行的关于儿童堕落的观点，反对实行体罚。①

三、南部的殖民地

在马里兰、弗吉尼亚、南卡罗来纳、北卡罗来纳和乔治亚等南部殖民

---

① 詹姆斯·D.亨德里克斯:“静止并知道:教友派的沉默与对教育观的反对(1740—1812)”,《中西部教育协会史杂志》,pp. 14—40。

地的教育代表着另一类型。不像新英格兰和大西洋中部殖民地那样，人口集中在城镇，南部殖民地人口分散在广大地区。在农村地区很难让所有儿童集中在一所学校上学。而且，南方大种植园主要劳力——非洲黑奴的使用深刻影响着南部殖民地的文化、经济和政治。总的说来，南部殖民地特有的经济、社会和地理模式阻碍了学校教育体系的发展。

私人教师

由于人口的过于分散，白人种植园特权阶级的儿童经常由私人教师教学，私人教师居住在农场庄园里。一些富有家庭也送他们的孩子上英国教会建立的私立学校。在殖民后期还建立了寄宿学校（Boarding school），这些学校通常是在威廉斯堡或查理斯顿等大城镇。

虽然奴隶制贯穿于整个殖民地时期，但人口最多的非洲黑奴主要集中于南部地区。被武力征服的非洲黑人通过运奴船被野蛮地运到北美南部大种植园做苦力。这些黑奴被训练成为农业工人、手艺工人或家庭佣人，但一般禁止他们学习读写。一些有强烈求知欲的黑奴儿童只能偷偷地学习读写。多年来，非洲黑人在美国的历史形成了后来非洲裔美国人宗教和文化的基础。①

学校教育中的等级偏见

奴隶制度对那些贫穷的、没有奴隶的白人也有很大的影响。当富有的大种植园主占据大部分肥沃土地时，那些较为贫穷的农场主只能转向开发穷乡僻壤或山区。那些享有政治特权的富有的大种植园特权阶级的子弟集中在贵族学校里接受教育，几乎不给其他大多数儿童接受学校教育的机会。

四、殖民主义教育：概要

地区间的相似之处

尽管新英格兰、大西洋中部和南部各地区学校之间存在着地区的多

---

① 艾拉·贝琳：《悠悠岁月消逝：北美奴隶制的前两个世纪》（剑桥：贝尔克纳普出版社，1998年）。

种差别，但也应看到，它们仍有一定的相似之处。这三个地区主要都处于英国的殖民统治之下。因此，尽管这三个地区有语言和宗教的多种差别，但它们都是西欧教育传统的继承者。如都是道德品质体现于宗教信仰之中，及家庭对形成舆论、价值观和技能诸方面起很大作用。①

性别歧视

这三个地区的教育机会都受到性别的限制。小学兼收男、女生，但拉丁语法学校和学院专给男子提供。根据殖民地时期的教育哲学，女子是不允许成为传教士或律师的，而且她们也不需要学习拉丁语法学校或学院的教育课程。她们只需要掌握最基础的读与写的技能，能够尽心尽职为家庭服务、虔诚信教足矣。同时，那个时期还流行一种观念，特别是在控制教育机构的男子中，认为女子的智力不适于高等教育的学习。

社会阶级决定教育等级

殖民地学校通过实行不同学校教育制度走上双轨制道路，折射出欧洲教育中的阶级偏见。经济地位低下的阶级子弟进入小学学习读、写、算等基本技能，他们是不允许进入上流社会的。当他们从小学毕业后，也不能进入拉丁语法学校和殖民地学院进一步深造，只有少数例外。而上等阶级的子弟则进入预备拉丁语法学校，如果成绩优秀，就进入学院。在19世纪，边界平等主义、政治民主化及经济条件的变化使得教育机构中欧洲的影响开始消失，普及的、公立的美国教育制度将其取而代之。

焦点问题回顾： 回顾一下本章在一开始就提出的焦点问题：美国的教育是怎样转变欧洲的教育观念和机构的？确定那些随着时代而改变的欧洲教育的独特方面。你认为能否在今天的学校教育中看到过去一些欧洲教育的模糊影子？

---

① 劳伦斯·A.克雷明：《美国教育：殖民地经历(1607—1783)》(纽约：哈珀罗出版社，1970年)。

第二节　国家独立初期

1776年美国革命，结束了英国在13个殖民地的统治。虽然传统的本族语学校、宗教教派建立的初等学校和拉丁语法学校仍然继续存在了一段时间，但是新的共和国的领导者却一直在努力寻求建立新型的教育模式，使之适合美国自治公民的需要。

《西北法令》

1785年制定的《西北法令》(Northwest Ordinance)是最早的联邦教育立法，要求每36平方英里的城镇要办一所学校。且《西北法令》在19世纪开创了通过土地赠与来援助教育的先例。

地方管学的传统

尽管美国宪法没有涉及教育问题，但它仍在《第十修正案》有关“保留权利”的条款中(这个条款是针对各州的所有权利而不是联邦政府提出来的)，把教育列为各州的责任。地方管学的新英格兰传统和建国初期人们反对政治上的中央集权制，使美国发展了各州的学校体制而非全国的学校体制。

为新国家服务的新教育思想

在国家建立初期，领导者们努力解决规划教育制度的问题，提出种种教育方案，使之为新生的合众国服务。这些计划普遍认为，教育：(1) 要把人培养成共和国的公民；(2) 应反映发展中的国家之需要，包括国土的扩展和自然资源的充足供应；(3) 应该是美国式的而不应是欧洲式的。[①] 为了阐明共和国初期教育计划的实质，我们应该特别注意本杰明·富兰克林(Benjamin Franklin)、托马斯·杰弗逊(Thomas Jefferson)和诺亚·韦伯斯特(Noah Webster)的建议。独特的美国文化

---

① 杰奎琳·S.雷尼尔：《从接受美德到个性形成：美国人的童年(1775—1850)》(纽约：麦克米伦-泰恩公司，1996年)，p. 10。

问题将在“讨论话题”中被讨论。

一、富兰克林：文实学校

富兰克林的文实学校

本杰明·富兰克林(1706—1790)，创办了一所文实学校——一所私立性质的中等学校，在他的一篇论文《对宾夕法尼亚州青年教育的几点意见》中有过详细描述。[①] 文实学校开设了功利性的课程，不同于传统的拉丁语法学校。英语语法、古典作品、作文、修辞和公众演讲取代了拉丁语和希腊语，成为主要的语言学习内容。学生们也可按照他们未来的职业兴趣选修第二外语。例如，将来充任牧师的学生可以学习拉丁语和希腊语；计划从事商业的人可选学法语、德语和西班牙语。数学的教学是为了记账、测量土地和工程使用，而不是作为抽象的科目。历史和生物主要是研究伦理，通过学习历史伟人制定的伦理决策，学生们学习了道德和伦理的原则。

重视科学与实际技能

富兰克林预见到在未来科学发明和技术的重要性。他建议的课程还包含了许多目前正规学校所忽视的、实际有用的技能，包括木工、造船、雕版、印刷和农业技术等实际科目和技能。[②]

文实学校思想的推广

到 19 世纪中叶，类似于富兰克林的许多文实学校纷纷建立起来，而在 19 世纪末 20 世纪初，富兰克林的功利主义和职业教育论的思想得到广泛推广，美国所有初级中学及中级中学都围绕这一思想设计课程。

---

① 埃斯蒙德·赖特：《本杰明·富兰克林：写出来的人生》(剑桥：哈佛大学出版社，1990 年)；弗朗西斯·珍宁斯：《本杰明·富兰克林：一位政客》(纽约：W.W.诺顿出版社，1996 年)。

② 伯纳德·科恩：《本杰明·富兰克林的科学》(剑桥：哈佛大学出版社，1990 年)；W.J.罗拉鲍：《手工业学徒：从富兰克林到美国机器时代》(纽约：牛津大学出版社，1986 年)。

讨论话题：美国公立学校教育是否应该传递一种独特的美国文化呢？换言之，在美国教育系统中，是否应该由学校承担起传递明确的美国核心文化的责任呢？

讨论主题	赞成的观点	反对的观点
学校与美国文化：在美国教育界，长期以来存在着一个争议问题，即公立学校应该在多大程度上传递独特的美国文化。一些教育家认为，所有的公立学校应该教给学生某些关键的文化概念和价值观。另一些持反对意见的教育家则认为，学校应该以发展多元文化、尊重多样性为首要教育任务。关于共同的文化核心与文化多样性的问题也和当前关于双语教育和两种文化教育的争论有关。	1. 自托马斯·杰弗逊以来的美国领导者都认识到，学校教育的主要目的是培养有责任感的合格公民。如果我们没有一套涉及民族前途和命运的最根本的理念和价值观，我们就无法作为公民而发挥我们的作用。 2. 正是由于美利坚合众国一直是一个移民国家，所以它更需要一种核心文化把不同民族群体的人密切联系在一起。诺亚·韦伯斯特很早就认识到这一点，甚至在今天这种观点更加重要。如果没有一种共享的文化来统一我国众多民族和文化，我们的社会就会一直处于分裂的边缘。 3. 正是由于学校把不同背景、不同民族的人带到了一起，因此他们能够慢慢地接受我们共同文化中最根本的价值观。如果这样做了，那么学校就能够帮助解决诸如暴力、吸毒泛滥等极令我们困惑的社会问题。 4. 随着国与国之间的经济竞争愈演愈烈，美国公民看齐某种共同的目标显得极为重要。学校通过传递独特的美国文化价值观和概念，就能够推动全民向着共同的奋斗目标前进。	1. 美国早在殖民时期，就一直呈现出多元文化的特点。除了可以有一套关于美国政府应该如何有效地运作的基本知识外，根本就不存在一套培养有责任心的美国公民的理念或价值观。 2. 美国社会发展的力量一直以来源于它的多民族国民的创造力，而不是源于让所有的人都认可的核心文化。要想找到真正意义上的统一，我们需要做的是，重视我们民族的多元化和尊重每一个民族注入美国土地上的文化血液。 3. 如果学校试图把单一的那套共同价值观强加于学生的身上，那么它只会导致更多的学生之间的分裂与不和。相反，学校应该帮助学生理解我们社会存在着的多种不同的价值观。 4. 美国要想在世界舞台上取得成功，需要做到的是拥有更广泛的知识层面和对外国文化更宽泛的认可。因此，学校应该把焦点放在发展多元文化和国际主义上，而不是放在严格地界定美国精神上。

二、杰弗逊：公民教育

公民教育

在1779年弗吉尼亚立法会议上，托马斯·杰弗逊(1743—1826)提出了“关于更普遍地传播知识的提案”，这一法案反映了杰弗逊的教育哲学。杰弗逊认为，教育的主要目的是提高民主社会公民的文化和知识素质。杰弗逊还认为，教会和州应分离，正规的教育主要是州政府的事务，而不是教会的事务，因而，州应该发挥教育的作用，各州建立的学校的财源应来自公共赋税。①

杰弗逊的计划

虽然杰弗逊的提案没有得到弗吉尼亚州立法机关的通过，可是提案本身却标志着共和国初期教育理论的建立。例如，他建议建立公立学校，试图解决公平与优秀之间的矛盾。杰弗逊的计划是把弗吉尼亚州的县分为若干行政区，所有弗吉尼亚州白人的儿童(黑奴儿童被排除在外)，都可以进入地区学校接受教育，学习读、写、算术和历史。在前三年的教育期间免收学费。杰弗逊还提议，在弗吉尼亚州建立20所中等水平的语法学校，使本州男性儿童能够接受中等教育。在那里，他们学习拉丁语、希腊语、英语、地理和高等数学。

给优秀学生颁发奖学金

杰弗逊最先提出给优秀学生颁发奖学金。他提议，各地区学校中最有学术天才而无力支付学费的男性学生将享受奖学金，以完成在语法学校应受的教育。10名因最好的学习成绩而获得奖学金的学生将在威廉学院和玛丽学院开始大学的学习。

---

① 朱利叶斯·P.博伊德：《托马斯·杰弗逊论文集》第2卷，(新泽西州普林斯顿：普林斯顿大学出版社，1950年)，pp. 526—533；也可参阅“杰出人物杰弗逊作品集”，参见弗吉尼亚大学网址 www. etext. virginia. edu /etcbin/ot2www? specific=/web/data/Jefferson/texts/jefall. 02w。

三、韦伯斯特：共和国的学校校长

通过语言学习美国文化

诺亚·韦伯斯特(1758—1843)是共和国初期领导文化运动的民族主义者之一。① 1789年美国宪法得到承认时，韦伯斯特提出美国应该有自己的“语言和政府”。由于认识到一个有国家同一性的国家应该具有自己独特的语言和文学风格，韦伯斯特开始努力创造美式英语。

韦伯斯特编写的教材

韦伯斯特相信儿童们学习了美式英语后能够体会到美国文化同一性的魅力所在。韦伯斯特建议，在全国的学校里，教师应该有计划地、系统地教儿童学习美式英语。实施教学必须有教材，韦伯斯特把一生的精力投入到编写拼写和阅读教材上。韦伯斯特最有名的一本书是完成于1825年的《美国词典》，他历经25年的呕心沥血，多方收集，才使这部著作得以问世。

韦伯斯特对美国文化的影响

诺亚·韦伯斯特由于创建了具有美国特色的美式英语而被尊称为“共和国的学校校长”，与此同时，他还竭力呼吁建立统一的、个性化的美国文化同一性。后来，许多移民到美国的人由于学习了美式英语而被美国化了。今天，为了发扬美国文化的多样化而减少文化的狭隘民族性，美国教育努力向着多元文化和双语教育方面发展。

焦点问题回顾： 回顾一下本章在一开始就提出的焦点问题：美国的民主理念对美国公立学校之兴起有何贡献？你如何理解富兰克林、杰弗逊及韦伯斯特等人对这些教育理念的贡献？

---

① 哈洛·贾尔斯·尤格：《诺亚·韦伯斯特，一个美国爱国者的生活和时代》(纽约：威利出版社，1998年)。

第三节 公立学校教育运动

星期日学校

早在美国推行公立学校教育运动之前，人们就曾多次尝试建立有税收支持的公立学校。公立学校的主要形式有星期日学校和导生制学校两种，这两类学校在19世纪初颇有影响。在那个时期，许多儿童在美国东北工业区的工厂中受雇做工。为了使工厂的童工受到一些基本教育，美国的一些大城市，例如纽约和费城等地开办了星期日学校。一星期有一天上课，这一天工厂停工。入学者学习写作、阅读、算术和宗教知识。

学生担任助教

导生制学校的兴盛与衰退

导生制(monitorial method)，顾名思义，主要依靠由导师训练出来的、年长的学生和有经验的学生来帮助教学，督促出席和维持纪律。例如，教师培训一些班长，使之掌握基本的文字和算术知识，再去当教师，训练那些不太有经验的学生。支持导生制学校的私人慈善家们相信，以很小的代价建立大规模的教育制度是可行的。诸如星期日学校、导生制学校在美国东部大城市非常普遍。如大约有60万名适龄儿童在由纽约贫苦儿童免费服务社支持下的导生制学校里就读。① 在19世纪40年代，当人们意识到这种办法只能让儿童学到极少量的知识时，免费公立学校便取代了导生制学校。

一、免费公立学校

面向各个阶级的学校

19世纪前半期，美国推行免费公立学校运动的首要目的，是争取各

① 威廉·R.约翰逊:“唱诗班的成员在巴尔的摩19世纪小学的同步朗诵”,《教育史季刊》(1994年春),pp.1—23。

界人士对公款设立初等教育在经费方面的支持。这个免费公立学校就是我们今天的公立学校，它的含义可以被理解为传授读、写、算的基本技能的初等教育机构，它之所以是公立的，就在于它向各个社会阶级的儿童开放。不过，从历史上看，南部黑奴的子女直至奴隶制度被废除后才获得入学权。

不同地区之间的差异

由于美国宪法《第十条修正案》规定，教育权力保留在各个州，所以各个州，甚至在一个特定的州内，建立的公立学校都是彼此不同的，而不是像法国和日本那样有国家的学校制度。尤其是在西部边境，有许多小的学区，各个学区的学校经费和支持形式也都表现出明显的区别。

免费公立学校数量增长

免费公立学校运动的基础奠定于 1820 年至 1850 年间。免费公立学校最早建立于新英格兰的几个州，马萨诸塞州和康涅狄格州提供了主要的范例。1826 年，马萨诸塞州通过了一项法律，要求每个城镇选出一个学校委员会，对城镇上的所有学校负责。这就使得组织建立公立学校的政策进入了在单一权力机构统治下的起始阶段。10 年之后，1836 年，马萨诸塞州建立了第一个州教育委员会，康涅狄格州随即效法它的邻居。北部各州一般效法新英格兰免费公立学校的榜样。随着西部领土的扩张和一些新州的纷纷建立，他们也仿效这种范例，建立免费小学或公立的初等教育学校制度。但是在南方，一般地说，免费公立学校拖延至内战结束后才建立。

虽然各个州之间建立的免费公立学校的类型不相同，但它们建立的程序一般都经历了以下 3 个立法阶段。

公立学校建立的 3 个立法阶段

■ 首先，州的立法机关规定，在某个学区，只要当地选民同意，就可以组织地方学区。

■ 在第二阶段，州的立法机关有意鼓励但不强迫建立公立学校学区，选举学校委员会，提高税收，资助学校。

■ 在第三阶段，国家强制建立学区，选举学校委员会，用提高税收来资助免费公立学校。

随着免费公立学校的建立，美国公立学校制度确立起来了。后来，在19世纪后期，公立中学得到发展，中学生可进入州立学院或大学，这样就形成了完整的教育阶段。为免费公立学校制度建立基础的美国杰出的教育家是霍勒斯·曼恩。

二、曼恩：为公立学校的发展而努力

霍勒斯·曼恩(Horace Mann，1796—1859)是一位坚定的免费公立学校事业的提倡者。① 当1837年马萨诸塞州议会通过议案，成立州教育委员会时，曼恩被指派为秘书。他的《年度报告》包含了他的教育哲学和他对教育问题的心得。曼恩是《免费公立学校杂志》的编辑，他建立公立学校的倡议得到全国的支持。(参见概述6.1中曼恩的条目和美国教育中的其他相关内容。)

赢得人们对公立学校的支持

由于曼恩具有敏锐的政治洞察力，他赢得了人们对于公立学校事业的支持。首先，他必须说服纳税人，让他们明白支持公立学校对他们有利。他发展了管理的理论，得到了商业团体的支持。他论证说，富人有特殊的责任去支持公立教育事业。曼恩认为，那些已经发家致富的人是财富的指导者和管理人。他们支持公立教育，确能造就出一批勤劳的男女产业工人，这些人服从法律，勤奋工作，为国家增加经济福利。因此，税收资助教育是一项投资，这项投资将在公共安全、进步和繁荣昌盛方面产生巨额利润。曼恩认为，对马萨诸塞州的工人和农民而言，免费公立学校是巨大的社会平衡器。通过它，下等社会的儿童将能得到必要的技能和知识，从而获得较好的工作和取得较高的地位。

---

① 乔纳森·梅瑟里：《霍勒斯·曼恩传》(纽约：克罗普夫出版社，1972年)。

公立学校同民主社会一样重要

和杰弗逊一样，曼恩也清楚地认识到，公立学校教育和民主社会之间有至关重要的关系。曼恩认为，一个没有文化的民族只能造就乌合之众，只有掌握了文化的公民理性地参与社会，才能促进社会政治的进步。和诺亚·韦伯斯特一样，曼恩也相信，公立教育能够创造独特的美国同一性。他认为，由移民组成的美国不同于同质性的西欧各国。如果美国建成一个具有共同文化的统一体，那就需要建立共同的基础教育，发展民族的同一感和共同目标的意识。

学校附加税

根据曼恩的理论，免费公立学校或公立学校应由各州或当地税收支持，且由支持学校的公众来管理学校。遵循新英格兰地方控制的传统，由民众选出的教育官员进行最高的管理和掌握最高的职权。同时，免费公立学校也不存在党派之争，不受教会控制。

三、师范学校和妇女教育

除了提供公众支持的初等教育使美国大部分儿童受到教育之外，免费公立学校运动还带来了两个重要的结果：(1) 促进了教师培训机构师范学校的建立；(2) 帮助女子在初等学校教书，从而使女子获得一条重要的就业途径。

师范学校的兴起

师范学校这个名称源于法语 école normale，1823 年最早建立于新英格兰，得到曼恩的极力提倡。师范学校采取两年制，为未来的教师教授教育历史和教育哲学、教学方法及优秀教师的教学实践的教学案例。但是到了 19 世纪末，许多师范学校发展成为四年制的师范学院。①

扩展了妇女的机会

免费公立学校的建立对培训教师提出了要求，许多女子被吸引到教

---

① 关于美国师范教育的历史，参阅珍根·赫伯斯特：《教学的悲哀：美国文化中的师范教育和教师职业化》（马蒂森：威斯康星大学出版社，1989 年）。

书这一行业，以扩充初等教育的师资力量，而师范学校打开了女子在初等学校教书的就业之门，同时还获得了以前在等级制度下所不允许获得的接受高等教育的机会。尽管薪水不高，且有种种条件限制，但它给了中产阶级的妇女一个极其难得的走出家门的就业机会。

在内战前，乡村教师大部分是男子。直到 1900 年，部分由于师范学校的纷纷建立，71%的乡村教师是女子。谈到女子地位的这种翻天覆地的变化，一位著名的教育家凯瑟琳·比切尔功不可没。

四、凯瑟琳·比切尔：主张女性从教

改革和妇女权利

19 世纪上半叶，发生了公立学校教育运动、争取妇女权利及废除黑奴制等一系列重大历史事件，是一段社会大变革时期。女权主义的领导者诸如伊丽莎白·卡蒂·斯坦顿(Elizabeth Cady Stanton)、埃玛·威拉德(Emma Willard)、苏珊·B.安东尼(Susan B. Anthony)及凯瑟琳·比切尔等纷纷呼吁男女平等，为妇女争取教育及政治权力的平等。

妇女扮演着重要角色

凯瑟琳·比切尔(Catharin Beecher, 1800—1878)在 1828 年建立了一所哈特福特女子学院，专门培养女性教师。她还组织和领导了美国妇女教育协会。由于相信美国拥有某种道德使命，比切尔也相信在民族发展的进程中妇女扮演着重要的角色。她还倡议建立专门培养教师的机构或学校，以培训职业女性教师。像师范学校一样，每个这类性质的学校有一个示范学院，未来的教师在有经验的导师的指导和培训下进行教学实践。比切尔认为，接受过专业教师训练的女教师能够把文化、文明及美德带到最需要教师的美国边境学区，扩充那里的许多单班学校的师资力量，从而促进民族的发展。①

① 巴巴拉·M.克罗斯斯编：《美国妇女教育：凯瑟琳·比切尔、玛格丽特·福勒及 M·卡内·索玛斯选集》(纽约：哥伦比亚大学师范学院出版社，1965 年)，pp. 73—75。

概述 6.1 美国教育史上的重大事件

主要政治事件	教育大事记
1630 年,移民在马萨诸塞海湾殖民地定居。	1636 年,哈佛学院成立。这是西半球第一个讲英语的学院。 1642 年,马萨诸塞州颁布了第一个教育法。 1647 年,马萨诸塞州颁布了《老骗子撒旦》法案,要求建立学校。 1751 年,本杰明·富兰克林在费城建立文实中学。
1775—1783 年,美国独立战争。 1788 年,批准《美国宪法》。	1783 年,诺亚·韦伯斯特著的《美国拼写教材》出版。 1785 年,第一个全国性的教育法《西北法令》颁布。 1821 年,第一所美国公立中学在波士顿开办埃玛·威拉德女子学校,第一所女子高等教育机构,建立在纽约的特洛伊城。 1823 年,美国第一所私立学校在佛蒙特的康科德城开办。
1824 年,印第安人事务局建立。	1825 年,韦伯斯特著的《美国词典》出版。 1827 年,要求公立中学教育的《马萨诸塞州法》通过。
1830 年,《印第安人迁移法案》成立。	1837 年,霍勒斯·曼恩被任命为马萨诸塞州教育委员会成员。
1846—1848 年,墨西哥—美国战争;美国获得西南部版图。	1839 年,第一所公立师范学校在马萨诸塞州的莱克星顿市开办。 1855 年,美国第一所德语幼儿园建立。
1849 年,加利福尼亚出现淘金热。 1861—1865 年,美国内战。	1860 年,美国第一所英语幼儿园建立。 1862 年,通过《莫利尔土地赠予学院法》,在此法令下,各州大学纷纷建立了农业及机械学院。 1865 年,解放黑奴事务所(Freedmen'Bureau)建立。 1872 年,《克拉马祖决议》(Kalamazoo decision)同意使用公共税收来支持中学发展。
1887 年,《多斯法令》(Dawes Act)把整片部落土地划分为个人小块土地。	1881 年,布克·T.华盛顿创办塔斯克基学院。 1892 年,十人委员会成立。
1898 年,西班牙战争;美国获得波多黎各和费城。	1896 年,《普勒西指控弗格森案件》决议一般同意白人和黑人学生混读的学校的"独立但平等"性具有合宪性。 1909 年,第一所初级中学在加利福尼亚州的伯克利建立。

续 表

主要政治事件	教育大事记
1914—1918年，第一次世界大战。	1917年，通过《斯密斯-休斯法令》，该法令为职业教育、家政经济学及相关农业课程提供了大量的钱财捐赠。 1918年，《中等教育的首要原则》出版。 1919年，进步教育协会成立。
1929年，经济大萧条开始。	1930年，在经济大萧条期间颁布的《新政计划》，为失业者的再教育及学校结构改革提供了政府基金。
1939—1945年，第二次世界大战。 1950—1953年，朝鲜战争。	1944年，通过《G．B．法案》，该法案为退役士兵接受继续教育提供了政府基金。 1954年，《布朗指控脱佩克教育委员会案件》决议要求公立学校废除种族隔离。 1957年，苏联成功发射一枚人造卫星，引起美国上下对公立教育的批评及重新评价。 1958年，通过《国防教育法》，该法为提高科学、数学和现代外语教学水平与辅导设施提供了联邦政府基金。 1964年，《公民权益法》要求各级法院受理关于学校种族隔离问题的诉讼案件。
1965—1973年，越南战争。	1965年，通过《初等和中等教育法》，该法令为公立学校教育，尤其是义务教育提供了政府基金。 1968年，通过《双语教育法》。 1972年，通过《第九号教育修正法》，该修正法规定，凡接受联邦财政帮助的学校实行性别歧视都是不合法的。 1975年，通过《残疾儿童教育法》（公立法94—142）。 1980年，联邦政府以内阁身份建立教育部。
1990年，冷战结束。 1991年，海湾战争。	1983年，《国家处在危急之中》一书出版及普及掀起教育改革的全民运动。 1994年，确立2000教育目标，《美国教育法》概述了国家教育目标。 1996年，国家第一个教育技术计划确定：让学生为21世纪做准备，迎接技术扫盲挑战。

五、单班学校

地区学校一般都有单班学校(One-Room School),这种学校由选举出来的学校董事会管理,董事会负责征税和雇佣及监督教师。[①] 由于各个董事会自己确认教师资格,颁发教师证书,很多情况下这个学区的教师证书在另一个学区得不到承认,从而使得颁发教师证书的条件简便而混乱。今天,各州的教师证书有了统一、标准的条件要求,能在不同的学区得到认可。

具有代表性的校舍

在西部边境地区,木制单班校舍最早是经常作为社交场所的。到了19世纪70年代,那些木制的粗糙的校舍外面被涂上了白色或红色的油漆。这些经过改良的校舍里面有燃烧着木炭的火炉、石块黑板和休息室。在教室的前面,摆放着高高的讲台,中间则摆放了许多大双人课桌。后来,双人课桌换成单人课桌,一张课桌连着一张课桌,组成笔直的一排,与此相同,一排课桌的后面连着一排课桌,每一排的每一张课桌后面对应摆放一个座位。[②]

基本课程

凡年龄在5—17岁之间的儿童都可以在单班学校里学习读、写、算、拼音、历史、地理和卫生学的基本课程。一般地,教师采用背诵的教学方法要求学生站起来背诵已教过的课程。培养守时、诚实和努力工作等价值观也是重要部分。人们希望把乡村单班学校教师当做训导者和指导者,于是,他们不得不"担任起不断充实自己的追求者、学生成绩的督促者和学校的管理者"。[③] 若想获得更多关于单班学校的材料,参见下面的

---

① 关于单班学校,可以从网上查看"单班学校:密歇根的教育遗产",中密歇根大学克拉克历史博物馆:www. lib. cmich. edu/clarke/schoolsintro. htm。

② 韦恩·E.富勒:《中西部单班学校:一段可查证的历史》(堪萨斯州立大学出版社,1994年),pp. 7—17、18—27、30—34。

③ 韦恩·E.富勒:《中西部单班学校:一段可查证的历史》(堪萨斯州立大学出版社,1994年),p. 61。

“学校与网络技术”栏。

学校与网络技术

对单班学校的研究

作为一名未来的教师，你个人可能对学习更多的关于盛行于美国开拓历史时期的单班学校里的教师和学生的教育条件感兴趣。那么，作为一名教师，你也可能发现，对单班学校的研究能帮助你所教的学生都会同美国先驱和开拓者的生活发生个人联系。无论在哪一种情况下，你都能够用一些方式学习更多的关于单班学校里进行的教与学的情况。

■ 以复习本章关于“单班学校”的内容作为开始。记录单班学校是如何定义的，及其是如何同美国的历史和社会联系在一起的。

■ 关于单班学校，这儿有几个非常有用的网站。例如，可登录“堪萨斯州温斐尔德西南大学的单班学校校舍研究计划”所在的网站www. sckans. edu/~orsh/；可登录密歇根中部大学的克拉科历史博物馆所在的网站www. lib. cmich. edu/clarke/schoolsintro. htm，查看“单班学校：密歇根州的教育传统”；可登录网站www. cobleskill. edu/schools/mcs/csbest/school. htm，查看“19世纪末的乡村教育”。这些网站评说了具体的单班学校，并为它们的教师、学生、建筑、教科书及课程提供了信息资料。

■ 你和你的同学们可以开展一次对你所在地学校或学校图书馆的访问，在图书馆里，你可以确定关于这个主题所需的论文和书籍，以继续你的研究工作。研究这些材料并编写一个关于单班学校的文献目录。

■ 你也可能希望去咨询你所在地的博物馆和历史研究协会，看一看他们是否有关于单班学校及19—20世纪初教育方面的材料或论文集。你可以安排一课堂的时间展开这个收集访问。

■ 你所在社区的居民或你同学的家长中可能有人曾在单班学校就读过。在你现有研究的基础上，你和你的同学可以就“单班学校”设计一些问题，然后对这些人中的一些人进行采访。

学区重组与合并

正如“教育的法律问题”那一章所描述的，在 20 世纪初，许多小的学区经过重组，合并为大学区。

六、麦伽菲读物

1.2 亿册读物

威姆·霍尔姆斯·麦伽菲(William Holmes McGuffey，1800—1873)，曾经当过牧师、教授和大学校长，他的名字在广大读者中间广为传颂。在免费公立学校，包括单班乡村学校，麦伽菲读物是一本流行的教科书。麦伽菲确认识字、辛勤工作、勤奋和美德生活的价值观，从而推动了 19 世纪公立学校的发展。在 1836—1920 年间，据估计，麦伽菲的著作共卖出 1.2 亿多册。①

爱国主义和道德价值观

由于非常重视信奉盎格鲁撒克逊新教的美国农村白人的道德价值观，麦伽菲读物也重视爱国主义和英雄主义精神的发扬。在选出的读物中包括帕特里克·亨利(Patrick Henry)、丹尼尔·韦伯斯特(Daniel Webster)和乔治·华盛顿(George Washington)的演说。麦伽菲的读物，使他成为影响了美国几代人的教师，他不仅第一次为我们的学校教育体系提供了不同年级的读物，还为 19 世纪 40 年代开始的多级制学校体系铺平了道路。

完成了教育阶梯制度

在美国，免费公立学校是初等教育的机构，其经费来自税收，由地方管理。在此基础上，创建了公立中学——中学是把初等学校和州立学院及大学联为一体的机构。公立中学的创建完成了美国教育的阶梯制度。和欧洲的双轨制不同，单轨制的试行为更多的学生接受高等教育提供了

---

① 约翰·H.韦斯特霍夫：《麦伽菲和他的读者：19 世纪美国的孝道、道德和教育》(纳什维尔：阿宾顿出版社，1978 年)。

更多的机会。

焦点问题回顾：回顾一下本章在一开始就提出的焦点问题：美国教育阶梯和欧洲的双轨教育制度有何不同？思考免费公立学校是如何为你现在所知道的美国教育制度打下了坚实基础的？

第四节　美国中等学校的发展

一、文实学校：中学的先驱

文实学校取代拉丁语法学校

文实学校是由本杰明·富兰克林首次创办的，它们最先取代了殖民地时期的拉丁语法学校，在19世纪前半叶成为主要的中等学校。它为中产阶级的教育要求服务，提供广泛的课程和教学内容。1855年，美国有6000多所文实学校，入学的学生为26.3万名。

更多课程和生员

文实学校不像拉丁语法学校，它并不限制学生为进入大学做准备，同时还为学生筹划如何完成他们在文实学校的正规教育。文实学校的课程也包括拉丁语和希腊语。课程范围广泛，可分为明显的3种基本类型：(1) 传统的专门学院的预备课程，强调拉丁语和希腊语；(2) 英语课程，这是为完成正规中学教育的学生开设的公共课；(3) 师范课程，是为将来充任免费公立学校的教师而开设的。此外，还有一些专门的军事学校。

女子文实学校

相对于拉丁语法学校，一些文实学校是综合性质的学校，兼收男女学生。另外一些文实学校专收年轻女子，譬如女权运动领导人埃玛·威拉德1821年就曾在纽约创建的特洛伊女子中学(Troy Female Seminary)就读。女子中学的课程内容非常广泛，除了传统的科技课程外，还有古代语言、现代语言、科学、数学、艺术和音乐等课程。师范教育或师范课程也是很流行的课。

文实学校通常由私人组成的董事会或行政机关来管理。偶尔，它们或许是半公立性质的，接受城市或州的资助。文实学校一直延续到 19 世纪 70 年代，当时，其数量和名望都降低了，公立中学代之而起。但是，美国仍有少数几所私立文实学校，继续为一小部分居民提供中等教育。

二、中学

税收支持公立中学

从 1821 年波士顿建立了英国式的古典学校以来，在美国虽然有少数中学，然而，中学不是美国中等教育的主要机构，直到 19 世纪后半期，中学才逐渐代替了文实学校。① 19 世纪 70 年代，法庭判决了一系列的诉讼案件(特别是 1874 年密歇根州的克拉马祖诉讼案)，规定各州人民如果愿意的话，可以用税金建立和资助公立中学。此后，公立中学运动迅速扩展。到 1890 年，美国公立中学的入学人数是私立文实学校的两倍还要多。

义务入学

最后，各州都通过了义务入学法。法规条款规定开办公立中等学校是各州的责任，而不是随意的事务。可以允许儿童进入经过认可的非公立学校，但是各州有权对所有学校进行监督和规定最低限度的标准。

力图制定标准化课程

城市化和中学：中学的兴起是由各种社会经济力量引起的。首先，美国在 19 世纪中期经历了从农业和农村社会到工业和城市国家的巨大转变。例如，纽约市的人口在 1860—1910 年期间增长了 4 倍。到 1930 年全美人口有四分之一以上住在纽约、芝加哥、费城、波士顿、底特律、洛杉矶和克利夫兰 7 个城市。城市的急速发展，与之俱来的是对专门行

---

① 杰根·赫伯斯特：《学校的过去与未来：有 350 年历史的美国中等教育》(纽约：路特里奇出版社，1996 年)；威廉·J·里斯：《美国中学的起源》(纽黑文：耶鲁大学出版社，1995 年)。

业、职业和服务业的更多需要日益增长，而中学则被看做是适应这种需要的主要机构。①

中学课程的重组：自中学创立起，教育家们就一直在探寻创立中学的目的，以及中学应安排什么课程内容。很多具有传统观念的教育家认为中学是学院的预备机构。但另外一些教育家认为中学应安排有关技术和就业方面的课程。在一些大城市里，中学被看成是“人民的学院”，这种学院能提供广泛的实用文理课程。② 为了解决这些争议，全国教育协会(NEA)于1892年建立了10人委员会(Committee of Ten)，哈佛大学校长查尔斯·埃利奥特(Charles Eliot)担任委员会主席。全国教育协会有两个重要的贡献：(1) 统一了学院生和结业生的教学课程；(2) 确定了8年制初等教育和4年制中等教育。③ 中学课程设有四类学科：古典语科、拉丁语—自然科学科、现代语科和英语科。但是，每类科目中都包含有外国语言、数学、科学、英语和历史等内容，这些科目都是学院生所必修的。虽然十人委员会规定拉丁语和希腊语课程是选修课，但事实上只允许学院生选修，而不允许结业生选修。

入学人口多元化呈上升趋势

1918年有30个州有了法律，明确规定青少年在16岁前要全日就学。④ 入学学生的日益增多，不仅表明接受教育的人口越来越多，而且与过去相比，表现出更多的文化多样性。随着中学人数的增多，这些学生已不仅包括专门职业的或商人阶级的儿童，而是包括来自全国的青少年。

向综合性方向发展

从1918年全国教育协会的中学教育结构改革委员会所提交的报告

---

① 爱德华·A.克罗格：《美国中学的形成(1880—1920)》(纽约：哈珀罗出版社，1964年)；爱德华·A.克罗格：《美国中学的形成(1920—1941)》(马蒂森：威斯康星大学出版社，1972年)。

② 赫伯斯特：《学校的过去与未来》，pp. 95—106。

③ 全国教育协会：《关于中等学校研究的会议报告》(华盛顿，哥伦比亚特区：美国政府印刷署，1893年)。

④ 爱德华·A.克罗格：《美国中学的形成(1920—1941)》，p. 7。

《中等教育的首要原则》中，可以清楚地看到中学生源结构的变化特征。由于认识到城市和工业化社会的需要，委员会把中学重新定义为综合机构，为国家的不同社会、文化和经济群体服务。中学课程应加以区分，使之适合农业、商业、工业和家政的需要，同时也适合学院的预备教育的需要，但不失去其综合性和广泛性的社会特点。①

三、中等学校的组织机构

对不同的学生实行不同的课程安排

20 世纪 20 年代，中学设有四类各自独立的学科课程：(1) 学院生培养计划，包括英语、文学、外语、数学、自然、物理科、历史和社会学科；(2) 商贸科课程有簿记、速记或打字课；(3) 工业、职业、家政学和农业科课程；(4) 结业生一般教学计划。

连续 4 年学制

虽然中心设有四类学科，但要完成中学教育都需要 4 年时间，分别完成第 9、10、11 和 12 年级的课程，中学学生的年龄大约在 14—18 岁这个年龄段。不过，也有例外，在一些重组的 6 年制学校里，学生们完成了 6 年的初等教育以后就要进入综合性的初、高中。同时还有第 7、8 和 9 年级的三年制初、高中和第 10、11 和 12 年级的三年制高中。

初级中学

初级中学是教育家们建立的一种传统教育机构，衔接着初等教育和中等教育。20 世纪二三十年代初级中学得到极大的发展，它有二年制机构和三年制机构，分别称为第 7、8 年级和第 7、8 和 9 年级。今天，初级中学已成为许多学区的组织模式的一部分。

中学

20 世纪 60 年代，中学(middle school)是另一个衔接初等教育和高

---

① 中等教育机构改革委员会：《美国中等教育的首要原则》，第 35 号公告(华盛顿，哥伦比亚特区：美国政府出版署，1918 年)。

等教育的传统教育机构。它包含第6、7和8三个年级(学生年龄为11—13岁),重视适合于青少年期之前的课程,为学生从儿童时期过渡到青少年时期做教育上的准备。

重新定义中学的不断努力

重新制定中学的教育目的,进行课程改革是众多因素交织在一起频繁推动的结果。在1957年,苏联——美国在冷战期间的对手,成功地将一枚人造卫星送上太空轨道,这一戏剧性事件最终促使美国开始进行教学改革。拥有优良航空装备的美国失败了,而方方面面都不如己的苏联却成功了,美国上下深深感到国家正处于危急状态。社会批评家在试图解释美国在太空竞赛方面失利的原因时,尖锐地指出美国学生的数学素养和科学素养与苏联相比明显不足。1958年,国会通过《国防教育法》,对这一事件作出积极反应。该法律为担当国防安全的重要区域提供了大量政府基金,使之有足够的资金进行课程改革,以提高这些区域的教学水平,同时,尤为强调数学、科学和外语三门课程的学习。《国防教育法》的出台充分反映了外部力量是如何影响美国中学教育的。本书的后几章将更多地探讨美国在面对现代社会和经济危机时是如何进行中学教育机构重组和课程改革尝试的。

四、教育技术的发展

自20世纪中叶以来,美国学校一直把教育技术综合运用到学校课堂中。使用教育技术已成为教师课堂教学的一个重要组成部分。

早期的教育技术

20世纪30年代,远程教育进入了学校领域。不过,在那个时期,广播、电影教学方式大多数是一项摆设,真正使用的机会很少,还没有广泛应用于教学实践,只是在教学实践中增添了视听成分而已。二战后,随着电视机的出现,教育技术的应用才得以迅速发展。50年代,教师开始使用电视进行教学。1957年,亚历山大·J·斯脱达尔(Alexander J. Stoddard)在许多学校创建了使用电视教育技术进行教学的全国课程规划。

教育电视

人们称20世纪60年代为教育革命时期，在这个时期，教育技术得到了进一步的发展，出现了电视教育、程序学习和计算机辅助教学。1961年，美国中西部6州关于空中电视教学的课程规划开始向各学校进行远距离教学。1965年，印第安纳大学建立了学校和学院的国家电视教育中心。[①] 正是由于有了早期的这些发展，电视教育不仅是一种主要的教学方式，还将持续影响着教学方式的发展。今天，许多中学都拥有属于自己的教育电视播音室和频道。课堂上，录像带电视教育正逐渐取代投影式电视教学。现在，闭路电视教学已广泛应用于师范教育，通过已录制好的教学示范录像带给未来的教师提供现场观摩。

电视带来的文化冲击

尽管电视教育是一种重要的教育技术，但它仍需要人们考虑它所带给整个文化的冲击。许多美国儿童和青少年不可避免地而且长时间地沉浸在电视里描写性、暴力及许多其他社会问题的商业片之中。同时网络电视及CNN又以一种更快捷、更生动的方式把大量信息带给观众。但是，不管怎样，电视的流动画面比起印在纸张上的静态信息总是那么让观众应接不暇而忘记了思索。

教学机器和程序教学

教育革命也包括应用于程序教学和计算机辅助教学中的“教学机器”。程序教学的目的主要是通过周密详尽的渐进步骤给学生提供即时的自我评价，从而使学生对自己的学习状况有个清晰的了解。一旦学生能够在学习进程中及时知道成功与失败，那么他们就能够根据自己的学习效率制定合理的学习进程。程序教学尤其适合于学生学习语法、外国语、逻辑和数学，这样，他们能够很清晰地沿着学习进程进行学习，从而减少重复学习。

---

① 杰拉尔德·L.古泰克：《美国教育历史导论》(伊利诺伊州希望高地：威乌兰德出版社，1991年)，pp. 206—207。

计算机

在20世纪90年代，计算机辅助教育技术得到大规模的发展和实行。电子数据修复、因特网及计算机辅助教学的应用标志着教育技术革命的到来。[①] 1996年，美国教育部发出倡议："让全体美国学生为21世纪做准备：迎接技术扫盲的挑战"，一个有效使用技术的全民动员计划。各州和当地学区都大量在教室里使用计算机，提高计算机入口，并为教师提供不断增加的技术支持和在职职业发展活动。在1999年，一份全国技术修订计划被提出，号召实现以下目标：

■ 要求所有学生和教师都进入信息技术通道。

■ 要求所有教师都有效使用教育技术来帮助学生达到较高学术标准。

■ 要求所有学生熟练掌握技术和信息读、写技能。

■ 使用更多研究和评价方式以提高教学技术的运用。

■ 数字技术和互联网的应用将带来教学方式的全面转变。[②]

计算机延伸到教育领域并深刻改变着教育领域。计算机是继书写、印刷术之后又一重大的技术突破，它是一项具有生命力的技术成果，拥有令人难以置信的、不断增长的信息储存功能。正如在"教师从教的动机、预备及条件"那一章所讲述的，参加新教育技术知识和技能培训，尤其是掌握计算机的运用，对教师而言是至关重要的，在许多师范教育课程计划中及教师专业发展上对此都有明确的规定。

第五节　美国的学院和大学

殖民地时期的学院

殖民地时期的学院是在宗教团体的赞助下建立起来的。马萨诸塞

---

① 关于历史观点，参见迈克尔·E.霍巴特和匝卡利·S.斯奇夫曼：《信息时代：读写、算术和计算机革命》(马里兰州巴尔的摩：约翰斯·霍普金斯大学出版社，1998年)。

② 参见www. ed. gov/technology/elearnng/index. html(03/27/2001)。

州法院认为，在新大陆建立起对基督教的信仰，需要有文化的神职人员，于是在 1636 年创建了哈佛学院。到 1754 年，耶鲁学院、威廉—玛丽学院、普林斯顿学院及国王学院（后来的哥伦比亚大学）也分别被不同宗教派别所创建。其他殖民地时期的学院有宾夕法尼亚大学、达特茅斯大学（Dartmouth）、布朗大学（Brown）和鲁特杰斯大学（Rutgers），虽然这些学校的课程是多种多样的，但一般包括：(1) 第一年设有拉丁语、希腊语、希伯莱语、修辞学和逻辑学；(2) 第二年设有希腊语、希伯莱语、逻辑学和自然哲学；(3) 第三年设有自然哲学、形而上学和伦理学；(4) 第四年设有数学，复习希腊语、拉丁语、逻辑学和自然哲学。①

《莫雷尔法案》和赠地学院

19 世纪前半期，各州建立了许多州立学院和大学。此外，许多宗教教派也建立了自己的私立学院，宗教信仰复兴运动的浪潮席卷全国。19 世纪 50 年代初，传统大学文科学院的批评者曾提议用联邦赠予土地的方式来建立农机学院。这种教育机构被认为对于促进国家的发展是必要的。1862 年的《莫雷尔法案》（Morrill Act）规定：按各州国会参议员和众议员的人数，每名授予 3 万英亩联邦所有的土地。各州用这项土地的收入至少举办一所农机学院。② 政府赠地学院（land-grant colleges）的一般效用是发展农业教育、工程和其他应用科学，同样也促进了传统的大学文科和职业教育。许多著名的州立大学就源于赠地学院。

社区学院

今天，规模最大、名声显赫的高等教育机构之一是两年制的社区学院。许多两年制学院起源于 19 世纪末 20 世纪初的初级学院，那时有几个大学校长建议，在另一个机构而不是在一个四年制的学院里进行本科生前两年的教育。二战后，许多初级学院经重建成为社区学院，许多新

① 弗雷德里克·鲁道夫：《美国学院和大学发展史》（阿西斯：佐治亚大学出版社，1990 年）。

② 本杰明·E.安德鲁斯：《1862 年土地赠予法和政府赠地学院》（华盛顿，哥伦比亚特区：美国政府出版署，1918 年）。

建立的社区学院具有更广泛的服务功能，为社区的教育需要服务。在各州范围内的高等教育体系中，最重要的机构是社区学院，它最独到的特点是为人们提供发展非常迅速的技术方面的培训，尤其是与交通通讯及电子数据革命相关的技术培训。

《G·Ⅰ·法案》

入学人数急剧增长

二战后，美国在1944年出台了《退役军人重新安置法令》(即著名的《G.I.法案》)后，美国高等教育迅猛发展。为了帮助国家顺利向和平时期过渡，使遣返的退役军人过上安稳的生活，该法案规定老兵的教育经费由政府财政负担。1944—1951年期间，政府提供学杂费、教材费和生活补助费，使得780万名退役军人受益，进入技术学校、技术学院或技术大学学习。这个影响体现在高等教育招生人数的快速增长模式的开始，这种模式一直延续到今天。①

学校费用大幅增加

自20世纪80年代以来，进入学院和大学学习的费用不断增加。受国家医疗、公路修理及监狱管理的费用成本不断增加的影响，许多州不得不削减各自财政支出中对高等教育支持的百分比例。随着工厂规模的不断拓展、员工薪金的提升、建设基金及经营基金的不断增多，教育机构也相应提高了教育学费。私立学院的学费和各项费用通常高于公立学院。

学院面对的系列挑战

美国学院和大学现在正面临着许多严峻的挑战，它们需要做到以下3点：

■ 降低教育成本，使大多数人能够负担得起高等教育费用；

■ 无论接受高等教育的人数如何迅速增长，高等教育机构都要保证

---

① 杰拉尔德·L.古泰尔：《美国教育(1945—2000)：历史和评说》(伊利诺伊州希望高地：威乌兰德出版社，2000年)，pp. 9—14。

教学的高质量和高标准；

■ 采用现代教育技术设备训练员工，以改进教学质量。

美国的学院和大学在使用最新电子信息技术方面取得了很大进步，它们通过使用计算机和因特网教学设备，使美国教学内容和形式一直走在世界前沿，远程教育使不能走进校园的学生获得了接受同样教育的机会，同时它也成为一种提供专业培训项目的方式，尤其是在继续教育方面。虽然美国在有效地应用新技术方面取得了长足的进步，但一个主要的教育问题依然横亘在美国各级教育中，那就是怎样设法使这些教育机构同样平等地和高质量地为所有的美国人服务，而不分其民族、种族和社会经济地位。

焦点问题回顾：回顾一下本章在一开始就提出的焦点问题：美国教育阶梯和欧洲的双轨教育制度有何不同？思考公立中学和州立学院及大学是怎样完成美国教育阶梯制度的？

第六节　多元文化社会中的教育

多种族历史

从历史上讲，美国曾经是，现在仍然是一个多种族、多民族的国家。除了土著美国人，美国人民的根可以追溯到其他几大洲，尤其是欧洲、非洲和亚洲。迄今为止，本章主要研究欧洲历史遗产对美国教育的影响。本节将阐述另外一些群体，看他们是怎样推动着美国历史的巨轮向前发展的。

一、非洲裔美国人

经过南北战争的洗礼、南方诸州再合并及《第13修正案》的颁行，美国彻底废除了奴隶制。内战前，在北方一些州，自由的黑人可以进入学校，然而在南方各州，不管是自由的黑人还是受奴役的黑人，一律禁止黑人儿童入学。奴隶制被彻底废除以后，获得自由的黑人男性、女性及他们的孩子才真正拥有受教育的权利，尤其是在被打败的南方诸州。

解放黑奴委员会

1865年，美国国会在南部建立了解放黑奴委员会(Freedmen' Bureau)，在经济地位和接受教育上帮助黑人摆脱受奴役、受歧视的状况，争取人身自由和受教育机会。在霍华德(O. O. Howard)将军的领导下，该委员会在整个南部建立了许多学校。1869年，这些学校总共录取了11.4万名非洲裔美国学生。这些学校模仿新英格兰免费公立学校教学课程，开设了读、写、语法、地理、算术、音乐，尤其是唱歌课程。同它们在北方联盟各州一样，解放黑奴委员会建立的学校也使用标准教材，包括韦伯斯特的拼写教材和麦伽菲读物。1872年，随着解放黑奴委员会运作的停止，许多学校也结束了这种功能。①

陋习限制教学水平

虽然少数黑人教师在解放黑奴委员会存在期间曾被专门培训过，但大多数学校仍然聘用北方学校教师。这些教师把北方的教育哲学和教学方法带到了南方。这些北方白人教师仍然带着种族歧视的眼光对待黑人教育问题。一些教育家如塞缪尔·C.阿姆斯特朗、布克·T.华盛顿等都反对教育隔离，强调通过职业训练和一定的社会保障措施提高有色人种的社会地位，使之生活在最低经济生活水平之上。②

华盛顿：从奴役到自由。布克·T.华盛顿(Booker. T. Washington, 1856—1915)是美国内战后半个世纪里一位为黑人运动振臂高呼的著名教育家。从华盛顿的自传《脱离奴役》(*Up from Slavery*)一书中可以看到，他是生于黑人奴隶之家的一个小黑奴，经历了南部诸州合并，而后又

① 保罗·A.西姆巴拉：《国家监护下的自由民和格鲁吉亚的重建(1865—1870)》(阿西斯：佐治亚大学出版社，1997年)。

② 罗伯特·弗朗西斯·艾格：《教育被剥夺公民权和继承权的人：塞缪尔·卡曼·阿姆斯特朗和哈姆顿机构(1839—1893)》(诺克斯维：田纳西大学出版社，1999年)。

与北方白人机构谨慎地达成妥协的混乱时期。①

通过工作改善经济地位

还是汉普顿学院(Hampton Institute)的一名学生的时候，华盛顿就学习了塞缪尔·阿姆斯特朗(Samuel Armstrong)将军关于专门建立一所为非洲裔美国青年接受教师培训和工农业知识的学院的教育哲学。阿姆斯特朗认为，职业教育能够使黑人成为合格的劳动工人。华盛顿接受了阿姆斯特朗的劳动技术改善经济地位、劳动技术提高道德境界的教育哲学思想。②

华盛顿在塔斯凯基的影响

1881年，亚拉巴马立法机关在塔斯凯基(Tuskegee)为黑人建立了一所教育学院，华盛顿担任该学院的校长。他根据南部黑人的生活条件和工作环境来制定该学院的课程内容。当华盛顿看到学生们上农业课程时面临着没有土地实践的问题，他提出了一个创想，即让学生们在农场或职业技术行业里实践他们在课堂上获得的知识，这样，不仅使学生们获得了实践经验，还解决了学院资金不足的问题。因此，该学院重视基础学科、农业及职业技能的培训，强调艰苦劳动的价值观和劳动精神的高尚。虽然它鼓励学生们将来成为初级学校老师、农场主和手工业者，但不赞成学生们在法律和政治方面的发展。华盛顿认为，专业教育和政治行为是不成熟的，它们将会引起在南部占统治地位的白人权力机构的强烈抵触。

社会分离论

华盛顿是一位充满活力、深受大众欢迎的演说者。他认为，白人和黑人虽然在经济上是相互独立的，但在和谐的表面下可能仍存在着社会隔离。1885年，他在佐治亚州的亚特兰大举行的棉花展览会上发表了一

---

① 布克·T.华盛顿：《奴隶崛起》(纽约：双休日出版社，1938年)。

② 雷蒙德·W.斯莫克：《正确认识布克·T.华盛顿：路易斯·R.哈南的论文》(杰克逊：密西西比大学出版社，1988年)。

篇演讲，这篇演讲稿总结了他的教育哲学观。他认为："一个完整的社会里充满着万事万物，它们的关系就像一只手上的五根手指头一样，彼此独立但又都是手的一部分，它们相互融合，共同进步。"①

关于华盛顿的争议性言论

今天，华盛顿是一位颇受争议的历史人物。他的支持者认为，华盛顿虽然在种族问题上妥协过，但他仍然在当时恶劣的情势下保护并寻找一切时机发展黑人受教育的机会。他的反对者则认为华盛顿是一个大型教育网络的领导者，他只是为了他个人权利的膨胀而不是努力改善美国黑人糟糕的处境。其中的一位反对者就是W．E．B．杜波依斯。

杜波依斯：教育隔离制度的挑战者。W．E．B．杜波依斯（W．E．B．Du Bois，1868—1963）是一位挑战教育种族隔离制度的社会学和教育先驱。② 该制度严厉禁止黑人拥有受教育的机会。杜波依斯十分怀疑布克·T．华盛顿的教育领导者立场，认为必须彻底地坚决地反对隔离政策和种族歧视，不能有一丝一毫的妥协。

杜波依斯：一位学者

华盛顿的教育理论立足于南部农业经济的发展，杜波依斯与之不同之处就在于他研究整个美国的经济发展。杜波依斯出生在美国马萨诸塞州，最初在纳什维尔的菲斯克大学（Fisk University）求学，毕业后，在德国继续他的研究生学习，后来在哈佛大学获得博士学位，并亲自到亚特兰大大学进行关于美国黑人生活水平的研究工作。杜波依斯写过一本书，即著名的《一份费城黑人的社会调查》，在这本书中，他详尽阐述了城市黑人社区所存在的社会、经济及教育的问题。③ 作为一名人文社会

---

① 布克·T．华盛顿：《布克·T．华盛顿演讲节选》（纽约：双休日出版社，1932年）。

② 关于杜波依斯的传记，参见戴维·列文林·刘易斯：《W．E．B．杜波依斯：种族传（1868—1919）》（纽约：亨利—沃特出版社，1973年）；戴维·列文林·刘易斯：《W．E．B．杜波依斯：平等权斗争和美国的世纪（1919—1963）》（纽约：亨利—沃特出版社，2000年）。

③ W．E．B．杜波依斯：《一份费城黑人的社会调查》（费城：宾夕法尼亚大学出版社，1899年）。也可参见迈克尔·B．凯兹和托马斯·J．萨格鲁合编：《W．E．B．杜波依斯、种族和城市：费城黑人及其传统》（费城：宾夕法尼亚大学出版社，1998年）。

学家和历史学家，杜波依斯也是一位争取公民权益的坚定积极分子。

杜波依斯：一位民权领导者

1909年，杜波依斯帮助组织了全国振兴有色人种协会(NAACP)。《危机》杂志是该协会的主要刊物，杜波依斯曾在杂志上多次发表评论，认为所有的美国儿童和青年，包括黑人儿童和青年，在教育机会面前应该有真正的平等。杜波依斯及其组建的全国振兴有色人种协会长期不懈地与学校里的种族隔离现象作斗争，同时他一生还致力于努力帮助公立学校中遭到种族隔离的黑人。(关于废除种族隔离政策的进步将在"社会阶层、种族与学业成绩"那一章讨论。)

力图改变社会和教育现状

不像布克·T.华盛顿在种族关系上采取了一种妥协和让步的态度，杜波依斯认为必须从根本上改变这种社会关系。他相信黑人需要受过良好教育的领导者，尤其需要在社会各项领域里出类拔萃的领导者。根据美国有10%的黑人能够受到高等教育的假定，杜波依斯提出了"10%天才"的概念。华盛顿和杜波依斯都非常相信工作有高低贵贱之分，但杜波依斯坚持认为，一个人的职业不应该根据他的种族类型来决定，而应该由他的能力和选择机会来决定。作为先驱领导者，杜波依斯为20世纪50年代中期以后的美国种族关系翻天覆地的变化做出了极大的贡献。可通过参考资料栏查看杜波依斯对南部的影响。

二、土著美国人

传统部落教育

在欧洲殖民者踏入美洲土地之前，土著美国人的教育大部分是非正式的。当地儿童从他们的部落生活和他们自己的社会传统中直接获取生存技能、确定社会角色和文化模式。

由于欧洲殖民者对美洲文化的怀疑和暴力的使用，伴随着欧洲对美洲的改造和灭绝行为，两洲的文化都已被改变了。当殖民者试图在北美重建欧洲文化，而土著美国人寻求保存他们的文化时，双方的文化都发生了变化。①

传教士对教育的推动

欧洲人自视欧洲文化比美洲文化更先进，故在北美的欧洲殖民者强制勤劳的土著美国人“文明化”。为了使土著美国人加入天主教，同时为了教育法国殖民者的子女，法国传教士在密西西比河谷建立了学校，以便传递法国语言和文化。

西班牙控制着美国的西南部，一些耶稣会教士和方济各会教士开始寻找机会淡化西班牙地主对土著美国人的剥削色彩。他们建立传教机构保护自身利益，控制当地居民，并强制各部落加入天主教。在这些传教士学校里，儿童学习宗教、阅读和写作课程。结果，土著美国人与西班牙人的文化和宗教经常处于一种非常态的混杂之中。它通常制造出两种文化——一种是土著美洲人文化，另一种是西班牙人文化——相互并存。②

摩拉维亚人

柴罗基族人的字母表

在英国人管辖范围内，英国人零星地建立传教士教堂，同时对土著美国人实施教育活动的规模也是非常小的，因此，对殖民地的教育影响不是很大。比较有影响的教育成效反而是一群德国宗教人士摩拉维亚人在英国殖民地取得的。摩拉维亚人是波希米亚主教的信奉者和教育改革家约翰·爱默斯·夸美纽斯(John Amos Comenius)的追随者。他们看到通过教育能够给世界带来和平，于是，他们来到土著美国人部落，教给当地人文化，并把《圣经》翻译成印第安语言向他们广为传播。在众多早期土著美国人教育家中，需要特别介绍一位教育家，他就是柴罗基族人(Cherokee)——塞库亚，他用本民族语言设计出一种字母表。塞库

① 科林·G.加洛威：《所有人的新世界：印第安人、欧洲人和早期美国的重建》(巴尔的摩：约翰斯·霍普金斯大学出版社，1997年)，p. 42。

② 关于传教文化的讨论，参阅克里斯托弗·威斯塞：《神父的足迹》(印第安纳州圣母城：圣母玛利亚大学出版社，1996年)。

亚在1832年完成的字母表使土著美国部落柴罗基族第一次有了用文字书写出来的语言。

主张民族同化者的教育观

19世纪，美国政府强迫大批土著美国人迁往密西西比河以南地区，即美国大平原和西南部偏远地方的居留地。1870年以后，联邦印第安事务局(BIA)在一些本出于好意，但实际却在误导的教育改革家的呼吁下，又一次企图通过同化土著美国人进入白人社会而迫使他们接受“文明化”。这些“改革家们”努力探索，试图通过职业训练来灭绝部落文化，培植“白人”价值观。①

寄宿学校

从1890年到20世纪30年代，联邦印第安事务局通过寄宿学校来推行它的同化教育政策。在寄宿学校里，非常重视读、写、算术和职业训练等基础课程的学习。在这些学校里，年轻的土著美国人被严厉的军事纪律管理着，他们被禁止使用本民族语言，只能被迫使用英语。②

学生们的反应

面对寄宿学校的种种非人折磨，土著学生们要么抵抗，要么消极接受，要么麻木适应。顽强的抵抗者不断地从寄宿学校里逃走。那些在寄宿学校里继续接受教育的学生则时常受到父母的鼓励，父母告诫他们，只有努力在学校里学习一项本事才能生存。③ 许多的学生因为丧失了文化同一性而感到痛苦，感到他们正陷入一种处于两种不同文化中间的根

① 戴维·W.亚当斯：“基础问题：土著美国人学校教育的深层含义(1880—1900)”，《哈佛教育评论》(1988年2月)，pp. 1—28；也可参阅罗伯特·M.厄特利：《美国西部的印第安人边界(1846—1890)》(新墨西哥州阿尔布卡居：新墨西哥大学出版社，1984年)。

② 戴维·W.亚当斯：《种族灭绝教育：美国印第安人和寄宿学校经历(1875—1928)》(劳伦斯：堪萨斯大学出版社，1995年)；布伦达·J.蔡尔德：《寄宿学校时期：美国印第安人家庭(1900—1940)》(林肯：内布拉斯加大学出版社，1998年)。

③ 戴维·W.亚当斯：“从子弹到寄宿学校：对美国土著身分的教育攻击(1878—1928)”；《菲利普周刊》编：《美国印第安人的经历》(伊利诺伊州阿灵顿高地：论坛出版社，1988年)，pp. 218—239；也可参阅K·第塞尼纳·诺马威马：《他们称之为草原之灯：基罗库印第安学校的故事》(内布拉斯加州林肯：内布拉斯加大学出版社，1994年)。

本不存在的文化情结之中。

同时代的学校教育状况

20 世纪 30 年代以后，寄宿学校开始慢慢消失，土著美国人的教育发生了急剧变化。许多土著美国人离开居留地以后住在城市中心，尤其是较有影响的城市里。居住在居留地的儿童可以进入不同形式的学校：印第安事务局支持下的学校、部落学校、公立学校和私立学校。那些居住在城市里的儿童通常进入公立学校。

来自教育领域的种族隔离

尽管民族同化政策不再是官方政府行为政策，但是土著美国人依然遭到种族隔离待遇，使许多年轻人无法接受教育。虽然土著美国人接受教育的平均年龄在 20 岁以下，就全国在校生的平均年龄而言，他们的年龄远远低于总平均年龄。最主要的原因可能是土著美国人较高的辍学率所致，土著美国人完成中学学业的水平远远低于美国总人口的水平。

参考资料

W．E．B．杜波依斯教育学

W．E．B．杜波依斯（1868—1963 年）是一位领导民权运动及为美国黑人争取教育机会平等权运动的领导者。杜波依斯出生于马萨诸塞州的大巴林顿，并在那儿完成了他的初等和中等教育。从 1885—1890 年，他在菲斯克大学（Fisk University）——一所坐落于田纳西州、具有悠久历史的黑人学院里就读。下面的一段文字描述了杜波依斯——一位北美黑人在南部不得不面对种族歧视和隔离时的种种反应。后来，杜波依斯在哈佛大学取得博士学位，并把自己一生的精力都献给了争取所有种族和民族平等的事业。

（我）在菲斯克大学的 3 年求学时期是我不断成长和发展的时期。我学会了许多关于这个世界的新事情。我对种族问题的知识积累愈来愈多，认识愈来愈明确。我亲眼看到了许多我从未想到过的歧视现象：南部列车乘客的肤色隔离座位仅仅是个开始；整个城市和乡镇都充斥着显而易见的肤色隔离；在大街上我四处耳闻公然的种族鄙视的语言，甚至种族辱骂；第一次接触到我在新英格兰从未意识到的种族暴力事件；我清楚地记得我一边走着，一边睁大眼睛看着一所公共建筑的大门，里面充满着铅弹味。前天，就在里面，《前沿时报》的主编被公然谋杀了。与此同时，我还吃惊地看到我的许多同学都携带着武器并时常听到他们的冒险故事。但是，另一方面，我同我的老师们的个人接触确是鼓舞人心的，极有收获的，正如我所想的人们之间友好相处的那种必然行为。亚当·斯宾塞(Adam Spence)是第一位教我知道了什么是希腊语言的菲斯克教师。在一间堆积了种种仪器，小巧但一应俱全的地下室里，弗雷德利克·查斯(Frederick Chase)老师教我怎样认识自然科学的奥秘，并同我讨论未来的研究。同时，我还知道伊拉斯特斯·克拉威斯(Erastus Cravath)校长——一位受人尊重的、诚挚的人。

我下定决心去调查更多关于全国各地黑人境遇的材料，并计划在暑假去教书。我不是迫于生计去做这件事，我的奖学金足够支持我大学毕业，我不在乎报酬高低。我听说南部某乡村是一座真正的奴隶制乡村，我非常想了解它。我以每天步行10英里的速度，跋涉数日，终于来到东田纳西州靠近亚历山大里亚的一个小山村，在那里我发现一所内战时就已经建立起来的黑人公立学校。在那儿，整个夏天，我分别以28美元和30美元的月工资教了两个学期。这是一段充满服从的经历。我遇到了新的、难以描述的以及未曾预料到的种族歧视问题。当这位白人校长(我曾因教学问题用电话同他联系过一次)，邀请我同他一块共进晚餐时，如果我期望着同他一块同桌进餐而不是等他吃完后再进餐的话，他就会十分震惊的。我对此又是好笑，又是吃惊。这所学校的所有设备都是原始的：一座无窗的小木屋，粗制的长凳，没有黑板，几乎没有书籍，只有很长很长的小径供人散步。但同时，我听到了充满原始美和雄壮的忧伤的歌声。我看到了艰苦的、长相丑陋的苦工的乡村生活，也看到了没有土地的无知农民的苦苦挣扎。我看到了种族问题的最底线。

问题

(1) 杜波依斯是怎样一步步认识到种族歧视问题不仅是一个历史问题,而是真实发生在现实生活中的?

(2) 在哪些方面杜波依斯的教育观不同于布克·T.华盛顿所规定的有关美国黑人的教育观?

(3) 根据杜波依斯的叙述,描述世纪之交在美国南部乡村学校里的美国黑人接受教育的条件。

(4) 在反思了杜波依斯接受的高等教育是怎样改变着他的美国种族主义观之后,思考他的经历是否会影响你,以及将怎样影响你对种族、民族及性别关系的看法。

(5) 在反思杜波依斯还是菲斯克大学的一名学生时,在某个夏季教学的经历之后,思考他的经历是坚定了还是改变了你的教学观点,以及怎样坚定或改变你的教学观点的。

【资料来源】W. E. B.杜波依斯:《黎明前的黑暗:一篇关于种族概念的传记论文》(*Duck of Down: An Essay Toward an Autobiography of a Race Concept*)(纽约:斯夸肯,1968年),pp. 30—31。1983年授予事务出版公司独家版权。版权所有,不得翻印。

三、西班牙裔美国人

西班牙民族及其文化

西班牙裔美国人是美国人口增长最快的一个种族群体。西班牙裔是相对于使用西班牙语人们的一个广泛称呼,它的种族起源可追溯到墨西哥人、波多黎各人、古巴和其他拉丁美洲国家,虽然西班牙裔美国人都把西班牙语视为共同的语言,都有许多相同的西班牙传统,但不同的民族群体都有各自独特的文化。①

① 关于教育术语和教科书的讨论,参见"尚待完整:20世纪拉丁美洲人的当代美国历史教科书",《美国历史杂志》(2000年3月),pp. 1689—1699。

西南部的同化政策

墨西哥裔美国人是美国人口最多的一个西班牙裔民族群体。1848年前后爆发了墨西哥—美国战争，墨西哥战败后退出新墨西哥州，美国版图则扩大到加利福尼亚州、亚利桑那州、得克萨斯州和科罗拉多州，现在的众多墨西哥裔美国人就是那时被迫加入美国籍的墨西哥人的后代。① 在上述五大州里，公立学校推行种族同化政策，即著名的"美国化"政策，然后，逐渐推广至全美国。墨西哥裔后代被教习英语，禁止他们使用本民族语言——西班牙语，他们渐渐遗忘了本民族的文化遗产。结果，正规学校教育处于消极的、固步自封的状态，经常把墨西哥裔美国人描述为来自劣等文化国家的被征服的一群人。今天，美国实行双语和多元文化教育，取代了以前的"美国化"教育，对促进墨西哥裔美国人的历史觉醒做出了极大的贡献。②（关于双语教育和多元文化教育的内容，详情请看"提供平等的教育机会"那一章。）

几乎没有受教育的机会

在此多年之后，许多墨西哥人跨越美国—墨西哥国界作为移民工人来到美国工作，使得西班牙裔美国人口急剧增长。移民美国的墨西哥人作为农场工人、铁路工人，为美国大农场主、铁路部门提供了大量廉价的劳动力，雇主们因此非常鼓励他们向美国移入。不过，墨西哥移民工人的工资非常低廉，居住的环境通常非常肮脏，工作条件也极为恶劣。移民工人的子女即使不在田地里帮助他们的父母干活，也很少或者几乎没有任何接受教育的机会。虽然有很多移民工人重新返回墨西哥，仍然有许多移民工人或合法或非法地留在美国。

奇卡诺运动

第二次世界大战以后，墨西哥裔美国人从美国西南部扩展到其他几

---

① 伦纳德·第恩那斯顿与戴维·M.雷莫斯：《美国种族史》、《移民和同化史》(纽约：哈珀罗出版社，1972年)，pp. 88—89；朱利安·内弗：《墨西哥裔美国人简史》(纽约：比奈-比利斯反诽谤共青团出版社，1970年)，p. 31。

② 莉斯贝思·哈斯：《加利福尼亚土地上的征服和历史同一性(1769—1930)》(伯克利-洛杉矶：加利福尼亚大学出版社，1995年)，p. 151。

个州，经常扩展到东北和中西部的大城市里。今天，大约90%的墨西哥裔美国人居住在城市里。20世纪60年代，墨西哥裔美国人为争取公民权利组织了一场“奇卡诺运动”(Chicano movement)，这场运动类似于非洲裔美国人的民权运动，要求改善他们的社会、经济和教育条件。① 不过，墨西哥裔美国人仍在努力寻找更好的途径进入高等教育，在高等教育领域里，他们的入学率低于国家平均水平。

波多黎各人的美国化过程

波多黎各裔美国人是美国另一个较大的西班牙种族群体，他们在美国居住的历史始于1898年的西班牙和美国的战争，通过那次战争，美国得到了波多黎各岛。美国政府官员通过在波多黎各岛推行美国公立学校教育，取代了西班牙在此岛的殖民教育制度。虽然在一些课堂上学生们仍被教习西班牙语，但英语是每个学生必修的，以此来促使他们迅速“美国化”。美国教育家也主张用美国教学方法培训波多黎各人做教师。结果，在学生们中间出现双文化的同一性——他们本岛的西班牙文化和讲英语的美国文化的同一性。

辍学率

自20世纪早期以后，波多黎各移民源源不断地来到美国本土。今天，大约有200多万波多黎各裔美国人居住在美国大城市中心，如纽约、芝加哥和费城。② 他们也一直在为经济和教育上的不平等作斗争。一直以来，波多黎各裔美国人中学辍学率高，而大学入学率非常低。不过，近几年来，波多黎各裔美国人开始频频出现在政治舞台上，尤其在纽约和芝加哥两大城市，他们试图通过政治活动来改善他们的经济地位和教育处境。

---

① 关于墨西哥裔美国人的城市经历，参阅乔治·J.桑齐梓：《奇卡诺-洛杉矶墨西哥裔美国人的遭遇：种族、文化和同一性(1900—1945)》(纽约：牛津大学出版社，1993年)。关于墨西哥裔美国人的社会和政治意识，参阅戴维·G.古第尔勒梓：《城墙和镜子：墨西哥裔美国人、墨西哥移民和种族政策》(伯克利-洛杉矶：加利福尼亚大学出版社，1995年)。

② 第纳斯顿和雷蒙斯：《美国种族史》，p. 102。

各式各样的教育背景

古巴裔美国人是西班牙裔群体的一部分，它完全不同于其他西班牙裔群体成为美国公民的历程，它源于政治避难者，他们为免于政治迫害而逃离古巴，来到美国，建立起属于自己的文化社区。先后有几批古巴政治避难者来到美国，他们联合在一起就形成了古巴裔美国人社区。1959—1973年间，第一批避难者为了逃避费德尔·卡斯特罗（Fidel Castro）的统治而来到美国。这一时期的许多逃亡者来自古巴中、上层阶级。他们带来本国的政治、经济及教育背景和组织机构，在美国创建了一个独特的古巴裔美国人文化社区。20世纪80年代，又有一批来到美国的马利亚移民，他们来自古巴的底层社会。古巴裔美国人社区展现了古巴风貌的许多方面，创造了一个独特但又融入美国社会的文化。①

双语教育

1968年《双语教育法令》的颁行是西班牙裔美国人教育生活的一道分水岭。该法令一直沿袭到1974年最高法院对“罗斯控尼克尔斯”（Lau v. Nichols）案件的判决，它导致了美国双语教育计划的建立（详情见“提供平等的教育机会”那一章）。现在，公立学校已经摈弃了旧的种族同化和美国化政策。不过，近年来，双语教育已经变成了颇有政治争议性的问题。反对双语教育制度的人想把英语作为官方语言。1998年，加利福尼亚州在一次州公民投票表决会上，投票结束了双语教育计划。不过，该表决会的影响及双语教育的未来仍处在较大的争议中。

四、亚裔美国人

欧洲移民不论从哪里进入美国，都必须经由东海岸线，主要停留在纽约城，而亚裔美国人一般经由西海岸线来到美国，主要居住在洛杉矶和旧金山的城市里。由于这些地理上的原因，历史上亚裔美国人主要集中在沿

---

① 玛利亚·克利斯蒂娜·加西亚：《哈瓦那-美国：古巴政治避难者和南佛罗里达的古巴裔美国人（1959—1994）》（伯克利-洛杉矶：加利福尼亚大学出版社，1996年），pp. 111—118。

太平洋海岸线西部各州。后来，亚裔美国人沿着西部向东部迁移。最早居住在美国的亚洲人是中国人和日本人。在近代较新的东方移民中还包括菲律宾人、印度人、泰国人、朝鲜人、越南人、老挝人和柬埔寨人。

早期的中国移民

中国移民来到加利福尼亚州始于 1848—1849 年期间的美国淘金热。在 1848—1882 年间，人口达到最高峰，当时大约有 228 945 名中国人被允许来到美国。早期中国移民开始是作为矿工、农场工人和铁路工人在美国做苦工。富有进取心的中国商人经营了西海岸线城市小商品买卖、杂货店和干洗店。在旧金山和洛杉矶，中国人发展了属于自己的社会、宗教、文化和教育的个体文化圈。①

日本移民

日本移民比中国人晚一步，大约是 1885—1924 年间来到美国。日本移民主要来自日本西南部农业地区，他们来到夏威夷和加利福尼亚州，在这两大州，劳工部门为大种植园和农场主们大量招募种植甘蔗和凤梨的工人，他们的到来为之提供了大量廉价的劳动力。日本移民人数在美国不断增长，至 1910 年，由于日本和美国在经济和政治上不断产生摩擦，日裔移民的人数明显下降。②

排斥亚裔移民

有限的教育机会

1882—1924 年间，美国国会颁布了一系列法案，禁止日本人和中国人进一步向美国移民，同时，阻止移入的中国人和日本人成为美国公民。1882 年出台的《排斥中国人法》使得中国人成为遭到官方禁止向美国移民的第一批亚裔移民。③ 在上述法案生效以前移入美国的移民，他们接

---

① 西荷-珊·亨利·特塞：《华裔美国人的经历》(印第安纳州布卢明顿：印第安纳大学出版社，1986 年)，pp. 1—20。

② 戴维·G.奥波力恩和斯蒂芬·S.弗格塔：《日裔美国人的经历》(印第安纳州布卢明顿：印第安纳大学出版社，1991 年)，pp. 4—17。

③ 安德鲁·吉罗列：《关闭大门：种族、政治和排华法案》(北卡罗来纳州教堂山：北卡罗来纳大学出版社，1998 年)。

受教育的机会以及经济权益的保障都因种族隔离政策而受到限制。例如，1906年，旧金山市教育委员会开始把亚裔学生同其他学生隔离开来。来自日本政府的外交保护使得该委员会不得不取消它的种族隔离政策。① 在第一次世界大战以前，几乎没有华裔或日裔美国人达到足够的教育水平以进入专业学校。②

日裔美国人的禁闭经历

第二次世界大战使美国的种族偏见越发表面化，日裔美国人首当其冲。美国政府害怕在美的日本人可能帮助日本侵略军，封锁了11万名日本人的一切活动（其中许多人是美国公民），并把他们投入再安置营，这些再安置营建在美国偏远地区，在那里，缺乏基本的生活保障和服务。虽然在再安置营里最终也为年轻的日裔美国人建立了学校，但禁闭的经历给日裔美国人带来了严重的身心伤害。美国政府对日裔美国人的禁闭行为完全基于一种没有根据的恐惧，而不是日裔美国人做了一件具体的蓄意破坏的事情。因此，20世纪80年代以后，联邦政府确实承认曾在战争期间对公民自由权进行过粗暴干预，并答应对遭到禁闭的人给予补偿。③

菲律宾移民

大量的菲律宾人也向美国本土移民是在第二次世界大战开始的时候。因为菲律宾是依附于美国联邦的一个小国，故菲律宾人没有遭遇到施加在其他亚裔美国人身上的移民限制政策。许多菲律宾男子在美国海军舰队做事，后来，他们携带家眷定居在西海岸线。其他菲裔美国人，特别是20世纪30年代以来，主要是作为农场工人来到美国本土的。

---

① G·奥波力恩和S·弗格塔：《日裔美国人的经历》，p. 17。

② 朗·古拉什基："双文化主义的问题：二战前的日本民族特性和节日"，《美国历史杂志》（2000年3月），pp. 1632—1654；夏洛特·布鲁克斯："白天与黑夜的交错地带：日裔美国人的再安置和芝加哥社区（1942—1945）"，《美国历史杂志》（2000年3月），pp. 1655—1687。

③ 米切尔·T. 马吉、哈里·H. L. 吉塔奥和梅根·伯索德：《可圆的梦：日裔美国人是如何获得赔偿的》（厄巴纳：伊利诺伊大学出版社，1999年）。

第二次世界大战后亚裔移民状况得到改善

第二次世界大战以后，华裔、日裔以及菲裔美国人的经济地位和教育地位得到了根本的改善。1952年出台的《麦卡兰—华尔特法令》虽然仍对移民数进行限额，但取消了对亚裔移民及公民权的限制。亚裔移民人口因此急剧增长，许多新移民还是接受过高等教育的专家。他们的到来使得美国接受高等教育的亚裔人口显著增加。这些变化在日裔美国人身上体现得尤为显著，他们接受中学后教育的人数不仅超过了其他少数民族群体，还超过了大多数白人。几乎有90%的第三代日裔美国人进入了学院或大学。

新亚裔移民

20世纪60年代以后，大量的朝鲜人和印度人进入了亚裔美国人的社会。70年代，随着美国支持下的东南亚政府的垮台，越南人、柬埔寨人和老挝人纷纷来到美国。这些新亚裔移民带来了不同的教育背景。例如，来自越南南方的亚裔美国人大多是以前的军方官员、政府要员、商人和专业人员。

五、历史视野中的多元文化主义

有关多元文化主义的争论

长久以来，美国教育界进行着一场重要的争论，争论的焦点在于“公立学校是应该培养共同的民族特性还是鼓励多种文化并存”这一问题。这个问题对教育政策的制定具有重大意义，同时，也与教师密切相关，因为是他们创造了自己的个人教育哲学。

关于这个主题的争论，通常被称之为“文化战争”，一直持续在整个20世纪90年代，并进入21世纪初。① 那些把教育视为促进共享文化的

① 关于多元文化主义的争论，参见杰姆斯·大卫逊-亨特：《文化战争：塑造美国特色的斗争》(纽约：基础图书出版社、哈帕—科林斯出版社，1991年)；小阿瑟·M.斯勒辛格：《分散的美国》(纽约：W. W.诺顿出版社，1992年)；罗纳德·塔卡其：《一面不同的镜子：美国多元文化的历史》(波士顿：利特尔出版社、布朗出版社，1993年)；詹姆斯·班克斯：《多元种族教育：理论与实践》(波士顿：利特尔出版社、布朗出版社，1994年)；米切尔·盖伦：《竞争的价值观：民主和美国文化的多样性》(纽约：圣马丁出版社，1995年)。

人主张，像美国这样一个文化多元的社会，需要一个共同的文化核心，以提供国家统一观和同一感。而多元文化主义的倡导者则主张美国是一个在种族、人种、宗教和生活方式等文化方面多元化的国家。对他们来说，学校应该承认并鼓励文化的多样性，而不能像其曾在过去的同化时期所做的那样，再实行文化一元化模式。

焦点问题回顾：回顾本章一开始提出的问题：美国是怎样成为一个文化多元化的社会的？反思非洲裔美国人、西班牙裔美国人和亚裔美国人在美国文化中扮演的角色及其对美国文化的贡献。

第七节　最近的教育趋势

虽然难以预测当代教育向着哪个趋势发展将是持久的和具有重大历史意义的，但本小节确认了一些似乎重要的发展趋势：性别平等运动、残障学生的平等教育机会、不断增长的职业教育和学校暴力事件的减少。

《第九号教育修正案》

1972 年的《第九号教育修正案》中涉及有关公民权利方面的内容，它规定在一系列联邦政府资助的教育计划中，禁止歧视女性。从该立法机关的执行结果得出的重要趋势如下：

- 女性在数学、科学和技术项目及职业方面的参与不断增长。
- 教科书和课程材料中关于性别歧视的内容减少。
- 消除入学障碍，鼓励更多女性参加“非传统的”职业教育计划，同时减少学校培训的障碍。
- 女性在体育运动方面的参与进一步扩大。①

① 斯坦·克洛克和米切尔·盖伦：“平等机会的重磅影响”，《商业周刊》(1995 年 6 月 26 日)，p. 37；丹尼尔·E. 唐戈特和丹尼尔·P. 奥列：“第九号教育修正案诉讼案件”。

实行《第九号教育修正案》和WEEA项目的一个具有重大意义的结果是，联邦制度现在要求中学和中学后学校为女性参加体育运动提供平等机会。结果，每年有超过100万位的年轻女性参加中学体育运动，而在1970—1971年只有29.5万位女性运动员。尽管女性接受教育的计划大大得到改善，但许多教育者相信进一步的学校改革仍是需要的。①

在20世纪90年代一个重要的相关趋势是，人们意识到学校、学院和大学里的性骚扰问题正在不断增加。在1999年5月25日，美国最高法院在“戴维斯指控门罗县教育董事会”案件中裁决，学校应对课堂或学校前提下的性骚扰事件负责。在本案件中，一名15年级的女生声称学校管理者没有制止班上一位男生对她进行性骚扰。该法院裁决，按照《第九号教育修正案》规定，学区应当对没有有效阻止一名学生对另一名学生进行严重的、显而易见的性骚扰伤害负责。②

《关于全体残疾儿童的教育法案》

1975年，议会通过了《关于全体残疾儿童的教育法案》(PL94—142)，以增加那些先天身心不足的儿童接受同等水平教育的机会。该法案形成了一个全国共识，即残疾儿童应该接受一种“合适的公立教育”。(同样，关于残疾儿童接受教育的全面讨论请查阅“提供平等的教育机会”那一章。)

美国教育部

1979年，在卡特总统的敦促下，国会颁布了一项立法，宣布建立美国教育部，该部门的秘书长将从政府内阁中选取一名议员来担任。在该立法出台之前，教育办公室是联邦其他机构中的一部分，诸如内政部或健康、教育及福利部。(参阅“公共教育行政与管理”那一章中更多关于教

---

① 戴维·罗奇：“顺从和不要参与限定”，《纽约时报》(1995年9月17日)，p. 22；黛布拉·E.布鲁姆：“平等的衡量”，《高等教育编年史》(1996年1月26日)，pp. A33—A34；吉姆·诺顿：“《第九号教育修正案》争论焦点从集体向学问的转变”，《高等教育编年史》(1996年5月29日)，pp. A45—A46。

② 琳达·格林豪斯：“学校担负课堂性骚扰责任”，《纽约时报》(1999年5月25日)，p. 1、24。

育管理方面的内容。)

在整个 20 世纪 90 年代,一系列学生持枪伤害学生的事件不断发生,人们呼吁要引起对学校暴力事件不断增加的关注。当 1999 年 4 月,位于科罗拉多州里特勒顿的哥伦比亚中学的两名持枪学生杀死了他们的 12 名同班同学和一名教师时,这个问题引起全国性的异常关注。哥伦比亚事件并不是一起孤立的事件,类似的情况在其他学区和州已有发生。许多学区已开始启动"不要忍耐"计划,禁止学生携带任何形式的武器。许多阻止暴力的计划已相应建立,教师们正在进行在职培训,被要求采取适当的措施以确保学生的安全。

焦点问题回顾:回顾本章一开始提出的问题:美国教育历史的最近趋势是什么?你认为哪些趋势将对你自身的教学生涯产生最大的影响?

第八节 恐怖主义战争

2001 年 9 月 11 日,外国恐怖主义分子袭击了华盛顿特区的五角大楼,并故意用民航飞机撞毁了纽约市内的世贸中心大楼。这次袭击事件导致将近 2 900 人丧生,并改变了美国人关注世界和他们在本国生活的方式。尽管全球恐怖主义的挑战已明显不同于早期的威胁,但持续至今的恐怖主义事件的某些因素提醒人们从历史角度来分析这些事件。

教育是我们不断进步的文化的一部分。美国教育史证明,学校是资助和维持它们的社会的反映。免费公立学校运动反映了人们对新共和国教育普遍化和民主化的强烈渴望。中学就是对工业化社会到来的一个响应。解读恐怖主义和提升国内安全也正在成为学校教学计划的部分。

学校对过去危机的应对之策。虽然美国已发生了 2001 年 9 月 11 日的恐怖袭击事件,且进行反恐斗争已深入民众之心,但我们可以思考一下,学校教育在过去发生的危机中是怎样应对的,从而帮助我们决定我们应该怎样应对当前发生的事件。在一战期间，学生们为争取自由权筹措资金，在自由的花园种植蔬菜。在二战期间，学生和教师清理并运走碎片金属，购买战争储蓄邮票和股票，种植成功花园。这些行为都是对战争时期的直接回应，但更多重要的经验在学校里被教给学生，那就是为了保护美国的生活方式和民主，牺牲是必要的。

学校能促进危机时刻的民主价值观和对多元文化的理解。通过研究学校在过去的危机来临时采取的应对之策，我们学到了在今天我们应该做什么和不应该做什么的极有价值的教训。在美国卷入一战后，德国的教学几乎立即在整个国家的中学实质性地消失了。这是美国人对德国人剥夺学生学习重要语言和文化的强烈反映。在二战期间，出于对间谍和蓄意破坏活动的恐惧，成千上万的日裔美国人被重新安置于再安置营地。为了避免再犯这些过去的种族偏见陋习导致的错误，学校、教师和学生要避免歧视阿拉伯人和穆斯林教徒，尊重民主和多元文化价值观。

总　　结

(1) 当英国殖民主义者来到北美定居时，他们也把建立在社会阶层基础上的欧洲传统教育制度传入了美国。小学或本国语学校为较低社会经济阶层提供读、写、算术和宗教等基础课程。预备学校，例如拉丁语法学校和殖民地学院，专为上层阶级的男子服务，给他们提供大量古典作品课程的学习，以便为将来担任教会、各州和社会的领导角色做准备。

(2) 在美国赢得独立之后，免费公立学校或公立学校运动导致了全美初等学校的广泛建立。

(3) 19 世纪公立中学的出现促进了美国公立教育的增长。州立学院和大学数量的大幅度上升，及 1862 年《莫雷尔法案》的颁布，成功地取代了欧洲特有的双轨制残余的痕迹。20 世纪初，美国公立学校制度形成，它包括初等、中等和高等学校。

(4) 在 20 世纪中叶,教育技术的注入开始改革学校教与学的方式。

(5) 到 20 世纪中叶,经过多种力量的努力、调停,少数种族群体,尤其是非洲裔美国人、土著美国人和西班牙裔美国人的子女终于赢得了教育机会平等的权利。美国教育的最近趋势涉及更遍布于美国主流学校教育的群体,同时还强调更高的学术成就。

(6) 19 世纪末 20 世纪初出现的美国化的意识形态,先强调种族同化,后又主张建立共同的文化模式。该思想自 60 年代中期开始,逐渐被一种多元主义哲学观所取代。这种哲学观重视所有美国人的多元文化的贡献。

关 键 术 语

双轨制

城镇学校

角贴书

拉丁语法学校

政府土地赠予

文实学校

导生制

免费公立学校

师范学校

教育阶梯制度

中学

十人委员会

中学教育结构改革委员会

初级中学

赠地学院

寄宿学校

美国化

讨 论 题

(1) 在哪些方面使得美国教育在整个历史发展过程中更具有包容性?在哪些方面它仍然在全包容教育中存在不足?作为教师,你认为你能做些什么来促进全包容性教育?你认为全包容性教育会怎样反映你作为教师的职业发展以及你自己的教育哲学?

（2）清教徒的道德标准在历史上曾对美国的文化和教育产生过什么影响？你自己的教育哲学在哪方面体现了清教徒的道德标准？

（3）杰弗逊关于公民教育的构想能不能满足同时代的美国社会的教育需要？在你的教育哲学观中有哪些方面体现了公民教育思想？

（4）根据美国中等教育的历史，为什么中学的教育目的经常处于争议之中？你认为中学教育的目的应该是什么？

（5）给出一个理论解释来支持你的“美国化”和文化多元主义的观点。并以你的职业发展和个人教育哲学为依据，对这个理论基础给予分析。

（6）对学校而言，是否可能培养出既有共同特征，又是多元文化的文化？

（7）思考美国教育历史发展的连续性和变化的程度。美国学校教育是怎样体现着连续性的，又是怎样在发生变化的呢？

专业发展的建议方案

（1）位于荷兰的尼美根大学在教育史和儿童期教育史方面不仅与国际档案馆进行链接，还拥有第一手材料（网站：www. socsci. kun. nl/ped/whp/histeduc/index2. html）。咨询该网站，可以搜索一些在本章中有所探讨的主题。

（2）关于美国黑人教育的资源，可登录在美国国会图书馆《往事文集》中总结的“美国黑人观”所在网站：www. lcweb2loc. gov/ammem/aap/aaphome. html。复习该文集的资料，确认这些资料是本章有关“美国黑人”小节的补充。

（3）布克·T.华盛顿是一个有争议的历史人物。登录布克·T.华盛顿国家纪念馆所在的网站：www. nps. gov/bowa/home. htm，华盛顿是怎样被描述的？你是赞同还是反对对作为一名领导者的华盛顿的叙述？

（4）在美国试图使用学校教育的方式去同化土著美国人方面，你的观点是什么？登录"来自19世纪的土著美国人的教育文献"所在的网站：www. duke. edu/～ehs1/education/index. html和"卡利斯勒印第安人工业学校"所在网站：www. home. epix. net/～landis/main. html。复习来自这些网站的资料，修改或重述你的观点。你已经使用了哪些证明材料来形成你的观点？

（5）思考本章谈及的美国教育的主要历史发展，然后设计一项班级活动。采用口头访问的形式，请有经验的学校行政管理人员和老师们谈谈他们职业工作中发生的主要变化。例如，当你作为一名管理者或一位教师开始工作时，学校的形势和环境是什么样的？现在发生了哪些变化？这些变化具有什么样的重要意义？你是怎样适应这些变化的？也可搜索"19世纪的学校"所在的www. digital. library. pitt/edu；nietz网站。

（6）组织一项集体调查活动，在这项活动中，同学们将对初等学校一直使用的有代表性的课本和阅读材料进行调查，确定一个关键时期，如19世纪40年代、50年代、60年代，等等。你可以从麦伽菲读物开始，使用历史研究方法和解释，尽量确定故事的本质是怎样的，有哪些人物，及经历了这么多年，书中的价值观有哪些变化。

（7）组织一个小组进行讨论，在这个讨论中，每一名参与者需要阅读一篇自传，以此为基础对一个作者的特殊教育经历进行分析。例如，自传里面可能包含着许多主题，如一个土著美国人在寄宿学校的经历，一个非洲裔美国人在种族隔离学校的经历，一位进入男性行业的女性的经历，一位基督教原教旨主义的信徒对文化相对论的拒绝。

第三部分

教育的政治、经济及法律基础

第七章　公共教育行政与管理

美国教育有四个政府级别——地方政府、中介机构（在某些州）、州政府和联邦政府。对正式的学校组织和如何管理组织的认识，推动了教师或未来的教师在更好的情况下对学校作出明智的选择和切合实际的决定，并采取适当的政治措施。在本章我们将对各种政府级别及其如何影响教育进行考察。

一个国家的教育体系不存在于这个国家，在同一种意义上说也不存在于英国、法国或日本，这里的教育体系指的是一个州或一个地区的功能；我们有 50 个不同的州立教育体系，甚至在同一个州的地方教育体系中还存在许多的差异。

美国宪法没有提及公立教育，但《第十宪法修正案》保留了各州有权力不具体代理联邦政府或受宪法的约束。这一修正案是指定各个州对公立教育负有主要的法律职责的基础，但是，各州将管理学校体系日常活动的责任授予了地方，所以我就先从地方是怎样管理学校进行讨论。在阅读本章时，请思考以下问题：

焦点问题：

■ 地方、州和联邦政府是怎样影响教育的？

■ 在制定学校政策中，地方学校董事会是怎样与地区教育官员一起工作的？

■ 为什么有许多学校进行了合并或分立？

■ 在决定学校政策时，州长、州立法机关、州教育董事会、州教育部门和州立学校的主要官员之间在角色和责任上有何区别？

■ 近几年，联邦政府在教育中的职责发生了怎样的变化？

第一节　地方的职责和行为

在美国，每所公立学校都是地方学区的组成部分。地方学区是由州建立的。在州立宪法的限定下，州立法机关可以修改一个地方学区的司法权，改变它的界限和权力，甚至取缔它。地方学区包括一个相对小的地理区域和给儿童开办一些特定社区内的学校。但是，因为一个学区担负发挥的是一个州的功能，而不是一个地方的功能，所以地方政策必须与州立学校法规中制定的政策相一致。

一、地方学校董事会的特征

地方董事会的职责

除了州限定他们的特权外，地方学校董事会还担负着重要的决策责任。许多校董事会有权根据税务增加经费，并且拥有人事和学校财产的支配权。一些州让地方学校董事会在很大程度上掌管课程和学生政策，但另一些州则依据法律，强制要求和限制地方学校董事会。

董事会成员大多由选举产生

选举董事会成员的方式依据州的法律进行。两个标准的方式是选举和任命。他们认为选举对公众更为负责，但一部分人认为，任命更能胜任工作和更少有政治成分。选举是最普遍的活动，全国大约有95%的学校董事会成员是通过选举产生的。① 一些州指定了一个董事会成员的标准数量，而其他州指定了一个允许的范围，少数几个州甚至不作任何要求。多数学校董事会都是由7—9个成员组成，最大的学校董事会则有19个成员。

学校董事会的差异：一种持续的关注

许多教育家关心的是学校董事会是否恰当地反映出他们所服务的社区的多样性。最近的全国调查表明，女性在学校董事会成员中的比例有所提高，从1981年的32.8%提高到1998年的39%(见图7.1)。尽管美国公立学校中的少数民族学生的比例在不断提高(2000年占37%)，但少数民族代表保持在同期的8.5%。② 最大的100所学校(注册的学生有3.5万名或更多)倾向于拥有更为异质性的董事会。1991年的一项调查显示：在这些学校体系中，学校董事会成员中有28%的少数民族人员，女性占42%。③

与平均人口年龄相比，学校董事会成员的平均年龄要大(86%的人超过了40岁)；教育程度更高(75%的人有4年或更长的大学教育学历)；更富有(81%的人每年家庭收入达4万美元或更多，并且17%的人每年能收入8万美元或更多)；更可能是专业人员或管理人员(44%)；或是有自己公司的人(13%)。有趣的是，家长仅占57%，没有子女上学的人几乎占47%。大多数董事会成员(55%)认为他们的政治机构是保守的；38%的人认为是自由的。这些成员中有34%的人居住在小城镇，这和住在郊区的成员数目几乎相等。另外，有22%的成员住在乡村社区中，约12%的人住在城市里。④

① 唐娜·哈林顿-卢克："处在困境中的校委会"，《美国学校委员会杂志》(1996年5月)，pp. 18—22。

② 《教育统计文摘》(1997年)，p. 60。

③ 《教育重要标识》(弗吉尼亚州亚历山大：全国学校委员会协会，2000年)，pp. 32—47；阿伦·C.奥斯丁："学校教育局长与校委会董事：他们是谁?"，《当代教育》(1992年冬)，pp. 157—159。

④ 《教育重要标识(1997)》(弗吉尼亚州亚历山大：全国学校委员会协会，1997年)，p. 15。

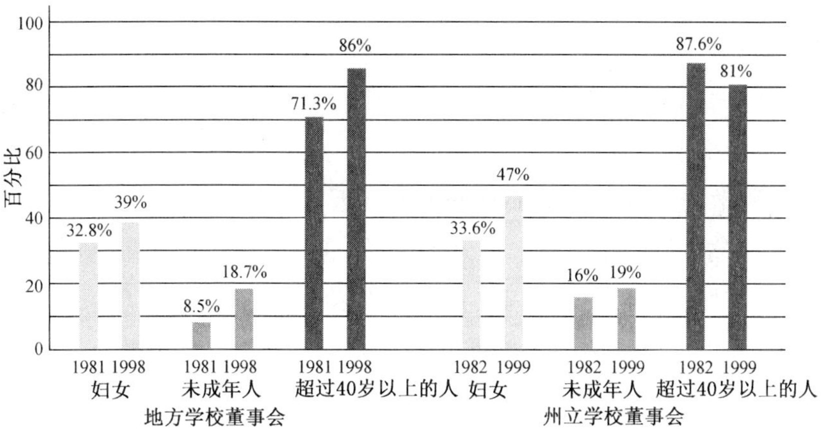

图 7.1　地方与州立学校董事会成员的差异(英文版 203 页)

【资料来源】"领导",《教育重要信息(2000)》(亚历山德拉:国家学校董事会协会,2000 年),p. 32—47;电话采访布伦达·韦尔本国家州教育董事会协会会长(2001 年 4 月 12 日);国家州教育董事会协会,州立董事会成员的性别、年龄和种族的人口统计(亚历山德拉,1998 年),p. 2、4、8。

董事会会议的类型

董事会会议的类型有 3 种:常规会议、专门会议和行政会议。前两种会议通常是开放式的,公众可以参加。第三种会议不对公众开放,讨论人事问题或处理严重问题。显然,开放式的会议增强了学校和社区间的联系,还允许家长和其他市民了解教育问题,并就他们所关心的问题发表意见。召开封闭式的董事会会议以便作出重大的政策决定,这种做法经常受到批评,并在许多州属于违法行径。

学校董事会的压力

学校董事会成员在听取和权衡市民建议群体、公司社团、有某些特别关注(如有残障的学生、天才儿童计划,以学校为基础的管理委员会)的家长、教师协会和地方与州的政客们的有争议的要求时,承担着相当大的压力。资助决策需要他们的支持。因此,他们通常时而是赢家,时而是输家；高度优先考虑的事要领先于不太重要的事，资助限制通常意味着难以作出的决策（有时不时兴）。

学校董事会更多的不合

地方学校的质量对于社区荣誉、社会财富价值和商业在其附近积极发展来说是一个非常重要的因素。然而，根据近期对伊利诺伊州66所学校的教育官员的调查发现：近年来学校董事会的政治色彩越来越浓，他们之间越来越分化；新的董事会成员更看重选民的看法，而不是老董事会成员和教育专家的看法。这就造成了一些教育工作者和市民对选举的学校董事会的价值和他们提出的政策产生了疑问。①

二、学校董事会的职责

学校是个大公司

学校的行政与管理是大公司式的，因此学校董事会成员就必须懂得良好的公司实践。总的说来，学校董事会每年都有3 880亿美元的财政任务，聘用了近500万的教师、行政管理人员和辅助人员（如就业指导员、图书管理员和保育员），②这使他们成为全国最大的员工群体。董事会成员必须认真公正地对待学生、教师、行政人员、家长和其他社区居民，以免触犯法律。

学校董事会成员的职责

学校董事会的权力和职责划分如下：

(1) 政策。学校董事会制定了在学校里哪些应该做，哪些不应该做和怎样做的条例。近来转向以学校为基础的管理已改变了“什么”、“谁”

---

① 阿普里尔·格雷沙姆、弗雷德里克·赫斯、罗伯特·莫兰特与斯科特·米利曼：“荒漠繁荣：亚利桑那州的自由教育市场”；密尔·赫勒与爱德华·伦希克：“学校教育局长正在沦为政客吗？”，《伊利诺伊州校委会期刊》（1992年5—6月合刊），pp. 12—13；托马斯·A.香农：“变化中的地方社区校委会”，《伊利诺伊州校委会期刊》（1994年1月特刊）。

② 《教育统计文摘》（华盛顿，哥伦比亚特区：美国政府出版署，2000年），可见www.nces.ed.gov网站。

和“怎样”这些复杂的内容，允许教师、学校行政人员和家长更多地参与到学校日常事务和指导中。

(2) 员工。根据法律，董事会负责招聘学区所有的员工。但实际上，学校董事会通常限定自己去聘请和选出教育局长(学区的主要行政官员)与员工办公中心的高层人员。聘用和保留校长和教师的决议通常由更下层人员作出。

(3) 雇佣关系。学校董事会负责雇佣关系的各个方面，包括与教师联合会进行集体谈判。大的学区依靠顾问或律师与教师协商；小的学区可能依靠教育局长或召开董事会会议来协商。

(4) 财政事务。董事会必须保证学区有偿付能力，并能取得最大的税后收益。学区的预算通常要比地方政府其他方面的预算大。

(5) 学生。董事会要解决学生的权利和责任问题，满足其升学和毕业、课外活动和参与的要求。

(6) 课程与评估。学校董事会控制着课程的进展——特别是当它涉及州立法律和政策时——并决定课本的使用。同样，董事会必须实施和报告州政府的评估要求。

(7) 社区关系。学校董事会不仅必须对家长负责，还必须对社区的其他成员负责。

(8) 政府内部的要求。联邦政府与州政府的代理机构对地方学校提出了种种要求，学校董事会负责监督这些要求的执行。[①]

人们期望董事会成员不侵犯教育局长的权力来管理学校体系。理论上，董事会成员只有在董事会会议上，以一个集体小组的名义在董事会活动时，才拥有权力。董事会成员必须在政治上谨慎，因为一些人最终会要求得到恩惠，他们必须能够抵制住这种压力。

---

① “NSBA 与 AASA 规划你的角色”，《美国学校委员会杂志》(1994 年 6 月)，pp. 20—21；保罗・胡斯顿与安尼・布赖恩特：“学校教育局长与校委会在啮合公众与公共学校关系中的作用”；迈克尔・W.科斯特：“关于教育政策中政府间关系的近期研究”，《教育研究》(1995 年 12 月)，pp. 18—22。

三、教育局长和行政办公人员

学校系统的行政官员

董事会最重要的职责之一就是任命一位能够胜任的教育局长。教育局长是学校系统的行政官员，而董事会是合法的决策体。由于非专家人员加入了学校董事会，所以教育局长就负责监督专业人员能否适当地完成学校工作。尽管教育局长的决策要征得学校董事会的同意，但教育董事会通常把自己的许多立法权委托给教育局长和教职员工，尤其在一些较大的地区。

董事会依靠教育局长

教育局长的一个主要职责就是收集和展示数据，以便学校董事会成员能作出明智的决策。学校体系规模越大，学校董事会越依赖于学校的主管和员工。教育局长要向学校董事会提出建议，并与董事会成员一起商讨解决问题；一般地说，没有教育局长的推荐，学校董事会拒绝颁布法令或作出决策。但是，如果学校董事会与教育局长间无法在决策上达成一致或仍存在重大冲突，那后者通常被取而代之。教育局长的任期通常仅3—4年。① 20世纪90年代初的一项调查报告指出：在最大的100个学区中，24%的教育局长在其现职上呆上一年或更少。②

教育局长的职责

除了向学校董事会提建议外，教育局长通常还有以下的作用：

(1) 管理专业人员和非教学人员(如管理人员和自助餐厅员工)。

(2) 课程和教学带头人。

(3) 行政管理，包括学区的组织、预算、长远规划和遵从州与联邦机构的政策。

---

① 威廉·E.伊顿："塑造教育局长制度"，(纽约：哥伦比亚大学师范学院出版社，1990年)；拉尔夫·B.金布罗与迈克尔·Y.纳那瑞：《教育管理》第3版(纽约：麦克米伦公司，1998年)。

② 奥恩斯坦："学校主管与校委会董事"。

另外，教育局长还负责学区内各学校的日常事务，并作为学校的主要公众发言人。

社区对教育局长的压力

教育局长通常承受着社区各界的重重压力。例如，家长的不满或有自己议程的社区组织(有时是公开的，有时是隐蔽的)的不满。教育局长的效率大多体现在他或她处理这些群体压力的能力。只有一位信心十足的学校领导才能满足家长和有学生需要的社区群体的要求和期望。专家同意这样的看法，即教育局长成功的关键是能和学校董事会成员、市民组织、教师、家长、协会和选举的官员进行交流。若得不到市民、法律和政治家的支持，教育局长很快就会下台。①

办公中心组织

一位办公中心的员工主要是辅助教育局长(见图 7.2)。在一个有 2.5 万名或更多学生的学区中，员工等级制度可能存在多个层次：一位教育局副局长、副督导长、局长助理、总监、部门主任和许多合作者与督导员，他们每个人都有自己的员工。在小的学区中，办公中心的运行仅是权力少了一些，这是因为等级层次更少了。

对官僚机构的批评

批评者认为，机构层次众多的大规模学区的官僚机构效率很低——这是在浪费纳税人的钱。实际上，根据行政人员与学生的比例，最大的学区并非一定是效率最低的。但是，像大公司一样，许多学区关心的是在资源有限和学校改革时期精简机构所带来的益处。

四、校长与学校

校长的角色

通常，每个学校只有一位行政官员，即校长，他负责学校的运作。在

① 托马斯·香农:“公众的选择：社区参与学校主管选举的蓝图”,《美国学校委员会杂志》(1997 年 3 月),pp. 29—32；赛勒斯·布朗勒:“新的主管制度支持创新”,《当代教育》(1998 年冬),pp. 79—82。

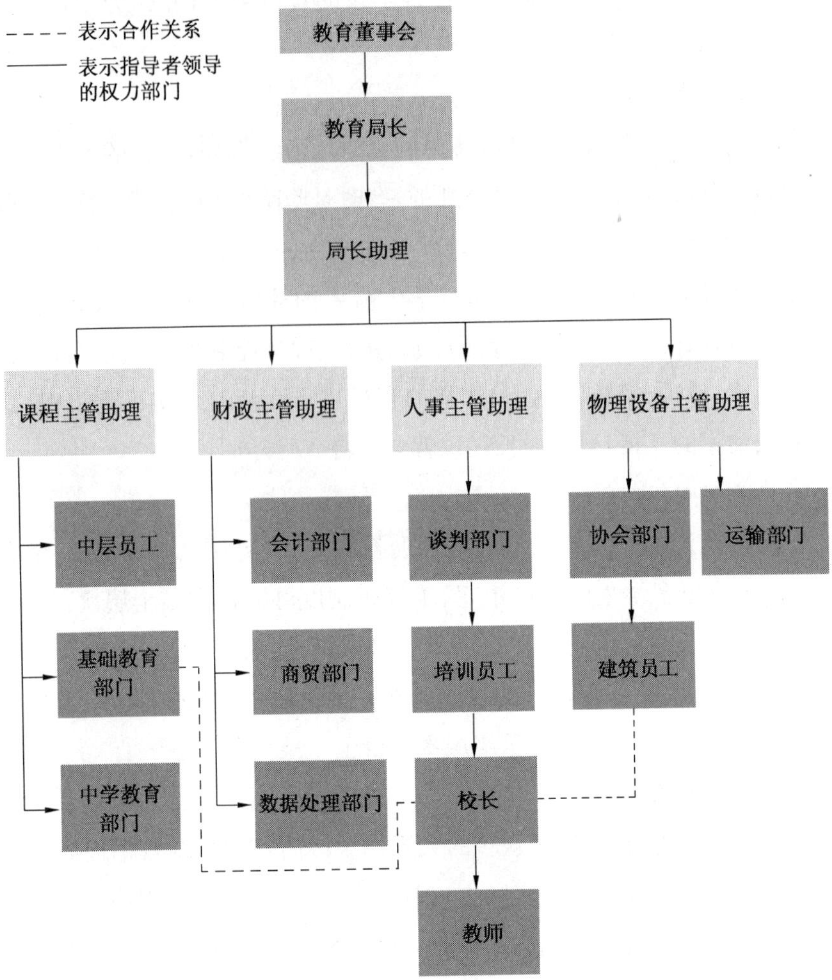

图 7.2　典型的中等规模学区的行政结构图

图 7.2 表示的是一个有 5 000—2.5 万名学生的中等规模学区的行政结构图；这代表的是全国 12%的学区行政组织。规模在 1 000 至 5 000 名学生的小规模学区占全国的 38%，其组织的结构图要比图 7.2 所表示的更简单。较大规模的学区行政结构等级更复杂，有 10 万名或更多学生的学区行政结构图比图 7.2 所表示的更庞杂。

【资料来源】《教育统计文摘(1997)》表 90，p. 96。

小规模的学校中，校长也要参加部分教学活动；在大规模的学校中，可以有一位或更多的学校助理或副校长。行政等级也可以包括许多的部门主席、负责纪律的官员(如训导主任)和就业指导员。他们的个人工作都与校长的工作紧密相连，并在他或她的管理下工作。另外，为了学校的发展，校长通常要与一些社区群体一起工作，这也是一种很平常的实践活动，这些组织通常是家长—教师协会或近期组建的以学校为基础的管理团队。

校长最重要的工作或许是充当管理者的角色：处理学校日常事务、开会、日常文书工作、接听电话和其他的日常事务。但是，人们希望校长也是领导课程与教学的专家。一些权威机构建议校长在课程与教学上要花50%—70%的精力(如数学、英语、社会研究、艺术和音乐)。[①] 但校长指出，大量的管理工作使他们不可能这么做。通常，中学校长基本上倾向于把自己看做是管理者，而小学校长则把自己看做是课程与教学的领导者。[②] 存在这一差别的原因可能是，规模大的中学校长承担了更多的管理工作。另外，中学校长通常有负责各科课程与教学活动的主要辅导员，而小学校长则几乎没有这样的助手。

在大的中学中，教师与校长之间的联系可能非常少，主要在形式观察、员工会议、自助餐厅就餐、大礼堂和公交车任务分派，以及在办公室的交谈时出现。相比较而言，许多小学教师则是经常，几乎每天都和校长有联系，这些联系覆盖了有关学校和学生问题的广泛范围。

校本管理的影响

传统上，制定学校政策的权力实行由上至下的过程，从学校董事会，经过地方教育官员和办公中心的员工，再到校长。但在一些学区中，正如在“教师职业”这一章中所阐述的，校本管理的实践活动有更多的决策权停留在个别学校水平上。这给校长和教师增加了诸如课程、员工发

① 丹尼尔·L.杜克：《学校领导层与指导改进》(纽约：兰顿书屋，1987年)；托马斯·J.瑟吉万黎：《校长制：思考的实践角度》第2版(马萨诸塞州尼达姆高地：阿林培根出版公司，1991年)。

② 劳拉·A.库珀："作为教育领导者的校长"，《校长》(1989年1月)，pp. 13—16；阿伦·C.奥恩斯坦："领导者与失败者"，《行政教育家》(1993年8月)，pp. 28—30。

展、教学安排，甚至招聘和预算这些方面的责任。这种包括教师与其他学校员工共同合作来制定学校政策的安排，就要求校长拥有更富参与性的管理风格，而不是传统的校长管理风格。①

五、家长与社区的参与

校本管理中的许多项目通过赋予了家长和其他社区成员重要的角色，从而超出了校长与教师间的合作。在这样的情况下，他们组织了一种活动以增加家长与社区对学校事务的参与，自 20 世纪 70 年代以来，家长和社区参与学校事务明显地增多了。

家长参与的原因

许多教育家推动家长的参与，其最基本的原因是：一些研究表明，这种做法有益于学生在测试中取得高分，得到更高的等级，并改善学习态度，②特别有益于市区的和少数民族的学生。③ 全国性的民意调查表明，绝大多数的公民支持家长的参与，并认为家长在儿童教育过程中起着重要的作用。④

---

① 拉里·E.佛瑞兹与 R.杰拉德·弥尔顿："管理者还是共同领导者？代价是什么？"，《NASSP 公告》(1992 年 1 月)，pp. 17—25；杰罗姆·德莱尼："校长领导制：学校管理与学校改进的主要因素"，《NASSP 公告》(1997 年 2 月)，pp. 107—111；爱伦·B.汉金、彼得·希斯顿与杰伊·迪："校长对特定学校管理中的冲突管理策略"，《教育管理学报》(2000 年 2 月)，pp. 142—158。

② 劳埃德·坎贝尔："父母与培养优秀学生的学校工作"，《NASSP 公告》(1992 年 4 月)，pp. 1—4；戴维·A.斯夸尔斯与罗伯特·D.克瑞利克："新来者计划"，《教育领导》(1995 年 4 月—1996 年 1 月合刊)，pp. 29—33；林恩·G.贝克与吉少普·默菲："家长参与基于地点的管理：来自一个地点的教训"，《国际教育领导学校》(1999 年 4—6 月合刊)，pp. 81—102。

③ 詹姆士·P.康门："赋予黑人儿童受教育的环境"，来自 H.P.麦卡度与 J.L.麦卡度合编：《黑人儿童》(加利福尼亚州贝弗利山：塞奇出版社，1985 年)，pp. 114—139；詹姆士·康门："等待奇迹"(纽约：企鹅图书公司，1998 年)，pp. 442—446；巴巴拉·A.杰克逊与S.库珀："城市学校中的家长参与"，《NASSP 公告》(1992 年 4 月)，pp. 30—38；克里斯琴·瑞迈瑞-史密斯："停止失败的循环"，《教育领导》(1995 年 2 月)，pp. 14—19。

④ 维维安·R.约翰逊："来自父母中心的明确消息"，《平等与选择》(1994 年冬)，pp. 42—44；罗布·麦克菲："为社区参与谱曲"，《教育领导》(1995 年 12 月至 1996 年 1 月合刊)，pp. 71—75；德比·普赖斯："获得父母关爱的学生能够成功"，《太阳》(1998 年 5 月 20 日)，pp. A1，12。

家长未参与

然而，只有相对较少的家长充分利用现存的机会，参与到自己孩子就读的学校中。在教育部对家长做的一项调查中发现，仅32%的8年级学生家长报告说他们参加了家长—教师组织，仅36%的家长参加过一次或多次的学校会议。① 根据另一项调查发现，大多数家长或者没有时间，或者没有深入地参与到学校事务中去的倾向。75%以上的家长则从未在班里向教师提供过帮助，或参与进学校的功能中。近期的研究发现，许多家长由于不适当的感受，在学校里做学生时的消极体验，以及对行政管理者和教师的消极看法，而不敢参与。② 对其他问题的讨论，参见参考资料。

参考资料

学校、家庭和社区三者中的伙伴关系：研究得出了些什么

合作这一术语不断在最近的学校管理方面的出版物上出现。许多教育家认为，只有家长和社区成员逐渐参与到学校的决策中，才能使学校进行有效的改革。但是，研究表明，实施合作要比谈论合作难得多。约翰斯·霍普金斯大学、家长和社区项目的合作主持人乔伊索·爱泼斯坦总结出一些在真正的合作中所存在的障碍和扫除这些障碍的方法步骤：

在对教师、家长和小学生、中学生的调查与研究领域中，发现了一些重要的与合作有关的模式。

■ 如果学校和教师在每个层次上不致力于发展和合作的履行，那么，合作关系就会在所有的年级降低。

■ 平均地说，比较富有的社区目前有较多的家庭积极参与，而经济不景气的社区的学校和教师必须努力和学生的家庭建立积极的伙伴关系。

■ 除非经济不景气的学校致力于发展包括衡量学生取得优异成绩

---

① 《教育统计文摘》(1997年)，表25，p. 30；"家长参与"，《今日NEA》(1991年3月)，p. 12。

② 克里斯蒂·塞瑟："学校中的家长参与：不愿参与不等于家长不关心"(中南部教育研究协会年会提交论文，肯塔基列克星敦，1991年11月13日)；A. Y. 瑞迈瑞："对于家长和家长参与的教师态度调查"，《学校社区报》(1999年秋—冬)，pp. 21—39。

的合同在内的合作项目，否则，他们就不会就学生的问题和困难与学生家庭保持更多的联系。

■ 一般说来，在学校里，如果学校不提供机会让大家自愿在任何时间、任何地点来支持学校，支持孩子，那么单亲父母、户外工作的父母、居住远离学校的父母们就更少参与到学校建设中。

研究者还得出了以下的结论：

■ 为继续成为孩子教育中良好的合作伙伴，几乎所有的家庭都关心他们的孩子，希望他们取得成功，渴望从学校和社区中得到更好的信息。

■ 几乎所有的教师和行政人员都喜欢家庭的参与，但许多人不知道怎样建立积极的和富有建设性的方案，并常常害怕试一试。形成了一条“花言巧语的常规”：教育者们势利、傲慢，表示愿意支持伙伴关系，却不愿采取任何行动。

■ 几乎各个层次的学生——小学、初中和高中的学生——都希望自己的家庭懂得更多与学校合作的知识，并愿意在帮助家庭与学校的交流中发挥积极的作用。但是，学生需要更好的信息和指导，而不是现在接受的学校怎样看待合作，以及他们怎样才能与他们的家庭就学校活动、家庭作业和学校的决策进行交流的观点。

问题

(1) 回顾你就读的学校，你看到了爱泼斯坦所描述的相互作用的任何“模式”了吗？

(2) 在你最熟悉的学区中，他们采取了哪些措施让家庭和家长参与到学校中去？你建议他们采取的措施有哪些？

(3) 作为一个教师，你能采取哪些方式让家长参与到儿童的教育中来，包括课堂和整个学校的社区？

【资料来源】乔伊索·爱泼斯坦：“学校、家庭、社区伙伴关系：我们共同照料孩子”，菲戴尔特·凯普(1995 年 5 月)，p. 703。经许可重印。

社区参与类型

尽管家长个体缺乏这样的参与，但改革的压力促使学校作出正式的安排，向家长和其他社区成员提供在地方教育决策中的发言权。通常，社区成员仅提供建议，但在一些情况下，他们实际控制着学校。为了讨论，我们把社区参与分成3种类型：社区参与、社区控制和社区教育。

社区参与领域

社区参与。社区参与的通常形式包括近邻学校或董事会的建议委员会。这些委员会一般由学校官员任命，并为学校提供帮助和建议。市民团体也在很多方面提出了建议和辅助：(1) 目标、优先权和需要的确定；(2) 教师和校长的选举与评价；(3) 课内和课外活动项目的发展；(4) 支持学校财政；(5) 招募志愿者；(6) 在学校和"家庭作业热线"中辅导学生。①

权力共享

社区控制。在社区控制体系中，一个选定的社区顾问或董事会除了提出建议，还要做更多的事——参与学校董事会中心的决策。

芝加哥的经验

1990年，芝加哥建立了一种社区控制，该控制是地方教育改革中的一部分。这种社区控制允许家长和社区组织参与招募和保留学校校长、课程和预算这些重要决策。但最近的一项考察表明，在三种重要的改革指标——学生的成绩、入学率和辍学率上，芝加哥公立学校保持在同一水平上或有所下降。尽管芝加哥的教师、行政官员和地方学校委员会普遍对行政改革感到乐观，但较大社区中的商人、市民、家长和议员对此并不乐观。②

---

① 《教育部、强势家庭、强势学校：为学习建立社区伙伴关系》(华盛顿，哥伦比亚特区：美国政府印刷署，1994年)；德比·比尔兹利与卡罗尔·艾瑞克森："建立在信任之上：从家长角度来看以学校为基础的管理"，《中部学校》(1994年9月)，pp. 29—33；肯尼思·莱斯伍得与特丽萨·孟席斯："地点管理实施的研究回顾"，《学校效率与学校执行》(1998年9月)，pp. 233—285。

② 赫伯特·J.瓦乌布戈与理查德·P.里密克："芝加哥学校改革有用吗?"；托马斯·E.胡格森："芝加哥公立学校教师对于董事会改革的看法"，《ERIC文件号ED》398332(1996年)；艾尔弗雷德·G.赫斯："社区参与还是社区控制？从纽约到芝加哥"，《理论联系实践》(1999年秋)，pp. 217—224；娄万拉·Z.基思："是谁的社区学校？新论调，老样子"，《理论联系实践》(1999年秋)，pp. 225—234。

各年龄段的学校教育体系

自20世纪80年代初以来，学校渐渐被看做一个，而且仅仅是一个社区中的教育机构之一。在这种被称为社区教育的概念之下，学校作为一个合作者或合作代理人，在向社区提供教育、健康、社会服务、法律、娱乐和文化活动中发挥作用。① 例如，在马里兰州的巴尔的摩，学校向地方居民提供各种服务，如向3—4岁儿童及其父母提供的学前教育、成人体育、表演、锻炼、娱乐和职业计划。所有这些转变显示出对社会变化作出的反应。

学校与其他机构的共享

作为社区教育计划的一部分，学校与其他社区机构甚至是商业公司都共享人员和设备资源。作为回报，学校有望分享其他社区机构、地方公司和地区大学的设施、设备和人员。这种共享在裁员和学校具有预算压力时期显得非常重要。

讨论话题：特权学校是教育学生的一种更好的途径吗？

讨论主题	赞成的观点	反对的观点
在20世纪80和90年代，学校改革的压力增加，公众也渴望更多地参与学校事务。一些学生家长甚至希望通过要求学校董事会授予特权学校资格的方式来得到更多的控制权，这在许多州一直是一个争论非常激烈的问题。	1. 特权学校提供了另外一种有关学校教育的观点，这在传统的公立学校体系中是不能实现的。 2. 特权学校能从州和地方学区的规章制度中获得更多的自主权。 3. 特殊群体的学生，通常处于“危险边缘”的学生得到了特权学校的服务。 4. 学生、教师和家长是学校的三个主要群体，因为他们希望在此并热衷于特权学校的工作。	1. 特权学校的赞助商通常说不清楚责任目标，这容易导致误解和混乱。 2. 许多应用于特权学校的联邦教育项目的特色和规章制度不适合于特权学校的运作。 3. 特权学校通常得不到足额的资金进行启动和运作，尤其是这几个特殊群体需要很高的费用。 4. 特权学校很难找到员工，这是由于教师短缺造成的。另外，教师联合会不支持特

① 马里奥·D.范提尼、伊丽莎白·L.洛克伦与霍勒斯·B.里德：“为社区教育下定义”，《社区教育报》(1980年4月)，pp. 11—33；S.胡佛与C. M.阿基里斯：“人们看起来什么样：学校和社区方法”，《ERIC文件号ED》366065(1994年)。

续　表

讨论主题	赞　成　的　观　点	反　对　的　观　点
在20世纪80和90年代，学校改革的压力增加，公众也渴望更多地参与学校事务。一些学生家长甚至希望通过要求学校董事会授予特权学校资格的方式来得到更多的控制权，这在许多州一直是一个争论非常激烈的问题。	5. 特权学校通常在规模上很小，管理上很灵活。 6. 在特权学校中，家长的参与更多了，全面的交流沟通也更多了。	权学校，并试图将其严格限于他们的运作范围之内。 5. 学校建筑设施和设备的不足会影响课堂的学习过程。 6. 特权学校董事会、校长和员工用于计划的时间不足会造成以后的管理和交流沟通问题。过于自信和过于苛求的家长可能会影响特权学校的工作效率。

实施注册学校

特权学校的设立是新近最主要的社区参与教育的发展（将在“公共教育经费”这一章中讨论）。在这种协议中，地方教育董事会或州教育董事会授予某个社区群体一种“特权”（一种契约，列出了具体的权力、优先权和期望），允许该群体建立和运作一所公立学校。财政、学校运作、学生录取和责任这些具体的安排都是通过协商拟定的。如果学校没有达到所规定的责任要求，那它的特权将被取消，学校将被关闭。特权学校为社区参与地方学校事务和社区控制这些学校的命运提供了机会。① 参见讨论话题栏关于特权学校赞成和反对两种观点的讨论。

六、学校及校区的规模

学校规模的争论

教育工作者长期以来就学校规模的问题争论着。一所学校应该有

① 朱迪思·塞克斯：《特权学校的基本要素：校董事会启蒙读物》（亚历山大：全国学校董事会协会，1997年）；鲍勃·斯坦：“O'Farrell社区学校：高级学术研究的中心；特权学校的原型”；劳安·A.比耶林：“虽然明白，但评委会仍不赞成”，《教育领导》（1995年12月—1996年1月合刊），pp. 90—91。

多大？在一个中学中应该有多少注册学生？40年前，詹姆斯·科南特认为，最有效率的中学是足够大，能提供广泛的和各种各样的设备及便利条件的学校。① 但特别是最近，其他教育工作者坚决认为小规模的学校效率更高。

规模大的学校的问题

1987年，两位研究者在考察了几个研究之后认为，中学的学生应该不超过250名。根据这种分析，更大量的录取会导致学校偏重于秩序的控制和维持，并且使得一所没有名气的大规模的学校很难在学生、教师和家长中建立起一种社会联系。② 最近的研究表明，在有600—900名学生的中学里，学生的学习是最好的；学生的学习随学校规模的扩大而下降，并且在超过了2 100名学生的中学里，学生的学习效率降到最低。毫不奇怪，研究表明，在较繁荣的社区中如果有较大规模的学校，那学生的学习也会有效率。而在社会经济低下的居民区或少数民族学生高度集中的学校，则要求小规模的学校给学生提供学习的机会。③ 例如，1994年在纽约市对34所大规模的中学进行的一项研究表明，当组织成大约有250名学生的"家庭"时，学生的出勤率提高了，学生在学校中的反响也增强了，并且水平也提高了。④

学区的理想规模

对学校规模的争论非常类似于对学区适宜规模的争论。根据其支持者的看法，更大的学区可提供更广泛的税务基础，并减少每个学生的教育开支；因此，这些学区更能培养出高素质的人才，提供广泛的教育计

---

① 詹姆斯·B.科南特：《今日美国中学》(纽约：麦格劳-希尔出版社，1959年)。

② 托马斯·B.格里高利与杰拉尔德·R.史密斯：《作为社区的中学：对小学校的再认识》(印第安纳州布卢明顿：菲·戴尔特·卡普出版社，1987年)；也可参见安·布拉德利："从小处着眼"，《教育周刊》(1995年3月22日)，pp. 37—41。

③ 瓦莱丽·李与朱丽娅·史密斯："中学规模问题：何种最好？且为谁服务？"，《教育评价与政策分析》(1997年秋)，pp. 205—227。

④ 罗莎琳德·爱森斯坦等：《项目档案(第一部分)：1993—1994年定性结论》(布鲁克林：纽约城教育董事会，1994年)；克雷格·豪利："关于学校规模的困境：一则短消息"，《埃里克文摘》(1996年)。

划、特殊的服务和方便的交通。在过去60多年里，就这个主题进行的大多数研究指出，规模在1万到5万名学生的学区是最有效率的。①

小规模学区的优势

然而，在当今的学区里，以及在个别的学校里，通常大家认为小规模的学校是比较好的。1993年，一项有关学校董事会成员的研究发现，有78%的被调查者认为，较小的学区更容易管理，更能让市民参与学校事务，而大的学校则被认为是行政管理的噩梦之地。②

发展大规模学区的趋势

撇开正反方的争论，美国教育已渐渐向大规模的学区发展。到1996年，有三分之一公立学校的学生在拥有2万名或更多学生的295个学区就读。③ 在大多数情况下，比较大的学校体系都设在城市中或附近，最大的是纽约市的学校体系，大约有学生105.8万名，其次是洛杉矶，有69.588 5万名学生，芝加哥有42.4万名学生。另外两个大的学校体系是波多黎各和夏威夷，二者分别跨越整个领土和一个州。④

学区合并

学区规模的扩大是由于人口增长和学区合并造成的，是把许多比较小的学区合并成一个或两个比较大的学区。如图7.3所示，合并已使整个学区的数目大为减少，从1930年的13万多所减少为2000年的1.5万所以下，其中在1930年到1960年间的30年里减少量最大。⑤

---

① 霍华德·A.道森：《令人满意的地方学校个体：第7号实地考察》(田纳西州纳什维尔：乔治·皮博迪师范学院，1934年)；马里奥·法逖尼、玛里琳·纪泰尔与理查德·玛盖：《社区控制与城市学校》(纽约：师范学院出版社，1967年)；赫伯特·维尔伯革："日渐失去的地方控制"，《教育研究者》(1994年6—7月)，pp. 19—26。

② "打破大学校的区域划分"，《美国学校委员会杂志》(1993年5月)，p. 48；伦纳德·派利萨："学校区域何时过大，何时过小，何时正合适？来自金凤花与三只小熊地区的教训"，《学校商务》(1999年11月)，pp. 4—6、8—10、26—29。

③ 《教育统计文摘(1997)》，pp. 98—102。

④ 读者可在《教育统计文摘(2000)》上查到大型学校系统的名单，也可通过在互联网上的国家教育统计数据中心搜寻"大型城市学校"和"州政府教育机构"以获得有关大城市区域的各种信息(http://www.nces.ed.gov./ccd/ccseas.html)。

⑤ 《教育统计文摘(2000)》。

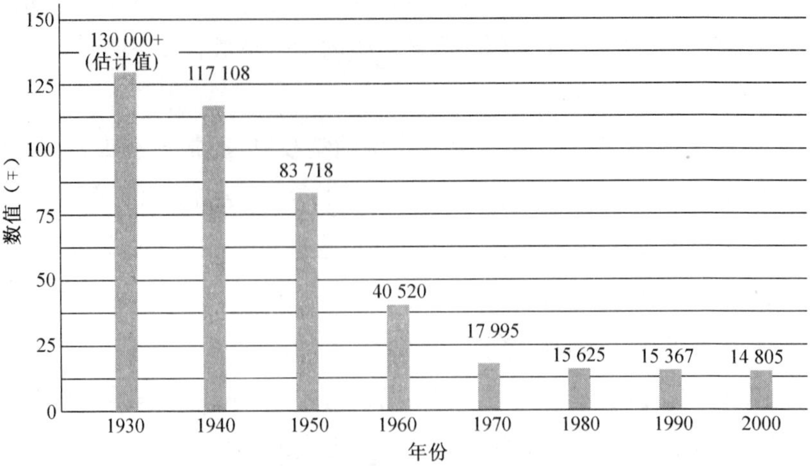

图 7.3　1930—2000 年间公立学校学区下降数量

【资料来源】《教育统计文摘(2000)》(华盛顿，哥伦比亚特区：美国政府出版署，2000 年)，表 90。

合并的原因

学区合并是由于多种原因造成的，主要有以下几点：

■ 规模。规模比较大的学校，特别是中学，要开设更广泛的课程和聘用专门的教师。

■ 服务。通常，规模比较大的学校聘用了辅导主任、训导主任、校长助理、团队领导者和专家，而规模比较小的学校则没有。

■ 经济。当进行大量的采购时(如书本、纸张、艺术品等)就要花费很多的储蓄。进行合并，也就拆除了作为相当大的一笔费用的旧建筑。合并学区，可能也会取缔一些高薪的、主要的职位。

合并的选择

合并学区通常意味着关闭一些学校，这也是一种严肃的感情问题。特别是规模小的学校和乡村地区。这些地方学校可能是这个社区同一性的一个焦点话题。邻近学区在方案和人员上共享是一种不太激烈的合并学区的方法。例如，在 1995 年，67 个爱达荷州的学区共同接受地方教育官员的管理，71 个学区实行等级共享计划(在这个计划中，处于某一等级的全体学生都分配到一个学区)。①

把学区拆分为较小单元

学区拆分。具有讽刺意味的是,在进行合并的时候,20 世纪 60 年代人们看到了抵制的趋势,即拆分。这通常指一些地带、地区或地方把一个学校系统拆分成更小的行政单位。就像先前讨论的各种社区参与形式一样,拆分被认为是把学校的问题作为地方社区关注的焦点和更进一步控制的一种手段。

少数民族的角色

20 世纪 60 年代,许多贫民区的少数民族,特别是美国黑人,开始感到这些学校已不能满足他们的需要。他们认为拆分将向人们提供更多的机会参与学校事务,并且这样的教育体系对于各少数民族学生更加负责。

拆分的范围

因此,在 20 世纪 60 年代和 70 年代,当小规模的学区和乡村学区进行合并时,许多大规模的城市学区却在拆分。而到了 80 年代末,为精简官僚机构和节约经费,许多大的学区已停止拆分。实际上,拆分并未达到对社区作出反应的预期目的;在大多数较大的城市学区中,决策一直是由中心——“商业区办公室”作出的,而不是在地方分支办公室作出的。② 大概这也是特权学校兴起和社区控制复兴背后的原因之一吧。

焦点问题回顾: 当你在阅读报纸和杂志,收听新闻广播时,在地方学区、州和华盛顿哥伦比亚特区讨论的是什么教育问题?这些问题是如何影

---

① 1995 年 9 月对爱达荷州教育部通讯顾问沙龙·斯莱扎克的电话采访;玛丽·安妮·雷韦德、托马斯·沙欣:“寻找花费有效的学校”,《理论联系实践》(1994 年春),pp. 67—74。

② 阿伦·C.奥恩斯坦:“大型公立学校区域的集中化与非集中化”,《城市教育》(1989 年 7 月),pp. 233—235;丹·刘易斯与凯瑟琳·纳夫戈瓦:《美国大都会的种族与教育改革:学校非集中化研究》(奥尔巴尼:纽约州立大学出版社,1995 年);《南部地区教育委员会:立法更新》,可在互联网上搜索“每日报告卡片”,点击可获得 1995 年 11 月 5 日内容;埃文斯·克林奇:“美国公立学校的民主化”,《校长》(1998 年 5 月),pp. 13—14, p. 16。

响你从教的，又是如何影响有过这方面经验的地方性学区的教育工作的？

第二节　中介机构

协调和补充服务

提供的服务

中介机构或地区教育服务机构(RESA)指的是处在州教育部门和地方学区中间的一种办公室或机构。这种机构为地方学区和连接地方与州立官方教育提供协调和补充服务。这种中介机构通常是由州立法机构确立的一种合法的和富有政治色彩的州教育部门的扩展。到1996年，29个州都有某种形式的中介机构。中介机构平均由20到30个学区组成，覆盖面积达50平方英里。全国共有1 185所中介机构或地区教育服务机构。[①] 最近几年，中介机构已向学校提供了广泛的咨询服务和人力资源服务，如教育的一般方面：课程、讲授、评估和在职培训。中介机构也在一些专业方面提供服务，如双语教育、幼儿教育、职业教育、天才和具有潜质的儿童和缺乏能力的儿童的教育，以及数据处理和技术教育。许多教育家认为，一个涉及几个学区的中介机构能经济地为许多小的或缺乏经费的学区提供它们自身无法提供的服务。

焦点问题回顾：你所在的州有中介机构或地区教育服务机构吗？如果有，这些中介机构是怎样对地方学校造成直接影响的？引证两个例子。

第三节　州政府的职责与行为

州政府的法定职责

每个州都担负着支持和保护本州公立学校的法定职责。州政府的

① 《教育统计文摘(1997)》。

职责有：

- 颁布法令。
- 决定州立学校的税务和向地方学区提供财政资助。
- 设定人事培训和招募的最低标准。
- 提供课程指导方针(一些州也认可"批准的"教科书清单)。
- 为学校能被鉴定合格做准备。
- 提供专门服务，如学生交通和免费的教科书。

州立法律

州立学校法规是一部确定州内学校运行和教育指导的方式与手段的法律汇编。当然，州政府不能颁布与联邦宪法相冲突的法令。在许多州里，这些法律非常详细，涉及学校运行的方式。图 7.4 显示的就是典型的从州到地方的组织等级。

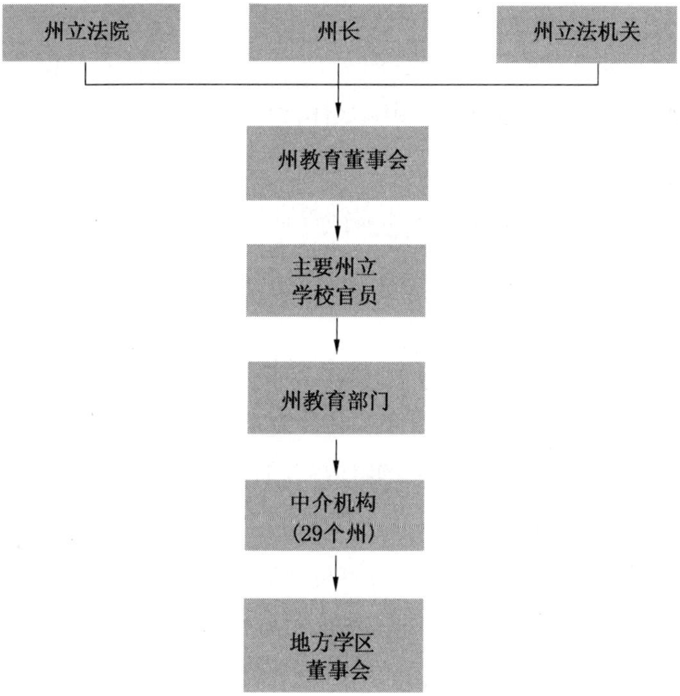

图 7.4　典型的州立学校体系结构

一、州长和州立法机关

州长的权力

尽管州长的权力变化很大，但是法律详细规定了他们在教育事务上的权力。州长通常负责向立法机关推荐教育预算。在许多州，州长都是通过合法途径来累积地平衡州的财政，并且可把这些经费用于学校教育。州长通常可在州的层次上任命或调动学校人员。但行使这些权力常受到限制，如要经立法机关的认可。在大部分州，州长可任命州教育董事会成员，而在一些州，州长可任命主要的州立学校官员。州长可以通过行使他或她的否决权来取消某些教育措施，或者威胁要用否决的方式来劝阻州立法机关实施他或她反对的教育法规。

立法机关的权力

在大部分州，立法机关主要负责建立和维护公立学校，并有很大的权力颁布有关教育的法律。这些权力以联邦和州宪法及法院决议的形式受到限制。根据教育体系的基本结构和功能，州立法机关通常有权力决定以下内容：

- 州教育董事会和主要的州立学校官员的选举过程和责任。
- 州教育部门的作用。
- 地方和地区学区的类型。
- 州政府是否开设社区学院、成人学校和职业学校。
- 地方学校董事会的选举方式和权力。

立法机关通常也决定主要的财政问题，包括为学校征收的州的税务的性质与标准，以及地方学区征税的权力。它同样也可以决定教与学的一些基本参数，包括：(1) 哪些内容可以教，哪些不可以；(2) 义务教育的年限有多长；(3) 学日和学年的长度。另外，立法机关可以建立测试与评估程序，批准学校方案和设定建筑结构标准。在立法机关没有实施这些政策的地方，通常是由州教育董事会负责。

新的州立法机关

在20世纪80年代开始的改革运动中，立法机关在教育上的权力已经非常清楚了。在全国，仅1983—1990年间就颁布了1 200多部有关学校改革的州立法规。[①] 新的法规涉及的事项包括从课程到教学质量，从班级规模到毕业要求这些范围。若不是由于1957年苏联人造卫星成功上天后的教育改革浪潮，州立法机关还不会在教育政策中扮演如此深为人知的角色。

二、州教育董事会

州教育董事会通常是最有影响、最重要的州立教育机构。除了威斯康星州外，所有州都有某种形式的州教育董事会，且该董事会是依附于州立法机关的，有专门用途，具有权威性，并为州立法机关提供建议和服务(纽约董事会大概是最强大和最受尊重的州教育董事会了)。另外，大部分州都有一个独立的州立学院和州立大学的管理董事会。州教育董事会的具体责任和作用呈多样化的特征。

州立董事会成员的选举

1998年，有32个州的董事会成员都是由州长任命的。有3个州的董事是由州立法机关任命的，并且有13个州的董事是通过公众投票选举产生的(这是近几十年逐渐盛行的方式)。剩下的州要么通过立法机关的任命，要么通过委任和选举相结合的方式来任命董事。州立董事会成员数量在7—19个之间。董事会由11个成员组成的现象通常也是存在的[②](成员个数是奇数就消除了胜负不分的投票现象)。

日益纷杂的董事会成员构成

近来在地方董事会中，女性成员明显增加了，并且少数民族成员的

---

① 琳达·达琳-哈蒙德与巴尼特·贝瑞：《教师政策之演变》(加利福尼亚州圣莫尼卡：兰德公司，1988年)；阿伦·C.奥恩斯坦："改革美国学校：各州的作用"，《NASSP公告》(1991年10月)，pp. 46—55；托马斯·B.逖姆与戴维·柯普：《对优秀教育的管理》(纽约：法尔曼出版社，1988年)。

② "州教育管理一瞥"(2001年)，见于www.nabsbe.org。

比例也在提高。到1982年,约34%的董事会成员是女性,有16%是少数民族成员;到1999年,相对应的比例上升到47%和19%①(见图7.1)。这种趋势非常重要,因为异质性扩展了董事会成员的视野,并增加了董事会反映社会和教育所关注的广阔范围的可能性。

三、州教育厅

州教育厅的作用

州教育厅通常是在州立教育董事会的指导下和主要的州立学校官员的行政管理下运行的。传统上,州教育部门的主要作用在于收集和公布州内教育状况的统计数据。但是,自从20世纪50年代以来,州立部门已起到了许多其他方面的作用。例如,认定教师资格、海外学生交通与安全、检查遵守联邦规章的情况、发展满足特殊学生(如双语学生和残疾学生)的需要的项目、评估已有的项目和公布报告。② 简而言之,他们执行州立法机关的法律和州立董事会的规章条例。

目前的焦点

近几十年来,州立部门不得不关注一些有争论的问题,如种族隔离的取消、教育的补助、学生的权利和不满、学校的财政改革和财政危机、少数民族群体的援助、集体谈判、应承担的责任、学生的评估和能力测试。因此,州教育部门一旦未发现这些问题,那么会导致形势的恶化。到1997年,5个州(加利福尼亚州、密歇根州、新泽西州、纽约州和得克萨斯州)就有专业行政管理人员约1 000名。③

① 1998年7月15日对全国州级教育董事会协会主任布兰达·韦尔伯恩的电话采访;黛娜·威利:《州级教育董事会》,(弗吉尼亚州阿灵顿:全国州级教育董事会协会,1983年),pp. 15—16。

② 弗雷德·纽兰伯格与阿伦·C.奥恩斯坦:《教育管理:概念与实践》,(加利福尼亚州贝尔蒙:沃兹沃思,1991年)。

③ 芬威克·W.英格利希:《教育管理:人文科学》(纽约:哈珀·科林斯出版社,1992年);托马斯·J.瑟吉罗万尼等:《教育统辖与管理》第2版(马萨诸塞州尼达姆高地:阿林培根出版社,1992年);1998年7月16日对主要州级学校办公室委员会统计专员巴巴拉·克莱门特的电话采访。

四、州主要学校官员

主要行政长官

州主要学校官员(有时是我们众所周知的州教育厅长或教育专员)是州教育部门的领导,也是州学校董事会的主要行政长官。他或她通常是一位教育专家。

女性数量的增加

这位官员是通过三种方式之一的形式选定的:在1998年,12个州的主要州立学校官员是由州长任命的,24个州是由州教育董事会任命的,13个州是通过公民选举产生的。到2001年为止,有3位主要州立学校官员是美国黑人;但有17名女性主要官员(34%)——这与前几十年相比是一个显著的增长,并且几乎是1990年数量的两倍。① 在这个职位上,女性数量的逐渐增长表示一种从“好男人网络”中分离出来的新方向,这一网络曾是统治教育管理的最高阶层。

主要州立学校官员的任务

主要州立学校官员的职责与地位,和州立董事会与州立部门间的关系存在很大的差异,通常认为选举出来的主要官员要比任命的官员的独立性更强。学校与网络技术栏讨论了学校管理各个水平上信息的网络资源。

焦点问题回顾: 访问地方学校的教师和管理人员,让他们谈谈州教育董事会和州立教育厅的政策是通过哪些途径来影响学校的日常功能的,他们认为这些影响是积极的还是消极的?

第四节　联邦政府在教育发展中的作用

联邦政府的作用分4个部分来考虑:(1) 批准通过教育政策和方案

① 《委员会》(2001年),见于http://publications.ccsso.org。

的联邦机构;(2) 把许多教育决策从联邦政府向州立政府下达的趋势;(3) 联邦教育资助;(4) 最高法院作的关于教育的决议。在这章,我们讨论的是前两个方面。在"公共教育经费"这一章中将讨论联邦经费,在"教育的法律问题"这一章中讨论法院的决议。

一、联邦教育机构

对联邦领导者的期望

在国家历史的前150年里,即1787—1937年间,美国国会仅颁发了14部重要的教育法律。但在近60年里,就通过了170多部重要的法律。[①] 传统上,主要的教师和行政人员的组织,如美国教师联合会、全国教育协会和全国学校董事会协会,赞成联邦政府提供财政援助和特殊服务,但这些不能影响教育政策。但是现在许多教育家认为,联邦政府应向致力于推动学校发展的州和地方机构清楚说明任务和具体的各种指导方针——课程结构和经费。[②]

部门的发展

美国教育部。尽管许多不同的联邦机构现在从事于某种教育计划或活动,但美国教育部是主要的联邦教育机构。从1867年非常简单的办公条件开始,教育办公室已经增至4 700名雇员,在1997年其年度经费就超过了425亿美元。[③] 教育部分管的项目已超过了120个。[④]

多年来教育办公室承担的职责有:(1) 管理补助金费,联系各州教育厅、学区、学院和大学;(2) 从事教育改革和研究;(3) 提供与教育相关的领导人员、咨询和清洁服务。

---

① 《教育统计文摘》(2000年),见于www.nces.ed.gov。

② 《国家当务之急:为21世纪而教育》(华盛顿,哥伦比亚特区:全国学校董事会协会,1989年);阿伦·C.奥恩斯坦:"全国教育改革:综观与展望",《NASSP公告》(1992年9月),pp. 89—101;罗纳德·安德森:"课程改革:困境与承诺"。

③ 参见"2002年总统为美国教育部所做预算报告的摘要",见于www.ed.gov。

④ 《教育统计文摘》(1994年),pp. 370—373。

内阁水平的地位

在 1979 年，经过了国会多次讨论和争辩后，教育办公室改为教育部。一位教育部部长要经过提名，且要有完全的内阁水平的地位。这个部门于 1980 年开始办公。

教育部长的角色

教育部长应有广泛的见识和影响力。除了管理教育政策和批准执行这些政策的策划方案外，部长还能在政治与教育圈中说服他人和施加压力。教育部的近几任领导，包括威廉·贝内特(William Bennet)、亚历山大(Lamar Alexander)、雷利(Richard Riley)和罗德里克·佩奇(Roderick Paige)都是公众瞩目的、因推行自己的改革而给人留下深刻印象的人物。但是，许多保守人士围绕减少教育部的活动和取缔其内阁水平的地位问题而争辩着。

学校与网络技术

网上可获取的学校管理信息

作为一位有前瞻性的教师，应该意识到，通过网络查找信息是了解更多的关于不同水平学校管理的一种非常有用的途径。你可能首先想访问你们州教育厅的网站(点击www. ed. gov/programs/bastmp/sea. htm)。在该网页上，你可以发现它对于选择两个或三个地方学区的网站是非常有用的。对照和比较这些网站的信息，例如，在地方董事会的网站上提到了哪些州教育董事会的项目？地方性网站是否包含了对前景、任务和信心的说明？如果真是这样，他们是如何进行相互之间的对照和比较的？向州委任的测试或学生成绩的指标提供了哪些参考证明？在地方学区的网站上哪些信息使你喜欢在该学区从教或避免在该学区从教？

你也可以查找全国性的学校组织的网站，如下面所罗列的。查找下列内容：政策说明、赞成的领域、联邦和州立法机关的地位、特殊项目和新的版本。这些全国性组织是怎样促进地方学区建立目标的？作为教师，你认为哪一个是你应该跟上政策发展的时代步伐所要访问的网站？

- 全国学校董事会协会（www. nsba. org）。
- 全国州教育董事会协会（www. nasbe. org）。
- 主要州立学校官员委员会（www. ccsso. org）。

二、削减联邦政府权力：给州政府更大的权力

联邦政策的转变

尽管自 20 世纪 30 年代以来，联邦政府在教育事务中的角色迅速扩大，但 80 年代和 90 年代迎来了裁减时期。在众所周知的“新联邦主义”中，80 年代的教育经费缩减了 16%，把更多的资金和项目职责划分到了州立（和地方）机构。管理教育的联邦条例与规章制度被取消了或执行更加不力。教育部的权力也被限定了，在教育领域中整个联邦的责任范围也变得很狭窄。[①]

联邦费用的改变

1989 年就职的乔治·H. 布什总统，勾勒出许多全国性的方案以提高教育的业绩，推出诸如有吸引力的学校、可替代性教师资格证书和教师优秀奖酬等观念。但是，这些方案延续了里根时期联邦支出经费最小化的趋势，并把责任划归到地方学校身上。[②] 此外，尽管教育部的财政预算有所增加，但未能与通货膨胀保持在同一水平上，因而实际上是减少了经费的支出。在 1993 年和 1994 年，克林顿执政时期则反其道而行之，增加教育部的预算，这种增加甚至一直持续到在 2001 年由共和党控制的国会通过的预算提案。[③] 克林顿政府主张在公立教育系统中采用非官方性的全国性测试和使用证书，但不面向私立教育。该政府也号召向

---

① 戴维·I. 克拉克、泰瑞·A. 奥斯托、葆拉·M. 鲁尼：“19 世纪 80 年代不断变化的联邦教育政策”；拉里·古潘：“关于美国教育计划的四则报道”。

② 布鲁斯·乔伊斯：“学校进步之门”，《教育领导》（1991 年 5 月），pp. 59—62；乔·内森与吉姆·凯斯梅尔：“学校改革的沉睡巨人”；《教育统计文摘》（1997 年），p. 375。

③ 《教育统计文摘（2000）》，见于www. nces. ed. gov；戴维·格林：“GOP 在布什总统教育议案上产生分歧”，《太阳》（2001 年 4 月 5 日），p. 14。

教育建设投入更多资金，引进更多新教师，开办更多小规模的班级。

2001年就职的乔治·W.布什总统将教育改革作为其竞选的中心内容。布什先生希望州和地方学区以阅读和数学的年度考核来说明学生达到了高标准水平，以此来控制这些学校。如果学生，特别是学习成绩不良的学生没有得到提高，那将减少州和地方学区的联邦资金。布什先生和他的教育部长——克林顿政府的罗德里克·佩奇主张向私立教育机构颁发证书。

更不强调平等主义

由于有不愿将联邦经费花在教育上的意向，联邦政府裁减经费意味着它已越来越不重视作为与一项国家政策同等重要的教育。例如，在20世纪80年代末，政府减少了大城市学校的项目，特别是那些少数民族和低收入群体的学校。① 结果，许多人逐渐关注起城市学校，这些学校教育的学生大多来自全国的低收入家庭，他们正在受到欺骗。许多自由主义者和平等主义者喜欢联邦政府在教育问题中转向行动主义，这种行动主义在20世纪60年代和70年代时期曾经出现过。保守主义者坚信这样的联邦干预既不合适又承担不起。关于联邦政府在教育中的合适作用的争论可能还会持续一段时间。

焦点问题回顾： 对于里根、布什、克林顿和乔治·W.布什各自的教育提议，你赞成哪一个？为什么？

第五节　非公立学校

州对非公立学校的援助

尽管本章集中讨论公立教育，但从一些政府的影响来看，非公立学校也受到影响。尤其值得注意的是，由州立法机关通过的教育法律通常

① 《教育统计文摘(1990)》，p. 345。参见南希·A.迈登等："所有人的成功"。

也适用于与公立学校一样的私立和教会学校——法律包括健康标准、建筑法规、儿童福利、学生条例等等。另外，许多州的立法机构已通过法律援助私立学校，并用公众经费在如学生交通、健康服务、双重注册或时间分享计划、学校午餐服务、书本和补给品的购买、学生测试服务、教师薪水津贴、学生学费和学生贷款等领域提供援助。

非公立学校中的注册

正如在"教师从教的动机、准备及条件"这一章所阐述的，现在非公立学校在所有的美国初等学校和中等学校中占录取总数的11%强。天主教学校一直是注册学生最多的私立学校，尽管他们在私立学校的注册学生从1969年的85%降到了2000年的50%。非宗教、独立的学校从1969年在私立学校注册的学生中占8%上升到2000年的15%。基督教新教和正统基督教学校的数量和学生人数的增加也很明显，这反映出追求强调上帝、纪律与忠诚于社会和国家的保守基督教徒的影响力得到了加强。①

私立学校不是以特殊的方式组织起来的，其运行方式和公立学校一样。它们有一位校长或负责人，但通常没有本章前面提到的支持公众的核心组织。它们通常从董事会主席或学校委员会中获得它们的权威，这不像公立学校董事会，它们关注的只是一所特别的私立学校的运作。

竞争还是合作

许多评论家把公立学校和私立学校间的关系看做是对学生和金钱的竞争。但其他教育家则更喜欢从公立学校和私立学校间的潜在合作性上来考虑。事实上，在一些方面，公立学校和私立学校间的差别渐渐变得模糊起来。② 例如，学校选择的计划有时可以通过允许学生把公共

① 《教育统计文摘》(2000年)，见于www.nces.ed.gov；阿伦·C.奥恩斯坦："私立学校日益受到欢迎"，《交流中心》(1990年1月)，pp. 210—213；查尔斯·帕克："宗教权利与公众教育"，《教育领导》(1987年5月)，pp. 5—11。

② 阿瑟·G.鲍威尔："一流私立学校教学条件一瞥"，《美国教育家》(1990年冬)，pp. 28—34；丹尼斯·P.多伊尔："私立部门管理在公共教育中的作用"；保罗·D.休斯敦："做手表还是做音乐？"。

经费用于私人教育的方式来调和公、私立教育间的矛盾。(在“美国学校的效率与改革”这一章中将详细讨论私有化,在“公共教育经费”这一章中将讨论学校的选择。)

总　结

(1) 教育管理有四个政府级别:地方政府、中介机构(在某些州)、州政府和联邦政府。

(2) 学区由一些学校组织而成。目前,在美国大约有 1.5 万所公立学校体系在运作。

(3) 在地方教育管理水平上,学校董事会、学校教育官员,中心办公室员工和校长都参与到学校的管理工作中。

(4) 教育家已经作过很多努力,让父母和社区成员参与到学校教育中来。校本管理的方案通常包括了家长和社区成员要担当的更重要职责。还包含了社区参与、社区控制、社区教育和特权学校等公众参与形式。

(5) 教育家就什么是最适当的学校和学区规模的问题展开了长期的争论。许多人逐渐相信学校规模的增大并不意味着效率的提高,反而可能会降低效率。

(6) 自 20 世纪 30 年代以来,小规模学校和乡村学校进行了大量的合并,许多大城市地区则遵循着相反的拆分学校的趋势。

(7) 半数以上的州有一个或更多的中介机构支持地方学区和行使有限的规定权力。

(8) 在大部分州里,立法机关主要负责建立和维护公立学校,并有很大的权力颁发与学校教育相一致的法令。

(9) 除了威斯康星州,其他所有的州都有州教育董事会。州教育厅由州董事会管辖,由主要的州学校官员领导。

(10) 总的说来,自 20 世纪 30 年代以来,联邦政府的教育职责已有了巨大的扩展，但近 20 年来，已有迹象表明联邦政府的参与逐渐在减少。

(11) 在美国的小学和中学中，非公立学校录取学生的总数已超过了11%。其中，宗教学校占 50%，非宗教学校、独立的学校占 15%。

关键术语

地方学校董事会
学校系统的行政官员
办公中心员工
校长
社区参与
社区控制
社区教育
特权学校
合并
拆分
中介机构
地区教育服务机构
州立学校法规
州教育董事会
州教育厅
州主要学校官员
美国教育部

讨论题

(1) 你认为通过选举而非任命的地方学校董事会的优点和缺点是什么？同样的论点适用于州教育董事会吗？哪个是你愿意工作的学校？该学校董事会是选举产生的还是任命产生的？请解释。

(2) 下面是卡耐基基金会主席欧内斯特·博伊尔在评论 1983 年总统报告《国家处在危急之中》时指出："如果国家真的处在危急之中，那么联邦政府说明这个问题的努力体现在哪里呢？"谈谈你对此问题的看法。

(3) 把教育职责从联邦政府划分给州政府，对此支持和反对的原因分别有哪些？

(4) 作为教师，在地方学校中，你如何影响教育的改变？那在州立学校中又如何呢?

专业发展的建议方案

(1) 访问曾在大规模的中学(学生人数超过 1 000 名)里工作过的同事和在小规模的中学(学生人数在 1 000 名以下)里工作过的同事,看看你喜欢到哪种学校执教,为什么?

(2) 列一张图表,罗列出学校合并与拆分的优势与不足。对于这两种相反的趋势你得出何种结论? 与你的同学交流你的图表。

(3) 就教师权力和学校管理的问题,访问地方学校的教师和行政人员。你可以问以下一些问题: ① 教师参与学校教育与管理的范围是哪些? 学校中的校本管理真的生效了吗? 如果是这样,那是如何进行的呢? ② 教师对他们参与学校的管理有何感想呢? ③ 校长和其他行政人员对教师参与学校管理又有何感受呢? 分析你访问的结果。对教师参与学校的管理你有何看法? 校本管理值得进行吗? 还是只是另一种教育风尚呢?

(4) 与地方学校的教师和行政人员讨论家长和学校社区团体参与学校管理的方式。准备一个达到和(或)让学生家长以有意义的方式加入到你的班级和学校社团中的计划。

(5) 访问你所在学区的地方学区网站或你特别感兴趣的学区的网站(访问www. nabse. org,点击"州立教育机构",然后点击"学校董事会"和"学区",你可以浏览这些网站地图。也可点击www. ed. gov/ programs/ bastmp/sea. htm),从这些网站上你可以了解到关于学校董事会活动的哪些内容呢? 如课程问题、州的评估项目、董事会的优先权和政策问题。如果你是这个学校的教师,你认为这些信息如何才能对你有用? 现在你已经对一个学区有了初步的信息了解了,参加一次地方学校董事会会议,看看会议日程。对于你从网站所了解到的内容,日程安排项目增加了哪些方面的内容? 出席的个人和社团有哪些? 他们发表了什么样的看法？个人或群体发表了不同的或可选择的观点了吗？学校董事会是如何对这些观点作出反应的？学校董事会作出了什么样的决议？它们是怎样达成的？从你访问的网站和出席的会议中，关于学区的管理你学到了些什么？

第八章　公共教育经费

美国教育是一个巨大的产业。到 1999 年，每年用于公立教育的经费超过了 3 880 亿美元，且初等教育和中等教育占了每年国民生产总值的 7.3%。[①] 因为在近几年，大部分与学校相关的经费的增长要比通货膨胀快，因此学校教育这个产业面临严重的财政问题。自 20 世纪 80 年代中期以来，学校董事会成员一直把“缺乏财政资助”排在他们面临的挑战的第一位。[②]

公立学校收入有三个主要来源：地方政府、州政府和联邦政府。如图 8.1 所示，来自联邦政府的收入从 1929—1930 年的不足 0.5%增加到目前的 6.8%(在1979—1980年达到最高，几乎为 10%)。州政府的资助也从 1929—1930 年的少于 17%增长到 80 年代的 48%以上。随着州和联邦政府资助的增长，地方政府资助却成比例地下降，从 80%以上降

本章由图森大学的詹姆斯·劳勒博士修订。

① 《2000 年教育统计数字摘要》(华盛顿，哥伦比亚特区：美国政府印刷署，2000 年)。

② 《2000 年教育的重要标志》(弗吉尼亚州亚历山大：全国学校委员会协会，2001 年)，p. 20。瑞贝卡·琼斯：“孩子们来了”，《美国学校委员会杂志》(1997 年 4 月)，pp. 20—25；亦可参见丹尼尔·M. 西顿：“学校委员会主席们的重担”，《美国学校委员会杂志》(1992 年 2 月)，pp. 32—36。

到45%。①

本章探讨的是学校财政整体上的变化情况和目前不稳定的原因。今天的教育家必须处理预算限制，学校财政中的平等性，纳税人的抵制和各种重建财政资助体系的计划。在阅读过程中，请你思考以下问题：

焦点问题

■ 地方、州和联邦政府在资助学校收入中各占多少比例？

■ 依赖于财产税作为学校收入来源，错在哪里？

■ 描述市区学校有哪些特殊的财政问题？

■ 为什么各州之间和各州内部在教育经费的花费上存在着巨大的差异呢？公众的看法是怎样影响经费开支的？

■ 学校财政主要采取了哪些改革措施？

■ 哪些财政观念将会最大地影响学校的管理？

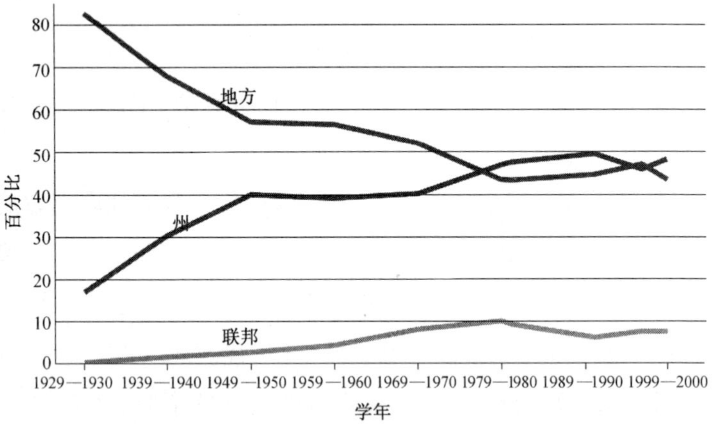

图8.1 1929—1930年至1999—2000年由政府资助的学校收入百分比

【资料来源】《教育的条件》表1.13（华盛顿，哥伦比亚特区：美国政府出版署，1987年），p.36；《教育统计文摘（1982）》表66（华盛顿，哥伦比亚特区：国家教育统计中心，1982年），p.75；《教育统计文摘（2000）》表159，p.158；《学校统计评估（1994—1995）》表9（华盛顿，哥伦比亚特区：全国教育协会，1995年），p.39。

① 《1994年教育的重要标志》表158，p.25。

第一节　学校经费来源于税收

公立学校的运作主要依靠税收，特别是地方的财产税和州的营销税与所得税。人们认为一些种类的税要比其他种类的税好些。今天大部分人接受了以下核定税务的标准。

核定税务的标准

税收不会造成非蓄意的经济混乱。它不应该改变消费者的消费模式，或造成商业、工业和人们状况的改变。

累进课税与累退课税

税收应该是公平的。它应该建立在纳税人付税能力的基础上。那些更高收入和拥有更高价值财产的人应付更多的税。这种税称做累进课税。那种不公平的，要求低收入的人支付比高收入的人更高比例的所得税，这称做累退课税。

税应该易于收取。

弹性税与非弹性税

税收应该反映出经济的变化，在通货膨胀时有所增加，在经济萧条时有所减少。[①] 敏感的税务是有弹性的；不敏感的税务是没有弹性的。

第二节　公立学校的地方财政资助

尽管教育是州政府的职责，但传统上，州政府把许多这样的责任划分到地方学区。正如前面提到的，在最近几十年里，地方政府对学校财政的资助在不断下降，但一直保持在40％以上。

---

① 詹姆斯·盖瑟瑞和罗德尼·J.里德：《教育部门和政策》第2版（马萨诸塞州尼达姆高地：阿林培根出版社，1991年）；唐纳德·E.奥洛斯基等人：《当代教育部门》（俄亥俄州哥伦布：梅里尔出版社，1984年）。

一、财产税

财产税是地方学区收入的主要来源，占全国地方经费的70%。在11个州里，包括新英格兰州的6个地方，财产税占整个地方学校收入的98%以上。①

怎样计算财产税

财产税首先根据市场价值的比例来计算——如果财产卖出，可能得到一定的数目。然后，采用预先制定的指标或比率，如四分之一，或三分之一，把市场价值转换成估计价值。例如，市场价值在8万美元的财产，其估计价值可能近2万美元。估计价值始终低于市场价值。最后，用以密尔为单位的地方税率来估计价值。1密尔表示千分之一美元；因此税率为25密尔的税表示的就是从财产为1 000美元的估计价值中抽取25密尔作为税务(或25美元×20=500美元的税)。

财产税带来的问题

财产税是一种不公平的税收。因为估计工作不同，缺乏正式的评定标准，有相同财产的人可能付不同的税。同样，根据纳税能力，财产税也不能分担税务负担。对退休的夫妇而言，他们可以有一套市场价值随着税率的增加实际在增加的房屋，但因他们靠固定收入来生活，因而他们不能付那些增加的税务。在这方面，财产税就是一种累退课税。

另外，财产税不能立刻对经济状况的改变作出反映。在一些州，每一年或每两年要对财产进行再评估，但在其他州，每3—4年才进行再评估。因此，财产估计价值和现行的税收通常是建立在过时的市场状况基础上的。

二、地方经费的其他来源

除了财产税，学区可以通过收取特殊所得税和其他税收或费用来积

---

① 《1995年财政联邦制的重要特征》表13(华盛顿，哥伦比亚特区：美国政府关系协调委员会，1995年)，pp. 34—35。

累收入。一些市政机构，特别是小村庄和城镇，依靠诸如交通费用和建筑许可费来帮助学校积累经费。

使用费的提高

使用费，这是特别对那些使用某种设备或接受服务的人收取的费用，是一种最普遍的特殊课税类型。使用费可以在公交车服务、课本、体育和娱乐活动、幼儿园和校后服务中心征收税务。到 2000 年，有 30 多个州允许学校对学生征收使用费，并且这些州里的许多学区征收了这样的费用。[①] 因为学生根本没有纳税能力，所以这种使用费被认做是累退课税。

特殊生产权利

近来，一些学校董事会为了特殊生产权利与一些公司签订了盈利的合同。例如，杰弗逊郡(科罗拉多州)的学校与百事公司签订了 7 年的特殊产业合同，估计收入达 730 万美元。其他学区已经与公司赞助人发展了数百万美元资金积累的运动，如体育馆、大礼堂、记分牌和设备购置的资金捐助。然而，这些合同是在学区与学区的基础上进行协商的，一些学区不断获利，而其他学区不得不为自己的预算尽力地积累资金。[②] 讨论话题栏中讨论了学校与公司之间的关系。

三、地方资源的差异性

富裕学区与贫困学区

除了州和联邦政府的资助，一些学区要比其他学区得到的教育资助更少。地处富裕地区或有广泛税收基地的学区(如处在居民住宅区、商业中心、公司和工业区附近的学校)显然能获得比贫困学区更多的收入。

---

① 杰伊·戈德曼："用经费来挽救吗?"，《学校财务》(1991 年 10 月)，pp. 30—32，p. 34；理查德·达克："用缩减的费用来办公立学校"，《学校法律公告栏》(1994 年春)，pp. 1—14；克劳德特·鲍曼和戴维·布朗："公立学校的费用实为隐蔽的税金"，《教育部季刊》(1996 年 12 月)，pp. 665—685.

② 克里斯·皮弗："公立教育的兜售"。

结果,在今天的大部分州里,总体上最富的 5 个学区的学生人均经费通常是最穷的 5 个学区的 2—4 倍。① 正如本章后面要谈到的,州法院和议会试图通过教育财政体系改革来尽量减小这样的不平衡。但是,在大部分州里,财政中潜在的不平衡仍然存在。

市政机构的过重负担

尽管财政问题影响到了许多乡村和郊区的学校,但最严重的财政问题总是存在于大城市的学校中。城市学校主要受困于我们常说的市政机构负担过重,严重的财政问题是由人口密度和占很大比例的处于不利地位和低收入的人群造成的。由于将其他的资金投入到了社会性服务,大城市无法从总体的税收中抽取出一大部分税收资金投入到郊区和乡村学校中。

教育的过重负担

另一个问题就是在大城市中,存在很大比例的有特殊需要的学生——即双语学生、低收入家庭的学生与缺乏能力的学生。这些学生需要矫正一些课程计划和服务。这在每个学生身上的花费要比基本课程计划多出 50%—100%。②

市区财政的恶性循环

除了对更多税收的迫切需要外,城市地区实际上通常不能增加课税。具有讽刺意味的是,税收的增加导致市区学校的衰败,因为税收的增加使得公司和中等收入的市民迁移到郊区去了。因而城市的税收基础暗中遭到了破坏。这些服务的减少也使市民纷纷离去——这是一种无法实现希望的形势。

---

① 阿伦·奥登和洛里·金:"金融改革颠覆了旧体制",《学校财务》(1981 年 10 月),pp. 8—12;罗伯特·E.斯莱文:"胜利之后、成功因素、基金及公平性之不同",《理论联系实践》(1994 年春),pp. 98—103;霍华德·韦纳:"教育投资有用吗?",《教育研究》(1993 年 12 月),pp. 22—24。

② 赫罗尔德·霍德金逊:"改革与现实";玛丽·珍妮·莱顿德拉:"改进第一章的计划:我们可以做得更好","公立学校的贫困:芝加哥学生所遭受的",可通过搜索"每日报道卡片"网站而获得,并点击 1995 年 12 月 1 日的内容。

焦点问题回顾：你所在的地方学区主要的税收来源有哪些？这些税收来源是如何达到税收评估标准的？你认为哪种税或哪些税是最公平的？为什么？

参考资料

严重的不平等性

乔纳森·克佐尔

自1969年他的第一部著作《英年早逝》出版以来，乔纳森·左佐尔(Jonathan Kozol)就已经有力地、坚定不移地倡导向贫穷和弱势群体的学生提供平等的教育机会，特别是美国城市内的学生。在《残酷的不平等》这本书中，他努力想再次唤起国家的社会意识和政治意识，关注经费的不平等，在他看来，经费的不平等是隐藏在机会不均等背后的。在下面这段话中，他反对怀疑论者，这些人宣称向城市内的赤字学校增加费用不会起多大的作用。

讨论话题：学校和学校董事会是否应该与公司和企业建立特殊的金融关系？

讨论主题	赞成的观点	反对的观点
增加公立学校教育经费：在美国，资助公立教育是一个严重的问题。当学校学生人数不断增加时，对公立教育的支持却不断减少。地方政府和地方学校董事会不得不寻找新的税收和新的方式来减轻财政需求压力。一种新的但存在争议的获取资金的方式就是公司与学校关系的出现。例如，有	1. 公司直接向学校和学区提供财政支持，学校和学区只能采用他们的产品，比如软饮料、快餐食品、电影和化妆用品。 2. 一些公司向学校免费资助电视机、录像机、卫星接收器和计算机。 3. 地方性公司赞助人致力于增加经费的竞争活动，修建体育场馆，安装记分板和修建礼堂。 4. 第一频道每天播放12分钟新闻报道。学生	1. 支付赞助企业单独提供的产品的费用比其他企业高。另外，许多家长和教育工作者担心食品的生产环境，尤其担心学生形成不良的饮食习惯。 2. 学校支付“免费”设备，费用是通过向学生出售企业产品的方式完成的。在学校中引入广告，这不是学生最感兴趣的，也不是公立学校的使命。 3. 有慷慨大方的赞助商的学校和学区有着让人羡慕的待遇。而没有赞助商的学校和地区则难以获得学区预算的经费。 4. 批评者认为第一频道是不同于网络新闻的，特别是因为它

续 表

讨论主题	赞成的观点	反对的观点
线新闻网第一频道在公立和私立学校中进行独家报道，为广告商引来了一群学生观众。尽管学校与企业都想获利，但这些关系对于教师、行政管理人员和公众来说却都是痛苦的话题。	可以了解到国际事件、政治形势和对青少年有影响的特殊话题。 5. 从6年级到12年级的800万名学生每天都看第一频道的新闻。	播放广告。学生每天接触的广告就是软饮料、电影、影视节目、护肤品和青少年服装。 5. 一些教育工作者和批评者，比如瑞菲·纳德，称第一频道“连MTV包装封面上的垃圾新闻都不如”，他们建议不要过于播放那些“耸人听闻的”新闻故事。

他指出，就算贫困学生有真正的教育平等，但其他力量将一直对他们的学业成绩产生负面作用。文化和经济因素与城市内中等收入的黑人脱颖而出，仍会对人们高度关注最贫穷的街区的贫穷儿童产生影响。少女怀孕、吸毒和其他问题将会持续导致这些街区中许多家庭的破裂。本书中我所讲的没有一件会留下错误印象，即我认为这些因素不是非常重要的。关于这一问题存在不同的看法，一些人坚持学校的首要性，其他人坚持家庭和街区的首要性，但他们都遮蔽了这样的事实，即二者都是儿童生活的基础。

家庭在这一重要方面与学校不同，即政府不对其家庭背景的不平等负责，或至少不直接负责。它要对公立教育的不平等负责。学校是由州建立的，而家庭则不是。况且要达到这个程度，即政府将来可以改善破裂家庭的状况，没有人期望能够在未来的几年内立刻得到实现。另一方面，如果财政均衡化实现了，那学校可能会在一夜之间发生巨大的变化。

显然，城区学校除了经费不足之外，还存在其他的问题。在一些城区体系中，行政管理的模糊也是地方性的（这一现象本身反映出我们低估了这一体系的儿童，这是一种单独的事件）。更多的经费，如果明智地使用，也可能会部分地解决这些问题——创造可能性，如聘用一些有天赋的、高报酬的财会管理人员，他们能保证经费用在刀刃上——但仍然需要进行重大的结构改革，这可能也是事实。但是，要把这些观点集中起来，并且论证说，行政管理的改变是一种要比解决经费均衡和真正消除种族隔离的问题更好的解答方式，这个论点是骗人的和简单化的。郊区有较好的行政管理（有时是，但并非总是如此），并且如果按儿童需要的比例来计算，它们也有很多的经费。"谈到前者忘了后者"是一种确信今天对任何问题都不负责任的儿童不会对任何事提出看法的俗套话。

拥护"良好家庭"或"良好行政管理"不需要太多的勇气或创造性。很难想到有人会反对二者中的一个。总统或其他的政治家需要很大的勇气和一种很强的洞察力来支持资源重组和种族融合。是否这样的勇气或洞察力某一天将在我国成为超越的力量，对此一点也不清楚。

问题

（1）贫困的和弱势儿童的需要，特别是城市里的儿童的需要，与那些郊区学区的儿童的需要究竟存在着怎样的差别？

（2）你赞同还是反对克佐尔关于郊区学区"按儿童需要的比例来计算也有很多的经费"这一看法？如果是这样的话，政府官员应怎样消除这种不公平？

（3）居民可能反对克佐尔的哪些看法？他们的理由是什么？

【资料来源】乔纳森·克佐尔：《残酷的不平等：美国学校中的儿童》，pp. 123—124。版权归乔纳森·克佐尔所有，经 Crawn 出版有限公司许可复印。

第三节　州公立学校的教育经费

尽管各州已把他们的许多教育权力和责任划归到了地方学校，但每个州都保留了承担教育儿童和青少年的法定责任，直到 20 世纪 90 年代，由州政府资助的经费比例才逐步得到提高（见图 8.1）。在这一节里，我们来看看用于教育的财政经费的主要州立税务的类型，各州之间学校经费的变化，州政府的资助在各地分配的方法，以及州法院在推动学校财政改革中充当的角色。

一、州政府的财政税收

营销税和个人所得税是州政府两个主要的税收来源。因为当前各州要支付公立初等教育和中等教育的经费超过了45%(见图8.1),所以这两种税是资助公立学校的全部经费中的重要成分。

到2001年为止,45个州在本州征收了营销税,这种税占州税收的三分之一。平均比率是5.16%,并且有15个州的比率在6%或更高。[①]

州税估算

若不按标准测量来计算税务,营销税率就很高。比方说,如果从税务基础中取消食品和医疗指标,那营销税就达到平衡的标准。但如果不取消,那低收入人群就要受到牵连,因为他们花在食品和医疗上的费用占很大的比重。营销税易于管理和征收,它不需要定期的估算或法律的裁决(正如财产税一样)。营销税也是有弹性的,因为从这里取得的税收倾向于与经济平行。问题是当这个州处于经济萧条中的时候,如在20世纪90年代早、中期发生的一样,营销税的迅速降低减少了州政府的收入,但这种税是有利的,因为税率的相对较少的增加使得税收总数得到增加。

个人所得税

个人所得税是州税收的第二大来源,占州税收的32%。只有6个州不征收个人所得税。[②] 正如营销税在各州总是变化的一样(从3%—7%),所以州的个人所得税(基于个人收入的百分比)也是不断变化的。

恰当的设定个人所得税应该不会造成经济混乱。假定没有漏洞,那根据平衡法,它的比例就非常高。这反映出纳税人的收入和纳税能力。

---

① 《1995年财政联邦制度的重要特征》表13,pp. 34—35;《州、地方和州-地方税收水平的最近变化情况》(丹佛:国家立法大会,1991年);也可参见"销售税收票据交换所",见http://thestc.com/strates.stm网站。

② 《1994年财政联邦制度的重要特征》表55,pp. 100—101;《1995年财政联邦制度的重要特征》,pp. 34—35。

个人所得税要比其他的税更公平些，因为它通常要考虑纳税人的特定情况，如依赖性、疾病、娱乐消费等因素。一般说来，州的个人所得税已变得更加累进化，因为增加了扣除额和个人免税的标准，并且 15 个州同时取消了贫困家庭的税收。①

个人所得税易于征收，并且通常是通过支付和扣除薪金来征收的。它也是非常有弹性的，允许州政府根据经济状况来改变税率。但是个人所得税的这种弹性容易受到经济萧条的影响，因为从这里取得的税收要减少。

其他的州税。其他的州税对教育资助的数额有限。这些税有：(1) 发动机燃料，酒类、烟草生产的国产税；(2) 财产税与赠予税；(3) 开采税（在矿物和原油输出方面）；(4) 公司所得税。

发行州彩票

尽管早期发行彩票的主要目的是获得资金，用于满足社会优先事业，如健康服务、社会福利机构和公路建设。但现在各州也倾向于通过发行彩票来支持教育。目前在 37 个州的大部分地区，彩票发行也一直在继续，结果是彩票发行在资助教育的整个州的税收中仅占 2%还少一点。② 彩票发行也具有一定的变化性，因为低收入的个人玩彩票的比例要高于高收入的个人，而且他们把年收入的很大一部分花在了这上面。

二、州政府资助教育的能力

各州在费用开销上的多样性

一些学生比较幸运，这仅仅是因为地理位置的缘故。一个州的地理位置在很大程度上与一个儿童接受的教育类型和质量有关。在 1997—1998 年度里，阿拉斯加州、康涅狄格州、新泽西州、纽约州和哥伦比亚特

① 《国家赤字管理统计数字、国家财政状况与金融法规第 55 号案》（丹佛：国家立法大会，1986 年）；杰里·L.帕特森：《将来学校的领导地位》（弗吉尼亚州亚历山大督导与课程发展协会，1993 年）。

② 参见网站 gamblehouse. com/lottol. html。

区的学校在每个学生身上花费的费用达9 000美元之多。相反,阿肯色州、密西西比州、新墨西哥州和犹他州的学校平均对每个学生的花费少于5 000美元(见图8.2)。

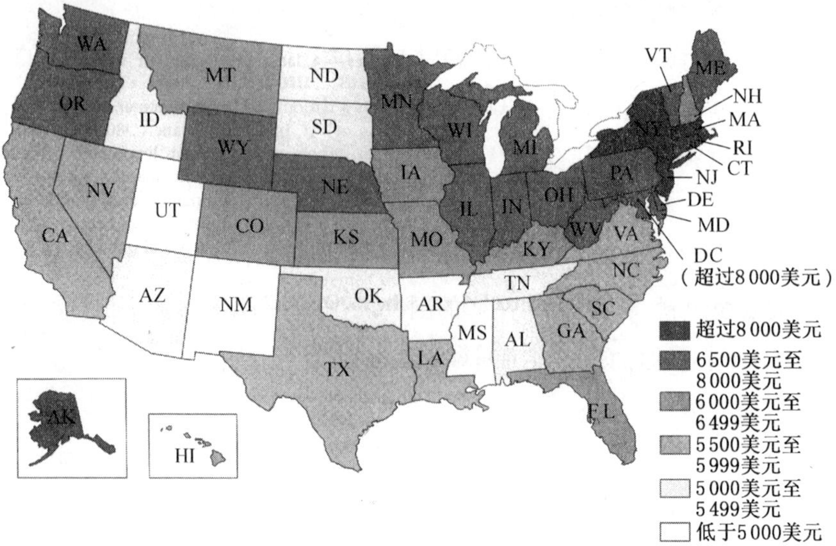

图8.2 1997—1998年州政府在每个学生身上的教育费用

【资料来源】《教育统计文摘(2000)》表168(华盛顿,哥伦比亚特区:国家教育统计中心,2000年),州经费建立在日常的平均入学率上,并包括联邦、州和地方的税收。

各州能够提供些什么

从这些数据中假定一些州的教育优先权要比其他州高两倍的看法是不正确的。我们还必须了解各州能提供些什么,并且这与各州居民的个人收入有很大的联系;然后我们还必须了解各州在其他服务和功能上花费了哪些,如房子、交通和医疗。

例如,在1998年,密西西比州在每个学生身上花费了4 575美元——全国第二低,并且远低于全国的平均水平6 662美元——但这一数字占密西西比州人均总收入(居住在这个州的人均收入)的3.8%。全国人均经费才占人均总收入的2.9%。比较富裕的加利福尼亚州、华盛顿州和弗吉尼亚州在每个学生身上花费的费用在5 795美元到6 534美元之间。①

人口老龄化

对学校预算的影响

教育支持和美国教育的古老。另一个对各州资助公立教育产生的负面影响因素是人口老龄化。自 1900 年以来，美国人口的平均年龄稳步提高。超过 65 岁的人口比例已从 1900年的 4.1%上升到了 2000 年的 12.9%，预计到 2025 年将达到18.8%。②不再有孩子上学的老年人通常更反对学校增加税收。这种影响可从近期政府的花费模式中看出变化。在 20 世纪 80 年代，花费在每个学生身上的教育费用超过通货膨胀率约 30%，但到 80 年代后期却有所下降。同时，政府的医疗和健康费用——有很大比例用于老人——在增长。③

严寒地带的灰白化

平均年龄的增长是一种全国性的趋势；但国家的有些地区要比其他地区“灰白化”得更快些。在 20 世纪 70 年代和 80 年代，处在严寒地带的州，如纽约州、宾夕法尼亚州、伊利诺伊州和密歇根州，大量的年轻人都跑到了阳光地带。在东北和中西部的许多地区，逐渐老化的人口却不愿向学校提供财政和政治支持。④ 相反，录取学生众多的地区，如东南部和西南部地区，抵消了老年人逐渐增长的影响。

三、州政府对地方学区的援助

州政府采用四种基本的方式来资助公立教育。一些州政府采用混合式的财政策略。

---

① 《1994—1995 年学校统计数字预测》(康涅狄格州韦斯特黑文：全国教育协会)。

② 赫罗尔德·G.沙恩:“为 21 世纪而改进教育”,《教育地平线》(1990 年秋季)，pp. 11—15；也可参见《2025 年 6 月 1 日美国常住人口的预计数字》和《2000 年 6 月 1 日美国常住人口的预计数字》,在 www.census.gov/population/www/projections/np_p2.gif 网站可查到。

③ 《1997 年教育统计数字摘要》，p. 37。

④ 艾伯特·R.克伦肖:“再见，阳光地带”,《费城调查者》(1994 年 3 月 4 日)，p. 2。

最古老、最不平等的方式

平均主义模式。这是资助学校最古老、最不平等的方式。州政府向地方学区的资助是建立在一个固定总数与入学学生人数的乘积之上的。这没有考虑到学生的特殊需要(双语学生的教育费用要比本国讲英语的学生花费多),特殊项目(职业和特殊教育)或学区的财富。

剩下的三种方式中,每种都是通过多分发资金给最需要帮助的学区的方式来寻求更加公平的教育机会。

每个学生费用的最低值

基础化方案是最常用的方式。每个学生最基本的或最低限度的年度费用保证了州里所有学区的费用,且不考虑地方的税收额。但是,改革者认为最低化水平太低了,富裕的学校很容易超过这一水平,而来自低收入家庭的学生占高比例的学校将受困于这种方案。

对富裕学校实行反比例

权力均衡方案。许多州已采用了这种全新方案中的某一种形式。州政府以反比例的形式向富有的地方学区支付一定比例的地方学校费用。尽管学区有权设定自己的费用水平,但较富有的学区很少与州政府的费用竞争,而较贫困的学区则需要较多的州基金。

根据特征估量学生

估量学生的方案。根据学生的具体特征(即有疾病的,有缺陷的,等等)或他们的特殊项目(如职业教育或双语教育)的比例来估量学生,并以此决定每个学生的教育费用。例如,一个州可以向每个普通学生提供 4 000 美元,向接受职业教育的学生提供该数目的 1.5 倍(6 000 美元)的费用,向有缺陷的学生提供该数目的 2 倍(8 000 美元)的费用。

四、立法委员会和学校的财政改革

塞拉诺(加利福尼亚州的一个少数民族)诉讼案

在一个州内部的学区之间,平衡教育机会的努力受到一系列法院决议的激励，这些决议在大部分州从根本上改变了公立教育的财政状况。1971 年在塞拉诺与教父诉讼案的里程碑式的决议根本改变了加利福尼亚州发放教育经费的方案。加利福尼亚州，像几乎所有的州一样，依靠地方财产税来资助学校，而起诉人认为这种资助体系导致富裕学区与贫困学区之间的费用的不平衡在继续加深。加利福尼亚州最高法院接受了这种观点。

罗德里格斯诉讼案

裁定塞拉诺诉讼案后，最高法院于 1973 年在圣・安东尼奥控罗德里格斯诉讼案中裁定，以一个州内部学区间的地方财产税的差距为基础而不均衡地分配费用是不违反联邦宪法的，但可能违反州立宪法。罗德里格斯诉讼案的决议就把不公平的学校财政的争论推到了州法院与州议会手中，很多人认为这就是州法院和州议会的责任。

肯塔基州的计划

悬殊依然存在

自罗德里格斯诉讼案裁定以来，许多州已规定，如果由于学区间的财富差距而造成在每位学生身上花费的费用存在着巨大的不平衡，那么，这种学校资助方案就是违反宪法的。例如，在"玫瑰控更好的教育委员会"的诉讼案中（1989 年），肯塔基州最高法院宣布整个州的教育体系，包括用财产税资助学校的方案是违法的。这一决议促使立法机关提高人均教育费用达 30%之多，并承担了一份广泛进行教育改革的计划（这将在"美国学校效率与改革"一章中进行描述）。① 到 1997 年，类似于在肯塔基州和新泽西州这样的诉讼案已在 30 多个州归档了，可能经费不均的问题将在州立法机关中一而再、再而三地被提上议程。②

---

① 罗纳德・亨科夫："四个州：改革变得激进"，《财富》（1991 年 10 月 21 日），pp. 137—144；罗伯特・罗思曼："KERA：一个学校的神话"；珍妮・C. 林代尔："肯塔基州的关于作出相关学校的决定的教训"，《教育领导》（1995 年 12 月—1996 年 1 月合刊），pp. 20—23。

② 德博拉・A. 沃斯特金："学校金融诉讼的新浪潮"；罗思曼："KERA"，p. 237。

钱能单独产生不同作用吗?

最新的法院决议的焦点集中在州政府资助的最低限额的恰当性,和对贫困学区的学生“有权得到其他学校买来的同样的教育机会”的公平性上。[①] 简言之,州政府需要消除最富有和最贫困的教育体系间的差距。[②] 有关这一问题的更多信息请参见参考资料栏。然而,一些进行了学校财政改革的批评者认为,经费本身对教育质量产生的影响微不足道。[③] 对提高教育质量需要学生、教师和家长的努力并承担职责的看法比较满意。另外,对一系列的社会因素和认知因素,特别是家庭结构,一定要认识到,否则,改革的努力可能会白费。但只要所有这些争论未得到解决,学校财政改革就将会是今后几年继续争论的热点话题。

焦点问题回顾: 在经济衰退期和低迷期,营销税和个人所得税是如何反映出来的?在州政府和地方政府之间,你认为哪一个应该对公立学校的资助担负更大的责任?说明你的理由。

第四节　联邦教育基金

联邦角色的转变

到 20 世纪中期,联邦政府(或地方学校)提供给各州学生教育费用的财政资助一直都非常少(参见“美国教育的世界根源”那一章)。联邦政府的这种态度与“联邦政府应该与教育没有什么关系”和“教育应该是各州政府的职责”等这些主要的看法相一致。国家法律和联邦政府纲领对美国教育的发展之路有着重要的影响。但这些方案和活动缺乏系统性,不是广泛地构思全国教育计划的一部分。1957 年,当苏联成功地把

① 麦克尔·纽曼:“学校金融体系的崩溃”,《教育周刊》(1990 年 6 月 13 日),p. 18。

② 沃斯特金:“新浪潮”,pp. 243—250;克里斯·皮孚:“未来之景”。

③ 杰诺德·W.布雷西:《布雷西对公共教育条件的第 7 次报告》;埃里克·A.哈诺舍克:“越过花费的盲目崇拜”,《教育领导》(1995 年 11 月),pp. 60—64。

人造卫星送上天后，国家政策更多地与教育联系起来，结果，联邦基金迅速增长，并用于特定的、战略性的领域之中。增加的联邦基金被分配到了提高科学、数学、外语教育和师范教育之中。

民权法案

从20世纪60年代中期到70年代，联邦政府倾尽全力迫使美国最高法院作出关于学校取消种族隔离的决议，其原动力来自1964年的《民权法案》，该法案指出，要毫无歧视地管理和操作由州立基金资助的所有项目，或者掌管所有有关的联邦基金。

为不同群体开设的项目

除了致力于取消种族隔离外，从20世纪60年代中期到70年代末，少数民族群体和妇女的教育也受到了相当的重视，并取得了经费资助。像双语学生、美国黑人、美国土著人、低收入家庭的学生和缺乏能力的学生等各种人群都是被作为特殊项目的目标。

当前联邦政府支持教育的趋势

20世纪80年代，在联邦出现了新的保守倾向，随后联邦资助经费在整个学校财政中投入的资金比例更少了(比较表8.1和图8.1)。在80年代，学校经费的筹集方式改变了。类别补助金(用于特定群体和确定目标的经费)不再有了，而采用了固定且不再发的补助金(用于没有精确范畴的一般目的的经费)。正如在“公共教育行政与管理”一章所谈到的，这一方案是“新联邦主义”的内容，“新联邦主义”把联邦政府在全国性的社会和教育方面的许多职责划分到了各州政府的手中。

联邦基金的预测

在我们迈入新世纪的同时，联邦政府可能将在技术领域(特别是计算机领域)发挥更多作用，并支持改善老化和衰败的学校所必需的基础结构。随着布什总统的支持，国会的支持率也在增加，他们支持对满意的学科进行全国性成绩测试，如果得到实施，那可能会提高全国的课程水平。另外，乔治·W.布什总统的教育规划更多地强调阅读成绩，这包

表 8.1 1970—2000 年用于初等教育、中等教育和高等教育的联邦经费情况

年份	总数(单位：亿)	因通货膨胀调整了的总数(单位：亿)
1970	92	68
1972	119	77
1974	131	87
1976	196	118
1978	216	120
1980	275	131
1982	268	116
1984	305	123
1986	337	139
1988	375	144
1990	453	153
1994	640	167
1997	730	174
2000	906	188

注意：由于 1981 年《教育的加强与提高法案》，在各种联邦部门中划分了许多的项目和资金，此后比较的基础至今还不完全相同。

【资料来源】《教育统计文摘(1980)》表 160(华盛顿，哥伦比亚特区：国家教育统计中心，1980 年)，pp. 184—186；《教育统计文摘(1982)》表 153—154(华盛顿，哥伦比亚特区：国家教育统计中心，1982 年)，pp. 171—172；《教育统计文摘(1990)》表 327(华盛顿，哥伦比亚特区：国家教育统计中心，1990 年)，p. 343。由于通货膨胀，作者根据《消费者价格索引》来计算调整总数：1913—1990 年(华盛顿，哥伦比亚特区：劳工统计官方机构，美国劳工部门，1990 年)，pp. 1—3。也可见《教育统计文摘(1994)》表 349，pp. 370—373；《教育统计文摘(2000)》表 359。

括所谓的命名“阅读沙皇”；增加针对劣势学龄前儿童的领先教育计划；使用联邦资金招募新教师以缓解教师的短缺问题；增加资金投入以提高教学质量。①

联邦补助基金资助有吸引力的学校将继续作为一种解决学区中的

① 麦克·勃勒：“总统允许收据上的损失”，《太阳报》(2001 年 5 月 2 日)，pp. 1—9。

种族不和的方式。地方、州和联邦政府正越来越关注着学校暴力和怎样恢复美国公立学校的道德权威的问题。联邦补助基金的提供取决于学校和学校的担保人,如议员、法院等个人或单位作为担保人,则具有较大的优势。选择公立教育或私立学校的压力将持续加大,因为家长对公立学校存在不满,并且家庭经济状况不佳的学生仍生活在低于一般标准(通常是城市)的学校(如威斯康星州的密尔沃基市,该州的经费用来给低收入家庭学生支付教会学校的学费)。①

焦点问题回顾: 你认为美国联邦政府向公立教育提供足够的资助了吗? 为什么说提供了足够的资助或为什么说没有?

第五节　学校经费的趋向

教育财政危机有时会成为头条新闻。例如,20 世纪 90 年代初期的全国性经济萧条导致州的税收减少,再加上消费提高和其他预算问题,许多学区处于脆弱的财政形势中。这些危机可能随经济的改变和联邦政府与州政府的预算而产生与发展。但是,人们仍然坚持长期关注学校的财政。在我们探讨目前的趋势时,记住:要今天的教育工作者出示他们明智地使用公众经费的证明。要想进一步认识当前学校财政的有关情况,请参见学校与网络技术栏。

学校与网络技术

网上查看学校财政信息

作为一名教师,你应该时刻关注学校财政问题和趋势。正如这一章

① 罗纳德·斯蒂芬斯:"拯救学校的十步",《美国学校委员会杂志》(1998 年 3 月),p. 30;皮特·杜邦:"威斯康星州的治理让可怜的学生们胜利了一次",《太阳报》(1998 年 7 月 6 日),p. 9。

所讨论的，每个政府水平的财政决策都可能会影响到你所在班级的日常活动。

访问地方学区网站（访问www.nasbe.org；点击“教育链接”，然后点击“州教育机构”，选择你所在的州，然后点击“县郡”或“学区”或“查找学校”）。尽管不是所有学区网站都有预算信息，但教育目标通常是和财政目标相联系的。查看有关近期教育焦点话题的有关信息，例如学生测试、技术创新、特殊教育、天才儿童教育项目、学校建筑和维护。思考这些动议权或项目是如何影响地方财政预算的。

访问州教育机构网站（访问www.nasbe.org；点击“教育链接”，然后点击“州教育机构”，选择你所在的州）。查看主页上的诸如“预算”、“基金”或搜索这些关键词。州教育部门有哪些具有优先权的基金？这些有优先权的基金和地方教育部门的预算优先权及问题有怎样的相似性和不同之处？

访问美国教育部网站www.ed.gov。点击链接，如“总统和秘书的优先权”、“新闻事件”、“项目和服务”、“州教育机构”。另外，在无党派教育委员会网站www.ecs.org上查看“每日新闻摘要”、“国会和布什的教育计划”、“教育的问题”和“本周电子时事通讯”。联邦基金的优先权与问题和州、地方教育部门的优先权与问题有怎样的相似性和不同之处？在所有这些财政优先权和问题中，你认为哪一个对儿童的教育最重要？为什么？

一、纳税人的抵制

纳税人动议权

开始于20世纪70年代末期的一种税务抵制运动蔓延到了全国，这一运动给学校财政改革设置了一道关卡。在加利福尼亚州，一个在1978年通过的被称为“13号提案”的纳税人动议权制定了一项最高的税务，该税在公平的财政市场价值中占1%，而估计价值有限地增长到每年2%。到2001年又有45个州实行了财产税限制或者对学校开销的直接控制。①

纳税人抵制的结果

纳税人抵制的结果使得35个州推行一些打破规章的方案，那就是向特定人口（如老年人或刚成为房主的人）提供一张已付财产税的信用卡。

当前的氛围

20世纪80年代和90年代的教育改革运动强调提高教育质量的必要性，并且公众好像愿意为此目标而支持增加教育经费。但纳税人仍很谨慎，因为决议中存在许多利害关系：我们花了这些钱，我们能得到些什么呢？由于教育工作者使用了公众经费，从而增加了他们应担负的责任。

二、责任运动

责任后果

尽管责任的定义变化多样，但它最终指的是这样的概念：即教师、行政人员、学校董事会成员，甚至学生自身都必须对他们努力的结果承担应有的责任。教师必须达到胜任工作的一定标准，学校必须设计把经费和成果联系起来的计划。

责任运动的原因

责任运动是由许多因素造成的。近几年，越来越多的家长已经认识到学校教育对于走上成功之路是很重要的，而他们的孩子学得却不太好。由于教育经费的提高，所以家长要求知道他们交纳的费用被用在了哪些地方。想抑制学校费用的纳税人希望教育工作者对教育的结果担负起应有的责任。②

---

① 约翰·奥根布利克：《学校金融：一本启蒙读物》(丹佛：州教育委员会，1991年)；理查德·麦克阿丹姆斯："马克、日元、美元、英镑：钱说了算"，《美国学校委员会杂志》(1994年7月)，pp. 35—36；也可参见《销售税票据交换所》(2001年)，见http://the stc. com/strates. stm网站。

② 里兹·布威和史蒂芬·汉德逊："城市学校的学生失去优势"，《太阳报》(1997年11月12日)。

各州衡量

大部分州已提出责任应分散下去,让地方学区直接对具体方面负责。州和全国性的评估方案已应用到了学生成绩和教学费用使用效率的测量中了。① 一些州已经明确指出未达标的学校是“失败的学校”,必须进行重组,或者由州或私人组织接管,如大学或私人企业。其他州正在比较学区的测试分数,并根据结果用额外的资金来缩减学校经费或奖励某些学区。②

许多教育工作者所担心的是一种简单的责任概念,即单独让教师或校长承担责任,而忽略了家长、社区居民、学校董事会成员、纳税人和学生自身的责任。

三、学费税务信用、教育证书和学校选择

学费税务信用

学费税务信用允许家长要求减免税务,因为他们送子女到私立学校上学已支付了一部分学费。在20世纪90年代早期,明尼苏达州率先采用了学费税务信用;其他州现在也已实行学费税务信用或正在考虑税务减免。③ 税务信用运动反映了公众希望增加选择学校机会的愿望,以及继续寻求非公立学校的支持。但是在公立学校中,信任的动摇再次引起了对前面问题的讨论。

教育证书

教育证书的使用是学校财政改革的另一趋势。在证书体系中,学龄儿童的父母有一张表示对他们子女的教育费用进行评估的证书或许可

---

① 与国家教育进步评价委员会项目主任史蒂文·高曼的电话谈话(1991年11月7日);乔·B.汉森:“通过托管责任进行教育改革是否自相矛盾?”,《建议与发展之评估》(1993年4月),pp. 11—12;罗伯特·罗思曼:“重要权力的资格证书”,《教育领导》(1995年5月),pp. 41—45。

② 马里兰州教育厅:《MSDE公告》(2001年2月8日),p. 1。

③ 路易斯·费舍尔、戴维·希梅尔和辛西娅·凯利:《教师和法律,一些修订案》(纽约州怀特普雷恩斯:朗曼图书公司,1998年),p. 474。

证，然后儿童就凭这张证书到他们父母选的一所公立或私立学校中就读。一些方案规定选择权只限在公立学校中，正如当前在明尼苏达州、威斯康星州、加利福尼亚州、马萨诸塞州和其他 10 个州所实行的方案。① 其他选择计划也允许凭证书到私立学校就读。②

反对观点

对学费税务信用和证书方案的争论很激烈，也很感人。全国教育协会，美国教师联合会和其他教育组织坚信，证书或税务信用会增加种族歧视，导致依照社会经济界限划分公民的现象，并减少了对公立学校的财政支持。③ 反对者认为这些方案不会对与教会有关的学校提供宪法支持，支持和鼓励学生到非公立学校就读的行径会暗中破坏公立教育体系，并导致公立学校的预算失败和州政府财富的大量流失。④

支持观点

学费税务信用和教育证书的倡议者总是提及学校选择这一概念。我们将在"美国学校的效率与改革"这一章中详细讨论学校选择。由于扩展了普通人对学校的选择，支持者坚信，我们能够提高学校间的竞争力，并提高教育质量的整体水平。这种观念是要依靠教育去遵循市场规律：如果学生和家长可以选择学校，那效率高的学校将继续运作，而不理想的学校就将退出市场或进行改进。⑤ 另外，支持学费税务信用和教育

---

① 乔·纳森和詹姆斯·叶塞尔狄克："对于学校的抉择，明尼苏达州都学到了些什么"；美国教育部国家教育统计中心：《教育的国家指标》（1997 年）。

② 费舍尔、希梅尔和凯利：《教师和法律》，pp. 474—475。

③ "有害于身心的计划"，《全国教育协会手册（1994—1995）》（华盛顿，哥伦比亚特区：全国教育协会，1994 年），p. 247；乔安娜·理查德森："冻结州派等政治在收据计划上扩张的命令"，《教育周刊》（1995 年 9 月 13 日），p. 3；朱迪思·塞克斯："收据之争：公共基金要跟孩子们一起走进私立学校吗？"，《美国学校委员会杂志》（1997 年 3 月），pp. 24—28。

④ 丹尼尔·U. 莱维恩和瑞娜·F. 莱维恩：《社会与教育》第 9 版（马萨诸塞州尼达姆高地：阿林培根出版公司，1996 年）；卡罗尔·A. 兰顿："PhiDelta Kappa 杂志第三次教师关于公立学校态度的民意测验"；K. L. 比林斯利：《选择的呼声：教育改革辩论》（洛杉矶：太平洋公共政策研究所，1994 年）。

⑤ 威廉·L. 鲍伊德和赫伯特·J. 沃尔伯格主编：《教育的选择》（加利福尼亚州伯克利：麦克考切恩出版社，1990 年）；戴维·奥斯本："学校慌了"，《琼斯妈妈》（1996 年 2—3 月合刊），pp. 47—48。

证书方案的人认为,这样的信用并非不符合宪法,不会严重减少联邦政府的收益或妨碍公立学校税务的征收。他们认为这些方案将为学生到市外的学校就读提供更广泛的机会,因此,税务信用或证书不会造成或不可能造成税收的减少、种族和社会经济的分离。许多支持者相信,税务信用或证书除了向学生父母提供对学校的选择以外,还刺激公立学校自身进行改善,特别是学生父母在公立学校的学区内进行选择时。①

特权学校

一种学校选择的变式是特权学校的概念,这将在"公共教育行政与管理"一章中讨论。在上百条的条例和规章制度的自由交换中,特权学校要承担具体的学术成果的责任,并且如果他们未能达到学术目标,就要冒被取消特权资格的风险。② 对大多数特权学校的组织者来说,他们所面临的一个挑战性问题就是严格的预算。许多学校董事会由于担心预算中的财政缩水,向特权学校拨发很少的运作资金。

四、提高学校预算的使用效率

学校预算的详细审查

在纳税人密切关注责任要求和紧缩州预算的一段时期里,学校董事会在建议增加税收之前承担着取消那些无谓花费的压力。不仅学校的成绩必须达到预期的标准,而且预算必须接受封闭、详细的检查。公司的领导通常是董事会成员,提高效率和有效性的信条——这在商业管理中是非常流行的——已对美国教育产生了相当大的影响。我们应该继续关注以下这些重要的发展趋势。

班级规模的新研究

班级规模。由教育部的教育研究与推动办公室指导的、几十年来第

① 约翰·威斯曼:"改进教育的革命步伐",《财富》(1991 年 10 月 21 日),pp. 128—129;麦克尔·鲍勒:"发票",《太阳报》(2001 年 5 月 2 日)。

② 洛里·A.玛尔赫连德和路安·A.贝尔林:《理解特权学校》(印第安纳州布卢明顿:PhiDelta Kappa 教育基金,1995 年),pp. 7—11。

一次对班级规模的最新研究表明，“班级越小效果越好”，在低年级时期，越小的班级越能提高学生的成绩。在班级规模缩减到 15—20 名学生时，就会对学生的成绩产生极大的影响。这可能会使全国都积极关注班级规模的减小。①

保存旧的设备

旧建筑物的现代化。许多学区并不建造新的学校，正准备筹集资金以维护旧建筑或将旧建筑进行现代化的装修。但正如我们即将在下一节看到的一样，旧建筑维护与改建可能会限制他们自己的预算。②

更小更有效率的建筑

更小规模的学校。在许多地区，一种趋势就是修建规模更小的学校建筑，这样的建筑让我们能更有效地使用空间，要求更少的燃料和灯光，且易于维护，需要更少的管理。③

招募更多的教师

教师需求。由于人口减少，一些地区可能在解雇一些教师，而其他地区，特别是郊区和地处阳光地带的州，正处于学生人口旺盛的时期，再加上教师队伍年龄的老化，据推算，到 2010 年需要的新教师将超过 200 万。

提高主要员工的效率

行政裁员。许多学区发现，中心办公室人员较少的学校也能照样运行。这些行政裁员要比缩减师资力量引发的公众抗议更少一些。

削减能量费用

节约能量。一些学校查看温度的变化，每天早上推迟学校的增暖措施，降低大礼堂的温度，并直接从汽油站和原油站购买能源。

---

① “博尔斯特·克林顿教学议案公布新研究表明小班教学可以提高教学质量”，《师范教育报告》(1998 年 5 月 14 日)，p. 5。

② “克林顿坚决支持美国学校”，《太阳报》(2000 年 10 月 1 日)。

③ 托马斯·塞吉奥华尼：“小学校，大前景”，《教育领导》(1995 年 11 月)，pp. 48—52；尼尔·皮尔斯：“比尔·盖茨有妙法缩小高校规模”，《太阳报》(2000 年 9 月 15 日)；德博拉·梅尔：“小学校，好学校”，《太阳报》(1999 年 8 月 16 日)。

五、学校的基础设施与环境问题

破旧的设备

全国的学校基础设施正处在一种严重失修的状态之中。基础设施指的是学校基础物理设施(铅管、下水道、供热、电力、屋顶、木工等)。建筑专家估计,美国学校的破损速度比修复的速度还要快,且比其他大多数的公共设施的破损速度还要快。许多学校的铅管、电力线路和供热系统都已陈旧,且还在危险地超期使用;屋顶材料不符合标准,并且外部的砖建筑物、石头和木头都严重失修。在 20 世纪 90 年代中期,政府财会办公室估算用于维修公立学校的总费用达 1 120 亿美元,这一惊人的增长超出了先前的推算。① 一些最大规模的学区报告说,学校有 85%需要维修,只有这样才能使他们达到"良好状况"。②

清除石棉

学校建筑的环境危机是一个特殊的问题。例如,环境保护机构(EPA)已命令政府和商业主,包括学区,清除用石棉制品修建的建筑物。尽管这些费用难以计算,但一项清单估计已向学校支付了 31 亿美元,这可用于 3 100 个地区的4.5 万所学校的建设。③ 其他危机,如氡气、铅涂料和地震,同样在许多学区吞噬着学校的资金。

需要更多的教室

当学校董事会致力于满足年久失修的基础结构的需要时,联邦人口普查局已修改其计划以适应学龄人口的增加。以 2000 年的人口普查数据为基线,该机构认为,到 2010 年学龄人口将稳定维持在这一水平上。在同期,公立中学录取学生人数将上扬 4%。这个预测是以人口出生率

---

① 艾伦·C.奥恩斯坦:"学校金融和学校状况",《理论联系实践》(1994 年春),pp. 118—125;安妮·李维斯:"修整我国的校舍"。

② 政府会计局:《学校设施:各州对学校状况之素描》(华盛顿,哥伦比亚特区:美国政府出版署,1996 年)。

③ 李维斯:《修整》,pp. 580—581。

的增长和移民人口为基础的。除了维修旧建筑，更多要考虑的就是从哪里获取用于修建仍然非常需要的教室的额外资金。①

焦点问题回顾：你对乔治·布什总统提出的将联邦经费与年度学生考试成绩联系起来的计划怎样看待？这一提供经费方案的利和弊分别在哪里？

总　　结

(1) 学校在财政上是由州和地方政府资助的，联邦政府资助的程度相对要少一些。总的看来，自 20 世纪初以来，州政府的资助迅速增长，而地方资助却在下降；联邦政府资助的比例在 80 年代以前有所增长，但后来却有所下降。

(2) 尽管财产税是学校收入的主要来源，但人们认为这是一种正在下降的税务。

(3) 在各州之间和州内(地方学区级别上)资助教育的财政能力变化很大。贫困的学区要比相对富裕的学区更容易得到更多的州政府的资助，但总额几乎弥补了整个费用中的差距。

(4) 由法院发起，州立法机关推动的学校财政改革已尽量减少和消除贫困学区和富裕学区之间经费的不平等性。其基本目标是平衡教育机会，并给贫困学区提供提高成绩的途径。

(5) 自人造卫星时代以来，联邦教育基金与国家政策的联系不断增加。但自 20 世纪 80 年代以来，教育经费调拨的某些责任已从联邦政府划分到各个州政府身上了。

(6) 对责任、学费税务信用、教育证书、特权学校和择校的争论反映出公众对教育体系日益增长的不满情绪。

---

① 《2000 年教育统计数字摘要》。

(7) 纳税人抵制税务，特别是抵制财产税的增长，导致政府要面临很大的压力来提高学校预算的效率。

(8) 许多学校面临着学校建筑老化和环境恶化等严重而危险的问题。

关 键 术 语

累进课税	个人所得税
累退课税	类别补助金
财产税	固定且不再发的补助金
密尔	纳税人的抵制
使用费	责任后果
特殊生产权利	学费税务信用
税收基地	学校选择
市政机构的过重负担	教育证书
营销税	学校基础设施

讨 论 题

(1) 学校董事会和地方选举出来的官员怎样设计出一种公正、公平且与变化中的经济形势保持一致的税收结构？构造这种税收法规需要哪些具体的成分？

(2) 如果联邦政府将实施一个计划，以便在下个10年期间平衡联邦预算，你认为哪些因素将会影响公立学校的经费？

(3) 列出你支持或反对以下财政支持学校选择类型的理由。

■ 政府保证任何学生都可以向任何一所合格的公立或私立学校支付学费。

■ 政府保证只针对那些证明需要资助的家庭的学生。

■ 尽管学生可自由选择任何一所他们喜欢的公立学校，但私立学校或教会学校却没有得到这样的保证。

（4）关于企业与学校之间的合作关系，例如有广告的第一频道和课程资料，对此你有何看法？

专业发展的建议方案

（1）调查大量纳税人（家长、邻居、同学、同事）对学校税收的态度倾向。他们抵制这些税的程度如何？由于什么原因，在什么样的情况下，他们愿意纳更多的税？你注意到了各种年龄群体、少数民族群体、有收入的群体或社会阶层的看法的任何不同之处了吗？给全班归纳你的发现。

（2）在你访问这里定义的学校时，要留意基础物理设施。你看到了哪些具体问题？学生和职员抱怨了些什么？邻近学区的情况更好还是更坏？如果这样，那人们是怎样说明这些差别的呢？以日记的形式记下你的发现。

（3）用几个星期的时间，考察每天报纸上刊载的与学校财政有关的州和地方新闻。这些文章对目前的体系是支持还是批评？它们同意本章提出的观点吗？他们采用了不同的观点吗？与全班共同探讨你的发现。

（4）访问你们州教育厅的网站（访问 www. ed. gov/Programs/bastmp/SEA. htm），以查看在你们州公立教育是如何得到财政资助的。查看具体地方、州和联邦资助比例图表。你们州是否有基于学生成绩的学校评估方案？是否对未达到州立标准的学校采取措施？

（5）从与学校财政有关的几个机构中收集情况资料和政策报告书，例如，地方教师协会或组织、州教育厅、地方市民组织。通过访问至少两个群体的代表以补充书面材料。列出出现的主要论题。

（6）拜访一位地方学校董事会董事，主要谈论以下方面内容：

■ 对经费和预算过程的关注。

■ 他或她最重要的预算优先权。

■ 解决预算问题的创造性方式。

■ 当预算确定时,公众是怎样支持预算的。

(7) 访问美国人口普查局网站,并浏览"1997 年马里兰州巴尔的摩市基于收入和贫困评估的模型"(www. cencus. gov/hhes/www/saipe/estimate/cty/cty24510. htm)和"1997 年马里兰州蒙哥马利县"(www. cencus. gov/hhes/www/saipe/estimate/cty/cty24031. htm)。这些权限中的每一种权限都是马里兰州学区和美国最大学区所拥有的。注意以下内容:

■ 贫困群体的年龄百分比。

■ 贫困群体中低于 18 岁的人群百分比。

■ 贫困群体中有 5—17 岁儿童或青少年的家庭的百分比。

■ 中等家庭收入。

根据纳税人资助学校的能力,特殊教育服务的需要和针对残疾儿童的项目,分析这些统计数据向我们提供了哪些有关这两种学区的信息,在你们州是否有两个县是你乐于进行这些数据比较的?

第九章　教育的法律问题

在过去的五十年里，美国人越来越多地要求法院解决与美国公立教育有关的问题。教育诉讼的这种增长反映出一个事实，那就是教育在当今社会里起着几十年前从未有过的重要作用。州和联邦立法的诉讼案呈直线增长，并且从某种程度上来说，还有飞速增长的趋势，这也影响着教育。

本章概述了美国司法系统，并探讨对现今学校和教师有着最重大影响的法律话题和判决。着重讨论教师与学生、宗教和学校的权利和责任，[①]当你阅读本章时需要考虑的问题包括：

焦点问题

- 教师的法定权利和责任是什么？
- 学生的法定权利是什么？
- 公立学校能否开展宗教活动？

---

① 本书其他章节也讨论教育领域中一些精选的法律问题。关于学校筹资的法院决议，参见关于"州公立学校的教育经费"的章节。《废除种族隔离法》在关于"提供平等的教育机会"的章节中探讨。

■ 政府能资助非公立学校吗?

第一节 法院系统

大多数教育案例都在州法院备案

联邦法院和州法院有许多有关教育争端的案件,这些案例都是由原告(控告者)所提出的。联邦法院决定受理与联邦法律、法规或宪法问题有关的诉讼案件。州法院则受理那些涉及州法律、州宪法条款、校董事会政策,或者其他非联邦问题的案件。大多数小学和中学的案件都在州法院备案。但是,为了避免法院工作量超载,联邦法院和州法院,总是要求诉讼当事人把能够通过行政途径来解决的案件,尽量用行政手段解决,而不要将案件提交到法院。

一、州法院

州法院的种类

州法院组织结构是相对独立的,而不是全国统一的。在各州法规中都能找到其司法制度的详细资料。在最低水平上,大多数的州都有一个拥有司法权的法院,这一法院通常被称做市政法院或高级法院,在这里审理的案件,只要事实成立,证据确凿,有目击证人证明并且符合法律程序,就可以申请执行判决。败诉方可以向上一级法院,一般是受理上诉案件的中级法院上诉。中级法院对原法院的审判记录进行复审,并写入一些双方委托的资料。但这一法院的原则是确保应用恰当的法律条文,而且必须符合事实,不能剥夺宪法权力。

如果一方对审判结果仍不满意,就必须向州最高法院提出上诉。州最高法院的判决是最终结果,除非案件涉及美国宪法方面的问题。仅在此情况下想继续上诉的一方可以向国家高级法院提出申请。

二、联邦法院

联邦法院的三个等级

联邦法院由三级体系构成：地区法院、负责上诉案的巡回法院、最高法院。这些法院的司法权和审判权由立宪机构授予，并受到国会的约束。审判由最低一级的地区法院负责。为了受理各地的上诉，全国被划分成12个地区，分属所在的巡回法院管理。每个巡回法院只受理特定范围内的地区法院的上诉案。败诉的当事人可以要求美国最高法院复审他们的案件。只要9位法官中的4位同意，最高法院就予以受理；否则，就维持原法院的判决结果。[①]

判决争论

联邦最高法院的下级法院的审判结果只有在特定区域范围内才起效。基于这一原因，我们有可能会发现在不同的巡回法院里出现不一致的判决结果。法官经常根据过去的判例来作判决，他们甚至曾有过这样的先例：他们认为只要是合法的，就可以对某一问题维持多种判决结果。

《第一修正案》

尽管教育已被认做是各州的责任，但仍然出现了大量的联邦诉讼案，特别是与联邦宪法第一和第十四修正案有关的诉讼案。《第一修正案》规定人们享有信仰、言论、出版和集会自由，并且可以向政府提出特困救济要求。大量涉及《第一修正案》的案例处理的是公立教育中的宗教问题，以及保证学生和教师的言论自由的程度问题。《第一修正案》有两项条款在诉讼案中常被引用：确立性条款——禁止建立政府批准的宗教，以及自由运动条款——保证言论自由和表达的权力。

《第十四修正案》

涉及《第十四修正案》的法院案例一般集中在以下这些问题上：宣

---

① 本章引用的部分案例包括被否决了的一些实际情况。也就是说，败诉方向国家高级法院提出上诉，要求重审，但这一要求遭到了拒绝。

称如果没有合法的程序，任何州都没有剥夺公民的生命、自由、财产的权力，也没有拒绝公民在管辖区内受法律平等保护的权力。这一段的第一部分，被认为是正当程序条款，第二部分是平等保护条款。《第十四修正案》对学校歧视学生以及让学生停学和开除学生的问题作了说明。

自由权益和财产所有权益

引用《第十四修正案》的诉讼当事人必须表明案件中的主要因素是“自由”或“财产”权益。当“一个公民的名誉、声望、信用、正直受到污蔑”时，可以使用自由权益进行诉讼。财产权益可能适用于为财产占有者提供法律保证，例如，超过见习期的教师拥有继续受雇的财产权益，同样，学生也有受教育的财产权益。如果公民提出了自由或财产权益的要求，学区必须向有关人员提供合法程序。本章的其他部分将探讨这些条款的运用以及现行学校环境下的法律概念。

第二节　教师的权利和责任

正如“教师职业”那一章所讲述的那样，以前教师可以被地方学校董事会以任何理由解雇，且教师没有追索权。集体谈判条例、任期法、强制性的正当程序等都被用来抵制类似的滥用权力行为，以保证教师的某些权利。权利和责任并行，而且其中的大部分也被写进了法律条文中。

一、教师资格测评认证

背景调查

在美国，几乎所有的州都要求希望被聘用的教师具有州所颁发的教师资格证才能上岗。近几年来，许多州都已经通过了立法，要求对未来教师进行彻底的背景调查，甚至对现任教师也作出了同样的规定。例如，纽约州现在要求对每一名领取教师证的教师采取指纹审核，作为对犯罪前科进行审核的一部分。①

这主要基于两个方面的原因：一方面，先进的科学技术使得地区、州、联邦法律实施机关运用指纹和其他信息资源进行检测成为可能；另一方面，公众对骚扰儿童的行为以及学校员工的犯罪记录表示担心。

反对歧视的要求

正如在"教师从教的动机、准备和条件"那一章所讲述的，几乎每一个州都要求未来教师通过一项或多项能力测试，才能获得证书（在某些情况下可能是为继续就业）。一些州少数民族的通过率明显要比非少数民族低得多，有一些备案的诉讼案就是指控在考试中少数民族申请者受到了歧视。为了处理这些诉讼，雇主们就必须确定考试的衡量标准，解释这些标准的特性，并阐明这些标准是根据所要执行的工作确定的，同时证明该测验与这种工作行为有关。

指控教师资格测试中存在歧视的诉讼案大多数败诉，或者被驳回不予审理，其原因就在于没有一个有效的数据来区分歧视的程度或歧视的意图。而从另一方面看，毫无疑问，对有可能出现的向法律挑战的忧虑，尤其是来自于少数民族申请者的挑战，有时迫使州政府只能保持较低的录取分数线。例如，在马萨诸塞州，有人断定了对少数民族实行歧视的行为，这对法律的公正性提出了挑战，州教育董事会考虑到这一点，被迫在实质上降低了本州的证书考试的最低录取分数。②

二、聘用合同与任期

为了聘用教师，地方学校董事会必须依照法律规定行事，从而避免

---

① 特丽萨·塔拉丽古："按指纹给学校员工发放赠券"，《西雅图邮政通讯员》(1998年1月15日)；弗兰·沙利文："审核教师背景的新办法，阻止弃职交易事件"，《福尔顿日报·新闻》(2000年7月9日)。

② 拉里·D.巴特利特和莱利尔·B.赫尔森：《公立教育法发展动态》(华盛顿，哥伦比亚特区：美国律师协会，1995年)；凯文·C.麦克道尔："教师能力测试"，《全国教育者标准》(2000年冬)。

出现在年龄、性别、种族、信仰或者是国籍上的歧视。根据约定，教师要签订一份书面合同。合同规定教师必须遵守学校董事会的政策和规则。如果学区已和一个教师组织进行谈判，那么一致同意的条款也同样适用。

违约行为

合同对双方都有约束力。如果一方不能履行事先的约定——称为**违约**——此合同即作废。在这种情况下，违约方将被起诉，予以赔偿。如果教师违约，有些州要求收回教师的资格证书。当然，如果学区违约了，教师同样可以索赔或者要求恢复原先的职位。

任期制

几乎每个州都有一种类型的任期法。任期为教师提供安全保证，以防在没有任何理由的情况下被解雇。这种"理由"是由各州自己规定的，一般包括不胜任、缺德、不顺从、不专业等。另外，正如下一部分所要提到的，学区必须依照正当程序来解雇任期内的教师。

讨论话题 9.1：教师的任期制度还需要维持吗？

讨论主题	赞成的观点	反对的观点
教师的任期：以前，一些大城市里，教师都在政治保护的控制之下。在有些城市，校长要受委员会办公室的监督，教师被雇用或被解雇要根据管辖区的工作来定。一般而言，教师都不敢与行政官员或有影响的家长发生冲突。任期制是部分地用来禁止教师虐待学生，同时也使教师在课堂内外有	1. 从本质而言，教学工作是有争议的。在某种程度上，一个好的教师不能帮助学生，反而让学生感到生气。如果没有任期制所保证的学术自由，教师就不能正常地工作。 2. 任期制对不能胜任的教师不起保护作用。解雇一个无能的教师需要一些手续。教师能力不行的责任在于有些州的考试程序不严格，或者是管理人员在教师试用期内不愿意解雇他们。 3. 教师必须应付来自各方	1. 一些教师以这种有争议的讨论为借口，利用他们的职位提出个人的、社会的、政治的观点。而另一些教师则是一些懒散的或是不能胜任的。受任期制保护的常常是这些处于边缘状态的不称职的教师。 2. 解雇一个任期内的教师手续非常复杂，而且会引起其他教师的不满，以至于行政管理人员无法尝试解雇这些教师。而且，即使改进了保护措施，许多不称职的教师仍未被解雇。惟一的解决办法是给学校领导类似

续　表

讨论主题	赞成的观点	反对的观点
独立性。但现在一些教育家认为，任期制度应该被废止。	面的压力：家长、其他社区成员、管理者、立法人员等等。以上任一群体的抱怨都可能导致教师被解雇。基于这一原因，教师必须而且应该受到任期制的特别保护。 4. 任期制最初是用来回复一些政治或行政管理部门（特别是大城市里）对教师的严重诋毁的。由于导致这些问题的同样的势力仍然存在，而且如果取消任期制的保护，他们将制造出类似的罪名。	于私人雇主那样的权力去解雇没有能力的教师。 3. 事实上，许多来自各方面的压力反而增强了对教师的安全保障。一些明智的家长和社区成员经常利用他们的影响力来保护好的教师。当一个教师的职位受到威胁时，学校行政部门会给他们提供申诉的途径。因此，即使没有任期制度的保护，有能力的教师仍能保住他们的工作。 4. 现在，教师已有了强有力的专业组织来保护他们免遭政治和行政部门的干预。有了这些组织保护教师的权利，任期制就基本上无用了。

任期制的渊源

最初，任期制的提出引起了争论。赞成或反对意见在本章的讨论话题中展示。

长期雇用

教师的任期一经授予，他们就无需每年都签订合同。事实上，他们被告知合同是长期有效的。授予任期意味着教师来年的聘用是有保证的，除非学校领导在一个特定的时期通知教师合同将不再续签。

见习期

大多数州的教师在正式被聘用前有一个见习期。另外，有些教师想换区任教，那他们的任期权就将丧失，需要重新见习。见习期一般为连续的三年，在此期间，教师的工作必须是令人满意的。但是有些州规定的见习期较短，在见习期快结束时，新教师能很快地调动工作。

有些州的见习合同规定，在合同有效期结束后可以以任何理由解雇教师，而且不需要任何解释，也不用通过任何合法的程序，除非教师能够证明他的解雇是被侵害了（参见下一节关于合法程序的意义方面的信息）。在其他州，见习教师拥有正当的程序权，但有时相反，这种程序又使解雇教师变得更为容易，学区可以以教师不称职为理由而解雇他们。①

三、解雇教师的合法程序

解雇教师的公平原则

正当程序是指运用法律的规则和原则来保护被告人的权利。对教师而言，这些原则在他们将被解职时显得尤为重要。它的关键就在于其"公正性"。

帮助教师斗争

解雇教师的其他手续

有关帮助教师改进教学的文件规定可以解雇不能胜任的教师。由于这一文件使得每个教师都感到了压力，因此学校几乎没有启用正式法律程序来解雇不合格的教师。相反，行政管理者有时通过非正式的程序来解雇他们学区中不称职的教师。其中的部分程序包括非公开的劝告、建议早退休或负担退休金等。②

四、谈判和罢工

大部分州允许谈判

教师有权创建和加入工会或其他专业组织。从 20 世纪 60 年代以来，这种教师组织就游说州立法机关，要求允许教师与学校董事会就有关协议进行谈判。这种努力已在大多数的州取得成功。但是，仍有少数

---

① 佩里·A.泽克尔："传统教学"，"过时教学"；苏珊·B.雷斯："宾夕法尼亚州教师任期"（2000 年），可通过网站www. ed. psu. edu/pepc/tenurePart2. html 查看。

② 埃德温·M.布里奇斯：《不合格教师的管理》第 2 部（俄勒冈州尤金：教育管理中的 ERIC 票据交换所，1990 年）；《教师解雇调查》（华盛顿，哥伦比亚特区：美国教师联盟，1996 年），在网址www. aft. org 上搜索"教师解雇调查"。也可参阅贾斯廷·布鲁姆："董事长称一半教师水平较弱"，《华盛顿邮报》（2001 年 2 月 22 日）。

州禁止教师和学校董事会之间的谈判。尽管各州制定的法律有很大不同，但一般都允许双方集体谈判或至少是面谈解决。有些州明确规定，如果双方谈判失败，就必须按程序办事（例如，在堪萨斯州发现的事实；马里兰州有约束力的仲裁）。[①]

对罢工的处罚

因为教育是一项重要的公益服务，法律一般禁止教师罢工（少数的州规定在某些特殊情况下可以保留这些教师的职务，这一条已被写进了法律条文中），但是，即使违法，教师们有时仍然要举行罢工。在这种情况下，学校的官员可以请求法院命令教师回到他们的工作岗位上去。如果不服从法院的命令，教师将受到刑罚的制裁。例如，佛罗里达州和明尼苏达州规定，禁止参加罢工的教师在一年内领取附加的工资；纽约州法律则规定对教师每罢工一天就罚两天的工资；密歇根州规定政府可以解雇罢工教师。

五、人身权的保护

人身攻击

近几十年来，对教师和行政人员的人身攻击越来越成为一些学校，特别是大城市里的中学的重大问题。在这些情况下，法院一般判那些侵犯了教育法规或国家刑法的被告人有罪。一些专家得出这样的结论：教师可以用紧急刑事诉讼和刚刚出台的民事诉讼对人身攻击进行自我防卫或者是保护同事。此外，许多学区出台了这样的政策：加大对那些攻击教师的学生的惩罚力度，并帮助教师寻求法律的保护。例如，辛辛那提教育董事会合并了与本区教师签订的合约里的下列条款：[②]

---

① 理查德·C.塞德："组织原则"，《真理》（1998 年 1 月）；汤姆·洛夫莱斯：《冲突的使命》（华盛顿，哥伦比亚特区：布鲁金斯机构，2000 年）。

② 佩里·A.泽克尔和伊凡·B.格鲁克曼："攻击校方人员"，《NASSP 公报》（1991 年 3 月），p. 10；"辛辛那提联邦政府"，最新公告见www. aft. org/research/models/contacts/conindex. htm网站。

合约中的保护条款

■ 教师可以运用合理的、必要的权力来保护自己免遭攻击，防止学校的财产损失、破坏，或者防止损害到他人。

■ 学生如果对在教学中包括课外活动中履行职责的教师进行人身攻击，那他马上会被学校停学。

六、言论自由的权利

法院趋向于维护教师在公众场合或在学校发表言论的权利（参见概述 9.1）。为了确定教师的言论是否在《第一修正案》的保护范围内，法院认为应考虑学校的运作、教师的行为、教师与上级的关系，同事之间的关系以及教师发表言论的时间、地点、方式是否得当。

概述 9.1　美国最高法院的某些裁决对教师权利和责任的影响

案　例	判　决　摘　要
皮克林诉教育董事会（1968 年）	只要学校日常活动不被终止，教师们就可以发表他们的意见。
州学院评议会诉罗斯（1972 年）	见习期过后，教师有获得正式被雇的财产权益。
克利夫兰教育董事会诉雷夫洛（LeFleru）（1976 年）	教育董事会可以规定怀孕期教师的请假政策，但这些政策不包括无理由的请假教师的返校日期。
豪顿威尔学区诉豪顿威尔教育董事会（1976 年）	程序合法的听证会上，学校董事会可以作为公平的团体，组织听证会。
华盛顿诉戴维斯（Davis）（1976 年）	一个组织对工作压力的陈述本身不能证明雇用过程中有不合宪法的歧视现象，但在这种情况下，雇主必须证明雇用人员时不存在歧视。
拿骚县校董事会诉艾林（Arline）（1987 年）	由于教师身体损伤或有传染病而解雇教师是不合法的。
雷那特诉费里斯（Lehnert V. Ferris）教工协会（1991 年）	非团体成员的雇员不需支付为了某种与集体谈判协议无关的政治目的的费用。

皮克林：保护自由言论

马文·皮克林(Marvin Pickering)，一位任期内的中学教师给地方报的编辑寄去一封信，指责学校董事会和地方教育官员在公债计划和开支方面有问题。这封信使他被解雇。在皮克林控教育委员会这个案件中，国家最高法院认为这封信的发表并没有妨碍皮克林在课堂教学中的日常工作，也没有妨碍学校工作的正常运行。因此，解雇皮克林是不恰当的。①

教师效率的削弱

还有一个案例，阿拉斯加州的两位教师也被解雇了，其原因是他们写了一封信，这封信措辞严厉，指责地方教育官员，而且其中还提供了许多虚假的指控。这封信马上就引起了社会的长久反响。阿拉斯加州高级法院认为教师的议论削弱了他们自身的效率，更重要的是也降低了他们与同事一起密切合作的工作能力。②

三步分析

对照这些案例可以发现，法院不仅依据行为本身，最重要的是依据事实发展的最终结果来作出判决。法院对教师的言论自由权进行评定要经过三个步骤：(1) 教师的言论观点是不是有关政治的、社会的或其他社区关心的事件？(2) 如果是，法院仍然要看教师是否能以自己的责任心去创设丰富多彩的和谐的教学氛围来实施《第一修正案》；(3) 最后教师只要证明他们被解雇或受到惩罚的原因是自己的观点表达问题，那么就可以解除判决。③

非公立学校的教师不一定受到保护

对皮克林的判决或对相类似案例的判决并不适用于私立学校和教

① 《皮克林诉教育董事会案》(1968 年)；也可参阅迈克尔·D.辛普森："最高法院的最大成功"，《今日 NEA 在线》(2000 年 1 月)。

② 《瓦特诉塞沃德学校委员会案》(阿拉斯加，1969 年)。

③ 本杰明·森德："能说出被解雇的原因吗？"，《美国学校委员会杂志》(1990 年 3 月)，p. 8、46；戴维·A.斯伯利特："赶走那些讨厌的人"，《行政教员》(1995 年 1 月)，pp. 14—15；"信仰宗教的教师的学术自由与权利"，参见网址http://ideanet.doe.state.in.us/legal。

会学校的教师们。因为这些学校并不是由政府拨款的。这些学校的教师也不一定享有公立学校教师所享有的有保证的公民权利(任期、言论自由、正当程序等等)。他们的权利主要是依据与学校签订的合同条款而定的。

辱骂学生不能被宽恕

当然,教师的言论表达自由权不能扩大到在口头上侮辱学生,也不能在情感上伤害学生。如果出现这样的情况,教师有可能被控告,被学校停职或解雇。有位担任篮球和足球教练的教师,训斥土著美国学生时使用"Tontos",而训斥非洲裔美国学生时则用"Jungle bunnie",尽管他仍然可以教授自然课和体育课,但决不允许再对学生进行非专业行为的辅导。其他的教师,如果用淫秽的言辞大骂学生或者极力挖苦、讽刺、嘲笑学生,使学生感到压力和难堪,也会被解雇或停止任教。另外,如果家长相信自己的孩子受到了辱骂或情感上的伤害,教师就有可能因侵犯个人公民权或违反条例而受到控告。①

七、学术自由

对教材和其他资料的挑战

学术自由是指教师可以不受行政管理者或外界的限制,自主地选择与课程有关的主题和教材。近年来人们目睹了数百起事件,在这些事件中,部分家长或其他人试图改动或限制使用公立学校的教材,甚至以《红色小头盔》、《哈利·波特》系列图书、《白雪》、《哈克贝利·芬》及《公鹅走路》系列图书作为教材。有些法院规定应剔除教材中的粗俗的内容。尽管国家最高法院并没有提供明确的规则,但它强调学校官员必须考虑

① 佩里·A.泽克尔和伊凡·B.格鲁克曼:"辱骂学生",《校长》(1991年5月),pp. 51—52;马克·沃尔什:"'奴隶船'案例的解决",《教育周报》(1998年7月8日);詹姆斯·K.戴利、帕瑞西娅·L.斯卡尔和罗斯玛丽·W.斯凯勒:《保护教学和学习权利》(纽约:师范学院出版社,2001年)。

《第一修正案》。教师必须考虑到家长们的反对意见，家长不希望自己的孩子学习特殊的教材，但是教师也必须和行政人员共同努力，确保合法的教材不会被完全从课堂教学和图书馆里驱除。①

对教师的支持

上诉法院认为，中学教师可以用反面材料来教育学生。例如，中学教师可以指定杂志上一篇含有粗俗语言的文章让学生阅读；另一位教师让学生观看电影，而这部电影是描述小城镇上的市民每年都要随意杀害一个人的残暴行为的；小学教师可以选用一本文学选集，让学生扮演其中的巫师角色或者写一些理想化的赞美诗。②

赞成对教师的约束

法院考虑的问题

但另一方面，学校一些官员禁止教师学术自由的行为有时也得到法院的支持。例如，西弗吉尼亚的一位美术教师由于（并非故意地）散发画有两性内容的漫画而被停职；俄亥俄州的一位英语教师被禁止使用《飞过杜鹃巢》和《亚伯拉罕土地上的少年》这两本书作为教材，除非这些学生的家长们同意；北卡罗来纳州的一个教师由于自己的学生在一次州戏剧竞赛中扮演了一个成人化的角色而受到惩罚。总的来说，法院一般考虑以下六个问题：(1) 学生的年龄和年级；(2) 课程与受到质疑的教材的相关度；(3) 教材的使用时间；(4) 业内人士对有争议的教学方法的一般接受程度；(5) 学校董事会关于教材选择和教学技巧的政策；(6) 教材是否是必需的或可选择的。③

---

① 马克·克拉克、拉尔·克拉克："《哈利·波特》高居 1999 年最具挑战性书籍排行榜榜首"（2000 年），该新闻发布参见美国图书馆协会网站www.ala.org/bbooks.。

② 戴维·A.斯伯利特："审查程序"，《教育行政》（1996 年 1 月），p. 9、31；巴巴拉·迈纳："阅读、写作和审查"，《对学校的再思考》（1998 年春）。

③ 迪威特、杰克·L.纳尔逊、肯尼思·卡尔森和斯图亚尔·B.帕勒斯：《教育中的批判性问题》（纽约：麦克罗-希尔出版社，1996 年）；马克·帕克斯顿和汤姆·迪克森："州言论自由和学校新闻审查制度"，《新闻和媒体传播教育者》（2002 年夏），pp. 50—59。

八、为人师表

道德水准

“教师职业”这一章讲述了一些 1922 年威斯康星州管理教师行为的规则。教师的生活是受规定约束的，因为公众认为教师应该是模范——也就是说，他们是学生的榜样：应该是道德水准高、无懈可击、穿着打扮保守、气质优雅的。尽管公众已经降低了对他们的要求，但是有些地区教师也会因为酒后驾车事故、同性恋、非法同居等不道德行为而被解雇。从表面上看来并不太严重的行为也曾被用做解雇教师的原因，例如，一次戏水游戏中使学生的皮肤受到轻微的伤害，或者以睾丸或月经期开玩笑，而这些主题与自然课老师讲授的课程无关。①

再次强调角色模范责任

近年来，公众再次强调教师在校内校外都应是一个“道德模范”。许多家长要求学校加强对学生传统价值观的教育，而且有很多学校开始实行“品格教育”。总的说来，学区仍然要求教师成为一个“正面的角色榜样”。部分地基于这一点，印第安纳州的法院赞成将一个在饭馆中当着学生的面喝啤酒的教师解雇，然后把他赶回家。全国学校董事会协会的律师称：“如果教师在校外的不良行为降低了教师作为积极的角色榜样的能力，教师就应受到惩罚或者被解雇，只要言论自由和集会（与自己的朋友或志同道合的人）自由不受侵犯。”②

有关服饰和穿着打扮的案例

法院曾判决过有关教师穿着打扮与学区的政策和传统相违背的案件。加利福尼亚州的一个法院规定，在波莫那学校任教的教师如果愿意

---

① 佩里·A.泽克尔：“淘汰不合格的老师”。

② 劳雷尔·S.沃尔特斯：“考核教师的重要编辑程序”，《基督教科学箴言报》（1997 年 11 月 5 日）。

穿裤子，那就不应要求穿套裙。而另一个法院规定保罗·菲那特（Paul Finot）的胡子应受到《第一修正案》的保护，以及自由权受《第十四修正案》的保护。相反地，马克斯·米勒（Max Miller）由于留有胡子，学校没有与他签合同。而巡回法院却支持学校解雇米勒，法官说："作为受人信赖的处于特殊职位的公务员教师，应该遵守其职业领域内的许多规定，如果这些规定不被公众认可，也就失去其效用了。"①

总之，对教师行为和穿着打扮的约束已经不如以前那样严厉了。但是人们仍然期望教师能够起模范作用，成为学生们的榜样。如果一个教师被告上法院，法院判决的标准是教师的行为是否会严重影响其课堂教学效果。

九、侵权行为和玩忽职守行为

学生受伤

侵权行为是民事过失。根据侵权法的规定，个人如果受到他人的非正当行为的伤害，可以控告并要求赔偿。例如，教师没有采取适当的保护措施而使学生在课堂上、操场上或其他地方受伤，那教师将被判过失罪。但这并不意味着学生每次无意的受伤事件都将被备案。如果学生受伤是由于过失或故意行为造成的，只要州法律许可，学生就可以寻求法律的保护。

豁免减少

以前，几乎每个学区都豁免侵权责任。这种豁免权起源于英国普通法，在这部法律的保护下，国王作为国家元首将不会受到控告。从1960年以来，一半以上的州已经取消了或者修改了有关政府豁免权这一条文。在那些可以起诉的州里，当事人可以控告包括学区、学校管理人员、教师以及其他员工在内的所有人。例如，如果学区没能进行恰当的管理或者是忽略了学生们长期的抱怨，那么他们就必须对所聘教师的过失或

① 贝丝·凯勒："保持你的渴望"，《教师杂志》（1997年4月）。

恶毒行为(性污辱或骚扰、对学生自杀意图没有报告)负责。那些恶意的或疏忽的行为以及为学校工作的志愿者的怠惰行为同样要负侵权责任。①

正当保护的范围

法律规定教师有责任保护自己的学生免遭身心伤害。几乎所有的州以往只是要求教师能够做到一个明理人和谨慎的人在类似情况下所能做到的事。幼稚园的教师在与其他小朋友玩耍时,没有注意到一个小朋友从操场的建筑物上摔下来,在这种情况下,这位教师应承担过失罪。但法院并不认为教师应每时每刻都看着所有的学生。而教师在他能够顾得上的范围内则应履行自己的职责。纽约州最高法院推翻了陪审团对一个中学运动员受伤案例的判决结果,当时学校的老师正要求学生们在操场上做正当的足球运动。但如果学生在某种情况下有可能受伤,而学区和教师们应该事先预料到却并未预料到,那他们就应对学生的受伤负部分或全部责任。②

危险能否预见

关键的一条就在于伤害是否能够事先预料到并加以制止。一个身体肥胖的学生对体育老师要求她在课上翻跟头表示担心。而教师坚持要求她做这一动作,结果这位学生的脖子扭伤了。法院认为教师完全忽视了学生的安全问题,要求他赔偿 7.7 万美元。同样的,一名上初级化学课的学生在完成制造子弹火药学业任务时被炸去一条胳膊。法院裁决这起伤害案件是可以预知的,属于教师的疏忽责任。③

---

① 戴维·A.斯伯利特:"划清责任范围",《教育行政》(1992 年 3 月),p. 13、14;佩里·A.泽克尔:"学生自杀事件",《校长》(1996 年 5 月),pp. 45—46;丽贝卡·琼斯:"学校和学校法",《美国学校委员会杂志》。

② "椭圆",《教育行政》(1995 年 5 月),p. 13。

③ 迈克尔·D.理查德森:"教师科学实验的责任",《化学教育期刊》(1994 年 8 月),pp. 689—690;罗纳德·B.桑德勒:"美国大学实验室里的受伤事故"(2000 年),该论文可从网站 www.rbs.com 查看。

家长签字同意

学区规定,学生参加郊游或竞赛运动需得到家长签字同意。这主要是出于两个目的:一是将学生的去处通知家长,二是万一发生了意外可以减轻教师的责任。但是如果真的发生了受伤事件,家长并不能剥夺孩子们要求索赔的权利,所以让家长们签字只能达到第一个目的。即使家长不要求索赔,依据法律教师也丝毫不应放松对学生的生命和财产安全的保护。

增加严格责任

近年来,掀起了一股对责任和过失诉讼案评论的高潮。另外,最近法庭的判决屡次强调"严格责任",而不是承认教师对过失采取过适当的预防措施。在这种情况下,教师不可能每时每刻都十分小心,因为在学校的许多地方,随时都有可能发生意外。体育教师、课外活动辅导员、商店和实验室的老师要特别小心。防护措施包括一套明确的书面规章制度、口头警告、定期检查设备,遵守州法律和学区有关禁止危险活动的政策,并勤于监督。①

责任保险

由于教师的豁免权基本无效,而且诉讼案越来越多,所以教师团体和学校行政管理组织开始为他们的成员申请责任保险。这些组织也可以为他们受到控诉的成员提供法律援助。

十、关于虐待儿童的报道

法律要求通告

近几年来,虐待儿童已成为全国性的问题。越来越多媒体的重视使州立法机关审查并加强了这方面的法律规定。由于高虐待率直接指向学龄儿童,因此学校在保护儿童方面起着重要的作用。大多数州的法律

---

① 乔纳森·斯库尔:"背叛信任",《教师杂志》(1996 年 2 月),pp. 37—41;朱莉·瑞斯欧特:"运作过程中的问题",《美国学校委员会杂志》(1998 年 11 月),pp. 34—38。

都规定教师应将有虐待儿童嫌疑的事情报告给官方或指定的社会服务机构。结果,越来越多的学区制定了关于教师有虐待嫌疑应如何办的书面政策。

十一、版权法

公平使用指导方针

版权使作家和艺术家得以控制他们的作品被非法复制和传播,因此,复制作品必须征得作者的同意。复印机的广泛使用引起了大量严重的违反版权法的行为。为了着手解决这个问题,国会于1976年修改了最初的1907年的版权法,加入了影印和在教育方面使用有版权的资料方面的内容。另外,一个由图书管理员、出版商、作者、教师组成的委员会制定了“公平使用”的方针。公平使用是一条合法的原则,规定在特定的、有限制的条件下,可以不经作者允许就使用注册过版权的资料。①

戏剧和音乐剧

由于剧本和音乐作品常被作者注册版权,所以学校要使用这些作品需要得到作者本人或者作者的代理人的同意。版权税的支付是确保许可所必需的,有时支付的费用数量取决于是否支付了允许费。

影像节目

录像带也在版权法的公平使用原则范围之内。这些原则规定,学校只要使用注册过版权的电视节目不超过45天,就不需要经过批准。一个教师在最初10天内可以使用一次录像带,之后如果为了巩固教学效果,还可以再使用一次,但45天后必须清除录像带上的内容。只有当某一员工提前提出要求时,才能进行录像,因此不能根据通常预测的员工要求而进行录像。

① 肯尼思·T.默里:“版权和教育者”。也可通过网站www.nea.org/cet/briefs/02.html查看这篇未注明日期的题为“智力财产权及其保护”的论文;也可通过网站www.loc.gov/copyright查看美国版权法规2000年更新版。

软件

计算机软件与其他注册过版权的资料一样受到公平使用原则的保护。例如，教师不能将受保护的计算机程序复制到学校的计算机上使用。要将计算机上的文件夹从其他资料中下载，教师和学生必须得到许可或付费才能使用。例如，商业软件联盟在检查了洛杉矶的一所学校的账目以后声称，该学校盗用了上百个软件程序，学区官员同意支付 30 万美元来为这一侵犯版权的行为作出赔偿，并且制定了一个数百万美元的计划，专门负责为其他学校的违法行为支付赔偿。①

因特网

涉及网络资源的版权问题成为教师、学生、行政官员关注的重大问题。有时，版权拥有者采取措施禁止非法使用他们的文章或影像，校正或限制公布不完全的或错误的资料，减少或消除在全球网或其他地方非法出版他们作品的可能性。以娱乐业和软件业为首的商业组织与联邦立法官员一起制定了 1997 年的《杜绝电子盗窃法案》，规定对拥有或传播非法电子复制品的行为处以严厉惩罚，并制定了 1998 年的《新千年数字版权法》。后一法律包含两项规定：使版权所有者有可能防止未经他们允许就下载他们的作品的行为，或者要求他人有偿下载。这些法律也保护了教师的版权，使他们的教学资料不被非法公布在网上。②

焦点问题回顾：作为一名教师，你认为上述材料内容是否给你提供了一些你应该警惕的建议？你认为你应该多研究什么主题，以确保既不违反法律又能捍卫自己作为一名教师的权利？

① 涉及数字材料版权复杂问题的信息，参见网站www. oakland. k12. mi. us/dmcaproc. htm与网站lark. wustl. edu. policies/computing。

② 温迪·A.格鲁斯曼："下载是一种犯罪行为"，《科学美国人》(1998 年 3 月)；查尔斯·A.曼："谁将拥有你的下一个好主意?"，《大西洋》(1998 年 9 月)，pp. 57—82；辛西娅·M.切米勒斯基："在网络上保护你的智力财产权"，《今日 NEA 在线》(2000 年 10 月)；迈克尔·D.辛普森："网络威胁正在上升"，《今日 NEA 在线》(2001 年 1 月)，可从网站www. nea. org/neatoday查看。

第三节　学生的权利和责任

学校作为养父母的地位下降

20 世纪 60 年代，学生们开始向控制他们行为的学校官员的权威提出挑战。在这之前，人们认为学生是未成年人，所以他们的权利受到限制。而且在人们的观念中，学生在学校的这段时间内，学校管理人员应承担其家长们的责任。但是，这种观念逐渐淡化，而法院也越来越支持学生组织的权利。公众对学生的责任已有了进一步的认识——也就是说，人们开始理解，学生的受教育权应与教师和学生双方的责任紧密结合，以确保学校工作的有效运作。

非公立学校学生不一定受到保护

下面一段和概述 9.2 总结了法院对某些重要的有关学生权利和责任案件的判决。这些主要适用于公立学校。因为私立学校的教师、学生不享有本章所讨论的宪法担保，除非证明学校和政府之间有经济上的联系，私立学校的活动不在州的考虑范围之内，因此也不会触及州的宪法条约。然而，证书计划（参见“公共教育经费”那一章）和其他择校安排（在“美国学校的效率与改革”那一章中讨论），这种为学生进入私立学校提供公共资金的运动，使得公立学校和私立学校的界线变得模糊起来。

概述 9.2　美国最高法院的某些裁决对学生权利和责任的影响

案　　件	裁决内容摘要
《廷克诉德斯·莫尼斯独立社区案》(1969 年)	学生有言论自由的权利，但不得干扰班级的正常工作，制造混乱或妨碍他人的权利。
《高斯诉卢佩兹案》(1975 年)	学校发出停学勒令时，要有某种形式的适合于学生的程序。
《伍德诉斯特利克兰德案》(1975 年)	校董事会不得借口不了解适当的程序法规的内容而不遵循它。
《英格拉汗姆诉赖特案》(1977 年)	体罚不是粗暴的或不同寻常的惩罚，凡州法律允许体罚的地方，实施体罚是允许的。

续　表

案　　件	裁决内容摘要
《新泽西州诉 T. L. O. 案》(1985 年)	对学生进行搜身及对其私人财物进行搜查必须满足双重标准测试才是合法的。
《贝瑟尔第 403 号学区诉弗雷泽案》(1986 年)	学校禁止发表攻击性或引起混乱的演讲。
《黑兹尔伍德学区诉库尔米尔案》(1988 年)	校园报刊不是一个公共论坛，因此，校方行政管理人员能够对其进行管理。
《霍尼戈诉多案》(1988 年)	有破坏行为的残疾学生必须呆在校方按照规定对其指定的当前位置，直至听证会结束。
《盖博瑟诉拉格-韦斯塔独立学区案》(1998 年)	当教师对学生进行性骚扰时，除非校方有“故意纵容”而不予制止的行为，否则，校区不承担任何法律责任。

一、言论自由

廷克：保护言论自由

1965 年 15 岁的约翰·廷克(John Tinker)和他的 13 岁的妹妹玛丽·贝思(Mary Beth)，以及他们 16 岁的好朋友丹尼斯·艾克哈德特(Dennis Eckhardt)参加了一个计划戴着黑臂章，悄悄地去学校进行反越战活动的组织。行政官员们听说了这一计划，再加之害怕出问题，决定调整政策，禁止佩带臂章。如果不摘掉臂章，就将被停学。廷克和艾克哈德特按原计划佩戴臂章并拒绝摘掉它们，结果被停学了。他们的父母提起了上诉。为了答复原告人，美国高级法院列举了学生的权利范围，因此这一案例——廷克指控德斯·莫尼斯独立社区，就成为衡量学生是否有言论自由的标准。①

贝瑟尔/弗雷泽：言论自由的限制

法院规定，要证明一个人是否触犯了禁止发表特殊言论的禁令，校

① 多利安娜·贝亚：“学校安全和学生的合法权利”，《ERIC 情报交换所城市教育文摘》(1997 年 5 月)，pp. 1—4；约翰·W. 约翰逊：《学生权利的斗争》(劳伦斯：堪萨斯大学出版社，2000 年)。

方必须证明，他们的行为“不仅仅是为避免不受欢迎的观点而带来的不舒服和不愉快而造成的”。学生的行为“影响班级工作、扰乱秩序，或者是侵犯了他人的权利”时，需要被禁止。如果不存在加以限制的如此充足的理由，宪法所保障的学生言论自由权便得以实施。但是如前所述，公立学校的言论自由是受限制的。在贝瑟尔学区第403号指控弗雷泽的案件中，高级法院确认，学生的言论带有违法或破坏性，黑兹尔伍德学校和库尔米尔校长要受到处罚。①

规范学生出版物

学生出版物也可能产生问题。例如，密苏里州的圣路易斯县的黑兹尔伍德东部中学的政策要求校长审查学生记者创办的校报上的每一期文章。校长反对一个学生在同一期上发表两篇文章，他声称，被删除的文章不是因为主题问题，而是因为学生们没有写好，而在截稿日期之前又没有足够的时间来重写这些文章。

三个学生记者起诉学校侵犯了他们的言论自由，并指控库尔米尔，经国家最高法院审理，他们支持该校校长的做法。法官认为，这个校报并不是一个公开的论坛，而是学生记者在校方管理下自己创办的刊物。只要教师的行为与“合法的教育利益”有关，他们就可以以任何恰当的方式去调整报纸上的内容。判决进一步指出，学校可以证明自己不仅与那些直接影响学校活动的言论无关，而且与那些“不合文法的、写得极糟的、报道不当的、带有偏见的、粗俗的或世俗的、对未成年读者不适合的”言论无关。这一判决是对以前人们所理解的学生权利的一个明确的限制。②

合法规则

这些有关学生撰写的或发表的出版物的争论使许多学校董事会受

① 本杰明·道林-森德：“反对奇装异服”，《美国学校委员会杂志》(2001年1月)，可从网站www.asbj.com/archive.html查看。

② “向西比尔自由权要求你的言论自由权”，该篇未注明日期的论文参见美国公民权利联盟网站，可从网站www.aclu.org/students/slfree.html查看。

到启发，它们开始制定有关书面的规则，以便经受司法检查。一般而言，这些规则明确规定了发行出版物的时间、地点、方式；向学生宣传这些规则的方式；审查的程序；快速上诉的手续。学生们不可以发行法律所界定的含有诽谤性文字的或可能引起实际破坏作用的作品。校董事会在确定没有破坏性的材料是否在校报和年鉴上发表时，也要考虑留有余地。

网络的“合理使用”政策

尽管网络相对而言出现得较晚，但它已引起了一些法律上的争论，教师们将为此而斗争一段较长的时间。学校与商业组织或其他团体一样，已经制定了“合理使用”政策，用来管理学生和全体员工的在线行为，提供法律依据保证学生的言论自由和其他权利不因此而受到侵犯。①

许多学校安装了软件，以防止网上淫秽的或对儿童和青少年不利的资料出现。

电子材料

■ 一些学生由于寄发了学校官员认为危险的、带有诽谤性的、淫秽的或有害的邮件和网页而受到了处罚。即使学生不在学校上网，这样的惩罚也是合法的。然而，这类电子材料拥有和印刷文件相同的法律地位。这些学生都要求在合法的受保护的个人权利与禁止伤害他人和团体的禁令中寻找一种巧妙的平衡。例如，俄亥俄州的一个中学生由于邮寄了一份愚弄他的乐队老师的材料而被学校停学。该学生对此不服，向法院提起上诉，学校在这一案件中败诉，被迫赔偿了 3 万美元给这位学生。

■ 有些图书馆，包括学校图书馆，由于使用了过滤软件，屏蔽了网上有关两性问题的网站而被起诉。而其他一些图书馆由于没有使用这类

---

① 琳达·林德罗斯：“怎样改进在线安全？”，《学前教育—8》（1998 年 4 月）；安德鲁·特罗特：“高技术高发展”，《教师杂志》（1998 年 8—9 月合刊）；凯尔·德雷尔：“如果……你的一名学生建立了一个犯罪网站你将会做什么？”，《美国学校委员会杂志》（2001 年 2 月）。关于学校“可接受政策”的信息和例证能够通过使用这个术语搜索该网站。

软件也同样被起诉。不知法院该如何解决这一问题。

各种各样的裁决结果

当前许多法庭不得不考虑到，学生服饰法令法规的出台是否对学生的人身自由构成违反宪法的约束。在一些案件中，宪法同意校董事会推行关于服饰和修饰方面的法令，以正校风，确保学校的教育目标的实现。例如，在路易斯安那案件中，判决的结果是要求每一个足球队成员必须剃胡须。同样，美国地区法院也支持一项关于禁止学生着奇装异饰，如男生佩带耳环的禁令。

不过，在另一些案件中法官裁决，禁止学生留长发是专断的、没有道理的，认为女生穿运动短裤或短袜是不应该被禁止的。此类案件的判决主要依靠与这些禁令所服务的教育目标有关的论点和证据、违章引起混乱的可能性，和服饰禁令完成有效的宪法目标的程度。①

一个“理性基础”

总之，学校官员必须对他们认为可能有助于解决学校问题的禁令给出一个“理性基础”。通过这种测评，几个法庭也裁决，如果学校官员拿出依据证明统一服饰能够帮助学校更安全或更有效率，公立学校就能够要求学生穿统一设计的校服。在一些案件中服饰法令法规就根据这个判断标准而得到支持。但是，在另一些案件中，服饰法令因为武断、毫无理由而被成功地取消了。②

二、停学和开除

开除学籍的问题在遭到10天停学的9个学生案件中表露无疑。此案件是关于来自俄亥俄州哥伦布市中等学校的9个学生由于被校方指

---

① 本杰明・道林-森德：“混乱根结不在服饰”，《美国学校委员会杂志》(1998年8月)，可从网站www.asbj.com/archive.html上查阅；克里・A.怀特：“学校制服现象合适吗?”，《学校管理者》(2000年2月)。

② 佩里・A.泽克尔、伊凡・B.格鲁克曼：“管理令人不悦的T恤生”，《校长》(1995年5月)，pp.46—48；佩里・A.泽克尔：“统一服饰政策”；马克・沃尔什：“上诉法庭支持学校制服政策”，《教育周刊》(2001年1月31日)。

控有不同的违反校纪校规行为而受到10天停学的勒令。停学勒令的发生只是依据州法律，而没有经过听证会，校董事会也没有勒令停学的书面程序，于是，学生们提出诉讼，声称他们被剥夺了宪法权利。校方官员在驳斥指控时认为，既然美国宪法没有关于公民行使教育宪法权利的法律法规，那么《第十四修正案》中有关适当程序条文的内容就不能被采用。

最低限度的适当程序

1975年，最高法院审理《戈斯诉卢佩兹案》(Goss V. Lopez)时，法院大多数人不同意校方官员的观点，理由是学生应该有合法的接受公立教育的权利。换句话说，学生应该享受适当的教育利益，而不能置本来在适当的程序条款中所要求的最低限度的程序于不顾，任意剥夺他们的权利。再者，法官认为，遭到停学的学生“必须被给予某种形式的警告通知和提供某种形式的听证会”，包括“给予(他们)解释事情真相的机会”。同时，“作为基本规章的警告通知和听证会应该制定一套责令学生退学的相关程序”。在把这些规则应用于10天停学中时，最高法院补充道：更长时间的停学或开除应该相应制定更精确的预定诉讼程序。①

校董事会有潜在责任

另外，1975年，法官在受理《伍德诉斯特里克兰案》(Wood V. Strickland)时裁定，不懂法律不能作为借口，校董事会的成员如果知道或应该知道他们的行动会剥夺学生的宪法权利时，就要对此负责。②

书面政策

大多数学区纷纷对上述法庭裁决作出反应，制定书面政策管理停学

---

① 《高斯诉卢佩兹案》(1975年)；也可参阅佩里·A.泽克尔：“声援停学生”；佩里·A.泽克尔、伊凡·B.格鲁克曼：“学生停学案件和开除案件的预定诉讼程序”，《校长》(1997年3月)，pp. 62—63；“是该项法律引起的问题吗?”，可从网站www. fed-soc. org/columbine. htm查看1999年的讨论。

② 《伍德诉斯特里克兰德案》(1975年)；也可参阅佩里·A.泽克尔：“法庭方与米多案件”；“消逝的机遇”(2000年)，该论文登录在哈佛大学民权项目网站，可从网站www. law. harvard. edu/civilrights/conferences查看。

和开除事宜。这些政策一般根据短期停学和长期停学两种不同勒令给出相应规则。发出短期停学勒令的形式,主要是给出口头或书面警告通知。在警告通知中描述被控方学生的违反校规行为,作为控诉的证据基础,并附一份相应的惩罚报告书,同时也声明在执行通知前将给予该生机会,让其在一个公正的人面前为他或她的行为作辩解,或驳斥校方陈列的事实。停学勒令要求一套完备的预备法律诉讼程序,就像教师年长退休要经过一套程序一样必需。①

问题学生的权利

新近的法庭决议限制了校方官员对有破坏性和暴力行为的残疾学生发出停学或勒令开除的权力。在《霍尼戈诉多案》(Honig V. Doe)中,最高法院裁决,这些学生在漫长的官方听证会进行期间,必需听从校方安排,一直处在原地直至听证会结束。1990 年出台的《残疾学生的教育法令》(IDEA)详细规定了许多追加的权利,使得校方对残疾学生,包括可能有严重破坏性或暴力倾向的学生勒令停学或开除显得更为困难。所以,在处理被划归残疾学生的有破坏行为的学生的同时,教育学家开始寻找新的方法来保证学生们的权利。1997 年,国会通过一项立法,旨在减少校方管理者对违反校纪、校规的残疾学生发出停学勒令的麻烦,但是,几年后教育学家们在报告中指出,实际上问题仍然很含糊。②

三、防止受暴力侵害

学校可能对暴力事件负责

教师有责任保护学生免受发生在学校或因学校引发的暴力事件的

① 佩里·A.泽克尔、伊凡·B.格鲁克曼:"学生停学勒令的预备诉讼程序",《NASSP 公告》(1990 年 3 月),pp. 95—98;"向西比尔自由权要求你的公平对待权",该篇未注明日期的论文登录在美国公民自由权联合会网站,可从网站www. aclu. org/students/slfair. html 查看。

② 米切尔·L.耶尔:"霍尼戈诉多伊案",《特殊儿童》(1989 年 9 月),pp. 60—69;佩里·A.泽克尔:"无资格训练?",佩里·A.泽克尔:"明确的判决?"

伤害。通常，这种事件往往发生在学生即将离校时，如举办毕业舞会或聚会时可能出现。然而种种迹象表明，法庭可能发现，学区或它们的雇员应该为没能负起这种责任而负法律责任。例如，路易斯安那州的一家法庭，审理一名遭到枪击的学生的案件时，认为该校区应对此案件部分地负责任，因为该校区一名保安人员只是警告当事人小心遇麻烦，但却拒绝护送他上车。与之相反，伊利诺伊州的一家上诉法庭裁决，芝加哥中学的官员不需对遭到枪袭的学生负责，因为他们并不知道枪支已经被带进了学校。当然，不管校方是否应当对此类案件负责任，教育工作者都应该切实地为保护学生，避免暴力事件做点什么。①

《关于自由携带枪支的学校法令》

"最低忍耐度"

尽管涉及学校(包括公立学校学区)安全的学校法律和政策的制定主要是州政府和当地政府的责任，然而不断增长的发生在校园内外的暴力事件引起了全国广泛的关注，最终导致 1994 年联邦政府《关于自由携带枪支的学校法令》的出台。此项立法禁止学区借口联邦政府许可，对他们认为可能会造成暴力事件的学生进行粗暴干涉，除非他们各自的州政府通过立法，确定学生携带枪支和其他潜在危险性武器的"最低忍耐度"(一些工具也被认为是危险的，包括午餐盒中的餐具刀叉、有尖锐边缘的皮带，甚至是可能造成有力猛掷的硬橡皮带状物，以及学生攻击老师的一幅画)。到 1995 年 50 个州全都开始介绍或解释该项立法，该项立法一般规定对校方认为携带了危险性物件的学生应劝其自动退学。大多数学区制定了详细的政策，规定了应该怎样执行该项立法，以及是否可以添加理由，例如因学生携带毒品，而劝其自动退学。②

---

① 塔马·洛恩："全国学校管理—惩处—离校行为"，《纽约时报》(1998 年 2 月 6 日)；佩里·A.泽克尔："安全的许诺?"。

② 卡罗琳·亨德里："一击出局"，《教师杂志》(1998 年 2 月)；克里斯·皮弗："生活在零忍耐度中"；杰西卡·波特纳："马萨诸塞州法院裁决：勒令停学是一种真正的威胁"，《教育周刊》(1999 年 1 月 27 日)。

四、搜查和扣押

《第四修正案》规定的权利

合法签发的搜查许可证一般被要求用来指导搜查。但是,由于校园中使用毒品及相应的暴力事件不断增多,校方官员在某些场所(尤其是在大城市的中学)安装金属检波器或X射线检测器来搜索学生携带的武器。他们禁止使用"比波"(beepers)(通常用于毒品出售的装置),要求每个学生经过酒精分析仪时深呼吸,同时还搜查学生的书包及系统地检查橱柜。然而上述具体做法在法庭上遭到争议,争议的焦点一般集中在《第四修正案》中的有关规定。《第四修正案》规定:"公民的人身、住房、证券和财物权应该得到保护,任何不合情理的搜查和扣押都是违宪的。一般情况下不签发搜查许可证,但基于极为肯定的原因,且经过宣誓或保证,可以对特定的地方进行搜查,对特定的个人或某些财物进行扣押。"

合情合理的理由

之所以进行搜查,通常是因为校方管理者有理由怀疑有非法或危险物品存在当事人的房间里。出于合法的目的,应对可能存在的嫌疑划分不同的程度。在搜查令得到支持的地方,法庭就可以宣称校方官员有足够的"合情合理"的理由去行动。但是,相反,警务人员执行搜查时必须有更高的标准,有在《第四修正案》中提到的"极为可能"的理由,也就是说,他们不仅有理由让人们相信这样的事件(学生携带危险性物品)发生的可能性极大,更要拿出证明这种非法行为的证据来。

T.L.O.:搜查书包

这些原则在一个关于某位教师发现两名女生在学校厕所吸烟的案件中充分体现出来。这是违反校纪校规的行为,于是,这两名女生被带到副校长办公室,接受询问。其中一名女生马上承认了她吸烟这一事实,但另一名14岁,名叫T.L.O.的女学生拒绝承认这一事实。这位副校长就打开T.L.O.的书包,结果发现了一包香烟。然而在搜查香烟的过程中还发现了一些卷起来的纸张，于是当即决定腾空这个包。结果搜查出大麻、吸管、一些空的塑料小包、大量的美元账单及一张所谓的“欠债人”名单。很快，T. L. O.的母亲被叫来了，证据也上交到警局。T. L. O.在警局承认，她曾经在校园里卖过大麻。

双重标准

当T. L. O.被少年法庭宣布判处一年缓刑后，她开始上诉，声称在《第四修正案》规定下，副校长搜查她书包的行为是违法的。为了在《新泽西州诉T. L. O.案》(New Jersoy V. T. L. O.)中为校方权力机构的行为寻找依据，美国最高法院建立了双重标准以满足合乎宪法要求的搜查令：(1) 一开始进行的搜查行为是否是理所当然的；(2) 当搜查确实在进行时，它是否“合情合理地在范围上与这些情境有关，这些情境能证明在第一地点发生的干预是正当的”。最高法院通过应用上述标准，发现正是由于一名教师发现学生在厕所吸烟而引起了搜查T. L. O.书包的行为。这个信息给了副校长足够的理由去相信书包中肯定藏有香烟。既然T. L. O.否认她抽烟这一事实，副校长当然有必要搜查她的书包，以证明她在撒谎。当这名副校长看到了香烟，并偶然看到卷起来的纸张时，他同样有充分的理由怀疑，并彻底搜查她的书包。①

识别毒品的警犬

在某些案件中，法庭裁决校方官员捕捉到的或观察到的怀疑不是充分的理由，不能证明接下来的搜查是合理的。在印第安纳州的高地，当6名官员使用经过训练的狗来搜查毒品时，2 780名初中和高中学生已经在他们的座位上等了好几个小时。一名学校官员、警官、警犬指挥者和德国警犬进入第安诺·多(Diano Doe)——一名13岁学生所在的教室。那只警犬开始沿着走廊对学生们上上下下地嗅个不停。当它到第安

① 《新泽西州诉T. L. O.案，105S. Ct. 733》(1985年)；安德鲁·特罗特：“搜身的危险”，《行政教育家》(1995年6月)，pp. 29—30；也可参见本杰明·唐林-森德：“这种搜查需要吗?”，《美国学校委员会杂志》(2000年9月)，可从网站www.asbj.com/archive.html查看。

诺·多的位置并开始嗅她的身体时，它不停地用它的鼻子在第安诺·多的两腿之间蹭来蹭去。该名官员把警犬的行为解释为警犬在第安诺·多身上发现毒品的一个"报警"信号。第安诺·多于是被要求腾空她的口袋，但是没有发现毒品。最后，第安诺·多被带到医务办公室进行脱衣搜身，仍然没有发现毒品。其实，事情的真相是这样的：第安诺·多在上学之前，曾经跟她喜欢的自家小狗嬉闹过，小狗的热度及气味仍然停留在她的身上，从而引起警犬的注意，即所谓的"报警"信号。

搜身是违法的

第安诺·多上诉了。地区法庭和中级法庭都作出如下判决，尽管搜查的最初程序是应当的，但对第安诺·多进行裸体搜查是违法行为。中级法庭说道："这并不需要一个懂得宪法的专家得出结论，认为对一个只有 13 岁的儿童进行裸体搜查是对宪法权利在某种程度上的侵犯。更主要的是：它是对众所周知的人的尊严的侵犯。"第安诺·多因此获得 7 500 美元的精神赔偿。但是，让警犬嗅学生橱柜和汽车不被看做是一种搜查，因为它发生在橱柜和汽车里，而且是在大庭广众之下。①

搜查的指导方针

总之，当搜查令的签发没有专门许可证的指导时，以下六条方针似乎是可行的：②

(1) 搜查内容必须详细列出来。应该有合乎情理的怀疑理由，即一旦搜查，能够从被怀疑的学生身上搜查到违禁品，或有指控某项犯罪的证据。

(2) 橱柜被视为学校的公共财产，如果有合情合理的怀疑理由，可以

---

① 《多诉伦弗罗案，635F. 2d582》(1980 年)；也可参见"向西比尔公民自由权要求你的隐私权"，该篇未注明日期的论文登录在美国公民自由权联合会网站，可从网站www. aclu. org/students/slprivacy. html 查看。

② 佩里·A.泽克尔和伊凡·B.格鲁克曼："再访学生汽车搜查话题"，《NASSP 公告》(1993 年 11 月)，pp. 101—104；"同样的政策：学校搜查和扣押"(1998 年因特网快讯，参阅www. keepschoolsafe. org)；本杰明·道林-森德："路上的纪律"，《美国学校委员会杂志》(2001 年 1 月)，可从网站www. asbj. com/archive. html 查看。

对其进行搜查。警犬可以用来嗅橱柜和汽车。

(3) 只有当警犬确实没有接触学生时，使用它们来嗅学生以搜查违禁品才是被许可的。

(4) 脱衣搜身是违宪行为，任何情况下都不能实行。

(5) 当校方官员有合情合理的理由怀疑一些学生已经把危险武器带进校园时，他们可以使用“拍打—掉下来”的方式来搜查武器。

(6) 校方人员可以在户外远足过程中进行搜查，但仍要遵守搜查的通常标准。

运动员的违禁药物检测

毒品测试是搜查的一种形式。一些校董事会成员和其他政策制定者催促行政管理者进行随机检测，对学生运动员进行尿检，以便检测学生是否吸食大麻、类固醇和其他违禁药物。这些检测一般被视为一种潜在的违犯宪法的搜查。不过，在 1995 年，美国最高法院裁决，这种类型的药物检测不再是违犯宪法的，即使并没有足够的理由去怀疑某一特定的个人服用过违禁药物。陪审团的大部分成员最后定下结论，认为，校方官员有合乎情理的理由怀疑运动员之中有人可能服用过兴奋剂，也许他们会成为其他学生的“榜样”。另一方面，也有几个陪审团成员着重强调，他们的决议并不一定支持其他学校竞相实行运动员药检。自那以后，一些法院同意对所有参加课外活动的学生进行药检，但是另一些法院反对这样做。①

五、学生的学业成绩测试

当对学生进行成绩测试已成为中小学教育中一种主要现象时，也就

① 萨马斯·舒特勒：“中学运动员药检随意且无根据”，《犯罪行为和犯罪法杂志》(1996 年夏)，pp. 1265—1304；《托德诉拉什县学校案》，第 97-1548 号(1998 年)；本杰明·道林-森德：“关于毒品的另一些想法”，《美国学校委员会杂志》(2001 年 1 月)，可从网站www.asbj.com/archive.html 查看；乔迪·威尔格伦：“法院裁决示意学校随意药检将会改变”，《纽约时报》(2001 年 3 月 25 日)。

相应地产生了许多与考试方式有关的越来越明显,也越来越有争议的法律问题。这些问题中最重要的一条是把学生的考试分数作为其毕业的必要条件。

佛罗里达案件

在20世纪80年代,一家法院裁决,佛罗里达州可以实行中学毕业考试,因为州政府对提升教育标准的关注十分合理,它要求使用考试的手段来检测哪些内容确实被教给学生了,同时,还可提供恰当的补救措施,这样,把考试作为毕业手段的第一个主要挑战得到了解决。这家法院也裁决,学生的适当程序权利不得被侵犯,因为对这项要求学校已经给予足够的警告(4年)。

得克萨斯案件

关于考试作为得克萨斯州学生毕业必备要求的合法性挑战,在2000年,一家联邦地区法院得出了类似的结论。墨西哥裔美国人合法防卫和教育基金会认为,考试行为是一种歧视,是违法的;几乎90%的不及格学生是少数民族。然而,爱德华·普拉多法官判决,考试不是针对少数民族学生实行的歧视,有证据表明,考试能帮助确认和消除教育的不平等。他同时也发现,考试无论是在内容效度还是在课程效度方面都是有恰当作用的。①

六、课堂纪律和体罚

"暂停"安排

课堂纪律之所以成为公众注意的焦点是由于一起案件引起的。在这起案件中,每当这名六年级的学生有点捣乱的行为时,就被教师指定

---

① 《GI论坛诉得克萨斯教育办事处案 87 F. Supp. 2D 667》(2000年);也可参阅"给所有学生公平",《档案政策摘要》(2000年秋),可从网站www. achieve. org查看;罗杰·克莱格:"通过考试"(2000年),该论文由"平等机会中心"提供,可从网站www. ceousa. org/html查看;迈克尔·D.辛普森:"为考试而考试",《今日NEA在线》(2000年1月),可从网站www. nea. org/neatoday/0003查看。

呆在教室的一个“休息”(time out)区。这名学生有行为问题是由来已久的，教师曾用其他纪律方法来约束他的行为都没有成功。这名学生呆在“休息”区时，仍被允许使用厕所，在自助餐室吃饭和参加其他班的学习。但是，这名学生的父母把这名教师告上了法庭，指控教师的行为：(1) 剥夺了他们的儿子接受公共教育的权利；(2) 施予与他们的儿子行为不相称的惩罚，侵犯了他的适当程序权利；(3) 使他们的儿子在情绪上遭到了极大的伤害。①

地区法院陈述，校方官员虽然在学校里拥有规定和执行约束行为标准的董事会权力，但这种权力是受《第四修正案》内容限制的。在这个案件中，这名学生仍然在学校里继续进修他的学业，因此，没有被剥夺接受公共教育的权力。“休息”区一般而言，只是对学生权利的一项很微小的干涉。该法庭特别提到，设置“休息”区的目的是为了纠正有破坏倾向的学生的行为和保护课堂中其他学生接受教育的权利。于是，该名学生的所有指控均被驳回。

体罚的使用

另一个颇有争议的维持课堂纪律的方法是体罚。体罚手段在美国教育过程中曾占据过很长一段历史，可以追溯到殖民时期。体罚手段遭到许多教育家的排斥，尽管它获得了美国社会一些地方极为慎重的支持，同时，它更多的是经常在课堂上使用，只不过教育工作者不太愿意承认罢了。近年来的调查研究表明，每一学年大约有 50 万的儿童遭到鞭打或被用木板惩罚，大约数千名学生的体伤需要医疗诊治。②

各州法律和地方性政策的差异

许多州立法机构禁止在公立学校使用各种形式的体罚。哪里的州

① 《迪肯斯诉约翰逊县教育委员会案，661F. Supp. 155》(1987 年)；也可参阅莫琳·哈里森和史蒂夫·吉尔伯特：《美国最高法院关于校舍的决议》(圣地亚哥：优秀书籍出版社，1997 年)。

② 丹尼尔·格斯基：“赦免儿童?”，《教师杂志》(1992 年 2 月)，pp. 17—19；佩里·A. 泽克尔和戴维·W. 范·克利夫：“体罚儿童岂能泛滥成灾?”，《校长》(1996 年 1 月)，pp. 60—61；“美国公立学校的体罚”(2000 年)，可从www.stophitting.com网查阅。

相关法律对这个问题保持沉默,哪里的地方学校董事会就会对此有更多选择权力,如果让他们选择,他们就会禁止体罚学生。不过,在州的成文法规明确允许进行体罚的地方,地方学校董事会只可以提出一些规定,但不能禁止体罚的使用。在这种情况下,许多学校董事会制定了较为详细的政策来限制体罚手段的使用。违反这些政策规定的教师可能会被解雇,对于过度地体罚学生、基于对学生私怨的体罚及不合乎情理的体罚,有可能被提出法律指控。

佛罗里达州是允许体罚的州之一。1977 年,美国最高法院在《英格拉汗姆诉赖特案》(Ingraham V. Wright)中,从联邦的两个观点对这项法律的合宪性进行裁决:(1) 体罚的使用是否违反了《第八修正案》禁止粗暴的和异常的体罚的规定;(2) 在对学生进行体罚之前,是否需要提前发出警告通知单和进行某种形式的预备程序。

参考资料:

体罚与《英格拉汗姆诉赖特案》

詹姆斯·英格拉汗姆是佛罗里达州一所初级中学的一名学生,他因在课堂上对教师的教学指示没有作出反应而遭到用木板惩戒。于是,他的父母以用木板惩戒违反了《第八修正案》中有关禁止进行"粗暴的和异常的体罚"的宪法规定为由,将学校官员告上法庭。在下面将介绍到的摘录观点中,美国最高法院是这样作出裁决的:在学校里实行体罚并不完全是违反宪法的,因为《第八修正案》的出台旨在保护受到监禁的囚徒的正常权利,而不是保护能够通过众多的其他方式得到保护的学龄儿童。"英格拉汗姆"一案的裁决结果意味着,在允许学校进行体罚的州里,对教师而言,"合理而有必要地"使用体罚来约束学生的行为是不违反宪法的,抱怨的学生或家长有责任证明教师的行为超出了合理的必要性。

原告承认,最初制定的关于"粗暴的和异常的惩戒条文"的目的在于限制对罪犯进行惩戒,但他们仍然坚持认为,这项禁令应该扩大到禁止对在校生用木板进行惩戒。原告还认为,《第八修正案》的起草者可能并没有预见到我们今天实行着公立教育和义务教育制度,而这些教育为可能存在非刑事惩戒提供了机会,原告认为,把反对残酷惩戒的禁令进行扩展是必要的,以免我们为罪犯提供的保护比对学生提供的保护还要多。他们还说,如果在校生受到打骂却没有任何法律可以求助,而严重犯罪分子在遭到监管人同样的打骂时却还有可能在《第八修正案》的规定下提出有效的诉讼,这一切不是显得很荒谬吗?……

不管在其他的案件情境中引用该修正案在逻辑上是多么的有力度,但我们仍然能够发现,置《第八修正案》出台的历史背景于不顾,强行把它套用于公立学校的传统教学管理的实施上,这是一个不适当的依据。

囚徒和在校生处于完全不同的环境中,囚徒面对的是犯罪行径和监禁生涯的残酷现实。囚徒由于犯了罪而被州法院判决为一名"罪犯",与之而来的监禁生活剥夺了他"与家人共同生活,与朋友相聚,以及其他的正常生活中必要的联系与接触"的自由。……

在校生则不需要得到《第八修正案》的保护。尽管由于种种原因,入学权通常受到限制,但是,公立学校一直是一所开放性的机构。一名学生或许除了在幼婴儿时期之外,在上学时间若想离开学校是不受到任何人身限制的;到了该放学的时候,他一直都有回家的自由。甚至在求学期间,这名学生可以经常得到家人与朋友的支持,而且时时与老师和其他同学呆在一起,可以让他们保护自己免于受到任何形式的伤害。

公立学校具有开放性的特点,同时它还受到社会的监督,这为学生免于遭到《第八修正案》保护下的囚徒受到的种种虐待提供了强有力的保护。事实上,即使在每一个允许进行体罚的社区的学校里,这些保护仍通过公共法的相关的约束条文得到加强。公共法授予公立学校的教师和行政管理人员一种特权,允许他们进行合理的、必要的体罚以维持正常的教学并约束学生的行为;任何超越这个特权的惩戒都要追究其民事责任。只要学校向公众开放,我们就没有理由相信公共法的约束条文在修正和阻止如本案中发生的过度体罚上是无效的。

因此,我们得出结论,当公立学校的教师或行政管理人员进行维持纪律的体罚时,是不能使用《第八修正案》对其提起上诉的。

问题

(1) 假设在某一特定场合非常需要实行体罚,那么这名教师在实行一种具体的体罚时应该怎样判断它有合理的必要性,因此是不过度的?

(2) 最高法院可能会怎样决定是《第一修正案》而不是《第八修正案》适用于中小学生(如《廷克诉德斯·莫尼斯独立社区案》)?

(3) 当一名学生被告知要对其实行木板惩戒时,该名学生能否或者应该通过要求行使"回家"的权利来逃避这一惩戒?

【资料出处】《英格拉汗姆诉赖特案 97 S. Ct. 1401》(1977 年)。

《第八修正案》不适用

在这个案件里,詹姆斯·英格拉汗姆和罗斯福·安德鲁斯都是佛罗里达州达德县初级中学的学生。由于英格拉汗姆在课堂上对教师的教学指示作出较慢的反应,因此,他在校长办公室里挨了 20 下木板。结果,英格拉汗姆由于伤势严重需要住院医疗,并因此缺了几天的课。安德鲁斯也受到木板惩罚,但伤势不太严重。法官宣称,《第八修正案》的颁布旨在保护犯罪的囚犯,因此《第八修正案》不适用于受到体罚的在校生。至于适当程序,该法庭陈述:"我们下的结论是,适当程序条款不要求在公立学校实施体罚前发出警告通知和召开听证会。因为这种行为受公共法律的授权和制约。"①

可能的责任

禁止使用过度暴力

虽然最高法庭作出了上述裁决,但他们也对体罚的严厉性作出了相应的评价。在类似这种情形的案件里,法官们认为,学校权力机构应该

① 《英格拉哈姆诉赖特案,430 美国》(1977 年);参阅佩里·A.泽克尔:"你受伤,你失败";也可参阅佩里·A.泽克尔和伊凡·B.格鲁克曼:"体罚是虐待儿童吗?",《校长》(1996 年 1 月),pp. 60—61;《穆尔和穆尔·诉威利斯独立学区和比恩案》(2000 年)。

对因体罚而受到伤害的儿童负责。更进一步说，如果教师出于发泄私怨而对学生进行体罚，行政官员可能因触犯刑法而受到起诉。在后来的一次行动中，该法院也指出了本章前面所讨论的适当的程序条款的作用。在审理《米尔拉诉加西娅案》(Miera V. Garcia)时，最高法庭支持下级法院的裁决，认为"极端过度"的体罚可以构成对学生适当程序权利的侵犯。因此，如果教师对学生使用了过度暴力或侵犯了学生的权利，他将在法庭上被起诉。①

确实，初级法院严厉谴责教师或行政管理人员像对待牲畜般管理学生，使劲把学生的头往墙上撞，或者鞭打学生，使得他们不得不住院医疗等行径，最高法院在很大程度上将继续支持此类裁决。大体上，近来的司法决议是同当前发生的诉讼案件的几率联系在一起的，它使得教师在采取体罚手段时变得极为谨慎。

七、对学生的性骚扰或性侵犯

不受欢迎的性倾向

采取积极行为防止性骚扰

最高法院在《英格拉汗姆诉赖特案》中作的关于体罚方面的决议及在稍后的《富兰克林诉格威内特案》(Franklin V. Gwinnett)中作出的决议，都重点强调禁止对学生施加性骚扰和性侵犯行为。虽然对"性骚扰"和"性侵犯"的界定是不断变化的，但是，由于教师和学生之间是相互作用的，这些术语的内容一般不仅包括性接触，还包括一些不受欢迎的出于好意的性建议或性要求，尤其是当接受者相信，如果他们拒绝配合，将影响到他们的学习地位的时候。这使得人们开始对教师为人师表的形象产生了质疑。近些年来，关于学校员工对学生施加性骚扰行为而遭到

---

① 《米尔拉诉加西娅案，56USLW3390》(1987 年)；米切尔·L.耶尔和里斯·L.彼得森："严厉对待残疾学生和学习易于失败的学生"，《情报交换所》(1996 年 7—8 月合刊)，pp. 365—370；本杰明·道林-森德："什么时候教师的行为变得过于粗暴"，《美国学校委员会杂志》(2001 年 5 月)。

起诉的案件明显增加。尽管法庭对于构成非法的性骚扰行为的内容到底是什么还不十分明确，但是，无论是校方员工还是聘用他们的学区人员，一旦在法庭上被发现有此类犯罪事实，就会受到法律的严厉制裁，对于这一点，法庭的态度是十分明确的。①

关于教师对学生施加性骚扰行为，校方官员应该承担的法律责任，在1998年最高法院作出的一项决议[《盖博瑟诉拉格-韦斯塔独立学区案》(Gebser V. Lago Vista Independent School District)]中有明确阐述。这次决议是关于一名遭到性骚扰的九年级学生，该名学生遭到一名教科学的教师的诱奸，但又不敢向行政管理人员告发他们之间的性关系。她的父母一怒之下把这个学区告上法庭，根据1972年颁布的《第九号教育修正案》(Title Ⅸ of the Education Amendments)有关条文，强烈要求校方采取积极措施查明此事，并彻底消除性骚扰的隐患。最高法院对此案作出以下裁决：校方行政官员对此案不负有任何法律方面的责任，除非他们事先已知道这种性骚扰行为，并对之采取“熟视无睹”的态度。一些分析家对这个裁决结果非常不满意，因为他们相信这个裁决实质上是允许校方官员对此类性骚扰行为的确定与斗争采取回避的态度。但是，另外一些分析家则相信，这个裁决结果增强了行政管理人员切实履行这些政策的决心，以证明他们对此类性骚扰行为并不是漠不关心的。②

触碰学生违法吗？

尽管《盖博瑟诉拉格-韦斯塔独立学区案》一案使得校方行政官员减轻了对此类行为应负有的责任，但学校的每一名教师和行政人员的一言一行仍然必须十分谨慎，以免被学生或学生家长解释为有性骚扰或性攻

---

① 卡罗尔·莎克莎夫特和奥德丽·科汉：“校务人员对学生进行性虐待”；玛莎·M.麦卡锡：“管理公立学校出现的性骚扰现象的有关法规”；温迪·施瓦兹：“防止学生遭受性骚扰”，《关于城市教育文摘的ERIC票据交换所》(2000年12月)。

② 《盖博瑟诉拉格-韦斯塔独立学区案，98-1866》(1998年)；也可参阅《性骚扰修订指南》(华盛顿，哥伦比亚特区：美国民权教育部办公室，2001年)。

击行为。近年来,对教师不利的申诉不断涌现,许多教师组织正在纷纷建议他们的成员,除非万不得已,要尽量避免与学生进行身体上的接触。他们也建议,当教师约见学生的时候,一定要确信门是开着的或者有其他人员在场。一些法律顾问认识到,教师有时候有必要或非常需要同学生进行身体上的接触,甚至拥抱学生。例如,幼儿园教师帮助学生穿外套或安慰一个忧伤的学生,但许多人建议教师尽可能地避免同学生进行身体上的接触,尤其同年长的学生相接触。

处理潜在性骚扰的指导

一个学生对另一个学生进行性虐待或性骚扰也是最近出现的一个比较严重的问题。当出现大宗学生宣称被教师性骚扰的案件时,有关被其他学生性骚扰的法律法规却很少涉及此方面,即使有所论及,也是非常模糊的。在某些情况下,用性进行诽谤中伤和开性玩笑被解释为非法的性骚扰行为,教师有法律义务对此行为进行制止,但在另一些情况下,学校的员工不负法律责任。一些学区的反对性骚扰政策明令禁止"不受欢迎"的关于男、女同性恋的言论,但是一家上诉法院判决,当作出上述言论的学生正在行使《第一修正案》中的宗教表达权利时,校方不得对他们进行惩罚。要想认识到性骚扰行为有可能发生,教师需要牢记以下7点:①

(1) 不要对此类行为视而不见或轻率打发过去;

(2) 不要过火处理此类行为,应确实查找出事情的真相;

(3) 不要诋毁或辱骂当事人中的任何一方;

(4) 首要的,也是最重要的是支持受害者;

(5) 根据学校的行为规章制度对此类行为进行公正审判;

① 佩里·A.泽克尔:"学生对学生的性骚扰";内森·L.艾塞克斯:"教室里的性骚扰",《NAESP校长在线》(2000年3月),可从网站www. naesp. org/com/p. 0300b. htm查看;丹·H.威士尼兹基:《建立有关性骚扰方面的学校政策法规》(印第安纳州布卢明顿:ph: Delta Kappa出版社,1994年);凯特·泽尼克:"言论自由制度使学区骚扰政策无效",《纽约时报》(2000年2月16日)。

(6) 不要轻言此类行为是偶然发生的；

(7) 为学生提供综合自卫训练计划。

八、学生成绩和隐私权

FERPA 制止侮辱

1974 年之前，大部分学生的考试成绩记录只存在学校里而不对学生及其父母公布，但是未来的雇主、政府机构及学分委员会成员却被允许查看学生的成绩档案。在这种情况下，如果一旦他们从成绩上判定某名学生很差劲的话，那么他们可能对该名学生进行辱骂和嘲弄。1974 年，国会通过《家庭教育权利和隐私法令》(Family Educational Rights and Privacy Act)[也称 FERPA 法令或《巴克利修正案》(Buckley Amendment)]来控制政府出资支持的公立机构中可能发生的谩骂。

家长的权利

《巴克利修正案》要求公立学校学区制定相关政策，允许学生的父母查看他们的孩子的官方学校成绩。同时，该法案禁止校方在没有获得学生父母同意的情况下向第三方泄露学生的成绩(以此为基础，最近法院裁决，让学生相互评定文章的活动是对隐私权的侵犯)。如果学生父母对他们所获得的信息的精确性或完整性质疑时，学区必须采取措施来修改学生的成绩记录。处理有争议信息的听证会和上诉机构也必须采取措施。家长在他们的孩子未满 18 岁之前或进入中学后的教育机构之前，保留他们查看孩子成绩记录的权利。

某些记录不能看

不过，《巴克利修正案》也允许存在一些异议。私人笔记和教师及行政管理人员的备忘录(包括年级教材)不在可查看范围之内。另外，学生成绩记录是同官方文件分开存储的，是为法律实施的目的而保留的(例如，关于犯罪行为的信息)，这些记录是不能看的。这些政策的出台使得学生的隐私权得到法律保障。最后，学校可以不事先经过学生父母的同意，公布学生的通讯地址等；但是，学生或其家庭也可要求校方对他们的住址信息进行保密。①

《哈奇修正案》

学生隐私的政策也受到《哈奇修正案》(Hatch Amendment)的影响。它是对1978年出台的《联邦政府普通教育临时法令》(FGEPA)的修正。《哈奇修正案》明确规定,与"任何一项研究或实验项目或科研项目"相联系的教材,必须得到学生家长或监护人的认可,方能实施。不能要求学生参加以了解有关政党属性、性行为或态度、心理问题、收入状况及其他私人事情为主要目的的测试、心理测评或治疗。不过,人们很难对"教材"和"研究项目"作出明确的定义,而且许多学生家长常常使用《哈奇修正案》来反对学校组织探求学生情感或信仰的活动。因此,教师必须仔细考虑,收集关于学生背景或信仰方面的信息是否服务于合法的目标。②

九、强制入学与家庭教育

每一个州都有一项法规,要求年龄在6—7岁至16—17岁之间的儿童必须进入学校接受教育。在过去的20年里,由于公众重新萌发了对家庭教育的兴趣,因此,这些强制入学的法律的出台引起了人们越来越多的注意。越来越多的父母反对公立学校编制的教材内容、教师使用的教学法或对宗教性活动的取消,而选择了在家里亲自教育他们的孩子。州政府允许家庭教育这种形式,但要求家庭教育必须按照州的立法规章制度来进行,处理好学习的小时数、考试、接受家庭教育的儿童是否也能参加附近公立学校的课外活动以及其他事情等等问题。③

---

① 彼得·A.沃克和莎拉·J.斯坦伯格:"对教育成绩记录保密",《法与教育》(1997年7月),pp. 11—27;佩里·A.泽克尔:"A-D分级经历?"。

② 爱德华·B.詹金森:《课堂内的学生隐私》(布卢明顿:ph. Delta Kappa出版社,1990年);《保护学生教育成绩记录的隐私权》(华盛顿,哥伦比亚特区:全国教育统计中心,1996年);罗伯特·汉利:"关于学生调查泄密的隐私案",《纽约时报》(2001年2月21日)。

③ J.加里·诺尔斯、斯泰西·E.马洛和詹姆斯·马其莫尔:"从教学法到意识形态",《美国教育》(1991年3月);伊莎贝尔·莱曼:《家庭教育》(华盛顿,哥伦比亚特区:CATO机构出版社,1998年),可从www.cato.org网站查阅(搜索"莱曼");来自家庭学校正当防卫协会的信息,可从www.hslda.org网站查看。

家庭教育的要求

当对孩子进行家庭教育的父母被校方以违反强制入学法为由告上法庭时，这些父母通常必须证明家庭教育项目在本质上同公立学校提供的教材内容、使用文章的适当性及每日教学使用的学时数是相当的。在一些州，孩子的父母还必须出示孩子的考试成绩，表明他们的孩子接受的教育同在学校接受教育的同龄人是相当的。尽管家长在此类案件中经常胜诉，但是法庭一致支持州立法机构有权对家庭教育实施限制和提出要求。①

十、寻求权利和责任之间的平衡

对法庭的批评

在过去的几十年期间，当法庭支持学生的宪法权利而对学校官员进行限制的时候，许多教师和家长认为这项法律程序失之偏颇。他们认为，法庭的制裁太过重视学生的权利，太不重视学校校纪校规。结果如AFT前校长阿尔伯特·山克(Albert Shanker)所说："学校几乎无法学习，因为教师们不得不承担起监护人的角色。"②

焦点集中于合理性

然而，一些学者相信，自20世纪80年代中期以来，最高法院已经开始对这种不平衡进行调整。对于这一点，从《新泽西诉T．L．O．案》(1985年)、《贝瑟尔第403号学区诉弗雷泽案》(Bethel/Fraser)(1986年)和《黑兹尔伍德学区诉库尔米尔案》(Hazelwood/Kuhlmier)(1988年)可见一斑。最高法院作出的裁决比之1969年廷克(Tinker)决议，使学校官员承担了较少的责任。校方官员现在需要做的不是证明某些法

① 内奥米·吉廷斯：《宗教、教育和美国宪法》(弗吉尼亚亚历山大：全国学校委员会协会，1990年)；佩里·A．泽克尔："学校，甜蜜的家"；布赖恩·C．安德森："A级家庭教育"，《城市》(2000年夏)。

② 艾伯特·尚克："我们学校的纪律"，《纽约时报》(1991年5月19日)；也可参阅佩里·A．泽克尔："正确的功能"。

规是必需的,而是表明哪些法规是合理的。对合理性的这种重视,表明最高法院“正在授予校方官员相当大的信任”,相信他们能够维持学生权利和校方需要之间适当的平衡。①

怎样使用计算机也出现了问题。为获得更多该主题的资料,请参阅“学校与网络技术”应用栏。

焦点问题回顾: 作为一名未来的教师,学生的哪些权利令你非常担忧?你认为你所在社区的教师和管理者一般是太不情愿还是太急于承认学生的权利?阅读完本节后,你对学生权利的态度发生变化了吗?

学校与网络技术

关于计算机与因特网的法律问题

在课堂上使用计算机意味着,你,作为一名教师,可能将面临一个关于你的学生使用计算机的法律问题。现在可登录密苏里州学校董事会协会的法律问题网站去获得相关资源。

查看网址,www. msbanet. org/legal/internetissues. htm,你将看到,这里有14个标题涉及诸如“课程出版物”、“学生活动”、“员工纪律”这类主题。这些材料的大部分涉及和反映了本章对言论自由及学术自由、疏忽与责任、学生和教师隐私权及对学生进行搜查等主题的讨论。同时它也提供了重要法律案件和背景的大量信息与分析。因此,仔细阅读该网络的材料,不仅能帮助你作为一名教师而使用计算机教辅工具做准备,它还能给你提供一份极佳的关于本章材料的评论和拓展。

你也将看到为什么我们说与使用计算机和网络有关的法律问题将

① 洛厄尔·C.罗斯:“合情合理——最高法院对学生权利案件的新标准”;也可参阅劳伦斯·F.罗索和詹尼斯·A.黑尼格:《学生与法》(布卢明顿:ph: Delta Kappa 出版社,1991年);杰弗里·罗森:“取代礼貌”,《纽约时报杂志》(2001年2月4日)。

长期存在。例如，一些网上留言者质问："学区是否有权惩罚一名通过使用学校网络，以发送 e-mail 的方式向他或她的同学们发布反对校长的地下报纸的学生？"这些网上留言者们解释为什么要"依情况而定"。他们也质问学区是否有权不经过学生父母的首肯，而私自将学生的名字和照片张贴到它的网络上，同时也解释为什么"或许可以"。

它可能是这样一个网站，你将一遍一遍地查看当前信息。由于其中的一些信息可能是密苏里州所特有的，你可能也想看一看与你的所在地有关的类似的网站。

第四节 宗教和学校

政府是中立的

美国宪法的构建者曾敏锐地意识到，可能有宗教迫害，于是开始寻找有效方法来阻止美国重蹈在欧洲因宗教冲突而经常发生严重流血事件的覆辙。正如在本章一开始所提到的，1791 年开始实施的《第一修正案》禁止建立一个全民承认的宗教派别（教派建立条款），并禁止政府干涉个人信教及自由实践他们的宗教信仰的权利（自由实践宗教条款）。政府在宗教问题上应处的位置，早在 100 多年前阿尔冯索·塔夫特法官就已经简洁地陈述出来了："政府是中立的，它保护所有的人，既不取悦谁，也不贬抑谁。"①

一、信徒·圣经·祈祷·宗教

各州编写的书面祷文是违宪的

新海德公园的学生们每天都被要求背诵由纽约州评议委员会创作

① 引用法官汤姆·克拉克审查的《阿宾顿城镇学区诉斯格普案，374 美国 203》（1963 年）；也可参阅"宗教自由、公共教育和美国民主的未来"，《教育领导》（1995 年 5 月），pp. 92—93；S.L.古尔科："最高法院和公立学校的宗教信仰"（2000 年），该论文可从网站 www.apathia.org 查看（点击"图书馆"）。

的一篇非教派祷文："万能的上帝，感谢您对我们的信任，我们恳请您赐福给我们，给我们的父母，给我们的教师和我们的国家。"尽管美国最高法院免除对家长提出书面要求，但它在《英格尔诉瓦伊塔尔案》(Engle V. Vitale)(1962年)中裁决，由州印刷、编写的书面祷文是违法的。根据最高法院的裁决，"不管这篇祷文可能在教派上是中立的，还是它得到了部分学生的自愿奉行，它都是对教派建立条款的侵犯。"①

祈祷和祝福仪式

这项决议制造出来的保护宗教自由的风暴直到今天还没有消退。一年后，最高法院又禁止在公立学校进行宗教活动。这次，中心问题在于口头朗读《圣经》诗句和背诵"主祷文"。这些行为很显然都是宗教仪式，且"该州本意也是如此"，甚至那时候学生都是自愿参加的。在2000年，法院拒绝考虑在进行足球比赛时，由学生领导祷告仪式，因为这种祷告仪式是由学校官方发起的。另一方面，法庭也裁决学生能够在毕业典礼仪式上领导或参加祈祷活动，只要这些活动的决定是学生自己作出的，且没有牧师参与。②

最高法院还作出裁决，反对牧师通过求助于上帝赐福的方式来举办或停止公立学校进行祈祷和祝福仪式。在1992年的决议中，最高法院定下结论，认为上述祈福活动违反了《雷蒙诉库尔兹曼案》中确立的标准。不过，法官安东尼·肯尼迪(Anthony Kennedy)的主要观点提到，州牵涉到有关宗教的活动不一定是违反宪法的，因为一些市民可能对他们提出反对意见，同时，这项决议并不意味着要求进行一项"把宗教从公众生活的方方面面消灭干净的不仁慈的和到处渗透的努力"。

---

① 《英格尔诉瓦伊塔尔案，370美国421》(1967年)；也可参阅"本性论"，《教堂和州》(1995年3月)，pp. 10—112；"学校祷文"(2000年)，该论文可从网站www. gtbe. org/documents/nprayer_school. htm查看。

② 《阿明顿城镇学区诉斯格普案和默里诉克勒特案，374美国203》(1963年)；也可参阅罗伯特·S.艾雷：《学校牧师》(纽约：普罗米塞尔斯出版社，1994年)；本杰明·道林-森德："赛前祷告的失败"，《美国学校委员会杂志》(2001年1月)，可从网站www. asbj. com/archive. html查看。

"肃穆片刻"政策

这项裁决的一个影响是，延缓了对几个重要问题的全面宪法性评论。例如，学校是否能够履行"肃穆片刻"("moment of silence")政策，即是否允许建立在自愿基础上的肃穆祈祷；学校是否能够允许由学生领导祷告仪式，或由一个不信宗教的人士来演讲宗教倾向的祈祷文，学校唱诗班是否能够在毕业仪式上明确地演唱基督教歌曲；以及民间私人组织是否能够在学校场所自由地散发《圣经》。①

一种"世俗"氛围

在公立学校以提升某一专门宗教的地位为目的而展示宗教信物(如十字架)，显而易见是违反宪法的。不过，最高法院裁决，在一些宗教派别诞生地的公共场所能够展示一些宗教信物，前提是这些公共场所的氛围必须是开放的、世俗的。不过，对这个裁决的解释也是颇有争议的。在一个非学校案件中，最高法院禁止在阿勒亨尼县的政府办公大楼前设立"诞生地"，因为它还没有完全"丢弃"("junked up")(此县官方话)圣诞老人画像或其他世俗标志。在此项决议作出后不久，一位联邦法官要求撤去斯古勒韦勒(Schulerville)学区耶稣被钉死在十字架上的一幅油画，因为这幅油画缺乏任何"有意义的"世俗色彩。②

二、宗教团体进入公立学校的途径

宗教团体的校园集会

布丽奇特·墨根斯(Bridget Mergens)，一位奥玛哈中学高年级学生，组织了一个大约有25位学生参加的团体，请求校方允许他们在校园前集会，大约每周一次阅读和讨论《圣经》。尽管类似的圣经俱乐部被允

---

① 马克·辛格："上帝和足球"，《纽约人》(2000年9月25日)，pp. 37—42；佩里·A.泽克尔："球赛，正在A级变化"。

② 罗布·波士顿："《可兰经》、十字架和宪法"，《教堂和州》(1995年3月)，pp. 7—9；"城市举办的宗教性展示遭到法庭打击"，《教堂和州》(1997年4月)，p. 3；约翰·利奥："驯鹿游戏"，《美国新闻和世界报告》(1999年1月4日)，p. 14；德里克·H.戴维斯："美国道德下滑的深思"，《教堂和州》(2000年春)。

许在其他学校里集会，但是校方管理者拒绝了他们的请求，很大程度上是为了避免学校开了诸如三 K 党这样的魔鬼俱乐部或其他学校不许可的团体之先例。布丽奇特的母亲为此把校方告上法庭。1990 年，美国最高法院发现她的诉词有几分道理，于是裁决如下：公立中学必须允许学生的宗教、哲学及政治团体在校园里集会，管理准则同其他校外团体一样。最高法院声明，允许诸如此类的集会并不意味着学校认可或支持他们。①

校方的选择

在《墨根斯案件》中仍存在大量不确定的内涵。校方表面上似乎不得不在实际上允许学生团体集会和驱散所有的课外活动之间进行选择，而实际上校方还有第三种选择，即只有这些团体的组织活动直接同他们的课程内容联系在一起时才有可能允许他们集会，但伴随而来的一个较为困难的问题也出现了，那就是很难对这类活动的性质进行界定。近年来，最高法院处理此类案件时，在很大程度上并没有对这个问题进行澄清。②

三、忠诚宣誓

宗教对宣誓的反对

教会和州政府分离后，州政府开始要求市民对它宣誓。在其中的一个案件中，几个基督教徒对西弗吉尼亚州的要求提出诉讼，该州要求他们的孩子在学校里每天早晨都要背诵忠诚誓言。学生家长的反对是基于宗教教义。该法庭裁决：儿童应该免除要求背诵誓词的责任，因为这

---

① 《西部社区学校教育董事会诉墨根斯案，88S. Ct. 1597》(1990 年)；也可参阅克恩·亚历山大和本杰明·道林-森德："接近平等意味着平等"，《美国学校委员会杂志》(2001 年 1 月)，可从网站www. asbj. com/archive. html查看。

② 琳达·格林豪斯："教堂和州的关系"，《纽约时报》(1995 年 6 月 30 日)；本杰明·道林-森德："开放你们的学校"，《美国学校委员会杂志》(1999 年 5 月)，可从网站www. asbj. com/archive. html查看；沃伦·里奇："宗教群体能否在公立学校集会"，《基督教科学箴言报》(2001 年 2 月 28 日)。

种行为和他们的宗教信仰相冲突。联邦法官借鉴了这个先例性的裁决结果，定下结论，认为，如果学生认为参与此类祷告活动违背了他们的宗教信仰或其他的个人信仰问题，他们可以拒绝参加或背诵这种誓词，校方不能强迫他们去做。近年来，许多裁决有力地支持了这一定论。①

四、关于课程设置的宗教异议

基础读物受到挑战

在田纳西州，信仰原教旨主义基督教的学生家长提出诉讼，反对霍金斯县学区让他们的孩子学习霍尔特（Holt）、莱因哈特（Rinehart）及温斯顿（Winston）等人著的基础读物系列丛书，因为这冒犯了他们的宗教信仰。这些学生家长相信，“一个孩子如果阅读了一整套霍尔特丛书后，他有可能接受女权主义者、人文主义者、和平主义者、反基督教学者、素食主义者或一个政府的拥护者的观点。”该学区法庭支持这些家长的观点，认为该州应该通过选修霍尔特丛书，而不是通过必修课的形式，来实现田纳西学校的学生对文学作品的学习。不过，一家上诉法庭却对这个判决持有异议，认为，根本没有证据证明霍尔特丛书中提到的任何一种思想要求学生巩固他们的宗教信仰或抛弃他们的宗教信仰。该法庭声称，这一系列的教材丛书，“仅仅是要求人们认识到，在一个多元的社会中我们‘必须活着而且被允许活着’”。②

世俗人文主义

在某种程度上类似的案件中，学区法官支持亚拉巴马州的一群家长。这群家长指控学校教材和活动过多地侧重世俗人文主义③，一个纽约团体坚持认为，当学生们背诵祷文或者出售忧愁玩具时，贝德福公立

---

① 《西弗吉尼亚州教育董事会诉巴尼特案，319 美国 624》（1943 年）；《利普诉莫利斯案件，579834》（1978 年）；佩里·A.泽克尔和伊凡·B.格鲁克曼：“忠诚的保证”，《NAPPS 公告》（1990 年 9 月），pp. 115—117；马克·沃尔什：“召开保证会”，《教育周刊》（1998 年 6 月 10 日）。

② 《莫扎特诉霍金斯县教育委员会案，87—6144》（1986 年）。

③ 世俗人文主义是一种不重视宗教教义、强调通过理性完成实现人类能力的哲学观。

中学就是在鼓励异教徒宗教。一家联邦上诉法庭却对这个决议作出了相反的判决，该法庭认为，教材内容并没有认可世俗人文主义或其他某一种宗教形式，而是试图向学生灌输独立思想的价值观和勤劳忍耐的不同观点。该上诉法庭还提到，如果《第一修正案》禁止的仅仅是“与某一宗教信仰的不一致性，那么，在公立学校，教师能够教给学生的东西则是微乎其微的”。第二个案件也是以支持学校而得到解决的。在加利福尼亚及其他几个州的法庭都得出了相同的结论。①

关于进化论教学的争议

1987年，最高法庭对《爱德华兹诉阿格拉德案》(Edwards V. Aguillard)作出了判决。该案件对路易斯安那州和谐处置神创论和进化论的法案提出了挑战。所谓神创科学或神创主义，是指它的提出者相信生命发展的各阶段由神灵参与进行，而不是通过生物进化来完成的。路易斯安那州的法案规定，凡是讲授神创论学说的地方也要教授进化论学说，而且这两门课程的安排要适当，使用的材料内容也要随着时代的变化而不断变化。最高法院裁决这项法规是违反宪法的。它认为，通过要求“要么排斥进化论理论，要么介绍一种完全反对进化论的宗教观点”，路易斯安那州的法案提出了一种宗教教义，这种行为违反了《第一修正案》关于教派建立条款的内容。②

学区的反应

这类争议仍然持续着。加利福尼亚和堪萨斯州教育董事会试图通过把进化论学说当做一种“理论”，而不是一项“事实”来向这类争议妥协。一些认可神创论思想的学区在推出试用的教材时，坚持认为生命太

---

① 《史密斯诉莫比尔县校务委员会董事会案，87—7216》(1987年)；戴维·A.斯普里特：“把宗教内容和非宗教内容材料进行分门别类”，《行政教育者》(1995年3月)，p. 13、47；佩里·A.泽克尔：“好信仰的影响”；兰德尔·C.阿奇博尔德：“学区对宗教案件是否明确”，《纽约时报》(2001年3月22日)。

② 《爱德华兹诉阿格拉德案，197S. Ct. 2573》(1987年)；尤金·C.斯克特：“猴子事务”，《政策评价》(1996年1—2月合刊)，pp. 20—25；丹尼尔·J.克尔威斯：“泰顿的达尔文”，《纽约书籍评论》(1998年11月19日)，pp. 61—63。

复杂，不是通过进化论的形式就能够完成的，但同时，他们也避免使用明确介绍神创论的教材。在其他的一些学区，当学生家长强烈反对某些旨在提高学生思维技能的教材内容，抗议这些教材内容反映了“新时代”的宗教实践的时候，相似的争议也开始如火如荼地展开了。一些学区对这类争议作出的反应是彻底取消这些教材。①

五、宗教教育

增加对宗教传统的理解

教会和州政府的分离并不意味着在公立学校里禁止进行宗教教学。许多州和学区都非常重视开辟各种途径，让人们理解宗教传统和价值观，同时，这些途径既不提升也不贬抑某一宗教信仰或某一非宗教意识形态。另外，许多学者已经开始着手准备这种符合宪法的教材。②

联邦指导方针

根据美国教育部 1995 年颁布的、1998 年再次颁布的指导方针，允许学校教授诸如“宗教历史、比较宗教学、圣经文学(或其他版本)及美国历史和其他国家历史中的宗教作用”此类的课程。这些联邦的课程指南也触及到关于宗教和学校的其他争议中的许多方面，这在概述 9.3 中有所总结。不过，法庭可能并不一定支持行政官员认为是正确的主张。③

---

① 蒂姆·比尔兹利：“被否定的达尔文”，《美国科学》(1995 年 6 月)，pp. 12—13；林恩·林：“神创论的进化说”，《反思学校》(1997 年冬或 1998 年)，可从www. rethinkingschool. org 网查看；约翰·W.方廷：“堪萨斯使公立学校退化”，《纽约时报》(2001 年 2 月 15 日)；也可参阅“进化论与神创论”，《网上教育周刊》，网址为www. edweek. org/context，也可通过www. yahoo. com 网址轻易获得有关神创论和进化论方面的资料。

② 查尔斯·C.海恩斯、奥利弗·托马斯、约翰·B.利奇和艾里萨·肯德尔：《发现公共理由》(田纳西州纳什维尔：第一修正案中心自由论坛，1994 年)；罗伯特·多尔：“条文的建立”，《政策评价》(1996 年 1—2 月合刊)；“向西比尔自由权要求你的宗教自由权”，该篇未注明日期的论文登录在美国公民自由权联合会网站，可从www. aclu. org/students/slrelig. html 查看。

③ 理查德·W.赖利：“部长关于宗教言论的声明”(华盛顿哥伦比亚特区：美国教育部，1998 年)，可从www. ed. gov 查看；也可参阅查尔斯·C.海恩：“公立学校中的宗教信仰”，《学校管理者》(1999 年 1 月)；黛布拉·威德罗：“宗教作为课程主题日益受到关注”，《教育周刊》(2000 年 11 月 29 日)。

概述 9.3　美国教育部对校内宗教信仰的规定

学生祈祷和宗教性讨论：美国宪法不禁止学生间纯粹私人性质的宗教演讲。因此，在校期间，如同学生参加其他学校活动的权利一样，他们有相同的权利参加个人或群体祷告活动及宗教性讨论。

一般地，学生在不参加学校活动时，或在非教学时间里，以及在遵从校方对相关适宜场合规定的制度时，可以进行不制造混乱的祈祷活动。

毕业祈祷：在当前美国最高法院作出的众多决议的约束下，校方官员既不可以批准进行或组织毕业祈祷活动，也不可以组织毕业班临别宗教仪式。

官员的中立角色：美国宪法禁止教师和校方行政管理人员……教唆或鼓动学生参加宗教性活动……之所以禁止参加宗教活动，是由于它的宗教内容。

宗教教学：公立学校不可以提供宗教性教学，但他们可以教授有关宗教的情况……宗教史、比较宗教学、作为文学读本的《圣经》(或其他印刷版本)及在美国和其他国家历史中宗教扮演的角色等科目，在公立学校是允许讲授的。

尽管公立学校可以教授宗教节日……也可以庆祝世俗的宗教节日，但是学校不可以把宗教节日视为宗教事件或促进学生对这些宗教的狂热来奉行。

学生作业：学生可以通过家庭作业、艺术作品及其他书面或口头作业的形式来表达他们的宗教信仰。这类家庭作业和课堂作业可以通过普通学术标准来评定。

宗教文献：正如学生被允许散发其他与学校课程或学校活动无关的文献一样，他们有同样的权利向他们的同学散发宗教性质的文献。

宗教免除：学校享有实质性的选择权，如果个别学生或他的家长基于宗教的或其他谨慎的原因而反对某些课程，学校可以免除该学生的这类课程。

空余时间：由于学校既不鼓励也不阻止学生参加宗教活动，因此，学校有权选择解散学生在非宗教场合进行的宗教性演讲……在教学期间，学校不允许校外人士在学校里进行宗教性演讲。

教学价值观：尽管学校在宗教问题上必须保持中立，但是他们可以在教授公民价值观和公民美德方面起积极推动作用。

学生服装：学生可以展示有关服装方面的宗教性信息，同样的，他们也被允许展示其他的相关信息。

《平等入学权法令》：宗教性的学生团体同其他学生团体一样享受同等的入学权利。

【资料来源】理查德·W.赖利(Richard W. Riley)："关于宗教言论的部长声明"(美国教育部于1998年在华盛顿发表的声明)。

六、政府管理和私立学校的支持

各州能够自行管理学校

1925年，《皮尔斯诉姐妹社团案》(Pierce V. Society of Sisters)确定，一个州的强制入学法令能够通过学生在私立学校或教区学校入学的方式得以实现。但随即又产生了新的问题,即一个州应在多大程度上控制非公立学校的教育问题。1926 年的《法林顿诉托古士基案》(Farrington V. Tokushige)裁决结果给予非公立学校“就师资配备、课程设置及教材选定方面的合理选择权和判断权”。不过,在这一体制下,各州政府仍通过了种种立法来管理非公立学校。有一些州很少规定;而另一些州则规定要聘用有教师资格证书的教师,并具体规定了学期内上课的天数或小时数,或者坚持必须符合州政府审批标准。目前,一个较有争议的问题是特殊教育实施的州政府标准问题。①

各州提供交通运输工具帮助

另一方面,州政府采取各种措施来支持非公立学校的发展,包括提供交通运输工具、书籍和医疗服务等。在 1947 年的《埃弗森诉欧文镇教育董事会案》(Everson V. Board of Education of Erving Township)审议中,最高法院裁决,《新泽西宪法》(New Jersey Constitution)允许州政府为私立和教区学校的学生提供交通运输工具。最高法院同时裁决凡州宪法同意的此类帮助,都不违反美国宪法(仅仅在爱达荷和夏威夷两州判决为私立学校提供交通运输工具是违反宪法的)。自此以后,允许还是不允许州政府对非公立学校提供帮助的分歧一般都建立在“儿童受益论”(Child Benefit Theory)的基础上。所谓“儿童受益论”是指,如果儿童直接从政府提供的帮助中受益,那么这种帮助是允许的,而如果主要的受益对象是非公立学校机构,就不允许提供这种帮助。②

沃尔曼一案:认可州提供的帮助

在 1977 年的《沃尔曼诉沃尔特案》(Wolman V. Walter)和 1997 年的《阿戈斯蒂尼诉费尔顿案》(Agostini V. Felton)中,最高法院走得更

① 《皮尔斯诉姐妹社团案,268 美国 510》(1925 年);《法林顿诉托古士基案,273 美国 284》(1926 年);也可参见萨拉·怀尔德曼:“信用到期”,《新共和国》(2001 年 2 月 26 日),pp. 15—16。

② 《埃弗森诉欧文镇教育董事会案:美国 330》(1947 年);凯瑟琳·托马斯-霍斯金斯:“关于学校选择的合宪性案件”,《辛克雷政策杂志》(2000 年春),可从 www. lib. utar. edu/hinckley. epubs 查看。

远。除了声明认可俄亥俄州和纽约州宪法对私立学校提供的帮助外，最高法院还使用《雷蒙诉库尔兹曼案》的三维测验，而对每一个独特的问题作出判决。最高法院的判决如下：①

（1）提供世俗教科书、标准化测试、计算机的购买和贷款是合乎宪法的。

（2）在非公立学校场所提供演讲、听证会和心理诊断服务是合乎宪法的。

（3）向学生提供经费和贷款以购买诸如投影仪、科学用品箱、地图和地球仪、图表册、运动员记录册等教学材料与设备的行为是违法的，因为这种行为使得政府和宗教过多地牵扯在一起。

（4）发放资金供学生郊游是违宪的，因为“教师在一个宗教机构内工作或为宗派机构工作，有可能引起培养宗教信仰的质疑而承受不被接受的风险，这种风险是不可避免的副作用”。

（5）为居住在非公立机构的公立学校的员工提供第 1 号医疗服务，不会构成教会和州政府过多的纠缠。

法律条文混乱

上面所列的结论表明，为什么众多的法律专家相信关于宗教和学校的宪法法律是混乱不堪的。为什么政府为非公立学校购买教科书、测试题和计算机是合宪的，但是购买地图、地球仪、图表册及运动员记录册则是违宪的呢？为什么由政府支持的心理医疗服务能够向非公立学校提供，而医疗服务却必须在中立场所才能提供呢？这些问题纠缠在一起，高级法院试图理清这些问题，结果是徒劳无益的。②

---

① 《沃尔曼诉沃尔特案件，433 美国 229》（1977 年）；《阿戈斯蒂尼诉费尔顿案件，96S. Ct. 552》（1997 年）；米切尔 · V . 赫尔姆斯：《98S. Ct. 1648》（2000 年），乔治 · A . 克劳斯：“美国最高法院同意对宗教学校给予中立援助”，《学校改革新闻》（2000 年 8 月）。

② “联邦法院支持向行政教区援助第一章条文内容”，《教会和州》（1995 年 3 月），pp. 17—18；克林 · 波里克：“阻碍出口”，《政策评论》（1998 年 5—6 月合刊），可从网站 www. heritage. org 查看（搜索“阻碍出口”）；R. 克雷格 · 伍德和米切尔 · C . 比特古：“据《雷蒙诉库尔兹曼案》来判断《阿戈斯蒂尼诉费尔顿案》”，《BYU 教育及教育法》（2000 年第 1 期），可从网站 www. law2. byu. edu. 查看（搜索“比特古”）。

焦点问题回顾：作为一名教师，你认为涉及教会和州政府的争论是否对你有直接的影响？哪几方面与你的专业研究领域最相关联？你所在社区的学校可能产生哪些与宗教有关的困难或挑战？

总　　结

（1）在20世纪的最后几十年里，涉及教育的法律诉讼案件数量大增。联邦政府和各州法庭都能依赖所涉及的问题予以审理，只有美国最高法院的判决才是全国通用的。

（2）除非教师在任职期间被指控没有能力、不道德、不服从及没有职业操行，校方不得随意对其发出解雇勒令。被指控有上述行为的教师可以根据适当的程序保护法进行申诉。

（3）教师有权利组织或参加工会和其他专业组织，但大多数州政府禁止教师罢工。

（4）教师必须在个人利益和政府利益达到平衡时，才能使用言论自由和学术自由权利。教师在宪法下有权保护自己的权益，但校董事会在考虑到学生家长、教师和学生三方利益的前提下，也有责任保证校方“适当”和“有规律”的运作。

（5）有关对教师校外行为及其着装的限制条件并不像美国过去那样严格，不过，教师仍然被期望扮演为人师表的模范角色。

（6）学校必须按照明确的规章制度办事，以避免一旦学生遭到伤害时，校方因疏忽罪而被起诉。并且，教师必须严格遵守版权法。

（7）法庭对维护学生权利的一系列问题进行了明确界定和扩展，保护学生的言论自由权利，允许学生在发出停学或退学勒令案中行使适当的程序权利，禁止校方在缺乏明确证据的情况下对学生搜身，限制体罚并保护学生成绩的隐私权。

（8）在公立学校禁止进行有组织的和训令性质的祈祷及《圣经》阅读活动。学校课程既不能自行构建非宪法要求的宗教歧视内容，也不能完全忽视宗教观点或对宗教进行解释。

(9) 政府对非公立学校支持的法律基础是综合性的。例如，政府可以为非公立学校的学生提供教材、测试及心理咨询服务，但它却不能为郊游、购买投影仪、科学用品箱或地图等提供资金。因为后者被认为有使教会同州政府牵连在一起的可能。

关键术语

原告
诉讼当事人
教派建立条款
自由实践条款
适当诉讼程序条款
平等保障条款
合同违约
任期
续期合同
学术自由
侵权
公平使用
处在养父母地位
家庭教育权和隐私权
法令(《巴克利修正案》)
儿童受益论

讨论题

(1) 是否应该要求教师比其他公民具备更高的或者不同的个人道德标准？如果是，为什么？如果不是，那么又是为什么呢？

(2) 讨论赞成或反对在公立学校进行祈祷、《圣经》阅读及宗教仪式的观点。目前制定的关于这些活动的法律发生变化了吗？

(3) 学生行使适当诉讼程序权利是否应该不同于校外成人行使的权利？为什么是？为什么不是？最能证明两者之间不同的是什么？

(4) 小学同中学相比，学术自由程度相差多大？作为一名教师，这个差别可能对你有多大影响力？

(5) 假设你的个人观点同学校有关体罚、学生服饰法令或其他一些法律问题相冲突，那么，在多大程度上你将发现很难执行这些官方政策？

专业发展的建议方案

（1）在你所在的州及附近的一两个州中查阅有关教师任期的规定。这些州中有关教师试用期、解聘原因或其他问题的法律规定存在差异吗？你所在社区的教师了解这些政策内容吗？

（2）从附近一所学区收集和分析关于教师虐待儿童的信息。该学区对此提出的明确政策是什么？是否还有教师被揭发出来或者有的教师根本没有意识到他是在对儿童施行虐待行为？

（3）调查附近几所学区关于学生和教师服饰法令的政策。看看在过去的10年或15年里这些政策是否发生了变化，及发生了怎样的变化。你希望在不久的将来看到更多的变化吗？

（4）以既不提高也不贬抑宗教的合乎宪法要求的方式，准备一堂关于宗教节日的教学计划。

（5）登录http://library.lp.findlaw.com/education-1html，并下载教育部的报告《残障学生的纪律》。作为一名教师，什么结论和责任对你来说可能是最重要的，也可能是最成问题的？

第四部分

社会基础

第十章　文化·社会化·教育

众所周知，世界正在飞速变化，通讯和经济全球化、工作的成功日益呼吁先进技术，在美国和其他国家，社会流动加速，今天的家庭模式和30年前的家庭模式不可同日而语。每一个这样的变化都对从小学到大学的所有层次的教育产生了巨大的撞击。

然而，关于抚育孩子的某些基本的必须履行的责任，及其对青年的影响仍然十分重要。家庭、邻居、朋友以及更广泛的文化和诸如大众媒介的社会力量仍然强烈地影响着学生的发展，这种影响就像30年、60年、90年前的情况一样。

另一方面，那些对孩子施加影响力的具体方式也随着时代的发展而发生变化。比如，数字化的世界，提供了比在多年前出现的视频游戏、有线电视和立体电影院能够提供的多得多的竞争性刺激，在这样的数字化世界里，教师很难抓住学生的注意力。要恰当地对付它，教师必须了解有关家庭、大众传媒、同龄群体等其他组织所发生的变化，了解文化和社会思潮对他们带进课堂的行为和观念所产生的影响。

焦点问题

- 什么样的文化模式影响着学校的教学？

■ 学校文化怎样使年轻人社会化?

■ 电视和其他大众媒介怎样影响学生?

■ 性别角色和性别差异影响学习和成绩吗? 如果有影响的话,是怎样影响的?

■ 青年文化怎样影响学校?

文化的各个方面

社会用文化的方式保证它的统一和生存。“文化”这一术语广义的含义是包含一切不断变化的习得的行为方式和在社会成员中传递的态度。文化是一种思想和行为方式;它是一种群体的知识和习惯,包括它的传统、记忆和文字记录,它的共同的规则和观念,它的积淀的信仰、习惯和价值观念。不涉及文化,不仅个体不能被理解,而且群体和整个社会都不能被理解。穿着、饮食和日常生活习惯——那些日常生活中人们不需要思索的细节——所有这些就构成了文化的特质。为了准备文化传递和使社会的功能得到令人满意的发挥,孩子们必须经历文化适应(教会他们享有共同文化的概念、价值观和行为方式)和社会化(把他们先训练成青年人,然后成为成年人)的过程。

作为文化代言人的学校

许多个体和组织在使孩子们和年轻人文化适应和社会化方面扮演着某种角色。当然,家庭对幼小的孩子们来讲是最重要的,但是,在现代社会里,正规学校也帮助小孩决定学什么,并帮助他们如何为未来社会发挥作用而做准备。为了保持文化,使之永存,成年的一代设计了学校这种可能是最重要的服务机构(除家庭以外)。学校提供了生存的必要工具,并保证把知识和价值观念传递给后代。它是教育年轻一代的非常正式的系统。在学校,不仅在课文的题材中,而且通过教育系统的结构和运作来坚持和传播价值观念、信仰和社会规范(行为规则)。

在我们所处的多元的社会里,学校有责任帮助年轻人学习分享民族文化,但是它们必须有文化差异感,并且确保来自少数民族团体的学生具有取得学业成功的同等机会。对这一必须履行的责任所提出的挑战将在“提供平等的教育机会”这一章中的“多元文化的教育”这一节里面讨论。

第一节 社 会 中 介

主要的社会化机构

一些社会机构帮助向未成年人传递文化。对许多社会来讲，历史上最重要的机构是教堂、同伴群体、学校，当然还有家庭。其中的一些机构，如教堂在西方社会中的影响已减弱，而其他机构，如大众传媒作为一种社会化的力量已经突起。在这一节中，我们将讨论有关家庭方式对教育影响的一些问题，然后我们继续探讨同伴群体、学校文化、电视和其他大众传媒的影响在社会化中的作用和教育意义。

一、家庭

家庭的早期影响

虽然家庭组织多样化，但是在任何一个社会中，家庭都是早期社会化的主要场所。正因为这样，它是向孩子传递文化的首要环境。因为家庭是幼小儿童的整个世界，家庭成员向孩子传授生活方式，然而常常意识不到它们产生的巨大影响。成人鼓励和不鼓励的行为，以及他们提供的实施纪律的方式也影响着孩子的世界观。

家庭环境和上学准备

许多孩子在学校表现良好，是因为他们的家庭环境给他们提供了在传统的课堂中取得成功的良好准备。另一些孩子表现欠佳，部分原因是他们没有获得好的准备，一般而言，学校又没有成功地作出调整，帮他们克服这一缺点(改革教学的可能性和帮助没有成功的学生的方法在后面的章节里讨论)。最近家庭性质的变化对孩子的教育发展和在学校获取成功具有重要的意义。这一节讨论对家庭产生最重大影响的几种变化，包括贫困家庭、单亲家庭数量的增加，以及职业妇女人数的增加。我们也将讨论一些家庭是如何因为对孩子施加压力或过分溺爱孩子而步入教育困境的。最后，我们将了解到一些孩子面临因家庭状况带来的严峻问题，诸如受虐待、无家可归和无人领养。

贫困是许多家庭面临的主要问题，差不多17%的美国儿童生活在贫困线以下。少数民族儿童的贫困率特别高，大约30%的美国黑人儿童和西班牙裔儿童生活在贫困线以下的家庭中。贫穷的孩子通常会面临教育问题，我们将在“社会阶层、种族与学业成绩”这一章详细讨论社会阶层与教育成就之间的关系。①

单亲家庭

许多观察者把存在于儿童和少年中的实际贫困率与很高的单亲家庭比率联系在一起。在最近的几十年内，单亲家庭的比例出现了大幅度的提高，在这些单亲家庭中，家长通常是从未结过婚的、离婚的或者是单身的妇女。总的说来，单亲家庭的数量现在已经占所有带有18岁以下儿童的家庭数的三分之一多。大约30%的女性单亲家庭生活在贫困线以下，相比较而言，双亲家庭中，在贫困线以下的仅占5%。②

一些观察者得出结论：现代婚姻是一场“轮盘赌”游戏，很可能把孩子放在单亲家庭的某一点上。比如，所有西班牙裔的白人孩子，在2000年，只有70%生活在双亲家庭中，而1960年，这一比例为90%。非洲裔的美国未成年人的这个数字更惊人：2000年，不到30%的孩子生活在双亲家庭里。总之，大约有一半的18岁以下的未成年人在他们童年的某一时期，曾生活在单亲家庭中。③

① 《美国家庭快照》(华盛顿，哥伦比亚特区：城市研究院，2000年)。

② D.斯坦利·埃特泽恩：“问题学生：社会文化根源”；贝思·A.扬和托马斯·M.史密斯：《教育的社会环境》(华盛顿：全国教育统计中心，1997年)；托马斯·戴维：“离婚现象思考”，《美国希望》(2000年1月1—15日)，pp. 42—44。

③ 琳达·J.罗宾和谢里·B.鲍杰斯：“不断变化的家庭：对教育的意义”，《校长》(1991年9月)，pp. 11—13；戴维·波普伊：“没有父亲的生活”(2000年)，载于“人类资源中心”的网站上，可在www. themensenter. com/mensight/popenoe查阅。

对孩子的影响

许多研究已经集中在无父亲家庭对孩子成长的特殊影响上。少数研究显示几乎没有什么可以测量出来的对儿童的影响，但是其他绝大多数研究发现有许多消极影响，包括家庭将更可能陷入贫困，孩子极有可能遭遇严重的情绪和学业问题。这种研究不具有结论性的主要原因是：对社会阶层的影响很难掌握。很大比例的“失去”父亲的家庭，其社会地位也下降了，这种地位的变化使得人们很难确认各个要素的独立效果。①

为学校推荐的意见

为了帮助教育者对单亲家庭的倾向作出回应，分析家们推荐了以下七步：②

■ 送报告单和其他交流信息给不监护孩子的父母。

■ 提出包括开设单亲家庭课程在内的申请。

■ 增加显示多样化生活方式的书籍，帮助孩子对待父母的离婚问题。

■ 和其他部门合作，改善在入学前和入学后照管孩子的条件。

■ 创建实验班，帮助老师避免他们对来自单亲家庭的孩子的不良期望。

■ 提供恰当帮助个别学生的律师服务。

■ 不时地安排一些方便单亲家庭家长的会议和活动。

---

① 塞诺德·德赛、P.林德西·切西-兰斯德尔和罗伯特·T.迈克尔：“母亲还是市场”，《人口学》(1989年11月)，pp. 545—561；史蒂芬妮·库恩茨：“美国家庭和怀旧困境”；麦琪·盖勒佛和迈克尔·布兰肯赫姆：“家庭不和”，《美国希望》(1997年7—8月)，pp. 12—15；马格雷特·塔尔博特：“爱，美国人的风格”，《新共和国》(1997年4月)，pp. 30—38；玛西娅·J.卡尔逊：“家庭结构，父亲参与以及社会行为对儿童的影响”，《JCPR工作论文175》(2000年)，可在www. jcpr. org/wp查看。

② 艾德利·M.布劳德金和梅尔巴·科尔曼：“仅靠老师是不够的”，《教师》(1995年5—6月合刊)，pp. 25—26；彼得·本森和尤金尼·罗赫尔凯伯特恩：“意义重大”(1999年)，载于“儿童在线”网站，可在www. connectforkids. org查看(搜索“彼得·本森”)。

职业母亲

在美国拥有18岁以下孩子的职业母亲的比例从1950年以来一直稳步增加。1950年，18%的有孩子的母亲从事工作。到1994年，这一数字达到69%。使这一比例提高的原因有5个：妇女得到了更好的受雇佣机会；离婚率的提高；家庭经济压力要求第二份收入；初婚年龄的提高；命令母亲呆在家里的传统观念的改变。①

放学后回到没有人监管的家里的钥匙孩子的情况尤其成问题，因为他们中的许多人花大量的时间看电视或逛街。国家统计资料显示，全国大约有700万的钥匙孩子，他们放学后只能回到空荡荡的家，或回到处于商业街以及街道角落的社区。部分地由于这个原因，许多学校官员连同市民和党派领导已经开始采取行动以增加机会，使孩子们能够参加在校时间延长后举行的活动，或者使孩子们放学后参加社区中心的再创造和学习活动。然而，在课余或者校外安排的活动中过分强调学术活动，可能会造成“匆促孩子”(hurried children)，该概念会在下一部分中阐述。②

超常孩子的培养及学校对“匆促孩子”的对策

当代社会产生的越来越重视教育的意识，刺激着许多父母过分强调早期教育。培养所谓超常孩子的愿望在中产阶级父母中尤其普遍，对这些父母来讲，童年时代的“ABC”经常集中在“焦虑、改善和竞争”等方面。为了满足这类父母的要求，许多学前和小学教育可能过于系统地集中在正规教育方面，以至于学校为了大规模地生产“小爱因斯坦”而正在伤害儿童。很多幼小的儿童觉得，在早期就成为出类拔萃的人，压力太大了，这种意识也波及到艺术、音乐和其他教育领域。一些发展心理学家把父母的这种压力描绘成“错误教育”的典型，这种错误教育产生了“匆促孩

---

① 詹妮特·C.高内克和玛西娅·K.迈耶斯：“支持职业家庭”，《美国希望》(2000年1月1—15日)，pp. 3—7。

② 佩内洛普·利奇：“孩子第一”(纽约：文肯出版社，1995年)；“21世纪社区学习中心”(2000年9月)，载于www. ed. gov。

子”,并且剥夺了小孩的童年。对这一问题所作出的反应包括：提高幼儿园的入学年龄,给没有准备进入一年级的 5 岁孩子在幼儿园保留一年额外的时间。① 对“匆促孩子”的生活方式的描述,请参照“参考资料”。

参考资料

现代家庭问题

在全世界,抚养孩子和维持家庭生计的问题非常明显。尤里·布朗芬布雷纳(Urie Bronfenbrenner)在一个题为“教育城市”的国际会议上的部分发言中,对此发表了许多看法。他对美国贫穷孩子的学前教育方案,以及美国和前苏联孩子的抚养机构作了比较分析,他也许是因为这个分析结果而著名的。

不仅穷人……对所有家庭来讲,现在发展的过程就是冒险。在当今世界,好的教育和好的行为不再受保护;过去高度脆弱的联系逐渐演化为在等级和文化领域之间抄近路。最近的研究表明：在家庭和孩子生活之间,主要的破坏因素是不断增长的不稳定性、不一致性和家庭日常生活的闹哄哄。这种正在形成的倾向,在发展中国家和发达国家都有,对孩子的抚养过程和结果正在衰落的影响也是这样相同,但是,在两类世界中,它们的起因不同。我先举我们自己国家的例子,因为在这方面,美国也许——不幸——成为世界的带头人。

在父母双方通常不得不在远离家庭的地方工作的世界里,家庭中的每个成员,在从早上到晚上的醒着的时间里,一直在“奔波”。工作和照顾孩子之间的冲突,通常包括天天变化的各种不同的工作,需要协调。协调的需要产生了这样一种情形,在这种情形下,每个孩子在一天内,通常在同一时间,不得不几次被送向不同的方向——一种促使外国同行评

---

① 戴维·埃尔金德:“匆促孩子：成长得太快了”,(纽约：艾迪生-韦斯利出版社,1981 年);戴维·埃尔金德:《失学：学龄前儿童的危机》(纽约：诺普夫出版社,1987 年);尼克·吉莱斯皮:“孩子证明了世界”,《理智》(1997 年 6 月),pp. 20—27;帕特里夏·G·托马斯:“孩子与压力”(2000 年),可在www. taconinet. com/childstress. htm 查阅。

论的事态,“在我看来,在你们国家,大部分孩子正在流动的车上被抚育。”

对破坏家庭日常生活起作用的其他因素包括:与工作的长期“交换”;要求一个或另一个家长去从事持续很长时间的工作;频繁地变换工作;举家搬迁,或把家庭其余成员留下直到学期结束时才搬家,或者为他们找到适当的住房;最后,但又远不是最起码的结果是离婚、再结婚、再离婚的人数不断增加(顺便说说,最近研究资料显示,再婚对孩子的破坏性的影响可能甚至比离婚对他们的影响还要大)。家庭吵闹发展的结果是什么?研究的结果再一次显示,这种吵闹会削弱对孩子的教育,使孩子产生行为问题,这种行为也包括对现在受到良好教育和具有良好行为习惯的孩子的长期影响。

问题

(1) 什么是“家庭吵闹”?在减弱这种“家庭吵闹”消极影响方面的策略和习惯有哪些变化?

(2) 早期几代的孩子在哪些方面比今天的孩子好?

(3) 谁和什么应该对克服难以抚养孩子这个当代问题负最主要的责任?

(4) 如果有区别的话,那么,面对家庭吵闹、家庭生活不稳定,或对学生来讲可能十分重要的家庭环境的其他问题,一个教师能够或应该作什么思考?

过分放任的“流行病”

当许多孩子为了满足父母要他们搞好早期学习的要求而受到压力时,另一些孩子则被他们的父母亲过分放任,父母给他们提供了过多的物质条件,或者保护他们不受可能会促进情绪成长的挑战(当然,一些孩子可能同时存在过多压力和过分放任)。许多观察者相信,过分放任孩子的行为在年轻的中产阶级的父母中有一个不断上升的趋势,他们试图给孩子们提供非常丰富的物质享受,因此,这种过分放任现象在他们中尤其明显。一些心理学家论证说,过分放任是一种“流行病”,它折磨着美国20%的孩子。这些“过着养尊处优生活的孩子”会被发现很难忍受挫折,这样会给他们的老师和同学提出特殊的问题。①

虐待孩子和对孩子不过问的报告不断增加

生长在无论哪种社会阶层中的儿童都可能会遭到这样的不幸:家长或其他家庭成员对其进行虐待。正如我们在“教育的法律问题”那一章中指出的那样,报道学生被虐待的事实是教育者的主要责任。我们的社会已经更多地意识到孩子被虐待的程度和后果;自1980年以来,据报道,有近90%的孩子成为虐待和疏忽的牺牲品。这样的案例半数以上属于诸如食物、衣物、医疗方面的忽视;大约七分之一属于性别歧视;大约四分之一属于拳打或其他身体暴力。许多幼儿福利机构已经因这问题的严重程度而超负荷工作。②

虐待孩子带来的问题

对虐待孩子案例的研究表明,它的受害者趋向于遭受严重的情绪、智力和社会适应能力的问题。成年后,他们在酗酒、吸毒、犯罪、学习障碍、精神失调方面的发生率相对较高。然而,这些又很难被这方面的研究所证明。因为被虐待的孩子大部分是低收入家庭的孩子。由于贫困也和发展问题及过失、犯罪行为相联系,因此,人们不易把它与被虐待所产生的影响分开。这种联系绝不简单,因为许多被虐待的孩子没法避免发生严重的情绪和行为问题。③

---

① 布鲁斯·A.鲍德温:《在富裕孩子之外》(纽约:方向力学,1988年);安德列·布鲁克斯:《快节奏家庭的孩子》(纽约:文肯企鹅公司,1989年);苏珊·克里斯托:“未实现的期望”,《大众兴趣》(1995年夏),pp. 111—115。

② 恩里克·加西娅:“熟视无睹”,《虐待和遗弃儿童》(1995年9月),pp. 1 083—1 094;戴安娜·J.英格利希:“虐待孩子情况的范围和后果”,《孩子的未来》(1998年春),pp. 39—53;萨曼沙·莱文斯:“虐待儿童的代价”《美国新闻和世界报道》(2001年4月),p. 58,可在www. childanuse. com查看。

③ 玛丽·P.勒纳、卡罗尔·S.史蒂文森和理查德·E.贝哈姆:“防止虐待遗弃儿童事件发生”,《孩子的未来》(1998年春),pp. 4—22;凯瑟琳·温弗尔德和罗德雷·阿尔伯特:“切断虐待儿童和青少年犯罪之间的联系”,《儿童之声》(2001年3月)。

学校和教师的责任

总之,教师必须清楚地认识到,被虐待和严重缺乏管教的孩子不仅自己学习困难,而且有干扰其他同学学习的行为习惯。因为这些原因,除像儿童电视创作室、全国教育协会等组织开发了资源来帮助教师处理被虐待的孩子一样外,他们还与其他机构一起努力,来缓解儿童被虐待和无人管理的状况。①

许多孩子无家可归

经济衰退期间,不动产的价值和价格提高,有心理疾病的人"不进入疯人院"以及其他因素,导致美国无家可归的人口大量增加,尤其是现在无家可归的家庭和孩子比过去更多。事实上,在比较小的都市地区,有孩子的家庭人口可能占无家可归人口的三分之一。

学校的意义

一些研究表明,无家可归的孩子竟受到虐待并患有身体疾病。正如我们所料想的那样,他们上学的出勤率相对较低,学习成绩比较差。联邦政府对无家可归的成人和孩子提供的资助相对较少,而许多地方政府又不愿意或没有能力向他们提供更多的援助。然而,许多学校正在力争提供适当的帮助。例如,一些地区和学校雇佣额外的顾问,主办放学后的活动项目,雇佣全日制的人员来安排无家可归者的住所,试图避免无家可归的孩子从一个学校向另一个学校转移。②

三十多万孩子在收养所

与单亲家庭、无家可归、虐待孩子以及贫困的女性化问题相关的附带结果,是在收养家庭和机构中的孩子的数目迅速增长。在2000年,有50多万的儿童被人领养。在收养所里的孩子的学习成绩远不及普通孩子的

---

① 莉萨·弗德-弗托:"老师反对虐待儿童",《创造性教室》(1992年1—2月合刊),pp. 55—62;"虐待儿童",在"哥伦比亚百科全书"网站上可查到,也可在www.bartleby.com上查阅。

② 尤纳·拉弗蒂:"满足无家可归孩子的教育需要",《教育领导》(1998年1月),pp. 48—52;罗斯·考利夫:"困扰学校",《反思学校》(1998—1999年冬),pp. 16—17;梅利莎·莫利森:"学校是没有家的孩子的家",《华盛顿邮报》(2001年1月9日)。

平均水平,即使在里面呆了几年后,情况仍然这样。显然,许多孩子的监护人和老师没有为他们在学校和成人职业方面的成功提供充分的准备。①

对孩子的总的影响

我们讨论的大量相关的家庭发展趋势在美国家庭的结构和功能方面已经产生了巨大的变化。调查并未最终证实其结果正在伤害孩子;在某些方面,类似女性工作的趋势给孩子带来了利益。但是,大量研究表明,女性上班和单亲家庭、离异家庭的生活给很多孩子带来了不利的影响。显然,无家可归和贫穷增加的趋势是越来越有害了。

核心家庭的减少和学校困难的扩大

根据许多分析家的观点,在历史上我们的大学教育体系得到了核心家庭(父母双亲和他们的子女生活在一起)的支持,在近两百年期间,这样的家庭在西方社会增长比较突出。核心家庭被描写为高度以孩子为中心的家庭,为孩子准备在学校和今后的生活中取得成功,投入了大量的资源。自从第二次世界大战以后,随着核心家庭的衰落,教师面临的任务显得更加艰巨。②

后核心家庭

戴维·波普伊(David Popenoe)对像瑞典、美国这样的高度工业化的国家进行了家庭发展趋势的考察,得出的结论是:正在产生的后核心家庭是家庭发展的一种趋势。相对于在核心家庭中强调以孩子为中心的家庭主义,在后核心家庭中,人们强调"个人主义"(个人自我实现、自我娱乐、自我表现和自主行为)。波普伊进一步指出:"成年人再也不需要

---

① 玛丽-罗·威尔斯曼:"当家长并没有为孩子最佳利益考虑的时候",《大西洋月报》(1994年7月),pp. 42—63;梅杰芮·考恩曼:"在往返中迷路",《基督教科学箴言报》(2001年4月24日);苏珊·凯尔曼:"你能为所收养的孩子所做的",载于"儿童连接"网站上。

② 爱德华·休特:"现代家庭的成功之道"(纽约,基础图书公司,1975年);也请参见劳伦斯·斯通:"离婚之路:英格兰(1537—1987)"(纽约:牛津大学出版社1991年);戴安娜·斯克伯:"婚姻羡慕",《大众兴趣》(1996年冬),pp. 99—102;马杰·谢勒:"关于我们不断变化的家庭价值观",《教育领导》(1996年4月),pp. 61—64;戴维·波普伊:"没有附带条件的性,没有戒指的关系"(2000年),可在 http://marriage. rutgers. edu/pubsexwostrings. htm 查看。

孩子，至少在经济意义上。问题是孩子们……仍然需要成年人……有目的地向他们提供……足够的时间、耐心和爱。”许多社会科学家也对孩子和父母之间的“总的接触时间”表示担忧。一些研究指出，在过去的几十年中，父母和孩子的接触时间减少了40%。①

超负荷的机构

在家庭变化和这些变化产生问题的背景下，建立起来旨在帮助未成年人的社会机构有时太超负荷，以致不能提供有效的服务。威廉·金斯梅斯特(William Zinsmeister)描述了有“多少保护孩子的机构至多做了一些预防谋杀的事情，有时候，他们连这事也做不到”。例如，当人们询问一个马里兰州的社会工作者，为什么一个6岁的孩子不能离开一个由母亲管理的已经破碎的家庭时，他回答说：“桌上有20件相同的案子，他没有时间去完成从他们父母那里把孩子领出来的费时的过程，除非有紧急情况。”②

许多孩子处在危险中

用全国儿童工作委员会的话说，虽然大部分美国孩子保持着“健康、幸福、安全”的状态，但是，许多孩子现在正处于“危险中”。即使那些远离极度不幸命运的孩子，也可能面临困境。“他们也进入骚乱的学校，到经常发生危险的街上去，成人在其生活中也经常同样地匆忙和迷惑……这些影响联合在一起，便使大量的孩子进入成年期后，没有技能，也没有为社会做出贡献的愿望。”③

---

① 戴维·波普伊：“受干扰的住所”，pp. 329—330；“爸爸在哪里”，pp. 68—71、104—106；也可看戴维·布兰肯霍恩：《缺少父亲的美国》(纽约：基础图书公司，1995年)；利奥·加斯：“求爱的结束”，《大众兴趣》(2001年春)。

② 威廉·金斯梅斯特：“成长的恐慌”，《大西洋月报》(1990年6月)，p. 67；G.托马斯·金斯雷、约瑟夫·B.麦克雷和詹姆斯·O.吉布森：《集体建构时代的来临》(华盛顿，哥伦比亚特区：城市研究院，1998年)。

③ 全国儿童工作委员会：《丢弃浮华：为孩子和家庭的美国新议事日程》(华盛顿，哥伦比亚特区：美国政府出版署，1991年)，pp. 17—18；也可参见戴维·约翰逊等：“1998年的美国孩子”(美国行政管理预算局孩子和家庭统计资料，1998年)；也可在www.childstates.gov上查看；劳拉·D.林伯格、斯科特·伯格斯、劳拉·波特、斯恩·威廉斯：“冒险中的青少年”(2000年)，载于“城市机构”网站。

焦点问题回顾：作为一名教师，为了有效地处理好这些不同于对待传统核心家庭中儿童的工作，你会采取怎样的步骤？

二、同伴群体

同伴群体的影响

有鉴于家庭关系构成了孩子群体生活的最初经历，同伴群体相互作用，马上开始使它们的强大的社会化影响发挥作用。从玩耍伙伴到青少年团体，同伴群体给小孩提供了许多有意义的学习经验——如何与他人相互作用？如何被其他人接纳？如何在朋友圈中取得地位？同伴之间是平等的，而父母和孩子之间、教师和学生之间就不是这样。父母亲或教师有时会强迫孩子遵守孩子们既不理解也不喜欢的规则，但是同伴们没有这种正规的权力。这样，在同伴基础上，孩子们比较容易学到交换、合作和平等的真正含义。

同伴群体的重要性随孩子的成长而增强，在青春期时达到最大，那时，它们有时决定了一个年轻人校内外的大部分行为。有些研究者相信，同伴群体现在比早期更重要——部分原因是有些年轻人与父母之间的紧密接触很少，而且与社会强有力的联系也较少。①

学生尊重的品质

教育者特别关心在校学生文化的特征。同伴文化常与学校的学术目的发生冲突。例如，由詹姆斯·考勒曼(James Coleman)于 1961 年做出的里程碑式的研究发现：中学生获得同伴群体的尊敬是由于友善、合群和杰出的运动才能、有吸引力的外表和个性的综合，或具有的有价值技能与物品(汽车、衣服、录音机)的综合。换句话说，学习上的成功并不

① 詹尼斯·B.库珀斯密德等："儿童攻击和在家庭、邻里环境中的同伴关系"，《儿童发展》(1995 年 4 月)，pp. 361—375；劳伦斯·斯坦伯格：《青少年》第四版(纽约：麦格劳-希尔公司，1996 年)；佩奇·帕腾："父母和同伴如何影响孩子的学习成就"，《NPIN 父母新闻》(2000 年 9—10 月合刊)；沙伦·R.鲍威尔："同伴积极影响的力量"，载于"普林斯顿领导能力训练中心"网站。

是受赞赏的特征，实际上，同伴文化妨碍而不是加强了学校的学术目标。①

朋友、外表和体格的重要性

20 多年以后，约翰·I. 古德拉德(John I. Goodlad)和他的同事们询问了 1.7 万多名学生："本学校中什么是最好的?"，如表 10.1 所示。"我的朋友"是迄今最经常做出的回答。被询问者还要断定他们感觉最受欢迎的人的类型。结果只有 10%的初、高中生选择"聪明学生"；相反，70%的学生选择"漂亮的学生"或"运动员"。考虑到这些数据，古德拉德认为，"相貌、伙伴关系、游戏和运动"并没有得到学校的公正考虑，但这些现象却似乎在学校很普遍。他进一步质询："为什么我们在学校对这些问题的考虑如此少呢?"②

表 10.1　中学生对"在学校中什么是最好的?"的回答

	我的朋友	运动	好学生的态度	没什么	所学课程	教师	其他
初中生的回答	37%	15%	10%	8%	7%	5%	18%
高中生的回答	34%	12%	12%	8%	7%	3%	24%

【资料来源】约翰·I. 古德拉德：《一个称做学校的地方》(纽约：麦格罗-希尔公司，1984 年)，pp. 76—77。

给老师的建议

为培养同伴关系，使之支持学习而非妨碍学习，一些教育者主张开

① 詹姆斯·S. 考勒曼：《青少年社会》(纽约：自由出版社，1961 年)；詹姆斯·S. 考勒曼："对学校和青少年的反思"，见德瑞克·L. 布勒森编：《思考》，p. 64；也可参见约翰·W. 马格等："研究受欢迎的、被遗弃的和普通的孩子的社会和行为的领测器"，《社会教育和心理测量》(1995 年 4 月)，pp. 196—205；斯坦福·T. 哥特："怪人、平常人和孩子们"，《人类学和教育季刊》(1997 年 3 月)，pp. 70—84。

② 约翰·I. 古德拉德：《一个称做学校的地方》(纽约：麦格罗-希尔公司，1984 年)，p. 75；也可参见罗伯特·弗森："从小学到中学"，《中学杂志》(1997 年 1 月)，pp. 10—15；科克·A. 约翰逊："同伴对公立小学学生学业成绩的影响"(资料数据分析中心，第 00—06 项，2000 年 5 月 26 日)，可在 www.heritage.org/library/cda 查看。

展一些鼓励学生学会合作的活动,并且,教师应当激励孩子与同伴交往,教会他们人际间、小组间的交往技巧,建立孩子对同伴利益的责任感,鼓励年长的孩子与年幼的孩子交往。这些步骤也许能减缓同伴中间反社会行为的压力。①

建议学生参加课外活动。民意调查显示:学生认为他们在课外活动中与伙伴的合作与相互影响是学校经历中的重头戏。许多教育者相信这种参与是学生生活中的积极力量,其影响是难以估量的。困难在于确定参与课外活动是学生其他方面发展的原因还是结果。例如,我们知道,参加课外活动的学生一般比不参加课外活动的学生有较好的成绩,因而同样真实的是,成绩较好的学生比成绩较差的学生更积极参加课外活动。

对教育期望的积极影响

尽管存在这些差异,但研究表明,参加活动——尤其是运动、服务、领导活动和音乐活动——能培养学生渴望更高的教育和职业成就(如以后完成更多年限的学校教育)。研究还表明:正面影响更加可能发生在小学校而非大学校。②

对教师的重要性

这些结论对教育者具有重大意义。参与学术课程之外的活动也许比大多数其他与教育成果相关的因素更容易进行(由学校选择)。例如,家庭环境会引发问题,但教育者难以改变学生的家庭环境。然而,教师和管理者可以鼓励学生参加课外活动,这也许是改善学生表现的最有效

① 戴维·W.约翰逊、罗格·T.约翰逊和伊第斯·J.豪卢贝克:《学习的新方法》(弗吉尼亚州亚历山大:课程发展和监督协会,1994年);埃利奥特·阿若森:《无人仇恨》(纽约:沃思出版社,2000年)。

② 卢瑟·B.奥特:"课外活动",参阅H.沃伯格:《提高教育标准和效率》(加利福尼亚州伯克利:麦卡城出版社,1982年),pp. 217—227;爱丽丝·霍兰德和托马斯-安德烈:"参与到初中课外活动中去",《教育研究评论》(1987年冬),pp. 437—466;艾莱克斯·波因塞特:《运动在儿童发展中的作用》(纽约:卡内基公司,1996年);杰森·弗尔兹等:《一个孩子的一天:家、学校、游戏》(华盛顿,哥伦比亚特区:美国人口普查局,2001年)。

的途径。

欺凌行为产生的原因和防止的方法

近年来,研究者开始注重由欺凌行为引发的问题——欺凌行为是指反社会的年轻人在校内外粗暴地对待同龄人。通常引证的导致孩子成为施暴者的因素包括:在家庭被忽视和虐待、电视的影响,以及因缺乏社会技能而导致了攻击行为与不受同龄人欢迎之间的恶性循环。教育者不仅关注这些欺凌者对他人造成的伤害,还关注他们呈现出的成人化犯罪的行为倾向。纠正欺凌行为的一些方法包括:让学生做出行为保证、开设和平解决冲突问题的教学、设计班级活动以减少嘲弄行为,以及请父母参与行为监督。①

焦点问题回顾:作为一名教师,你将采取哪些方法使你的学生之间的同伴关系向积极的方向发展?

三、校园文化

学校文化的各方面

与从家庭或同伴群中获得经验相比,学校教育是以相当正规的方式进行的。群体成员构成并非出于自愿,而是按照年龄、能力倾向和性别进行划分。学生要接受测试和评价;他们被告知何时坐,何时站,怎样在门厅中行走等等。学校集会的仪式、运动会、毕业典礼和校徽、校歌、欢呼,都向学生传递着学校文化,并使学生社会化。较少仪式化的活动和较少的教师行为同样能够使学生适应学校的文化生活。②

学生角色。吉塔·科达-万沃达斯(Gita Kedar-Voivodas)调查了

① 彼得·史密斯和索尼亚·夏普:《学校欺凌行为》(纽约:路特里奇出版社,1995年);罗恩·班克斯:“学校中的欺凌行为”,《ERIC评论》(2000年春),pp. 12—13。

② 拉尔夫·帕里什和法兰克·阿奎拉:“学校中工作和信任的文化方式”,《教育领导》(1996年12月),pp. 298—305;巴巴拉·B.泰尔:《铁一样的真理》(纽约:师范学院出版社,2000年)。

在小学课堂教学中教师期望的学生角色，即期望的学生行为和特点。她确认了三种期望的学生角色：学生角色、作为接受者的学习角色和主动学习角色。

学生的三种主要角色

学生角色是这样的，教师希望学生成为“耐心、温顺、被动、守纪律、顺从、听话、遵章守纪、尊敬师长、易管教和有社会经验的人”。作为接受者的学习角色要求学生成为“受到激励的、有责任感的、有成就感的人，因此能接受教育机构对于学业课程的要求”。吉塔·科达-万沃达斯论述的主动学习角色中，学生在掌握内容和学习过程中，都超额完成了学术课程。主动学习者的特质包括有“好奇心，敢于主动探索和探险、挑战权威，有一个独立而充满疑惑的头脑，坚持探究”。她注意到，包括约翰·杜威和玛丽亚·蒙台梭利在内的许多教育哲学家，都强调主动学习的价值。①

拒绝主动学习者

然而，吉塔·科达-万沃达斯也发现，主动学习角色的学生有时会被教师拒绝，即许多教师消极地对待那些主动、独立、果断的孩子。吉塔·科达-万沃达斯说，在学校的学术课程和隐性课程之间存在巨大的差异；前者需要成功地掌握认知材料，后者要求顺从机构的行为。②

隐性课程的作用

隐性课程——许多当代学校评论家使用的一个术语——是指除了学术内容，学生们从他们所做的或学校希望他们做的行为中学到了什么。除了教导学生在课堂上被动顺从外，隐性课程还可以把经济上不利的学生培养成——以后生活中温顺的工作者。它能通过课本中的（或从

---

① 吉塔·科达-万沃达斯：“小学生学校角色和性别角色对教师态度的影响：互动分析”，《教育研究评论》（1983年秋），p. 417。

② 同上 p. 418。可参见迈克尔·阿普尔：《教育和权力》第2版（纽约：路特里奇出版社，1995年）；克里斯·理查德：“大众文化、政治和课程”，《教育研究》（1998年6—7月合刊），pp. 32—34。

课本中省略的）材料传递种族、性别方面消极的陈规陋习。由于过分强调成绩的竞争，隐性课程也许同样教会了学生这样的观点：“打破这种体制”比任何其他事情都重要。[①]

程式化的课堂活动

菲利普·杰克逊(Philip Jackson)在小学教育过程的研究中，发现有各式各样的专门主题，但不同类型的课堂活动很少。课堂作业、小组讨论、教师讲解和提问回答这几个术语就可描述课堂上发生的大部分事情。而且这些活动是有严格规则限制的，如“做课堂作业时不要高声讲话”、“有问题先举手”。教师是交通警察、法官、巡警和计时员的综合体。在这种文化体制下，课堂上的活动不是学生希望发生的，而是按部就班地让学生进行的。[②]

对遵守秩序、顺从的强调

菲利普·杰克逊得出结论认为：描述大多数小学课堂特征的“秩序守则”在于避免干扰。这样，学校和课堂文化中流行的社会化模式最强调的就是吉塔·科达-万沃达斯所谓的遵从的“学生”角色。其他研究得出了基本相同的结论。例如，约翰·I.古德拉德和他的同事们所进行的“学校研究”，描述了下列广为流传的模式。[③]

受控制的热情

(1) 班级通常被组织成教师作为整体对待的一个群体。这种模式似乎产生于由20—30人在一个小小空间维持“有序关系”的需要。

---

① 威廉·比吉罗：“教室内：社会洞察力和批判性教育学”，《师范学院记录》(1990年春)，pp. 437—448；麦琪·罗森：“隐性课程”，《校长》(1995年9月)，p. 60；罗德里·P.里格尔：“你在学校里所学的一切”，载于www. coe. ilstu. edu/reriegle. www. docs。

② 菲利普·杰克逊：“教室里的生活”(纽约：豪尔特出版社，1968年)，pp. 8—9、p. 13，也可参见菲利普·杰克逊：《教学实践》(纽约：师范学院出版社，1986年)；弗里茨·K.奥瑟：“对课堂教学交流的道德复杂性的人种学研究”，《教育研究者》(1995年4月)，pp. 33—34。

③ 约翰·I.古德拉德：《一个称做学校的地方》，pp. 123—124，p. 236、246；也可参见唐纳德·J.韦勒和威廉·I.鲍尔德：《威廉·沃尔特对教学和学校的思考》(加利福尼亚州伯克利：麦卡城出版社，1989年)；托马斯·阿姆斯特朗：《唤醒教室里的天才》(弗吉尼亚州亚历山大：课程发展监督协会，1998年)。

(2)“热情、欢乐和愤怒都受到控制”结果,一般的情绪色彩是“平和的”和“中立的”。

(3)学生的工作涉及“听教师讲、书面回答问题、参加考试和测验”。课本和作业本,通常构成“教学的媒介”。

(4)随着年级的升高,这些模式变得越来越僵化,并居支配地位。

(5)教学很少超越“仅仅掌握信息”。几乎不作出任何努力来唤起学生的好奇心或强调理性思考。

总之,正如约翰·I.古德拉德所说:“学生很少计划事情,很少读写一些长东西,或创造自己的作品。他们几乎不思索含义。”①

为何有这么多的被动学习?

正如我们在本书其他地方所讨论的,这种体制强调死记硬背式的被动学习,与“教育应完成什么任务”的绝大多数当代观点相违背。自约翰·I.古德拉德和他的同事收集了数据以来,被动的、死记硬背的学习状况改变了许多,但是许多课堂教学仍然是这种学习方式的典范。那么,为什么他们还常用这样的方式教育呢?这是个非常重要的问题,许多分析者都对此有阐述。他们提供的一些理由也请参见“参考资料”:

参考资料

权威和挑战

威拉德·沃勒

威拉德·沃勒(Willard Waller, 1899—1946)主要是由于他的“考察课堂教学中的自由和秩序的平衡”这一系列论文而被人们记住的。最早在1932年发表的,他的《教育的社会学》是一部有影响的著作,它有助于创建一个新的研究领域——教育社会学。沃勒相信,强调在学习过程中

① 约翰·I.古德拉德:“对学校教育的调查:一些发现和假设”,p. 468;也可参见比尔·彼格罗等:“我们的课堂教学的再思考”(密瓦奇:反思学校出版社,1994年);罗纳德·E.康福、杰奎琳·奇奥奇:“用不同的声音”,《中学杂志》(1997年2—3月合刊),pp. 178—183。

积极参与和有创造性是合乎需要的，但是，他对这一想法的实施前景持悲观态度。他认为，课堂教学和校园文化鼓励教师对学生控制，这样，学生反过来就疏远了教师。

师生关系是组织化的控制和服从关系，教师和学生在学校里带着原来就有的冲突情绪相互接触。这种冲突情绪不管在数量上减少了多少，或隐藏了多少，但它仍然存在。教师代表成年群体，是孩子群体自然生活的敌人。教师代表正式课程，他的兴趣在于用完成任务的方式把那些课程强加给孩子；学生的兴趣更多地在于他们自己的世界里，而不在于那些教师提供的枯燥的成人生活里。教师代表着学校里制定的社会秩序，他的兴趣在于保持这种秩序，而学生对这种封建的上层建筑不感兴趣。教师和学生怀着各自的态度相互面对，这种基本的对立的态度不可能完全被取消。学生是教师设想可以产生结果的原料；学生们以他们自然的风格努力实现自己，以他们自己的方式争取产生自己的结果。敌对双方相互对立，只要任何一方目标实现，它就要牺牲另一方的目标。

权力在教师这边，教师几乎总是赢的。事实上，他必须赢，要不然，他就不能当教师了。成人通过这种机构实施决定，孩子们毕竟通常是温顺的，当然他们也无法反对它；冲突的结果是预先决定的。因此，教师和学生之间的冲突转移到次要层次。一切形式的冲突和权力都已建立起来，争论的主要问题是这些形式的含义。教师规定的规则不管是什么，孩子们的倾向都是使它变得毫无意义。学生通过机械化地遵从，“用笑来摆脱”教师，或者恨不得把他不当人一样存在，通过躲在教师一般无法控制的自创的活动中等做法，设法“摆脱教师的控制”。然而，教师正在努力把自己对日常规则的理解强加给学生，使标准成为真正的标准，并强迫学生服从这些标准。这是一场非同寻常的战斗。教师传达标准的力量是无限的，但他实施标准的力量就是他有力量控制学生对待标准的态度。

问题

(1) 今天的学生和60年前的学生相比，对“在自己的世界中生活”和教师提供的“枯燥的成人生活”两者之间，是不是更喜欢前者？

（2）“学生通常是温顺的，而且不反对被成人用来执行其决定的学校机构”。这仍然是真实的情况吗？有没有发生什么事情，使人们对所观察到的这种现象提出更改的建议？

（3）你是否参加过“摆脱教师控制”的活动？如果你的学生倡导类似的活动，你将怎样做？

【资料来源】威拉德·沃勒：《教育的社会学》（纽约：拉塞尔，1961 年），pp. 195—196。经作者允许，重印。

机构的现实性

如杰克逊所指出的，大量的日常规则是为控制二三十个学生与教师之间的相互作用而制定的。研究者们用诸如机构的现实性和组织的动力学等术语，来描述把秩序的需要转化成强调被动学习的一些力量。①

学生畏缩

许多学生抵抗主动学习的程度不应被低估。如沃尔特·多伊尔所写，学生们可能会“把交给老师的学习成果的数量加以限制，以便最低限度地暴露自己的错误”。由于畏缩，学生也能得到其他学生和教师的帮助。正如一个年长的学生所说：“是的，我几乎什么也不做。你要做的一切就是装聋作哑，Y 先生会告诉你正确答案。你只要等待，他会告诉你的。”②

为低水平做交易

在学校的秩序需要和学生偏爱被动学习相综合的背景下，教师和学生可能通过适应和协商在最低标准上达成妥协。例如，马丁·哈伯曼曾观察到大量存在于都市课堂教学中的他称之为“交易”的现象：只要教师

---

① 约翰·I.古德拉德：“学校教育研究”，pp. 469—470；巴巴拉·B.泰尔：“学校教育的深层结构”；麦克斯·奥格斯：《学校改革的规则》（伦敦：法尔莫出版社，1998 年）。

② 沃尔特·多伊尔：“学术工作”，《教育研究评论》（1983 年夏），pp. 184—185；参见戴维·提亚克和威廉·托宾：“学校教育的语法”，《美国教育研究杂志》（1994 年秋）；拉里·库班：《我怎么能修理它》（纽约：师范学院出版社，2001 年）。

不理会学生在课堂作业上的马虎，他们就不会产生分化。这种普遍存在的“雕虫小技”在许多重大的研究中都被证明。米歇尔·W.西德莱克(Michael W. Sedlak)及其同事把这样的安排称为“逃避严格学术要求的一种复杂的、心照不宣的合谋”。①

什么样的学生受到注意

许多教师感到不得不花费大部分时间和精力在一小部分学生身上。在某些情况下，他们是最差的学生——教师认为他们最需要帮助。然而，在大多数场合，教师的注意力主要倾注在最优秀的学生身上，在他们身上，额外的关注往往会有丰厚的收获。如果存在许多后进生，关注他们每个人已经不可能时，这种(关注优秀生)做法就特别流行。

海伦·古德纳(Helen Gouldner)和她的同事发现了这种做法的动力源。在一个有许多来自低收入家庭的学生的城镇黑人小学里，低收入环境没有使他们在班级表现好。少数(通常来自相对较高收入家庭的)表现好的孩子成为“宠儿”——他们的教师在任何方面都帮助他们。大部分学生(“小人物”)受到教师相对较少的关注，一般既不表现太差也不特别成功。剩余的一小撮“捣蛋鬼”则不能够，也不情愿遵守班级日常规范。这些模式与学校的“分类与挑选”功能非常一致，因为教师中的绝大多数是美国黑人，可以发现，他们在艰苦的学习环境中至少促成了某些黑人学生获得成功。②

社会要求顺从

年轻人必须学会在校外的其他社会机构中发挥作用这一现实，是学校强调学生被动学习的基础。既然当代社会中大多数人要和经济、政治

---

① 米歇尔·W.西德莱克等：《揭学生的短》(纽约：师范学院出版社，1986年)，p. 13；马丁·哈伯曼：“城市学校中不学习的意识形态”。

② 海伦·古德纳：《老师的宠儿、捣蛋鬼和小人物》(康涅狄格州韦斯特波特：韦斯特伍德出版社，1978年)，pp. 133—134。这个自我实现的预言和古德纳及其同事所研究的学校里运作的方式已在瑞·C.里斯特：《城市学校：一个失败的工厂》(马萨诸塞州剑桥：麻省理工学院出版社，1973年)中详细描述；参见艾尔弗雷德·I.约瑟夫和C.安·布罗萨德：“追求”，《教育中的社会工作》(1998年4月)，pp. 110—120。

和社会组织打交道，孩子们就必须被社会化，以遵守各种规则、准则。菲利普·杰克逊对这种学校社会化的一部分任务作了如下总结："它期望孩子适应教师的权威，成为'好工人'和'模范学生'。对早期养成'好的工作习惯'的人来讲，从教室到工厂或办公室的转变非常容易。"学校教育的这一目标是前面所提到的隐性课程的一部分。①

教师的负担

当教师肩负着许多班级的教学任务、一大堆课外职责和任务，肩负着收集题材广泛的材料并掌握各种技巧等等使命时，要求教师提供积极的、有意义的学习经验是困难的。② 如我们在本书其他地方所证明的，教师的沉重负担被日益认识到，许多教育改革者正致力于削减教师的超负荷工作。

还有许多理由都可用来解释为什么当代的学习理论很少影响课堂上的教学模式，其中绝大多数涉及学校的一些限制，这些限制都在不同程度上赞同被动的和死记硬背的学习。③ 克服这些限制，需要学校的组织和教育学有重大创新，我们在"美国学校的效率与改革"那一章可以看到。

工人阶级学校中的被动学习

在做总结以前，我们必须提请注意，研究表明，被动的、死记硬背式的学习，在由低成就的工人阶级家庭学生组成的学校，比在由高成就的中产阶级家庭学生组成的学校里更受重视。为研究这一课题，吉恩·安蓉 (Jean Anyon)调查了 5 所社会阶层差别很大的小学。在两个主要由工人阶级家庭学生组成的小学中，她发现教学十分重视机械性技巧，如

---

① 菲利普·杰克逊：《教室生活》，p. 32；参见安·A.弗格森：《坏男孩》(安阿伯：密歇根大学出版社，2000 年)。

② 琳达·M.麦克雷尔：《控制的矛盾》(纽约：路特里奇出版社)；斯图亚特·B.帕龙斯基：《一年 900 场演出》(纽约：兰顿书屋，1986 年)；琳达·M.麦克雷尔：《学校改革的矛盾》(纽约：路特里奇出版社，2000 年)。

③ 其他经常提到的原因包括老师以前所学的教学方法的倾向、引进新方法的成本、职前和在职培训的不足。参见利奥·莱德曼："黑板上的拙劣之作"，《科学》(1995 年 1—2 月合刊)，pp. 16—20；马克·S.塔克和查尔斯·S.克拉克："新的责任"，《美国学校委员会杂志》(1999 年 1 月)；伊丽莎白·达弗林："赢得学生的心"，《促媒》(2001 年 3 月)，可在 www.catalyst-chicago.org查看。

标点符号的用法、大小写等。相反,在中产阶级或富裕的职业阶层家庭的学生占多数的学校,教学则非常重视工作的独立性、发展分析和概念、技能。其他的研究者也得出了类似的结论。①

积极的方面

在这一节里我们注重的主要是学校文化的不利方面,但我们也要强调,美国中小学也有许多积极有益的方面。许多学校提供了有序的学习环境,大多数学生学会了社会所需要的阅读和计算技能。教师、学生和家长的相互关系总的来说是健康有益的。绝大多数学生获得了中学文凭,许多人接受了某种形式的中学后教育。美国教育体制的成功方面在“美国教育发展史”、“社会阶层、种族与学业成绩”、“国际教育”、“美国学校的效率与改革”那四章及本书的其他部分进行叙述。

焦点问题回顾:你们中学老师在多大程度上强调积极学习?对更高的秩序性目标的学习是否存在明显障碍?

四、电视与数字化媒介

看电视时间多于上学时间

某些社会科学家称电视为“第一课程”,因为它能影响儿童发展学习技能,引导他们获得和理解知识的方式。由于看电视不需要观众的任何努力和技巧,因而在学校里教育者在维持学生学习兴趣和动机方面受到了严峻的挑战。八年级的学生平均看电视和玩游戏的时间比做家庭作业和课外阅读的时间多3倍。相当一部分孩子和年轻人相信,他们同龄人的价值观受媒体内容的重大影响。② 要了解更多关于电视影响的内

① 杰恩·安勇:“社会阶级和工作的隐性课程”,《教育杂志》(1980年冬),pp. 67—92,由杰拉德·汉道尔主编再版:《儿童社会化》;杰恩·安勇:《犹太学校教育》(纽约:师范学院出版社,1997年)。

② 简·M.希利:“芝麻街上的混乱”,《美国教育者》(1990年冬),pp. 22—27,p. 39;朱迪斯·塔马斯:“你知道孩子们在看什么”,《儿童教育》(1998年夏),p. 224。

容,参见“讨论话题：电视的影响”栏目。

电视与学业成绩

尽管研究显示了看电视和学业成绩之间的关系,但这种关系的本质特征还不完全清楚。一些研究显示,看电视会减少学生的阅读时间,但这一结论没有得到很好的证明,国际研究显示,在某些看电视的学生数量排名较前的国度,学生的学业成绩也较好。很难区分究竟是电视“导致”不愿阅读,还是表现差的学生为逃避阅读而看电视。然而,很多教育者断定,看电视对大多数学生会造成学业上的不利影响,调查显示,特别是上百万孩子看电视看到深夜,第二天上学连走路都要打哈欠。①

大众媒体的总体影响

除了可能对学生的学业成绩产生不利影响,电视和其他媒体,如电影、电子游戏和音乐制品等,也深刻地影响着儿童和年轻人的文化适应性和社会化程度。大众媒体既激励着,又反映了我们社会中时尚的态度、行为的基本变革,从娱乐、职业选择到性关系、消费和药物使用。不幸的是,没有确切的数据来衡量媒体在多大程度上影响着儿童和年轻人,或总体的影响究竟是正面的还是负面的(当然,取决于某人对正面或负面的评价)。例如,有线电视昼夜24小时的摇滚乐,既被看做吸引年轻人远离大街的手段,也被看做西方文明终结的开始。尽管大多数观察者承认大众媒体的巨大影响,但衡量其效果的数据却十分有限。②

纠正攻击行为

许多成人特别担心电视和其他媒体可能会鼓励攻击或暴力行为。

---

① 《6年级学生成绩及收看电视习惯调查》(萨克拉门托：加利福尼亚州教育厅,1982年);巴巴拉·F.麦提斯和琳达·斯特曼:“为什么厄尼不识字：芝麻街和文学”,《阅读指导》(1995年12月—1996年1月合刊),pp. 300—307;安吉丽娜·T.克拉克和班斯·科茨-科斯特斯:“看电视,家庭环境的教育质量和学校准备”,《教育研究杂志》(1997年5—6月合刊),pp. 279—286;罗·卡夫曼:“电视和电子娱乐对学生读、写成绩的影响”,载于“消灭电视”网站,可在www. netreach. net/～kaufman/reading-wrinting. html查看。

② 罗伯特·休斯:“究竟为什么看它”,《纽约书报评论》(1995年2月16日),pp. 37—42;戴维·沃什:“讲故事的人塑造文化”,在美国参议院委员会关于商业、科学和交通所作的发言(2000年3月21日),可在www. mediafamily. org/press查阅。

讨论话题：电视的影响

讨论主题	赞成的观点	反对的观点
电视的影响：几乎每个家庭都有电视，它的影响是如此普遍，以至于它被称为另一个“家长”。由于大部分孩子花在电视上的时间比上学的时间长，所以关于电视对孩子学习和行为影响的争论不断。	1. 电视丰富了学生的知识背景，这样他们能更容易地理解许多教学的内容，利用学生在电视上已经学到的知识，教师能加快介绍课程内容的进度。 2. 除了给学生提供有用的信息，电视还激发了学生更广阔的学习兴趣。利用由电视唤起的兴趣，教师能使学生更深入地专注于课程的许多方面。 3. 电视通过使孩子在早期愉快地学习的方式帮助教师，像“芝麻街”这样的节目向孩子表明，学习很好玩，从而增强了孩子早期成就的获得。 4. 电视给孩子提供了一种敌视和愤怒感的精神发泄。通过看电视剧，孩子会耗尽潜在的冲动，要不然，这种冲动就可能针对同学、父母或教师。 5. 电视能提供好的社会化的经验。研究显示，像“芝麻街”这样的节目，能增加孩子中的合作行为。进一步说，小孩节目能向观看者提供一个在成人世界中受欢迎的形象。	1. 学生从电视上获得的资料大多是浅薄的事实集合体，不是有用的背景知识。甚至，电视使学生错误地认为展现出来的这些零碎的事实是名副其实的知识。 2. 虽然电视能引起学生对某一主题的兴趣，但是，它使学生习惯于通过消极的印象来学习，而不是通过有思想的分析来学习。这样，它产生了教师必须试图抵制的思想习惯。 3. 学习“好玩”的早期认识，经常会引起学生对学校的错误期望。教师不可能像大鸟一样带领他们娱乐。对付这样的电视剧的引导，使得教师的工作更困难。 4. 对模仿的研究表明，许多孩子面对与他们在电视上看到的事相仿的事情，他们通常习惯于采取与电视人物相同的对付方法。换句话说，暴力电视节目，经常使孩子产生暴力行为。 5. 对每一个“芝麻街”，有几十个电视节目倾向于使孩子远离学校和社会提倡的价值观。例如，一些节目支持对社会组织采取消极的同伴态度；一些节目对是非问题展现简化的和歪曲的观点，许多节目鼓励危险的幻想。

现在，到小学毕业这段时间内，一个孩子平均观看了数以千计的表现蓄意谋杀的影视片和数以万计的其他暴力片。暴力片的影响部分地取决于各种情境要素：如孩子的挫折或愤怒程度、潜在的后果，如疼痛或惩罚以及表演暴力行为的机会。然而，根据行为科学家委员会的看法，“电视暴力和其他任何被测量过的行为变量一样，与攻击行为紧密相关。”美国儿科学会和美国心理学会也得出结论：电视及其他媒体对暴力的不断展示刺激了暴力行为。①

电视的积极使用

然而，同样正确的是电视能成为积极社会化的有力工具。例如，研究显示，“芝麻街”这个节目对中产阶级和工人阶级家庭的年轻人在学习上有帮助，孩子们看过强调这些行为的节目后变得更加合作和容易接受教育。研究也显示，像“平方1电视”那样的节目能帮助小学生提高数学水平。②

改革的努力

认识到电视对儿童和年轻人的正反两方面的作用后，许多人采取了措施。家长与教师协会已经进行了电视改革——尤其是在黄金时间削减性、商业、暴力节目——这是它的全国性主要目标之一，诸如全国民众广播委员会这样的组织已经在游说改革。

然而，改革进展缓慢。一个典型的“儿童电视节目”(kidvid)下午可能仍然是进行超人卡通数字(拥有量)比赛，且许多节目不断教唆孩子到附近的玩具店跑一趟。1996年，联邦政府发布规定：电视台每周至少要

---

① 美国健康和人类福利部：《电视和人的行为：科技进步的十年及其对20世纪80年代的含义》总结报告第1卷(华盛顿，哥伦比亚特区：政府印刷厂，1982年)，p. 6，pp. 38—39；艾德·道勒斯坦等：《国家电视暴力研究》(加利福尼亚州圣巴巴拉：加利福尼亚大学出版社，1998年)；托马斯·N.罗宾逊等：“减少看电视和电子游戏对儿童攻击行为的影响”，《青少年和小儿科医学档案》(2001年1月)，pp. 17—23。

② 戴维·A.英格兰：《电视和孩子》；丹尼尔·R.安德森：“教育电视不是矛盾修饰法”，《美国政治和社会科学学术年刊》(1998年5月)，pp. 24—38；戈罗利娅·古德拉德：“电视和阅读？是的！”，《基督教科学箴言报》(2000年9月1日)。

为孩子们播出3小时的"教育与信息"节目,但这样的节目往往观众甚少,突出性和暴力的节目却几乎仍然不减。[①]

与电视的差异

某些分析家开始调查后得知,在充斥着诸如互动电视、越来越无所不在的因特网等的数字化通讯和信息资料时期,这种变化可能发生在儿童时期,也可能发生在成长于这种环境中的青年人身上。最早描述这方面发展的书是唐·泰泊思科特(Don Tapscott)的《数字化成长》。他把在数字化时代成长的年轻人称为"网络一代",相信因特网与电视有相当的不同——它激励相互作用行为而不是被动观看,唐·泰泊思科特预言,网络将产生"对包含在信息中的潜在价值疑虑越来越多的一代……(且如此强烈地驱使孩子们产生疑虑)不但锻炼了他们的批判性思维,而且锻炼了他们的判断力……(使他们敢致力于)毫不留情地打破权威观念"。[②]

个体的解放和社会生产力的提高、关心无产者

唐·泰泊思科特相信,数字化革命的主要影响在于个体的解放和社会生产力的提高。对个体来说,信息和知识将很容易得到,机会会大量增加。对社会来说,以知识为基础的经济将提高效率和生产力,技术将使培养年轻人实现技术性就业的教育系统的功能成功发挥。然而,与其他分析者一样,唐·泰泊思科特担心,数字化媒体和学习将会扩大已经构成麻烦的有产者与无产者之间的鸿沟,即中产阶级家庭的年轻人有接近新技术的机会,而低收入家庭的年轻人的机会相当少,因而会对他们更加不利。

教育者是什么样的角色?

许多观察者在评价与数字化媒体相联系的社会化问题时,比唐·泰

① 查尔斯·克莱斯曼:"一个社会稳定的信条",《大众兴趣》(1995年秋),pp. 15—22;罗·考夫曼:"电视图像如何影响孩子",载于"消灭电视"网站。

② 唐·泰泊思科特:《数字化成长》(纽约:麦格罗-希尔出版社,1998年),p. 26;也可参见www.growingupdigital.com。

泊思科特更谨慎。例如，媒体教育中心的教育者和媒体专家归纳了一系列问题，如果正在出现的这些技术对孩子发展起积极影响时，就应当注意这些问题：

■ 新的互动技术的特征是什么，它们如何才能与孩子们的发展有机结合？

■ 是否有可以用来促进孩子们“自然地渴望学习、创造、交流”的成功模式？

■ 在筹划互动媒体市场的变革中，教育者、家长和技术倡导者应扮演什么角色？

积极互动的学习

媒体教育中心的职员在名为“InfoActive Kids”的在线网站上描述了涉及这些问题及相关问题的调查。最近一期评论了媒体实验室中正在做的规划，开发者正在规划互动学习经验，它能培养学生构建意识、解决问题、学会学习。这些出版物上描述的规划对引导孩子们健康成长具有巨大的潜力。① 要得到更多“媒体文学”的情况，请参见“学校与网络技术”一栏。

学校与网络技术

帮助学生进行多媒体扫盲

“媒体文学”包括学习技能和对各种电子读物以及印刷品的批判评价能力。帮助学生发展媒体文学是教师工作的重要部分。大多数学生不仅花费时间看电视，而且玩电脑、录像游戏，并且为了实现多种用途而使用因特网，一条避免本章描述的消极后果（潜在的学校成就问题、不适

① “走出实验室，走进市场”，《信息丰富灵活的孩子》（1997 年冬），可在 www. cme. org/publications/infoactive. html 查看；参见巴卡里·夏瓦纽：“考察媒体暴力”，《反思学校》（2001 年春），p. 15；琼·阿尔蒙编：《白痴群：对计算机和儿童的批判性关注》（马里兰州大学童年联盟出版社，2000 年），可在 www. allianceforchildhood. net/projects/computers 查阅。

宜的社会化、毫不怀疑地接受传媒的价值观等)的途径是鼓励学生积极地听、看和感受。

你可以通过帮助你的学生理解商业电视的功能来发展他们的媒体文学。例如,你可以讨论“教育电视的核心概念”(在“http://interact.uoregon.edu/MediaLit/mlr/readings/articles/key.html”)一文中提出的某些观点。雷尼·霍布斯(Rennee Hobbs)在“教媒体文学:啊!你熟悉内情吗?”(在http://interact.uoregon.edu/MediaLit/mlr/readings/articles/hobbs/teachingml.html)一文中提供了更多的建议。你可以登录www.school.discovery.com/schrockguide/eval.html/网站,发现这些评价网站的指导方针,以便采纳它们或者与你的学生共享。

基于你的主题和教学情况,你可能想要关注学生在媒体材料基础上的作品。为你自己及学生准备创作内容的一种方法是登录www.medialit.org/ReadingRoom/readingroom.htm,点击“关键文章”,并且登录安德鲁·加里森(Andrew Garrison)的“录像基础”一文及那里所列的其他文章。更广泛地阅读媒体文学可以从www.medialit.org或者http://interact.uoregon.edu/MediaLit/FA/home-index.html开始,并且跟随荧屏联系到你特别感兴趣的相关站点。

第二节　性别角色和性别差异

性别角色的早期强调

社会不仅要求人们遵从其基本价值观和规范,而且为每个成员指定了特殊角色,期望他们遵从已经建立的行为模式。社会化十分重视性别角色——关于男孩、女孩和男人、女人的行为方式的观念。不同的文化,性别角色的内容也不同,但在一定的文化中,它们被界定得很完善,并通过复杂的安排有选择地加强。例如,一个学龄前男孩玩洋娃娃会被嘲笑,而女孩则会避开粗鲁的行为。罗伯特·哈维哥斯特(Robert Havighurst)说,人到3岁时就“意识到男孩与女孩行为上的差异”。即使在如此小的年龄,男孩也会更为“主动”，女孩也会更为“依赖”或“有教养”。①

性别角色和男孩在学校遇到的问题

当孩子们入学后，他们意识到要受到文雅、洁净、服从等传统规范的约束。通常，教师要压制争斗和攻击行为。这对男孩可能是个问题，因为正如研究所揭示的：从总体上讲，他们自出生以后就比女孩更有攻击性，可能是荷尔蒙的差异。一些学者相信，教师鼓励被动行为和鄙视攻击行为的态度，有助于说明男孩会相对多地违背学校规章制度并遭到失败。男孩比女孩更多地受到教师的申斥，进入中学时，参加“矫正课程”和“情绪障碍课程”的男孩大大超过女孩。②

性别角色和女孩在学校遇到的问题

相反，在这种教育制度下，女孩遇到的问题通常反映在她们社会化中的依赖而不是独立。在历史上，大部分女孩并不被鼓励从事诸如律师、医生、高收入技术岗位等社会地位较高的职业。相反，人们期望她们被培养成会做事的妻子和家务劳动者。少量鼓励妇女考虑的职业，如小学教师、社会工作者、护士，其收入和地位也都相对较低。这种类型的社会化并不激励女孩为以后经济上的成功而学习有用的技能。而且，女孩优于男孩的言辞技能，并不能为她们在数学和科学方面获得成功做好准备。结果是，女孩被排除在许多教育机会之外。③

不鼓励女孩参与竞争或领导

尽管在小学时期的社会化经常要求男孩服从和合作，在中学时期却强调体育运动，这意味着男孩比女孩获得了更多学习在以后生活中有用

① 罗伯特·哈维哥斯特：“性角色发展”，《教育研究和发展杂志》（1983 年冬），p. 61；参见蒂莫西·J.兰斯米尔：“学习性别”，《教育研究者》（1995 年 6—7 月合刊），pp. 31—32；吉奥瓦纳·托马达和巴里·H.施奈德：“相关的攻击行为、性别和同伴认同”，《发展心理学》（1997 年 7 月），pp. 601—610；安德鲁·沙利文：“母性回击”，《独立妇女季刊》（2000 年夏），可在 www.iwf.org/pubs/twq 查看。

② 苏珊·F.奇普曼：“一个过分性感的话题”，《教育研究者》（1988 年 4 月），pp. 46—49；克里斯蒂娜·H.索门斯：《对男孩的战争》（纽约：西蒙和切斯特出版社，2000 年）。

③ 苏珊·L.盖布瑞尔和艾塞亚·史密森合编：《教室里的性》（厄巴纳：伊里诺伊大学出版社，1990 年）。

的领导和竞争技能的机会。被期望能合作甚至顺从的女孩，传统上很少被鼓励学习领导和竞争技能，即使这样做的人，在美国社会中也被看做是违背女性“适当”规范的。

男孩的同伴群体与女孩的同伴群体

拉菲勒·贝斯特(Raphaela Best)发现，学校中的同伴群体也帮助传递对男孩和女孩的传统期望。贝斯特报道说，男孩的同伴群体强调诸如“永远做第一”、“不与失败者交往”等准则；而女孩的同伴群体则更多地强调有趣而不是胜利，强调合作而不是竞争。贝斯特进一步报道说，当她研究的孩子长大后，他们在克服“限制女孩渴望和阻止男孩情绪成长”的固定模式方面取得了一些进步。巴里·桑恩(Barrie Thorne)在研究小学生后得出结论：性别角色是在幼年时“社会地构建”的。她强调教师应当通过倡导合作行为和增加参加各种活动的机会等途径，来摒弃对待性别差异的陈规陋习。①

一、在能力和成就方面的性别差异

阅读和数学

美国近期研究显示：在成就方面的性别差异比较小。例如，在9岁、13岁、17岁，女孩在阅读方面的成绩比男孩稍高；相反，在17岁，男孩在更强调规则的数学方面的成绩比女孩高，但这些差异比1970年时要小。在9岁和13岁，男孩和女孩在数学分数方面几乎没有重大差别。研究还揭示：女性在数学方面的进展，部分地归功于过去几十年中她们参加听数学课次数的增加。②

---

① 拉菲勒·贝斯特：《我们都有伤痕：男孩和女孩在小学里所学到的》(布卢明顿：印第安纳大学出版社，1983年)；巴里·桑恩：《性游戏》(新泽西州新布伦斯威克：尤他格斯大学出版社，1993年)；也可参见朱迪斯·S.克伦菲尔德和苏珊·耶伦合编：《性传说》(新泽西州马威：厄尔布姆出版社，1995年)；凯瑟琳·E.马修等：“挑战5年级的性偏见”，《教育领导》(1998年1月)，pp. 54—57。

② 南希·科尔：《ETS性别研究》(普林斯顿：教育测试服务中心，1997年)；艾伦·瓦勒曼和雪达·怀特：《学生阅读表现方面的长期趋势》(华盛顿，哥伦比亚特区：国家教育资料统计中心，1998年)，可在www.edu.gov网站查看(查找“范内曼”)；约翰·沃特等：《2000年教育状况》(华盛顿，哥伦比亚特区：美国政府印刷厂，2000年)。

天生的差别?

尽管在成绩方面性别差异不大,但仍然存在许多关于先天能力方面差异的论战。这些争论通常集中在男孩是否比女孩更具有先天的更强调规则的数学和抽象思维能力。这方面的研究显示,男孩的能力比女孩更具有变化性,他们容易出现要么能力很高,要么能力很低的情况。①

不同的大脑功能

那些相信性别能力差异的人,认为在出生时就存在男孩和女孩大脑功能的生理差异。对大多数人来说,大脑左半球掌管语言功能,右半球掌管非语言功能,包括在数学中非常重要的空间思维功能。在这方面,对于大脑的研究显示出与性激素相关的差别,而性激素从人一出生甚至更早就开始发挥作用。在右利手人群中(大多数人如此),女人比男人更多地使用左脑处理空间问题。女人也更多地使用右脑的语言功能。②

"数学焦虑"和对成功的恐惧

然而,另外一些研究者争辩说,男孩和女孩在学习上的差异主要或全部是由不同的经验和期望,以及男女孩子之间相关的差异,包括脑差异造成的。他们特别关注妇女中的"数学焦虑"——妇女在数学(以及以数学为基础的科学和相关学科)方面相对不好的表现,很可能起源于社会化实践给她们造成的数学分析方面的恐惧和焦虑。相关的论据是:妇女害怕在传统男性行为和职业方面获得成功,因为这种成功会违背性别

---

① 伊丽莎白·弗勒曼等:"数学中对性差别的新预测",《教育研究者》(1998年6—7月合刊),pp. 19—21;多琳·奇穆拉:"XY档案",《超女性》(2000年9月)。

② 理查德·M.瑞斯塔克:"男孩和女孩之间的其他差别",《教育领导》(1979年12月),pp. 232—235;多琳·奇穆拉:"男脑和女脑:隐性差异",《心理学月刊》(1988年3月),pp. 77—82;杰尔·罗斯:"考察男女认知过程可能会导致产生新的测试类型",《ETS发展》(1998年春一夏),p. 7;多琳·奇穆拉:《性与认知》(马萨诸塞州剑桥:麻省理工学院出版社,1999年);达罗德·A.提亚弗特:"专家众论"(2000年),载于"State Medical Society Wisconsin"网站,也可在www.wismed.org/foundation/savant2000.html查看。

固定模式，从而招致讥笑。还有分析者相信，女孩在步入青春期时将注意力更多地转向社会关系，但这方面的情况很复杂，很少有人进行大规模的归纳。①

二、女性的教育与职业成就

女性的教育成就

纵观美国历史，女性比男性完成受教育的年限少。然而，在 1979 年，大学新生中女性数量首次超过了男性。到 1992 年，超过 50％的学士和硕士学位被授予女性，而在 1962 年只有 40％；1992 年，38％的博士学位由女性获得，而这一比例在 1962 年只有 11％。从那时起，女性在高等教育中的比重还在继续增加，现在她们几乎占了大学生录取人数的 60％。②

职业成就

妇女在职业地位上也得到了相应的提高。例如，在 1950 年，仅有 15％的会计是妇女，2000 年近 60％。1950 年女律师的比例只有 4％，2000 年大约占 1/3。近来在医学、商业管理及其他专业领域中女性学生比例的增长，必定增加将来女性在高地位职业领域的就业。鼓励女孩读大学并成为职业女性、从学校课程中努力剔除性别歧视、支持女性进入科学和计算机领域，以及争取平等机会的行为，都将对学校和社会造成深刻的影响。③

仍有很多事要做

然而，还有许多事要做。尽管取得了近期的收获，但许多妇女仍集

---

① 林·弗雷德曼："数学中的空间因素：性别差异"，《教育研究评论》(1995 年春)，pp. 22—50；安德鲁·S.拉萨："评估方面的性别差异"，《教育领导》(1998 年 1 月)，pp. 88—89；莱斯雷·罗格斯：《脑性别化》(纽约：哥伦比亚大学出版社，2001 年)。

② 布伦达·弗恩：《不是一个男孩》(纽约：诺普夫出版社，2000 年)；凯西·扬："男孩在哪里"，《理智在线》(2001 年 2 月)，可在www. reason. com 查看(搜索"凯西·扬")。

③ 帕米拉·孟德尔斯："现在谁在管理"，《职业妇女》(1995 年 10 月)，pp. 44—45；帕米拉·孟德尔斯："寻求帮助女孩接受计算机教育的新尝试"，《纽约时报》(1998 年 7 月 8 日)；乔纳森·D.格莱特："女生即将成为学法律的主力军"，《纽约时报》(2001 年 3 月26 日)。

中在低收入、低地位的岗位上。尽管1995年与1973年相比,有博士学位的女性科学家和工程师的比例翻了1倍多,但在总数中仍占不到四分之一。

女性教育和职业成就的提高是与职业母亲和单亲家庭比例的增长相联系的。如我们前面所看到的,这些倾向可能对孩子和学校产生消极影响,但它却是更大程度的机会平等的标志,她们能提高许多家庭的社会地位和经济收入。研究者提出的进一步改善女性教育和提供平等机会的建议可归结如下:①

■ 改善教育中的性别平等的方式,给教师提供处理性别问题的更多培训。

■ 在职业教育中更密切关注性别平等。

■ 剔除标准化考试的偏见,降低这些考试在大学入学中的作用。

■ 改进涉及健康和性的教育课程。

■ 削弱性别的固定观念,进一步增加教材中对女性的描写。

■ 保护怀孕女孩和少女父母的权利。

■ 引进在学习风格上存在差异的"性别公平"课程。

■ 鼓励女生参加数学、科学类课程以及计算机的学习,并介绍专门的计划帮助其完成这项任务。

■ 努力抵制许多女孩在变得越来越关注自身外表时所经历的自尊心的减退。

焦点问题回顾:作为一名教师,你如何鼓励女孩或有相同处境的男孩克服他们可能会有的过分消极的倾向?

---

① "学校怎样快速改变女人:A. A. U. W. 报告"(华盛顿,哥伦比亚特区:美国大学妇女联合会,1992年);艾琳·V.海克和卡罗尔·科威-哥哈德:"教育中的性别平等";瑟瑞斯·罗斯-文森:"激发女孩在数学、科学和技术方面的兴趣",《技术控制焦点》第7卷(2000年第4期),pp. 23—24。

第三节　青少年和青年问题

青春期是现代现象

在许多传统的、非工业化的文化中，年轻人在青春期后就开始了成人生活。它有时是通过特别的用来证明该年轻人有能力成为成人的仪式开始的。在这样的社会里，一个人不是儿童就是成人；两者之间如果有界线的话，那也只是简单的界线。

在当代技术社会，年轻人必须经历一个被称为青春期或青年期的时间段后才能成为成年人。一个主要的理由是，现代社会不再对在这一年龄段的年轻人有经济方面的要求。可悲的结果是，年轻人越来越远离社会其他成员。近几十年中，这种游离引发了许多以青年为中心的问题，如药物滥用、酗酒、自杀、少女怀孕、少年犯罪。同时，青年人的这种游离，也妨碍了学校及其他社会机构为年轻人向成年人过渡所做的努力。①

一、吸毒和酗酒

使用的模式

在年轻人中，毒品和酒精的总体使用量在过去的半个世纪内有了显著的增长，中间经过了十几年的下降，最近又重新上升。家长、教育者和其他研究年轻人的人，仍然密切关注毒品使用和滥用的后果。下面列举的是对近期行为模式的归纳：②

香烟　在整个 20 世纪 80 年代到 90 年代，每天吸烟的高中学生

---

① 詹姆斯·S.考勒曼："学校和家庭"，《教育研究者》(1987 年 8—9 月合刊)，pp. 32—38；卡内基青少年发展委员会：《大转变》(纽约：卡内基公司，1995 年)；马文·艾森等："冒险中的少年"(2000 年 10 月)，为准备城市研究所作的论文，可在"www. urban. org"查看。

② 数据主要是从密歇根大学调查研究所的年度调查研究中概括出来的，可在因特网查找"监督未来"。有组织地处理青年人实际虐待问题的有关资料，可在 www. jointogether. org 查看。

人数的百分比在19%到25%之间浮动。

大麻 在上一年吸食大麻的高中生人数的百分比从1978年的50%下降到了1992年的22%,但是,到了20世纪90年代后期又增高到30%。

海洛因 在2000年的前一年吸食海洛因或者鸦片的高中生的人数不到2%。

可卡因 高中生中每年吸食可卡因的人数从1975年的6%升至1981年的12%,但在2000年又降至5%。据报道,有2%的高中生在2000年服用可卡因。

甲基苯丙胺 以前人们称它为"神速",现在则有"冰毒"和"摇头丸"等多种名字。在1999年有不到5%的高中生在前一年用过它。

迷魂药和麦角酸二乙基酰胺 在2000年的前一年,高中生服用过它们的比例分别为8%和7%。

狂喜丸 在2000年的前一年,服用过它的高中生据报道有8%。

酒精 有规律的酒精使用量仍然保持得比较稳定,2000年只有不到5%的高年级学生每天喝酒。但研究表明:在15岁以下的学生中喝酒者增加了,许多青少年醉酒后驾车,数量多得让人惊愕的青少年常常在烦躁、沮丧时单独喝酒。①

吸毒和酗酒所牵涉到的问题

教育者担心,年轻人使用酒精、大麻及其他类似的温和药物,可能会强化或刺激他们游离在社会机构以外,或者阻碍他们走向成年。这并不是说,学习表现差、叛逆和犯罪行为是由吸毒引起的;正相反,可能是这些问题产生在先,然后导致了吸毒。许多年轻人通过吸毒和酗酒来逃避准备进入成年人生活时所遇到的困难问题。但不管按什么原因排序,美国年轻人吸毒率都高于任何其他发达国家。而且与早期观点相反,某些

① "青年人酗酒"(2001年),论文可以在"Doctors Who's Who"网站查看。

权威现在相信：诸如大麻之类的温和药物是更强力的药物，如可卡因和海洛因。年轻人自己也相信吸毒和酗酒在他们的生活中起着负面影响。国家调查机构经常公布：大多数中学生把吸毒或酗酒视为他们生活中“影响最坏的事情”。①

二、自杀

自杀率的提高

教育者日益关注年轻人的自杀问题。自 1950 年以来，儿童和年轻人中自杀率几乎上升了 4 倍，某些观察家说，约有十分之一的学龄青少年企图自杀。自杀率上升的原因似乎包括：禁止自杀的宗教价值观的衰退、大众媒体的影响、为了在学校表现突出而受到的压力、与同伴关系的破裂，以及与父母离异和其他家庭问题相关的压力或沮丧。②

教师应该学会辨认警告信号

教师和学校其他人员需要对自杀问题保持警觉。警告信号包括下列情况：退出朋友圈、家庭或日常行为反常，产生暴力或反叛行为，逃离学校，滥用酒精或吸毒，异乎寻常地忽视个人外表，急剧、激进的个性变化，持续烦躁，注意力难以集中，功课质量下降，出现诸如头痛、胃痛等情绪和身体症状。教师还必须记住一条美国地区法院的裁决：如果学生显示出自杀症状而教师没能给予“合理的”关心和帮助的话，学校官员就应对学生自杀负部分责任。③

---

① 阿德里安娜·D.科尔斯：“舞会、毕业典礼刺激学校加倍努力地制止酗酒”，《教育周刊》(1998 年 6 月 10 日)；《美国的毒品使用下降》(华盛顿，哥伦比亚特区：国家毒品控制政策办公室，1999 年)。

② 史蒂文·斯泰克、杰姆·冈拉奇和杰米·L.瑞伍斯：“沉重的心理文化和自杀”，《自杀和威胁生命的行为》(1994 年春)，pp. 15—23；詹尼斯·阿伦诺夫斯基：“青少年自杀”，《现代健康》(1997 年 2 月)，pp. 16—18；杰西卡·波特纳：“复杂的性病刺激青少年自杀率的提升”，《教育周刊》(2000 年 4 月 12 日)。

③ 梅利莎·艾特琳：“如何帮助有自杀倾向的学生”，《今日东北航空公司》(1990 年 5—6 月合刊)，p. 6；“成人可以预防青少年自杀”，《布朗大学儿童青少年行为通讯》(1997 年 6 月)，p. 3；也可链接www. cln. org/themes/suicide. html 网址，查找“青少年自杀论文”主页。

三、少女怀孕

少女怀孕的增多和由此产生的问题

总体上看，在过去的50年里，青少年生育的数量和比率都在稳定下降，这部分是由于可以采用避孕、流产等措施和某些社区成功开展的禁止运动。另一方面，青少年母亲婚外生育的比例从1960年的15%，猛升到20世纪90年代的90%多。研究者还把这一趋势和许多社会问题相联系。例如，年轻妈妈主宰的家庭比其他家庭更易生活在贫困线以下；年轻妈妈比别的妈妈受到的胎儿期关照更少。因而，青少年母亲所生的孩子身体差和学校表现差也就不足为奇了。更糟的是，社会每年都要花费几十亿美元供养这些年轻妈妈的孩子。①

少女怀孕增多的原因

青少年的生育在美国生育总量中所占比重稳定地升高，其比例比其他发达国家更高。据分析过大量资料的社会科学家说，青少年婚前生育率增长，根源于以下相关因素：社会对青少年性生活和私生子的宽容；过早和频繁性交；早婚的减少；社区和父母对年轻人影响的减弱，以及社会机构拒绝对青少年母亲负责。②

学校的回应

许多学校考虑为孕妇和新母亲建立学校自己的诊所，并且开设性教育、健康、个人发展、家庭生活方面的课程。尽管这些活动的早期资料一

---

① 珍尼特·B.哈迪和劳里·S.扎宾：《城市环境中的少女怀孕现象》(华盛顿，哥伦比亚特区：城市研究所出版社，1991年)；简·莫德荣和克里斯汀·卢克："自由主义导致性行为吗?"，《美国希望》(1996年冬)，pp. 80—85；凯瑟琳·鲍曼和巴巴拉·斯奇内德编：《青少年时代》(芝加哥：芝加哥大学出版社，1998年)；《预防青少年少女怀孕的国家政策》(华盛顿，哥伦比亚特区：美国健康服务部，2000年)，在http://aspe.os.dhhs.gov/hsp/teenp/ann-rpt000可查看。

② 金斯利·戴维斯："美国青少年少女怀孕理论"，见凯瑟琳·S.奇尔曼主编：《少女怀孕和生产》(华盛顿，哥伦比亚特区：美国政府印刷厂，1980年)；朱莉娅·亨利："对少女的比较研究"，《美国黑人研究透视》(1995年春)，pp. 70—81；戴维·彭皮罗："少女怀孕"(2000年)，发表在"全国婚姻计划"网上，可在http://marriage.rutgers.edu/teen1.htm查看。

般有负面影响，但近来的研究表明，它们能有效地防止，至少是缓解少女怀孕问题。据报道，各种各样的方法也产生了积极的效果，这些方法是1996年以来实施的，是由联邦资助的防止少女怀孕全国运动的一部分。此外，像女孩联合会这样的组织也开展活动，向女孩提供果断训练、健康服务、交往技巧、个人咨询、性知识等。近期数据显示，这些努力产生了实际降低少女怀孕事件发生率的效果。①

四、少年暴力犯罪

总趋势

与单亲家庭数量的增加、同伴文化的影响、酒精和药物等的使用率上升和大都市里低收入街区的增加相关联，最近几十年来，少年犯罪案件增多。在年轻的美国非洲裔男性中，与暴力和犯罪有关的问题特别严重，自1985年以来，他们因杀人案而死亡的比率已上升了3倍多。即使在白人男性中，因谋杀而死亡的比率要比其他发达国家高两倍多。②

对年轻人暴力犯罪问题的研究支持这样一组概括：③

■ 在所有社会阶层家庭的年轻人中都存在高犯罪率。但工人阶级家庭的年轻人比中产阶级家庭的年轻人暴力犯罪情况更严重。

■ 尽管大多数犯罪是25岁以下的年轻人所为，但大多数少年罪犯今后重新过上了自立的成年人生活。

---

① 丁·F.米勒：《以学校为基础的健康临床案例》；乔·G.乔福斯：《安全通道》(纽约：牛津大学出版社，1998年)；戴维·布兰肯霍恩："父亲时期的消失"，《试金石》(2001年1—2月合刊)。

② 小约翰·J.迪卢利欧："自由主义的最后立场"，《公众兴趣》(1995年)，pp. 119—124；约翰·哈根："抵抗和失望"，《社会力量》(1997年9月)，pp. 119—134；迈克尔·梅尔斯："孩子和枪"，《今日青年》(2000年4月)；"美国青少年暴力"(2000年)，载于疾病控制中心网站，可在www. cdc. gov/ncipc/factsheets/yvfacts. htm查看。

③ 克里斯多夫·詹克斯：《反思社会政策》(马萨诸塞州剑桥：哈佛大学出版社，1992年)；詹姆斯·Q.密尔森："对犯罪的思考"(纽约：基础图书出版社，1983年)；保罗·V.麦克努尔提："天生的杀手"，《政策评论》(1995年冬)，pp. 84—87；杰诺姆·H.斯考尔尼克："暴徒"，《美国希望》(1997年1—2月合刊)，pp. 86—91；德波拉·高曼-史密斯："在少年犯罪中邻居和家庭之间的内在影响"，《贫困研究消息》(2000年)，pp. 7—9；杰尼·韦勒："女孩和暴力"，《科教资源信息中心评论》(2000年春)，pp. 14—15。

■ 年轻人中帮派的增加，产生了更为严重的暴力问题。

失业

■ 青少年犯罪与失业问题相联系。从这一观点来看，现代社会中，青少年犯罪问题部分是对年轻人难以得到就业机会以及受到限制的反应。

■ 青少年犯罪与家庭特征相联系，如缺乏父母有效的监督、缺少社区凝聚力和缺少父亲。

女孩犯罪

■ 女孩犯罪和暴力犯罪的增长率比男孩更快。但是，社区男女犯罪率是紧密相连的：某一性别犯罪率高的社区，另一性别的犯罪率也会较高。

学校表现

■ 青少年犯罪与学习上的无能以及在学校里的成绩差相关。

同伴的影响

■ 据调查，引导青少年犯罪的最直接的途径是同伴的影响。但它与家庭、邻居和其他因素相互作用。

■ 郊区和乡村年轻人暴力犯罪率正在迅速上升。

五、对学校的影响

对学校的主要后果

正如我们所看到的，年轻一代进入校门后并没有简单地抛弃大量的文化模式。像本章中探讨的其他话题一样，年轻人文化的特征对美国教育体制产生了巨大的影响。最直接的问题是在学校中吸毒和酗酒、制造暴力事件、偷盗，搞乱学校秩序。在过去的 30 年中，学校内和学校周围的反社会行为动态一直是争论的话题。从 1968 年以来，在关于教育年度盖洛普民意测验中，使用频率最高的词几乎每年都是“纪律”、“药物”，这是学校中存在的最严重的问题。[①]

---

① 罗威尔·C.罗斯和艾莱克·M.盖洛普：“第 32 届美国大学优秀生联谊会年度盖洛普民意测验”，《美国大学优秀生联谊会》(2000 年 9 月)，可在www.pdkintl.org/kappan/kpo1009.htm 查看。

尽管暴力和破坏行为在大都市的低收入学校最为普遍，但在老城区外的许多学校里问题也很严重，尤其是当学校遭受年轻人纠集帮派、滥用金钱和毒品买卖、非法入侵者侵占校舍等问题困扰时。在过去的10年中大约有150名学生在学校里或学校附近被杀，其中一些人死于广为人知的哥伦比亚和圣地中学的枪击事件中。近几年，社会上实施了多种周密的安全计划，学校也采取了多种措施，以减少欺凌行为及不同团伙之间的敌视。①

学校中的社会服务人员

为了应对年轻人的问题，学校现在比过去配备了更多的咨询人员、社会工作者及其他社会服务人员。例如，都市中学使用的专职服务人员有：导师和职业顾问、心理专家、保险工作人员、护士、督学、学校与家庭协调员。这些专家针对滥用酒精和药物、十几岁就体验性、退学、自杀、组际关系、父母技能等问题开展了调查活动。

另外，许多学校还在校内办诊所、提供协调服务，以帮助学生和家长重视身体和心理上的健康问题，帮助学生准备就业，并与其他机构相互合作，解决其他就业前使学生在学校里分心的问题。数以千计的学校还采取措施，改善学校纪律状况、教授学生解决冲突的技巧、发展同龄人调解机制、控制帮派活动。本书的下面几章将在改善学校环境和氛围方面提供更多的信息。②

① 盖里·布内特和盖里·沃兹："学校的帮派"，《关于城市教育电子化的科教资源信息中心交换所》(1994年7月)，pp. 1—2；琳达·兰提里："发动学校中的和平"：《美国大学优秀生联谊会》(1995年1月)，pp. 386—388；迈克尔·梅尔斯："让孩子独处"，《当代》(2000年6月12日)；《青少年暴力》(华盛顿，哥伦比亚特区：美国外科总署，2001年)，可在www.surgeongeneral.gov查看。

② 格雷斯·彭·古特里和拉里·F·古特里："为危险中的青少年建立现代化的合作机构"，《教育领导》(1991年12月)，pp. 17—22；"以学校为基础的关怀管理"，《学习表达障碍》(1997年夏)；雪利·布伦姆：《美国公立学校里的暴力和纪律问题》(华盛顿，哥伦比亚特区：国家教育统计中心，1998年)，可在www.necs.ed.gov查看(搜索"暴力和纪律")；"学校基础/学校联系临床"(2000年)，论文在"国家学校护士协会"网上。

焦点问题回顾：你怎么看待你的教学会受诸如暴力、吸毒及少女怀孕等青少年问题的影响？在处理这些问题时你需要什么样的帮助？

总　结

（1）家庭的变化将对孩子的行为和在学校的表现起决定性影响。尽管情况很复杂，但单亲家庭和职业母亲数量的增加对许多学生有负面影响。

（2）孩子进入学校后，同伴文化变得更加重要，它对各级各类学校教育都有重大影响。教育者应该意识到参加课外活动的潜在积极作用。

（3）在许多小学和初中，特别是工人阶级学校和拥有很多成绩不佳的学生的混合阶级学校，学校文化（即学校“规则”）似乎强调被动、死记硬背式的学习。这种情况的发生，部分是由于学校是需要保持有秩序环境的机构；是因为许多学生喜欢被动学习；是因为教师通常没有足够的精力关注所有学生的学习需要；是因为社会要求学生学会在机构内部发挥作用。

（4）电视可能会导致一些儿童和年轻人攻击行为和暴力行为的增加，它也会妨碍学生的成绩，尤其是阅读。一些分析家开始研究数字化技术对社会和文化的影响。

（5）通常不鼓励女孩接受教育，以使她们全身心地投入更大的社会中去。在学校中，男孩和女孩都体验到性别角色的压力。即便如此，为妇女提供的教育机会和职业机会也在迅速增加。尽管在学业成绩上的性别差异在下降，但某些能力上的差异可能仍存在于语言技能（偏向女性）和较高的数学能力（偏向男性）方面。

（6）在一些亚文化中，以浸礼为开始标志的青春期是人生中的一个独立阶段，在校内外，青少年滥用药物、酗酒、自杀、怀孕。青少年犯罪和暴力行为的增加，引起了人们对青少年和年轻人的关注。

关 键 术 语

文化
文化适应
社会化
规范
挂钥匙的孩子
匆促孩子
核心家庭
同伴文化
隐性课程
性别角色

讨　论　题

(1) 青少年社会化经历在城市和乡村社区有什么不同？是否随着时间的推移这些差别会消除？如果是这样的话，为什么？

(2) 学校教育与“教育”有何不同？作为一个未来的教师，从这段分析中你看到了什么内在含义？

(3) 在你的经历中，什么样的学生最受欢迎？你相信在最近几十年中流行模式发生变化了吗？如果是的话，又为什么呢？

(4) 学校在解决药物使用、暴力、少女怀孕等问题方面可以做些什么？学校应该怎样做？如果你认为“可以”和“应该”有不同，又是为什么？

专业发展的建议方案

(1) 根据记忆描述你所就读的中学的校规，比较你的描述与你同学的描述。是否不同学校的校规有很大不同？如果是的话，有何不同？

(2) 与临近城市的地方政府官员接洽，获取家庭生活和家庭构成成分发生变化的资料。该城市是否有资料显示，这些变化是怎样影响学校的？你能从这些资料中学习到什么或预见什么？

(3) 与当地学区官员会谈，看看他们学校采取了哪些措施降低药物的使用和滥用？这些行为与 www. jointogether. org/sa（点击“prevention”）所描述的建议和计划一致吗？有没有证据表明这些努力有效？如何才能使它们更有效？

(4) 依据这一章所引用的图书馆和因特网资源，制定一项计划，帮助学校和老师有效而准确地迎击来自困难家庭的学生提出的各种挑战。考虑把这个计划收集在你个人的文件夹中。

第十一章　社会阶层、种族与学业成绩

本章首先将简单介绍社会阶层的概念，并将阐述学生的社会阶层、种族和民族背景与教育体制中学生成绩的关系。然后讨论为什么社会地位处于低层的学生，特别是处于劣势的少数民族学生，学业成绩显著的差。本章从我国历史上争取教育平等机会的背景中，考察了上述关系的含义。

正如前面“文化、社会化和教育”那一章一样，本章并不简单提供答案，但是，我们希望我们能够提供更深层的理解。我们将要解释社会经济地位处于劣势的学生，尤其是那些被人们广泛歧视的少数民族学生，是如何从差生变成好学生的。本书的其他章节侧重于讨论如何改变学生的一般学习模式，如何提高社会经济地位处于劣势的学生的成绩。然而，我们首先需要强调问题的多种根本原因及其对教与学的意义。在阅读本章时，请考虑以下几个问题：

焦点问题

- 社会阶层与教育体制的成功之间的关系如何？
- 如果不考虑社会阶层，那么种族和民族与学业成绩之间有联系吗？
- 环境和遗传是怎样导致学生成绩差的？

■ 社会经济地位低的学生学业成绩差的主要原因是什么?

■ 家庭和家庭环境在鼓励或挫伤学生的高成就方面的作用是什么?

■ 社会阶层和学业成绩之间的关系是如何影响国家为所有学生提供平等教育机会这一目标的?

第一节　社会阶层和学校中学生的学业成绩

美国社会通常由三个广泛的阶层组成,即工人阶层、中产阶级阶层和上层社会阶层。众所周知,社会阶层与学业成绩之间存在密切的关系。传统意义上,工人阶层学生的表现不如中产阶级阶层学生和上层社会阶层学生的表现好。当你阅读本书的分析时,你应该问自己这样两个问题:为什么提高工人阶层学生的学业成绩这么难?今后如何提高这些学生的学业成绩?

一、社会阶层的划分

社会阶层和社会经济地位

在20世纪40年代,W.劳埃德·沃纳(W. Loyd Warner)和他的同事们用4个主要变量——从事的职业、接受的教育、收入和住房的价值将美国人及其家庭分成5类:上层、中上层、中下层、下上层和下下层。如果个体具有较高的职业声望,接受过良好的教育,有较高的收入和有较高级的住房,则认为他(或她)处于较高的社会阶层。这样的人也被称做有较高的社会经济地位(SES),也就是说,他们被人们作为上层人士看待,并且他们在自己所在的社区中有一定的影响力。相反,处于较低社会经济地位的人则声望低,影响力小。①

---

① W.劳埃德·沃纳、玛西娅·米克与肯尼斯·伊尔斯:《美国社会阶层》(芝加哥:科学研究协会,1949年);也可参见德尔伯特·米勒:《研究设计与社会测量手册》第5版(加利福尼亚州纽伯里:塞奇出版社,1991年);丽贝卡·P.赫斯:“新劳工阶层”,《美国人口资料》(1998年1月)。

社会阶层的界定

今天，工人阶层这个术语比社会低层这个术语更被广泛地使用，但社会科学家们仍然从社会阶层的最高层——上层社会阶层到最低层——工人阶层，将人们的社会经济地位分成3—6个层次。社会上层通常定义为拥有大量财产和多项投资的非常富裕的人。社会中层是指专家、管理者和小商业主（指中上层）、技术工人、技师、销售人员和牧师（中下层）。工人阶层通常被分为上层工人阶层（包括熟练的手工艺人）和低层工人阶层（不熟练的手工工作人员）。熟练工或者归属于中产阶级，或者归属于工人阶层，这可以根据他们接受的教育、收入状况和其他因素，如他们所居住的社区等来划分。①

代际贫穷

近年来，许多观测家（研究者）在工人阶层中又定义了超低阶层（underclass）群体。超低阶层通常与低层工人阶层相似，但其成员是居住在贫民区的第三或第四代人，他们依靠公共补助维持相当艰难的生活。这样的群体通常集中在城市的小贫民窟或农村贫困的环境恶化地区，许多人经常对改善自己的经济和社会状况不抱任何希望。②

最近，一些分析家已经进一步定义了超低阶层，他们相信在充满竞争的国际环境中，超低阶层群体是令人充满希望的群体，同时他们也是人群中的大部分处于经济上停滞不前的人，和那些研究超低阶层群体发展的研究者一样，这些分析家们普遍强调教育在决定个体的社会地位和收入中的重要性。③

---

① 威廉·A.高尔斯顿、伊莱恩·C.卡马克："未来塑造21世纪政治的五个事实"，《蓝图》（1998年秋），可参见www. dlc. org/blueprint。极为全面的参考书目，可参见www. pscw. uva. nl/sociosite/class/bibA. html；另一参考书目可参见www. pbs. org. peoplelikeus。在后者，你可参加一个互动游戏，以社会阶层的词汇来刻画你对家具的喜好。

② 克利斯托弗·詹克斯、保罗·彼得森合编：《城市下层阶级》（华盛顿，哥伦比亚特区：布鲁金斯学院，1991年）；马丁·M.伍斯特："在下层阶级内部"，《美国企业》（1998年5—6月合刊），pp. 83—84；约翰·安德森："后工业时代的团结或知识精英"。

③ 杰里·阿德勒："上层阶级的崛起"，《新闻周刊》（1995年7月31日），pp. 32—46；戴维·布鲁克斯：《天堂里的BOBO人》（纽约：西蒙与舒斯特出版社，2000年）。

二、对社会阶层与学业成绩关系的研究

对米德尔敦研究

20 世纪 20 年代，林兹(Lynds)夫妇对美国中西部的一个小城市米德尔敦的社会阶层和学业成绩之间关系的研究，是有关这方面的第一次系统研究。林兹夫妇的研究得到的结论是，无论处于何种社会阶层，父母亲均承认教育对孩子的重要作用。然而，许多工人阶层家庭的儿童不去能够提供语言技能和行为特质的学校上学，而这些对学业成功都是必需的。劳埃德·沃纳(W. Loyd Warner)和他的同事们在对新英格兰最南部、中西部的城镇和小城市的系列研究中，得到了与林兹夫妇同样的结论。事实上，在美国以及在全世界范围内，众多研究已记录了社会阶层和教育两者之间存在着密切的关系。①

全国教育进展评议处

例如，由全国教育进展评议处 NAEP 和收集全国有代表性的学生的成绩资料样本的其他机构，提供了对社会阶层和教育两者之间关系的清晰描述。如表 11.1 所示，各组学生的数学和阅读水平的得分与他们的社会阶层之间有直接的联系。父母受到良好教育的学生比父母受到较少教育的学生的得分高得多。这种现象甚至达到这样的程度：家长至少受过某种大学教育的 9 岁学生平均得分并不比父母没有读完中学的 13 岁学生的分数低多少。

成绩与学生所居住的社区有关

学生的成绩同样与其所居住的社区类型有关，因为社区类型反映了居住在那里的人的社会阶层。如表 11.1 所示，在高等城市(大部分居民从事专业工作或管理职位)居住的学生的数学平均分和阅读平均分比在

---

① 罗伯特·S.林德和海伦·M.林德：《米德尔敦：美国文化研究》(纽约：哈考特-布雷斯-沃尔德出版社，1929 年)；多丽丝·R.恩特威斯尔和南·M.阿斯通："衡量青年人种族和社会经济地位的实用指南"，《儿童发展》(1994 年 12 月)，pp. 1521—1540；伦纳德·伯格雷：《美国社会阶层结构》(马萨诸塞州尼达姆高地：阿林培根出版公司，2000 年)。

不发达地区居住(大部分居民接受公共补助或失业)的学生高得多。2000年在城市中心的4年级学生中,有将近50%的学生阅读水平低于“基本阅读”水平。①

表11.1　根据社区类型和父母接受教育程度统计的13岁学生的数学平均分和阅读平均分

		13岁学生的数学平均分	13岁学生的阅读平均分
父母教育程度	中学未毕业	256	238
	中学毕业	264	251
	大学学历	279	270
社区类型	低等城市	251	231
	农　　村	272	257
	高等城市	292	281

注意:全国教育进展评议处对社区类型做了如下界定:高等城市,位于城市内或周围的社区,人口在20万以上,很大比例的居民有专业的或管理的职位;农村,人口低于1万的社区,许多居民是农民或农场工人;低等城市,位于城市内或周围的社区,人口在20万以上,很大比例的居民靠福利生活,或没有固定的工作。父母受教育程度的数据是1998年的;社区类型的数据是1994年的。

【资料来源】杰伊·E.坎贝尔、柯斯廷·E.沃柯和:《全国教育进展评议处学术进展倾向》(华盛顿,哥伦比亚特区:美国政府印刷厂,2000年),可在www.nces.gov上查到。

贫困集中学校

社会阶层和学业成绩之间关系的更有力的证据可以从对特大城市中贫困街区的研究中获取。例如,莱卫茵(Levine)和他的同事考察了7个大城市中的1000多所低收入家庭的学生集中的学校,研究了六年级学生的成绩模式(他们称这样的学校为贫困集中学校),得到的结论是,几乎所有学生的平均阅读分数都低于全国平均分数两年以上,他们还指出,这类学校中至少有四分之一的学生进入中学后不能阅读好,被称为

① 帕特里夏·L.多纳休等:《国家通讯簿:4年级学生阅读》(华盛顿,哥伦比亚特区:全国教育统计中心,2001年)。

功能性文盲。这种模式在全美范围内的大城市的贫困集中学校都可以找到。①

农村贫困

许多教育者同样关注农村学生的学业成绩，特别是居住在贫困地区的低收入家庭的学生。尽管农村学生的平均成绩通常能达到全国平均水平，但研究表明，贫穷和不平等有时影响他们的成绩，三分之二的农村教育者认为，“非常有必要”提高来自低收入家庭的学生的学业成绩。②

有效率的学校

我们同时应该强调，提高低社会经济地位学生的学业成绩有许多措施。特别是20世纪80年代的“有效率学校”运动表明，合理加强全校范围内教育的努力，使处于劣势的学生的成绩取得了巨大的进步，即使在大城市中的贫困集中的学校和贫困地区的农村学校中，也能够取得如此大的进步。与仅仅10年前或15年前相比，如今的人们更容易找到使低收入家庭学生的学业成绩提高的学校。“有效率学校”运动和其他为提高处于劣势学生的成绩所作的努力将在其他章节中阐述，特别是在“美国学校的绩率与改革”那一章。

社会阶层和大学入学率

上大学的比例

除了阅读、数学和其他学科的成绩外，个体所处的社会阶层还与其他许多教育结果相联系。一般来说，来自工人阶层的学生与来自中产阶级阶层的学生相比，前者不仅分数较低，而且中学毕业或进入大学学习

---

① 丹尼尔·U.莱文和雷纳·F.莱文：《社会与教育》第9版(马萨诸塞州尼达姆高地：阿林培根出版公司，1996年)；也可参阅斯蒂芬·J.谢伦伯格："贫困儿童生活在何处很重要吗？"(美国教育研究协会年会提交论文：圣迭戈，1998年4月)，理查德·D.卡伦伯格："社会经济一体"，《校长》(2000年5月)，可查阅www.naesp.org，搜索"卡伦伯格"。

② 阿伦·J.德扬和巴巴拉·K.劳伦斯："印第安纳州人、美国佬和山里人"；查尔斯·D.曼奇斯和达里多·J.威尔科克斯："乡村学校改革中的校长作用"，《乡村教育者》(1997年春)，pp. 21—23；海伦·西尔维斯："忘却隔绝，我们开通了互联网"，《NW教育》(2000年冬)，pp. 43—44。

和大学毕业的可能性均比后者小。与在经济地位最高的中学毕业生中占接近80%的比例相比，只有约25%的最低和较低社会经济地位（居家庭收入的最低和较低的50%）的学生进入大学，且获得中学后学位（postsecondary）。[①]

由于社会阶层与测验分数相关，人们不会指望低分学生与高分学生在大学中取得同样的成功。基于这个原因，评估社会阶层和上大学的关系必须考虑测验分数。研究数据表明，社会阶层与大学入学和毕业相关，甚至决定入学的学业成绩。例如，有研究表明，具有相似阅读水平的处于低社会经济地位的高中生与处于高经济地位的高中生相比，几乎有50%的人不能进入中学后的学院读书。由于联邦政府财政资助的限制产生的主要影响，近几年这种差异日益明显。[②]

焦点问题回顾：你曾经访问过绝大部分学生来自不同社会阶层的学校吗？你观察到这样的学校与一般的学校有什么不一样的地方吗？你认为这些差异会对学生的成绩产生什么样的影响？

第二节　种族、民族与学业成绩的关系

种族和民族的界定

考虑到种族和民族的因素，美国的社会阶层和教育成就的模式就更加复杂了。种族是指具有共同祖先和生理特征的人群。民族是指共享某种文化的人群，该群体成员通常具有共同的祖先、共同的语言、宗教和其他文化特质。因为没有“纯粹”的种族，因此一些学者宁可讨论民族主

---

① 史蒂芬尼·库卡罗-阿拉民：《中学后教育的持续和成就》（华盛顿，哥伦比亚特区：美国教育部，1997年）；托马斯·G.莫特森：“可获得教育情况”（2001年），论文被贴在因特网上的“中学后教育机会”主页上。

② 史蒂芬·马丁：“一位坦率的专家试图影响有关学生援助的争论”，《高等教育编年史》（1997年5月16日），p. A27；托马斯·G.莫特森：“获得高等教育机会的危机”，《学术界》（2000年11—12月合刊），pp. 1—5。

题下的群体特征，而不使用种族这样的概念。

少数民族的地位

正如我们在“美国教育发展史”这一章中所看到的那样，美国是许多种族和民族的大熔炉。在这里生活的大部分种族和民族的少数民族群体，尽管有少数人取得了一些成就，但作为一个群体，他们均经受着社会和经济的压迫。美国社会中最大的少数民族——美籍非洲裔人，从总体上来说，他们的社会经济地位比美国白种人要低得多。其他一些主要少数民族文化群体，如美籍墨西哥人和美籍波多黎各人的社会经济地位也非常低(这两个群体与美籍古巴人有共同的中南部美国祖先，他们组成了西班牙裔美国人和拉丁美洲裔美国人，且发展迅速，不久的将来会超出非洲裔美国人口)。教育家们正在关注的是，这些种族和民族的少数民族群体在学业成绩、中学和大学毕业率及其他教育成就的测量中均显示相对较低的水平。①

八个年级的样本

社会阶层、种族和民族与学业成绩之间的紧密联系如图 11.1 所示，其中数据说明，数学平均分数和阅读平均分数达到了全国八个年级的有代表性的样本水平，美籍非洲学生的社会经济地位得分、数学得分、阅读得分最低(评分方法的计算与贫穷人口的百分比计算相同)。相比之下，非西班牙裔白人学生的社会经济地位得分、数学得分最高，阅读得分第二。总的来说，学生的学业成绩与其所处的社会经济地位基本呈正相关，即学生所处的社会经济地位越高，其学业成绩则越好。②

① 拉里·H.希拉戈瓦和迈克尔·江:“美国多样化图表集”(加利福利亚州沃纳特河：阿塔米拉出版社,1998)；罗伯托·索罗：《美国的种族划分和拉丁人的挑战》(纽约：诺普夫出版社，1998年)；劳拉·W.波纳：“通过早期干预促进大学入学率”,《ERIC 评论》(2000年秋),pp. 4—6。

② 进一步研究所有数据还得到这样的结论：广泛的种族与民族分类内部也存在相当多的差异。例如，美籍西班牙学生和美籍古巴学生比美籍墨西哥和美籍波多黎各学生的社会经济地位和学习成绩高得多，而美籍亚洲人、美籍赫蒙人和美籍越南人的社会经济地位和学习成绩则相对较低。

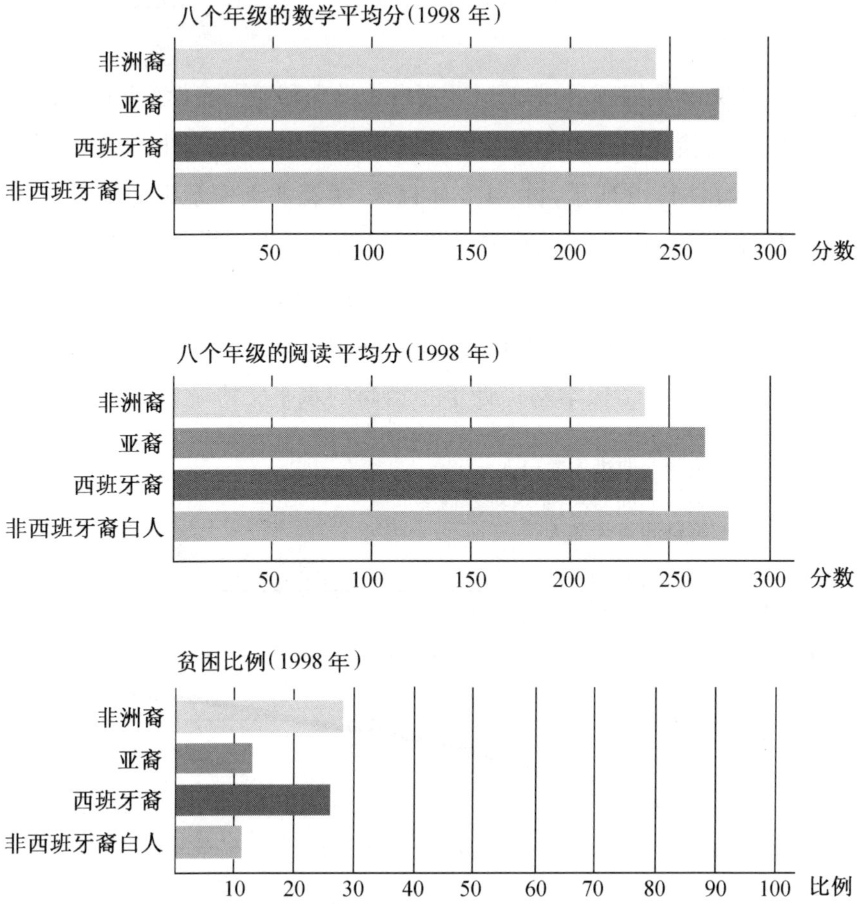

图 11.1　种族和民族群体学业成绩和社会经济背景指标

少数民族学生的学业成绩

由全国教育进展评议处收集的数据同样表明，美籍非洲裔学生和美籍西班牙裔学生的阅读、数学和其他科目记载的成绩也有所提高。这些方面取得的成绩缩小了美籍非洲裔学生和西班牙裔学生、白人学生的差距。一些研究者将这些进步的取得部分归因于联邦 1 号方案的实施和废除种族隔离措施的增强(见“提供平等的教育机会”那一章对 1 号方案和废除种族隔离的讨论)。另一方面，美籍非洲裔学生和美籍西班牙裔学生的阅读和其他学科的得分仍远比白人学生低得多，黑人和美籍西班牙裔的17岁学生的阅读分数仍与白人的13岁学生水平相近。①

辍学率

如图11.2数据所示，非西班牙裔白人学生和亚洲裔学生（不是美籍越南人）与美籍非洲裔学生和西班牙裔学生相比，完成高中学业的可能性更大。如图11.2所示，自1975年以来，美籍非洲裔学生完成中学学业的比率一直处于上升趋势，但是仍明显低于白人学生，美籍西班牙裔学生的入学率仍然停留在如此低的比率，使国家领导人开始密切关注美籍西班牙裔学生的未来。另外，在大城市贫困地区的非洲裔美国人和西班牙裔学生中，中学辍学率仍处于相当高的水平。博学的研究者们估

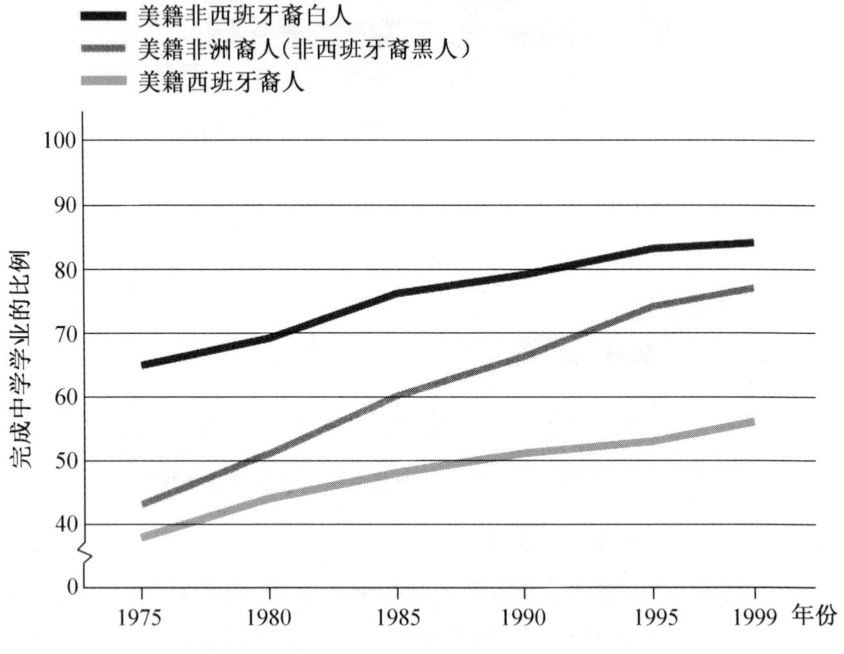

图11.2　1975—1999年不同种族和民族25岁以上的人完成中学学业的比率

① 塞缪尔·S.彭、迪安·怀特和苏珊·T.希文：《理解中学自然科学和数学成绩中的种族差异》（华盛顿：美国教育部，1995年）；詹姆斯·S.杰克逊和尼克拉斯·A.琼斯："思考美国种族问题的新角度"，《非裔美国人研究视角》（2001年冬），pp. 1—36。

计，在一些大城市，中学生的辍学率占学生总数的40%到60%，大部分超低阶层的学生的辍学率有时超过75%或80%。①

呼唤改进

美籍非洲裔学生和美籍西班牙裔学生无论是进入大学学习的机会，还是大学毕业的机会，或是进入中学后的学院学习的机会都比较少。20世纪60年代和70年代早期，美籍非洲裔学生的高中毕业率和美籍西班牙裔学生的中学毕业率都有相当大的增长，但从那时起的增长几乎是微乎其微的。结果，美籍非洲裔学生和美籍西班牙裔学生在高等教育录取的学生中所占的比例不到20%，远远低于他们应该上大学的人口比例。引起这些模式的原因有多种，包括学费的增加，联邦经费的缩减，特殊招生名额和特殊帮助项目的减少。一些教育者还注意到，涉及使用毒品可能使一些少数民族青年致残。主要教育部门报告的关于少数民族学生接受高等教育的比例“令人吃惊的”和“无法容忍的”低。报告通常得出的结论是：学院、大学和政府官员都应当采取种种措施来增加少数民族学生的录取人数。②

一、特殊问题：少数民族学生的地位和城市贫困

种族隔离的旧城区

正如我们列举的数据一样，在贫困的旧城区学校的学生的学业成绩往往低得令人失望。我们还指出：尽管美籍非洲裔学生的中学毕业率一直在增长，但是在一些大城市中，辍学问题仍很严重。这些问题反映了美国的大城市的旧城区已经变得越来越隔离，旧城区主要居住的是工人阶层和超低阶层的美籍非洲裔人和美籍西班牙裔人。这种社会经济地

---

① 索尼娅·M.佩瑞：《拉丁教育：地位和前景》；安吉娜·吉诺瑞奥和米歇尔·胡斯顿：《是的，我们行！》（华盛顿：美国大学妇女联合会，2001年）。

② 上面提到的机构有美国教育委员会、州高等教育执行委员会、美国公民权利委员会、美国教育委员会。请参阅《为英语熟练程度受限制的学生提供的平等教育机会和取消种族隔离》（华盛顿，哥伦比亚特区：美国公民权利委员会，1997年）；帕特里克·T.特瑞茨尼、阿尔伯特·F.卡布拉、艾兰纳·M.伯纳勒：“迎潮而泳”（纽约：大学入学考试董事会，2001年）。

位和种族分化的原因和结果阐述如下。

美籍非洲裔人的两极分化

美国的美籍非洲裔人经济上已经变得更加两极分化。从20世纪50年代开始,这类人的总体社会经济地位和收入已经有很大的提高。例如,美籍非洲裔人中已婚夫妇的平均收入从20世纪50年代以来几乎翻了一番(以实际的美元计算),收入已经达到5万美元或更多的黑人家庭的数目几乎是原来的4倍。然而,仍有许多美籍非洲裔人住在城市贫困地区,住在绝大多数家庭是由单身母亲维持的社区中,住在犯罪率、少年犯罪率和少女怀孕率及其他社会不良行为指标仍非常高的社区中。①

对美籍西班牙裔或美籍拉丁美洲裔美国人的情况可以作出大体相同的说明。在正在增多的中产阶级人口和大量的人住在大城市的贫困街区之间存在着实质性的分化。后者导致的社会紊乱比率很高。②

城市贫困地区越来越集中

居住在城市贫困地区的低收入少数民族人口数和比例已经有了很大的增长。虽然从20世纪60年代以来美国50个大城市的人口在减少,但是居住在贫困地区的美籍非洲裔人口中,低收入人口却增加了三分之一。此外,目前这些地区的低收入的人们低于贫困线的程度比他们在20世纪60年代低于贫困线的程度更严重。与此相联系的是:许多大城市的学区,如芝加哥、底特律和纽约,三分之二以上的学生是来自低收入家庭,80%以上的是少数民族学生。③

---

① 巴特·兰德利:《新黑人中产阶级》(伯克利:加利福尼亚大学出版社,1987年);威廉·J.威尔逊:《真正的不利之处:旧城区,超低阶层和公众政策》(芝加哥:芝加哥大学出版社,1987年);小亨利·L.盖茨:“美国黑人的两个民族”,《布鲁金斯评论》(1998年春),pp. 4—7;《2000城市的社会阶层》(华盛顿:美国住房和城市发展部,2000年)。

② 彼得·德雷厄和戴维·莫伯格:“移开‘头巾’”,《美国希望》(1996年冬),pp. 75—79,迈克尔·B.泰茨和凯伦·查普尔:“旧城区贫穷的原因”,《城市景象》第三卷(1998年第3期)。

③ 克瑞格·圣约翰:“班级间的种族隔离,贫穷和贫困集中”,《美国社会学杂志》(1995年3月),pp. 1325—1333;约翰·W.方丹:“暴乱在某些地区已经减少,但一些地区仍在受难”,《纽约时报》(2001年1月11日)。

失去作用的机构

在旧城区中，像家庭、学校和法律实施体系这些社会机构通常处于瘫痪状态。父母亲发现要控制他们的孩子越来越难，法律实施机构也无法应对青少年的高犯罪率和成人的高犯罪率。①

上升的社会分离

大城市中贫困地区的低收入少数民族人口的集中，增进了他们与更广泛的社会的分离。与50或100多年前城市的贫民窟相比，今天贫困集中地区的地理分布更广泛，许多居民在(低)社会经济地位上更具有同质性。他们要想获得一份不需要技能的工作和需要部分技能的工作越来越难，因为这样的工作都迁移到郊区了，在城市中心居住的居民实际上不容易得到这些已经迁移了的工作。安德鲁·哈克(Andrew Hacker)观察发现，当代的种族隔离模式连同贫困和种族一起，是相对新的一种模式。处于散漫生活中的人们使打破这个模式的难度加强了。②

年轻的黑人男子的问题

年轻黑人男子所经历的问题增加了很多。一些知识渊博的研究者认为，旧城区贫困地区处于困境的男青年是许多其他严重问题的根源：高非婚生育率、持续依赖福利生活、暴力犯罪和青少年犯罪。城市贫困地区中女性支撑家庭比率的增加，与年轻的非洲裔美国男子坐牢或假释、脱离劳工队伍直接相关，或者说与他们被排除或自己主动脱离主流机构相关。结果导致一些应该成为稳定家庭的男主人和积累资源向上层社会流动的男子大量减少。③

① 卡尔·L.班克斯通和史蒂芬·J.凯尔达斯："种族，贫困，家庭结构和学校不平等"，《社会学范畴》(1998年1—3月合刊)，pp. 55—74；歇尔顿·丹茨格和安·C.林："应对贫穷"，《非洲裔美国人研究展望》(2000年秋)，pp. 41—53。

② 安德鲁·哈克："美国种族隔离"，《纽约图书评论》(1987年12月3日)，pp. 32—33；安德鲁·哈克："两个民族"(纽约：巴那提尼，1995年)；瑞罗茨·法莱、歇尔顿·丹茨格、哈里·J.豪泽：《底特律划分》(纽约：拉塞尔·塞奇出版社，2000年)。

③ 格兰·劳里："不可思议的两难困境"，《新共和国》(1996年1月)，pp. 21—25；伊丽莎白·拉希-奎因："狄奥尼修斯和杰姆·克罗"，《新共和国》(2000年8月28日)。

城市与郊区学校

汇总这些情况后，我们发现大城市中的贫困学校通常超负荷地承担着这些问题，而这些问题又使学校不能对许多学生发挥功能并产生效益。我们可以通过对同样规模的大城市里城市和郊区学校的成绩数据的调查发现这种无效的程度。例如，在对密尔沃基(Milwaukee)地区的一项研究中发现，城市中学比郊区中学录取了更多的低收入和少数民族的学生。城市中学中平均只有40%的十年级学生的阅读和数学分数高于全国平均水平，然而，11个郊区中学的平均比率为64%。①

二、社会阶层和种族对学生成绩的影响比较

社会阶层是主要因素

因为社会阶层、种族和民族的综合作用，学生的学业成绩与这些因素之间的相互作用非常密切，研究者经常询问种族和民族与教育体制中的成绩是否有关，即使我们考虑到美籍非洲裔人的低社会经济地位和其他少数民族群体所处的劣势。一般来说，答案是：社会阶层可以解释根据种族和宗教分类的教育成绩的绝大多数差异。也就是说，如果知道某一组学生的社会阶层，我们就可以较为精确地预测其学业成绩、能力分数和进入大学学习的比率是高还是低。这些学生的种族或民族的信息对这样的预测几乎没有什么帮助。这也意味着工人阶层的白人学生的成绩是不好的，进入大学学习的几率低，而普通的中产阶级少数民族学生的成绩是好的，上大学的几率高。②

因此，美国处于劣势的少数民族群体面临的一个主要问题是，他们仍然是不相称的工人阶层和超低阶层，他们的孩子比中产阶级阶层的孩

---

① 约翰·怀特和丹尼尔·J.沃什："对有效学校模式的系统测试"，《教育评价和政策分析》(1990年1月)，pp. 188—218；约翰·英格："住宿歧视和居住隔离"，《焦点》(2000年秋)，pp. 51—54。

② 保罗·A.巴顿：《走向不公平：高等教育中令人不安的趋势》(新泽西州普林斯顿：教育测试服务，1997年)；里查德·D.K.卡伦伯格："混合型班级"，《华盛顿月报》(2000年12月)。

子在教育体制中获得的成功要少得多。而且，由于教育是进入劳动市场的一个重要渠道，所以处于低社会经济地位的少数民族学生在他们未来的生活中取得经济成功的机会相对较少。据此观点，学校对工人阶层学生教育的无效推动了当前社会阶层体制的继续存在——并且贫困和学业成绩差的负担不成比例地落到全国的种族和少数民族群体中去了。

人口分化

对于教育者来说，无论他们来自哪一个民族群体，提高低社会地位学生的成绩都是一种挑战。总体上讲，美国人口越来越分化，高收入人群日益增多，低收入人口比例也越来越大，中产阶级人口持续减少，许多评论者引用前劳动保障部长罗伯特·莱克(Robert Reich)的话说："如果中产阶级阶层没有了，成为只有两个阶层的社会，那不仅要使民族未来繁荣发生危险，而且将使社会凝聚力和稳定性发生危险。随着经济的发展，操作工人、办公室清洁工、提供基本物质和常规服务的人员就要分享利益，但这种现象一直没有出现。"①

焦点问题回顾：假设中等收入人口越来越少，低收入人口越来越多，你作为一名教师，你的班里将会有低收入家庭的学生，针对由各个社会阶层学生组成的班，你将如何有效地教学呢？

在过去的40年中，许多研究者致力于理解和克服一般的低成绩学生的学习缺陷，尤其是来自工人阶层家庭的学生或来自贫穷家庭的低成绩学生的学习缺陷。尽管下面的解释不一定会相互包含，但我们将根据以下三个主要因素将它们进行分类：家庭环境、遗传与环境、课堂里的障碍。

① 引自基思·布莱德希尔："生产力就是一切，但是并没有得到好的报酬"，《纽约时报》(1995年6月25日)；可参阅克里斯多弗·吉恩克斯和约瑟夫·斯温格尔："没有一个网络"，《美国希望》(2000年1月3日)；苏珊·E.梅厄："收入不平等、经济种族隔离、儿童教育成绩"，《JCPR工作报告209》(2000年)。

第三节　处于社会底层的学生不能取得好成绩的原因

一、家庭环境

“文化·社会化·教育”那一章指出，家庭是个体早期社会化和儿童教育的最重要因素，我们还注意到，家庭环境的特征可以反映家庭所属的社会阶层。因此，在家庭环境中，社会阶层的不同与学生成绩和学生取得的成就有很大的联系。许多工人阶层的学生在不能为其上学做好充分准备的家庭中长大，因此，尽管他们的父母强调教育的重要性，但他们通常在课堂里的表现却较差。

知识和理解

家庭环境的一种分类标准是根据下列三方面的差异决定的：所掌握的知识的多少和理解能力的强弱、认知水平和口头表达能力、价值观和态度。关于掌握知识的多少和理解能力的强弱，来自中产阶级家庭的孩子与来自工人阶层的孩子相比，他们有更多的机会通过家庭以外的途径获得广博的知识，有更多的机会接触书本和各种文化机构（如博物馆），有更多的机会接受父母的教育，有更多的机会接触各种不同的环境。掌握知识的多少和理解能力的强弱可以通过更广泛地与外界接触获得，这些方面对他们入学有好处。今天的工人阶层家庭的学生所处的劣势比早期更明显，因为他们比中产阶级家庭的学生接触电脑的机会更少。①

认知技能和口头表达技能

学生的认知水平和口头表达能力也反映了处于不同社会阶层的家庭所提供的语言环境的不同。贝斯尔·伯恩斯坦（Basil Bernstein）发现，中产阶级家庭和工人阶层家庭这两类家庭都能培养孩子“一般的”或

① 安奈特·劳鲁：“家庭——学校关系中的社会阶层差异：文化资本的重要性”，《教育社会学》（1987 年 4 月），pp. 73—85；沙伦·范迪维尔、克里斯汀·A. 莫、玛莎·查斯罗：“儿童的家庭环境”，未注明日期的论文被贴在因特网的“美国家庭的全国调查”主页上。

"有限的"语言技能，但中产阶级家庭的儿童对于"正式的"或"精心阐述的"语言驾驭得更好。"一般的"或"有限的"语言在语法上是相当简单的，它们依赖于动作和进一步解释来澄清其意义。"精心阐述的"、"正式的"语言在语法上相当复杂，它们在其抽象意义系统中提供了更多的、潜在的、有组织的经验。许多学者认为，使用精心阐述的语言有助于中产阶级儿童在认知发展上脱颖而出。①

价值观和态度

关于价值观和态度，许多低社会经济地位背景的孩子与中产阶级家庭孩子相比，前者处于劣势，因为在他们的社会化过程中强调顺从，然而中产阶级家庭的孩子倾向于强调独立学习和自我指导的思考。这方面的差别绝对可以反映出，许多工人阶层的家庭环境对孩子的发展来说是比较危险的，由于父母的教育、父母提供的各种资源和知识性练习的不同而引起的其他差异，影响了孩子的智力发展。尽管工人阶层家庭抚养孩子的方式可能越来越接近中产阶级家庭，尽管他们可能更加有助于帮助孩子适应敌对环境，但许多工人阶层家庭的社会化实践不能帮助孩子在学校和班级中独立。通过对英国诺丁汉(Nottingham)的 700 个家庭的广泛调查，伊莉莎白·纽森(Elizabeth Newson)总结出如下不同的社会化模式：②

社会阶层处于上层的家长更倾向于采用民主原则抚养孩子，高

---

① 贝斯尔·伯恩斯坦：《阶层、准则和控制》(伦敦和波士顿：路特里奇和科干普出版社，1975年)；贝斯尔·伯恩斯坦："教育学论文的建构"(纽约：路特里奇出版社，1990年)；贝蒂·哈特和托德·R.瑞斯雷：《美国儿童的日常生活经历的多样化差异》(巴尔的摩：布鲁克斯出版社，1995年)；凯瑟琳·E.斯诺、M.苏珊·伯恩斯、佩格·格里劳恩：《预防儿童的阅读困难》(华盛顿，哥伦比亚特区：国家科学院出版社，1998年)；詹姆斯·亚瑟顿："语言代码"(2001年1月14日)，因特网以"微妙"为贴，可在 www.subtle.org.uk/background 查阅。

② 约翰·牛顿和伊莉莎白·纽森：《家庭环境中的7岁儿童》(伦敦：阿伦·昂温出版社，1976年)，p. 406；杜恩·F.阿温："美国孩子品质的变化"，《社会科学研究》(1989年9月)，pp. 195—236。请参阅托马斯·J.戈曼："社会阶层和父母的教育态度"，《当代人种学杂志》(1998年4月)，pp. 60—74。

水平的语言控制能力训练可以帮助孩子对“成功”形成系统认识，帮助孩子形成独立自主的个性特征。社会阶层处于底层的父母往往会选择高度独裁方式培养孩子，这种方式体现在对孩子的控制上，主要是通过非口头方式控制，这种方式更多地使用威胁和糊弄的方式让孩子服从，而不是使孩子理解社会行为的合理性……因此出生于最低层的孩子认为周围的一切都阻碍自己的成长，包括父母的教养方式。

家庭环境的刺激

J・麦克维克・亨特(J. McVicker Hunt)、马丁・德奇(Martin Deutsch)和其他研究者已经研究发现，家庭环境对一般智力发展很重要。这些研究均指出，工人阶层家庭环境的刺激对孩子智力发展的促进作用平均低于中产阶级家庭。德奇列举出许多事实，如缺乏创造性视觉和触觉刺激，这降低了许多处于劣势的儿童的学习兴趣。德奇和其他研究者已研究出环境劣势与社会阶层指标相比，受前者影响的儿童的智商分数比学校成功相关程度显得更高。①

早期认知发展

环境劣势理论认为儿童早期发展比后期发展意义更大。如本杰明・布卢姆(Benjamin Bloom)、戴维・汉伯格(David Hamburg)和其他研究者所指出的，人的许多特征，包括认知技能在孩子学前的发展速度最快。而且，儿童智力发展甚至受母亲孕期的健康、饮食、饮酒量和药物使用、压力和其他情绪因素的影响。这并不意味着由家庭环境引起的学习缺陷是不可补救的，但这的确意味着对于较大儿童来说，改变起来难

① 马丁・德奇：“社会阶层在语言发展和认知方面的作用”；A．H．帕索、M．I．戈德贝利和A．J．塔勒鲍姆主编的《劣势群体的教育》(纽约：豪特出版社，1967年)，pp. 214—224；J．麦克维克・亨特：《智力与经验》(纽约：罗纳德出版社，1961年)；简・E．米勒和戴安娜・戴维斯：“贫穷历史、家庭历史和孩子的家庭环境质量”，《婚姻和家庭杂志》(1997年11月)，pp. 996—1008。还可参阅杰克・肖恩考夫等：《从神经元到邻居》(华盛顿，哥伦比亚特区：国家科学院出版社，2000年)。

度较大；如果要引起这些改变，则需要有一个更强大影响力的环境，从社会的角度来说，我们应该充分利用现存的社会资源，解决早期儿童发展的环境问题和不利的境况。理解这些有助于促进补偿教育的发展，补偿教育是致力于通过提供学前教育和改进中小学教学来弥补劣势环境对儿童发展的影响。这部分内容我们将在下一章阐述。①

脑的早期发展

科学家们越来越关注贫困环境对儿童的认知表现的负面影响，他们认识到脑的发展对学习基础知识的教育意义。总的来说，神经学家和其他研究者强调布卢姆的结论：人出生的头两年或头三年，积极的家庭环境对儿童发展有着重要的意义，因为那个时期是儿童脑发育的最高峰时期，是形成数十亿个神经元连接的时期。除了强调良好的学前教育的价值外，许多教育者正在探索设计一种教学方法，这种教学方法考虑到脑的工作方式，从而可能刺激认知发展。然而，若要让人们充分了解并期望课程和教学有实质性的改善，不仅仍需要一段时间，而且需要人们理解大脑工作方式和发展原理。②

平均差异并非普遍模式

本节讨论的社会化差异仅仅反映了社会阶层群体的平均差异，并不是所有的中产阶级家庭都与工人阶层有着不同的普遍模式。许多低社会经济地位的家庭的确为孩子们提供了有助于取得成就的家庭环境，并且大部分低收入家庭的父母都努力为孩子提供一种积极的学习环境。许多工人阶层家庭的孩子在校表现得非常好，而许多中产阶级家庭的孩

① 本杰明·布卢姆：《人类特征的稳定和变化》（纽约：威利出版社，1964年）；本杰明·布卢姆：《人类特征与学校学习》（纽约：麦格劳-希尔出版社，1981年）；本杰明·S.布隆：《我们所有的儿童都学习》（纽约：麦格劳-希尔出版社，1981年）；J.拉里·布朗和厄里斯托·波利特："营养不良、贫穷和智力发展"，《科学美国人》（1996年2月），pp. 38—43；亚瑟·J.雷诺兹：《早期干预的成功》（林肯：内布拉斯加大学出版社，2000年）。

② 贾斯汀·C.贝克和弗朗西斯·G.马丁：《神经网络引导教学》；贾内尔·米勒：《脑研究与教育》（丹佛各州教育委员会，1998年）；瓦勒里·斯图斯："额外信誉"，《华盛顿邮报》（2001年3月13日），p. A09。

子却表现得并不好。然而,来自低收入家庭、工人家庭孩子的发展与其成长环境的优势并不呈现适当的比例关系,这种环境优势是指为其在学校成功做好的充分准备。

焦点问题回顾:作为一名教师,你将怎样使低收入家庭学生的父母愉快地与你讨论家长在家里如何支持学生提高学业成绩?

二、遗传与环境的争论

早期智商测试

在过去一个世纪中,智力主要由遗传决定还是由环境决定是人们讨论的热点。20世纪早期的 IQ 测试迅速发展,许多心理学家认为智力主要是由遗传决定的。这些遗传论者认为,IQ 测试和类似的仪器测量了人们能力的先天差异。经济处于劣势的群体和一些少数民族群体,如美籍非洲裔人,他们的 IQ 测试得分显著低于其他群体。遗传论者认为,低分群体的智能是天生低劣的。

环境学家的观点

强调补习帮助。到 20 世纪中期,许多研究结果已与遗传论者的观点发生矛盾,大多数社会科学家认为,环境与遗传对智力的作用一样重要,甚至前者更重要。强调环境智力观的社会科学家们通常强调,个体从婴儿起就需要不断地补充教育,许多研究者也批评 IQ 测试的使用,因为这些测试通常有文化倾向性。许多人认为美籍非洲裔人和白人的 IQ 分数差异是由于社会阶层、家庭环境和社会体制上的种族歧视造成的。

智商提高。桑德拉·斯加(Sandra Scarr)和理查德·沃恩伯格(Richard Wernberg)研究了生长在原生家庭和收养家庭中的非洲裔美国儿童的差异。得出的结论是,环境对孩子的影响作用大于遗传的影响作用。托马斯·索维尔(Thomas Sowell)收集了 1920 年到 1970 年间的各种不同民族群体的 IQ 测验分以后发现,像美籍意大利人和美籍波兰人这些群体的 IQ 分已经有了根本的提高。其他研究表明,在教学和生活状况改善的情况下,美籍非洲人和美籍波多黎各人的测验分数的提高速度比一般人快。①

智商提高的原因。詹姆斯·弗林(James Flynn)在其他国家也收集到相似的数据，他发现在20世纪有14个国家的IQ测试分数都有了巨大的提高。根据弗林的分析，出现分数提高的主要原因不是遗传素质的改善，而是由于环境的改变使人们获得了IQ测试技能。托斯顿·胡森(Torsten Husen)和他的同事回顾了大量数据，得出了同样的结论：经济和社会条件的改变，尤其是学校教育的获得，使下一代人的平均IQ得分出现了较大的提高。通常，教育者们致力于提高低成就学生的成绩正是因为受这些研究结果的鼓舞。②

遗传论者的观点

遗传论者的智力观主要起源于20世纪70年代和80年代，特别是以阿瑟·R．詹森(Arthur R. Jensen)、理查德·海纳斯坦(Richard Henastein)和一组研究者的研究为基础，他们一直在明尼苏达州从事双胞胎研究。归纳前面的研究和他们自己的研究，得出的结论是，遗传是决定智力的主要因素——能够反映IQ分数变化规律的80%。③

詹森和他的批评者们。一个非常有争议的研究是由詹森在1969年的《哈佛教育评论》中发表的：美籍非洲人的IQ测试平均分数比白人低15分，詹森将此归因于两个种族的学习能力和学习方式的遗传差异。批评家

---

① 桑德拉·斯加和理查德·沃恩伯格："白人家庭收养的黑人儿童的智商测试结果"，《美国心理学家》(1976年7月)，pp. 726—739；托马斯·索维尔："种族和文化"(纽约：基础图书出版社，1994年)；詹姆斯·J．海克曼："破碎的钟"，《理性》(1995年3月)，pp. 49—56。也可参阅特瑞希·霍尔："IQ分数变高，心理学家想探究为什么"，《纽约时报》(1998年2月24日)；罗伯特·霍华德："聪明的小家伙"，《新科学家》(2000年5月13日)，p. 45。

② 玛格瑞特·霍洛韦："弗林效应"，《科学美国人》(1999年1月)；詹姆斯·弗林：《怎样捍卫人类的理想》(林肯：内布拉斯加大学出版社，2000年)。

③ 阿瑟·R．詹森："我们的IQ和学习成绩能提高多少"，《哈佛教育评论》(1969年冬)，pp. 1—123；阿瑟·R．詹森："心理测试的偏向"(纽约：自由出版社，1980年)；理查德·海纳斯坦和理尔斯·墨菲：《贝尔曲线》(纽约：自由出版社，1994年)；琳达·S．哥特弗雷德森："关于IQ我们知道多少？"《美国学者》(1996年冬)，pp. 15—30；琳达·S．哥特弗雷德森："智力"；E．F．鲍戈塔和R．J．V．蒙特高利主编：《社会学百科全书》第2卷第2版(纽约：麦克米伦公司，2000年)。

们反对詹森的观点，他们认为IQ分数主要是由环境因素决定的，如营养状况和出生前的照料状况，这很难测量，也不可能从遗传因素中分离出来。①

自从1969年的文章发表后，詹森继续引用数据说明智力基本由遗传决定，同样，环境论者也引用相应数据作为回应，他们认为环境因素，尤其是学校环境对IQ起主要作用。②

综合论者的观点

一种中立立场。许多社会科学家对这个有争论的话题采取一种中立的态度或"综合"的姿态。综合论者的智力观认为，遗传和环境对测量智力差异都有作用。例如，克里斯托弗·詹克斯(Christopher Jencks)回顾了大量数据后，将IQ变异分成两部分，45%由遗传决定，35%由环境决定，20%由两者的交互作用决定(交互作用即指某些特殊能力在独特环境中迅速发展或者衰退)。罗伯特·尼科尔斯(Robert Nichols)回顾了所有数据后得到的结论是，遗传对IQ真正起作用的概率约在40%—80%之间，但精确数据对制定政策几乎没有什么重要性。通常，尼科尔斯和其他综合论者认为遗传决定IQ的观点有局限性，但在那些限制中，环境和遗传的交互作用形成了一个人的智力，当我们坚持这种观点时，尽管我们不能精确指出儿童智力在多大程度上由环境因素决定，但是教师(父母)应当提供给每个孩子实现他的或她的最大潜能的建设性环境。③

---

① "我们的IQ和学习成绩能提高多少：讨论"，《哈佛教育评论》(1969年春)，pp. 273—356；霍华德·加登："揭开智力测试之谜"，《美国希望》(1995年冬)，pp. 71—80；威廉·T.迪克森和詹姆斯·弗林："遗传评估与大环境影响的争论"，《心理学评论》第108卷(2001年2月)。

② 阿瑟·R.詹森："一般智力：人造的还是现实的?"，《职业行为杂志》(1986年12月)，pp. 330—331；伊莱恩·梦西和哈里·门什：《IQ神话》(卡伯恩达尔：南伊利诺伊大学出版社，1991年)；阿瑟·R.詹森：《一般智力因素》(康涅狄格州威斯特波：普瑞格出版社，1998年)；阿瑟·R.詹森："种族差异，G和零假设"，《心理学》(2000年1月1日)。

③ 罗伯特·尼科尔斯："IQ争论的政策含义"，见李·S.舒勒曼主编：《教育研究评论》(伊利诺伊州伊塔沙：皮科克出版社，1978年)；罗伯特·普罗明：《基因和经验》(加利福利亚州千橡树：塞奇出版社，1994年)；B.德伍林、迈克尔·丹尼尔斯和凯瑟琳·罗得："IQ的遗传"，《自然》(1997年7月)，pp. 468—469；约翰·伦尼："胜过我们的基因"，《科学美国人》(1998年5月)；史蒂夫·奥尔森："种族的遗传考古学"，《大西洋月刊》(2000年4月)，pp. 69—80。

焦点问题回顾：作为一名老师，你将如何设计你的教室环境，从而使大量的学生能够充分发展他们的能力？

三、课堂里的障碍

我们已经指出，许多工人阶层学生的家庭环境缺乏使学生在课堂中获得成功所必需的教育刺激。然而，某些学校和课堂动力学培养的学生也可能产生低成就。下面强调了阻碍工人阶层学生取得较高成就的一些最主要的课堂障碍。

概念越来越抽象

不合理的课程和指导。低年级同学所学习的课程内容和所采用的教学方法，通常会假设学生是熟悉这些词汇和概念的，然而工人阶层学生却很少接触。三年级以后，许多课程需要高级学习技巧，但许多工人阶层学生根本没有掌握，从而使他们在其他课目中也处于落后水平。①

学生对不足的感知

缺乏早期学校成功经验。头几个年级缺乏学习成功经验不仅剥夺了学生以后学习更复杂的材料的机会，也挫伤了学生觉察他或她自己是一个有能力的学习者的能力，从而影响他或她在学校中和今后生活中取得成功的机会。一旦学生认为他们是并不适当的学习者和对自己未来缺乏控制的人，他们更不可能努力去克服学习障碍。②

不充分的高水平教学

低水平学习的无效固恋（Ineffective Fixation）。当一个学生或一群学生的成绩远远低于其年级水平时，教师倾向于集中补习其基本技能，

---

① 迈克尔·S.奈普和帕特里克·M.歇尔茨编：《为贫穷孩子提供更好的学校教育》（加利福利亚州伯克利：麦卡城出版社，1991年）；“城市学校的承诺”（2000年），论文由学校改革高层人士恩林伯格研究所准备。

② 伯纳德·韦纳：“为成绩而努力的社会和个人协调理论”，《教育研究评论》（1994年冬），pp. 557—563；理查德·D.坎布伦博格：《现在一切都联合起来》（华盛顿，哥伦比亚特区：布鲁金斯出版社，2000年）。

如阅读技能、数学和其他科目的技能。教师的这种反应对一些低成就者是合适的，他们需要广泛帮助以获得基本技能，但这种反应对另一些人是有害的，这些人可能获益于更富有挑战性的学习经验和作业。对于教师来说，尽管帮助低成就学生掌握更高水平的学习技巧是一种挑战，但已经出台的教学策略保证了这样做是可以取得成功的。①

教师面临的问题

工人阶层学校教学条件艰难。正如学习上远远落后的学生一样，工人阶层学校的教师和学生都同样经历挫折和得不到鼓励，教室中的行为问题增多。于是教师会发现，创造一种富有成效的学习环境仍然很困难，这种情况下一种常见的结果是，一些老师放弃了教低成绩学生的努力，或离开这所学校到其他地方寻求挫折较少的工作。②

语言和文化间的隔阂

教师和学生的背景差异。中产阶级教师在理解和激发处于劣势的学生时可能有困难。尤其是对待处于劣势的少数民族学生的白人教师，在方言、语言上或文化背景上的差异，可能给教师与学生之间的有效交流（沟通）带来困难。③

自我满足的预言

教师认为学生不能胜任学习。在工人阶层的学校中，许多教师看到他们班的学生成绩不好，就可能得出结论：他们班多数学生不能胜任学习。这个观点很容易变成一个自我满足的预言，因为怀疑学生的学习潜能的教师不大可能去努力提高学生的学业成绩，特别是当提高学生的学

① 米瑞姆·艾尔法西："意义阅读"，《美国教育研究杂志》（1998年夏），pp. 309—332；朱利娅·B.史密斯、瓦莱丽·E.李、弗雷德·M.纽曼：《芝加哥小学的教学和成就》（芝加哥：芝加哥学校研究协会，2001年）。

② 斯坦利·鲍格罗："改革劣势群体的教育工作"，《教育领导》（1995年2月），pp. 20—24；丹尼斯·斯巴克斯："低收入，高障碍"，《职工发展杂志》（2000年夏）。

③ 里卡多·D.斯坦顿-萨拉查："理解少数民族儿童和青年社会化的社会资本框架"，《哈佛教育评论》（1997年春），pp. 1—40；阿妮塔·比亚斯："黑人儿童与众不同吗?"《教师网报》（2001年3月），查阅http://teachers.net/gazette/maro/。

业成绩需要非常努力，并要花费教师几乎所有的精力时。①

为“慢”生设置分离的群体

无效的同质分组。教育者面对大量成绩差的学生时，常常这样处理问题，为了不降低成绩好的学生的成绩，他们把成绩差的学生单独分在教学速度较慢的班级。不幸的是，老师和学生都倾向于将成绩差的学生看做“慢”组成员，从而对他们的学习要求较低或对立根本没有任何要求。

对“慢”生较少支持。雷・C・里斯特(Ray Rist)研究了圣・路易斯的一所工人阶层的学校，并称这种学校的组织结构为同质群体(Homogeneous Grouping)。幼稚园的一个班被分成“快学者”和“慢学者”两组。“快”组接受老师“最多”的教学时间、最好的奖励和最多的关注。对“慢”组不经常进行教学，而更多地实行控制，并且学生们几乎得不到老师的任何支持。自然的，到年底时孩子们在准备升入一年级时就出现了差异，而一年级老师按照他们准备的“基础”再将他们分类。②

可以替代的教学方法。像雷・里斯特描述的那种情形一样，也许下面这种做法是受欢迎的，即学校将学生分配在异质班级学习(即根据学生以前的成绩将他们分在各种不同的班级)，然后给予他们个别教学，从而使每个人都能够按照自己的学习进度取得进步。然而，个性化的实施是非常困难的，这通常需要学校的体制信息系统的改变，这种改变从经济角度来讲是根本不可能的。因此，在绝大多数学生是来自低收入家庭

---

① 查尔斯・M.佩思：《获得我们所要求的》(康涅狄格州威斯特波特：格林伍德出版社，1984年)；丽莎・德尔皮特：《别人的孩子》(纽约：新出版社，1995年)，pp. 173—174；马克・贝伦德茨、希拉・N.科比、斯科特・内夫泰尔和克利斯托弗・麦凯尔维：《美国新学校的实施和表现》(加利福利亚洲圣莫尼卡：兰德公司，2001年)，查阅www. rand. org。

② 雷・C.里斯特：《城市学校：失败的工厂》(马萨诸塞州剑桥：麻省理工学院出版社，1973年)，p. 91；还可参阅理查德・麦克阿丹姆斯：“改革美国学校”，《校长》(1994年11月)，pp. 34—35；伊丽莎白・G.科恩和瑞歇尔・A.罗坦：《为不同质的班级的公平而努力》(纽约：师范学院出版社，1997年)；雷・C.里斯特：“学生的社会阶层和老师期望”，《哈佛教育评论》(2000年秋)，pp. 257—266。也可参阅沙伦・克伦威尔：“同质和异质：将走向哪一方?”(1999年)。

讨论话题 11.1　按照能力划分的同质分组对于班级教学是一种普遍有效的方法吗?

讨论主题	赞成的观点	反对的观点
同质分组:许多学校和班级根据学生某一具体学科的能力将学生分入快慢组或优劣组。同质分组倡导者认为这种做法既公平又有效,但同质分组的批评者认为这种做法对学生有害,尤其对学业成绩差的学生有害。	1. 在一个由许多不同水平的学生组成的异质大班中,教师不能为学习速度最慢的学生提供他们所需要的特别关注。事实上,努力学习、争取掌握功课的学生可能被认为是“有问题的学生”,并且学得较快的学生可能变得对学习不感兴趣,因此,按具体学科将学生分成不同能力的群体的确是有道理的。 2. 对于成绩好的学生,即学得快的学生而言,让老师放慢教学速度以满足普通学生的需要是不公平的。如果成绩好的学生不被分在进度较快的班级,他们将会感到烦恼和受到打击。 3. 同质群体有助于增强群体成员之间的团结精神。具有相同学习能力的学生通过合作和友好竞争,会互相促进。 4. 许多教师的教育方法对某些型的学生更有效。同质群体学生组成的班级可以保证教师能够倾注更多的时间在学生身上,让学生充分接受教学,并最好地适合教学。 5. 同质分组这种做法向家长表明,学校已经意识到不同学生的学习风格是存在差异的,学校将致力于满足每个学生的个人学习需求。	1. 研究表明,按照能力分组有模式化倾向,这种做法使慢生学得更慢,并阻碍他们进步。为这些学生所能提供的教育质量通常较差,因为教师对他们几乎没有什么期望,他们几乎没有挑战,这样,他们与好学生相比就更落后了。通常来说,慢生在异质班级中做得更好。 2. 尽管成绩好的学生在异质班级中可能会遇到阻碍,但他们只要认识到老师欣赏他们的才能,就会永葆学习动力。而且,对于他们而言,懂得几乎各种学习水平的学生都有一些有价值的东西可以奉献,这一点是很重要的。 3. 当成绩好的学生因为他们能够在一起而感到特别光荣时,群体精神就可能形成。但成绩差的学生就会认为被分离了,他们作为一个群体的态度将常常是消极的。他们会日益偏离学校和社会的要求。 4. 只有少数非常特别的老师有技能、有耐心、有热情去与成绩差的学生一起努力工作。被分配教差生的教师会变得沮丧。 5. 几乎所有成绩差的学生父母看到自己孩子由于成绩差而与其他学生隔离都会不高兴。异质环境是学校关心每一个学生的最好标志。

的学校，教师通常不可能在绝大部分由成绩差的学生组成的异质班级中有效地工作。解决这个问题的一种方法是，将成绩差的学生分成同质的阅读和语言班，但要确保这种班级不仅人数少，而且负责给他们教学的老师的教学水平高，同时这种班级对这些同学的效果最好。学校作出这样的选择是根据下面的研究结果，即特定的教学模式（也就是对成绩差的学生进行隔离教学）会产生正面的结果还是负面的结果，取决于哪种结果使教学更富有成效。同质分组问题在"美国学校的效率与改革"那一章，以及在"讨论问题"栏中进一步讨论（见问题 11.1）。①

学校与教师负担过重

授课服务问题。我们已描述的问题说明，在差生占多数的班级或学校中开展有效的教学是非常困难的。例如，一个拥有 25 人的工人阶层学生班级中有 10 位或 12 位成绩非常差的学生，那么，在这个班级开展有效教学任务的难度，将是只有 4 位或 5 位差生的中产阶级学生的班级的若干倍，前一种情况的任课老师不仅要花费时间帮助他们克服学习上的障碍，而且要花费更多的时间处理因学生经受挫折和其不良行为而产生的负面影响。在工人阶层学校中工作的行政管理人员、咨询人员和其他专业工作人员也经历着同样的窘境，他们将大量时间花在解决学习问题和行为问题上，而改善教育服务的时间则所剩无几。在这样超负荷运作的学校中，严重问题的高发生率使得教育者很难有效地开展教学工作。②

小班的益处

班级规模过大。正如上面提到的，教学无效的一个原因是：许多成绩差的学生所在班级人数太多，以至于教师无法给学生提供足够的帮助

① 迈克尔·斯克瑞温："个体化问题与展望"，见哈里特·塔马奇主编：《个体化教育系统》（加利福利亚州伯克利：麦克城出版社，1975 年），pp. 199—210；杰·莱恩哈特和阿伦·帕雷："限制性教育环境：流放还是避风港？"，《教育研究评论》（1982 年 12 月），pp. 557—558；伊平·罗："班级内分组"，《教育研究评论》（1996 年冬），pp. 423—458；理查德·D.卡伦博格主编：《国家处在危急之中》（纽约：世纪基金会，2000 年）。

② 克拉拉·克雷考姆："高素质的城市学校教师"，《州教育标准》（2000 年冬）。

去克服学习上的困难，尤其是在解决关于批判性思维、阅读理解和数学问题，及其他更高水平的学习技能问题上。成绩差的学生综合技能的获得，需要教师对个人或小组提供“即时的”系统的帮助。①

在田纳西州学校开展的“星级计划班级”研究中，有一项关于学生的主要研究支持了上面这个结论。与早期的研究结果相反，早期研究通常得到一些模糊的结论，而评价“星级计划”的研究者发现，幼稚园和一年级小班学生的阅读和数学分数比常规班学生高得多，而且随着年级升高仍一直保持这种优势，这种优势在大量招收低收入少数民族学生的学校中更为明显。随后的一些较小型的研究也得出了相似的结论。②

教师备课和教学经验。以大城市中非常贫困的学校为例，研究表明，低收入家庭学生的老师与中产阶级家庭学生的老师相比，前者往往是那些备课准备不够充分、教学经验不足的教师。因此，许多分析家认为，为了提高低收入家庭学生和工人阶层学生的成绩，应当将提升教师队伍的建设水平作为一个主要目标，如培训、培养和帮助教师积累适当的经验。③

嘲弄成绩好的学生

消极的同伴压力。一些研究者的报告说，工人阶层学生占主体的学校里，学习成绩好的学生常常因为遵守学校规范而受到嘲弄和排斥。约翰·奥格布(John Ogbu)和西格尼塞亚·福德姆(Signithia Fordham)研究其他国家的学生后发现，学生中存在消极的同伴压力，在美籍非洲裔的工人阶层学生中，同伴压力的消极影响尤其强烈。在一些旧城区的学

---

① 杰瑞米·D.芬和查尔斯·M.阿基利斯:“班级规模的问题和答案：全州的实验”,《美国教育研究杂志》(1990年秋),pp. 557—577;艾莱克斯·墨纳、菲利普·史密斯、约翰·查豪瑞克:“1999—2000年度的教育课程评估中学生成绩保证结果”(2000年),论文由评估组提供。

② 琳达·达灵-哈蒙德:《学习的权利》(弗朗西斯科：约塞-巴斯出版社,1997年);布赖恩·古德温:“提高差生的成绩”,《MCREL政策简报》(2000年5月)。

③ 琳达·达灵-哈蒙德:“老师素质与学生成绩”,《教育政策分析档案》(2000年1月),可查网站：http://epaa.asu.edu。

校里,成绩好的学生努力学习常常被认为是“brainiacs”,并被指控为“acting white”。①

一些研究者的报告称,这种态度在中产阶级的黑人学生中或在取消种族隔离的学校上学的黑人学生中很不受欢迎,或根本不存在,很难把它们和其他文化模式区分开来。一位非洲裔美国教授对这种现象的评价是:“持这种观点就是把对知识如饥似渴的人视为其民族的叛徒……这似乎是某种不吉祥的白色阴谋。在一个黑人只有忍受坐牢、枪杀和私刑才能得到教育的社会中,令人难以置信的是,一些黑人儿童竟然认为……学习失败是一种自豪。”②

认识教育的重要性

洛伊丝·韦斯(Lois Weis)和她的同事认为,当工人阶层学生认识到教育对他们未来成功是重要的时候,他们反学校的倾向和对同学施加的同伴压力则会减少。尽管工人阶层的青少年在历史上倾向于视学习与将来就业毫无关系,但是在她的研究中,中学男生如果认识到上学为他们获得技术工作提供了“功利的机会”,他们就愿意“花费时间”上学,甚至上大学。③

课堂教学的期望与学生行为模式和学习风格不相容。许多分析家得出结论:许多工人阶层学生和一些少数民族学生的学习方式和风格不同于中产阶级或非少数民族学生的学习模式和学习风格,这些差异往往

---

① 保罗·威利斯:《学会劳动》(英格兰韦斯特米德:萨克森书屋,1977年);罗伯特·埃弗哈特:《阅读、写作和抵抗》(波士顿:劳特里奇和科干普出版社,1983年);西格尼西娅·福德姆:“黑人学生学校成功的无种族因素:实用主义策略还是代价惨重的胜利?”《哈佛教育评论》(1988年2月),pp. 54—84;史蒂芬尼·U.斯皮纳和罗伯特·H.泰:“种族身份的政治学”,《教育研究者》(1998年1—2月合刊),pp. 36—40;约翰·H.麦克豪特:《失去种族性?》(纽约:自由出版社,2000年)。

② 塔马·雅各比:“究竟是什么形成了隔阂?”《华盛顿邮报》,(1998年6月28日),p. C2;普鲁登斯·L.卡特:“回顾:种族和文化在非裔美国青年的学术与社会成就中的作用”,《非裔美国研究视角》(2000年秋),pp. 65—73。

③ 马克希因·塞勒和洛伊丝·韦斯:《白人和黑人背后》(阿尔巴尼:纽约州立大学出版社,1997年);参阅凯西·扬:“男孩在哪里?”,《理性在线》(2001年2月)。

导致学校教育的失败。传统的课堂教学期望有助于中产阶级学生取得高成绩，如一些研究已经表明，许多非洲裔美国学生精力充沛（即具有高“活动”水平），而如果老师要求他们在某一段时间内在某个地方坐着不动，或限制其冲动反应，那么他们的表现都不好；研究还表明，如果老师的行动没有力量，没有权威性，一些低收入家庭的美籍非洲裔学生就会变得非常混乱，美籍非洲裔学生和美籍西班牙裔学生倾向于“场依赖”——即当教学内容比较抽象，且“无上下文联系”的概念开始出现时，他们将学不好。许多研究者因此建议教师应允许学生进行更多的身体运动，在给学生讲述抽象分析前，应该给学生展示具体材料，应该避免将学生当做“同龄人”，应该为学生提供成对学习或合作群体学习的机会，应该采取其他措施协调不同的行为模式和学习风格。①

中产阶级对待学生行为的期望

应该强调的是，研究并不能完全说明工人阶层或少数民族学生的行为模式或学习风格之间存在显著差异。从某种程度上来讲，一些低收入的美籍非洲裔学生、美籍西班牙裔学生或其他少数民族学生与非少数民族学生的学习的确存在差异，这些差异主要是由于他们所处的社会经济地位的不同，而不是种族或民族的差异。然而，许多研究支持这种说法，即教师协调不同学生的不同学习风格有助于提高成绩差的学生的学业成绩。这种选择性的教学实践将在下一章“多元文化的教育”那一节中讨论。②

分析到现在，我们已经清楚地说明了许多学生不仅在经济上处于劣

---

① 杰奎琳·J.欧文：《黑人学生与学习失败》（康涅狄格州威斯特波特：格林伍德出版社，1990年）；戴安娜·T.迪福：“再论社会化”，《美国心理学家》（1995年4月），pp. 276—286；戴安娜·S.波拉德和谢里尔·S.阿吉胡图图：《非裔学生为中心的学校教育理论与实践》（康涅狄格州威斯特波特：伯金和加维出版社，2000年）。

② 麦琪·G.韦尔斯：“非洲裔美国儿童的学习风格：文献和干预评论”，《黑人心理学杂志》（1989年秋），pp. 47—65；罗尼·霍普金斯：《黑人男性教育》（纽约州小石河：阳光出版社，1997年）；A.韦德·鲍伊金和卡瑞因·T.贝雷：“文化因素、文化取向和个体差异的综合研究”（2000年），论文由“处于危险中的学生研究中心”提供。

势，而且在学校和班级中也体验到教育劣势地位。近期研究表明，处于劣势的学生，如果有优秀教师教学，如果有正确的教学方针指导，诸如科技帮助（本章的“学校与网络技术”栏目中将予以讨论），他们就能够在教育体系中取得比今天更多的成功。[1] 但令人灰心的成绩和社会阶层的实际情况导致了一些人对学校是否真正在起作用发出疑问——他们是否能采取任何有意义的方式来抵消劣势学生的经验不足？本章的后面部分将讨论这个问题。在随后的章节中，特别是“美国学校的效率与改革”那一章，将讨论如何通过改善组织和教学授课来提高学生的学业成绩。

焦点问题回顾：低收入家庭的学生成绩差的原因中，你认为哪一条最重要？你能提供在本章中没有提到的其他可能的解释吗？（提示：许多低收入家庭的父母的流动性较大。）

学校与网络技术

数字分界线处理

近年来，人们更多地关注数字分界线的程度和含义，即指社会经济地位处于优势的美国人和社会经济地位处于劣势的美国人接触数字媒体的差距。例如，在http：//www. ntia. doc. gov/ntiahome/digitaldivide/factsheets/education. htm这个网站中的一张统计表告诉我们：

目前拥有大学学位的美国人中有61.6%的人正在使用因特网，而只有小学文化程度或更低的美国人中仅有6.6%的人使用因特网。拥有大学学位或更高学位的美国人，与那些接受最少教育的美国人相比，前者拥有家庭电脑的数量是后者的8倍以上，而前者在家上网的机会接近后

① 丹尼尔·U.莱文和布·弗莱·琼斯：“掌握学习”，见理查德·戈登、盖尔·施奈德、詹姆斯·弗舍尔主编：《学校行政管理和监督百科全书》（菲尼克斯：奥瑞克斯出版社，1988年）；丹尼尔·U.莱文：“教学方法和教育干预能够提高非洲裔美国学生的学习成绩”，《黑人教育杂志》（1994年冬），pp.46—63；塞缪尔·C.卡特：《没有借口》（华盛顿，哥伦比亚特区：传统出版社，2000年）。

者的 16 倍。接受最高教育和最低教育的人使用因特网的数字分界线从 1997 年到 1998 年扩大了 25 倍。

作为一名教师，你将会面对接触电脑较多的学生和对电脑知识了解很少的学生。你需要掌握方法去帮助所有的学生熟悉电脑，正如你处理学生的其他差异一样。你们的学校也许可以，也许不可以广泛地、快速地接触因特网，但是无论是哪一种情况，你都要帮助你的学生利用因特网和其他的数字化资源，以提高他们的学习本领。

有关缩小社会中数字分界线可能性的讨论和假设可以通过 Don Tappscott 的受人欢迎的演讲中了解，请光临网站：http：//www. pulpny. org/CAM/trans_tapscott. html，报告题目是《穿越因特网：数字分类》。请光临网站：http：//www. ntia. doc. gov/ntiahome/fttn00/contents00. html，浏览联邦政府的其他报告。请光临网站：http：//www. digitaldivide. gov。这些报告中有许多内容涉及缩小农村和低收入城市社区的数字分界线。

作为一名教师，你可以从这些网站中得到大量的经过深刻讨论的信息，帮助你处理数字分界线的问题。你可以到 www. pbs. org/digitaldivide/guide. pdf 网站上下载与 2000PBS 系列“数字分界线”问题相伴随的自由教师的向导。你也许想通过向导特别关注一下“额外科技服务”(Tech Tips)，向导中还包括帮助学生调查数字分界线的班级活动建议。你将在 http：//www. ed. gov/technology/tool_kit. html 网站中获得有价值的信息和想法。

第四节　学校能给予公平的机会吗?

前面几节中讨论的研究表明，低收入家庭背景的学生进校后，在传统课堂教学中没有得到很好的培养以获得成功，并且以后在学校的成绩排名相对靠后，其他方面取得的成功也相对较少。如果根据克服与家庭背景相联系的劣势的程度来界定平等教育机会，要求无论学生社会经济地位如何，都使学生的平均水平表现得很好，那么，我们一定会得出这样的结论：教育体制在机会平等化中并不很成功。

科尔曼的研究

自从詹姆士·考勒曼(James Coleman)和他的同事主持的大规模的全国性的研究成果在1966年发表以来，平等教育机会就得到了广泛的关注。联邦政府支持的"教育机会平等"的研究，共收集了大约4 000多所学校的60万个学生的数据，国会发起者希望此项研究能够表明，低社会经济地位的学生成绩差的原因是由于教育的费用支出低，这样可以为增加学校资金提供依据。

学校花费对社会阶层的影响

正如所意料的那样，考勒曼和他的同事报告了学生的成绩与学生所处的社会经济地位高度相关的情况，指出工人阶层学生和超低阶层学生比例高的学校在资金上通常不如中产阶级学校。然而，他们同时发现，减少班级人员数的花费、实验室的花费、图书馆的花费及学校运作的其他方面花费基本与成绩无关，这是在考虑下列因素之后得到的结论：(1) 学生个人的社会经济背景；(2) 学校中其他学生的社会阶级地位。许多读者错误地理解数据，认为学校不能改善处于经济劣势的学生的成绩，事实上，研究结果支持以下两个结论：(1) 简单加大对处于劣势的学生的投入不可能从根本上提高他们的成绩；(2) 将以前在工人阶层学校就读的学生与中产阶级学生安排在一起读书能够提高其成绩。① 以考勒曼研究中的一个例子来说明，可以参看参考资料栏中的内容。

詹克斯的结论

最近10年，由克里斯托弗·詹克斯和他的同事出版的两本有影响

① 詹姆斯·考勒曼：《教育机会平等》(华盛顿：美国政府出版署，1966年)；弗雷德里克·莫斯泰勒和丹尼尔·P.莫尼里汉主编：《论教育机会平等》(纽约：兰顿书屋，1972年)；詹姆斯·考勒曼：《教育中的平等和成绩》(克罗拉多州博多德：西部观点出版社，1990年)。也可参见戴维·J.豪夫："哥尔曼报告的反响"，《教育周刊》(1999年3月24日)；"克里斯托弗·杰恩克斯斯面谈"，公共广播系统将其张贴在www.pbs.org/fmc/interviews/jencks.htm因特网上。

的书支持这个结论。经过对大量数据的检验后,詹克斯和他的同事得出下列结论:①

(1) 学生的学业成绩实质上依赖于学生的家庭特征。

(2) 学校在缩小较高社会经济地位学生和较低社会经济地位学生的学业成绩之间的差异方面几乎无能为力。

(3) 家庭背景几乎说明了职业地位差异的近 50%和赚钱差异的15%—35%。

国际的类似研究

其他国家的研究也得到了相似的结论。例如,世界银行的学者在回顾了近几十年的国际研究之后,发现家庭背景对个人成就有着“早期和明显的持续影响”。同样,英国学者对英国的研究作出结论:那里的学校所发挥的作用是,“维持将特权由一代中产阶级公民移交给下一代的机制。”②

然而,这并不意味着所有的或绝大部分低收入家庭的学生成年时都不成功,也不意味着学校在为处于各种社会经济背景的学生提供机会方面都是不成功的。研究支持下列一般结论。

重大的社会经济流动

(1) 尽管低社会经济地位的学生倾向于在校表现差,并在以后被雇佣的机会方面受到限制,但的确有一部分比例的工人阶层孩子和一部分来自贫困家庭的孩子最终达到中产阶级地位。例如,尽管美国劳工队伍中的三分之二男人在工人家庭或农场长大,但有 50%多的人获得中产阶

---

① 克里斯托弗·詹克斯等:《不平等》(纽约:基础图书出版社,1972 年);克里斯托弗·詹克斯等:《谁走在前列?》(纽约:基础图书出版社,1979 年)。参阅丹尼尔·P.麦克莫和伊莎贝尔·V.沙希尔:《向前进》(华盛顿,哥伦比亚特区:城市研究所,1998 年)。

② 马兰纳·E.洛克希勒、布鲁斯·福勒和唐纳德·理荣格:《家庭环境和学校成绩》(华盛顿,哥伦比亚特区:世界银行,1988 年),p. 23;阿伦·C.科考夫:《岔路》(纽约:剑桥大学出版社,1993 年);约西·沙威特和汉斯-彼得·布罗斯菲尔德主编:《持续的不平等》(克罗拉多州博多德:西部观点出版社,1993 年);理查德·哈切:“教育中的班级差异”,《英国教育社会学杂志》(1998 年 3 月),pp. 5—24。

级或更高地位的工作，即使只有不到25%的人在中上阶层家庭长大，但是仍有将近40%的人获得中上阶层工作。这种类型的社会经济流动在美国历史上已经发生了。近几十年来这种流动好像有所增加，这是因为科技经济变化创造了高地位工作，消除了不熟练工作。①

(2) 是教育制度而不是父母帮助许多人提升了自己的地位。随着中等和高等地位的工作变得更复杂和更依赖于特殊的教育技能和资格，教育体制在推动社会经济地位的流动中的作用已经变得更突出了。②

(3) 随着教育决定社会经济地位和社会经济地位的流动性的程度越来越大，是否上大学和能否大学毕业组成了能否取得高社会经济地位的一种"分界线"。100年前，中学的录取率可能是衡量社会经济地位的最好教育指标，正如五六十年前，中学毕业是最清晰的分界线一样，今天，中学后教育几乎是中等职位或高等职位工作的必备条件。③

(4) 尽管有许多工人阶层的学生成功，但并没有足够机会——无论是教育机会、社会机会，还是经济机会——去克服超低社会阶层的劣势。进入低成就贫困学校的孩子仍然可能不成比例地停留在原有非常低的社会经济地位上。

参考资料：

学校教育对学生成绩的影响

詹姆斯·考勒曼是一位社会学家，他的很多研究都致力于包括各种不同类型的学校的学生的行为和成绩在内的问题。在20世纪60年代，

① 戴维·L.费瑟曼和罗伯特·豪瑟：《机遇与变化》(纽约：学术出版社，1978年)；迈克尔·霍特，"普遍主义较多、结构流动性较少：20世纪80年代美国职业结构"，《美国社会学杂志》(1988年5月)，pp. 1358—1400。

② 霍特："更多普遍主义"；南希·伯索尔和卡曼尔·格雷厄姆合编：《新市场，新机遇?》(华盛顿，哥伦比亚特区：布鲁金斯机构出版社，2000年)。

③ 亨利·A.吉如：《作为知识分子的教师》(马萨诸塞：博格因和戈威出版社，1988年)；朱迪斯·高勒曼：《工作理论》(韦斯坡特·康斯威辛：格林伍德出版社，1995年)；保琳·理普曼：《学校重新建构中的种族、阶层和权力》(阿尔巴尼：纽约州立大学出版社，1998年)；亨利·A.吉如："向年轻人宣战"，《反当代》(2000年5—6月合刊)，pp. 17—21。

他领导一群研究人员，对公立中小学的学习成绩进行了广泛的研究。作为研究结果的报告《教育机会平等》，在关于如何改善我们的学校的讨论中仍被广泛地引用。

学校教育对学生成绩的影响这种研究给人们许多启示，每个启示都显得非常重要。现将研究结果中的启示整理如下：

（1）家庭背景对成绩的重要性；

（2）家庭背景与成绩相关这个事实并没有随着岁月变化而改变；

（3）家庭背景差异不能解释相对少量的学校差异，表明学校的教学设备、课程和员工的差异对学生成绩的单独影响较小；

（4）成绩的小部分差异精确地说明了学校设备和课程的影响作用；

（5）假设没有任何学校因素*能够解释学生成绩的差异，那么只有教师的特征能够说明——教师的社会和种族倾向与他们所教的学生相似；

（6）学生群体的社会组成不依赖于学生自身的社会背景，相对于学校的任何其他因素，这个事实与学生成绩更为相关；

（7）环境控制意识或环境反应信息的实际态度与成绩高度相关，但与学校特征的影响几乎没有关系；

将这些结论放在一起，你可以发现：学校教育对孩子成绩的影响微乎其微，同时成绩与学生的家庭背景和总的社会背景没有关系；对培养孩子独立的影响非常缺乏就意味着其家庭、邻居和同伴环境把不平等强加给了孩子，使得他们毕业后的成人生活也变得不平等。为了通过学校创设教育机会均等的条件，必须表明学校的强烈影响不依赖于孩子当时的社会环境，而美国学校目前并没有这样做。

问题

（1）随着年级的上升，为什么低收入学生的家庭背景和成绩之间关系没有减弱，这里有哪些原因？

（2）学生的社会经济地位作为一个整体，通过什么方式影响学生的成绩水平？

（3）对“旧城区的贫困学校应该让低收入学生转学到以中产阶级学生

为主体的学校”这一结论，《教育机会平等》的研究结果是如何予以支持的？

(4) 如果你受雇于许多学生来自低收入家庭的学校，你将如何提高他们的成绩？作为一个教师或学校教职员工，你将如何帮助低社会地位的学生乐观地看待自己成功的机会和以后生活的成功？

*该研究中的学校因素包括教学设施、教学材料、班级规模、学生人均支出费用、课程、教师特征和其他学生的社会和教育背景。

【资料来源】詹姆斯·考勒曼等：《教育机会平等》(华盛顿，哥伦比亚特区：美国政府出版署，1966 年)，p. 325。

第五节　传统观点与修正主义观点的解释

美国学校的反对观点

人们对社会阶层与学业成绩之间密切关系的认识，导致了美国教育中的两种基本观点的强化。简言之，根据传统观点，教育体制成功地为处于经济劣势的学生提供了丰富的社会和经济进步的机会。相反，修正主义的学校观认为教育体制根本没有做到这一点，批评理论或批评性教育学这个名称通常被用做修正主义观点的同义词。下面几节将探讨这两种观点的各部分内容。①

一、修正主义观点和批评性教育学

教育用来保持精英优势

修正主义者指出，通过学校控制，精英群体引导处于劣势的学生到二流中学上二流课程、三流社区学院和从事四流工作。许多批评性教育学家也相信教育体制的建立是专门培养处于社会底层的遵守纪律的工人的。这部分是通过在工人阶层学校中向学生强调纪律来实施的，正如

① 修正主义者通常指的是新马克思主义者，因为他们坚信，如果学校为所有的学生提供真正平等的教育机会，那么资本主义制度将被废除并发生本质的变化。

工人阶层家庭和工厂的劳动体制强调纪律一样。[①]

学生为什么会“抵制”

很多批评性教育学的分析被称做抵制理论,即试图解释为什么一些低经济社会地位的学生拒绝执行学校规范,不服从教师的要求。持这种观点的人认为,学生的抵制部分是因为学校规范和期望与学生所持有的传统的男子气和女子气相矛盾。除此之外,“对立的同伴生活”刺激了学生抵制他们觉察到的与自己不相关的他们老师的中产阶级价值观。抵制理论家进一步指出,传统的课程疏漏了这些学生的日常知识,因此又增强了工人阶层文化中的反理智倾向。[②]

教师应该怎样做?

批评理论家一直非常关注教育者将怎样做以改善这种状况。他们使用许多相关术语、批评性论文、批评性参与和批评文学,强调教师的目标是成为“有变革能力的知识分子”,他们扩展了学校向民主社会迈进过程中所发挥的作用。如葆琳·李普曼(Pauline Lipman)相信教师不仅应该促进“个人效能”,而且要促进工人阶层和少数民族学生的“社会效能”,并应帮助他们为成为他们当地社区的领袖做准备。她还相信教师应该在改革公立学校的事业中努力遵循这个目标。[③]

---

① 修正主义学者和批评教育家的主要著作包括:马丁·卡罗尔编:《社团社会中的学校教育》(纽约:麦凯出版社,1975年);乔·H.斯布林:《分类机器》(纽约:麦凯出版社,1976年);塞缪尔·鲍尔斯与赫伯特·吉恩提斯:《资本主义社会的美国学校教育》(纽约:基础图书出版社,1976年);迈克尔·W.爱普尔、洛伊丝·韦斯合遍:《学校教育中的意识形态与实践》(费城:坦普尔大学出版社,1983年);亨利·A.吉如:《文化工人和教育的政治学》(纽约:路特里奇出版社,1991年);迈克尔·爱普尔:《教育与权力》第2版(纽约:路特里奇出版社,1995年);安·A.弗格森:《坏男孩》(安阿伯:密歇根大学出版社,2000年)。

② 罗伯特·W.康奈尔等:《影响正在产生》(波士顿:乔治·阿伦和昂温出版社,1982年);亨利·A.吉如:“青年与代表政治”,《教育研究员》(1997年5月),pp. 27—30;凯瑟琳·K.阿博薇兹:“对抵制理论的实用主义修正”,《美国教育研究学报》(2000年冬),pp. 877—907。

③ 亨利·A.吉如:《知识分子教师》(马萨诸塞州格兰比:博金和加维出版社,1988年);朱迪斯·戈德曼:《工作理论》(康涅狄格州威斯特波特:格林伍德出版社,1985年);葆琳·李普曼:《学校结构重整中的种族、阶层和权力问题》(厄巴尼:纽约大学出版社,1998年);亨利·A.吉如:“与青年的战争”,《逆流》(2000年5—6月合刊),pp. 17—21。

二、传统观点

教育是使优秀与机会相平衡

传统观点倡议者承认社会阶层、学业成绩和经济上成功之间的关系，但他们强调，现存的机会和数据表明，工人阶层的许多年轻人通过学校和其他社会机构，的确能够实现社会流动。绝大多数传统主义者认为，我们的教育机构和经济机构把追求优秀的要求和提供的机会相平衡。从这个角度看，无论其社会经济地位处于怎样的劣势，每个努力工作的人都被赋予了在中小学取得成功和上大学的机会。

多重机会

传统主义者指出，与其他绝大部分国家相比，美国教育体系给个人提供了更多的上大学的机会（见“国际教育”那一章）。美国学生在 11 岁或 12 岁时不会面临剥夺他们受教育机会的考试，而且他们必须接受教育，这几乎是无法逃避的。即便美国学生在中学表现很差，他们也能够读社区大学，然后转入综合性大学。而且，许多四年制学院的入学条件是除了成绩最差的中学毕业生均可报名入学。

学校是筛选机构

传统主义者承认学校是个筛选机构，它们负责将不同的个体分配到不同工作中去，但他们认为这种筛选不是系统地建立在如修正主义者所说的种族或收入基础上的。相反，他们认为，受到较好教育的学生基本会获得较好的工作，因为他们在学校中已经被培养得更富有创造性，再加上几年的学校教育就表明这种创造性会更大。雇主必须使用一些标准来决定谁被雇用，在一个高度重视流动和机会的民主社会中，这应该主要由教育质量来决定——而不是由申请者的家庭、种族、民族出身或社会阶层来决定。

三、中立观点

本章开头的数据说明，工人阶层学生在校表现总体上比中产阶级学生差。后来在考察了证明这种差异的部分原因后，我们归纳了数十年的研究，得出结论认为，中小学往往不能克服工人阶层学生的劣势。尽管最近的研究已指出，一些学校在这方面是比较成功的，但整体模式为修正主义者的一些结论提供了证明和支持。

学校的失败与成功

另一方面，并不是所有的工人阶级学生或所有的少数民族学生在校表现都不好，也并不是所有的中产阶级学生在校表现都很成功。社会阶层和成绩之间关系的精确描述，在修正主义观点和传统观点中均有可取之处。学校不可能完全将现在的社会阶层结构保留到下一代学生身上，但学校也不能够提供足够的机会，打破许多可以预见工人阶层学生的低水平表现的常规模式，莱卫茵夫妇回顾了修正主义和传统主义两方面的研究，强调了下列中立观点。①

学校促进流动

尽管我们不能指出工人阶级学生在校成功或通过教育提升自己社会地位的精确比例，但是学校的确是一种使许多经济处于劣势的儿童流动的重要途径。

尽管许多工人阶层学生所就读的学校是以工人阶级学生占多数，这样导致最初的劣势通过无效的教学授课而得到强化，但许多其他学生所上的学校是混合型社会地位的学校，它们的教学条件有助于学生取得好成绩。

最低阶层的人最容易被“冻结”

美国流动研究表明，主要是处于底层的人容易被“冻结”在其父母所属的社会阶层中。然而，有相当多的代际流动，或流向更高层，或流向低层，处于最低社会阶层的大部分美国人不会超越其父母所属的社会

① 莱文：《社会与教育》。参见乔治·W.耐勒：《教育家与他们的虚荣》(旧金山：咯多盖普出版社，1994年)；迈克尔·W.爱普尔：“市场和标准是民主的吗?”，《教育研究者》(1998年8—9月合刊)，pp. 24—27。

阶层。

少数民族和贫困集中的学校

社会和人口统计所显示的趋势使人们开始关注低收入的城市和农村社区的许多孩子，因为他们的学校成绩非常差。这些学校的大部分学生来自不同种族或不同民族的少数民族群体。

机会均等，过去和现在

在历史上，像霍勒斯·曼（Horace Mann）这样的教育领袖之所以努力建立和扩大公立学校体系，部分是因为他们感到这样有助于给所有美国儿童的生活成功地提供一个平等机会，无论他们出生的状态如何。本章中引用的数据表明，传统公立学校的功能——提供平等的教育机会已具有更大的权力意义了。目前提供生活成功的平等机会取决于为儿童提供的教育的有效性——尤其是那些具有少数民族背景的学生——他们所上的学校是以贫困学校为主。这个问题将在下面的章节进一步讨论。

焦点问题回顾：对教育机会平等的看法，你最赞成的，是传统观点、修正主义观点，还是中立观点？为什么？

总　　结

(1) 个体所处的社会阶层和中小学时的成绩，以及和上大学与大学毕业均相关。低社会经济地位的学生倾向于学业成绩差，中产阶级学生趋向于学业成绩好。学业成绩差在大城市的贫困地区尤为显著。

(2) 低收入的少数民族学生通常学业成绩差，但考虑到社会阶层因素后，种族和民族与学业成绩之间几乎没有关系或是相互独立的。

(3) 学生成绩差的主要原因包括下列三个方面：① 学生家庭环境不能为其在传统学校中取得成功做好准备；② 某些情况下，遗传和环境的相互作用会进一步阻碍学生取得成绩；③ 按照传统方式创办和管理的学校没有为处于经济劣势的学生提供有效的教育。

(4) 学校中的许多问题有阻碍学生取得成绩的趋势：不合适的课程和教学方法、缺乏以前在学校取得成功的体验、艰苦的教学条件、老师与学生背景的差异、教师对学生不适当的觉察、无效的同质分组、授课问题、超大班级、同伴压力、课堂教学期望与学生行为模式不匹配。

(5) 从某种程度上讲，社会阶层和教育的研究已经支持了修正主义者的观点，即学校使社会阶层系统永远存在。这与传统观点相反，即美国社会及其教育体系应为不同社会背景的儿童和青年提供平等的成功机会。

(6) 因为近来的调查显示，学校能够更加有效，所以机会均等的理想可能在将来会得到更全面的实现。

关 键 术 语

社会经济地位(SES)	环境学家的观点
上层	遗传论者的智力观
中层	综合论者的智力观
工人阶层	同质分组
超低阶层	超负荷学校
全国教育进展评议处	传统的学校观
种族	修正主义的学校观
民族	批评性理论(批评性教育学)
民族文化群体	抵制理论

讨 论 题

(1) 教师和学校如何克服与学校有关的每一个障碍和问题？这些障碍和问题影响经济上处于劣势的学生的成绩吗？你认为你可以通过个

人努力克服这些障碍并解决这些问题吗?

(2) 修正主义的哪一个观点最受欢迎? 对批评者来说,哪一个最容易受到批评?

(3) 假如你是学校的新教师,这个学校的种族、经济和语言与你的背景均有很大差异,你会怎样做来增加你取得成功的机会? 你将向谁求助?

(4) 你对中学同质分组和异质分组有什么经验? 这种安排对学业成绩好的学生和学业成绩差的学生分别有什么益处? 怎样做才能更有效?

(5) 如果你是老师,你将在多大程度上愿意与学业成绩差的学生家长接触? 你认为这应该是教师的部分责任吗?

专业发展的建议方案

(1) 请你为你的职位准备一份很不同寻常的有效的学校分析,假设该校学生与其他绝大多数学校的学生有相似的社会背景,但学生取得的成就较多。这些非同寻常的有效的学校有什么特征或"相关特点"? 在因特网上寻找"有效学校"将会让你进入相关网站。

(2) 与附近的小学接触,决定教师应采取什么措施来帮助低收入或少数民族的学生提高成绩。与你班级的其他老师比较研究结果。你也许希望和他们一道努力,确定一些对你的课堂教学有用的观点和方法。

(3) 采访教育体系中一些已经成功的低收入背景的人士。他或她的成功归因于什么? 成功的人遇到过什么特别的障碍? 他们是如何克服这些障碍的?

(4) 整理报纸和杂志上讨论公立学校学业成绩差的文章。这些资料考虑了本章中提供的材料类型了吗? 怎么考虑的? 作者提出了什么解决方案? 你对这些方案的有效性如何评价?

第十二章　提供平等的教育机会

我们的学校是世界上第一个以为所有学生提供中学和中学后教育机会为目标的学校。然而，正如“社会阶层、种族与学业成绩”那一章中指出的那样，有太多的案例反映了有效教育并没有推广到经济处于劣势的学生和少数民族学生那里。受民权运动的推动，许多人认识到，不仅要为处于劣势的学生增加受教育的机会，还要为残疾人增加受教育的机会。

本章中，我们检验了为经济处于劣势的学生提供的废除种族隔离、补偿教育（compensatory education）、多元文化教育（包括双语教育）和残疾学生教育。这些主题反映了 4 个重要的运动，目的是努力扩大学生受教育机会和使学生受教育机会平等。当然，你也许认为，我们的学校应当为学生提供平等的受教育机会，但这是政府、学校董事会和公民权利群体的事，在课堂教学中又是如何影响你的呢？

第一，无论你在哪里教书，你都会发现无论从专业上或道德上都要求你给成绩差的学生提供更多的具体帮助。

第二，由于学生群体在种族方面、民族方面日趋多样性，你可能需要协调不同的民族群体、不同的文化背景，或许还有不同的语言。

第三，与以往任何时候相比，现在有更多的学生被划归为无能的人，与此相应的是，有越来越多的这样的学生被分配到普通班中。作为一名教师，你至少要为学生提供部分特别的帮助。在你形成关于平等教育机会的哲学和方法之前，请在读本章时思考下列问题：

焦点问题

■ 废除种族隔离、补偿教育、多元文化教育和残疾学生教育的理论基础是什么？

■ 废除学校种族隔离的主要障碍和方法是什么？

■ 补偿教育的主要方法是什么？

■ 什么是多元文化教育？中小学应采取什么形式实施多元文化教育？它的主要优势和危险是什么？

■ 法律对学校向残疾学生提供教育的规定是什么？这种教育中的主要问题是什么？

第一节　废除种族隔离

废除种族隔离和整合

废除学校的种族隔离是指让不同种族的学生在同一所学校接受教育。整合(integration)通常意味着更多，不仅是让不同种族的学生在同一所学校学习，而且要为完成废除种族隔离的两个潜在目标采取有效措施：(1) 克服少数民族学生的成就感缺失和其他劣势；(2) 培养积极的种族之间关系。在过去的 40 年里，人们的注意力已从简单的废除种族隔离转到整合上来，整合的目标是为所有背景的学生提供平等和有效的教育机会。然而，要想完全达到这两个目标，我们还有许多事情要做。

一、美国教育中废除种族隔离制度的简史

奴隶制和宪法

从国家教育一开始，种族歧视和种族压迫就已经深深根植于国家教育制度中了。例如，美国宪法为自由人口的代表作出规定，但仅允许五分之

三的人代表"所有其他的人",通常指奴隶("代表"指美国众议院中的座位分布)。在国内战争前,美国南部大部分地区中,教奴隶读和写是犯罪的。

种族隔离的设施

国内战争后,13、14 和 15 世纪宪法修正案试图增加公民的权利,而不管种族如何。在重建时期,美籍非洲人有一定的收获,但 1877 年后,美国通过采取法律行为,将美国南部的黑人和美国其他地区的黑人隔离开来。法律要求他们上分离学校,限制他们与白人竞争好的职位,拒绝他们参加竞选。① 美籍非洲人成为"对黑人实行种族隔离"法规的牺牲品,他们被要求使用独立的公共服务场所和公共设施(例如,交通、娱乐场所、洗手间、饮水设施),并且经常根本没有机会接近私人设施,如旅馆,餐馆和剧院。许多美籍非洲人被 3K 党成员和其他极端主义联盟用私刑严惩或毒打。与此相类似,尽管对美籍亚洲人、西班牙人、土著美国人和其他少数民族群体也有种族歧视现象,但并不致命。例如,在一些州,法律规定华裔美国人不能从事高报酬的工作,他们的孩子只能上隔离学校。②

隔离、不平等的学校

无论用什么测量平等,为美籍非洲人提供的学校很少与美国白人所上的学校是平等的。举一个例子,在 20 世纪 40 年代早期,密西西比的官方学校每年为每个白人学生花费 52.1 美元,但在黑人学校仅花费 7.36 美元。许多情况下,非洲裔美国学生必须自费走很长的路去上最近的黑人学校,且经常在方圆 100 英里或更大范围内没有黑人高中。③

---

① 本章中白人是指非西班牙裔白人,也就是那些不属于以废除学校种族隔离为目的的少数民族群体成员的公民。

② 格温·金·基德:"中国城—1",《纽约人》(1991 年 6 月 10 日),pp. 45—83;克里斯托弗·瓦丝罗普罗斯:"盛行的美国梦",《黑人教育杂志》(1994 年夏),pp. 289—298;诺曼·R. 耶特曼主编:《多数与少数民族》第 6 版(波士顿: 阿伦培根出版社,1999 年)。

③ 美国民权委员会:《履行法律条文和精神: 废除公立学校种族隔离》(华盛顿,哥伦比亚特区: 美国政府出版署,1976 年);国家研究委员会:《共同命运》(华盛顿特区: 国家学术出版社,1989 年);威廉·T. 特伦特:"圣·路易斯的教育双轨制的持久影响",《黑人教育杂志》(1997 年夏),pp. 336—340;"回顾过去",《布朗季刊》(2001 冬)。

布朗案

20世纪50年代早期,有许多法律案件挑战中小学的种族隔离措施。第一起案件是由美国高等法院受理的,受理这起案件的律师认为,琳达·布朗(Linda Brown)应被允许上堪萨斯州的脱派卡(Topeka)的白人学校。法律的教条认为学校应当"隔离但平等",原告对此提出抨击,认为种族隔离的学校是天生低劣的,即使给他们提供相同的经费也无济于事,因为强迫美籍非洲学生上种族隔离学校,本来就说明美籍非洲学生是二等公民,这样就打击了许多追求学校成功和社会成功的学生。1954年5月,联邦法院对《布朗诉教育董事会案》作了裁决:通过了"种族隔离但平等的教条在公立教育中不存在"这个一致决议,永远改写了美国的历史。联邦法院称,这种种族隔离剥夺了《第十四修正案》保证的人们受法律保护的平等权利。①

民权运动

布朗案决议的作用不久就在美国社会的许多领域显现了,包括雇佣、竞选和所有公共支持的服务行业。1955年12月罗莎·帕克斯女士拒绝坐在阿拉巴马州的蒙特哥美里(Montgomery, Alabama)的公共汽车后部后,美国许多地方都掀起了抗议种族隔离的运动。马丁·路德·金博士和其他民权领袖开始挑战深层次的种族歧视模式。对民权示威游行的激烈反对行为发生在20世纪50年代末60年代初,反对者将示威的标题视做狗,有时用消防水管驱散和平的示威者。三个维护民权的工人在密西西比被谋杀之后,美国国会通过了1964年的《公民权利法案》(Civil Rights Act)和其他法律,试图对少数民族公民提供平等的法律保护。②

---

① 威廉·L.泰勒:"社会科学在学校废除种族隔离中的作用",《黑人教育杂志》(1998年夏),pp. 196—203;詹姆斯·T.帕特森:《布朗诉教育董事会案》(纽约:牛津出版社,2001年)。

② 弗兰克·布朗:"布朗和20世纪40年代教育政策",《黑人教育杂志》(1994年夏),pp. 336—348;约翰·P.瓦赫特尔:"我们不会回头",《美国教育研究杂志》(1998年夏),pp. 167—198;路易斯·梅纳德:"公民法案",《纽约人》(2001年2月12日),pp. 91—96。

对废除种族隔离的抵抗

当地政府官员对布朗决议的最初反应通常是消极的。尽管1955年高等法院(布朗Ⅱ)裁决,学校废除种族隔离应以“不顾一切的速度推进”,但却遇到了很大的抵制。抵制采取的形式有:阻碍重新分配非洲裔美国学生到白人学校中去,用公共资金开办私立学校,不公正地划分学校分界线以增加种族隔离,中止或废除义务教育法,关闭废除种族隔离的学校。1957年阿肯色州州长奥瓦尔·福布斯(Orval Faubus)不允许在利特尔·罗克(Little Rock)的中心中学的校方接受5名美籍非洲裔学生,德怀特·艾森豪威尔(Dwight Eisenhower)总统号召国民卫队护送美籍非洲裔学生上学,1963年,南部只有2%非洲裔美国学生与白人上同样的学校。

二、废除种族隔离制度取得的进步

减少对非洲裔美国人的种族隔离

20世纪60年代初,中等规模城镇和农村地区的公立学校废除种族隔离工作已经取得了相当大的进步。校方对法令的反应是,减少非洲裔美国学生在种族隔离的少数民族学校上学(学校中通常要么有50%,或更多的少数民族,要么有90%,或更多)。[1] 如图12.1所示,非洲裔美国学生上的学校90%以上是少数民族学生,这样的学生在全国的比例从1966年的64%下降到1977年的34%。美国南部取得的进步最大,在那里,学校中美籍非洲裔学生的比例占全校总人数的90%,或更多,少数民族人数比例从1969年的78%降到20世纪80年代和90年代的不到30%。现在美国南部是整合最好的地区。[2]

---

① “少数民族”在此处是指非洲裔美国人,亚裔、西班牙裔、土著美国人和其他被美国联邦政府规定的较小种族和民族的群体。

② 威廉·M.戈登:“布朗一案后废除种族隔离计划的执行情况”,《黑人教育杂志》(1994年夏),pp.310—322;加里·奥菲尔德、马克·D.巴彻米尔、戴维·R.詹姆斯和泰莫拉·伊特尔:《美国公立学校中种族隔离的加深》(马萨诸塞州剑桥:哈佛学校反种族隔离计划,1997年);加里·奥菲尔德:“我们的种族隔离的学校”,《校长》(2000年5月)。

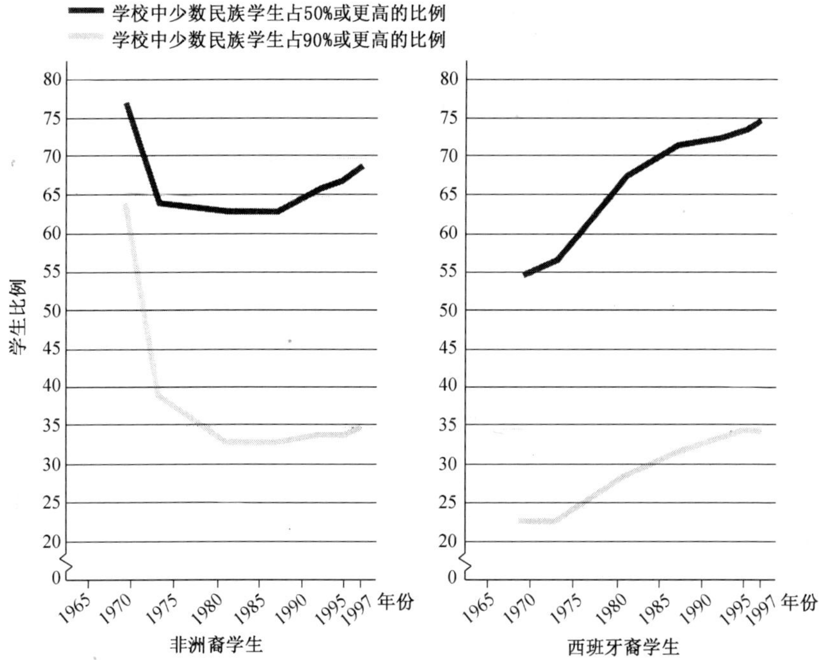

图 12.1

【资料来源】数据来自加里·奥菲尔德、莎拉·斯奇雷、黛安·格拉斯和斯恩·瑞尔顿的《教育中的平等和优秀》(1994 年 4 月)中的《美国学校中种族隔离的增长》, pp. 5—8;加里·奥菲尔德和约翰·T. 云:《美国学校中的种族再隔离》(马萨诸塞州剑桥:哈佛学校反种族隔离计划,1997 年);加里·奥菲尔德:《我们的种族隔离的学校》(2000 年 5 月)。

种族隔离的种类

总之,中小型社区在与法律上的种族隔离(由法律、政府行为,以及专门用来导致隔离的学校政策产生的隔离)和事实上的种族隔离(由居住模式而不是法律或政策导致的隔离)的战斗中似乎开始取得了进步。同时,随着居住的隔离越来越多,大都市中种族隔离也增多了。今天,在亚特兰大、芝加哥、底特律、纽约和费城这样的大城市中,公立学校的学生主要是少数民族学生,且大多数人都上的是少数民族学生为主体的学校。许多例子表明,在少数民族占主体的社区中,非常贫穷的人和社会经济地位非常低的人的比例还很高。正如在"社会阶层、种族与学业成绩"那一章中指出的，这些社区的学校与集中贫困的影响作斗争，大多数学校在力图提供有效教育中做得并不好。①

日益增加的对西班牙裔学生的种族隔离

然而，自1969年以来，西班牙裔学生上少数民族学生占主体的学校的比例增加了(见图12.1)。1969年，55%的西班牙裔学生就读这样的学校，这些学校有超过50%的少数民族，到1997年，75%的西班牙裔学生进入这样的学校学习。西班牙裔学生中更大的种族隔离趋势反映了西班牙裔人向大城市中旧城区的迁移，尤其是墨西哥人移入加利福尼亚州和得克萨斯州的城市，波多黎各人移入纽约、芝加哥和其他东方和中西部城市。②

三、有关废除种族隔离制度的法律

重要的法院案例

废除种族隔离制度的确立，通过审理《格林诉新肯特县学校董事会案》，被高等法院的1968年的决议极大地加速了，法院要求隔离的地区必须设计一个废除种族隔离的计划，计划应"承诺现在真的在运行"。在审理《斯旺诉夏洛蒂-迈克勒伯格案》(Swann V. Charlotte-Mecklenberg)后作出的1971年决议认为，只要废除种族隔离计划是可行的，就支持美籍非洲裔学生乘公共汽车、修订入学区域，或采取其他行动去除州强加

① 加里·奥菲尔德、莎拉·斯奇雷、黛安·格拉斯、斯恩·瑞尔顿："美国学校中种族隔离的增长"，《教育中的平等和优秀》(1994年4月)，pp. 5—8；贝福利·麦克罗德：《学校改革和学生的多样性》(华盛顿，哥伦比亚特区：全国双语教育情报交换所，1996年)，可见www.ncbe.gwu.edu网站；路易斯·M.劳莎："从波多黎各移民美国的儿童的学校废除种族隔离"，《教育政策分析档案》(2001年1月1日)；苏珊·沙奇："名字的含义？重新定义少数民族"，《纽约时报》(2001年3月11日)。

② 戴维·S.塔特尔、凯文·J.拉尼冈、玛里·F.斯尼德："布朗案40周年：废除都市的种族隔离和素质教育"，《都市教育》(1986年春)，pp. 15—35；詹姆斯·特劳伯："分离就会平等吗?"《弹竖琴者》(1994年6月)，pp. 36—47；加里·奥菲尔德和苏珊·E.伊顿："正在撤除的废除种族隔离"，《密歇根法律回顾》(1997年5月)，pp. 1715—1737。圣·路易斯的城市到郊区的转学计划从1998年起逐渐停止。

的隔离行为的"痕迹"。1974 年在基斯(Keyes)学校这一案中,法院得出结论认为:如果部分校区隔离是由地方政府行为引起的,那么,整个地区就必须废除种族隔离。这个决议是以法律为基础,以废除波士顿、达拉斯、克利夫兰、旧金山和其他一些大城市的地区种族隔离为目的的。

大都市居民的废除种族隔离计划

一系列高等法院的重要决议为大都市或地区的废除种族隔离运动奠定了基础,经过诉诸法院,并得到法院支持的路易斯安那州的利德尔案件判决,允许跨学区解决问题,终于使废除大都市种族隔离有了结果。在这个案件中,联邦法庭支持鼓励郊区接纳从城市学校转出的非洲裔美国学生。到 1998 年,城市的将近 1.3 万个非洲裔美国学生进入了郊区学校,大约 1 400 个郊区白人学生进入了城市学校。

20 世纪 90 年代,许多学区停止了或部分停止了废除种族隔离计划,这些计划都是在几十年前就已经被推荐到学校中来的。不同的学区对这种做法都有不同的原因:①

- 一些城市学区的注册学生中,少数民族学生占绝大多数,这样使他们很难维持废除种族隔离的计划,甚至对越来越多的学生乘公交车的状况也难以继续维持下去。
- 在一些地区,法庭规定地区在废除种族隔离计划中必须做得足够好,以至于能够克服由于违法而引起的种族歧视。
- 在其他的地区,公众和政府官员认为,废除种族隔离计划并没有真正对少数民族学生产生太大的帮助。

四、废除种族隔离制度的障碍

中产阶级人口的减少

考虑到绝大多数大城市地区的居住模式高度分散的事实,废除学校

① 凯雷·D.凯里和邦尼·A.莱斯雷:"规划你的出路",《美国学校委员会杂志》(1999 年 1 月);杰弗里·罗森:"对废除学校种族隔离失去信心",《纽约时报》(2000 年 3 月 21 日)。

种族隔离的主要障碍已成为绝大多数白人的期望,对于许多少数民族父母来讲,他们只希望子女进入邻近的学校。除此之外,学区反对废除种族隔离制度,因为来自低收入家庭的少数民族学生占了很大比例,如果这些孩子所在的学校废除种族隔离,将使低收入家庭学生的数目大量增加,那么白人父母和中产阶级的学生父母,通常会让孩子退学。结果将使城市学区和学校存在越来越多的低收入家庭学生和少数民族学生。①

五、废除种族隔离制度的计划

废除种族隔离计划的特点

废除种族隔离计划,通常包括下列行为或比下列更多的行为:②

(1) 改变更多种族隔离的人的上学地点。

(2) 建立有吸引力的学校,即优质学校(magnet schools)——学校使用特殊课程和人员,以吸引整个学区的学生。

(3) 不自觉地让学生乘公交车至废除种族隔离的学校去。

(4) 将一个较大区域内的两个相近的学校配对。例如,A 校招收一至四年级的学生,B 校招收五至八年级的学生。

(5) 允许有控制的选择,允许学生选择自己希望就读的学校,只要这种选择不引起种族隔离。

(6) 允许城市的学生自愿转学到郊区学校。

密尔沃基的例子

这些措施已经使中小城市的很多学校废除了种族隔离。密尔沃基就是一个很好的例子。一段时间内,美籍非洲裔学生占城市人口的约 40%,密尔沃基废除种族隔离学校的数量(学校中实有 25%到 50%的黑人)已从 1976 年的 14 所增加到 1978 年的 101 所。其中大多数增加的途

---

① 布鲁斯·卡茨、埃米·刘:“静止背后的移动”,《布鲁金斯评论》(2000 年春),pp. 31—34。

② 玛格丽特·哈德曼:“学校选择的趋势与问题:社会选择”,文章贴在“教育管理的 ERIC 情报交换所”网页上。

径是：(1) 建立优质学校；(2) 实施自愿城市—郊区转学计划；(3) 重新设定学校界限。当城市—郊区转学计划的实施结束时，废除种族隔离的学校学生数目下降了很多，这种模式表明，除了在最大的、极端隔离的城市，我们可以自愿地废除种族隔离。①

大城市的障碍

强调教学质量

在很大程度上，大的中心城市——尤其是录取50%或更高比例的少数民族学生的城市——废除学校的种族隔离是相当难做到的。例如，在一个有80%的少数民族学生的大城市，取消单一种族学校要做的可能包括，将该市的一个少数民族学校的学生通过乘数小时公共汽车，载到另一个学校。因为这些和一些类似的原因，在许多大城市，废除种族隔离的计划通常注重努力提高教学质量。

优质学校

据研究，与大规模地、不自愿地乘公交车把学生运送到少数民族学生为主体的学校相比，即使大城市和非常隔离的城市，也会由于优质学校的增加而引起更多的废除种族隔离运动。地区已经启动或仍在启动大量的优质学校，包括布法罗、休斯顿、杰克逊维尔和明尼阿波利斯。例如，优质学校计划经常使用各种不同的主题(如表12.1所示)，②"讨论话题"栏目将探索优质学校的有效性。

表12.1　优质学校主题

学 术 成 就	司 法 法 律
ARTS：好与行为 航空学	语言艺术、阅读、文学 数学

① 罗伯特·S.彼得金："密尔沃基正在发生什么？"，《教育领导》(1991年1月)，pp. 50—52；小彼得·W.库克森、索那利·M.斯罗夫："城市学校选择计划的近期经验"，《城市教育文摘的ERIC情报交换所》(1997年)，p. 127。

② 唐纳德·沃尔德普："优质学校的简史和哲学"，可在"美国优质学校"网页上查看。

续 表

学术成就	司法法律
基本技能、基础*	医学专长
商业、财政	军事科学
职业：一般的和具体的	开放、没有年级的、个性化的
沟通、多元文化的、人类	蒙台梭利
丰富、荣誉、大学前准备	公共事务和公民资格
现代古典、外语	科学
天赋、高天赋、天赋与天才	教学、教育
健康、身体发展	教学方法、学习风格
国际研究	科技、工程、计算机
国际学士学位	

* 基础是指对纪律、服装、家庭作业和其他的问题有严格政策规定的学校。

【资料来源】“美国优质学校”，因特网：www.magnet.edu。

讨论话题 12.1：优质学校是推动废除种族隔离运动和实现相关学校改革目标的有效途径吗？

讨论主题	赞成的观点	反对的观点
优质学校和废除种族隔离：近几年，许多城市学区已经建立部分地依赖于优质学校来废除种族隔离的计划。通过提供某一特殊领域兴趣的专业课程，优质学校就可以吸引城市或地区的各个地方的学生，由此创造一种民族和种族的混合群体。然而，批评	1. 许多城市的研究表明，包括优质学校在内的调节计划在废除种族隔离中能够取得很大成果。例如，密尔沃基和布法罗利用优质学校就很有效果。 2. 优质学校通过提供专门化的高水平课程，吸引了中产阶级和准备升高等学校的学生到公立学校中来。这种方式帮助学校扭转了白人、中产阶级大批外出的状况，这种状况阻碍了废除种族分离。 3. 除了吸引各种民族和种族群体，优质学校创设了一种	1. 支持优质学校对废除种族隔离有重要作用的证据有限，因为创办和维持优质学校通常代价很高，可能成为学区不合理的经济负担。 2. 优质学校通常“流失”了最好的学生，使其他公立学校成为成绩差的学生的集中地。这些学校发现，保持教师和学生凝聚力和良好的教学日益困难。 3. 一些地区的学校向优质学校的转变加剧了不同社会经济群体之间的紧张关系。本地学生不相信“外来学生”(通常是不同社会阶层

续　表

讨论主题	赞成的观点	反对的观点
家们指出，优质学校能够解决的问题比它们引起的问题要少。	社会经济阶层混合班。工人阶级和中产阶级学生一起上课有利于个体的社会化。 4. 由于优质学校的资源集中，它们能够提供比非专业化学校更好的教育。最重要的是，它们能够给每个人提供高质量的教育，而不论他们的种族、社会或文化背景。 5. 随着学生对优质学校要求成绩优秀的认识逐步增强，社区的自豪感也会增加。学校教育已经成为促进社区同一性的一种方式，这将使各种种族和阶层的人团结一致，共同努力。	的学生)，他们往往转到邻近街区上学。 4. 许多优质学校并不是真正对每个人都奏效。相反，它们是有选择性的：必须达到某些成绩标准的学生才被允许就读。这样，成绩差的学生——最需要帮助的学生——不太可能像其他学生一样从优质学校受益。 5. 由于优质学校的精英主义者的特质，学校不会培养学生的社区感。更有可能的是，它们会挑起那些没有上这类学校的学生父母的不满，尤其是当增加税收支持优质课程项目时。

六、非黑人的少数民族

什么是少数民族群体

关于废除种族隔离的另一个值得特别关注的方面，是非黑人少数民族群体的地位。根据地区和当地情况以及法律先例，学校出于废除种族隔离的考虑，可能不把一些少数民族视做少数民族。例如，20 世纪 70 年代，法庭确定西南部的美籍墨西哥学生像非洲裔美国学生一样，是种族歧视的受害者。然而，在一些城市，法庭没有精确规定美籍墨西哥学生和其他西班牙裔美国学生应参与废除种族隔离的少数民族计划，即使他们中的许多人或大多数人就读的是少数民族学校。①

① 然而，联邦数据收集活动已经被标准化了，而且要求学生录取要分别报告下列群体的属性："黑人"、"美国印第安人"、"西班牙语的姓名作为第一名字的美国人"、"葡萄牙人"、"亚洲人"、"阿拉斯加本土人"、"夏威夷本土人"和"非少数民族"。

在一些大城市中，亚洲裔美国人数量多，所占人口的比例相对大，这使得情况更复杂。随着快速增长的菲律宾、韩国和越南学生加入中国和日本学生中，城市学校面临着设计多民族废除种族隔离计划的相当多的不确定性。例如，旧金山的法院规定4种人可以参与多民族录取和乘公共汽车：美籍亚洲人、美籍非洲人、西班牙人和非西班牙白人。

困难的问题

将来由于亚洲和西班牙人继续移入本土，使得废除非黑人的少数民族群体隔离的问题将翻倍。双语目标的服务趋势需要这些学生集中，这又会与强调分散和多民族录取的废除种族隔离的目标相冲突，这都将成为解决这些问题的障碍。对于是否应该安排或如何安排包括中产阶级亚洲裔美国学生和西班牙裔美国学生在内的废除种族隔离的计划，许多教育家和外行的领导也举棋不定。这些学生中的绝大多数人学习成绩都很棒，许多人似乎已完全融入美国学校和社会中。

七、对学生成绩和态度的影响

不一致的数据

学生从整合的学校受益多少？大量此类研究课题有点相互矛盾。一些研究显示，废除种族隔离与学习成绩之间有正相关关系，但另一些研究表明两者间几乎没有正相关关系或没有一点关系。分析家也得出结论认为，废除种族隔离对白人学生成绩的影响很少，通常对少数民族学生的成绩有帮助。后一种结果通常发生在低收入少数民族学生进入中产阶级或非少数民族学生的学校就读的情况下，但只有在废除种族隔离计划执行完善的状态下，才能真正采取措施去改善教学效果。①

---

① 罗纳德·A.克罗尔："关于种族隔离对学习成绩影响的分析"，《城市回顾》(1980年12月)，pp. 211—224；丹尼尔·U.莱文："废除种族隔离"，见福斯坦·休森、T.内威尔·坡斯尔思韦特主编：《国际教育百科全书》第3版(牛津：珀格蒙出版社，1994年)，pp. 1483—1486；加里·奥菲尔德："废除种族隔离有助于缩小裂痕吗?"，《黑人教育杂志》(1997年夏)，pp. 241—254；理查德·D.凯伦博格："混合型班级"，《华盛顿月报》(2000年12月)。

实施的重要性

与此相似的是，一些数据表明废除种族隔离对种族之间的态度存在积极的影响，而其他研究表明废除种族隔离对种族之间的态度没有影响，甚至产生负面影响。只有废除种族隔离计划实施完好，只有教育者推动少数民族学生和非少数民族学生以平等地位接触，积极的群体之间的关系才能建立。

关于学生抱负的研究结果非常一致，表明废除种族隔离常常提高学生的抱负，使少数民族学生更现实，更有知识，使得少数民族学生上大学的人数也增多了。许多研究还表明，废除学校的种族隔离有助于少数民族学生进入社会与文化联系的主流“网络”，这对他们在今后生活中的成功是必须的。①

对贫困学校的少数民族学生的意义

考虑到废除种族隔离的复杂性及其对成绩和态度的影响，许多人不理解废除种族隔离对少数民族学生的意义。少数民族学生就读的是极度贫困地区的少数民族学校，将这些学生分配到有一定比例的低成就学生的废除种族隔离的学校中，是使他们到一个潜在的机能失调的教育环境中去。假如他们得到适当的支持和教育，那他们的学习成绩能有实质性提高。我们在其他地方也强调——在“美国学校的效率与改革”那一章中特别强调——一些极度贫困的学校是非常成功的，更多的学校也应该一样取得成功。直到发现在废除种族隔离学校有效地实施教学才是帮助学习成绩差的少数民族学生的一种重要选择。

有效废除种族隔离的学校的特点

不幸的是，只有一部分关于废除种族隔离的学校的研究是有效的。

① 珍妮特·斯科菲尔德：“废除学校种族隔离和群体间关系：文献回顾”，见杰拉德·格兰特：《教育研究评论 17》（华盛顿，哥伦比亚特区：美国教育研究协会，1991 年），pp. 335—412；埃米·斯图亚特·威尔斯：“重新审视社会科学对学校废除种族隔离的研究”，《师范学院记录》（1995 年夏），pp. 691—706；威廉·T.特伦特：“学校废除种族隔离的结果”，《黑人教育杂志》（1997 年夏），pp. 255—257；理查德·D.凯伦博格：《现在所有的一切都联合起来了》（华盛顿：布鲁金斯出版社，2000 年）。

其中最综合的研究是评估《紧急学校援助法案》的报告，该报告申请提供了数亿美元用于1972年到1982年间废除种族隔离所需的设施。这次研究表明，废除种族隔离对非洲裔美国学生的成绩产生了积极的影响：(1)资料有的放矢；(2)行政领导杰出；(3)父母去教室的频率高；(4)职工系统地促进了积极的种族间态度。①

尽管是混合证据，但实施整合的最有说服力的原因是道德和政治。从道德上讲，我们的国家教育政策必须反映美国的平等理想。从政治上讲，两个独立的社会、两种分离的教育不可能继续在美国存在，而又不严重伤害政体。用联邦上诉法院的法官杰拉尔德·希尼(Gerald Heaney)的话说，因为少数民族学生不得不“与一个整合的社会竞争，他们必须在可能的情况下，在一个整合的教育体制下接受教育。”②

焦点问题回顾：你所在的学校整合得好吗？你所在的学校有一个种族或民族群体占学生人数的主体吗？你想在一所与你就读的学校录取学生相似的学校中教书，还是想在与你就读的学校不一致的学校教书？为什么？

第二节 补偿教育

我们国家承诺平等教育机会的另一个方面是补偿教育运动，这种运动是致力于克服(即补习)处于劣势背景的学生和提高成绩差的学生的成绩，尤其是来自低收入家庭的学生。20世纪60年代，受民权运动的推动，补偿教育得以推行，其机构也被作为林顿·约翰逊总统向贫穷宣战

---

① J. E. 库尔森：《紧急学校援助计划的国家评估》(华盛顿，哥伦比亚特区：系统发展公司，1976年)；也可参见理查德·D. 凯伦博格："无名利心的遗赠物"，《教育周刊》(2001年2月21日)。

② 杰拉尔德·希尼："废除学校种族隔离：结果和展望"，《都市教育》(1987年夏)，pp. 79—85；也可参阅理查德·D. 凯伦博格：《国家处在危急之中》(纽约：世纪基金会，2000年)。

的组成部分。联邦政府在资金上大力支持，一些州和当地学校也为此拨款。

中小学教育法案

“一号方案”

1965 年通过了中小学教育法案（ESEA）后，立即在“一号方案”中投放 1 亿美元的资金，以改善经济上处于劣势的儿童的教育（经济处于劣势的学生是指来自低于政府贫困线的家庭的学生）。1981 年 ESEA 的“一号方案”已经修订，直到 1995 年才在本书的第一章中公开，当时国会重新授权并命名为“一号方案”。在 1965 年到 2000 年期间，用在“一号方案”上的经费已经达到 1 200 多亿美元。到 2001 年，根据“一号方案”已在每年大致投入资金 85 亿美元用来帮助 500 多万学生，其他学生也获得了其他的资助项目。大量的处理儿童早期教育、双语教育和其他服务的补偿教育课程也已实行。补偿教育的部分重要服务包括下列 9 个方面：

补偿教育所提供的服务

（1）父母参与和支持。这些项目强调父母的参与和支持，从帮助父母学会教育孩子到改善家庭功能和增加父母的就业能力。

（2）儿童早期教育。“开头”（Headstart）和“随后”（Follow）是这类教育最大的项目。“开头”通常努力帮助处于劣势的 4—5 岁儿童为上一年级做准备。“随后”的重点是提高他们的小学成绩。

（3）阅读、语言和数学教育。“一号方案”的绝大多数项目集中于提高学生的阅读、语言和数学能力。

（4）双语教育。西班牙裔儿童组成了接受双语教育项目的主体，在全国范围内，双语项目已向学生提供了 60 多种语言的教育。双语教育项目将在下面的“多元文化的教育”那一节讨论。

（5）指导、咨询和社会服务。各种心理咨询和社会服务已经为处于劣势的学生做好了准备。

（6）辍学防御。许多服务和职业教育相结合，旨在防止学生退学。

(7) 人事培训。许多职前服务和在职服务培训项目是为了帮助老师提高教学水平。

(8) 课外计划。这些计划提供学术改善服务或一般的丰富活动,或两者都有。

(9) 电脑实验室和网络。近年来"一号方案"和其他补偿教育资金已经使许多学校建立电脑实验室和校园网络成为可能(参见"学校与网络技术"栏目可获得更多信息)。

一、早期儿童补偿教育

令人失望的早期结果

在实施补偿教育的前十年,绝大多数干预在提高学生成就水平和认知发展上似乎相对没有效果。尽管每年有数十亿美元的投入,学生通常不会有长期的学业进步。

改进程序和提供资金

这个令人沮丧的开头,使人们对补偿教育的方案作了修改。联邦和州政府改善了监督程序,要求有更充分的评估,并主持研究改善补偿教育。一些州也开始为补偿教育项目提供额外资金。到 20 世纪 80 年代初,研究表明,学前和小学中的补偿教育的确能够改善处于劣势学生的认知发展和成绩。①

早期儿童项目的例子

特别的是,有关儿童早期教育项目的许多优秀研究成果表明,如果这些课程被完全领会和得到有效实施,这种努力就可以产生长期效果。在密歇根的伊普斯兰迪和纽约的锡拉丘兹以及其他地方,有报告说,优秀的学前课程对处于劣势的学生也有积极的长期影响。与没有参加补

---

① 托马斯·W.弗根、卡米拉·A.海德:"第 1 章项目改革:机会和实践";罗伯特·E.斯莱文:"赚钱产生差异",《反思学校》(1995 年夏),p. 10、23;歇里·奥登、劳伦斯·J.施瓦因哈特、戴维·韦卡特:《进入成年期:起始影响的研究》。

偿教育的学生相比，参加的学生不太可能在以后被安置到特殊教育中或留级（两者花费都很大）。参加者也更可能从中学毕业并获得被有偿雇佣的技能和时机，从而增加税收和减少对公民资助的依赖。①

总体的成效和不足

然而，这些给人印象深刻的结果通常来自研究者认为是范例的项目。大部分学前教育项目并没有得到很好的资助和很好的执行，也没有产生这样的收获。除此之外，中小学中的"一号方案"仍不能保证绝大多数低成就学生学会在当代经济社会中获得好工作所必需的学术和智力技能。②

学校与网络技术

因特网对成为一流成功学校的作用

请到网站 www. starcenter. org/promise/main. htm，并请点击"successful school"。下一屏幕的顶端将会出现以"来自访问国家"一号方案"学校的课程"为主题的幻灯片。然后你可以从"1996—1997 年"至"2000—2001 年"的列表单上选择一所学校，阅读这些学校的发展和成果。当你浏览时，可以问自己下列问题：

(1) 什么是提高学习成绩的最好方法?

(2) 策略中的"可转学"在其他学校实行起来容易吗?

(3) 什么是特殊教育和双语项目? 对教师有什么要求?

(4) "一号方案"的资金是如何开销的?

---

① W.斯蒂文·巴奈特和科奈特·M.埃斯科巴："早期教育干预的经济学：回顾"，《教育研究评论》(1987 年冬)，pp. 387—414；贝蒂·哈特和托德·R.里斯雷：《美国儿童日常生活经历的较大差异》(巴尔的摩：布鲁克斯出版社，1995 年)；"儿童早期教育的长期结果"：《儿童的将来》(1995 年冬)；劳伦斯·J.施瓦因哈特："评估起始结果"，《高/范围资源》(2001 年春)，p. 1，pp. 9—16。

② 洛林·W.安德森和伦纳德·O.佩利瑟："补偿教育研究综述"，《教育领导》(1990 年 9 月)，pp. 10—16；珍妮特·库里："早期儿童的干预课程"，《JCPR 工作论文 169》(2000 年)；沃特·S.吉内姆和爱德华·F.吉格勒：《1977—1998 年间州资助的学前教育的批判性分析》(纽黑文：耶鲁大学儿童研究中心，2000 年)。

(5) 你愿意在这样的学校教书吗?

也许你想与你的选择了其他学校的同学分享你自己的结论,你也可以通过星星中心(star center)返回到第一主页,并查看一些可行性研究报告。

二、多重因素的阻碍

对一些在特别有害的环境中,如在贫困集中的街区长大的学生来说,学校项目中的改善措施并不太可能克服他们的极端劣势。由于这个原因,政策制定者和教育家日益支持生态干预——全力支持改善幼小儿童的家庭环境。①

成功项目的特点

生态干预提倡者指向的是对发生在婴儿期的重要认知发展的研究,也指向 4 岁或 5 岁才开始的幼儿早年干预的常常令人失望的结果。研究表明,如果在儿童小于 2 岁或 3 岁时开始这种干预,那么心理学、社会学、经济学的全力支持就可能会成功。报名参加这种有效教育项目的儿童年龄很小,这种项目起源于日托的教育或学前班教育。成功的项目也包括营养和健康护理,称职的职员通常提供关于做父母的个性化指导。②

三、协调人类服务

整合服务的协作

综合干预类型——包括教育、健康护理、经济援助以及社会支持和心理支持——也正在日益增多,以帮助年龄更大的处于劣势的儿童和青年。这种调节服务方法通常被称做"协调人的服务"、"在学校和社会服

---

① 利兹贝斯·肖尔:《我们所能达到的目标》;艾德纳·W.科姆斯、马克·W.弗雷泽:"六组家庭支持项目评价",《社会家庭》(1998 年 3—4 月合刊),pp. 134—148;亚瑟·J.雷诺兹:《早期干预的成功》(林肯:内布拉斯加大学出版社,2000 年)。

② 国家儿童委员会:《雄辩的背后》(华盛顿,哥伦比亚特区:美国政府出版署,1991 年);约瑟夫·斯巴林:《早学习,晚成功》(教堂山:北卡来罗那大学教堂山分部,2000 年)。

务机构之间的协作”和“进行社会和教育服务的整合”。这些方法受到了无数的教育者和市领导的赞同和支持。

动员多种形式的帮助

“协调人类服务”的拥护者的目标是，所有在现代社会中长大的有问题的青年人，尤其是那些受被严重破坏的环境影响的年轻人，学校虽然已做了努力，但仍不足以消除其所受的影响。因为众多形式的帮助常常需要进行动员，所以协调活动是有必要的。幸运的是，许多社区、城市、县城和地区都一致同意开展协调服务，而且税收使开展协调服务成为可能。政界领袖也通过青年服务协调董事会、学校机构和其他机制探索加强合作的途径。①

四、补偿教育出现的问题

尽管从 20 世纪 80 年代开始收集的数据说明，补偿教育对社会经济地位处于劣势的学生是成功的，但仍有许多关于其本质和效率的疑问。

(1) 如何使“一号方案”更有效？研究表明，“一号方案”在许多学校相对没有效果，部分原因是，绝大多数项目使用了一种拉出方法（pullout approach），即将低成就的学生从普通班级拉出，帮助他们补习阅读或数学。虽然也有一些特例，但拉出方法通常并不奏效，因为它们倾向于使学生不固定，因此使学校混乱。除此之外，它们常常过分强调获得“机械的”超低技能，如阅读认字和简单的数学运算，而不是更广泛的功能或更基本的技能，如阅读理解能力、数学问题解决能力和“学会学习”的策略。② 如

① 格雷斯·P.古特里、拉里·F.古特里：“为处在危险中的儿童进行机构合理合作”，《教育领导》(1991 年 9 月)，pp. 17—22；卡尔文·R.斯通：“学校或社区合作”，pp. 794—800；“通过协调服务改进学校的结果”(2000 年)，论文在“有效合作和实践中心”网页上。

② 迈克尔·S.纳普、帕特里克·M.歇尔茨：《贫困儿童的良好教育》(加利福利亚州伯克利：麦卡城出版社，1991 年)；凯瑟琳·科顿：《有效的学校教育实践：超前的 1995 年综合研究》(俄勒冈州波特兰德：西北地区教育实验室，1995 年)；斯坦利·波格罗：“何谓示范课程？为什么任何人都应关心？”，《教育研究者》(1998 年 10 月)，pp. 22—30；美国教育部：“计划和评估服务”，《所有学生的高标准》(华盛顿，哥伦比亚特区：美国教育部，2001 年)。

果你想了解更多的改进“一号方案”的项目，请参阅“参考资料”栏。

近几年来，联邦政府用全校范围内方法代替“一号方案”中的拉出方法，这使补偿教育更容易，全校范围内方法允许通过协调，在班内帮助低成绩者。除此之外，不断扩大的教职工队伍也有助于帮助教师学会如何拓宽机械的超低技能教育后的补偿教育。部分因为这个原因，日益增加的实施“一号方案”的学校正报告一些取得的给人留下深刻印象的成就，但是人们对如何推广“一号方案”项目取得的成绩就所知甚少了。①

（2）补偿教育服务应该提供哪种类型的早期教学？早期补偿教育的许多不确定因素带来了许多问题，包括课程是否应该使用行为主义的直接教学方法（该方法注重基本技能的培养，如文字解码或简单数学运算），或应该强调概念发展和抽象思维技能。一些直接教学大纲通过3年级的授课已经取得了优秀的成果，但是往往在孩子们进入中年级时，学习成绩会下降。根据小学对机械技能掌握的标准，具有强调认知倾向的教学大纲强调独立学习和思维技能的结果通常被认为是不成功的，但是下面将会谈到，一些最好的认知方法已经取得成果。②

（3）中学时应该做些什么？在中学阶段，有些成功是在一个班级或在“学校里的学校”取得的，“学校里的学校”即是由一群精心挑选的教师和一小部分相对低成就的学生组成的。然而，研究者仍然对为中学生开设最好的补偿教育了解较少。③

（4）从经济角度看，有效的补偿教育项目的实施对象是否能够包括绝大多数的经济上处于劣势的学生？对绝大多数经济处于劣势的学生

---

① 实施“一号方案”的学校报告学生表现的成绩的例子，见www. starcenter. org（点击“Promising Practices”）。

② 沙伦·L.卡冈：“早期关心和早期教育”；丽贝卡·A.马肯：“为儿童做正确的事”，《少年儿童》（1994年11月），pp. 8—20；玛丽·莱恩托威奇：“直接争论”（2000年），论文在“一号方案”报告网页上，在www. title1. com/samples/direct. htm查看。

③ 丹尼尔·U.莱文：“教育封闭内城区的青年：街道学院的课程”，《黑人教育杂志》（1975年春），pp. 139—149；丹尼尔·U.莱文：“城市校中校方法实施”，见海罗豪特·C.韦克斯曼等编著：《危险学校中的危险学生》（加利福尼亚州纽伯里公园：塞奇·考文出版社，1992年）；迈克尔·C.鲁本斯坦、杰西卡·C.沃达奇：《开始挑战》。

开设的有效课程将是昂贵的，因为他们需要延长在家庭环境和学校环境中的干预时间。然而，社会经济地位仍然处于劣势的学生只能享受 1 年或 2 年的补偿教育服务，因此他们通过补偿教育服务所取得的成绩也就更少了。

(5) 补偿教育能给绝大多数处于劣势的学生持久的有意义的收获吗？当然，这是有关补偿教育的最基本的问题。数据表明，许多处于劣势的学生进入中学后成绩仍差得让人不能接受，无论他们是否参加了“一号方案”或其他补偿教育课程。

根据这些研究结果，一些教育者对补偿教育感到怀疑，他们认为虽然补偿教育是以最有效为设计目的的，但补偿教育是否能够显著增加学生在学校中和今后生活中的成功机会呢——尤其是居住在贫困集中地区的少数民族学生。正如在“社会阶层、种族与学业成绩”那一章所阐述的那样，修正主义批评家指出：美国公立学校没有为公民提供平等的受教育机会，而且将在社会整体改革中继续失败。因此，许多研究者认为，在显著改变孩子的学习成绩之前，有必要先改善父母的经济状况。努力改善处于劣势学生的教育，是否足以有效地反对怀疑论者的悲观主义，仍有待观察。①

焦点问题回顾：你认为你已经准备好为正在接受或应该接受补偿教育服务的学生授课了吗？你将来愿意为这些学生授课吗？你如果想准备得更好的话，你能做些什么呢？

参考资料：

第一份学校年度发展报告

在这份 2001 年的报告中，联邦官员们注意到，虽然接受“一号方案”

① 约翰·奥格布：“美国的种族形成和不平等”（师范学院出版社，1994 年冬），pp. 264—298；约翰·奥格布、赫伯特·D. 西蒙斯：“志愿的与非志愿的少数民族”，《人类学与教育季刊》（1998 年 6 月），pp. 155—188；歇尔顿·H. 丹兹格、安·C. 林主编：《解决贫穷》（安哈伯：密歇根大学出版社，2000 年）。

基金资助的近 9 000 所学校被称为“需要改进”的学校，但大约只有一半的州采取了措施来帮助这些学校。（与所有“一号方案”学校的 20％相比）在几乎一半需要改进的实施“一号方案”的学校中，至少有 75％的学生是少数民族和适合提供免费午餐的。

各州在确认对需要改进的学校采取的方法和提供的服务中存在很大差异。这份 58 页的报告是用来帮助各州分享有关信息和概念的，这些信息和概念与帮助那些“失败的”学校所采取的方式有关。

根据学校自己的努力和中小学教育法案的“一号方案”提出的要求，各州正在实施向适合于所有学生的标准提出挑战的体系，这些标准旨在对测量进行评价，并提供公开报告，公布学校为满足州的标准所取得的进步，以及学校对实施改变的结果所应负的责任。因此，每个州都有自己确认的不符合标准的学校，即需要改进的学校。

表现不好的学校显然缺乏至关重要的教育资源。它们可能对学生提出低标准和低期望，减少课程并限制父母参与。这些学校中的教师和其他教员常常没有什么经验，和那些表现较好的学校中的老师相比，他们的教师资格不够，他们的员工比其他学校的员工有更高的流动率且士气更低。学校的环境缺乏秩序和纪律。

但是，20 多年的研究和经验告诉我们，有许多高度贫困的学校能帮助大量的学生达到高标准，表现不好的学校也能翻身。有效学校的特点是，强调学术和有高标准，有与标准相一致的丰富而有挑战性的课程，和一种正规的、监督学生进步的体系；学校的气氛是安全和有序的；教师有充分的准备，能获得持续的、高质量的专业发展、协作研讨以改进教学；有坚强的学校领导，他们提出高度期望和明确的指导，并力图帮助学校职员结合为一个有效的团队而工作。

有效学校的这些特点近 20 年来已被人们所熟知。遗憾的是，作为一个国家，我们却没有持久的意志或能力使它们成为一个大规模的现实。但是，那些坚持认为学校应对这些结果负责的人，也有义务帮助那些力争达到标准的人。使有关学校表现的信息公开的主要理由是，保证被确认为需要改进的学校接受它们所需要的帮助。家长、教育者和纳税人有责任坚持认为，州和地方教育官员应该共同努力，并和他们一起改进那些被确认为需要改进的学校。

虽然有许多改进表现不好的学校的方式，但对这个问题没有简单的解决方法。对学校来说，作出改变以改进学生的表现可能是一个困难的过程。强有力的领导、员工的参与，以及相信所有的学生都能学习这个基本信念，是使表现不好的学校翻身的必要条件。即便如此，这项任务仍十分艰巨。失败和低期望的历史可能会减少表现不好的学校希望改进的能力。学校必须集中精力控制学校环境，并安排好精确的课程和教学实践。为了使学校能够做到这一点，联邦、州和当地的教育领导者必须支持这些改变，以创造和保持一个支持学习的环境。

问题

（1）对实施“一号方案”表现不好的学校来说，什么样的援助是最有帮助的？报告中推荐了什么方法？这些援助在你的州适用吗？

（2）为什么没有简单的解决方法，为什么作出改变以改进学生的表现可能是一个困难的过程？（要想阅览对这种困难的说明，参见www.northwestern.edu/ipr/publications/nupr/nuprvosnl/payne.html。）

（3）对这个第一份年度报告再提供一份报告可以吗？如果可以的话，对这个问题的状况你还能说明什么？

【资料来源】学校改革报告：“关于改变学校低水平状况的实施规则”（华盛顿，哥伦比亚特区：美国教育部副部长办公室和中小学教育办公室，2001 年 3 月），参见 www.ed.gov/offices/OUS/PES/Ipschools.doc 网站。

第三节　多元文化的教育

为帮助所有学生的多元文化目标

多元文化教育（Multicultural Education）指的是多种多样的教育方式，这些教育方式建设性地考虑到各种不同文化背景的学生之间的差异,并为明显不同于美国主流社会背景的学生增加教育机会。多元文化教育的某些方面注重改善对学生的教育质量,这些学生由于没有学习标准英语或有其他方面文化差异,因此在传统班级处于劣势地位。教育者也关心多元文化教育的更重要的意义,他们对所有学生都是有价值的。多元文化教育通过培养群体间和种族间的积极态度和接触,可以帮助多元社会中的所有学生都正常学习(从这个观点看,废除种族隔离的运动可视为多元文化教育的一部分)。在讨论多元文化教育之前,我们将回顾美国发展成多元化社会的一些历史趋势。

一、从熔炉到多元文化

历史上对同化的强调

尽管美国人口组成是多元的,但是纵观美国的历史(如第五章中阐述的),总是强调将不同民族群体同化到国家主流中去,而不是保持群体亚文化(subculture)。早在1782年,圣·约翰·德·科莱维库尔就认为,殖民主义者正在被“融化”成一个新种族。以色列的赞格威尔在1980年使用了“熔炉”一词,从而使这个词流行起来,并引起了人们对大部分移民“美国化”挑战的关注(他们都是在世纪之交移民进入美国的)。在对多样化移民群体的教育中,公共学校体制已经强调美国同一性的发展。学生应学习美国人如何讲话、如何看、如何表现。有时50或60个学生的班级代表着来自10个或15个国家中的第一代或第二代移民。①

对过去的同化努力的赞成和反对意见

从我们今天的进步观点看,学校强调一整套的行为标准可能已经产生部分的反作用。例如,西南部的美籍墨西哥学生经常逃学,因为即使在操场上他们也不被允许讲西班牙语。然而,公立学校和其他教育机构

① T.亚历山大·阿雷尼考夫:“多元文化民族主义”,《美国希望》(1998年1—2月合刊),pp. 80—86;格雷戈里·罗得瑞戈茨:“遗忘的力量”,《洛杉矶时报》(2000年4月2日),参见www.newameric.net/articles网站(点击“Rodriguez”)。

在移民子女的文化同化和社会化方面通常是成功的。除了最分散的少数民族外，民族群体能够取得最大的社会经济流动效果。不断发展的经济、边境的廉价土地、免费的公立学校和其他的机会使他们有可能进入主流社会。在他们学会了许多典型美国人的观念和行为模式的过程中，他们也以他们的贡献丰富了美国文化，包括在语言、艺术、饮食、运动、娱乐和学术成就方面。[①]

"熔炉"的局限性

然而，在20世纪50年代和60年代初，许多学者和外行人士指出，大熔炉并没有完全同化每一个人。事实上，民族同一性在那个时期似乎正在复兴，部分原因是由于移民的增加和爱国主义传统形式减少的缘故。其他研究者已经指出，美籍非洲人、美籍亚洲人、美籍西班牙人、土著美国人和一些欧洲民族群体正受到某种方式的歧视，这种方式说明熔炉概念的缺陷。[②]

重视多样性

20世纪60年代，当民权运动的领导者为减少少数民族群体被排斥而战斗时，强调的重点已由同化转移到强调多样性和文化多元主义，从而代替了"大熔炉"这个隐喻。文化多元主义概念引进了新的隐喻，如"掷色拉"或"马赛克"，即允许不同特征的群体共存于一个更大的群体中。根据美国师范院校联合会(AACTE)的意见，"赞同文化多元主义就是赞同没有美国模式的原则"。从这个观点来看，国家公民之间的区别

---

① 美国的一些少数民族群体的历史流动性数据回顾，参见爱丽丝·科斯勒-哈瑞斯和弗吉尼亚·扬斯-麦克劳林："欧洲移民群体"，见托马斯·索厄尔：《美国民族群体》(华盛顿，哥伦比亚特区：城市研究所，1978年)，pp. 107—137。也可参见纳森·格雷泽：《门外的喧嚣》(旧金山：当代研究所，1985年)；格雷戈里·罗德理格斯："铸造美国新熔炉"，《纽约时报》(2001年2月11日)。

② 伊兰·斯塔万斯：《西班牙形势》(纽约：哈珀科林斯出版社，1995年)；K.安东尼·阿皮亚："多元文化主义者的误解"，《纽约书评》(1997年10月9日)；周民和卡尔·L.班克斯顿：《成长的美国：第三部》(纽约：罗塞·塞奇出版社，1998年)；埃米·戈登斯坦、罗伯特·苏罗："舞台之旅"，《华盛顿邮报》(2000年1月16日)。

对待是“一种积极力量”。①

在文化多元主义与分离之间

我们应该强调的是，文化多元主义并不意味着支持一种旨在使文化、社会或经济分离的哲学。根据文化多元主义的方式定义，也许有，也许没有强调文化、社会或经济问题的整合，但文化多元主义通常存在于完全同化与严格分离的民族或种族群体之间的某个地方。当美国转变成为某些观察者所称的第一个“联合民族”时，文化多元主义比以前更重要了。

建立一种建设性的多元主义

对于这些趋势的反应是，教育者一直在寻找方法，将建设性的多元主义目标构建到学校体制中去。AACTE 将此视做主要的教育责任，AACTE 的主席已经宣布，保证教育社区的多样性在实施重建学校、学校翻新和其他改革中，一定要成为一个主要因素。其他许多观察者也视多元文化教育为每个学科领域教师的一项重要任务。②

二、多元文化教学

多元文化教育的一个重要方面是关心教育不同民族和种族背景学生的教学方法。最经常被人们讨论的方法是关于对学生的学习风格、方言差异的认知、双语教育和多民族课程。

适应文化的学习模式

学生的学习风格。在前面的章节中，我们简要地描述了学生的行为模式和学习风格，并发现这两者与学生的社会经济地位相关，或许与他

① “美国无定型：多元文化教育的描述”（华盛顿，哥伦比亚特区：美国师范学院协会，1972年），p. 9；也可参见纳森·格雷泽：《现在我们都是多元文化主义者》（马萨诸塞州剑桥：哈佛大学出版社，1997年）；约翰·J. 米勒：《美国人所不为》（纽约：自由出版社，1998年）；克里斯托弗·克劳森：《褪色的马赛克》（芝加哥：伊万·R. 迪出版社，2000年）。

② “美国无定型。”如果多元文化主义被狭隘地限定为包括或提倡种族或民族群体的分离、隔离或孤立，那么大多数美国人将会视其为有害的和不可想象的。可参阅詹姆斯·A. 班克斯、切利·A. M. 班克斯：《多元文化教育》第3版（波士顿：阿伦培根出版社，1997年）。

们的种族或民族也有关。我们提到了努力改变教学以适应不同的学习风格，薇拉·约翰-斯泰勒（Vera John-Steiner）和拉里·史密斯（Larry Smith）研究了西南部的印第安村庄的儿童，给我们提供了有关这方面研究的一个很好的例子。他们经过研究得出的结论是：如果我们在教育这些孩子的时候，仔细考虑他们的“原始学习”（校外学习）的模式，那么，对这些孩子的学校教育将会取得更大成功，因此，我们强调在辅导情境中进行面对面的人际沟通。美国本土班级的研究者得到的结论是：当老师与同学之间以适合于学生文化的方式互动时，学生成绩会有显著提高。也就是说，社会控制是最间接的方式，教师应避免将学生置于充满竞争的环境中。与此类似的是，一些研究者的报告说，合作的学习方式对美籍墨西哥人特别有效，因为他们的文化背景不强调竞争。①

夏威夷的卡美哈美哈早期教育项目（KEEP，Kamehameha Early Education Program）是改变教学以适合学生文化学习风格的另一种方法。KEEP方法使整个团队的直接教学与个体学习中心联为一体。该项目强调让学生用语言艺术自己创作故事来介绍自己的文化背景，在这个过程中，要求学生能够及时回应，对于“错误答案”没有任何惩罚，并让学生讨论作为群体成员的责任。据研究，这个项目的目的是利用夏威夷本土文化的非正式互动的方式提高学生的成绩。正在对纳瓦霍人（美国最大的印第安部落）学生和其他不同文化群体的学生进行研究的教育者，还在其他地方研究KEEP方式的适用性。②

分析家同时考察了亚洲裔美国学生的表现。一些研究者认为，亚洲学生中的亚群体（subgroup）（韩国人和越南人）在课堂上倾向于不果断，

---

① 薇拉·约翰-斯泰勒、拉里·史密斯：“多元文化主义的教育承诺”（1978年）；弗雷德里克·艾里克森：《教学研究的定性方法》（密歇根州伊斯特·兰辛：教学研究所，1985年），p. 55；凯·M.罗塞：“美国墨西哥学生和班级互动”，《教育研究评论》（1995年秋），pp. 283—318；罗兰德·莎普等：《教学转型》（宾夕法尼亚州克兰斯顿通：西部观点出版社，2000年）。

② 凯瑟琳·H.奥和爱丽丝·J.卡瓦卡米：“研究趋势”，《语言艺术》（1998年5月4日），pp. 406—411；凯瑟琳·H.奥和杰奎琳·H.卡罗尔：“通过建设性方法改进文学成绩”，《初等学校杂志》（1997年1月），pp. 203—221。

他们在参与时的犹豫不决可能阻碍他们的学术进步，尤其是在语言技能方面。然而，一些研究者认为，随着亚洲裔美国学生在美国社会中越来越被同化，这样的行为模式将减少或消失。①

黑人英语

方言差异的再认识。通常，老师会努力地教讲非标准英语的学生讲“合适的”或标准的英语。然而，通常简单地坚持合适的英语教学会引起学生拒绝自己的文化背景，或者将教师的努力视做无意义或敌对行为。近几年来，教育者一直特别关注讲黑人英语的学生的学习问题，研究显示，黑人英语不仅仅是一种俚语形式，而且它是一种在语法上和句法结构上都系统地不同于标准英语的语言。因为黑人英语似乎是一种基本的英语形式，许多低收入的非洲裔美国学生都讲这种英语，他们在学术上都不成功，部分教育者已经建议学校用黑人英语作为教学语言，直到他们能够阅读为止。尽管这种教育方法似乎合乎逻辑，但研究并没有提供多少证据支持它。②

对许多非洲裔美国学生方言(即黑人英语)的分析，通常被称做“Ebonics”。有关“Ebonics”和可以使用“Ebonics”改善非洲裔美国学生教学的重要争议，是 1997 年在加利福尼亚州的奥克兰学校董事会宣布黑人英语是一种不同的语言后引起的。董事会要求州和联邦提供双语教育基金，帮助教师使用黑人英语教学，采用一些方法提高黑人学生标准英语和阅读方面的能力。当电视中以委婉的语调解释了允许奥克兰的学校放弃教“好”英语的目标后，许多人(包括令人尊敬的杰西·杰克

---

① 伊斯特·李·姚：“亚洲移民学生的独特问题：阻碍学习”，《NASSP 公告》(1987 年 12 月)，pp. 82—88；唐·T. 纳卡里希、廷亚·Y. 理希达：《对美籍亚洲人的教育经验》(纽约：路特里奇出版社，1995 年)；李-荣·陈莉莉：“加强对刚到美国的亚洲学生的教育技能”，《城市教育文摘 ERIC 情报交换所》(1998 年)，p. 136，见eric-web. tc. columbia. edu 网站。

② J. R. 哈勃、D. N. 布莱扬：“黑人英语和阅读教学”，《教育研究评论》(1976 年夏)，pp. 397—398；简·W. 托雷：“黑人儿童的标准英语知识”，《美国教育研究杂志》(1983 年冬)，pp. 627—643；查尔斯·J. 弗尔莫：“语言学家看黑人英语辩论”(1997 年)，论文张贴在“应用语言中心”网页上，见www. cal. org/ebonics 网站；阿巴·古普塔：“黑人英语怎么了？你们都？”，见http：//readingonline. org/articles/gupta 网站。

逊)都批评董事会在教学中使用的“Ebonics”政策。尽管美国语言学会声明,奥克兰的政策“具有语言学和教育学的成分”,但教育董事会对此作出的反应是,将涉及“Ebonics”的术语从其语言政策中删除,并拨款40万美元开设“标准英语水平”项目,该项目的设计旨在帮助老师在教育那些语言中有强烈黑人英语色彩的学生时,理解并建立其方言特征。①

劳诉尼科尔斯案的要求

双语教育。双语教育是为那些英语不熟练的学生用本土语言提供的教育,随着移民人口的增加,双语教育在美国公立学校中一直在发展壮大。1968年,国会通过了双语教育法案,1974年,联邦法院在劳(Lau)指控尼科尔斯(Nichols)一案中一致裁决:学校必须采取措施帮助那些“肯定发现自己在课堂教学中经验不全面的学生”,因为他们不理解英语。国会为双语教育拨款的数目从1969年的750万美元增加到2001年的4亿多美元。虽然联邦和州政府提供的双语教育项目资金用于60种语言群体,包括各种亚洲语言、印度—欧洲(Indo-European)语言、美国本土语言,但这些项目的主要服务对象是西班牙裔的儿童。

双语教学的增多

最高法院在劳诉尼科尔斯一案中一致决议包括对旧金山的中国儿童,但法院并没有将双语教育作为惟一的补救方法。相反,法院认为:“让华裔学生学习英语是一种选择。给这些人用汉语教学又是另一种选择。也许还有其他的选择。”实际上,联邦政府的有关实施劳案决议的法规倾向于强调,双语教学是最常见的解决英语水平有限(LEP)和不熟练英语(NEP)的学生学习问题的方法。这些法规通常建议,如果在某一个年级中,某一语种的报名人数超过20人,就可以开设双语课程,于是双语课程班迅速增多。

---

① 韦恩·奥尼尔:“如果黑人英语不是一种语言,那么请告诉我是什么”,《反思学校》(1997年秋);约翰·H.麦克渥特:“投资错觉”,《黑人学者》(1997年1月);约翰尼·J.哈夫尼克:“黑人英语的争论和对非洲籍美国儿童的教育”,《教育研究者》(2000年11月),p.23、40。

从1983年开始,联邦政府表明,愿意接受英语作为第二语言(ESL)教学,或通过其他非双语途径为LEP和NEP学生提供帮助。然而,主要州立学校的官员委员会和其他组织收集的数据表明,大量LEP学生学习英语和其他学科时都没有受到特别的专业帮助。[①] 研究者们同意,LEP和NEP学生在学校学习英语时应该接受特殊的帮助。"潜入"方法是简单地将LEP和NEP学生直接安排到常规班级中,而这个过程并没有为这些学生提供任何特殊的帮助或教学变革,这样最终会导致这些学生学习的失败。

争议:多少英语,有多快?

关于双语教育的争议已经变得令人日益苦恼。在通过方言教学的情况下,有两种争论:一种是认为应该让孩子"沉浸在"一种英语环境中,另一种观点相信本土语言的启蒙教育更有效。关注LEP和NEP学生的教育者和外行人士也在争论,教育重点是应该长时间地用本土语言教学,并将其作为第一语言保留,还是应该提供强化英语教育,然后尽可能地用英语上所有科目,称之为过渡的双语教育(TBE)?后一种方法已经得到联邦的指导方针和部分州的立法机构的支持。一些研究表明,大约有75%的西班牙裔学生和近90%的其他群体的学生,诸如亚洲裔学生和俄国裔学生,在三年内均从过渡课程中退出了。

赞同第一语言保留观点的人认为,这有助于不同民族或不同种族的少数民族学生之间形成建设性的同一感,或将为他们学习更高水平的技能奠定一个较好的基础,如当他们在获得基本英语技能时也能获得学习阅读理解的能力。他们的反对方认为保留观点是有害的,因为它们将群体中的人分开了,或者说反对方不鼓励学生很好地掌握英语,这样才能

① 辛西娅·G.布朗:《挑战和州的反应》(华盛顿,哥伦比亚特区:州学校官员委员会,1990年);尤金·E.加西娅、里勒·公沙雷:"文化与语言存在差异的学生的系统改革问题",《师范学院记录》(1995年春),pp.418—430;《满足语言欠熟练学生的需求》(华盛顿,哥伦比亚特区:美国政府会计署,2001年)。

在社会中取得更大成功。①

关于员工的争论

双语教育的赞同者和反对者对于员工问题也有分歧。赞同双语教育和双文化保留的人倾向于认为学校需要许多成人，他们可以用自己的语言教育 LEP 和 NEP 学生。另一方面，一些 ESL 课程的拥护者感到，只有少数本土语言或双语者需要员工开设合理的课程。一些双语教育的批评者竟然宣称开设双语课程，只不过是为那些讲英语没有足够竞争力的讲本土语言的人提供教学职业的一种手段。

有多大的改进

教育者特别关心双语教育在提高低成就学生的成绩中的有效性。一些学者认为双语教育对这些学生的成绩几乎没有任何帮助。研究这一群体的许多学者回顾了他们的研究，并得出结论认为“建构性的沉浸”（在常规班级中安排课堂以内和以外的特别帮助）和“隐藏式的沉浸”（在班级中使用第二语言教学）比 TBE 更成功。② 其他学者不同意这个观点，他们认为双语课程教育实施得好，的确能提高学生的学习成绩，同时，许多研究也报告说，双语教育比沉浸或其他大多数非双语课程效果更好。③ 这些结论出现如此差异的部分原因，是由于我们所评论的研究结论不同，人们探索的标准也不一致。

---

① 雷尔·爱泼斯坦：《语言、民族和学校》（华盛顿，哥伦比亚特区：乔治·华盛顿大学教育领导研究所，1977 年）；罗莎里·P.波特：《绕口令》（纽约：基础出版社，1990 年）；琳达·歇韦：《西班牙语地区之外》（纽约：基础出版社，1991 年）；克里斯汀·罗塞：《不同的问题，不同的答案》（华盛顿，哥伦比亚特区：英语习得和发展研究所，2000 年），见www.ceousa.org/html/multied.html 网站；卡罗斯·奥万多：“责备受害人的背后”，《教育研究者》（2001 年 4 月），pp. 29—31，见www.aera.net/pubs/er 网站。

② 罗莎尼·P.波特：“拉丁学生的语言选择”，《公共利益》（1999 年秋），pp. 48—60；罗莎尼·P.波特：“反对双语教育的案件”，《大西洋》（1998 年 5 月），pp. 28—38；《英语沉浸方法入门》（华盛顿，哥伦比亚特区：平等机会中心，2000 年），见www.ceousa.org/abc.pdf 网站。

③ 安·C.韦尔格：“有效双语教育的精选研究的分析”，《教育研究评论》（1985 年秋），pp. 269—317；史蒂芬·克雷森：“双语教育著作”，《反思学校》（2000 年和 2001 年冬），p. 3、9、258。

好的教学计划的标志

许多研究者已经明确了帮助 LEP 和 NEP 学生取得成功的课程的具体特征。它们包括：允许讲学生本地语言的成人在场；持续录取某一类学生；经常监督取得的进步；坚持帮助开放式的结尾（而不是以一个武断的观点结束帮助）。特别是对于双语课程，如果课程特征是“积极式”教学，那么教师就能提供长时间服务，并与学生进行高期望交流，强调培养学生的高水平技能，如果教师能把英语发展和学术研究协调一致起来，则更可能取得成功。①

强调思维技能

除此之外，许多研究者强调，在双语教育中培养学生的认知发展和高水平技能非常重要。确实，一种常常归功于双语教育的好处是，教师在教学生学习使用英语的过程中，潜在地强调用学生本土语言理解和思考的技能。②

加利福尼亚和亚利桑那州限制双语教育

不确定的未来

紧随着 1998 年的热烈争论后，加利福尼亚的选民和 2000 年的亚利桑那州选民，支持通过立法废除双语教育，并主张限制为不讲英语的学生提供一年的特殊强化教学，选民们认为当继续将学生的部分时间用于本土语言时，这种教学便发展了他们的语言技能。双方的观点基本上对称地展示了前面几页中概述的论点。特别是，立法支持者认为，尽管双

① 威廉·J.提提诺夫：《在课堂教学中应用重要的双语教育特征》（弗吉尼亚州罗斯林：美国内部研究协会，1985 年）；托马斯·P.卡特、迈克尔·L.切特菲尔德：“有效的双语学校”，《美国教育杂志》（1986 年 11 月），pp. 200—232；吉伯特·N.加西娅、帕特西娅·A.第瑟玻：《来自研究的教训，国家双语教育问题简报交换所》（2000 年 9 月）；“第二语言文学教育”（华盛顿，哥伦比亚特区：国际阅读协会，2001 年）。

② 肯吉·汉库塔：《语言镜像》（纽约：基础出版社，1986 年）；肯吉·汉库塔、路易斯·J.高尔德：“双语教育研究综述”，《教育领导》（1987 年 3 月），pp. 38—45；高德卢普·瓦德斯：“学校的内部世界和外部世界”，《教育研究者》（1998 年 8—9 月合刊），pp. 4—9；戴安娜·奥古斯特、玛格瑞塔·卡德荣：“西班牙语到英语的技巧转变”，《NABE 新闻》（2001 年 3—4 月合刊）。

语教育在理论上是有吸引力的，但它在实践中通常是不可行的。反对双语教育者强调，当用 NEP 和 LEP 学生不能理解的语言教学时，有可能经历一些困难。随着新的法律的通过，许多学区的教育者努力寻找弃权书，一些人决定在法庭上向法律挑战。也许，必须花一段时间才能明确决定怎样实施这些法律，但同时，这些事态的发展通常不会对其他州的双语课程产生多少影响。①

针对每个人的双语教育

许多学者认为，理想化双语教育应该为所有学生服务，无论他们是什么民族群体。这个观点部分起源于一个国家的公民懂得不止一种语言所带来的国际间的经济优势。在一个包括多种民族群体的学校中，为所有学生提供英语和另一种语言的教育课程有时被称做“双向”或“双重”语言沉浸。为使这种教育类型在将来成为一种积极的力量，许多群体的市领导建议加强多语言教育的竞争，而不仅仅是英语补习和坚持全面掌握英语。②

新的多民族教材和教学方法

从 20 世纪 60 年代中期开始，教育者一直在努力考虑文化的多样性。他们形成了多民族教材并探索了多种教学方法。各种课本和补充读物清单已经修改成包括与不同种族和民族群体相关的材料和主题。在职培训已经帮助教师找到了多民族资源的教材，并学会了使用教学方法，以促进多元文化观和形成积极的群体间关系。

针对土著美国人的教学方法

努力实施多民族课程的教学已经在美国本土学生中掀起热潮。例如，西北地区教育实验室的教育者已经准备了一整套印第安系列读物，

---

① 林・斯内博格：“关于 227 号提案的战斗：双方指挥军统计”，《教育周刊》(1998 年 4 月 29 日)；唐・泰瑞：“拉丁社区被将来的双语教育分开”，《纽约时报》(1998 年 6 月 5 日)；基思・贝克：“结构英语沉浸方法”；詹姆斯・克劳福特：“双语教育：打击 2”，《反思学校》(2000—2001 年冬)，p. 3、8。

② 南希・克劳德、弗瑞德・吉奈斯、艾尔斯・哈马扬：《双语言教学》(波士顿：海因纳与海因纳出版社，2000 年)。

读物是以土著美国文化为基础的。为本土美国学生设计的数学教学有时使用相似的部落符号，在陈述单词和讲述故事时使用手工艺品，在一些学校，当地或地区的部落历史已成为社会学习课程的重要部分。许多研究者相信，这种方法有助于土著美国学生建立一种在学校和社会中成功的积极的同一感。①

然而，多民族的课程也并不是仅仅用来培养自我形象和增加少数民族学生的知识，它的关键目标是保证每个群体的学生形成对其他种族和民族群体的理解和赏识，实现这个目标的指导方针是强调获得和理解下列技能。②

形成多元文化意识的成分

■ 人际关系技能，包括培养学生的自尊和人际沟通能力。

■ 学生通过研究自己的民族或种族群体、家庭历史和当地社区，形成文化自我意识。

■ 多元文化意识部分起源于历史研究和文学或图片材料，这些材料与不同的种族和民族观点融为一体。

■ 跨文化经验，包括与来自不同民族和种族群体的学生和成人之间的讨论和对话。

减少欧洲中心主义

近几年来，人们特别关注的是，必须确保课程和教学不能完全是欧洲中心主义的(反映的是起源于欧洲民族群体的文化和历史)，相反，也要协调来自不同民族和种族群体的兴趣、文化和历史。例如，非洲中心主义课

---

① 李·利特尔·索吉尔："土著美国学生教育"，《平等和优秀》(1990 年夏)，pp. 66—69；《印第安阅读系列丛书》(俄勒冈州波特兰德：西北地区教育实验室，1990 年)；李·利特尔·索吉尔："你的班里有印第安学生吗?"；布菲·珊特-玛丽："'秋后'陈规"，《教育周刊》(1999 年 10 月)，p. 27、37、39。

② 艾伦·沃坡特："用图像与偏见作斗争"，《反思学校》(1995 年夏)，p. 25；戴德尔·A. 阿勒梅达："通过反偏见课程和教学面对反美国印第安人和阿拉斯加本土人的偏见"，《ERIC 文摘》(1996 年 10 月)；哈丽雅特·D. 罗莫："改善学校中民族和种族关系"，《ERIC 评论》(2000 年春)，pp. 25—26。

程着重讲述了非洲裔美国人的历史、文化知识。这些教学方法不仅包括向学生介绍关于少数民族群体历史地位的材料，还包括让学生参加像社区服务和合作学习任务的活动，这些活动帮助学生熟悉了少数民族文化。①

在加利福尼亚、纽约、其他州和个别学区，介绍非洲中心主义和其他少数民族主题的努力已经引起了人们的争论。对具有少数民族倾向的教育项目持批评态度的批评家已提出了许多强烈反对意见。②

对非洲中心主义和其他少数民族倾向的观点提出的批评

■ 正在被引进或推荐的许多教材，拒绝传统课程和使学校建立多元文化的努力。在人们持续不断地批评欧洲人和欧洲传统，并几乎全部关注少数民族主题时，非洲中心主义和相关的观点却在鼓励种族和民族的分离和憎恨。例如，黛安·拉维奇(Diane Ravitch)的结论是，一些新教材支持"一种历史版本，任何一个人或者是压迫者的后代，或者是牺牲品"，从而再创或煽动了"古代的仇恨"和冲突。

■ 许多新教材不具备历史精确性。例如，这些教材中的一部分内容是以近来有关埃及的理论为基础的，这在"美国教育的世界根源"那一章中已经讨论到，也就是说：古埃及的文化和人口是以非洲人口为主体的，古希腊的许多文化起源于古埃及。根据约翰·利奥的观点，经典学者认为这些概括都是夸张的。

■ 少数民族的种族和民族群体的信念与态度不能代表每个群体中

---

① 玛吉·斯切若："学校快讯：聚焦非洲籍美国文化"，《教育领导》(1992 年 1 月)，p. 17、19；艾伦·麦金泰尔、安·罗斯伯里、罗马·高查雷：《课堂教学的多样性》(新罕布什尔朴次茅斯：海勒曼出版社，2001 年)，选择相关资料，可参见莫勒非·阿桑特和阿布·S. 阿巴里：《非洲智力遗传：信息书》(费城：坦普尔大学出版社，1996 年)；布鲁斯·M. 米歇尔和罗伯特·萨尔斯伯利：《美国的多元文化教育》(康涅狄格州威斯特波特：格林伍德出版社，2000 年)。

② 林·V. 切尼："当心 PC 警察"，《行政领导教育者》(1992 年 1 月)，pp. 31—34；艾瑞克·马泰："波兰基调散文有多大效果？"，《教育领导》(1992 年 1 月)，pp. 20—23；约翰·塔威斯："关于一篇非洲中心科学论文的学校失误"，《科学》(1993 年 11 月 12 日)，pp. 1121—1122；基普·泰伊雷："不能比较的多元文化教育"，《教育研究》(2001 年 3 月)，pp. 34—38，参见 www.aera.net/pubs/er 网站。

的多元化观点。

■ 由于提高少数民族学生的学习成绩有困难，所以有时强调让少数民族文化和历史成为一种替代。

在对上述各种攻击进行回应时，非洲中心主义和相关方法的支持者阐述了如下观点。①

对批评的回应

为数不多的非洲中心主义支持者提倡从课程中去除西方文化和历史。莫勒非·阿桑特(Molefi Asante)认为，非洲中心主义运动是要努力通过增加合适的非洲中心主义的教材，而不是通过删除西方经典来使课程表不偏向。

即使有非洲中心主义或相关方法的支持者要求最大限度地降低学术成绩的重要性，或提倡课程不作为重点，那也会非常少。相反，强调个人种族或民族群体的历史和贡献被视做激发学习动力的一种途径，同时，这也可以让学生发挥最大潜能向自己挑战。

最初的报告大有希望

尽管研究不是结论性的，但一些最初的报告认为，非洲中心主义和相关方法可以帮助改善成绩差的学生的表现。例如，一些大城市的教育者认为，把少数民族历史文化的教材包括进来能够帮助提高学生的学习动力。在引进非洲中心主义主题的亚特兰大和底特律学校，学生的出勤和阅读分数明显改善，参加非洲中心主义研究项目一年的大学生评价自己的水平有了很大提高。②

---

① 莫勒非·阿桑特："非洲中心的观念"(费城：坦普尔大学出版社，1987年)；莫勒非·阿桑特："非洲中心的课程"，《教育领导》(1992年1月)，pp. 28—31；穆兰纳·卡伦戈："值得思索的想法"，《高等教育中的黑人问题》(1998年6月11日)，p. 25；伊利诺·布朗："黑人像我?"，《文化、克莱伦斯·托马斯、非洲中心学术》、《纽约大学法律评论》(2000年5月)，见www. nyu. edu/pages/lawreview/752/brown. pdf网站。

② 查尔斯·德瓦里克斯："非洲中心课程的学术成就"，《高等教育中的黑人问题》(1990年12月6日)，p. 1、34；马乔里·科艾曼："黑人自豪驱动这所公立学校"，《基督教科学箴言报》(1998年10月6日)；瑞吉那·菲尔兹："非洲中心学校提供舒适地方"，《阿克伦灯塔杂志》(2000年8月10日)。

三、未来的多元文化主义

持续的争论

关于将多元文化教育作为一个整体的争论，与关于开设非洲中心主义和其他少数民族倾向的课程的独特论点走的是同一条路。评论家担心多元文化教育可能引起民族分离主义，使课程分离，因而支持为经济处于劣势的少数民族学生安排二流教育。为了避免这种潜在危险，公民教育机构的一位主任为多元文化教育课程提出了一些有用的指导。

多元文化项目的指导方针

找出现在教授的西方文明的那些积极方面。如果学生不了解立宪政体、法规，不了解个体人权高于一切都孕育在西方文明的特征之中，那么他们就不了解他们遗产的本质特征……

弄清楚是否在教导学生种族主义、性别歧视、同性恐怖症，帝国主义在某些时期是具有所有文化和文明特征的——不是某种文化的邪恶……美国的失败不应该被解说为与其他国家的失败无关，因为这没有双重标准。

坚持让所有学生既要学习西方文化，又要学习非西方文化。除了欧洲历史，学生还需要大量的关于拉丁美洲、非洲、亚洲历史的学术课程。①

学校是社区的扩展

尽管有很多争议，绝大多数有影响的教育者仍然认为，我们迫切需要关注具备教育少数民族经验的综合多元文化方法。纽约前教育厅厅

① 桑德拉·斯多斯基："文化政治"，《美国学校委员会杂志》(1991 年 10 月)，p. 28；也可参阅戴安娜·瑞威奇："共同文化"，《教育领导》(1992 年 1 月)，pp. 8—11；詹姆斯·A. 班克斯："研究者的生命和价值"，《教育研究者》(1998 年 10 月)，pp. 4—16；迈克尔·Y. 格林："在塔可星期二后"，《今日 NEA 在线》(2000 年 5 月)，见 www.nea.org/neatoday/0005/cover.html 网站。

长托马斯·索博尔(Thomas Sobol)说:“如果孩子将来‘在学术上做得好’,孩子一定将学校视做家和社区的延伸,而不是拒绝学校。”索博尔认为,一个中心目标是“培养一种共享价值观和共同的传统”,同时也帮助“每个儿童在一个整体中发现他或她的位置”。①

对于许多教育者来说,同意多元文化教育反映了促进群体间的积极关系和为所有群体学生提供更有效的教育机会所需要的一种健康的认识。正如废除种族隔离和实施补偿教育一样,教育者不同意仅仅停留在需要采取什么步骤上。然而,在未来几年里,在美国教育中通过多元文化主义获得教育平等机会仍是一个持续突出的主题。

焦点问题回顾:如果你所教的学生有各种不同的文化和语言背景,你将如何为你的工作作准备?作为一名教师,你将如何从不同于你自己的文化背景的学生那儿了解更多的文化背景,并由此而获益?

第四节　残疾学生的教育

特殊教育的发展

过去20年中,教育的主要发展包括残疾儿童教育问题。为这些学生提供和改善特殊教育服务取得了很大成就(特殊教育通常指残疾学生在某一个具有独立设施的教室中或一个资料室中接受的隔离的、专门化的教育,可能是全日制,也可能是部分时间制)。表12.2显示了1977年和1998年在公立学校或通过公立学校的教育接受服务的挑选出来的残疾学生人数。美国教育部的分析表明,约72%的残疾学生在常规班接受绝大多数或全部的教育(这些常规班有的分配到兼用资料室,有的没有

① 托马斯·索博尔:“理解多样性”,《教育领导》(1990年2月),pp. 27—30;也可参阅迈克尔·林德:《下一个美国》(纽约:自由出版社,1995年);克里斯汀·斯李特、彼德·麦克拉伦:“多元文化主义起源”,《反思学校》(2000年秋),见www.rethinkingschools.org网站。

分配到兼用资料室)，大约有 25%的学生在具有独立设施的班级中接受教育，其他的学生在特殊学校或有特殊设备的学校中接受教育。①

表 12.2　1977 年和 1998 年根据残疾的类别接受公立特殊教育服务的学生数

残疾的类别	1977	1998	残疾的类别	1977	1998
语言损伤	130.2 万	105.9 万	听力损伤	8.7 万	6.9 万
智力落后	95.9 万	58.9 万	矫形损伤	8.7 万	6.7 万
无学习能力	79.6 万	272.6 万	视觉缺陷	3.8 万	2.5 万
情绪障碍	28.3 万	45.3 万	总　　数	369.3 万	517.8 万
其他健康损伤	14.1 万	19.0 万			

【资料来源】《价值教育和道德言行中任务的力量》(1984 年)；汤逊：《超越：价值重新认定》(明尼苏达州：巴尔的摩县公立学校，1994 年)。

PL94－142 和 IDEA

联邦政府对残疾学生的教育要求在 1975 年的所有残疾儿童教育法案的条款(人们通常了解的是公共法律编号 PL94－142)中，以及在 1990 年的残疾人教育法案(IDEA)和 1997 年 IDEA 的修正法案中得到了体现。这些法案中的基本要求和其他法律的公正解释如下。

对特殊服务的基本要求

(1) 测评服务必须公平、综合、全面；对残疾学生的安排不能以 IQ 分数为惟一标准。

(2) 父母或监护人必须了解诊断信息，而且能对校方的决议提出抗议。

(3) 个性化的教育项目(IEP)包括必须提供长期和短期目标。IEP 必须由具备一定资格的人组成的委员会在 30 天内准备有效决议，委员

① 美国教育部：《保证所有残疾儿童获得自由、恰当的教育》(华盛顿，哥伦比亚特区：美国教育部，1996 年)；林・A.韦卡特："残疾学生的隔离安置"，《教育政策》(1998 年 7 月)，pp. 432—448；小切斯特・F.芬、Jr.安德鲁・J.罗瑟海姆、小查尔斯・R.霍卡南：《新世纪特殊教育的重新思考》(华盛顿，哥伦比亚特区：托马斯・B.福德姆基金和进步政策机构，2001 年)。

会应该包括教师、学生家长或监护人，以及行政规划者。有效决议必须根据学生的需要，为学生提供特殊的和相关的服务。因为这项决议是关于学校同意提供资源的决议，所以 IEP 也是学校为残疾学生努力提供帮助的奠基石。

(4) 教育服务必须在最不受限制的环境中进行，这意味着残疾儿童可能被安排在特殊的或隔离的班级中接受教育服务，只有从时间上来考虑提供恰当服务是必要的。

如果学区认为将他们安排在常规教育背景中不能取得令人满意的成果，则必须让学生在其他地方接受充分的教育，该项教育经费由校区支出。

一、学生的分类

分类的困难

教育者很难确认哪些学生需要特殊教育服务。例如，很难确定一个学生是智力迟钝并能从特殊教育服务中受益，还是这个学生仅仅是一个需要更多的指导和更多的时间学习的学习缓慢者。同样，很难确定一个低工作能力的儿童是脑子有毛病，还是有其他学习障碍，还是因为他或她没有受到很好的激励或教育而表现差(当然，所有这些原因可以集中体现在一个儿童身上)。虽然“无学习能力”是目前最常用的标志——包括有阅读、数学、听力或其他能力缺陷的学生，但专家之间不仅对这种残疾的组成没有一致意见，而且对为这些残疾学生提供什么服务也意见不一。区别严重和中等情绪障碍问题时也遇到相似的问题，或在区别部分聋或全聋问题中也遇到类似情况。对接近残疾身分的分界线的学生(也许分界线本身令人非常迷惑不解)，特别难以确定其属于哪一类学生。①

---

① 梅纳德·C.雷诺兹:“根据残疾将学生分类”，见艾德蒙德·W.戈登主编:《教育研究评论》(华盛顿，哥伦比亚特区: 美国教育研究协会，1984 年)，p. 89;也可参见詹姆斯·J.盖拉夫:“特殊教育的新模式”，《教育研究者》(1990 年 6—7 月合刊)，pp. 34—36;佩里·A.泽克尔:“选出那些有学习障碍的学生”。

模糊的“LD”范畴的增长

正如许多分析者所指出的，学习无能（LD）范畴的模糊性促使学区使用这种分类来获得基金，以改善教育服务。由于大多数LD学生虽然把大量时间花费在常规班级中，但仍在资料室中接受额外帮助，因此，LD服务常常是对处于劣势的，或不够“一号方案”服务资格的成绩差的学生提供补偿服务的一种形式。这有助于解释为什么LD范畴的学生数增长这么多。研究表明，学校中半数以上的LD学生不能达到特殊教育专家所共同认可的标准。

二、少数民族学生的特殊教育安置比例不协调

为少数民族的穷人贴上“落后”的标签

特殊教育安置数据显示，部分种族的少数民族学生与非西班牙裔白人学生相比，更可能被安置到智力落后的班级中去接受特殊教育。例如，美籍非洲裔学生被安置在“可教育的智力落后”班级中的人数接近白人学生的3倍。关于智力落后的学生安置情况也与学生的社会经济地位和财产地位高度相关。

原因和结果

许多分析家相信，为智力落后的学生安排班级在很大程度上取决于他们的智力测试成绩，这样的智力测试是以中产阶级白人的知识结构为基础而编制的。一些分析家也相信，少数民族学生接受特殊教育的比例不协调，使得学生被分流到为情绪障碍或智力落后学生设置的班级中去，而学校这样做主要是为了减少教师在处理文化差异的儿童和青年中遇到的问题。许多教育者和学生家长担心，这样的班级分配会导致新的种族隔离和种族歧视，因为这种模式会使少数民族学生被迫分到教师只对学生有较低的期望或根本没有任何期望的班级中去。

法院干预

许多法院对这种批评持同情态度，他们已经制定了法规以确保学生不太可能被错误地分配到特殊教育的班级中去。例如，20世纪70年代

的《戴安娜诉教育董事会案》的结果是,加利福尼亚的法院规定:(1)所有基本语言不是英语的儿童必须通过基本语言测试和英语测试;(2)测试内容不能仅仅以词汇、常识或其他以经验为基础的项目为依据;(3)美籍墨西哥学生在常规班级中和智力落后班级中的比例不一致的区域,必须能够表明这种不一致是建立在有效分类方法基础上的。在拉里·P.(Larry P.)上诉里勒斯(Riles)的另一个案例中,加利福尼亚的一个法院听取的证据表明,美籍非洲裔学生的方言和家庭环境使得学生在IQ测试中得分无效。因此,法院规定,这些学生不能被安置在根据IQ测试而设计的"可教育的智力落后"班级中。正如其他引起争议的有关特殊教育的问题一样,这种争议将会一直持续下去。①

非结论性的研究

分类可能导致"标签效应"。批评者也关心分类可能成为让学生自我履行的预言。例如,被视为"有障碍的"学生可能更倾向于表现差,因为"标签"使他们不合规范的行为能被接受和预料到。② 研究者试图确定,安排在特殊班级或项目中对学生是会产生正面影响,还是会产生破坏性影响。他们考虑的变量是同伴的接受和对自我概念的影响。整体来说,这些研究是非结论性的(这类研究很难操作,因为在定义术语、测量项目效果和允许学生对某一项目的不同反应中均有问题)。③ 一些研究者的报告说,特殊教育班限制了许多学生的进步,但是也有研究发现,当教学计划得好和恰当时,安排特殊教育班是有益的。

① 詹姆斯·理托尔:"特殊教育服务于少数民族学生吗?",《哈佛教育评论》(1998年2月),pp. 116—120;凯特·泽尼克:"特殊教育种族偏见研究点",《纽约时报》(2001年3月3日)。

② "评估有残疾的儿童"(2000年),论文在"儿童资源在线"主页上,见www.kidsource.com/nichcy/assessing4.html网站。

③ 吉·雷因哈特、阿伦·帕雷:"限制教育环境设置:流放还是避难所?",《教育研究评论》(1982年冬),pp. 557—578;道格拉斯·福克斯、林·S.福克斯:"分离有时是较好的方法",《教育领导》(加利福利亚州蒙罗公园:SRI国际机构,1994年12月—1995年1月),pp. 22—26;劳米·齐格蒙德等:《社区建筑和学区更新的案例研究》,论文在"新视野"网页上,见www.newhorizons.org/spneeds_jenkins.html网站。

三、学习环境可以自由选择

PL94－142、IDEA和相关法律明确要求，教师，特别是校方官员必须为残疾学生准备一份个性化的教育计划，计划中包括明确的特殊服务，以帮助学生达到教育目标。这些要求通常指给残疾学生提供“恰当的”免费教育，这就要求所提供的各种必要的服务能帮助他们像其他学生一样从教育中获益——或许为需要特殊帮助的每个学生建立一种可供选择的学习环境。

权力对花费

然而，为严重残疾的学生（或许为任何一个学生）提供可选择的学习环境，其代价可能是非常昂贵的。校方官员之间已经引起各种争论，他们担负不起为一些残疾学生提供最有效的教育所需付出的经费，家长或其他支持者认为，这些学生具备享有任何服务的法律权利，这些权利是保障最大教育收获所必需的。

罗利的裁决

1982年美国联邦法院接到了一起案件，当时一名一年级聋学生的家长埃米·罗利（Amy Rowley）要求学校在文化课上提供手语翻译。当地教育者认为他们已经提供了一个助听器、一个聋儿导师和一个语言治疗师，但是不能提供手语翻译。在罗利指控哈德逊中心学区教育董事会一案中，法院裁决尽管法律要求提供这样的“支持性服务”，“帮助残疾学生从公共教育中获益”，但法律并没有要求超过“机会的基本层面”以外提供一个特殊水平的服务。事实上，根据宪法学者的看法，法院认为校方官员可以根据这个孩子的教育偿还能力来决定附加花费是否值得。尽管罗利要求“合理计算”课程，使孩子从教育中受益，但并不需要最好的课程。①

① 然而，后来最高法院重新声明，必须有一定的支持服务使得残疾儿童真正能够获得教育的机会。在一个患有脊柱裂的8岁残疾儿童安伯·塔托的案件中，法庭裁决学校必须提供间歇的导管插入。另一方面，美国上诉法院的决议把罗利案的裁决解释为：这意味着学区不必为一个严重智力落后的学生上一所昂贵的私立学校付出昂贵的学费。见玛莎·（转下页）

四、主流和包容

安排常规班级环境

尽管缺乏结论性的证据证明隔离环境对残疾学生有不良影响，但是一些法院已经考虑到这种证据，并得出结论：隔离安排可能对许多学生有破坏性影响。对于被认为只有轻微残疾的学生来说，这一点尤其正确。就像我们前面提到的，联邦法律也要求安排残疾学生在最不受限制的环境中接受教育。由于这些法令的作用，全国各个学区均努力安排残疾学生每天或绝大多数时间在普通班级学习。

主流和包容

主流(main streaming)这个术语起初是用来描述努力的。最近，又使用了包容(inclusion)这个术语。包容通常表明更大的努力，包括尽可能使失去劳动能力的学生在普通班级中学习。然而，主流或包容方法都有必要为需要额外帮助的学生开设特别服务或特别班级。额外帮助也许包括广泛的服务，包括从技能娴熟的专家咨询到提供特殊设备。即使是严重的残疾人和需要花大量时间在普通教室之外学习的儿童，仍被鼓励参加各种活动，如艺术或音乐，这些对其他儿童都是开放的。①

关于对主流和包容的研究已经出现模棱两可的结果。通常早期研究不能提供证据，说明将残疾学生安排在普通班级能持续地提高他们的学习成绩，提高他们的社会接受性或自我概念水平。但这些研究的批评者认为，经检验发现研究中的绝大多数班级都没有提供一份公正的测

(接上页)M.麦卡锡："严重残疾学生：谁来支付学费？"；斯蒂芬·B.托马斯、玛丽·J.K.兰波特："最少的环境限制"，《特殊教育杂志》(1998年夏)，pp. 66—78；罗纳德·M.哈格："公立学校的特殊教育系统是一个资金来源"(1999年)，论文贴在"邻近地区法律服务"网页上，见www. nls. org/specedat网站。

① 克里斯蒂·L.索尔兹伯里、巴巴拉·J.史密斯："最少的环境限制：理解选择"，《校长》(1991年9月)，pp. 24—27；赖纳德·尼科斯奇："团结残疾学生的策略"，《校长》(1992年1月)，pp. 20—21；迈克·菲利普森主编：《包容评估》。

试,因为他们几乎没有培训老师,几乎没有引进合理的教学方法,几乎没有提供适当范围的教材,或者说他们不能保证教师能够对由残疾学生和正常学生组成的异质群体进行有效的工作。近来的许多研究反映了这些批评的观点把研究局限于某些地区和某些州视做出色地为残疾学生提供主流或包容机会。结果又一次令人失望,几乎没有什么迹象表明主流或包容方法对残疾学生持续有效。①

以系统改革为基础的模范学校的努力

另一方面,最近对个别学校的评估较令人憧憬。一般地说,这些学校已经被描述为结构调整的模范学校:进行系统的改革以便培养教师与异质群体一起工作、提供特别资源以帮助那些需要帮助的学生和教师、使教育个性化并引进合作学习、使班级规模相对减小。研究者倾向于同意,在全国范围内,成功地推行主流或包容安排,就要求在全美国范围内对学校进行这种有效的结构调整。②

五、问题和困境

我们已经接触了关于特殊教育的一般问题、主流问题和包容问题。在这一节,我们重点讨论 4 个问题或 4 种困境,这些问题在接下来的许多年中可能特别突出。整个教育系统中的教师和行政管理者将会受解决这些问题的方式影响。

财政困境

■ 费用如何支配? 正如我们前面讨论的,为严重残疾学生提供的服务可能特别昂贵,无论是在一个隔离环境中还是在普通班级中。这

---

① 安德鲁·R.布鲁勒:"恰当的尊严";贾斯汀·麦罗内:"安置选择的呼声",《教育领导》(1994 年 12 月—1995 年 1 月合刊),p. 31;凯尼斯·A.卡瓦勒、史蒂文·R.福尼斯:"历史,雄辩,现实",《补偿教育和特殊教育》(2000 年 9—10 月合刊),pp. 279—310。

② 艾伦·加特勒、多罗茜·科茨勒·理普斯基:"特殊教育背后:为所有学生的质量体系",《哈佛教育评论》(1987 年 11 月),pp. 367—395;瑞·万·戴克、玛莎·A.斯大林斯,柯纳勒·考雷:"怎样构建包容学校的社区?";威斯利·夏普:"特殊教育包含(第 2 部分)"(2001 年),论文在"Education World "网页上。

里,行政管理者将面临一系列困境。联邦法律要求让残疾学生接受有意义的服务,以支持他们接受教育,但是国会只提供支持这些服务的一小部分资金。在研究这个问题时,一位国会议员承认,联邦没有提供任何资金实施残疾法规,这一定会成为国内所有不资助法令的肇端。①

一种可能的反应是地方提供经费。另一种是学校把更多的学生划分为学习无能的人,以便获得附加的联邦经费。还有一种反应可能是学校将残疾学生安排在普通班级,而没有提供代价昂贵的额外服务或进行系统的结构调整。我们有理由相信许多学区出现这些类似反应是很正常的。②

■ 接受特殊教育的学生必须接受每个州的测试吗? 到目前为止,绝大多数州已经允许接受特殊教育的学生免除测试,但是,当政策制定者们认识到,许多学校为了保护自己的分数而增加录取残疾学生时,这种情况也在不停地变化。官员们同时注意到,没有学习能力的学生并没有受到挑战和帮助以取得更好的成绩。许多州现在要求参加特殊教育的学生接受测试,尽管经常要对测试加以调整,如提供更多的完成时间。然而,许多测试是为更高目标而设计的,比如能够取得毕业资格,分析家们注意到,运用州范围的标准也许会改善为残疾人提供的学习条件,并减少为接受特殊教育的学生而付出的惨重代价。③

■ 为教育残疾学生而提供的安排和服务在多大程度上脱离了正常学生教育? 如果学校官员将大量的资金从常规预算中转向为残疾学生提供隔离环境或特别服务,或者校方官员将严重残疾的学生安排到普通

---

① "数字意味什么?",《课程评论》(1998 年 4 月),p. 2;"候选人检查",《特殊教育新闻在线》(2000 年 1 月 8 日)。

② 戴维·A.斯普利特:"特殊教育费用",《行政领导教育家》(1994 年 1 月),pp. 11—35;乔丹·克劳斯:"25 年没有付过钱",《学校管理者》(2000 年 11 月)。

③ 里克·阿伦:"处在评价十字路口的学习障碍",《ASCD 课程更新》(2000 年秋)。

班级中去，而在那儿教师不能有效地解决他们的问题，正常学生是否会因此而对课堂教学环境难以忍受？研究者否定了这种可能性。一些研究者认为，主流和包容从机遇上和结果上没有将正常学生与残疾学生彻底分离。其他研究者认为，由于普通班级的教师几乎没有接受或根本没有接受过帮助，以处理有严重智力问题或情绪问题的学生，因此他们更难以为所有学生提供有效教学。①

■ 为哪些学生提供什么样的服务？在哪里提供服务？什么时候提供服务？如何提供服务？这样一些问题的提出表明，前面几页中提到的许多这类问题并没有得到很满意的解决。例如，应在多大程度上为严重残疾和轻微残疾的学生提供不同的安排，或者应为上述两类不同的学生提供什么样的安排？“部分包容”是在大部分时间中安排学生到资料室或隔离学校，与“部分包容”相反，学校应该在多大程度上实施“全面包容”安排，父母对此有多大决议权，他们或许不太了解学校的影响。专业人员对此有多少决定权，他们对每个学生的特殊问题非常敏感吗？提供普通教室支持服务有多大希望？例如，专门为聋学生准备手语翻译或为缺乏自制力的学生请护士帮助，这样做有多大程度的可能性？多大程度上使用资料室会使学校作为一个整体的运作系统变得复杂化并受到破坏——将一系列支持性服务带到普通班级中是否更有破坏性？为适应“全面包容”部分实施的学校范围内的结构调整将对所有学生有本质的提高吗？或者说在不久的将来，期望广泛的结构调整是否不合理和不现实呢？下面是教育者至今仍没有找到答案的一些问题。如果想浏览目前关注的问题，请见“参考资料”栏。

建议的政策和指导方针

考虑到校方官员正面临着努力为残疾学生提供平等教育机会的不确定性，因此政策和指导方针对于将来能为残疾学生教育做些什么非

① “非残疾学生的结果怎样？”，《教育领导》(1994 年 12 月—1995 年 1 月合刊)，pp. 36—40；威斯利・夏普：“特殊教育包含(第 1 部分)”(2001 年)，论文在“教育世界”网页上。

常重要。一些信息灵通的观察者相信应该包括下列这些政策和指导方针：①

■ 国会应该提供更多的资金，以帮助学校实施其方案。

■ 立法机关应要求教师接受适当的培训。

■ 机制设置应使“全面包容”或其他安排并不很奏效的地方获得较快的课堂教学或学校认同。

■ 立法机关应规定，一旦发现具有暴力或极度破坏性行为（请参阅“公共教育经费”那一章）的残疾学生，应很快地将他们从普通班级调走。

■ 倾向于追求“全面包容”的学校应该接受残疾学生需要的无论什么形式的技术帮助。

■ 在包容的课堂教学中，应引进适当的教学策略（如同伴中介教学、掌握学习和合作教学），使异质群体学生掌握基本的和高级的学习技能。

■ 残疾学生应参加地区、州和国家的测试项目（现在通常不是这样），这样可以有助于确定他们的成绩是提高了还是下降了。

参考资料

对特殊教育的反思

小切瑟·E.芬等

《新世纪特殊教育的重新思考》一书包括14篇原创论文，论文提供了重新思考和改善联邦政府特殊教育项目的研究结果、观点和建议。编者在“结论”那一章指出，每年政府为近600万接受特殊教育的学生花费600亿美元。报告的提交非常及时，对2002年残疾人教育法案的再认可的审议产生了影响。

在回顾特殊教育项目产生的问题之前，我们想高呼特殊教育的成

---

① 盖尔·利伯曼：“州政府必须提供领导”，《教育》（1995年2月22日），p. 32；彼特·爱德斯坦：“逆流而泳”，《美国教育》（1995—1996年冬），pp. 28—31；乔伊斯·S.乔艾特、托马斯·A.贝克斯：《阅读困难者的包容教育》；戴安娜·弗格森：《改进教育：包容教育的希望》（马萨诸塞州牛顿：全国城市学校改进研究所，2000年）。

功……多亏了 IDEAS 和 504 部，以及州和地方政府推动和加强了特殊教育项目的完成，今天美国的许多残疾学生都有机会获得高素质的、根据他们的需求和条件、他们父母的优势和老师的判断，为他们度身定做的教育课程，没有其他的国家比美国为他们的残疾公民和需要特殊教育的孩子们付出的努力更多。

这项成功的记录是 IDEA 故事在特殊教育中的最好的一半，因为这个项目也有极棘手的麻烦。美国为残疾儿童提供的项目本身就根据残疾儿童的疾病、残疾和自己特殊的需要而定。福特总统签署“残疾儿童教育法案”后 25 年，我们仍不能为许多残疾儿童提供令人满意的技能和知识教育。挫伤残疾儿童的家长、使教师不能集中精力授课、阻碍学校发展都使得班级更加难以维持正常的教学秩序，这是太平常的事了，所有这些都置家庭、教育者和政策制定者的最好的意图于不顾。

我们伐木造纸用来资助这些课程，审判室挤满了怒气冲天的诉讼当事人，他们怒骂州和当地的教育改革的结果，他们要使双重标准和新的种族隔离合法化，他们抨击纳税人为提供更多的儿童接受教育而付出的税额，如果他们中的许多人已经接受了第一流的常规教育，他们就不可能成为特殊教育的候选对象。

坦率地说，对于大部分孩子来说，特殊教育是不存在的，相反，他们将其视做“一种处于危险之中的课程”。随着新的行政管理者和国会准备 IDEAS 课程的认可，特殊教育才又变得重要起来。我们的结论与政党或意识形态毫无关系，它产生于对孩子和家庭的健康、教育质量和这些政府项目的绩效的强烈关注。

幸运的是，今天的政策制定者面对选择，不是继续保持这个项目的原状，也不是回复到令人不能接受的前 IDEA 状态，而是使这个项目更加现代化，这是我们了解到的以特殊教育和普通教育为基础的现状。

特殊教育已经解决的初始问题是，许多残疾儿童没有机会接受公立教育，他们被种族隔离措施封闭在仓库式的学校学习，或只能到没有考虑到他们不同需要的教室中学习。

这显然是不对的，这不是美国的做法，这是极差的教育方式，而且这对儿童非常有害。因为这表明州和社区不能取得人们的信任，以正确地对待残疾儿童，而联邦政府的涉入就更像从前他们对待黑人学生那样了。残疾女孩和男孩的教育作为一个公民的权利，记录在形成于1975年之后的一系列新的法庭裁决和反歧视法规的联邦特殊教育的纲要上面，特别是在更新法案的第504节。

25年后，我们高兴地说，原先的问题已经大部分得到了解决。残疾儿童已经得到了接受公立教育的权利，确实，他们得到了比那些没有残疾的同学更个性化和更慷慨的公立教育资金。我们建立了一种体制，可以让残疾儿童的父母比其他儿童的家庭讨论更多的关于他们孩子的教育问题。

我们赞美这种教育，这种教育为人类的缺陷和公平做了一项巨大的贡献。在这项教育中没有什么可以使那些成为可能的人分心，也没有人能不相信他们。但是他们真正的工作效率怎样呢？这些残疾儿童真正接受特殊教育的情况如何呢？20世纪70年代为残疾儿童教育成功所建立的课程、服务和操作流程的大厦今天仍然存在吗？它们与美国教育的大环境的重要变化还保持步调一致吗？

我们不这样认为。从接触和服务阶段到结果和负责阶段，教育在过去的25年中已经经历了深刻的范式变化。在最近的10年中，这种变化非常富有戏剧性。特殊教育不仅仅是不能保持下去，而且它还只是公民权利所涵盖的一个服务项目。它更多的是处理种族歧视的争端，而较少去教授学生需要学习的东西，它更不是真正的增强素质和行为的教育。尽管许多有美好愿望的人付出了努力，尽管法律做了大量微调，但它仍然与作为今天教育变化动力的、以标准为基础的改革没有多少联系。

问题

(1) 作者所认为的IDEA的主要好处和弊端是什么？在他们的论文

中他们提供了哪些数据支持这样的结论？

(2) 这本书在多大程度上同意这些结论？你发现了什么不同吗？

(3) 2001 年发生了什么吗？从那时起形势有什么改善吗？

【资料来源】“改革的结论和原则”，小切瑟·E.芬、安德鲁·J.罗瑟海姆和查尔斯·R.汉克森主编：《新世纪特殊教育的重新思考》(华盛顿，哥伦比亚特区：托马斯·B.福特海姆基金会和进步政策机构，2001 年)，见www. edexcellence. net 网站(点击“our Publications” and then “Federal Education Policy”)。

总　结

(1) 对平等教育机会的关注一直在扩展，强调的内容包括废除种族和民族隔离的问题，来自低收入家庭学生成绩水平的问题，引进双语教育和其他方面的多元文化教育以及将残疾学生包含在普通班级的问题。这些问题中的每一个相关的一系列问题均需要大量的花费去增加机会，以保证所有学生均可能真正受益于教育。在未来 10 年里，进入教育系统的教师将在决定这些努力成功与否的过程中发挥一定程度的作用。

(2) 尽管在许多小学区中废除种族隔离已经完成，但是大城市学区中少数民族学生和经济上处于劣势的学生的集中，已使废除种族隔离的成果难以保持下去。

(3) 直到 20 世纪 80 年代，积累的证据开始得出更积极的结论，才说明补偿教育似乎是成功的。然而，许多严重问题仍然集中表现在：不知补偿教育在多大程度上可能产生大规模的、持久的和实际的结果。

(4) 通过教育建立文化多元主义的努力包括多元文化教育途径，这种方法考虑学生的学习风格，识别方言差异，提供双语教育，介绍包括多民族课程、教学的方法和材料。这些方法能够帮助经济处于劣势的少数民族学生提高学习成绩，这同样有助于达到创建一个富有成效的多元社会的目的。

(5) 立法机关和法院的法令已经为残疾学生的教育进行了很大推广。作为这个过程中的一部分,教育者正在尽可能地使这些学生进入主流社会,避免被贴上"落后"标签和受到种族隔离产生的破坏性影响。但是研究对总体的收获并不清楚,而且和主流式包容失去了联系,仍存在许多问题。

关 键 术 语

废除种族隔离	多元文化的教育
整合	文化多元主义
法律上的种族隔离	黑人英语(Ebonics)
事实上的种族隔离	双语教学
优质学校	第一语言保留
有控制的选择	针对所有残疾儿童的教育法案
补偿教育	残疾人教育法案(IDEA)
1号方案	个性化教育项目
开头	最不受限制的环境
随后	主流
生态干预	包容
拉出方法	

讨 论 题

(1) 使废除种族隔离成功的最重要的行动和政策是什么?在什么情境下有效实施废除种族隔离最困难?

(2) 为什么补偿教育是一个重要的国家问题?什么方法最有希望提高低收入学生的成绩?

(3) 多元文化教育的主要目标和成分是什么?教师在非少数民族学

生占主体的学校应该怎样做才能提升其目标？

(4) 普通班级中，教师能为他们班的残疾学生提供什么帮助？可能遇到什么困难？如何克服这些困难？

专业发展的建议方案

(1) 与附近的小学教师面谈，确定他们是否在用或考虑用包容安排。他们对包容安排持什么态度？你从他们那儿学到了什么？对你自己的职业发展有什么价值？

(2) 与附近学校的行政管理者交谈，找出学区在实施“一号方案”的做法。正在实施“一号方案”的学校真的有提高吗？在过去的几年中有什么变化发生吗？在你可能申请一个职位的所有学区中，有相似变化发生吗？

(3) 如果附近学区存在运作体制良好的优质学校，访问其中之一。问同学和老师优质学校正在做什么，它和普通学校或非优质学校有什么不同？问校区领导是如何定义学校目标的，学校是否成功地达到了这些目标？你认为你喜欢在那里工作吗？为什么喜欢或为什么不喜欢？

(4) 组织和参加关于双语教育必要性的辩论。作为你为辩论做的准备的一部分，确定一些文章和书，以帮助你得到有效的结论。你可以从最好的网站查阅 www.ncbe.gwu.edu 和www.ceousa.org。

(5) 为了你的业务职责，开始准备一番表明你的经验和关于本章讨论主题的研究。

第五部分

课程基础

第十三章　教学目的

当代社会发生着根本而迅速的变化。随着社会的日益发展，我们必须发展自己以适应当代社会，更要设计自己以面向未来。我们总是依赖学校来帮助我们面对社会发展趋势的变化。对于一个社会来讲，我们通过修改教学目的来对这种变化和社会压力作出反应，而学校则改变教学计划以适应它。

我们的教育向何处去？就教师和教育家而言，什么是我们真正的目的？它又是如何指导我们的工作的呢？

本章将把你们的思维定位在这些重要的问题上。在你阅读的过程中，请思考以下几个问题：

焦点问题：

- 社会各界是如何结合教育哲学理论来规定我们的教学目的的？
- 我们的教学目的和教育目标是如何阐述的？
- 最近几十年内，哪几类学生群体被定为专门培养对象？
- 最近的教育政策报告的主要议题是什么？

本章由汤森大学的詹姆斯·劳勒博士校订。

■ 在未来社会里，哪些目标最重要？

在对教育重点内容进行连续修订的过程中，在第十二章我们已经深入考察了基本哲学体系和理论所发挥的极其重要的作用。对于同一件事，人们会有不同的反应。他们会根据自己的人生观和价值观对时代发展的趋势进行评价、思考，并会做出相应的举措。此外，在美国教育发展的一些重要阶段里，有些特定的哲学流派占有支配地位。随着时代的变迁，占统治地位的哲学体系或理论也经常发生变化。这种影响力在全国的学校中都能够感受得到，包括像你们这样的学校。作为一名新教师，你需要在你的教育哲学观与你所任教的学区的教育价值观之间寻找一种"契合点"。你不仅要考察你所在学区的教学目的，还要考察你所在学校的教学目的。怎样把这些教学目的转化成课程和教学方法，最重要的是对这些问题的回答，从你的哲学观可以看出你的满意程度如何。

本章阐明了教育哲学思想和教育理论是如何与社会力量相互作用，以影响美国教学目的的问题。在介绍了美国教育史上不同时期一度盛行的一些教学目的观之后，我们要考察一下近几年来发生的一些重大变化。然而，本章首先要阐明教育目标是如何从目标和目的的角度去下定义的。

焦点问题回顾：如今，社会、知识或关于学习者本质的信念等方面发生了很大的变化，作为一名教师，你认为什么样的变化将对你的教育目标观产生影响？

第一节　建立教育目标和教学目的

教学目的的层次

当我们谈到教学目的的时候，我们可能会涉及下面一个或几个层次的目的，即国家、州、学区、学校、学科、年级、单元计划或课时计划。虽然对这个问题多数教育家彼此之间尚未达成高度的一致,但是他们用“目标”和“目的”这两个术语对不同层次的目的加以区分,“目标”一词的含义更广泛一些,而“目的”则更具体、更明确。这两个术语都被用来描述一种我们正试图达到的发展方向。许多教育家把目标和目的称为教育的“结果”或“终点”。

社会力量和哲学的影响

但是,所有的终点都会受到社会力量和盛行的教育哲学或理论的影响。社会力量结合哲学体系来制定国家和州所采用的教育目标,而这些目标反过来也会影响着特定的学校和班级所采用的更具体的目标和目的。随着时代的变迁,社会力量的转变也会导致盛行的哲学和理论发生变化。对此发生影响的因素主要有三种类型:社会群体、知识的发展和对学习者本性的信仰。①

三种影响因素

社会变革包括我们在“文化·社会化·教育”以及“社会阶层、种族与学业成绩”这两章中考察过的多种影响因素之间的侧重点的转变,如家庭、同伴群体、社会阶层和经济。知识的更新是指科学技术的新发展、信息加工和储存的新方法、学习领域的定义和组织的新方法。最后,对学习者本性的信仰变革,比如说有关学习过程的新理论,也可能会引起教育理论和教学目的的变化。

一、教育目标

教学目的的广义表述——教育目标

虽然教育目标对教育发展发挥着重要的指导作用,但它不能被直接观察或评价,相反,它们是对一种令人满意又受到重视的能力的广泛表

① 变化的三个来源的概念出自博伊德·博德和约翰·杜威约 80 年前的著作中。这些思想早在 1949 年就由拉尔夫·泰勒推广开来,并由当代课程理论家加以发展,其中有阿伦·奥恩斯坦、J·盖伦·塞勒和罗伯特·蔡斯。

述。而这种能力一般也是教育很适用的主题，或者说是教育所关注的问题。有时一些非常笼统的目标也被称为目的。

国家和州的教育目标

国家和州的教育目标经常由权威的委员会或专业机构来制定。这里有一个摘自《国家教育目标研制小组报告书》中关于国家教育目标的例子，报告书里这样写道："所有的美国儿童将进校准备学习。"①其他的国家或州的教育目标旨在"培养学生的民主的公民意识"。虽然这些都是极美好的目标，但当地的学区对于要达到这些目标该做些什么却是相当含糊的，它们仅仅提供了对要遵守的总体指导方面的建议。

学区的教育目标

学区的教育目标在焦点上明显地开始变得狭窄，比方说，与国家教育目标中的学习准备有关的学区教育目标就是："所有的儿童都将会有接受高质量的、促进儿童发展的、适当的、有助于为儿童进入学校做准备的学前教育的机会。"有关国家教育目标中培养合格公民的一个主题，更鲜明的例子大概就是："学生能够积极参与社区的政治、社会生活。"这些目标中的任何一个都有助于指导教师、校长和教育督导员朝着特定的综合性的目标努力。

学校培养目标

学校的教育目标在焦点上通常更明显地收缩范围，只是把国家、州和学区的教育目标转换成一些与当地的学校社区的哲学观和重点更接近、更一致的表述。② 学校这一层的教育目标的表述常常在《学校改进计划》这类有名的文件中能够找到。这些目标的表述来自于一个全国

① 国家教育目标小组：《国家教育目标小组报告》（1998 年），网址：www.ed.gov/mailinglists/edInfo/archive/msg00410.html。

② 埃利奥特·W.艾斯特：《教育的想象力》第 3 版（纽约：麦克米伦公司，1993 年）；阿伦·奥恩斯坦和弗朗西斯·P.亨金斯：《课程：基础、原则和要点》第 3 版（波士顿：阿林培根出版公司，1998 年）。

学校代表团，这一表述清楚地表达了学校在教育社区青年的过程中的作用。① 与国家教育目标中的学习准备有关的学校教育目标大概就是，“幼儿园的课程将从半日制扩充到全日制。”

泰勒的 4 个问题

在 20 世纪 40 年代后期，拉尔夫·泰勒曾规划了一个至今仍然很有影响力的关于学校培养目标的提纲。泰勒认为有 4 个基本问题必须认真思考：

（1）学校应该努力达到什么样的教学目的？

（2）人们可以提供哪些教育经验才能有助于达到这些目的？

（3）怎样才能有效地组织这些教育经验？

（4）我们怎样才能确定这些目的是否已经达到（在多大程度上达到）？②

古德莱德的 12 类主要目标

大约 30 年以后，另一个颇有影响的教育家约翰·古德莱德研究了全国各地教育董事会公布的一系列学校培养目标，并把它们归为可以体现总体精神的 12 类。这 12 类中的每一类都可以用基本原理的表述来进一步加以阐明，如表 13.1 所示。从那以后，这些教育目标未发生大的变动，相反地，因为学区或学校的哲学观以及它阐述社会变革的影响方式的变化，这些目标的侧重点已经发生了变化。

表 13.1　美国学校的主要教育目标

1. 掌握基本技能或基本过程。在我们的技术化社会里，个人参与社会活动的能力取决于对这些基本过程的掌握程度。
2. 职业教育。个人在生活中的满意程度在很大程度上与他（她）对工作的满意程度有关。要做出明智的职业抉择需要有关于跟职业倾向有关的个人能力和兴趣方面的知识。

① 马里兰州教育厅：《马里兰州学校行动计划的全面规划》（巴尔的摩：马里兰州教育厅，1996 年），pp. 1—24。

② 拉尔夫·W.泰勒：《课程和教学的基本原理》（芝加哥：芝加哥大学出版社，1949 年），p. 1。

续　表

3. 智力发展。社会文明的发展日益复杂，人们不得不更多地依赖于自己的理性能力，每个社会成员的智力都能够得到充分发展是十分必要的。
4. 对社会存在的文化类型的适应。旨在阐明我们与历史之间关系的研究引申出对我们的社会及其价值观的深入思考。另外，这些研究和思考也加强了个人的归属感、同一性和对个人生活的指导性。
5. 人际关系。学校应该帮助每个儿童理解、欣赏和尊重不同于他们自己的社会、文化和民族群体的人们。
6. 自治。除非学校能够培养出自我指导型的公民，否则就会导致社会和个人的失败。随着社会发展的日益复杂，对个人的要求也呈现出多样化的特点。学校可以通过发展学生为自身需求所承担责任的能力，来帮助学生为进入一个瞬息万变的社会做准备。
7. 公民的权利和义务。为了抵制当今人类的破坏人性和环境的行为，学校教育要求公民参与到本国的政治、社会生活中去。一个民主的国家只有通过它的成员的参与才能幸存。
8. 对创造和美的洞察力。对于个人的自我实现和社会利益而言，创造新的、富有意义的事物和欣赏他人创造的能力是十分必要的。
9. 自我概念。个人的自我概念充当了个人奋斗目标的志向的参照点和反馈机制。一种健康的自我概念的有利因素可以由校园环境提供。
10. 情绪和身体健康。人们把情绪稳定和身体健康视为达到其他目标的必要条件，但它们本身也是很有价值的结果。
11. 伦理道德品质。个人需要发展评判行为是非的判断力。学校可以促进这种判断力以及敢于承认真理、道德整合和道德行为的成长。
12. 自我实现。为了发展更好的自我所作出的努力会有助于一个更好的社会的发展。

【资料来源】约翰·I.古德莱德改编：《学校的目的是什么》，pp. 44—45。经许可再版。

公民的参与

一个学区或个别学校完善教育目标的过程应该允许社会、家长，有时候也包括学生有效地参与进来。如果公民能够与通晓儿童发展和学习过程的专业教育家们合作的话，他们就能在帮助公立学校决定该教什么课程时提供一种很有价值的远景规划。①

① 罗纳德·S.布朗特和拉尔夫·W.泰勒："教育目标和教学目的"，引自阿伦·奥恩斯坦和琳达·S.比哈-霍伦斯坦：《当代课程论问题》(波士顿：阿林培根出版公司，1999年)，pp. 20—29。

教育目标与行为无关

无论是国家的、州的、学区的还是学校制定的教育目标，它们总是用一些与行为无关的术语来表述，也不限于某些特定的内容或题材。通过描述学校教育试图达到什么样的要求，教育目标提供了一种指导。但是对教师和学生而言就相当模糊了，以致在课堂教学中不能直接运用。因此，为了方便在教学过程中运用，教育目标应该要转化成更具体的目的。

二、教学目的

教学目的在教学中一般有3个层次的表述：学科（年级）教学目的、单元计划和课时计划。① 虽然教学目的比教育目标更具体，但对于应该具体到什么程度，教育家们的意见仍然有分歧。有些人更倾向于相对广泛的教学目的，而另一些人则提倡教学目的应该十分明确，足以用与实践有关的术语或行为来表现，也就是说，用学生的可观察到的行为来测量。

课堂教学目的

在实践过程中，大多数课堂上的教师还是把他们所理解的概括的和具体的教学目的结合起来组织教学。概括的教学目的是以结果性术语为特征的，比如知道、学会、理解、熟悉和鉴赏。这些教学目的能够帮助教师继续开展年级课程或单元课程的教学。

课时计划中的教学目的

在单独的课时计划里，教学目的通常都是非常具体的。正如罗伯特·玛杰所介绍的那样，他们都是用“讨论、书面描述、口头陈述、列举、角色扮演和解决”这一类的精确表述（一般是一些行为动词）。这些表述有时也被称为行为性的目的，具体表述包括一些具体的内容或技能，要求学生做出独特的行为或表现，而且是可观察和可测量的。教师和学习

---

① 乔治·J.波斯勒和阿伦·N.鲁德尼斯基：《课程设计：课程发展的教师指导手册》第4版（纽约：朗曼公司，1992年）；希尔达·塔巴：《课程发展的理论和实践》（纽约：哈科特和雷斯出版社，1962年）。

者都能够评价学习的数量或进度。①

现在，很多州正在发展被称为“成绩指标”的州级标准，并要求各地学区和教师把课程和这些州级指标加以协调。②

举例说明“目的”

一般的单元教学目的的一个例子可能是：“学生要理解为什么 18 世纪 70 年代美国的殖民地居民想从大英帝国的统治下独立出来。”为了把这个一般性的教学目的转变成具体的课时目的，我们可能要达到这样的要求：“学生可以通过写出美国的殖民地居民支持从大英帝国的统治下独立出来的 3 个原因来描述。”这个教学目的指的是一种具体的知识，表述了对学生的期望要求，也结合了 3 个原因的明确标准。

概述 13.1 概述了在不同水平上的教育目标和教学目的之间的区别。如果我们从国家教育目标浏览到课时教学目的的话，例子就会变得更具体了，也就能够更易观察或测量。

焦点问题回顾：作为一名教师，当你在制定课堂教育目标和课时教学目的的时候，你又将如何体现你所在州和学区的教育目标呢？

概述 13.1　教育的目标和目的

终极目标	指导水平	制　定　者	例　　子
国家和州的教育目标	国家、州	委员会、特别工作组、跨专业性协会	提高基本的识字能力。
地区性的教育目标	学区、学校	行政管理人员小组、教师或社区成员、跨专业性协会	通过读、写、说和算术符号获取信息。

① 罗伯特·F. 梅杰：《准备性教学目的》第 3 版（亚特兰大：有效行为中心出版社，1997 年）；罗伯特·基伯勒、拉里·L. 贝克、戴维·T. 迈尔斯：《行为性目标和教学》第 2 版（波士顿：阿林培根出版公司，1981 年）；W. 詹姆斯·波帕姆：《现代教育测量》第 2 版（新泽西州英格伍德·克利夫：普伦蒂斯-豪出版社，1990 年）。

② 全国州级教育董事会联盟：“州教育评估的评价状况”，《州教育标准》（2000 年春），p. 5。

续 表

终极目标	指导水平	制 定 者	例 子
一般性目的	学科、年级	学科为中心的专业协会、州教育厅的课程部门或委员会,大的学区	提高阅读理解能力,培养对整本书的阅读鉴赏能力。
	单元计划	教科书的作者们、教师	发展字词识读能力,倾听朗读的故事。
具体目的	课时计划	教科书的作者们、教师	认同作者的主要思想,写出词汇表中的10个新单词。

第二节 历 史 回 顾

我们处在一个教育家和普通公众都对美国的教学目的持怀疑态度的时代。我们的学校究竟应该努力做些什么?答案是各种各样的,而且争论也经常升温。要想理解这种争论,我们就有必要知道在这些年中教学目的是如何发展和变化的。正如接下来的章节中所阐释的那样,美国的教育目标已经经历了许多转变。

心智训练学派:心灵的锻炼

20世纪之前,永恒主义者的理论广泛地统治着美国教育。主题仅仅作为一种信息的陈述方式而进行组织和呈现。心智训练学派的支持者们深信,通过心理活动,心灵的耐受力可以得到加强,正如锻炼可以增强体质一样。传统学科,如语言学(拉丁语、希腊语、法语和德语)、数学、历史、英语、物理、化学、政治、生物学,对于培养心智是很有价值的,学科难度越大,学生就越要更多地锻炼他们的心灵,学科价值就会更大。①

---

① 埃尔伍德·P.卡伯利:《美国公共教育》(修订本)(波士顿:霍顿·米夫林公司,1947年),p. 543。

改革的进步要求

渐渐地，人们要求学校教育要发生许多变化以满足一直在变化着的社会秩序的需要。移民和工业发展的快节奏使得越来越多的教育家对古典课程、心智训练学派和重复训练的注重开始怀疑。新教育学的信徒们代表了教育的进步呼声，他们强调学校工作和学校课程的设计应该满足所有儿童的日常生活需要。到 20 世纪早期为止，沿着更进步的方向改革学校的努力正在扎实地进行着。

对所有儿童的关注

与永恒主义哲学和第一次世界大战前盛行的心理学科相反，从一战到二战后这段时期，进步主义哲学和儿童心理的科学占了主导地位。在这期间，重点放在所有儿童的概念和生活适应教育上。这种盛行的观点认为学校应该关注所有儿童的成长和发展，而不是仅仅选择性地关注某些心理方面的发展。与认知能力或心理发展相关的目标要和其他一些重要的教学目的有相同的阶段。这些教学目的包括一些与社会发展、心理发展、职业发展、道德发展以及城市发展有关的目标。表 13.2 描述了这一时代的两个最重要的教育目标。所有儿童的观念和儿童心理学的相应发展对学校产生了巨大的影响。这种影响至今依然可以感觉得出来。

表 13.2　教育目标：进步主义流派的两种主要表述

中等教育的基本原则(1918 年)	“青年必需教育”的 10 条概要(1944 年)
1. 健康：提供健康指导和体育活动计划，与家庭和社区配合起来促进健康发展。 2. 基本方法的掌握：发展基本思维过程以满足现代生活的需要。 3. 高尚的家庭成员：培养学生拥有一个高尚的家庭成员所应具备的品质。 4. 职业能力：使学生具备谋生的能力，能够通过职业很好地服务于社会，同时获得个人发展。	发展能够提高以下 10 个方面的能力、技能或(与)态度： 1. 丰富的工作经验和职业上的成功。 2. 健康状况良好以及生理健康。 3. 民主国家公民的权利和责任。 4. 成功的家庭生活所需的条件。 5. 明智的消费者行为。 6. 对科学和人类的本质的理解。 7. 对艺术、音乐和文学的鉴赏。

续 表

中等教育的基本原则(1918 年)	"青年必需教育"的 10 条概要(1944 年)
5. 公民教育：培养学生有助于成为一名合格的社会成员以及了解国际问题的素质。 6. 善用闲暇：使人们能够发现恰当的、能够丰富他们个性的、放松身体、心灵和精神的娱乐方式。 7. 道德品格：通过教学方法和师生间的社会交往发展学生的道德品格。	8. 善用闲暇。 9. 对伦理价值观的尊重。 10. 理性思维和清楚地表达思想的能力。

【资料来源】中等教育改组委员会：《中等教育基本原则》第 35 号公告(华盛顿，哥伦比亚特区：美国政府出版署，1918 年)，pp. 11—15；教育政策委员会：《为所有美国青年的教育》(华盛顿，哥伦比亚特区：美国教育协会，1944 年)。

冷战和 1957 年苏联第一颗人造卫星上天期间，国际事件是促使美国重新审视学术性学科这样的学校教育的中心的主要推动力。美国意识到自己在科技上的地位已经逊于苏联，朝野上下一片震惊，民族荣誉受到了挑战，国家的发展目标也受到了威胁。

回归学术要素

国家立法

受永恒主义者和要素主义教育理论的影响，批评家们呼吁回归到学术要素和心理训练方面。因此，紧接着苏联卫星上天不久，一系列为支持国防举足轻重的领域进行人员培训、改进设备和计划而制定的法规就出台了。《国防教育法》强调科学、数学、现代语言和指导(通常被认为是引导年轻人进入以前的三门学科领域和升入大学的一种方法)。人们呼吁科学团体、大学学者和课程专家重建课程内容，尤其是中学的课程内容，同时政府和基金会提供资助。[1] 新的教育趋势还包括为学习上资优的儿童提供第一流教育的日益重视和关注。

---

① 威廉·范·蒂尔："在变革的形势下"，见 E. F. 卡尔森编：《在变革形势下课程指导者和督导者的角色》，1965 年 ASCD 年鉴(华盛顿，哥伦比亚特区：督导和课程发展协会，1965 年)，p. 21。

对不能升入大学的学生的关注

20 世纪 60 年代，美国的社会发生了变化，由此引起了对贫穷、种族歧视和平等的教育机会的日益关注。在这种新的氛围里，显现出来的新的教育优先权通常与进步主义和社会重建主义者的教育理论有关。教育家们注意到：许多学生不再上大学，许多人甚至辍学，或者相当于功能性文盲就毕业了。在这样的情况下，如果教育目标仍然仅仅狭窄地局限在大多数有能力的学生身上的话，那么许多严重的问题就会像预料中的那样出现了。①

多元文化、双语课程计划和残疾学生

对处境不利的学生的关注延续到了 20 世纪 80 年代，并且扩大到包括多元文化和双语学生以及残疾学生在内。美国在多元文化和双语方面所作出的努力有两个明显的特征：一是联邦政府对拉美学生、美国亚裔学生以及美国土著学生的基金的增加，另一个则是对英语能力有限的学生的法律支持(劳指控尼科尔斯案，美国最高法院，1974 年)。

在 20 世纪 80、90 年代期间，社会开始对特殊教育，尤其是对学习困难学生或有其他特殊需要的学生投以较大的关注。《伤残儿童教育法》(1975 年)和《残疾人教育法》(IDEA，1991 年)两项重要法案都详细阐述了在尽可能的范围内，将伤残学生安置在常规教室内进行教育的相关政策和程序。

持续升温的争论

然而，在 20 世纪 90 年代，反对这些倾向的保守的呼声也日益强烈。正如在“社会阶层、种族和学业成绩”一章中所提到的，多元文化和双语课程计划受到严重的批判，因为人们认为它会导致文化的破碎和分离主义，而不是文化的融合。在有关指导特殊教育的最有效途径问题上，教育家们也分成几派：一些人要求全面包含(取消为接受特殊教育的学生

① 约翰·W.加德纳：《学术优异：我们能够兼顾平等和优异吗?》(纽约：哈珀罗公司，1961 年)，pp. 28—29，p. 77。

设置的自控教育,指定专门教师在常规教室里进行共同教学);而另一些人则支持局部包含(依此,有学习障碍的学生可以被安顿在尽可能多的一般教室里);还有些人赞成为受特殊教育的学生保持多数的独立班级。①

注重结果的教育

20世纪末,人们对教育责任(由选举的政府官员、商业领袖和外行人员所提出的要求)的要求日益增多,许多人提出教育应该更鲜明地关注结果或产出,也就是说,关注有意义的、可测量的学术结果,而不是关注一些金钱、程序、精力和注意力的投入。依一些评论家之见,如果学生不能在现实生活背景中运用他们所受的教育,那么单纯地完成课程就没有多大意义。作为这种新的关注的结果,25个州已经规划出或实施了一种建立在结果基础上的教育(OBE)方法,还有11个州已经把结果作为州评估过程的一个组成部分。当然,虽然许多教育家相信,对学生学习结果的关注是考察教育目标的一种明智的方法,但OBE教育还是未能逃脱批评。一些人担忧,这种教育使感情方面的结果与对宗教信仰和家庭价值观不利的批判性思维突出起来。而另一些人则声称,OBE教育能促进最细微的学术标准而令课程改革的呼声降低。还有一些评论家则认为OBE包括了较高的成本却没有相应的效果。②

州级标准

20世纪90年代后期,正当一些教育工作者关注学生的行为结果时,另一些人却开始提倡建立一种明确的州级标准,以便作为全体学生的教学目的。对州级标准的倡导就需要建立一系列对进步和掌握程度进行评估的真实的方法,如此明确的进步标准和评估方法将会进一步促使学

---

① 道格拉斯·富克斯和林·S.富克斯:"特殊教育特殊在哪里?";詹姆斯·威廉·诺尔编:"对残疾学生的全面包含是值得的吗?",《争鸣:有关教育问题的针锋相对的论点》(康涅狄格州吉尔福德:达斯金/麦格劳-希尔公司,1999年),pp. 224—238。

② 布鲁诺·V.曼诺:"新的学校战争:注重结果的教育之战";保罗·M.特里:"注重结果的教育:再次进行掌握性学习呢,还是对改革运动进行革命呢?"(中西部地区性比较国际教育学会年会提交的论文,1996年10月11—13日)。

生、教师、学校和学区对学习负责。

“高额奖励”测试

有 49 个州创建了标准，同时还有责任保障体系，用以消除受标准影响者的赞成和指责。在州级标准运动中，许多评述者担忧：评估是和参加测试者的“高额奖励”结果相连的。许多州进行的测试都被用来为提升、毕业和大学学位等方面的决策服务，也给为学生准备考试的学区和专业人员带来一系列后果，包括学校鉴定、工资的增加和奖金分红。

尽管各州遇到了这样或那样的阻力，但标准还是值得维持下去的。在美国公共教育史上第一次为所有的儿童建立了高级目标，哪怕会使一个孩子落后的想法再也不会被接受了。但有一点人们似乎大意了：儿童学习的节奏、方法不同，因此就可能需要用不同的水平和方式来进行测试。①

焦点问题回顾：几十年来，教育目标已经为不同的学生群体订了目标，如成绩优秀或学习困难的学生。现在，大多数的教育目标看起来又是以哪个学生群体为对象的呢？

学校与网络技术

寻找、确立并评估国家、州和地方学区的教育目标

无论是对新教师还是有经验的老教师来说，很好地了解国家、州、地方学区的教育目标以及这些目标将会怎样影响到他们的课堂教学工作都十分重要。为此，你可以参阅 www.ed.gov/pubs/PrisonersofTime/Goals.html，以查阅 8 项国家教育目标。你也可以设问：这些作为“国家教育目标”在 21 世纪初有多大价值？是不是还有你可以添加的目标？你还可以参阅 www.ed.gov/MailingLists/EDInfo/Archive/msg00410.html，仔细阅读最新的《国家教育目标研制小组报告》(1998 年)。你认

① 布伦达·韦尔本：“行政概览”，《州教育标准》(2000 年春)，p.5。

为，在达到国家教育目标方面已经取得了哪些进展？

至于州级目标，你可以访问你所在州的教育厅网址（www. nasbe. org），也可以点击“州教育机构”。州层次上的结果和目标与国家教育目标的区别程度如何？例如，你登录到 http://12. org/practices/support _success/index. html，就可以了解马里兰州的教育目标。为 3 年级、5 年级和 8 年级学生制订的“马里兰州学校行为和评估方案”（MSPAP）的结果和学习目标跟国家教育目标是如何区分开来的？

知道你所在州的教育部门网址是否提到了技术标准也很重要。你认为在这个瞬息万变的世界里，师生应该掌握哪些技术知识和技能？你不妨登录到 http://cnets. iste. org/index2. html 上并点击“学生标准”，就可以看到“全美学生教育技术标准”（NETS）。这 6 大标准作为制订课堂技术活动的准则有多大作用？请再点击“教师工作能力测验”，这些标准和为学生制订的标准又有什么区别？若要了解关于教师技术标准的更多信息，你还可以登录到 http://www. iste. org/standards/index. html，并点击“标准方案”和“NCATE 标准”。

第三节　对优秀的呼唤

记住美国教育目标是如何随着时间的推移而发生改变的，我们就可以对当代学校改革的呼声进行较密切的关注。最近多种多样的建议是如何反映美国教学目的的重要变化的？这些不寻常的改革在何种程度上适合你自己的有关教学目的的思想？

政策报告概述

政府政策报告呼吁进行改革

到 20 世纪 80 年代早期，国家的注意力开始集中在对教育优秀学生的要求和对所有学生（尤其是那些被忽视的“普通”学生，而不仅仅是那些处境不利的学生和资优生）提出较高的学术标准。自那以后的这些年，许多政府政策报告（其中大多数反映了人们称之为新要素主义的一些想法）强烈呼吁要尽快进行改革，以提高美国的教育质量。为了支持其中的设想，在报告中还介绍了一些有毁灭性的细节和一些表明美国教育质量急剧滑坡的统计数字。

学习成绩和竞争力的下降

(1) 1963 年到 1995 年间的学术能力倾向测验(SAT)中平均学业成绩持续下降。语言测验的平均分下降了 34 分(466 分降至 432 分)，数学平均分下降了 10 分(492 分降至 482 分)。近年来，两种分数再次提高，但并不明显(语言方面增加了 5 分，达到了 437 分；数学方面增加了 13 分，达到 495 分)。①

(2) 尽管联邦政府、州和地方为了提高数学和科学的成绩而齐心协力，但 1995 至 1999 年间 8 年级学生的数学和科学成绩并没有很大变化。②

国际比较

1999 年，美国 8 年级学生的学业水平仍然比其他 14 个工业化国家的同龄人低，几乎未能达到《国家教育目标》中所提倡的“世界班级标准”。③(详见“国际教育”一章对国际比较的进一步讨论。)

功能性文盲

最简单的日常读、写测试表明，在美国 1.92 亿成年人中约有 21%是功能性文盲。另外，在全美 17 岁青年中约有 13%被认为是功能性文盲，而在少数民族青年中这一比例骤增至 40%。④ 更令人警醒的是，小学生

---

① 《1997 年教育统计文摘》表 129(华盛顿，哥伦比亚特区：美国政府出版署，1997 年)，p 733；《2000 年教育统计文摘》，第 134 卷。

② 见网页www.timss.org/timss1999b/mathbench_report/t99b_math_report.html。用“科学”取代“数学”就可以找到《科学报告》的链接。

③ 《2000 年教育状况》(华盛顿：美国政府出版署，2000 年)，p.84；《1997 年教育统计文摘》图 31 和图 32，p.437。

④ 国家教育统计中心：《成人识字》，见网页 http://nces.ed.gov/fastfacts/faqtopics.asp?type=4。

和中学生的一般阅读和写作能力从1993年直到2001年都没有发生任何变化，因为高分学生分数的提高(约占75%—90%)被低分学生分数的下降(约占10%)所抵消。①

师生比率

日本和韩国的师生比大于1∶25，与此相比，尽管美国有约1∶16的相对好的师生比，但这些问题还是出现了。此外，美国每个学生接受11—12年教育的人均消费在全世界排名第二(仅次于芬兰)。②

报告的共同主题

所引用的统计数字摘自以下6大国家的报告：

■《为卓越而行动》(1983年)。

■《为培养21世纪的美国人而教育》(1983年)。

■《中学》(1983年)。

■《国家处在危急之中》(1983年)。

■《启蒙教育：美国小学教育报告》(1986年)。

■《国家教育目标》(1990年，1994年，1997年)。

技术的重要性

所有这些报告都强调必须加强英语、数学、科学、外语和社会研究等核心学科的课程建设，技术课和计算机也经常被提及。在21世纪初，提高学生的技能和在技术上提升学校的必要性几乎成了“圣典”——有人称之为“第四个R”。高水平的认知和思维能力也受到了重视。虽然一些报告也关心处境不利学生和学习困难学生的课程设置和人员设置，但这些信息并不总是大声而清晰地被表达出来。

标准越高，要求就越严格

这些报告进一步强调更高的标准和更紧的课程，大多数人建议大学

① 国家教育目标小组：《国家目标报告之数据卷》第1卷(华盛顿：美国政府出版署，1994年)，pp. 92—94；也可见网页http://nces.ed.gov/nationsreportcard上的“国家报告篇”。

② 《2000年教育统计文摘》表65；也可见约翰·胡德：“教育：金钱并非一切”，《华尔街杂志》(1990年2月9日)，p. 14。

应该提高入学要求。大多数报告也谈到增加家庭作业、学习时间、在校时间以及制定更严格的分级方法、考试、家庭作业和纪律。他们也提到提升教师资格认证水平，增加教师工资，增加科学和数学教师的人数，并支付更高的工资，给工作突出的教师发奖金。大体上，报告强调了学业成绩，并非强调所有的儿童；强调提高生产率，而并不关联人本主义。

学校承担了太多的角色

大多数报告表示了对一些现象的关注：学校不得已而扮演了太多的社会角色；学校不可能满足所有这些期望；让人觉得危险的是，学校可能会迷失自己的关键目标，即传授基本技能和核心学术性学科、培养计算机运用的新技能和对世界上的工作与技术的认知技能。许多报告不仅关心学术生产率，而且还关心国家生产率，同时把人力资本和经济资本联系起来，对学校的投资将会是对经济和国家未来的社会稳定性的投资。如果教育失败了，我们的劳动大军和国家也将失败。因此，商业、劳动力和政府必须和教育家一起努力，帮助教育和训练美国人。

在以下的章节里，我们将更进一步地来审视两份最受欢迎和最有影响的报告：1983 年出版的《国家处在危急之中》和《国家教育目标》（这是 1990 年初版的报告，于 1994 年修订）。在讨论话题中涉及了国家报告是否有用的问题。

日益加剧的"平庸"浪潮

由国家教育优异委员会提出、教育部任命的专家小组编纂的报告指出，民族的幸福正在被日益加剧的"平庸"浪潮所侵蚀。① 这种平庸浪潮是和美国的教育制度的基础联系在一起的，并且充斥到工厂和社会其他部门。报告列举了 20 世纪 70 年代末、80 年代初，在教育家和公民看来明显存在的教育质量下降的表现：更低的学习成绩、更低的测验要求、更低的毕业要求、更低的教师期望、更少的学术课程、更多的补救课程、更

① 国家教育优异委员会：《国家处在危急之中：教育改革势在必行》（华盛顿，哥伦比亚特区：美国教育部，1983 年）。

讨论话题：假设公众普遍关注美国教育质量下降的问题，国家教育报告是否为策划学校改革提供了恰当的指引和指导?

讨论主题	赞成的观点	反对的观点
国家报告：它们有用吗? 20世纪80、90年代，对美国公共教育的国家报告有许多批评意见，如教育目标、学生行为和成绩、学术要求严格、教学方法、师资培养。对于教育工作者和政治家而言，接下来的必要步骤就是要从口头落实到行动上来，公众作为教育改革和学校改进措施的目标，应该面向21世纪。	1. 国家报告有助于集中关注公共教育中的问题和批判性意见。如今对美国教育质量下降的担忧所涉及的人比以往要多得多。学校改革已经受到立法人员、政治家和公众越来越多的政治和经济支持。 2. 国家报告的可取之处在于它有助于在政府、社团、教育团体、家长和公众之间达成共识：优先权是教育改革成果的核心所在。 3. 国家报告努力提高教育标准，尤其是州和国家层次上的标准。这一点在最近两位总统的教育规划中体现得很明显：比尔·克林顿(Bill Clinton)和乔治·W.布什(George W. Bush)都支持联邦政府对教育和全国性测试给予更大的干预和投资。 4. 一些改革者认为公共教育的大范围变革是必需的，而且政治气候也很成熟，足以支持这种变革。	1. 虽然部分美国公众对给教育增加拨款持谨慎态度，但他们也想得到他们投资的实在结果，那就是名副其实的责任。立法机关的人员和政治家也重申了对教育工作者和学生们承担责任的需求。 2. 经验丰富的教育工作者已经知道，即使有时是通过一种困难的途径，学校改革也没有“魔术弹”，正如戴维·科恩(David Cohen)所说的，“美国正受到为保存学校的竞争体制而产生的冲击。”这并没有使得教学目的变得明晰，而是恰恰相反。 3. 国家报告和后来的政府法令在范围方面经常呈现出理想化的倾向，强调在损害平等情况下的优异，而且实施起来所付出的代价也很昂贵。关于全国性测试，在测试对象、内容、类型、时间和频率等问题上，教育工作者、政治家和公众还缺乏一致性。对测试分数的含义则存在更多的争议。 4. 报告忽视了学校变革和改进的基本事实：过程是复杂的，牵涉到教师、行政管理人员、家长、社区成员、政治家以及所有对改革持不同意见者的合作。

高的文盲率。报告陈述了一个事实：由于人们对美国学校提出的要求相互冲突，美国对教育质量的承诺做出了让步。并且推断，学校已经尝试过解决太多的家庭和其他社会机构既不会解决，也不能解决的社会问题。

《国家处在危急之中》所提出的建议

报告提出了一系列的建议：更严格的毕业标准，包括更多的科学、数学、外语的课程和"新基础"课程，如计算机能力、更长的学日和学年、更多的家庭作业、改进后最新的教科书，更严格和可测量的标准，对学生成绩提出更高的期望，以教师工作为基础的更高的报酬，在新教师、专家教师和优秀教师之间建立职业级别，已经证明的入行能力和更严格的教师资格认证标准，教育家和政策制定者的责任，公民更多的财政资助。

诸如《国家处在危急之中》之类的报告和教育政策委员会的报告通常是对不同时期的公众教育质量的广泛关注的产物。这些报告的目的就是要对教育改革提出一些可行性建议，依此目的对州和地方的教育董事会和学区以及教师进行指导，因为教学计划是他们制定的。《国家处在危急之中》报告书的影响力是很大的，对中学毕业要求的提高、数学和科学课程的增加、向学术基础的回归、技术的变化和大学入学要求的提高都起了推动作用。这些改革的多数建议都在各地的学区得到了贯彻实施。请看参考资料：《国家处在危急之中》的报告摘要。

必须进行"彻底的变革"

《国家教育目标》：1990年，乔治·布什总统签署了作为州和各地教育机构方针的《国家教育目标》的文件。这份公开发布的文件中最重要的主题是推进对知识公民的培养，使他们得到很好的培训，成为负责的人：能够适应一个瞬息万变的世界，能够有见地地对待世界文化遗产和世界人民，愿意接受并维持美国在21世纪的领导地位。争论的论点就是：如果我们想"维持我们的力量和国际竞争力"的话，就必须在学校中进行"彻底的变革"。① 教育家应该被授予更多的自由去设计不受能力和兴趣制约的、

① 《国家教育目标》(华盛顿，哥伦比亚特区：美国教育部，1990年)，pp. 1—2。

服务于所有学生的教学策略和学习策略，同时，他们还应该对自己的教学承担责任。家长必须参与到子女的教育中来，尤其是在学前阶段。社区、公民群体和商界群体都要在改革教育的过程中发挥重要作用。最后，学生也必须对自己的教育负责，这也就意味着他们必须在校刻苦学习。

发展中的国家标准

最初的报告列出了到2000年要达到的6大国家目标。1994年，国会通过了教育法令《2000年目标》。法令新增了两大目标，对师范教育的职业发展以及家长参与这两个重要领域作了说明。在《国家教育目标》中提出的、经常提及的简称为《2000年目标》的一整套目标在表13.3中列举出来了。

表13.3　国家教育目标

目标1　入学准备

到2000年为止，为美国所有儿童做好入学前的学习准备。

目标2　学业完满

到2000年为止，高中毕业率至少要增至90%。

目标3　学生成绩和公民表现

到2000年为止，所有学生在4年级、8年级和12年级三个阶段结束时必须在关键的学科：英语、数学、科学、外语、公民和政府、经济学、艺术、历史和地理中显示出应有的能力，每所学校都要保证所有学生能够学会运用他们的心智，从而把他们培养成负责任的公民，为进一步学习或为成为国家现代经济发展中的生力军做准备。

目标4　师范教育和职业发展

到2000年为止，国家的师资力量将有机会为了不断改进职业技能而进一步深造，也有机会获得教授和培养21世纪的美国学生所必备的知识和技能。

目标5　数学和科学

到2000年为止，美国学生在科学和数学方面的成绩将达到世界第一流的水平。

目标6　成人脱盲和终身教育

到2000年为止，美国每个成年人都将精于读、写、算，并掌握有关参与全球竞争、享有公民权利和履行责任的知识和技能。

目标7　安全、有纪律的、远离酗酒和吸毒的校园

到2000年为止，美国的每所学校都将没有吸毒现象、暴力事件、未经许可的携带武器和酗酒现象，并将为学生的学习提供纪律得以保障的学习环境。

目标8　家长的参与

到2000年为止，每所学校将提高有助于增加家长参与程度的合作，以促进儿童的社会、情绪和学业的发展。

【资料来源】"2000年目标：美国教育法案"（1994年3月31日）；《国家教育目标》（华盛顿，哥伦比亚特区：美国教育部，1994年）。

1998年,《国家教育目标研制小组报告》回顾了有关《2000年目标》中的8个目标和26项指标的进展。到2000年底,虽然整个国家没有能够达到国家目标,事实上也不可能完全达到这8项宏伟目标,但许多州已经取得了很不寻常的进步。研制小组发现了一些"好消息":

国家目标的进展报告

■ 在幼儿的学前阅读准备方面取得了重要进展。

■ 4年级、8年级、12年级学生的数学熟练程度有所提高。

■ 完全免疫的两岁儿童的百分比增加。

■ 据报告,在校受到威胁和伤害的学生的比例有所下降。

令人遗憾的是,研制小组也报告了一些"坏消息":

■ 中学教师在课堂教育中的离题现象有所增加。

■ 具有中学文凭的成年人人数下降,参加成人教育课程的人数越来越少。

■ 学生吸毒和校园利用毒品的现象有所增加。

■ 有关教师受学生威胁、遭到身体伤害和课堂破坏的报告增多。①

《美国教育法案》也规定了国家标准的进展,比如内容的决定权、执行权和学习机会标准,并且批准了不一定能升入大学的标准。虽然方案是自愿的,但如果各州的标准通过国家专家小组的鉴定,他们就会得到一笔钱,在第一个五年内会被批准得到50亿美元。②

焦点问题回顾:国家报告强调了核心课程学科,更严格的标准和责任。你认为其中哪个因素对你的学生生涯影响最大?哪个因素将会对你作为教师具有最大的重要性?

---

① 《国家教育目标研制小组报告》(1998年),见网页www.ed.gov/mailinglists/edInfo/archive/msg00410.html。

② 《国家教育目标》(华盛顿,哥伦比亚特区:美国教育部,1991年),pp.1—4;斯蒂芬·阿伦斯:《通向混乱的捷径:美国学校教育的良知、社区和重建》(阿默斯特:曼彻斯特大学出版社,1997年)。

参考资料

国家处在危急之中：教育改革势在必行

1983年发行的里程碑式的报告《国家处在危急之中》向美国人发出了警告：发展不充分的教育体系正面临着危险。报告在强调了国际经济竞争挑战的同时，又强调了必须为"信息时代"培养一批熟练劳动力。之后的许多报告和评论文章也发出了同样的要求进行教育改革的呼声。

我们的国家处在危急之中。我们曾经在商业、工业、科学和技术革新方面处于毫无异议的领先地位，而现在正被遍布全世界的竞争对手所超过。这份报告只涉及问题的众多原因和维度中的一个，但它却加强了美国的繁荣、安全和文化发展。我们向美国人民报道了这些情况：虽然我们对初、中级学校和大学所取得的历史成就及其对美国人民的幸福所做的贡献感到自豪，这是可以理解的，但我们社会的教育基础现在正被日益加剧的"平庸"浪潮(恰恰会威胁到国家和个人的未来的日益加剧的"平庸"浪潮)所侵蚀。一代人之前还是不可想象的事情已经开始发生——其他国家已与我们的教育成果相匹敌或超越了我们。

如果有一支不友好的外来势力企图对美国当今存在的低劣的教育业绩施加影响的话，我们大概只能把它视为一种战争行为。当形势发展到这种状况时，我们已经允许这种情况发生在我们身上。我们甚至已经挥霍了在苏联人造卫星上天的挑战之后所取得的学生成绩的成果。此外，我们已经摧毁了可能有助于取得成果的必要的支持系统。实际上，我们已经在采取一种心不在焉的、片面的教育缴械行动……

历史从不对懒汉表示友好。以前我们认为，只要我们拥有丰富的自然资源、取之不尽的人类热情，只要我们相对远离古老文明的致命问题，美国人的命运就可以得到保证，但这个时代已经一去不复返了。世界已经成为一个真正的地球村了。我们生活在众多坚决的、受过良好教育的、有强烈动机的竞争者中。我们跟他们竞争国际地位和市场，不仅有产品竞争，而且还有我们的实验室和街道工厂的观念竞争。因为拥有一些优异的、训练有素的人员，美国在世界上的地位合情合理地曾经很安全，但时至今日，此景不再。

危险不仅是日本有更高的汽车制造效率，政府为发展和出口提供补助；危险不仅是韩国最近建成的世界上效率最高的钢铁厂，还有美国曾经炫耀于世界的机床也正被德国产品所代替；危险还在于这些发展标志着在全球范围内，训练有素的能力的重新分配：知识、学习、信息和经过训练的智力都是国际商业中的新型原材料，也和以前非凡的毒品、人造肥料和牛仔裤一样，正在全世界传播。只要能够保持并在细小的竞争边缘加以改进的话，我们仍然可以保住世界市场。为了所有人——年老的和年轻的、富裕的和贫穷的、多数派和少数派的利益，我们必须献身于我国教育系统的改革。在我们要进入的“信息时代”里，要想取得成功，学习是一项必需的投资。

问题：

(1) 信息时代需要哪些新技能？它们真是新的吗？

(2) 在你看来，要想改进我们的“竞争边缘”，什么样的教育改革是最重要的？

(3) 美国的学生和学校是否应该从与其他国家的学生相竞争的角度进行评价？请说明原因。

(4) 第十二章提及的哪种教育哲学观能够最准确地反映《国家处在危急之中》所表达的思想？你对这种哲学观的认同程度如何？

【资料来源】国家教育优异委员会：《国家处在危急之中：教育改革势在必行》(华盛顿，哥伦比亚特区：美国教育部，1983 年)，pp. 1—2，p. 5。

第四节　“钟摆”现象

古老的主题再现

在考察 20 世纪初到现在的教育目标时，我们看到相当多的变化，但也有一些古老的观念以新的形式重新出现。例如，强调严格的智力训练，在20世纪初期就已明确提出了。在20世纪50年代冷战期间又重现过，而后作为对与外国经济竞争予以关注的结果又一次在20世纪80、90年代出现了。同样，当20世纪60、70年代的社会政治骚动引起了人们对低收入群体和少数民族群体的权利和愿望的日益关注时，早期的进步主义教育家的思想又露面了，同时，再次强调对处境不利学生的教育。虽然人们仍旧很关心处境不利学生或处在危险中的学生，但"钟摆"现在越来越接近中心了：我们当前的重点更分散了，越来越多的人关心各种学生，包括中等学生群体和资优生群体。

对学校的期望是不是太高了

在考虑各个范围的美国教育目标时，你可以设问：学校是否承担了比它所能够做到的要多的期望要求？人们经常认为学校是解决国家问题的理想机构，但它们能够做到吗？社会上的许多人拒绝承认他们自己有帮助儿童发展和学习的责任，同样，家长和政策制定者也希望教师和学校行政人员能够专门对学校改革负责。事实上，如果没有家长和社区成员的通力合作，学校将不能很好地尽到这份责任，而为改革所做的努力将会全部白费。

应对改变

毫无疑问，教育的目标必须与时代相连，如果学校不能适应变化的形势和社会压力的话，又怎么能够指望它们培养出能够适应的人才呢？如今我们生活在一个高度技术化、自动化、官僚政治的社会里，还将面临一些迫切的社会问题和经济问题——老龄化城市、长期以来的种族歧视和性别歧视的影响、老龄化人口、经济混乱、自然环境的污染。我们是否能允许时代吞没自己以及我们能否应付当今的新环境，都将在很大程度上取决于对当今的学生传授技能的种类，也取决于对教育的适当重点的发展。

焦点问题回顾：作为一名教师，你的最高目标是什么？向其他教育工作者和未来的教育工作者提出同样的问题，并把你的答案和他们的进行比较和对照。

总　　结

（1）教学目的不仅受教育哲学和教育理论的影响，而且受到变化着的社会势力的影响。

（2）由国家或州制定的概括性的教育目标通常都由学区或各个学校转化成更具体的目标。这些目标转过来又发展成更具体的以学科、年级、单元计划和课时计划形式出现的目的。

（3）自从世纪之交以来，美国的教育目标已经经历了至少5个时期，每个时期关注的焦点都不同：学术上的严格要求和心智训练；为所有儿童；学术上的资优生；处境不利的学生；少数民族学生和残疾学生；以及20世纪80、90年代对所有学生的更严格的学术标准。

（4）1983年以来发布的主要报告大多数都强调了教育优异和更高标准的必要性。虽然教育家对报告中的许多建议意见不一致，但大多数州都已经实施了基于这些报告的变革。

（5）我们应该学会接受有关学校教育目标的一些分歧。不同群体的人们需要共同致力于规划未来教育重点的工作。

（6）我们经常期望学校成为解决技术或社会问题、为未来培养劳动力的重要机构。以后的几年中将会严格地来检验这种期望的可行性。

关 键 术 语

教育目标	州级标准
教学目的	《国家处在危急之中》
心智训练学派	《国家教育目标》
所有儿童的概念	《2000年目标》
注重结果的教育（OBE）	《国家教育目标研制小组报告》

讨 论 题

(1) 根据教育目标的多种类型和层次,为什么"学校以什么为目的"这个问题却是如此复杂?

(2) 正如在表 13.2 的右列所总结的那样,美国教育政策委员会制定的目标对于今天的教育是不是仍然合乎需要?以你个人的教育哲学观为基础,你会如何修改它们呢?

(3) 谁应该享有教育的优先权,是中等偏下的学生,中等学生,还是中等偏上的学生?哪些哲学偏向和社会力量影响了你对这个问题的回答呢?

(4) 你对《国家教育目标》的意见如何?和你班上的同学讨论你的想法,如果可能的话,可以和几个同学一起讨论。你可能会建议什么其他的国家教育目标吗?这些目标与你正在形成的教育哲学观的吻合程度如何?

(5) 你支持还是反对把计算机技术作为一种"新基础"或"第四个R"?理由又是什么呢?

专业发展的建议方案

(1) 你参观学校时,要求检验任意一个可利用的目标表述,比如形势的官方文件、任务表述和学校改进计划。教师和行政人员认为目标的执行情况将会怎样?你将如何实施它们?

(2) 选择一个有年度目标的学校,并要求看看它的目标表述,与教师和行政人员交谈,以便发现以下一些情况:目标发展的过程,谁发展了它们,家长和社区对这一过程的参与程度如何,目标的评价是如何进行的。如果你也参与过,你对这一过程的印象如何?你将如何进行你自己的角色定位?

（3）写出 2020 年目标，要合乎你所喜欢的一种理想，而且要可行。作为一名教师，你在多大程度上对你将朝着 2020 年目标的努力抱有信心？

（4）选择一个国家教育目标，访问你所在州的教育部门的网址（登录 www. nasbe. org，并点击“州教育机构”）。你所在州的教育机构是如何表述这一目标的？你可以点击“学校董事会”或“学区”，选择一个或两个你特别感兴趣的学区，看看他们是如何描述这一目标的。一般地，在州委员会和学区网页上有哪些国家教育目标的相关参考资料？其他的目标是否明确？如果是的话，你认为这些目标将怎样为学校董事会、课程专家和教师提供指导？

第十四章 课程与教学

也许与其他国家相比，更多的美国公民要求从他们的学校那儿获得最大的收益。例如要求学校教孩子们学会思考，并使之社会化；减少贫穷与不平等；降低犯罪率；保存文化遗产等等，从而培养出有智慧、有爱国心的公民。毋庸讳言，美国的学校并不能够完成这些义务中的全部。然而，这些要求一直存在着，所以，课程设置——通过教学而提供的教学大纲，便成了焦点问题。由此得出结论，课程设置正随着教育目标的调整、学生人数的改变、社会议题的争辩以及新的兴趣团体的兴起而不断得到修改。

教育的目标已经随着国家的优先政策和社会压力的改变而改变。在此章中，笔者将会关注近几十年来几个主要的课程设置方法。读者将会看到它们是如何与"教育的哲学基础"这章中的哲学和理论，以及与"教学目的"这章中所描述的各种教育目标紧密联系的。① 你也许还会根据自己正在形成的教育哲学来思考这些课程设置的方法。

本章由汤森大学的詹姆斯·劳勒博士校订。

① R.弗里德曼·巴茨：《公民学习的复兴》(印第安纳州布卢明顿：Phi Delta Kappa 出版社，1980 年)；劳伦斯·A.克莱明：《美国教育：民族的经验》(纽约：哈泼和罗欧出版社，1980 年)；劳伦斯·A.克莱明：《学校的改革》(纽约：兰顿书屋，1964 年)。

当我们考察这些课程时，我们也将会去考察与此有关的教学活动。这章将帮助读者们回答下列问题：

焦点问题

■ 课程内容是如何反映社会变化的？

■ 课程组织的一些方法是什么？

■ 作为一名教师，合作型学习与掌握式学习方式的运用是如何影响你的工作的？

■ 在课堂教学中，如何运用电脑与其他电子资源来提高教学质量？

■ 今后可能会影响课程设置与教学的某些趋势是什么？

第一节　课 程 组 织

课程混合

学科主题与学生需要

在美国学校中，课程组织的各种类型可以从两个方面认识。一种强调被教的学科，另一种强调学生自身。第一个方面，课程被看做是内容的主体或主题，从而产生一定的成绩和成果；第二个方面，是从学生的需要及态度方面给课程下定义的，它所关心的是过程，换句话说，就是关心学生是如何学习的以及校风和班风如何。几乎没有学校在教学过程中采用单一的以学科为中心（认知的）或单一的以学生为中心的（心理的）方法。大多数教师在教学过程中也是采用两者相结合的方式，尽管他们更倾向于强调一种胜过另一种。

一、学科中心课程（学科课程）

由学科来组织

学科主题是最古老的，也是最现代的课程组织框架。它也是最普通的，主要是因为它很方便，正如中学和大学的系科结构所证明的。即使在小学,那些私立学校也迫使教师成为专家,课程设置经常由学科来组织。

赞成与反对的观点

赞成学科中心课程的人认为,学科是一种组织和解释学习的逻辑方法,即教师被训练为学科专家,课本以及其他教学材料往往由学科来组织。反对者们则声称:学科中心课程经常是学习一大堆割裂开来的事实与概念。他们认为,这种课程设置不重视生活经历,也不考虑学生的需要和兴趣,教师支配着课堂,学生则很少主动参与进来。

下面的部分将讨论以学科为中心的课程设置方法的几种变体,如学科领域课程设置法、回到基础去课程设置法、核心课程设置法等。这些方法并不是仅可能出现的方法,也不代表不容改变的分类法。许多学校和教师都吸收一种以上的方法,从而综合使用。

1. 学科领域课程设置法

吸收古代的传统。学科领域法是最古老的,也是使用范围最广的课程设置形式。它植根于古希腊和罗马的7大文科类别:语法、修辞学、辩证法、算术、几何学、天文学和音乐。当代的学科领域课程可追溯到19世纪70年代的威廉·哈利斯的著作(他是圣·路易斯学校体系的教育官员)。受到古代传统的影响,哈利斯建立了一种“科目学”的定位,这一定位已经真正地主宰了从他那个时代起到今天的美国课程设置。例如表14.1,该表显示了1895年由15个人组成的委员会的建议。尽管委员们提出的这些建议已经过了半个世纪,但是学科分类仍然清晰可见。代数、英语语法、阅读和写作以及地理、历史仍然被介绍给当代的学生。

学科分类:当代的学科领域设置将每一门学科都作为一个专门的、巨大而独立的知识体系来看待。对每一位学生来说,某些经常被认为是基础的科目是非常必要的。基础科目往往包括小学水平的3R以及初中级水平的英语、历史、自然科学和数学。另外,还有一些具体的科目是为专职人员提供知识和技巧的,例如:商业数学、物理。最后,经常从学生的兴趣和需要出发,能有选择地为学生提供任选性的服务。

表 14.1　1895 年 15 人委员会提交的小学课程表

<table>
<tr><th>分列课程</th><th>第一学年</th><th>第二学年</th><th>第三学年</th><th>第四学年</th><th>第五学年</th><th>第六学年</th><th>第七学年</th><th>第八学年</th></tr>
<tr><td>阅　　读</td><td colspan="2">一周 10 节课</td><td colspan="6">一周 5 节课</td></tr>
<tr><td>写　　作</td><td colspan="2">一周 10 节课</td><td colspan="2">一周 5 节课</td><td colspan="2">一周 3 节课</td><td></td><td></td></tr>
<tr><td>拼　　写</td><td></td><td></td><td></td><td colspan="3">一周 4 节课</td><td></td><td></td></tr>
<tr><td>英语语法</td><td colspan="4">作文课随堂口头练习</td><td colspan="3">课本教学,一周 5 节课</td><td></td></tr>
<tr><td>拉丁文课</td><td></td><td></td><td></td><td></td><td></td><td></td><td></td><td>一周
5 节课</td></tr>
<tr><td>算 术 课</td><td colspan="2">口头练习,
一周 60 分钟</td><td colspan="4">课本教学,一周 5 节课</td><td></td><td></td></tr>
<tr><td>代 数 课</td><td></td><td></td><td></td><td></td><td></td><td></td><td colspan="2">一周 5 节课</td></tr>
<tr><td>地 理 课</td><td colspan="2">口头,一周 60 分钟 *</td><td colspan="4">课本教学,一周 5 节课</td><td colspan="2"></td></tr>
<tr><td>自然科学
和卫生学</td><td colspan="8">一周 60 分钟</td></tr>
<tr><td>美国历史</td><td></td><td></td><td></td><td></td><td></td><td></td><td>一周
5 节课</td><td></td></tr>
<tr><td>美国宪法</td><td></td><td></td><td></td><td></td><td></td><td></td><td></td><td>一周
5 节课 *</td></tr>
<tr><td>普通历史</td><td colspan="8">口头练习,一周 60 分钟</td></tr>
<tr><td>体育文化</td><td colspan="8">一周 60 分钟</td></tr>
<tr><td>声　　乐</td><td colspan="8">一周 60 分钟,平均分为 4 节课</td></tr>
<tr><td>绘　　画</td><td colspan="8">一周 60 分钟</td></tr>
<tr><td>手工课或缝纫
和烹饪</td><td></td><td></td><td></td><td></td><td></td><td></td><td></td><td>每次半
天课时</td></tr>
<tr><td>背诵的总计时</td><td>12</td><td>12</td><td>11</td><td>13</td><td>$16\frac{1}{4}$</td><td>$16\frac{1}{4}$</td><td>$17\frac{1}{2}$</td><td>$17\frac{1}{2}$</td></tr>
</table>

问题:

(1) 如果你的专业是学龄前儿童教育或小学教育,那么请学习 15 人委员会对 1—5 年级的建议。比较当时被建议的课程和处理方式与你所认为的当代学生该接受的课程有什么不同之处,列出具体增加的项目和应删去的项目。

(2) 如果你的专业是中学教育,请学习 6—8 年级的建议。同上面一样,比较不同之处,并列出增删项目。

(3) 在"教育的哲学基础"那一章中所描述的哪些教育理论与 15 人委员会的建议最相一致? 表 14.1 中,哪些证据支持你选择这些理论?

* 第二学年下半学期开始

【资料来源】15 人委员会:"小组委员会关于小学教育研究相关性的报告",《教育评论》(1895 年 3 月),p. 284。

探索性学科：一个全新的术语，探索性学科是指这样的一些学科，即学生们可以从一系列被设计的课程中选择，从而去适应一个范围广阔的学习风格、需要和兴趣。这些课程诸如学习技巧、电脑知识、创作性写作和戏剧，是促进学校教学内容多样化的一种方法，这一方法在中学及小学后期的课程设置中经常被用到。① 那些采用探索性科目的学校与那些仍然偏爱传统的核心学术性科目的学校比起来，前景将会更广阔。

2. 永恒主义和要素主义的课程设置法

永恒主义：过去之精华在"教育的哲学基础"这一章中所描述的两种教育理论是围绕学科中心展开的——永恒主义和要素主义。② 这两种主义认为，教育的主要目的是培养人才和与工作、道德、家庭生活有关的某些永恒价值。永恒主义者将他们的课程设置集中于初级水平的3R、拉丁语以及逻辑学上，并且在中级水平上，增添了经典名著的研究。罗伯特·亨金斯(Robert Hutchins)认为，永恒主义者的课程设置法的假设是过去之精华，即所谓的永久性研究或经典，在当今仍一样有效。③

要素主义：主要科目、文化基础知识。要素主义者认为，小学课程设置应由3R组成，高中课程应包括5—6门主要科目：英语(语法、文学和写作)、数学、自然科学、历史、外语和地理。④ 要素主义课程设置的拥护者认为，这些学科领域是组成知识系统化和与知识的急剧上升保持同步的最好方法。他们辩论道，仅仅有"基本的"技能对生活来说是不够的，学生们还需要有学术性的知识基础，即他们所谓的"文化基础知识"或

① 参见艾伦·C.奥恩斯坦：《中小学教育方式》(纽约：哈珀·罗出版社，1992年)；艾德·布雷泽：《中学探索性课程》(ERIC初级和儿童早期教育情报交换所，2000年12月)。

② 这是西奥多·布拉梅尔德造的两个词，参见西奥多·布拉梅尔德：《教育哲学模式》(纽约：豪特出版社，1950年)。

③ 罗伯特·M.亨金斯：《美国中学教学》(康涅狄格州纽黑文：耶鲁大学出版社，1936年)；阿伦·布鲁姆：《美国人思想的封闭》(纽约：西蒙和舒斯特出版社，1987年)；E.D.赫什：《文化文学：美国教育知识的新发掘》(波士顿：霍顿·米弗林出版社，1987年)。

④ 关于此种方法的经典陈述，参见阿瑟·贝斯特：《学习的复兴》(纽约：诺普夫出版社，1956年)；詹姆斯·B.科南特：《当今美国学校》(纽约：麦格劳-希尔出版社，1959年)。

“必备的知识”来应对新观点和迎接新挑战。①

严格的理智培训和等级划分。要素主义者和永恒主义者持有同样的观点：课程设置应集中于严格的理智训练上，而这种训练只有通过一定学科的学习才能取得。他们都提倡精英治学的思想：赞成以高的学术标准、严格的评分标准与测试制度来帮助学校凭能力来划分学生。如今，许多教区学校和学术性公立学校都特别强调永恒主义和要素主义课程的多个方面。

3. 回到基础去的课程设置法

公众赞成重视“基础”的观点。最近几年，许多教育家和外行人都号召一种回到基础去的课程设置法。② 和要素主义课程设置的方法一样，回到基础去的课程强调读、写和数学方面的培养。所谓的基础科目，如英语、历史、科学和数学，这些学科在所有的年级中都要求去学。同时，这种课程设置的赞同者，对于要素主义者的那种源于基础，但高于基础的课程设置法所付出的努力更持有怀疑态度。批评这种方法的人担心，将焦点完全放在基础性知识上，将压抑学生的创造力，并使其他主要的方面得不到足够的重视，其结果只会鼓励千篇一律和对权威的依赖。③

标准与测试。拥护回到基础去的人们一直认为，有必要保持最低标准，而且在最近的几年中，立法机构通过的州立学校中的许多改革已经反映了这一盛行的立场。布什政府所推进的主要科目领域的国家性测试，进一步强调了掌握基础课程的重要性。在许多州中，标准性测试在教育阶梯的选用点上起到了把关的作用。49 个州还要求学生们在拿高

---

① E．D．亨金科：《核心知识课程——其成功背后是什么?》，《教育领导》(1993 年 5 月)，pp. 23—25、27—30；诺曼·鲍厄：《基础学校和基础课程；抵制技术管理的理性》(ERIC 文件第 356560 号，1993 年)。

② 参见年度加拉普民意测验(1976—2000 年)，刊登在《Phi Delta Kappa 杂志》第 9 期或第 10 期。

③ 有关于此次讨论的不同观点，参见温迪·希勒：“艺术：教育的真正任务”，《90 年代学龄前儿童发展与关注》(1993 年)，pp. 5—13；埃利奥特·W．埃斯纳：“学校里什么真正重要?”，《教育领导》(1991 年 2 月)，pp. 10—17；玛丽·安娜·邓恩：“继续开放性教育课程”，《教育领导》(2000 年 4 月)，pp. 20—24。

中毕业证书之前通过一个全州性范围的过关考试。[1] 对于更多州的能力测试,请参见讨论话题。

讨论话题:每个州都应要求学生通过一个全州性的能力测试才能获得中学毕业证书吗?

讨论主题	赞成的观点	反对的观点
州对学生进行的能力测试:“回到基础去”的运动的特征之一就是提出了对学生进行全州范围的测试。因为许多学生都不能掌握最基本的技能,尤其在阅读、写作、数学及历史这些方面,这使得立法者要求保证学校能达到最低标准。目前,在教育过程中,所有的州都采用一次或多次全州性的能力测试。事实上,许多州都已经建立了最低能力水平测试,要求学生必须通过测试才能从中学毕业。	1. 中学毕业要求的全州范围的测试迫使学校改进最低标准。通过原有的体系,学生不能直接升入高年级,而要求学会基本的读、写方面所要求的技能。 2. 全州性测试使得最低标准上升,这对背景不利的学生来说尤其重要。要想打破贫困与失业的恶性循环,他们必须学到高就业率的工作所需要的技能。 3. 除了改进最低标准外,全州性能力测试帮助把课程设置的重点转移到了基础知识上。所有的学生在阅读、写作、数学等重要的基础课程上都必须打下一个坚实的基础。 4. 毕业测试使公众明白,学校应对自己的行为负责。测试的结果有助于确认那些没有很好地做好他们的工作的学校。 5. 通过全州性测试所提供的资料,教育工作者可以发现全部问题所在,并相应地修改政策及课程的设置,从而解决存在的问题。	1. 全州性测试麻烦,耗资巨大,对教育最低标准的提高也没什么作用,这需要各个地区去努力,因为那里的教育工作者明白他们所工作的学校的优势与劣势。 2. 全州性测试对少数民族及城乡的贫困生不公平,他们在考试中有大量的人不及格。他们的失败使他们受到不公平的待遇,也进一步损害了他们的就业前景。 3. 当学校注重“基础知识”时,通常会忽略教育的其他重要因素,如问题解决和创造性思维的培养。现在,这些高要求的能力在一个高科技社会里已经显得越来越重要了。 4. 测试的分数本身并不能表明学校的不足之处,这种方法是很不可靠的。其中有很多复杂因素,如学生的家庭背景及社会经济背景。 5. 大多数老师已经知道问题所在,而且在全州性测试建立后不久,许多老师开始进行“应试教学”。因此,从这样的考试中得出的数据是毫无意义的,反而会误导他人。

---

① 艾伦·C.奥恩斯坦:“国家改革和指示性责任感”,《中学期刊》(1990 年 10—11 月合刊),pp. 51—56;乔·安妮·纳塔尔:“把它记下来”,《美国学校委员会杂志》(1995 年 11 月),pp. 16—20;布伦达·威尔伯恩:“行政总结”,《国家教育标准》(2000 年春),p. 5。

4. 核心课程设置法

基础学科的重要性在课程设置中也被阐述为核心课程。不幸的是，在二次大战后，这个术语已经被用来描述组织课程的两种不同的方法。

第一种核心课程。第一种方法，也就是我们所称的核心课程，最初发展于20世纪40、50年代，如今又盛行开来，尤其在中学。在这种方法中，学生可以从同一位老师那里学习两门联系得很紧密的课程（如数学与科学，英语与社会研究）。教师以跨学科的方式组织教学单元，从而显示出不同的科目是如何互相联系的。① 这种方法有时被称为分割性时间安排（一段时间给数学，一段时间给科学），与一种进步的教育理论联系在一起。

新核心课程。恰恰相反，第二种方法诞生于20世纪80年代的教育改革运动，反映了较保守的要素主义的理论。在这一被我们称为新核心课程或核心学科法的说法中，我们希望学生学习一个有共同要求的必修科目，这些科目是倡导者们所坚信的对于所有学生的教育都是非常重要的。② 莫汤·阿黛尔（Mortimer Ader）由于在小学中宣扬这种新的核心课程观点而出名。厄内斯特·鲍埃尔（Ernest Boyer）、约翰·古德莱德（John Goodlad）和西奥多·萨泽（Theodore Sizer）也由于他们对中学教育有类似的影响而出名。③

扩大核心单元。鲍埃尔和萨泽都强调人性、交流、语言技能、科学、数学与技术的学习。鲍埃尔认为毕业所要求的核心单元应从整个课程的一半（现行标准）扩展到三分之二。古德莱德希望看到约80％的课程

---

① 艾伦·C.奥恩斯坦和弗朗西斯·亨金斯：《课程：基础、纪律和理论》第2次修订本（波士顿：阿林培根出版公司，1993年），pp. 160—161。

② 理查德·W.赖利：《世界课堂标准：教育改革的关键》（华盛顿，哥伦比亚特区：美国教育部，1993年）；约翰·I.古德莱德："旧法新观：核心课程"，《教育领导》（1986年12—1987年1月合刊），pp. 8—16。

③ 厄内斯特·L.鲍埃尔：《中学》（纽约：哈珀·罗出版社，1983年）；西奥多·R.萨泽：《赫瑞斯的让步：美国中学的窘迫》修订本（波士顿：霍顿·米弗林出版社，1985年）；约瑟夫·克利奇：《中学毕业标准：我们所期望的和我们所得到的》（亚特兰大：南部教育委员会出版社，1996年）。

内容致力于核心课程,仅保留 20%的课程用来发展个人的才能和兴趣。①

强烈的要求。这种新的核心课程设置的拥护者已经在全国范围内许多地区给有关学科方面的要求带来了变化。② 那些变化在图 14.1 中进行了总结。在 1982 年后的几十年中,中学毕业生完成核心学科的基础设置比例从 14%上升到 44%。③

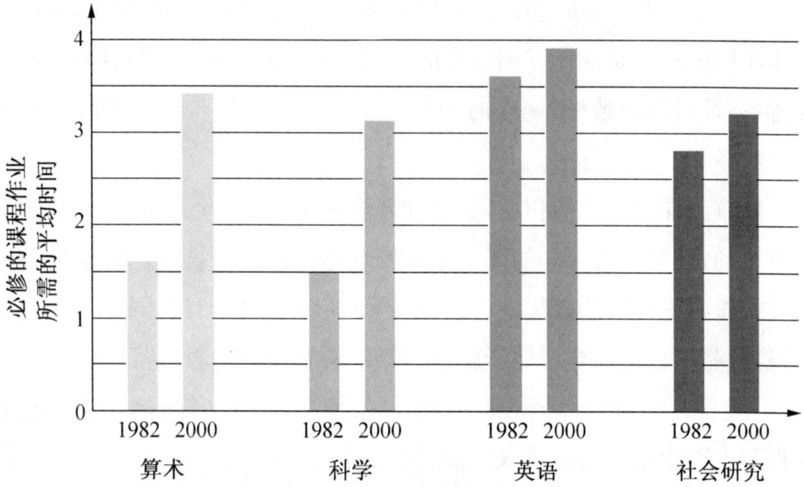

图 14.1 1982—2000 年必修中学课程的变化

【资料来源】《1987 年教育状况》(华盛顿,哥伦比亚特区:美国政府出版署,1987 年)图表1.37B,p.84;《2000 年教育统计数据纲要》图表 138(华盛顿,哥伦比亚特区:美国政府出版署,2000 年)。

对新的核心课程的指责。同回到基础去的课程设置法一样,新的核心课程设置法也受到了指责。有人指出,新的核心课程又回到了 20 世纪初,对学科的重视和严谨的学习成了一切。同 1900 年相比,今天有更

① 鲍埃尔:《中学》;萨泽:《赫瑞斯的让步》;约翰·I.古德莱德:《一个被称作学校的地方》(纽约:麦格劳-希尔出版社,1984 年);厄内斯特·L.鲍埃尔:《基础学校:学习的社区》(普林斯顿:卡内基基金会,1995 年)。

② 《2000 年教育统计数据纲要》图表 138(华盛顿,哥伦比亚特区:美国政府出版署,2000 年)。

③ "由数字得出的——关键课程",《教育周刊》(1995 年 6 月 14 日),p.4;《2000 年教育统计数据纲要》图表 141。

多的学生要求上大学，而对他们而言，学术性的核心课程可能是恰当的。但从我们的学校毕业的毕业生中，功能性文盲数正日渐增多。为此，考虑到所有的学生，核心课程设置必须从学生群体的多样化、他们的个别差异和职业倾向方面去考虑。

二、学生中心课程（活动课程）

强调学生的需要

我们已经知道，学科中心课程设置代表着传统的学科训练，它强调学习中的认知能力。而各种各样的学生中心课程则与学科中心课程有着明显的不同。学生中心课程法强调的是学生的兴趣、需要以及学习的情感方面。这一观点是由让·雅各·卢梭的"鼓励儿童自我表现"的理论而来。卢梭的这一理论暗含着让孩子们依靠自己，使之有机会获得儿童成长所必需的创造力和自由。

进步主义的影响

进步教育对以学生为中心的课程造成了冲击。主张进步教育的教育者认为，如果将学生的兴趣及需求融合在课程设置中，学生就会自发地去学习，学习也就更成功。但是，这并不意味着由学生一时的心血来潮或一时的兴趣来学习。然而，以学生为中心的课程设置因忽视了认知能力这一重要内容而受到批评。

杜威对平衡的呼唤

约翰·杜威是学生中心课程的主要倡导者之一。他试图建立一种教学内容与学生的兴趣和需求相平衡的课程。早在 1902 年，他就指出两种极端的谬见：学生既不是"一个听话的承载事实的容器"，也不是学校活动的"出发点、中心和归宿"。[①] 杜威试图指出平衡的必要性。

以学生为中心的课程组织方案至少有 5 种：以活动为主的方法、相关的课程、人本主义的方式、选择性教育或自由教育的学校，以及以价值

① 约翰·杜威：《儿童与课程》（芝加哥：芝加哥大学出版社，1902 年），pp. 8—9。

观为中心的课程。

活动中心课程

此项运动极大地影响了众多的公立小学。威廉·基尔派屈克是杜威的一个同事，他就是早期的一位领导者。同杜威相反，他认为孩子们的兴趣及需要是无法预计的，因此不可能预先设计好课程计划。为此，他攻击典型的学校课程设置，认为它与真实生活问题无关。相反，他支持与学生在真实生活中的需要及兴趣有关的、有目的的一些活动，从而更贴近生活，[①] 如集体游戏、戏剧表演、故事项目、野外运动、社会活动及兴趣中心等等。这些以活动为中心的课程包括问题解决和学生积极参与。同时，这些活动也强调了社会化，并促进学校与社区形成彼此更紧密的联系。

在"教育的哲学基础"那一章中所描述的近期发展起来的建构主义学习理论吸收了这些概念以及类似的概念。建构主义者们赞同以活动为中心的课程，这样学生可以主动地（心理上和生理上）与知识交融，通过彼此的交流来为自己构建价值和新的知识。[②]

相关课程

到20世纪30年代，一些改革者抱怨说，传统的学校课程已经变得毫不相关，因为它不能够适应社会的变化，只重视一些与现代社会不相关的技能和知识。所以，在20世纪60年代和70年代之间，相关的课程得到了新的关注，但侧重点在某种程度上有所不同。这就是课程设置对改变着的社会条件的反映很少关注，而对课程设置是否与学生的个人兴趣和需要有关有更多的关注。

如今，这种课程设置方法的倡导者已认识到以下的需要：(1) 通过个别询问及特殊设计的教学方法来实现教学的个别化；(2) 针对学生所

---

① 威廉·H.基尔帕特里克："计划方法"，《师范学院记录》(1918年9月)，pp. 319—335。

② 路易斯·T.斯托弗、格洛丽亚·A.纽伯特等：《在中学里创造互动的环境》(华盛顿，哥伦比亚特区：全国教育协会出版社，1993年)，pp. 20—23；凯瑟琳、福斯诺特：《建构主义：理论、透视和实践》(纽约：师范学院出版社，1996年)。

关心的话题进行现有课程的修改，开发新课程，如环境保护、吸毒、城市问题和文化多元化；(3) 教育选择的多样化(如选修课、副修课及开放课)和更多的选择自由；(4) 校外课程的拓展。①

人本主义的课程观

人本主义的课程观强调情感上的成果，而不是认知的成果。这样的课程设置从心理学家亚伯拉罕·马斯洛(Abraham Maslow)和卡尔·罗杰斯(Carl Rodgers)的著作中吸收了很多观点。② 人本主义教育的支持者们坚信，现在的学校课程设置极其失败，这是因为教师和学校致力于加强学生的认知行为的发展，并以成人的利益而不是以学生的利益去控制学生。人本主义者不仅强调情感过程的发展，还寻求更高的精神方面、意识方面、美学及道德领域的发展。③ 他们重视师生间更融洽的关系、学生的独立性、自我定向以及更多地接受自我和他人这些方面。教师的角色是帮助学生协调心理需要和解决问题，从而促进学生的自我了解。

选择性学校或自由学校

今天，一些学生中心课程的计划在选择性或自由学校中可以见到，

---

① 马克辛·格林：《教育艺术和精通：自由国度》；H.斯维夏皮罗和大卫·E.珀佩尔：《英国教育的关键性社会问题》(纽约：朗曼图书公司，1993 年)，pp. 330—344；麦克尔·W.爱普尔和琳达·克里斯汀-史密斯：《课本的政治》(纽约：路特里奇出版社，1991 年)；阿瑟·鲍威尔、埃利诺·法尔和戴维·科恩：《中学购物中心》(波士顿：霍顿·米弗林出版社，1985 年)。

② 亚伯拉罕·H.马斯洛：《存在的心理》(纽约：凡·诺斯特伦德·因莱霍尔德出版社，1962 年)；亚伯拉罕·H.马斯洛：《动机和人格》第 2 版(纽约：哈珀·罗出版社，1970 年)；卡尔·罗杰斯：《学习的自由》第 2 版(俄亥俄州哥伦布：梅里尔出版社，1983 年)。

③ 埃利奥特·艾斯纳：《教育学的设想》第 3 版(纽约：麦克米兰公司，1993 年)；约翰·米勒：《人文课程论：修订增补版》(安大略省：OISE 出版社，1996 年)；卡罗尔·威瑟瑞尔和尼尔·诺丁斯：《关注学校的挑战》(纽约：师范学院出版社，1992 年)；保罗·弗雷尔：《压抑性教学法》(纽约：赫德出版社，1970 年)；亨利·基罗斯：《知识分子教师》(马萨诸塞州格兰比：珀金·加维出版社，1988 年)；伊万·利奇：《缺少学校教育的社会》(纽约：哈珀·罗出版社，1971 年)；赫伯特·R.科尔：《开放的教室》(纽约：兰顿书屋，1969 年)和《论教学》(纽约：肖肯图书公司，1976 年)；乔纳森·科佐尔：《自由学校》(波士顿：霍顿·米弗林出版社，1972 年)和《野蛮的不平等性：美国学校的儿童》(纽约：皇冠出版社，1991 年)。

那儿通常是私立或者是实验性学校，其中一些是由那些对公立学校不满的家长和教师们组织建立的。这些学校的特色就是学生有很大的自由、吵闹的教室以及学生可以在学习的环境下自由地去摸索自己的兴趣，教学过程没有固定的模式。尽管计划中的许多理论是由著名的学生中心课程中的进步主义学说发展而来的，但是，这种学校中的大多数理论还是被认为是激进的、反制度的。

对自由学校的争论

保罗·弗雷尔、亨利·基罗斯、伊万·利奇、赫伯特·科尔及乔纳森·科佐尔强调有必要建立和健全以学生为中心的选择性学校或自由学校。① 然而，批评家们指责说：这些学校几乎没有认知能力方面的学习，也没有纪律和秩序。倡导者们则反驳道："孩子们在以学生为中心的选择性学校中确实能学到东西。他们所学到的不是一味的服从，而是适合他们自己的东西。"

公立选择性学校

重新构建

选择性学校的第二种形式是公立学校为不遵守纪律的学生（及学习上有困难的学生）设立的。这些学校基于这样一个前提，即学校必须进行改革，从而提供更灵活的学习方法。在课程设置和教学方法上，他们通常更强调职员间和师生间的合作。许多学校已经大大地发展了创造性的学习方法，它们已经被作为重新构建的学校的最好范例。也就是说，这些学校在提高学生的学习成果，教学的有效性及提高学校的组织性方面都得到了承认。②

价值混乱

价值中心课程——或更广泛地称之为品格教育，它强调通过重视道

---

① 戴安娜·雷维奇：《棘手的十字军》(纽约：基础图书出版社，1983年)；弗兰克·史密斯：《思索》(纽约：师范学院出版社，1990年)。

② 乔·哈韦德和玛丽·安妮·雷里德："选择性学校对于问题学生是垃圾场吗？"，《美国教师》(1993年9月)，p. 6。

讨论话题：在公立学校里应该讲授品格教育吗？

讨论主题	赞成的观点	反对的观点
品格教育：在过去的25年里，许多教育者主张，学校应该在讲授什么是“好”和什么是“对”时保持中立的态度，而重点则放在培养学生自己决定价值观的技能上面。然而，现在越来越多的教育者在一些公立学校的支持下，放弃了这个立场，并号召公立学校返回到品格教育上来。	1. 面对犯罪现象、青少年暴力、毒品、少女怀孕及其他社会问题的上升，学校由于对传统价值观的教育减少而受到指责。最新盖洛普民意测验表明，84%的学龄儿童家长希望公立学校提供“解决道德及道德行为”的教学。 2. 美国全民族都被一套核心价值观联结在一起，这一套价值观超越了阶级、教条及民族的障碍。用这些原则进行学校教育，年轻人就能承担起一个民主化的公民所应负的责任。 3. 尽管说法不同，实际上，每个人最终还会赞同某些基本的传统美德。例如，诚实、尊重、容忍及对冲突的和平解决。在传播这些价值观时，学校可以不触犯任何群体的独特文化或信仰而把人们团结起来。 4. 价值澄清，人本主义教育及多元文化教育的计划，与另外一些努力结合在一起，已经证明了在课堂教学中可以成功地讲授价值观。事实上，在整个课程计划中，品格教育都可以融入进去。	1. 人们指责学校减少了道德教育，这仅仅是因为学校在任何事情上都会成为被抨击的对象。事实上，价值观的教育问题并不是学校的责任，学校也不必要致力于这方面。品格教育应从价值观开始形成的地方进行——即家庭和宗教团体。 2. 认为学校可以教授基本的美国价值观的说法，导致了美国教育史上一些教育资源的最大滥用。像学校帮助压抑如土著美国人、西班牙裔及亚裔等一些少数民族群体的文化。我们不能再冒这样的风险。 3. 那些相信有一个真正共同的信仰核心的人们仅仅是在自欺欺人而已。我们的社会太多样化了，不可能有大家都同意的任何特别的美德，另外，品格教育非常容易受极“左”或极“右”观点的牵制，造成更多的不同，而不是一致。 4. 即使一些品格教育的支持者们也认识到，对于一个非常基本的问题需要进行更多的研究，即这样的教育是否真正有用。在得出结论之前，教育者不应该用“价值观”来淡化这样的课程。

德伦理方面的问题来减少混乱。例如多元文化教育的倡导者们不仅强调美国社会本身多种多样的文化及民族经历的知识，而且还强调对非本国文化的赏识和尊重。

是非感

■ 多元文化主义与价值观。在这方面,多元文化教育与价值观为中心的课程设置正相一致。进一步全面地看,一些教育者、家长和社区成员已经得出这样的结论:太多的学生缺乏辨别是非的能力。这些人争论道,这就是学校的责任,学校应该教会学生一些基本的价值观,如诚实、责任感、谦逊、自我约束、仁慈、容忍、忍耐及尊重他人的权利等。[①] 对品格教育的赞成或反对的观点见讨论话题栏目。

■ 欲速则不达。凯文·罗恩是伦理道德及品格促进中心的主任。他说道,现在学校的课程设置越来越缺乏道德威信和伦理语言,已经变得枯燥乏味和毫无意义。但他警告说,品格教育不可能一蹴而就。这就需要教育者和他们的社区清楚地给品格教育下定义,并且使之成为学校教育任务的焦点问题,从而去寻找一个不违背宗教观和家庭观的公民价值观的共同基础。[②]

■ 应教导什么样的价值观。以价值观为中心的课程,如人本主义课程,潜在着一个缺点,就是不注意认知能力的培养。更为重要的是,教育者和社区成员们并不能对教导什么样的价值观和怎么去教达成共识。所以,在有关性、宗教、社会正义等这样一些有分歧的方面,价值观教育可能会成为一个危险区。

寻求一致

尽管存在着上述问题,许多教育者仍然争论道,即便是多元文化、多种宗教人口,还是可能去建立一套代表美国人一致性要求的价值观。[③] 这些价值观贯穿于课程始终,尤其是在社会研究和英语学习方面。许多教育者认为,寻求一个共同的核心是美国学校的当务之急,尽管对"自

---

① "价值观教育和伦理行为教育的任务性力量",《如何建立学校价值教育体系》(马里兰州汤森:巴尔的摩县公立学校出版社,1991 年);西奥多·R.萨泽和南希·福斯特·萨泽:《格斗》。

② 凯文·瑞恩:"性格和咖啡杯",《教育周刊》(1995 年 5 月 17 日),p. 31、48。

③ 同上,p. 37,p. 48;肯尼思·戈德文、凯莉·奥斯布鲁克斯和瓦莱纳·马丁内斯:《公立和私立学校的教学耐度》;托马斯·莱斯雷:《性格教育中缺失的成分》。

由”、“爱国主义”和“容忍”这些词语很难给出确切的定义。

三、课程的比较：一种概述

总之，学科中心课程和学生中心课程代表了一个统一体的两个极端。美国的大多数学校教育在某些方面都介于两者之间，即怎样在学科方面和学生的需求方面，在学生发展的认知和情感方面去保持一种微妙的平衡。

学校哲学的影响

关于教授什么和怎样组织课程的决定经常受到学校的哲学倾向的影响。赞同永恒主义和要素主义哲学的传统学校一般倾向于教授以学科为中心的课程。而那些赞同进步主义和重建主义教育的学校则倾向于教授以学生为中心的课程。概述 14.1 中总结了各种各样的学科中心课程和学生中心课程的观点，及它们之间相应的哲学思想、强调的内容、教学的重点。当你开始去认真思考，你想在哪个地区和在哪个学校教学的时候，请考虑去问面试者们关于课程组织的问题，以便在你的哲学和地区及学校的哲学方面有一个“契合点”。下一节，我们将转移到课程发展过程和它所引起的主要问题上面去。

概述 14.1　课程组织的观点

课　程　观	相对应的哲学或　理　论	强 调 的 内 容	强调的教学要点
以学科为中心的学科领域的	永恒主义 要素主义	3R；学术性科目、职业性科目和选修科目。	知识、概念和原理；专门化的知识。
永恒主义的	永恒主义	3R；人文学科；古典作品；永恒价值观；学术上的严格要求。	机械记忆；专门知识；心智训练。
要素主义的	要素主义	3R；人文学科和科学；学术性科目；学业成绩优异。	概念和原理；问题解决；基本技能。
回到基础去的	要素主义	3R；学术性科目。	专门知识和技能；训练；获得可测量的结果或能力。

续 表

课　程　观	相对应的哲学或　理　论	强 调 的 内 容	强调的教学要点
新的核心课程(核心科目)	永恒主义、要素主义	为所有学生开设的共同课程;焦点在学术性。	共同知识;理智技能和概念;价值观和道德问题。
以学生为中心的以活动为中心的	进步主义	学生的需要和兴趣;学生的活动;学校和社区的活动。	积极的、实验的环境;投射法;有效的生活。
相关的	进步主义;社会重建主义	学生的经验和活动;感受到的需要。	社会和个人问题;反思性思维。
人本主义的	进步主义;社会重建主义,存在主义	内省;选择;情感过程。	个体和群体学习;灵活的、人文的和心理学的方法;自我实现。
可选择的或自由学校	进步主义	学生的需要和兴趣;学生的体验。	游戏倾向;创造性表达;自由学习环境。
以价值观为中心的(品格教育)	社会重建主义、存在主义	民主价值观;伦理与道德价值观;跨文化和普遍的价值观;选择和自由。	感受、态度和情绪;存在主义思想;决策制度。

焦点问题回顾:在本章的开始,问题之一是:着重强调课程内容怎样反映了社会中的变化?在主宰课程设置的重点方面,你认为哪些社会变化是最重要的?根据你的观点,哪些社会变化应该是最重要的?为什么?

第二节　课程发展中的问题

地方的课程

国家和州的课程

不管课程是以学科为中心还是以学生为中心,它的发展过程包括以下几方面:(1) 评价学生的需求及能力(包括文化多样性人群中的学生,残疾学生，聪明的、有天赋的学生，准备上大学的学生，希望参加工作的学生)；(2) 选择或创造教学的材料及活动。在国家层次上，尽管最近对全国目标和标准开展了研究，但是课程设置还是最低限度和不直接的。在州这一层次上，课程被限制到课程指南和小册子这样的出版物上，由各州教育部门的专业人员自行筹划，同时受到课程顾问和大学教授的协助。各州的出版物内容常集中在公众所关心的话题上，如在数学及科学学科上更强烈要求的课程。不过许多州提供更具体的指导，包括那些受到批准或推荐，甚至受到禁止的一系列教学材料。课程发展最大的责任通常由各地方学区承担，或随着以学校为基础的管理更加广泛，由学校自身去承担。大的学区通常雇用那些在课程发展上有专长的人，包括与科目有关的专家及考试顾问。在小的学区，课程发展通常由同科目或年级组织的一群老师进行，有时家长、管理人员甚至学生也会参加。

大学录取标准对课程的选择有着强烈的影响。地方的课程发展也必须更多地关注由各州所建立的那些标准及学术要求(包括非官方的全国标准)。对于人们经常提出的关于课程设置的问题参见参考资料栏。

课本的影响

另一个影响课程的主要因素——它的重要性通常被低估——那就是教科书。传统上，除小学以外的所有学校中，教科书是使用最频繁的教学媒介。严格来说，它们能支配一门课程的性质和序列，并深深影响着学生们的学习经验。因为课程的编写是建立在教科书编写者自身的知识和偏见之上的，所以课程的开发者们经常通过选择教科书来改变整个课程。由于这个原因，懂得一些影响教科书的编写和出版方面的因素是非常重要的。

教科书的局限性

为了拥有并充分利用一个大的发展潜力市场，教科书的内容趋于全面、无争议性和通俗性。因为他们通常是为全国读者而写的，所以编写者们并不去考虑一些地域问题和社区问题。另外，因为教科书是适合于最大数目的“一般”学生的，所以他们不可能满足任何特殊群体或个人的需要和兴趣。[①] 总结大量的资料表明,教科书可能变得肤浅并阻止概念性思维、批判性分析和评价的发展。而且,除了数学课本外,大多数教科书可能很快就过时了。然而,在它们应该被换掉之后,它们还会被使用很久,因为它们是昂贵的。

课本的好处

考虑到这些批评,为什么教师们还是如此依赖课本呢?回答是因为课本有很多优势。一种课本能为教师提供用来计划课程的大纲,总结许多与之有关的信息,使学生们能用一个方便的"包裹"把课程中的大多数材料带回家,为所有的学生提供一个可以遵循的共同的规范,还包括一些使学生容易理解的图片、图表、地图和别的说明性的材料,另外,课本上还经常包括一些教学方法,如总结性和评价性的问题。[②] 再者,教科书的作者和出版商正在努力编制一些材料,以帮助教师达到州的标准。简言之,如果选择和运用正确,课本就是一个可接受的工具。但是,课本不应该是学生学习知识的惟一来源,也不应该定义整个课程。

书籍的检查制度趋势

在课程发展方面的另一个问题是书籍检查的问题。在一些州中,为学校准备的一系列教学材料中发现,检查的趋势是限制学生应该读的东西。就像在"公共教育行政与管理"这章中所指出的一样,遭到反对的著作中有时却包括这样的经典著作:《红色小头盔》和《哈克贝利·芬》。任何一本教学材料,若包括以下的内容:政治和经济信息、淫荡、性、裸体像、亵渎语言、俚语和令人怀疑的英语、民族或种族敏感性材料,或者是那些被翻译成反家庭、反宗教和反美国的材料,都可能会受到审查。另外,学生大量地观看电视录像和不受监控地接触因特网是老师和家长更

---

① 艾伦·C.奥恩斯坦:"教科书的指示:过程和策略",《NASSP公告》(1989年12月),pp. 105—111;埃利奥特·W.艾斯纳:"谁决定学校的课程"。

② 艾伦·C.奥恩斯坦:"教科书课程",《皮伯迪教育期刊》(1994年春),pp. 70—85;巴巴拉·米纳:《读、写和新闻检查员的职责》。

关心的话题。① 在这一方面，参见“学校与网络技术”栏。

学校与网络技术

提防学生接触网上不良材料

教育工作者和家长们都同意，成人对学生在家或在学校选择网站进行监督(一种监督形式)是非常重要的。参见网站“Web Awareness: Tracking Where Kids Have Been on the Internet”(在 http: //media-awareness. ca/eng/webware/tipsheets/techtips. htm)，这是了解孩子所访问的网站的一些便捷方式。

Web Whacker 是一种商业程序，对那些希望为儿童提供保护的教育工作者和家长是很有用的，它可以为可供浏览的网站提供一些经过批准的指导(经过预先选择和检查，见 www. bluesquirrel. com. products/whacker/whacker. html)。该程序可以对儿童所观看的网上的内容进行100%的控制。使用 Web Whacker，教师就能提供一份预先选定的、供学生使用的网站的菜单，就能确保学生不看不适当的材料。

教师的另一个很好的工具是 EduHound HotList，它可以使教师和家长创办自己的教育资源网页，这些资源由教育链接、问题、指导、解释和作业组成。HotLists 是用来保护隐私和安全的一些指令，教师可以不受控制地开发他所希望得到的 HotLists(见 www. eduhound. com/hotlist/default. cfm)。

除了监控学生对网站的选择和让学生签一些与适当的网络行为有关的合同外，教师还必须向学生讲授负责任的在线行为和安全问题。这方面的一个很好的网站就是“Web Awareness for Teachers: Safe Passage”，浏览 www. media-awareness. ca/eng/webaware/teachers/safe/tsafe. htm 这个网站会使教师和学生警惕与网站、聊天室、新闻小

① 《攻击学习自由》(华盛顿，哥伦比亚特区：美国人出版社，1990 年)；亦可参见“新闻调查员的职责和挑战”，《美国图书馆联合会》(2001 年 1 月 29 日)。

组、快信和电子邮件有关的安全问题。它包括关于这些活动的好处和危险方面的信息，并对教师怎样才能确保他们学生的体验是安全的和可以奖励的提供一些实际的忠告。该网站还包括一个供家长使用的按钮，其中的信息大致相同。

使用上述方法，教师和家长就能确保儿童在网上用大量的时间进行学习，不接触不适当的和不良的材料，因而不会受到那些对儿童进行敲诈和劫掠的人的伤害。

微妙的书籍检查制度

尽管检查常常是公开的，但它同样可以以一种微妙的方法去运行。课程设置的发展者们可以悄悄地逃脱那些在社区中引起争议的问题和材料。另外，课本经常忽视那些潜在的观众和有兴趣的团体感到不安的那些话题。甚至图片也是重要的，因为一些组织把一个民族团体对另一个民族团体，男孩与女孩以及商业与劳力的图片数量也包括在内。专业化的组织也能实行一种审查制度，他们能建议改变学科内容，含蓄地不支持其他观点。教育者们必须对审查制度很敏感，因为它总是以这种或另一种形式存在着。在处理这样的问题时，我们经常会发现赫伯特·斯宾塞的那个基本问题“什么样的知识是最有价值的?”变成了“谁的知识是最有价值的?”①

因为教学变得越来越专业化，所以不断地要求教师去处理课程选择和他们所提出来的复杂问题。为了避免课程成为一个“政治性的足球”，就像米奇尔·阿普尔所说的，当今的教师需要全面地了解社区所关心的事、全州的标准和目标，以及学生的需要。②

焦点问题回顾：作为一个教师，如果你对检查材料感到有压力或对

---

① 琼·德莱夫托尔：《约翰尼不该读的书：美国教科书审查制度》(纽黑文：耶鲁大学出版社，1992年)；爱德华·詹金森：“学校抗议运动的神秘感和误解”，《当代教育》(1995年冬)，pp. 70—73。

② 米奇尔·阿普尔：“有没有人要求恢复课程?”

遵循有明确教科书的课程感到有压力，你会做出什么样的反应呢？

参考资料

课程设置的基本问题

1930年出版的《全国教育研究学会第26份年鉴》一书在课程上被认为是具有划时代意义的书籍。它是一群课程学者第一次尝试将课程制作的意义和实践综合起来。第Ⅱ卷对课程的制作提出了一系列的“基本问题”，以便在教师和课程领导者之间引起讨论。这些问题已经历了时代的考验，至今，它们仍然是有意义的。

(1) 学校教育主要把人生的哪个阶段作为学习的终结？

(2) 在成年人的生活中，课程怎样才能为有效的参与做准备？

(3) 学校的课程设置者有义务阐述关于美国文明的优缺点的一些看法吗？

(4) 为了社会的进步，学校应当被视为一个有目的性的机构吗？

学校应该建立在一种怎样的设想之上呢？是让孩子们适应目前的社会秩序生活，还是去超越它，或是在其背后推动它呢？仅仅对儿童进行“调整”，使之适应当前的社会制度，还是对儿童进行某种教育，使他们被迫改变它？是让他们接受它还是怀疑它？

(5) 课程的内容怎样被理解和说明？

(6) 在教育的过程中，学科的位置和作用是什么？

(7) 教育的哪一部分被归纳为“普通的”，哪一部分被归纳为“特殊的”或“职业的”或纯粹“选择的”？普通教育在什么样的程度上会与职业教育相平行？又在什么样的程度上，后者会跟在前者后面去完成？

(8) 在自然环境下成长，即在生活情境中，人的特质培养应该达到什么样的程度？

(9) 课程应该在多大程度上为个别差异做准备？

(10) 课程的组织形式应该是什么？应该是下列中的哪一种？或者你将采取别的形式吗？

■ 参照与学科有关的活动去形成一系列等级灵活的活动，或是建议性活动。

■ 与各门学科有关的一系列等级死板的活动。

■ 与学科有关的，按等级划分的一系列活动建议。

■ 对于各个年级，一系列的建议性活动和与学科有关的大纲期望用成绩来表明，通过上述方法的运用，年级的目标可以达到吗？

e：没有具体的活动参考，从所给这门学科提供的学科课程、文本和参考材料来看年级目标的陈述。

(11) 如果有具体活动参考的话，应怎样利用孩子们的自发性兴趣？

问题

(1) 上述问题反映了什么样的心理学原理和教学上的哲学思想？

(2) 上面所描述的问题，你将会把它们修改成什么样子？你认为哪些问题是与心理学原理和教育上的哲学思想有关的？哪些是无关的？

(3) 什么样的团体最适合提出和回答这些问题？

(4) 随着你越来越职业化，上述问题中的哪些将会对你的教学内容和怎样去教产生影响？

第三节 教学方法

课程与教学的相互关系

尽管教育者对课程有着不同的定义，但是他们中的大多数人认识到，课程与教学是相互关联的。为了实行课程设置，人们必须依靠教学，即教学大纲、材料和方法来完成。对教学的新大纲和新方法的探索是持续不断的，尤其是在过去的40年中，我们已经目睹了学校为提高学习成果而付出的努力，将技术与课堂相结合，以及让学生直接去参与新的教学方法。

尽管我们不能对所有主要的教学革新进行调查，但是下面各节将描述几种已经引起教学者关注的教学方法。“美国学校的效率与改革”那一章将结合学校的改革和效率探讨教学观点的主题。

一、个性化教学

最近几十年来，几种个性化的教学模式得到了推广。虽然这些观点各不相同，但都努力提供一种一对一的师生关系或学生—电脑的互动关系。学生们能够以他们自己的进度去学习。而且，教学材料是经过精心安排和构建的，它们通常把重点放在实践与操练上。

IPI

早期的一个例子，是 20 世纪 50 年代后期和 60 年代早期在匹兹堡大学提出的个别规定教学方案(IPI)。[①] 学校根据对学生需求的调查，为每一个学生制定一个发展各自技能和学科的计划。以行为化的方式来说明他们的目标并确认他们具体掌握的水平。学习任务个性化，经常评定学生取得的进步。

重大收获的报道

总体上说，个性化教育大纲的领域测试是值得肯定的。关于 IPI 和其他教学方法的报道已经表明学生取得了重大成绩。看来，适应性教学对所有学生都有益，尤其是对那些成绩较低和那些略低能的学生。[②] 然而，因为材料的费用和一对一师生关系的缘故，要实施个性化教学计划是相当昂贵的。所以，当今大部分学校仍采用群体化教学方式和根据群体的期望去教学。

二、合作型学习

合作与竞争

合作型学习，而非竞争型学习，也作为一种教育学生的重要方法而

---

① 罗伯特·格拉泽和劳伦·B.雷斯尼克："指导心理学"，《心理学年度评论》第 23 期(1972 年)，pp. 207—276。

② 玛丽·安娜·邓恩："继续开放式教育课程"，《教育领导》(2000 年 4 月)，pp. 20—24；威廉·马洛伊："包容：所有儿童教育改革策略"(ERIC 文件第 379856 号，1994 年)；佩吉·德特马："有天赋的中学生的 IEP 方案：提高潜力的工具"，《天赋中学生教育期刊》(1994 年夏)，pp. 52—59。

越来越被接受。传统的课堂教学结构下，学生们为分数和获得教师的认可而去竞争。在这样的情况下，由于能力和成绩的差异，多年后学生们要么成为“赢家”，要么成为“败者”。成绩好的学生不断得到奖励，并被激励更加努力学习，而成绩差的学生不断经历着失败（或近似失败）和挫折。合作型学习的观点就是通过减少学生间的竞争，加强学生间的合作来改变传统教学体系，从而消除学生之间一切可能的敌对情绪和压力，提高学习成绩。

竞争的益处

这并不是说，竞争在课堂教学和学校中毫无地位。合作的主要支持者告诉我们，在一些简单的操练活动和与速度相关的任务（如拼写、词汇、简单的数学计算）中，在压力强度小的游戏以及体育运动场上，成功地运用竞争机制有助于改进行为表现。① 在恰当的条件下运用，竞争可以成为快乐、兴奋和动力的源泉。

合作的益处

然而，在合作学习中，竞争处于第二位。根据研究表明，参与者之间的合作有助于：(1) 建立积极一致的同一性；(2) 自我实现和心理健康；(3) 增长知识和相互信任；(4) 培养与人交流的能力；(5) 相互接受和支持；(6) 减少一定量的竞争，建立起健康、有益的人际关系。资料还表明：合作型和群体型学习在培养这些社会及人际关系的技巧方面比竞争型和个性化教学所付出的努力要有效得多。②

STAD

在所有合作教学计划中，罗伯特・史莱文提出的两种最为流行，即

---

① 戴维・W.约翰逊和罗杰・T.约翰逊：《集体学习和单独学习：合作性学习、竞争性学习和个人学习》第4版（马萨诸塞州尼达姆高地：阿林培根出版公司，1994年）；罗伯特・E.史莱文：《学校和教室联盟》（新泽西州希尔斯泰尔：厄尔鲍姆出版社，1988年）。

② 罗伯特・E.史莱文：《合作性学习：理论研究和实践》（波士顿：阿林培根出版公司，1995年）；罗伯特・J.史蒂文斯和罗伯特・E・史莱文："合作性学习方法在阅读和写作上对学习上有障碍和无障碍学生的影响"，《小学期刊》（1995年1月），pp. 241—262；罗伯特・史莱文：《合作性学习和群体间关系》（ERIC文件第382730号，1995年）；戴维・W.约翰逊和罗杰・T.约翰逊："为让合作性学习起作用"，《理论联系实践》（1999年春），pp. 67—73。

成绩划分学生小组法(STAD)和小组协助个性化法(TAI)。当遵循恰当的教学程序时,这两种方法都有助于提高学生的成绩。① 在STAD方法中,4—5个成员组成小组,最好是4个(不同于其他调查结果的一项安排表明,4人小组有助于成队),小组成员在能力、性别、民族方面都很平衡。小组成员相互提供帮助和反馈,并在测试中获得小组表现分,他们也通过简报、证书、特色活动、特权和写给家长的信等得到认可。每5—6周改变一次小组成员,从而使学生有机会和其他同学一起学习,这同时也给低分的组别成员一个新的机会。②

TAI

TAI方法则强调特殊技能的掌握和考试前后的个别评定,学生们先自己回答,然后让伙伴或组里其他成员检查他们的答案,并提供帮助。直到学生在练习测试中的分数达到或超过总分的80%时,他们才有资格参加最后的考试。与STAD方法一样,小组化计分和认可的方法有不同的衡量标准:"超级组别"(表现优秀)、"很好组别"(表现一般)、"好组别"(刚好通过测试)。每天,教师花45分钟课堂时间中的5—15分钟与2—3个小组一起学习相同的课程内容。这段时间中,其他组自己学习。③

三、掌握式教学

掌握式教学方法是对所有年级、所有学科都适用的教学方法。在学

① 罗伯特·E.史莱文:"合作性学习何时提高学生的成绩?",《心理学公告》(1983年11月),pp.429—445;罗伯特·E.史莱文:"合作性学习的综合性研究",《教育领导》(1991年2月),pp.71—82;托马斯·布拉什:"使用整合学习系统时,合作性学习对成绩好和成绩差的学生的影响",《教育交流和技术联盟年会议程》(印第安纳波利斯,ERIC文件第397780号,1996年)。

② 罗伯特·E.史莱文:《使用学生小组学习》第3版(巴尔的摩:约翰·霍普金斯大学出版社,1986年)。

③ 托马斯·L.古德和杰里·E.布罗菲:《参观教室》第5版(纽约:哈珀-科林斯出版社,1997年);罗伯特·E.史莱文:"团队协助式的个人学习:算术上的合作式学习和个人指示的结合",选自其编著:《为合作而学习,为学习而合作》(纽约:普莱纽姆出版社,1985年),pp.177—209。

校中被最为广泛地应用的是掌握式学习方式(Learning for Mastery, LFM),这种方式也经常被称为掌握式学习,掌握式学习尤其得到那些明显和急切需要提高学习成绩的城市学区的支持。①

大多数学生掌握得差不多

掌握式学习方法建立在这样一个中心论点之上,几乎所有的公立学校中的学生都能够在差不多的水平上掌握所学内容的绝大部分。尽管接受能力较弱的学生在学习同一内容时需要较长的时间,但只要以最初的能力水平为基础,教师明确了解他们的水平,并针对其客观情况,采取相适应的教学方式,以适当的进度教授适合的内容,这些学生同样也能够掌握。②

教学措施的小步骤

为了实现以上目标,教师必须将注意力集中在小单元教学上,同时采用参照标准测试来决定学生是否掌握了必需的技能以完成每阶段的学习任务。一堂完整的课,如 3 年级的数学,从整体上去把握是过于复杂而难以教授的。这样的课程,应该分成更小的步骤去教授,而且必须在学生最大限度地掌握已教授内容的基础上(得分在 80—90 之间),才能进入下一步的教学。

肯定性的研究发现

有数百篇研究文献阐述了对掌握式教学的研究。在评论这些大量的研究文献之后,一些评论者得出如下结论:对于学生的学习来说,掌握式教学策略相比传统教学方式,确实存在较大优势。③ 对整个学区的调

---

① 约翰·B.卡罗尔:"卡罗模式:25 年回顾和展望",《教育研究者》(1989 年 1—2 月合刊),pp. 26—31。

② 詹姆斯·H.布洛克:《掌握式学习理论和实践》(纽约:豪特·莱因哈特和文斯顿出版社,1971 年);本杰明·S.布鲁姆:《人性和学校学习》(纽约:麦格劳-希尔出版社,1976 年);瓦伊德·马托麦迪和威廉·J.萨默罗尔:"掌握式学习和当代教育事宜",《师范教育行为》(2000 年春),pp. 32—42。

③ 劳伦·W.安德逊:"价值、证据和掌握式学习",《教育研究评论》(1987 年夏),pp. 215—223;本杰明·S.布鲁姆:"教学方法探究",阿伦·C.奥恩斯坦和琳达·S.柏哈编订,选自《当代课程》(波士顿:阿林培根出版公司,1995 年),pp. 208—225;史蒂文·安德森:《掌握式学习的综合研究》(ERIC 文件第 ED382567 号,1994 年)。

查显示，掌握式教学在教授基本技能时，也同样有用，如阅读和算术，而这些技能，则是较高层次学习的基础。此外，调查结果还显示，旧城区的学生从中受益更多，而这是传统的教学分组所无法比拟的。并且，那些处于困境中的学生，①以及具有学习障碍的学生在采用这样的方法后，也能够达到掌握的程度。②

对掌握式教学的质疑

当然，这些有利于掌握式教学的资料并不意味着，所有与之有关的重要问题都得到了回答，或者说掌握式教学策略没有可以指责之处。例如，尽管布鲁姆描述了一些他所认为的通过掌握式学习所取得的高层次的思考技巧，但很多教育家仍然认为，掌握式教学在"高层次"的教学中，效果并非尽如人愿。③ 教育家同时也对各种掌握式学习方式在情感教育中，以及对不同类型的学生所能起到的作用表示怀疑。此外，由于担心学生因无法按要求掌握学习内容而受责难，教师也有可能将注意力集中于使学生顺利通过考试，而他们越这样做，就越违反了掌握式教学的初衷。④ 有的批评家还这样认为，即使学生掌握了某些阅读、写作和算术的具体技巧，他们的这些能力却并不能得到整体上的提高。换言之，具体技巧的获取，并不代表能力的习得。⑤ 最后，掌握式教学与其他一些具有

---

① 丹尼尔·U.莱文："堪萨斯城一类班级的自我成就成果"，《教育领导》(1987 年 3 月)，pp. 22—23；丹尼尔·U.莱文和阿伦·C.奥恩斯坦："教室和学校的影响探究"，《城市评论》(1989 年 6 月)，pp. 81—94。

② 佩里·D.帕萨罗等："重新恢复的学校的教学策略"，《情感和行为问题期刊》(1994 年春)，pp. 31—34；佩里·D.帕萨罗："用掌握式学习来充实学生"，《农村特殊教育季刊》(1994 年夏)，pp. 31—39。

③ 布鲁姆：《方法的寻求》，pp. 220—222；罗伯特·史莱文："重审掌握式学习"，《教育研究评论》(1990 年夏)，pp. 300—302。

④ 赫伯特·J.沃尔伯格：《生产式教学》；阿伦·C.奥恩斯坦：《教学：理论联系实践》(波士顿：阿林培根出版公司，1995 年)，pp. 43—44，p. 49；阿伦·C.奥恩斯坦："学生的产业聚焦于教学的质量"，《NASSP 公告》(1987 年 1 月)，pp. 88—95；罗伯特·E.史莱文：《重审掌握式学习》。

⑤ 琳达·达林-哈蒙德："疯帽子优质教学测试"，《纽约时代周刊》第 12 版(1984 年 1 月 8 日)，p. 57；玛丽琳·科克瑞恩-史密斯："小学生文学处理和写作"，《教育研究评论》(1991 年春)，pp. 107—155。

个人特点的教育方式难于实施。这样的方式使教师承担了最大的责任，因为他们必须选择不同的方式来适应不同的学生。他们必须对学生的情况有持续的了解和监控，判断学生已经掌握了什么样的技能和内容，并立即做出反馈。在一个由25人或更多人组成的班级中，这样的任务对于一位教师而言，可能难以胜任。

四、批判性思维

可以被教授的理智能力

批判性思维和思维技巧是今日被用来表示解决问题能力的术语。而关于这一课题的大量专业文献、学术论文，以及大多数州都采取措施来加强批判性思维的发展，都证明了这一课题正日益受到关注。

元认知

这一观点的绝大多数拥护者认为，批判性思维是一种可以被教授的理智能力。而这个学派的主要倡导者之中，首推马修·利普曼和罗伯特·斯坦伯格。[①] 利普曼寻求设计30种主要应用于小学生的批判性思维技巧，这包括，对概念、概括、因果关系、类比、局部与整体关系，以及在现实生活形势下原则的运用等这些方面的理解。[②] 利普曼让学生采取如下的批判性思维方式，即给予学生充分的时间来考虑思维本身(这一过程即所谓的元认知)，[③]以及能够区分有效思维与无效思维的思维方式。

对批判性思维的质疑

一些批判性思维方法的批评家指出，教一个人思维就像教他挥舞高尔夫球杆或网球拍一样。这一过程具有整体性，而不是像利普曼等人所

---

① 马修·利普曼等:《儿童哲学》第2版(费城:坦普尔大学出版社，1980年)；罗伯特·J.斯坦伯格:“我们如何教理智能力?”，《教育领导》(1984年9月)，pp. 38—48。

② 马修·利普曼:“哲学手段的推理修养”，《教育领导》(1984年9月)，pp. 51—56；马修·利普曼:“批判性思维——是什么?”，《教育领导》(1988年1月)，pp. 38—43；米西·加雷特:“学习者的社区:加强教或学的过程”，《发展性教育的研究和训练》(1993年春)，pp. 45—54。

③ 马修·利普曼:“批判性思维”，选自奥恩斯坦和贝哈:《当代问题》，p. 149。

认为的可以划分为个别技巧。批评家认为，批判性思维作为一种心理活动，是过于复杂而难以细分的，结果取决于"一个学生的整体理智能力，而非一组被狭隘划分了的技巧"。[①] 此外，正如斯坦伯格曾经告诫过人们的，批判性思维强调的是"正确"答案和客观并易于评分的测试内容，然而，这些东西却远离学生在日常生活中遭遇的问题。[②] 因此，许多教育家相信，这种将批判性思维作为一种独立的课程或一组具体技巧来教授的意愿，往往会弄巧成拙。有人认为理想的做法是，将批判性思维的精神贯彻于所有课程的教学中，从而使学生持续地受到激发，以培养他们善于怀疑的态度和勇于批判的观念。

五、电化教学

电脑在学校教育中扮演的角色正日趋重要。1980 年，美国学校的微机使用量为 5 万台，而到 1999 年这一数字已猛增至 800 万台。[③] 到 2000 年，95%以上的公立学校都接通了因特网，63%的教室都接通了因特网。[④]

计算机辅助教学

帕特里克·萨皮斯(Patrick Suppes)，作为一个早期提倡在学校中运用计算机的创新者，创造了计算机辅助教学(computer-assisted instruction, CAI)这一术语。他将计算机辅助教学定义为三个层次：练习与操作；辅导；人机对话。[⑤] 在最简单的第一层次中，学生通过电脑操作学习拼写、阅读、外语、简单的计算等内容。到了第二层次，电脑扮演辅导教师的角色，担任新概念教授的作用，一旦学生对此有了清楚的理解，他们

---

① 威廉·A.塞德勒和阿瑟·威姆贝："促进思维方式的人文方法"。

② 罗伯特·J.斯坦伯格："思维方式：理解学生行为的钥匙"，选自国家教育统计数据中心的《2000 年教育状况》(华盛顿，哥伦比亚特区：美国政府出版署，2001 年)。

③ 彼得·韦斯特："联接未来"，《教育周刊》(1995 年 1 月 11 日)，p. 8。

④ 约翰·迈罗："400 万台电脑不会出错"，《教育周刊》(1995 年 3 月 29 日)，p. 39、52。国家学校委员会联合会："FTC 提出议案保护孩子的隐私权"，《电子学校》(2000 年 1 月)，见网站 www.electronic-school.com/2000/01/0/00ewire.htm。

⑤ 帕特里克·萨皮斯："计算机技术和教育的前景"。

便可以进入下一层次的学习。第三层次，也是最高层次。人机对话，包含了学生与电脑间的互动关系。学生可以在真正意义上与电脑交流——不仅仅是做出回答，而且提出问题——而电脑能够理解，并做出相应的回答。

超媒体浏览

更现代的电脑应用经常包含超媒体方法的运用，这代表了学生怎样来描述和使用信息的重大改变。通过超媒体的方式，信息围绕"节点"(信息块)，以不连续的形式，按照互相联系的链接来组织，并通过课文、插图、声音等程序来呈现，从而贯彻于课程中。因此超媒体方式允许学习者通过某一信息基地随意浏览一定量的信息，并按照自己的意愿来组织其关系。这一方式的应用使学习变得更有意义，因为学生可以组织自己的知识结构，而不是呆板地接受老师所讲解的课本内容。① 许多教学光盘都运用了超媒体方式。当然，互联网快速链接、网站内容多样性的特点，也具有超媒体的性质。网站为那些想要实施其课程计划的教师提供了越来越多样化的课程选择。

均等应用的困难、潜在的高额开支

许多原本对电脑持怀疑态度的教师，却开始摈弃黑板而改用终端机，因为他们将这当做一种具有挑战和激发性的课堂教学的特点。而现在，很多教育家却在为应用计算机这样一个问题而担心，正如原 NEA 主席凯思·盖泽提到的，"如何保证每个学生——不管乡村或城镇、贫穷或富有——都能使用我们时代的这一最重要的学习工具"。② 经费的有限，工具的缺乏，设备的陈旧，终端机与使用空间的不足，在职教师培训的匮乏，都是学生使用"信息高速公路"的障碍。的确，只有少量的教室配备了有线电视、电话或调制解调器，而拥有其他先进设备的则更少。③

① 西蒙·胡珀和卢劳埃德·P.利埃博：《教学方法和技术》，pp. 258—259。

② 凯思·盖泽："计算机学习的成绩不见了"，《教育周刊》(1995 年 5 月 24 日)，p. 11。

③ 理查德·L.斯科韦伯和林弗："我们学校的整合技术"；公共财务署：《学校设施：美国的学校为 21 世纪所设计或装配》(华盛顿，哥伦比亚：美国公共会计署，1995 年)；小威廉·E.杜格："技术性文学的标准"。

在学校(其中许多是老式建筑)中铺设电缆、光纤的费用是一个大数目。据前任教育部长理查德·赖利的保守估计,最少需要100亿美元。而实际的花费可能远远大于这一数字百倍。①

应用改善

然而,改变正在迅速发生。国家教育统计中心报告说,1999年国内95%的学校已经与互联网链接(1994年为35%)。尽管1996年,全国只有14%的教室链接了网络,但这一数据已达到1999年的63%。同样改变的还有学生在家中使用电脑的比例(1993年为36%,2000年达到60%)。②

非人性化的机械,还是人性接触的增加?

在电脑革命的早期,许多教育家担心,电化教学会使学生专注于机器和工具,而这些东西本身并无人性的情绪和情感因素。这种批评是情有可原的,因为用一台机器代替人类教员,会使学生得不到真正的指导,无法实现人性化的交流。而互联网在全国范围学校中应用的增长,应该有助于改善这一状况。通过电子邮件和其他电子联系方式,学生可以与他人交流,而不是仅仅面对大堆信息。③ 此外,电脑有助于帮助学生培养询问的习惯,使他们能够自由地探索,并提高思维能力。当学生学会运用电脑来思维的时候,他们改革和创新的潜力就无可限量了。④

六、录像与卫星系统的应用

与电脑同样值得关注的是录像技术,它也提供了许多有价值的教学途径。在很多科目,诸如外语、英语、科学、历史、地理、政治,甚至艺术(音乐、戏剧、舞蹈、创造性写作、可视艺术)的教学中,教师们发现录像

---

① 韦斯特:《连接未来》,p. 8。

② 戴博·瑞克曼:"纳德学校纪律",《太阳报》(1998年9月7日),p. C4;《2000年教育状况》,表418。

③ 奥德沃德·E.戴尔利:"在互联网冲浪,直击热门教育站点",《技术和学习》(1995年10月),pp. 44—51。

④ 罗伯特·C.约翰斯顿:"和技术相连",《教育周刊》(1995年5月10日),pp. 27—28。

带、影碟、光盘、卫星电视、电信网(例如一频道播放新闻与时事),以及有线电视等教学媒体,具有很大的使用价值。他们发现这一技术使教学更加可行和有效。①

录像的广泛应用

录像带、磁带和磁盘作为教学手段,可以被应用于课堂教学、图书馆、资料中心以及学生家中。1997 年,一家大众广播公司的研究显示,电视、录像和互联网比往昔更广泛地应用并融入课程教学中了。② 并且有些调查表明,更多的学生受益于运用录像的教学。③ 由于录像可以在任何合适的时间播放,学生可以避免缺课。各种各样的学科中,都提供了几百种录像带。另外,许多学校体系和教师开始根据自身的教学目的制作录像带。通过打印机,单独的屏幕影像——照片、表格、图解,以及其他有用的画面——可以被打印在纸上以供进一步使用。教育家们正在研究利用录像游戏的普及来实现教学目的的方法。数学、阅读、写作课程可以被制作成录像游戏的形式,这样学生的实践和操作会在一种游戏的氛围中更加生动而有趣地进行。

互动影像

录像正愈来愈多地被设计为互动的形式——换言之,它将会根据学生输入的内容做出反应。影像互动教学(interactive video instruction, IVI)这一术语正被应用于代表教学程序一部分的现实模仿和行为与反应之类的课程中。程序可以告诉测试者其反应是否正确,或者给予测试者一些选项,并显示选择的结果。互动影像可以用于个体教学或小群体的教学。

---

① 丹尼斯·克乃普克泽克:“城市学校远程教育的教员发展”,《国际教育媒体》(1993 年 6 月),pp. 72—82。

② 大众广播公司:“学校在电视视频中作用的研究”,《1996—1997 年学校年度总结报告》(华盛顿,哥伦比亚特区:大众广播公司,1997 年)。

③ 威廉·哈伍德和莫林·麦克马洪:“高中化学学习中整体媒体教育对学生成绩提高和态度的影响”,《科学教学研究期刊》(1997 年 8 月),pp. 617—631。

虚拟的现实

正如一位教育家所说，录像技术“是存在于现实之外的另一个最好的方式”。实际上，在一些应用中，学生进入了一种远离教室的虚拟现实中。他们可能与圣地亚哥(美国加利福尼亚州西南部港市)动物园的管理员交谈，或者求助于博物馆的工作人员来计划他们即将进行的郊游，甚至直接与白宫官员就国会召开前的一些热点话题进行直接的交流。录像的应用正以惊人的幅度增长，以至于教师必须计划多种途径来将其与教学大纲结合起来。① 当录像从店里租出的数量超过书本从图书馆中借出的数量时，教师应该教导学生，使他们具有批判地使用录像带的能力，并使他们明白可视影像是如何对我们个体以及社会方面产生影响的。②

七、远程教育

在前两节中讨论过的许多电子系统具有远程传送电子资料和实现远程教学的潜力。而远程教育这一术语所指的正是学校使用这种技术的教学途径。

由卫星或有线途径播放的教育电视

例如，学校可以选择为特定教学目的制作的电视节目，并通过卫星发送到教室。这种做法，对那些缺乏本地教学资源的小乡村的学校，以及远离传统的服务区的大学特别有用。③ 学校也可以设法使用家庭有线电视所播放的教育节目，如探索频道(Discovery channel)、学习(Learning)

① 乔治·彼得逊：“教室地理学和技术”，《NASSP公告》(1994年10月)，pp. 25—29；史蒂夫·博萨克：《电视会议随着时代而来》(2000年6月)，见www.electronic_school.com；“世界的窗口”，《教育周刊》(1995年2月8日)，pp. 36—37。

② 艾伦·C.奥恩斯坦：“录像技术和城市课程”，《教育和城市社会》(1991年5月)，pp. 335—341。

③ 杰里·D.佩普尔、戴尔·A.劳和谢里·凯莱姆·贝克：“2001年城镇教育探视”，《教育视野》(1990年秋)，pp. 50—58；奥恩斯坦：《远程学习的掌握性计划：不断发展技术性过程》(得克萨斯州：得克萨斯高等教育联合会，1996年)。

和历史频道(History channels),这些频道就各种各样的学科播放特别的教育节目。

电视会议

被广泛应用于商业和企业的电视会议,也开始出现于教育系统。在一个典型的电视会议中,一位有能力的人、教师或学生团体通过电视屏幕与其他学生或参与者进行交谈或教学。与会者可以感觉彼此只有一桌之隔,而事实上却远在数千英里之外。观众可以自由地提出问题,或者决定他们需要得到怎样的信息。①

远程教育的快速传播

随着迅速增长的可视电话与互联网的链接,远程教育已不再仅仅被用于闭塞的小规模学校,而是为任何想开阔学生眼界的学校所青睐。随着计算机在工作领域的广泛使用,50%以上的工人在工作中都使用计算机。在很大程度上,老师也将越来越需要把计算机知识和技能融入到课堂教学中去。大学正在用网络强化课程、远程学习和完全的网络基础课程的方法赶超公立学校。要与这些具有创造力的努力相匹配,对公立学校的老师来说,将是一个挑战。② 另外,在终生学习中,网络基础教学和团体的训练课程将会大大地增加。人们将会很感兴趣地看到中小学是否也会遵循这个步骤。③ 现在,教师已经能够利用电子技术使学生与全球范围内的其他专家、教师、学生交流。这种交流可以仅仅是与邻近的学校,也可以是与遥远的南极。

对教师技术能力的要求

对于一些教育家来说,科技的迅速发展意味着"书写技术"的终结。

---

① 艾伦·C.奥恩斯坦:"再论课程潮流",《皮博迪教育期刊》(1994年夏),pp. 4—20;"将通信和录像带进教室",《中学期刊》(1990年4—5月合刊),pp. 252—257。

② 彼得·韦斯特:"通讯卫星见证远程学习",《教育周刊》(1995年3月22日),p. 3;《2000年教育状况》,表423。

③ "远程学习",《电子学校》《美国学校委员会杂志》增订版,(1998年1月),pp. A1—40;廖金生和黄舒梅:"网络教育中互动的加强:文献回顾",《教育技术》(2000年5—6月合刊),pp. 41—45;理查德·H.豪尔和史蒂夫·E.沃金斯:"网络教育中的马和车:流行和效能"(美国教育研究协会年会论文,2000年4月24—28日)。

在21世纪,教科书的形式可能不再是我们以往所见到的那种标准,它可能是不重要的,或者可能用以不同的形式——比如,手提的设备和E-mail对话的方法。它可以检查学生的进步,并以一种高度可视且具激励性的形式来显示信息。然而,专家们一致同意的看法是,技术知识和能力将成为教师培训的一个必不可少的部分,甚至是所有教师的全部技能。

焦点问题回顾: 在这一节所列出的教学方法中(个性化的教学、合作型学习、掌握式教学、批判性思维和各种各样的电子教学),作为一名教师,你认为哪一种方法最好?为什么?你准备怎样有效地使用你还不太熟悉的教学方法?

第四节　课程发展趋势:未来重要的研究课题

在讨论计算机的链接和交流技术时,我们已逐渐从现在步入到未来的发展中去了。通过电子计算机的接触,学生的学习将会提高。并不是所有的学习都在课堂教学中进行。不管在学校还是在家中,计算机和因特网的使用都会极大地扩展老师和学生对信息的接触量,最重要的是让他们知道该接近什么样的信息。我们可能会问这样的问题,未来发展将会为美国的课堂教学带来别的趋势吗?下面描述的是最可能的几种重要趋势。

在生活的许多阶段中的教育

快速发展的社会化技术和经济的变化已经迫使人们为第二和第三职业做准备,从而与影响当代个人和社会目标的新的发展趋势保持一致。在一个教师的职业生涯中,终生学习是一个尤其重要的成分。①

一些观察家相信,今日小学、中学和后中学教育的绝大部分学习内

---

① 《国家教育目标:2000年目标》(华盛顿,哥伦比亚特区:美国教育部,1994年);《国家教育目标报告》、《建立一个学习者的国家》(华盛顿特区:国家教育目标小组,1998年)。

容,可以由将来的商业和工业提供,尤其是满足以高技术和信息为基础的产业对劳动力的需求。① 同样,另一些方案展示了通过社区网络资源、小型教育中心和图书馆来对青少年以及成人进行教育的可能。

全国的努力

1984年,国家地理协会和美国地理学家联合会、地理教育协会一起,开始了一项旨在帮助学生认识基本地理原理,并帮助教师掌握地理教学的特殊方法的国家计划。这些努力的付出,使得地理正在学校课程中日渐复兴,并与许多课程热点相联系。如回到基础去、多元文化教育、环境教育与全球教育。②

对国家标准的持续讨论

美国教育部对7个学科领域中的国家课程标准的发展进行资助。这7个科目是:历史、地理、经济、英语、外语、数学和自然科学。而一些从事不同学科研究的专业组织,如美国历史协会、国家自然科学协会、国家数学教师联合会等,在这方面起了带头作用。回到基础去的倡导者支持、利用国家标准来恢复基础知识在教学大纲中的首要地位,联邦政府已提出以财政奖励的方式在国内推广国家标准课本。然而,国家课程标准这个概念还没有被各州充分接受。因此,它仍是很值得国家、州和地方的课本编写者考虑的问题。③

外语学习的状况

许多教育家,甚至外行都指出,由于国家间的互相依赖日趋重要,美国人必须对其他国家有更多了解。外语教学是美国学校必须重视的国

---

① 艾伦·C.奥恩斯坦:"再论课程潮流",《当代课程问题》第2版(波士顿:阿林培根出版公司,1999年),pp. 265—276;巴巴拉·L.麦克科姆斯:"动机和终生学习",《教育心理学家》(1991年春),pp. 117—128;罗杰·J.沃尔汉:"成长的新限制"。

② 唐纳德·N.赖利斯和海伦·赖利斯:"改变地理形象",《社会研究》(1995年7—8月合刊),pp. 167—168;凯伦·狄格缪勒:"发展者为地理学设定最终标准",《教育周刊》(1994年10月26日),p. 1, pp. 14—15。

③ 麦格·萨默菲尔德:"科学小组悄悄揭示最终标准",《教育周刊》(1995年12月13日),p. 1、9;玛里奥·布莱迪:《标准》。

际教育的一个方面。尽管 40 个州要求学校有两年外语课程的安排，但其中只有 27 个州将其作为与其他主课同样的中心科目。1998 年 46%的美国中学生被录取在外语班级中，而在小学中，这一数字从 1987 年的 20%上升到了 30%。[①]

最常见的语言

即使学生在学习外语时，他们也未必专注于那些在当今世界经济中起重要作用的语言。例如：汉语是当今世界上最常用的语言，第三个常用的是印度语。然而，只有极少数公共学校教汉语，尤其是没有学校教印度语。不能用世界上最通用的语言去训练学生，这严重限制了将来美国贸易的增长。

美国教育也可能以其他方式来体现国际化。教育者可能扩展旅游交流课程，或者将对另一种文化背景下的学习作为毕业的一个必需要求。对国际地理、历史、政治、科学及经济的重视会增加。随着世界日益互相联系、国家互相依赖，这种需求会日益明显，对国际性课程的拨款也会增加。

艾滋病的流行

美国国民的健康状况发展趋势给予这一课程的扩展和改革以新的压力。艾滋病（获得性免疫缺乏综合症——acquired immunodeficiency syndrome）的流行，就是一例。由于性观念开放的青少年的不检点行为而导致的可怕后果，迫使教育家以新的方式来面对这一学生健康问题。然而，仅仅 27 个州要求开展所有形式的健康和性教育，在实施健康教育时，这一教育的内容可以由其他科目的教师，如自然、体育和别的学科的老师来任教，而并非具有专业教学资格的人员。小学教员在这方面的教育能力，并未受到良好的培训。[②] 许多教育家相信，这一问题必须而且将在未来得到处理。

---

① 雷纳夫·A.舒尔策：《美国外语教学：趋势和挑战》。

② 克拉克·罗班斯汀：《学校和艾滋病发现 10 年后的艾滋病教育》。

吸毒

毒品也是一个棘手的问题。正如在“教育的法律问题”这一章中所详细描述的，虽然在年轻人中间，非法吸毒经过 10 年左右有所下降，但大麻、烟草以及其他药品的使用又有回升趋势。在校园里发现了更多的毒品。①

饮食与锻炼

饮食习惯和身体锻炼是另一个健康问题。正如一份报告对这种情况所做的总结：“这一代的青少年体重增加，活力减少，比他们父母同年龄时吸烟更多。”因此，美国癌症协会和美国公共健康协会起草了一份健康教育国家标准的草稿，并要求将其作为中学的必修主课程。②

高移民率

在美国，对移民儿童的教育具有越来越多的课程含义。自 20 世纪初以来的第一次移民热潮以来，美国正在经历第二次移民高峰。每年合法入境移民的数量是美国本土人口增长的一半。事实上，到 1999 年，在美国出生的每 10 个婴儿中，就有一个是外国的，这一数字约是 1970 年的两倍。③

移民家庭所面临的困难

此外，由于学习风格上的文化差异或思维模式的不同，移民儿童可能被认为“有学习障碍”或“接受较慢”。即便事实并非如此，由于各种文化价值观的不同，移民儿童也可能对学校、教师权威、性别差异、社会阶层、行为举止都有不同看法，而这一切都会影响学习效果。④

对特殊教育的争论

许多教育家相信，移民儿童需要接受特殊教育，如双语教育和多元

---

① 国家教育委员会：《国家教育目标报告》；劳伦·里加：“调查：两年间青少年吸食大麻量近乎翻番”。

② “健康教育核心课程”，《教育周刊》(1995 年 5 月 10 日)，p. 5。

③ 移民研究中心：“移民相关数据统计”，《背景》(1995 年 7 月)，p. 6、11；伦迪·凯普斯：《移民儿童的障碍：1999 年美国家庭调查》。

④ 荣薛兰和朱迪斯·普莱索尔：《教育问题学生》(加利福尼亚州千橡树：考文出版社，1998 年)。

文化教育，以使他们适应新的环境。然而，其他一些教育家则认为，应该尽早开展以英语为中心的教育。1998 年颁布的《加州法案》第 227 号要求州内 1 000 个学区对英语掌握不佳的学生开设专门的英语课程，而非双语课程。① 多元文化课程可使早已定居的群体了解移民能够对美国社会做出的贡献。然而，如我们在“提供平等的教育机会”这一章中所说，多元文化教育至今仍是一个有争议的课题，而各个学校也仍在对移民潮做出自己的反应。

注意事项

尽管课程应该适应一个正在变化着的社会，但是，我们仍然提醒读者注意以下几个方面：为了改变而改变是不好的；随着时代的变化，学校认为，他们的课程设置应该为了社会的进步而删减，实际上，他们这样的观点通常是错误的。

新旧的平衡

的确，新知识未必一定强于老知识。但是难道仅仅因为亚里士多德、伽利略、开普勒、达尔文、牛顿不是生活在这个世纪，我们就可以不顾他们的成就了吗？如果我们仅仅注重科学和技术知识，我们就可能在体质、审美、道德和精神上退化。我们必须学会将课程中老朽的无用的部分除去，并将新知识融入。当我们修正和更新内容时，我们必须保护学校和学生，使他们避免接触那些一时流行的和花里胡哨的东西，特别是避免那些极端的观点。我们必须牢记我们所拥有的那种社会观，保护自己珍视的价值观，并努力实现我们希望达到的教育目标。

焦点问题回顾：你认为这里所列举的哪些趋势将对你的教师生涯产生最强烈的影响？为什么？你将从哪些方式受到启发？

---

① 林恩・斯科尼尔伯格：“双语教学立法生效，学校获得动力”，《教育周刊》(1998 年 8 月 5 日)，p. 29。

总　结

（1）在组织课程时，大多数教育者坚持传统的课程观念，他们把学科和与学科有关的课程作为学习的主体。然而，当代一些更关注学生的体验的教育家认为，学生才是课程的中心。

（2）以科目为中心的教学方式的例子包含以下4种课程：① 学科领域的课程；② 永恒主义和要素主义课程；③ 回到基础去课程；④ 新核心课程。

（3）以学生为中心的教学方式的例子包含以下6种课程：① 以活动为中心的教学方式；② 相关课程；③ 人本主义教学方式；④ 选择性和自由学校方式；⑤ 以价值为中心的课程。

（4）近几十年来，一批重大的教学改革出现了。其中包括：① 个性化教学；② 合作型学习；③ 掌握式教学；④ 批判性思维；⑤ 电化教学；⑥ 录像与卫星系统的应用。后两种方式使得远程教学成为日益重要的教学途径。

（5）将来的教育发展趋势可能包括以下方面：终生学习；地理课程复兴；国家课程标准；国际化教育；健康教育与体质教育；移民教育。

关键术语

课程设置
学科中心课程
学科领域课程设置法
永恒主义课程设置法
要素主义课程设置法
回到基础去的课程设置法
核心课程设置法
学生中心课程
活动中心课程
相关课程
人本主义的课程观
选择性学校或自由学校
价值中心课程
品格教育

个性化教学	批判性思维
合作型学习	超媒体
掌握式教学	远程教育

讨　论　题

（1）使用单一的课本作为课程设置基础的优缺点分别是什么？

（2）你的教学大纲看起来似乎是偏爱一种课程观，为何如此？你认为哪种课程设置方式值得推荐？将你的观点与你的教学哲学思想结合起来谈谈。

（3）本章中论述的哪种教学方式最适合你的教学风格？为什么？与你的同学讨论这个问题。

（4）列出你所期望的将在未来发生的课程改革。作为一名教师，这些改革将对你的教学工作有何影响？

专业发展的建议方案

（1）你所见过的学校中，课程是如何设置的？要求去看一份你的专业的课程指南。它是教学活动与内容的一个简略的大纲，还是有着具体的目的、活动、教学材料和资源？你觉得哪种方式更适合学生？哪种对教师更有帮助？

（2）你在本学期参观学校的过程中，与教师交谈关于他们教授的课程。他们是否使用以学科为中心的教学方式？如果是的话，本章中叙述的4种方式中，哪种方式最能体现他们的做法？如果他们使用以学生为中心的教学方式，在5种以学生为中心的观点中，哪一种最好地描述了他们所做的事？在你参观的几所学校中，你认为哪个学校的教学方式最符合你的课程设置的理想？

（3）跟你学院中的教务人员交谈。他们认为以学生为中心和以科目为中心的方式各有何利弊?

(4) 将表 14.1 按你的方式绘制,使其反映你对当前小学(或初中与高中)课程时间安排的看法。将你的表格给你的同学看,并阐述你的论点。

(5) 利用因特网和别的电子学习资源,制定一系列论题来加深你对这方面专业知识和发展的了解。

(6) 利用一些网络资源,选择一个话题或教学单元,以教师的身份设计一套资源库和样例课程计划。

第六部分

成功教育:国际和美国教育展望

第十五章　国际教育

许多教育改革家曾建议,美国能通过模仿其他国家以改进自身的教育体制。比如日本的教育,在过去50年,由于其对日本经济的成功做出了巨大的贡献,已受世人关注。但是这种学习不是对别国教育实践的简单模仿。它们在美国国情下也起作用吗?它们与美国人的信仰和价值观吻合吗?

在回答这些问题之前,教育家必须搞清其他国家现行的各种教育制度:它们有何相似?有何不同?何种特征在何种情况下最有效?在本章中,我们将对这种分析作个介绍。然后,我们再考虑发展中国家的教育以及关于学校改进问题的国际研究。最后,我们就美国学校在国际背景中的成就作一简短评论。阅读本章时,请尽量寻找以下几个基本问题的答案:

焦点问题

- 不同国家的教育体制有什么共同的地方,又有什么不同的地方?
- 就对教育的资源配置和它们录取学生的比例而言,各个教育体制有何不同?
- 与别国的学生相比,美国的学生有何成绩?

- 哪些国家提供了优秀的值得别人模仿的教育活动实例？
- 应该为改善发展中国家的教育做些什么？
- 与别国相比，美国学校的宗旨和成绩又怎样呢？

第一节　教育体制的共性

乍一看，全世界的教室几乎毫无共同之处。例如，苏丹农村的教室与当代日本的教室相比，在苏丹，教室没有电且地面是土的，没有铺水泥地面，学生们都是男孩，没有一个教师有中学文凭，课程与教学主要是强调记忆和背诵，这些都是由这个国家的教育部决定的。而在高度发达的日本，男女学生一起在现代化教学楼中上课，他们几乎都将接受中学教育，教师们都是拥有大学学历的令人尊敬的专家。他们在教学计划的制定和课程的设置方面有相当大的活动余地，以适应这个国家的教育方针——强调发展孩子的思维和解决问题的能力，强调有利于个人全面发展的社会、道德和体育教学。

尽管全世界的教育体制有很大的不同，但是一定共性还是存在的。下面的各节将描述一些普遍存在的特征和问题：学生的社会阶层出身与他们在学校的成功之间的密切关系；多元文化的人群引起的教育挑战；典型的教学方法和教师们面临的专业环境。

一、社会阶层背景与学校教育效果

特权学生与非特权学生

我们在“社会阶层、种族与学业成绩”那一章提过，学生的社会经济背景与他们在学校和经济上的成功之间的密切关系，已在不同国家和国际性的研究中报道过。例如，世界银行研究曾报道，家庭的社会经济背景在工业化国家和发展中国家都是学生成就的主要预言者。同样，唐纳德·特雷曼发现，不论社会是贫穷还是富有，政治是自由还是保守，个人的社会阶层出身和背景都与他们在教育和职业上的成就相关。[①] 大量的这种研究也表明，别国的低收入家庭的学生和美国一样都面临不利的教育条件。[②] 请参看参考资料。

二、多元文化社会的人口问题

日趋增加的多样性

除了一些同质性的国家，全国性的教育体制都招收各种各样的学生，就种族、民族、宗教、本族语和文化活动而言，他们显然不同(由于地理上的隔离和文化上的褊狭，日本是个例外)。历史上，许多大国有过无数的种族、民族和文化的分支，但在20世纪，国内的和跨国的种族融合似乎大大加速了。全球性和地区性的战争，全球性的经济萧条和衰退，以及提供经济发展机会的大城市中心的人员迁移——这些和其他的不稳定力量让一些历史学家认为，最近数十年是迁移和流亡的时代。[③]

多元文化的挑战

当然不用奇怪，别国与美国一样在多元文化教育中遭遇挑战(参见“提供平等的教育机会”那一章和“教学目的”那一章)。这部分是因为少数民族或宗教群体在大多数国家中经常处在社会经济地位的低层。问题表现在：传统教学的无效，双语教育的提供，少数民族学生的消除种族隔离。英国、法国、荷兰等其他欧洲国家不得不对付大量的来自非洲、亚洲、加勒比海等其他遥远地方的学生涌入问题。德国正努力为吉卜赛和

---

① 唐纳德·J.特雷曼：《从比较观点看职业威信》(纽约：学院出版社，1977年)、玛兰·E.洛克希德、布鲁斯·福勒和唐纳德·里荣格：《家庭背景与学校成就》(纽约：世界银行出版社，1988年)；丹尼尔·谢克西：“教育与职业上的隔代流动”，《美国经济和社会学杂志》(1997年7月)，pp.331—350。

② 阿伦·C.珀夫斯和丹尼尔·U.莱文主编：《教育政策和国际评价》(加利福尼亚州伯克利：麦卡城出版社，1975年)；玛丽琳·奥斯本、帕特丽娅·布罗德福特、查尔斯·普莱尔和安德鲁·普拉德：“社会阶层、教育机会和平等权利”，《比较教育》(1997年11月)，pp.375—393；沃罗·赫马奇、道格拉斯·科克伦和罗拜托·巴塔尼主编：《追求教育平等》(荷兰：克拉威出版社，2001年)。

③ 罗格·科恩：“欧洲对外国人的爱憎”，《纽约时报》(2000年12月24日)；罗曼希·赖特里泽：《时代欧洲》(2001年2月19日)。

斯拉夫的儿童、土耳其移民，以及许多西非国家，包括许多来自穷部落和使用小语种的学生提供有效的教育。①

三、教学方法与环境

相似的教学活动

尽管不同教师的教学方法差异很大，教与学的环境也随不同的课堂和学校而有相应的改变，但是在世界各国通常强调的活动中有很多相似点。两位研究者在分析了10个国家的5年级班到9年级班在数学、社会研究和科学方面的资料后，发现教与学的过程有明显的类似之处。总之，在所有10个参与的国家中，主要的课堂教学活动包括教师提供的讲座或演示，加上学生在座位上自己做而不需监管的功课。②

教师相似的赞成和反对

许多国家的学者报道，教师们也认同产生挫折感和成就感的原因。全世界的教师们都提到了以下几个“职业沮丧”的典型来源：完成主要目标的时间不够，有时需要应对多种相互冲突的角色要求，缺少管理者的充分支持。“职业热情”一般主要源于与学生的关系和对学生成绩的满意程度，就像在美国一样，教师热情和沮丧的这些缘由体现了“学校的现实”。③

---

① 奈杰尔·格兰特：“同一性和教育的若干问题”，《比较教育》(1997年3月)，pp. 9—28；K. 林德霍姆-利里：《全球的双语阅读书写能力》(华盛顿，哥伦比亚特区：国家双语教育情报交换所)，欧洲少数民族问题的一些报告可见网站www. ecmi. de。

② 安吉拉·希尔加德和希德·伯克：“为学而教：各国的相似性和差异”(芝加哥美国教育研究协会的年会提交的论文，1985年4月)，p. 17；马克斯·安格斯：“制度变动和学校改革”(圣地亚哥美国教育研究协会的年会提交的论文，1998年4月)；“数学教师的‘肮脏书呆子’”，《BBC在线》(2001年1月3日)。

③ 赫伯特·艾布勒等：“职业热情与沮丧的源头的跨文化比较”(旧金山美国教育研究协会的年会提交的论文，1986年4月)，p. 21；马克斯·安格斯：《学校改革的规则》(伦敦：法尔莫出版社，1998年)；凯瑟琳·斯科特、巴巴拉·斯通和史蒂夫·迪纳姆：“‘我热爱教书但……’：教师不满的国际模式”，《教育政策分析档案》(2001年8月1日)。

焦点问题回顾：你相信许多国家的学校有一些共同特征吗？除了那些已经描述的，你认为你与其他国家的教师还在什么方面有相似之处？

参考资料

社会阶层与英国的学校

吉恩·梅奥夫

吉恩·梅奥夫(Gene Maeroff)，发展教育的卡耐基基金会的一位资深成员，在1990年参加了访问英国学校的一个研究小组。这个研究小组的成员对英国的许多工人阶级学生被教育疏远的程度感到震惊。比较了他在英国的所见所闻和我们美国的状况，吉恩·梅奥夫发现了许多相似与不同。

一位美国客人在一所中学访问时问一群16岁以下的学生，为什么他们的同学会离开学校。这所特殊的学校接纳了大约900位工人阶级学生，其中估计有20%的学生父亲由于经济变动和雇主停产而失业。学生们这样说那些离校的同学：

"他们当中许多人对完成学校的功课缺少信心。"

"他们想赚钱。"

"他们厌倦了学校。"

"他们的父母可能需要他们在家。"

"他们也许想要有比学校中更多的独立性。"

这种学校的学生，暴露出一种把对教育和成绩兴趣掩藏起来的倾向。一位教师在谈到那些16岁后入学的学生时说："一位潜在的成功者必须意志坚定，可以承受讥嘲。我们关心他们并给他们一个远离那些不能毕业的学生的空间。经常有人会在那些成绩好的学生上学和放学的路上破坏他们的文件夹之类的东西。"

我们在这儿听到了什么？显然，英国与美国在学生很少成功的学校中有共同的问题。尤其是在贫困的学生中，学业成绩带来的同伴压力，是这两个国家的学生学习的障碍。无论英国还是美国，对这种年轻人的看法一度是，他们的离校是令人沮丧的。因为许多年轻人离开学校，却完全没有能力在要求有一定的工作技术和工作态度，并且期望一种主流社会化以顺利地适应社会的世界中生存。

在英国，有历史的不可磨灭的社会等级体制的延续，对处于下层的年轻人的抱负有毁灭性的影响，在英国年轻人中大多是白人。这些学生假设社会流动性几乎是不可能的，并且不像美国穷人那样期望接受高等教育。在美国，处境不利者希望教育受到无条件通过的政策支持，而且有许多受教育的场所。

问题

(1) 英国的工人阶级学生通过什么方式验证了在“社会阶层、种族与学业成绩”那一章讲过的“坚持理论”的运用？作为一名教师，你会怎样抑制这种倾向并帮助被疏远的学生留在学校？

(2) 为什么英国的工人阶级学生尤其“假设社会流动性是几乎不可能的”，并且对通过高等教育而得到发展不太抱有希望？你认为美国的工人阶级学生持有同样观点吗？在你看来，在多大程度上这种观点对美国是确切的？

(3) 为什么英国与其他国家的教育家和公立教育的官员特别关心改善工人阶级学生的机会？

【资料来源】吉恩·L.梅奥夫：“关注英国城市教育”(Phi Delta Kappa 出版社，1992 年 1 月)，p. 357。经作者同意再版。

第二节　教育体制与教育效果之间的差异

每一个国家教育体制在一些重要的方面都不同于其他国家的教育体制，其中一些最显著的差异将在下文中讨论。

一、教育资源

教育开支

国家间差异的一个基本方面是，相对富裕的国家总是优先考虑教育的资源投入，而不是其他如高速公路、保健和军事力量等方面。在高等教育上的公共开支占国内生产总值（每年生产的财富）的百分比在3%—4.5%之间的国家，平均收入水平较低，对教育也不太优先注意；对于教育资源投入7%以上的国家则有较高的平均收入，或重视教育；在世界上最贫困的国家中，近三分之一的总开支一般用在军事上，远远大于教育。①

富裕地区的师生比例比较好

相对富裕的国家和把他们的许多资源投入到教育中去的国家，能比那些把相对较少的资源投入给学校的穷国提供更高水准的服务。例如，贫穷地区的初级水平的平均师生比高于富裕地区。一半以上的非洲国家报道：平均师生比高于1∶30，而大多数欧洲和北美国家的平均师生比是1∶20或更低。然而，各个富国之间以及各个穷国之间仍有巨大的差距。②

富裕地区的入学率比较高

投入教育的资源数量也决定着大多数孩子和青年人能否入学，能否获得毕业证书或学位。在大部分地区，几乎所有的儿童都上了小学，但是在非洲，上小学的孩子不到80%。同样，在相对富裕的欧洲和北美洲国家，四分之三以上的年轻人上了中学，而不富裕的地区上中学人数的比率则更低。从1980年以来，所有地区的儿童与青少年的入学率已增长了。③

女性入学率增多

男性-女性入学。可以接受教育的人数的扩展自1980年以来包括男性和女性学生。例如非洲教育的第二阶段，男孩的入学率从1980年的27%增加至1992年的36%，同年龄段的女孩的入学率从16%增加到

---

① 乔治·萨卡普·罗斯：《教育计划：我们应立足于何处？》（华盛顿，哥伦比亚特区：世界银行出版社，1985年）；南希·马西森等：《教育指标》（华盛顿，哥伦比亚特区：美国教育部，1996年）；瓦莱丽·布里斯科主编：《2000年教育统计文摘》（华盛顿，哥伦比亚特区：美国政府出版署，2001年）。

② 马西森："教育指标"，《教育指标一瞥：1998年的OECD指标》（华盛顿，哥伦比亚特区：OECD华盛顿中心，1998年）；卡罗尔·贝拉米编：《2001年世界儿童概况》（纽约：联合国儿童基金会，2001年）。

③ 《联合国教科文组织1998年统计年鉴》（巴黎：联合国教科文组织，1998年）。

30%。然而,许多国家的女孩入学率仍实际低于男孩,尽管女性入学人数在许多地方增加得较快。许多分析家认为在亚非的低收入国家中,比男孩低的女孩入学率是经济发展问题的结果。①

工业化国家中的美国。让富有的或高度工业化的国家互相比较,比让它们与贫穷的或经济不发达的国家比较,在一些目的上是有益的。其他方面持平,财富和资源较少的国家比那些有较强经济基础的国家更难以支持教育或提供政府服务。因此,要想分析美国是如何分配资源给教育的,我们就应该将它与别的高度工业化的国家比较。②

美国开支的排位

一些近期的争论已提出这个话题。尽管许多公立学校的评论者已声称美国的教育开支尚未超支,但许多研究人士不赞同。当供给高等教育的基金被减少时,美国的教育开支的排行不高。

教师工资的比较

分析者也就美国教师的工资与别的工业化国家相比是高还是低争论着。教师的平均工资显示,无论是新任的还是有经验的教师,在一些国家(如爱尔兰和挪威)平均工资都是大大低于美国的,但其他国家普遍高于美国。③

社会福利开支的比较

有时比较会延伸到另一些支持儿童健康发展的资源。例如,蒂莫西·斯密丁把美国与澳大利亚、加拿大、德国、瑞典和英国作了比较,发现美国政府在儿童教育和健康服务上的开支占国内生产总值的百分比,与这5个国家的平均数几乎一致。不过,他也发现,美国政府帮助提供

---

① 帕萨·S.塔斯加塔:“人口、财富和地方环境”,《科学美国人》(1995年2月),pp. 40—45;卡罗尔·贝拉米等:《2001年的世界儿童状况》,在www. unicef. org网站可查阅(点击“出版物按标题排列”)。

② 根据联合国教科文组织的分类,“发达”国家包括澳大利亚、加拿大、除南斯拉夫以外的欧洲,以及以色列、日本、南非、前苏联、美国和新西兰。其余的则为“发展中”国家。

③ 丹尼尔·U.莱文:“教育花费:国际比较”,《理论联系实践》(1994年春),pp. 126—131;F.霍华德·纳尔森:《美国在K-12教育上花费多少和如何花费》(华盛顿,哥伦比亚特区:美国教师联盟,1996年)。

儿童家庭的收入保障开支不足这些国家的平均数的一半。斯密丁得出结论,因为高离婚率、私生以及其他社会力量造成了庞大的“城乡下层阶级”,“越来越难说所有的美国孩子都有平等的生活机会”。①

焦点问题回顾:如果美国加大对教育和儿童福利的投资比例,你认为这一做法会对美国的学校产生什么影响?反之,美国如果缩减这方面投资,又会产生何种影响?

二、中央集权的程度

分权体制与集权体制

所有的政府必须决定是把重点放在分权做决定还是集权做决定,前者考虑到计划和发送命令与地方现状的一致,后者则在国家或地方的指挥链上处处赋予责任。两种决定都有实例。在美国,大多数重要的决定是分权给数千个不同的公立学区。在另一极端,例如在法国、希腊和日本,教育体制和决定权高度集中,关于可接受的班级大小和在特定的年级与时间对指定的科目教什么也要遵循全国的政策。集权体制和分权体制的问题在讨论话题栏目中探讨。在一些国家,集权的一个结果是,可以看到来自全国的许多公民在教育部的办公楼外等待全权决定孩子去什么学校和接受什么教育的学校官员的委派。②

三、课程内容与教学重点

正如我们所知,尽管世界上许多教育活动都是由教师提供的讲座,

---

① 蒂莫西·斯密丁:“社会看法和穷孩子”,《焦点》(1990年春),p. 14;也可见蒂莫西·斯密丁、李·雷沃特及加里·布特利斯:“跨国环境下的美国贫穷”(2000年,文章为理解美国贫穷的IRP会议而作,查阅www. cpr. maxwell. syr. edu/faculty/smeeding)。

② 埃米·乌尔兰斯基和丹尼尔·巴·埃利:“向公平的校本管理进军”,《教育领导》(1995年12—1996年1月合刊),p. 60—62;杰夫·惠蒂:“教育政策与教育社会学”,《教育社会学的国际研究》(1997年9月);李杰云:“学校改革首创精神平衡法案”,《教育政策分析档案》(2001年4月21日)。

或是由学生在课堂座位上自己做可不需监管的功课组成，但是国家对课程内容与教学重点有不同的安排。下面是一些有名的使某些国家的活动与众不同的实践：①

讨论话题：对于美国来说，国家课程更适合非集权式的政策吗？它允许单独的学区、学校或教师选择讲授的目标和材料吗？

讨论主题	赞成的观点	反对的观点
设立国家的课程：在一些公共教育高度集权制的国家，教师一般被要求服从国家课程，讲授选定的主题，并在每个科目和年级水平上强调指定的目标和教材。在其他非集权模式的国家，科目内容和教材的选定主要由学校的地区性群体决定（如一个学区），或者独立地由教员们决定。像美国这种政府官员高度集权的国家，得考虑是否设立国家的课程，以提供更标准的方法去计划和讲授教学内容。	1. 国家课程的可行性可由在日本、韩国和其他一些国家获得的高成绩水平作为部分证明。 2. 经过学科领域的专家和经验丰富的教师仔细商榷的国家课程，使之很容易实现深入地编排并讲授很好的目标和教材。 3. 目标和教材的统一使学生从一个教室、一所学校、一个区域转到别处去的效率提高，并使学习问题减少。 4. 国家课程降低教师培训的难度，因为培训大纲集中在他们工作时要求掌握的目标和教材。 5. 因为国家课程运用了大量基本资源，所以它的计划能包含每个学科领域中的最新思考，也可以与技术测试优秀的准备结合在一起实行。	1. 设立国家课程与承诺的以学校为基础的管理和教师的专业自主的趋势相悖。 2. 国家课程是不必要的，因为它会导致目标和教材的使用，这对于一些学生太困难，而对于另一些学生则太容易。 3. 尤其在大国和多样性的国家，如美国，构成国家课程基础的标准化教材可能不会吸引、不会激励许多学生。 4. 即使国家课程允许在目标和教材上有一定弹性，但教师还是被迫和别人一样遵循相同的途径，使用别的教材的经费可能无法起作用。因此，那些可能会从别的教材获益的学生和班级就糟糕了。 5. 既然使用适合大规模的班级的挑战性教材非常困难，国家课程将更倾向于侧重低层次技能和非创造性教材。

① 伊莱恩·雅霍夫："新西兰值得效仿的十个方法"；查里斯·帕特森："拜访伦敦"，《教育领导》(1996 年 2 月)，pp. 80—83；阿希兹·塔尔巴尼："教育学、权力和论文"，《比较教育评论》(1996 年 2 月)，pp. 66—82；希瑟·贝尔："新西兰导读"，《今日阅读》(2000 年 4—5 月合刊)，p. 32。

独特的课程与教授方式

■ 新西兰的初等学校以它们系统地强调通过“自然语言学习”来学会阅读而闻名。通过这个方法，孩子们学会在阅读时指认语境中的单词，而不是通过语音和译文的教学。

■ 英国的“幼儿学校”一直以个人与社会发展、学前和初级的创造性学习为重点。

■ 在一些伊斯兰教国家的学校中设置了许多宗教内容的课程，并以说教式地记忆宗教箴言为重点。

四、职业教育与学术教育

小学后的分流

世界上的教育体制在组织起来以提供中学后水平的教育方法上也大不相同。尽管现在大多数国家安排至少 4 年的初级教育，其间所有的学生都要上初级的或基础的学校，但在这个水平以上的教育体制就大不相同了。多数学生继续在“普通”的初级学校呆数年，但在很多国家，学生在 4—8 年的初级教育后被分流到学术学校和职业学校。这种安排与在“美国教育的世界根源”那一章中讨论过的欧洲传统的双轨模式相一致，被称为“双轨体制”。

轨制的多样性

中等学生被职业学校招收的比例不同，在一些工业化国家（如丹麦）中低于十分之一，而在其他国家（如德国）则高于五分之一。类似的变化也体现在学术轨制上。在一些国家，从中等教育开始扩展到中学后教育，大量的学生被录取到培养高中或大学毕业生“精英”的学术学校中。在其他国家，像加拿大和美国，多数中等学生接着上“普通的”或“综合的”学校，并且许多人报名去那些相对不挑选生源的学院。①

① 埃利奥特·A.梅德里奇和苏珊·A.卡格西罗：《G－7 国家的职业教育：概要和数据》（华盛顿，哥伦比亚特区：美国教育部，1994 年）；《教育一瞥》（巴黎：经济合作开发组织，1997 年）。

五、高等教育入学率

影响高等教育入学率的因素

那些引导学生学职业项目的国家倾向于让一小部分年轻人去高等教育机构。相反，在向大多数高中生提供普通学术学习的国家，更多的年轻人继续接受高等教育。其他的有助于决定高等教育录取率的因素，包括国家在高等教育上的资源投入，强调中学后学习，而不是进入劳动力市场，考虑用高等教育去平衡教育机会的传统，以及大学和学院只招收成绩好的学生的程度。

发展中国家与工业化国家

发展中国家可用于高等教育的基金相对较少，却不管不顾地尽量增加初等与中等教育的入学比例，可以断定有很少数的年轻人能接受高等教育。因此，阿富汗、中国、埃塞俄比亚、加纳和许多其他发展中国家只招收低于10%的18—21岁的年轻人接受高等教育。大多数工业化国家为青年与年轻的成年人提供中等以上教育的比例则高得多。在大多数工业化国家，四分之一至三分之一的18岁—21岁的年轻人正就读中等以上的教育机构，但在两个国家——加拿大和美国——这种比例将近三分之二。①

工业化国家之间的差异

一旦高中毕业生被招进中等以上的教育机构，无数的因素决定他们是否仍被招收并最终获得学位：课程的艰难，经济支持的可能性，他们被激励的程度，他们可以去更喜欢的学校和可以学更喜欢的课程。工业化国家的年轻人获得中等以上学位的比例有很大不同，如荷兰、挪威和美国，从中学后教育机构毕业的年轻人比率比其他大多数国家要高。

---

① 理查德·P.费尔普斯、托马斯·M.史密斯、纳比尔·阿萨伦：《国家及各州的教育》（华盛顿，哥伦比亚特区：国家教育统计中心，1996年）；约翰·格林："美国失去教育优势有目共睹"，《教育周刊》（2000年4月4日）。

六、私立学校

私立学校学生的比例

由于历史、政治结构、宗教构成、法律框架和其他因素，各国私人教育板块的大小与功能有很大不同。在一些国家，如荷兰，超过一半的中小学学生在私立学校上学。而在另一个极端，古巴、朝鲜和某些其他国家的政府禁办私立学校，以便压制那些不同于政府支持的意识形态。大多数国家的私立学校学生不到总招生数的10%。①

私立学校的定位问题

国家对私立学校或学生提供公共支持的力度也有很大不同，他们随政府对私立体制的规定、人们对公立学校和私立学校的看法，以及私立学校在国民发展中被期望发挥的作用的不同而不同。在一些国家，私立学校招收相对少的学生精英，他们以后将会去最负盛名的学院；而在另一些国家，他们是全国儿童和青少年的典型代表。鉴于这种不同，我们不可能确切地讲在国际上“私立学校”是什么，也不能概括出全球的政策是鼓励还是不鼓励私立学校。显然众多的关于非公立学校的国家政策必然折射出各国的一系列混杂的特殊环境与挑战。②

七、学业水准

IEA研究

自从20世纪60年代，国际教育成绩评估协会（IEA）开始进行跨国研究起，各国学校成绩的差异已引起极大关注。IEA的第一个主要项目是收集并分析了19个国家的25.8万名学生在公民教育、外语、文学、阅读理解和科学方面的成绩资料。这项研究表明了各国平均成绩的广泛

---

① T.纳维尔·波特斯·怀特主编：《国家教育体制的国际百科全书》第2版（纽约：佩加蒙出版社，1995年）；布瑞恩·J.考德威尔：“学校变革中的领导与放弃的方案”，《学校效率与学校改进》（2000年12月），pp. 475—499。

② J.L.佩斯卡和M.万德沃：《教育讨论》（芬兰：斯威茨和蔡林杰出版社，2000年）。

分布。美国通常在被研究的国家中位于中流。后来的研究也发现,我们学生的阅读水平是工业国家的平均水平,但我们的数学和科学经常比不过那些高分国家。①

数学比较

部分是因为数学被公认为"看家"科目,它有助于决定日后在科学和技术研究中的成功,所以 IEA 活动特别强调对数学成绩的评估。又因为数学的内容在各种文化中都是相对标准的,因此数学也适合于进行国际比较。针对 4 年级、8 年级和高中学生进行的第三次国际数学与科学研究大会(TIMSS)的结果在 1996 年和以后的几年里发表出来。美国的学生在分数上远低于得分最高的国家,一些分析人士已得出结论:美国的数学、科学课程和讲授一般是"泛而浅",而且浮于表面的教学导致了低成绩,给我们的国际竞争带来严重威胁。②

研究者的结论

通过对这些国际研究的资料分析,其他学者也试图确定课程与授课的某些方面是否与国家成绩水平相关,以及它们是怎样相关的。他们的某些分析支持下面的结论:③

(1) 授课的特点(包括班级规模,授课的课时数,老师的经验和家庭作业的数量)一般与数学和科学的平均成绩无关。学生的社会阶层背景与测试成绩密切相关。

---

① 珀伍斯和莱文:《教育政策和国际评价》;劳伦斯·C.斯泰曼:"成绩危机是真的",《教育政策分析档案》(1996 年 1 月 23 日),pp. 1—11;帕特里西娅·墨菲:"IEA 科学评估",《教育评估》(1996 年 7 月),pp. 213—232;教育改革事务联合会:《成功公式》(华盛顿,哥伦比亚特区:美国教育部,1998 年);"我们从 TIMSS 重复中得到了什么?",《NCTM 新闻及热点》(2001 年 1 月)。

② 小帕斯卡尔·D.弗吉欧尼:"针对 12 年级 TIMSS 常见问题的回答";凯瑟琳·希勒:"超越一个最好的系统",《国际教育政策、研究与实践杂志》(2000 年夏)。

③ 伊娜·V.S.姆林斯、尤金·H.欧文和格兰·W.菲利普:《提高学校成绩》(新泽西州普林斯顿:教育测试服务,1991 年);爱德华·A.西尔弗:《改进中学数学》(华盛顿,哥伦比亚特区:美国教育部,1998 年);汤姆·洛夫莱斯和保罗·黛潘纳:"美国学生的学习有多好?",《布朗中心关于美国教育的报告》(2000 年 9 月)。

（2）和大多被研究的其他国家一样，美国的数学教学一般用“讲解和演示”的方法讲授，偏重被动和机械地学习。因为其中一些国家的成绩相当高，所以这种授课方法不可能解释美国的低成绩，除了与其他变量有相互影响之外。

（3）与许多其他国家相反，美国的数学课程是“显著的不同”。也就是说，关于数学学习，我们的中等生倾向于在数学上进行分轨，优等生强调学习代数和其他较高级的内容，而成绩低的则学习简单的算术。因此许多成绩处于中等或低水平的学生在学完基础技能后几乎没有机会再学。这与日本和某些其他国家大不相同，那儿的多数学生可以挑战更高水平的学习。大多数观察到这些模式的分析人士认为，必须采取一定行动来减少这种课程差异。

（4）美国学生成绩的提高需要系统的改革，包括标准的设置、学生的评估、教师的培养、授课的方法以及我们教育系统的其他方面。

TIMSS 研究的出版帮助我们引发了一些感情上的争议。一方面，一些观察者声称，我们的教育系统不像人们所描绘的那样令人满意。谈到必要的改进时，这些观察者指出下面的一些因素。[①]

美国学校的辩辞

■ 我们的学生一般有相对高的阅读水平。

■ 国际研究拿我国和别国比较时，可能低估了我们高中的成绩，因为这些研究可能把我们的学生与其他地方的精英群体进行比较。

■ 我们学生的许多相对低的成绩可能是因为文化因素，而不是因为学校教育的不足。例如，报道的匈牙利、日本和韩国的高分成绩可能主要归功于文化价值与数学成绩相连，以及家庭对成绩的强烈支持。

■ 与一些批评者所说的相反，美国学校的成绩在过去几十年中已经提高了，尤其是考虑到增加录取来自低收入家庭的少数民族学生。这些

① 珀伍斯和莱文：《教育政策和国际评价》；杰拉德·W. 布雷西：《日本和美国学生分数日益产生分歧》。

提高部分是由于补偿性教育和学校取消种族隔离的积极效果(见"社会阶层、种族与学业成绩"那一章),也是由于教育改革的成效。

■ 对美国学生的相对低的成绩的分析显然没有考虑到一个事实：根据某些测算,初级和中级教育的开支低于别的一些工业化国家(见本章前面几节)。

■ 对美国教育体制的评估应注意一个事实：我们的体制造就了高于大多数国家的高中毕业生和大学入学者的百分比。

对美国学校的批评

然而,美国成绩评论家们为这些问题争论不休。在经常提到我们的学生在评价诸如数学问题解决的测验中成绩特别低时,他们重申提高学生的理解能力,强调地理、数学、科学和其他科目的重要性。他们也强调一些关键性的调查结果,比如,美国低于10%的初中学生会算出加上利率后付还的钱款总数。他们得出结论认为美国学生在国际成绩研究中的劣势排名说明,如果不靠激进的努力去改革甚至更换我们现有的教育体制,这种遭人责骂的成绩就无法得到改进。①

焦点问题回顾： 作为一名教师,你的工作受到对成绩进行国际比较的影响时,你感觉怎样?你会受到怎样的影响?

第三节　发展中国家教育存在的问题和前景展望

教育和经济的发展

在本章前部,我们看到发展中国家的教育缺陷是贫穷的结果。因此,国家政府和国际组织已非常重视通过扩大和改进它们的教育体制来促进发展中国家的经济发展。教育通常被看做是经济发展的关键,因为

① 小切斯特·E.芬:《我们需要管理》(纽约：自由出版社,1991年);哈罗德·史蒂文森："TIMSS入门",发表于www.edexcellence.net/library/timss.htm。

它能给人提供在国际市场上竞争的技能和知识，它能帮助带来财富和权利的更符合经济发展的分布，这随后带来的是政治稳定和长期的经济发展。

提升教育的问题

然而，事实证明，许多发展中国家要获得教育体制的广泛、持续和平稳的提高极度困难。例如，像卢旺达这类国家的极度贫穷是每个初级学生每年的可用基金被限制在低于100美元的部分原因。无数的发展中国家也碰到一种所谓的"人才流失"：高中和大学的毕业生增多，但是因为适合他们教育水准的丰厚薪水的工作找不到，这些受过良好教育的人就移民去有更好就业机会的富国。一些发展中国家（如印度和尼日利亚）也在努力解决一些教育问题，这些问题与他们的多民族人口中数十种甚至数百种不同语言的使用有关。

给发展中国家的建议

为了改进发展中国家的教育，研究者提出以下几种措施：①

(1) 更多地投资初级学校，拓宽可以受到更高水平教育的学生的基础。

(2) 不要偏重高等教育学科的招生，因为这些学科的学生倾向于出国学习，而且可能不回来。

(3) 使私立学校成为完整的教育扩张计划的一个组成部分。

(4) 更努力地提高学生的认知能力。

(5) 着手清除限制女性受教育的障碍。

(6) 充分重视师资培养。

(7) 使用现代技术，增多社会各阶层的受教育机会。

---

① 加里·斯蒂克斯和保罗·沃利奇："第三世界的数字修复?"，《科学美国人》(1993年10月)，p. 89；马恩·加米扬："给阿拉伯世界的开放性大学的建议"，《T. H. E.杂志》(1995年1月)，pp. 53—57；林·戴维斯和扎法·伊克巴："为学校效率进行教师培训的紧迫状态"，《学校效率和学校改进》(1997年6月)，pp. 254—266。

焦点问题回顾：你认为这些建议中的哪一个对发展中国家最为有用？

第四节　具有代表性的改革：一种选择

和美国一样，世界上其他地方的教育工作者正在介绍使学校更为有效的改革方法。其中一些改革是建立在对非常成功的学校的运行机制进行研究的基础上，对这些有效学校的大部分研究是在美国进行的，一些重要的研究也开始在澳大利亚、加拿大、荷兰、英国和其他国家进行。在"美国学校的效率与改革"这一章，我们详细地探索了成功学校的特征。研究表明，体制变化和持之以恒是学校的成功之道，在这一章，我们将看到许多国家已经引进到他们的教育体制中的坚实的改革成果。[①] 几十年来，一些国家由于他们在早期儿童教育时机、数学教学、职业学校教育，或者其他重要的教育实践方面的质量和效果而被推崇。

一、法国的早期儿童教育

对儿童关爱的不同安排

由于意识到学前教育在孩子的社会、身体和教育发展方面至关重要，许多国家和地区已开始采取步骤，为大部分或全部年幼儿童提供促进学习的机会和有益的日托安排。例如，90％以上的3—5岁的比利时、中国香港和意大利的孩子接受早期儿童项目训练，而美国仅占一半多一点。著名的婴幼儿关爱的安排在斯堪的纳维亚的家庭中很容易被接受。各国学前教育和日托项目的组合相当不同，就像早期儿童教育家对家长和家庭的影响程度不同一样。但是，总的看来，早期儿童教育几乎已成为全球性的急于见效的话题。

---

① L.基里亚·赖尔兹、R.J.坎贝尔和A.加加蒂斯："小学课堂效率的重要性"，《学校效率和学校改进》(2000年12月)，pp.501—529。

法国的学前项目

法国许多观察者所认可的“第一流”的学前服务方式。几乎所有的3—5岁的儿童都接受学前项目训练，并且学前教师的平均工资远远高于美国和其他多数国家。在上学前后，在假期中以及在学校休假期的其他时间里，幼儿专家为参与的儿童设计了一些激励性的活动。同样重要的是，政府给父母提供经济刺激，以促使他们送孩子报名参加那些提供儿科和其他预防性健康服务的高质量项目。考察了法国体制的幼儿专家和政府领导报道说：法国体制的以下方面值得美国学习。①

法国体制的有益特征

■ 连接早期教育，日托和健康服务的配套体制实际上可以为所有的儿童服务。

■ 父母在分娩或收养后有偿地离开工作，这有助于培养有益的亲子关系。

■ 丰厚的薪水和早期儿童教师的培训，有助于保持低的人事变动率和高的项目质量。

■ 几乎所有的幼儿都报名参加学前辅导。

■ 提供额外的资源，以确保所招收的低收入家庭孩子的教育质量。

二、德国的职业技术教育

多数欧洲国家和许多发展中国家输送高百分比的中学和中学后的学生去职业和技术学校学习。在那儿，学生受到特定职业的高质量培训，很快就能获得毕业证书。这种双轨系统即早期分流到职业技术轨道与学术轨道，其“有利”的一面是使许多不能完成大学学业的学生成功地为就业做

---

① 希拉里·罗德姆·克林顿：“在法国，日托是每个孩子的权利”，《纽约时报》(1990年4月7日)，p. 15；卡伦·怀登：《促进丹麦、法国和意大利的幼儿发展》(华盛顿，哥伦比亚特区：美国政府会计署，1995年)；珍妮特·C.戈尼克和玛西娅·K.梅厄斯：“支持工作家庭”，《美国希望》，pp. 3—7；阿尔桑达·斯坦利：“法国与意大利的学前教育”，《纽约时报》(2001年4月25日)。

好准备。因此,从青少年期或成年早期过渡到工作阶段显得顺利和容易。双轨系统"不利"的一面是和加拿大、美国以及其他一些国家一样,这些年轻的学生没有很多的机会在学术上继续深造并获得大学学历。

针对这种两难的窘境,许多有严格分流安排的国家的政府官员给职业教育引进了普通的学习课程,扩大参加学术性中学和中学后院校的机会,建立"非正式"的机制,如获得大学学历的相应课程。相反,美国的官员正开始建立学徒课程和其他有助于高中学生就业的职业或技术课程,而不是把他们安置在分流的轨道上,使他们接受不了高等教育。①

德国的学徒课程

许多职业教育的权威认为,德国的传统学徒课程是世界上最有效的一种课程。只有三分之一左右的中学年龄的德国学生上大学预科班;剩余的被招进把学术学习和学徒培训工作结合在一起的职业技术学校。他们的学习由有经验的人员监督并进行适当的组织监控,比如,负责工人健康的国家机构或从事商业工作的学生的工作协会。负责任的组织还组织考试,以帮助学生拿到证书,这常常能让他们直接就业。尽管分析人士认识到,德国的学徒体制经过几百年的缓慢进化,不可能简单地在别国重造,但许多人认为某种特定的要素,如熟练的师傅仔细监督学徒和年轻人的就业能力,帮助他们拿到资格证书,这种方法可以成功地在别处采用。②

三、英国小学的阅读和数学教育

给人印象最深刻的英国的阅读和数学教学改革一直在进行。遵循语文和算术委员会的建议,英国政府发起了一系列改革活动。这场改革

---

① 小约翰·R.迈克兰:《制造级别》(波士顿:利特尔和布朗出版社,1994年);《职业、技术教育和培养的途径与参与》(华盛顿,哥伦比亚特区:OECD出版社,1998年);埃里克·赖斯:"高级法规",《技术》(2000年5月),pp. 254—271。

② 哈威·康特:"管理从学校到工作的转变",《师范学院记录》(1994年夏),pp. 442—461;蒂姆·哈彻:"从学徒到教育者",《工业教师教育杂志》(1995年秋),p. 44;苏珊·B.希尔伯格等:"德国青少年学徒",《青少年研究月刊》(1998年7月),pp. 254—271。

影响到大约2万个小学的300万名学生。①

英国的文字与算术改革

■ 提出一项要求：每个学校至少每天有1小时语文课和1小时数学课，并且要对5—11岁的每个年级学生应强调哪些学习内容进行指导。

■ 缩减核心科目之外指定的课程内容；政府的标准和效果部的领导人描述这一缩减是“庞大的”。

■ 给较差学校以额外资金和其他资源。

■ 为当地学校的所有改革活动（包括语文和算术）配备了300多名专家顾问。

■ 重点强调对落后学生尽早转化和提高。

■ 对需要额外辅助的学生提供放学后、周末、假期的课程班。

■ 组织两千多名数学教师和数百名语文教师中的模范和领头人会面。

■ 对于学校教科书的巨额投资。

■ 对一个国家检查机构的常规监督和广泛评价。

作为这些措施和活动的一种后果，阅读成绩至少4分（按1—5分制）的学生人数比率从1996年的48％提高到2000年的75％；相应的，在数学方面的人数比率从1996年的44％提高到2000年的72％。英国的教育官员们正努力把学生成绩提高到更高水平，并且把这些成果推广到更高年级。有关更多的英国学校改革，请参见“学校与网络技术”栏。

四、日本的数学和科学教育

优异的成绩

国际成绩研究表明，日本的学生一直在数学、科学和一些其他科目领域中获得优异的成绩。例如，第二次国际数学成绩研究报道，日本8

---

① 迈克尔·巴勃：“大规模改革是有可能的”，《教育周刊》（2000年11月15日）；阿瑟·塞尔顿主编：《布莱尔效应》（波士顿：利特尔、布朗和康帕尼出版社，2001年）；瑞贝拉·斯密瑟斯：“如何评定劳动力大规模流动”，《监护人》（2001年3月2日）。

年级学生对测试项目做出正确回答的平均为62%，而美国学生正确回答的平均为45%，被研究的18个国家正确回答的平均为47%。就8年级学生的科学成绩而言，日本学生平均为571分，而参加第三次评估的其他工业化国家的平均分为541分。①

日本教育成功的可能原因

日本教育和社会的许多方面可以帮助解释日本年轻人的高成绩。下面列举的日本教育成功的主要特征，不是专指数学和科学教育。所列举的有关因素很多，研究者还不太清楚这些特征中哪个重要，哪个不重要，也许下面的原因都是重要的。②

父母的介入

政府要求父母积极介入。尤其是母亲对孩子在学校的成功要有巨大的责任感。家庭给予持久的支持和激励，从精心设计的入学祝贺，到孩子们普遍报名参加私立的在放学后和周末搞的注入式教学的补习班。与美国的父母相比，在要求日本的父母确定孩子在学校中的成功和失败的原因时，他们强调"努力"的多，强调"能力"的少。

较长的学年

日本学生每年上学240天，美国学生则少于200天。

国家课程

■ 国家课程的详细计划和授课，帮助学生在有次序的综合框架中掌握重要概念。

■ 大量与课堂内容相关的家庭作业促使了学生的高成绩。

---

① 巴巴拉·J.雷耶斯、罗伯特·E.雷耶斯："日本数学教育"，《教孩子数学》(1995年4月)，pp. 474—475；"1997年教育状况"(华盛顿，哥伦比亚特区：美国政府出版署，1997)；《不要让它太迟：针对21世纪的全国数学和科学教学委员会的国家报告》(华盛顿，哥伦比亚特区：美国数据局，2000年)，可见网站www. ed. gov/americacounts/glenn。

② 罗伯特·D.海斯和裕仁阿卒麻："学校教育的文化支持"，《教育研究者》(1991年12月)，pp. 2—12；托马斯·P.罗伦："导致差别的不同之处：解释日本的成功"，《教育政策》(1995年6月)，pp. 129—151；安迪·哈格瑞姆斯主编：《学会改变》(旧金山：约塞-巴斯出版社，2000年)；哈罗德·史蒂文森、罗伯特·纳里森-罗："总结"，为美国教育部准备的没有日期的文章，参见网站www. oblema. gov/sumitup。

■ 部分是因为用许多时间支持帮助学习较慢的学生，所以学生之间成绩的差距比美国和其他大多数国家小。在日本学校里，成绩很低的学生相对较少。

强调品格

■ 学校通过分配学生干杂活和在学习中互相帮助来强调学生的品格发展和责任感的培养。

■ 教育者倾向于为学生的学习负责。例如，许多教师与父母联系，推荐家庭作业时间表和休息的时间。

教师的地位

■ 日本的教育者有相对较高的社会地位，这增加了他们与学生和家长打交道时的权威。部分由于这个原因，有无数人申请教师职位，因此允许管理者选用高品质的候选人。

■ 学校的课程表安排了大量时间去辅导学生、计划教学和做一些使教师效率更高的其他活动。

■ 家庭中和早期儿童教育中的社会化活动帮助学生学会适应教室环境和要求。相反，美国的学校倾向于通过使教学活动有吸引力和与学生"谈判"以便使他们顺从，从而得到好的纪律（见"文化·社会化·教育"那一章），因此学校在学术标准和严格执行上花费了很大力气。

■ 与美国和其他许多国家的初级学校的活动相比，日本不强调机械学习。

■ 未来的教师必须通过严格的考试，当他们入行时会受到严格的监督。

■ 日本和其他亚洲国家的语言模式会促进学术学习。例如，用日语学数学比用英语学容易多了，因为数学是十进制。

■ 杰出的日托制帮助儿童在学校获得成功。

对日本教育体制的批评

然而，熟悉日本教育体制的人们也指出一些明显消极的特征。①

---

① 肯·斯戈兰德：《幕府将军的幽灵：日本教育的阴暗面》（纽约：伯金和加维出版社，1990年）；麻索·宫本：《约束协会》；理查德·罗思坦："教训：了解学生的技能和态度"，《纽约时报》（2001年5月16日）。

太缺少发散性思维

显然,日本很少注重发散性思维的训练。一些观察者认为,对创造力的不充分重视可能会严重阻碍日本将来的社会和经济发展。

阶级和性别限制

■ 工人阶级的学生和妇女接受中等教育和获得高地位职业的机会似乎被严重地限制。例如,一项研究发现,学术性中学只有11%的准备上大学的学生来自父亲没读完中学的家庭,而在不太强调学术的中学则有32%这类学生。

■ 部分是因为严格的高等教育选拔体制,在某种意义上说,中等教育以考试为导向,讲授内容覆盖了大量可能在大学入学考试中测试的实在信息。反过来,考试的压力进一步扼杀了发散性思维,并经常导致精神痛苦,甚至自杀。

■ 一旦学生考上大学或学院,对学生的要求就相对减少。

行为的遵从

■ 日本学校的行为标准和期望是如此的刻板和僵硬,以至于一些教育家认为他们制造了太多的遵从。正是应了那句日本老话"锤敲出墙钉",学生甚至被告知哪个年级穿哪种校服。在某些情况下,他们被要求按学校规定染发。然而,近年来对学生外表和行为细节的控制尺度有很大的放宽。

■ 日本的年轻人似乎更拒绝那些被教育体制作为基础的传统习俗和价值观。

■ 许多残疾的学生很少受到帮助。

■ 日本学校相对较少地介绍电脑和现代技术的其他方面。

既不忽视也不模仿

谈到日本的多种长处和短处,一些深思熟虑的观察者得出结论,日本教育体制有很多值得我们学习,但他们又补充说,我们应该确保来自他处的有前途的活动是可行的,并结合我们自己的国情恰当采用。而且,日本的政府委员会一直在考虑结合美国教育的更值得肯定的方面的改革建议(例如,减少对遵从的强调)。哈佛大学的一位研究日本的教授这样概括:“像一面镜子照出我们的不足,又像一把尺衡量我们的成果。”日本教育对我们也很有价值,但我们不应该“允许自己忽视或模仿”它的方法。相反,“当我们开始十分独立地在美国的文化和社会背景下整顿我们的学校和体制时”,我们应该“阶段性地照照日本这面‘镜子’”。① 要想深入地看待日本的课堂教学,请参见参考资料栏。

学校与网络技术

因特网在英国学校改革中的作用

在这一章,我们已经提到,在世界上一些学校进行的有效改革也可以作为有用的示范,来满足不同国家学校的相似需要,作为一名教师,你可以使用互联网去了解示范学校的改革在其他国家实践的细节,收集这一专门信息有助于你和你的同事作出决定,是否国际改革的要素能容易地被转移,并能满足你们自己学校学生的需要。

例如,你尽量更多地了解本章描述的小学教育改革内容,然后到英国的国际互联网站“教育部和技能标准及有效单元”,在www. standards. dfes. gov. uk。在第一个屏幕上你能对那些政府的语文和算术改革作出选择。在任何一个标题下你都能阅读到改革的目的,检查教师在课堂上使用的课程设置,并下载为了特定教学目的而提出的课程计划及教材。

通过点击第一屏幕底部的“灯塔学校”,你也可以发现关于示范学校的实践活动的一些描述,在下一屏幕上,你能发现“类似你的学校”,它强调的是“使你和你的学校特别感兴趣”的领域,然后,点击“案例研究”,跟着出现“Nunthorpe 综合中学”,阅读到一个简短的关于这个学校如何提

① 托马斯·P.罗伦:“日本教育:如果他们能行,那我们呢?”,《美国学者》(1985—1986 年冬),p. 43;凯瑟琳·C.路易斯:《教育和心灵》(剑桥:剑桥大学出版社,1995 年);米歇尔·D.尤斯丹:“那边的草更绿吗?”,《教育周刊》(1998 年 10 月 21 日);李杰云:“学校改革的首创精神”,《教育政策分析档案》(2001 年 4 月 24 日),参见网站 http://epaa. asu. edu。

高学生成绩的问答对话。

你可能对一些文件有特殊的兴趣，这些文件在列有发送到英国各学校的“通知”那一页上（www. standards. dfes. gov. uk/circulars）。例如，“引起关注的学校”解释了对低效率学校的做法，你将获得这些社会信息：学生支持“详细阐述的政策和好的实践”，包含了学生的行为和纪律，当你访问这个网站时，你要思考的问题如下：

（1）关于语文和算术的课程设置与你所在的学区里使用的课程设置相似吗？

（2）培根示范学校的实践适用于一般的学校改革吗？在美国的学校它们行得通吗？

（3）你想在这个国际网站所描述的那所强调政策和实践的英国学校教书吗？

（4）你相信这个网站能为英国的教师和行政官员们提供具体的帮助吗？

你可能想及时了解学校改革及论争的发展，寻找这一信息，通过电报在英国的www. telegraph. con. uk 上寻找，并由第一屏幕底部进去，寻找如“学校改革”字样的术语。

五、欧洲和北美的多元文化教育

可能还没有一个国家能恰当地应付由多元文化人口带来的挑战。然而，许多国家做出了重要努力来交流适合多种学生群体的教育服务，尤其是那些受到种族、民族或宗教歧视的少数民族学生，或者在家没学过国家通用语言的学生。以下的方法可能是将来采用的模式。①

多元文化课程的模式

■ 我们在“提供平等的教育机会”那一章长篇累牍地讨论过，美国正

① 布鲁斯·卡灵顿和阿拉斯泰尔·邦尼特：“另一个加拿大‘马赛克’”，《比较教育》（1997 年 11 月），pp. 411—432；也可见《多元文化与文化交流教育加拿大委员会》，参见 www. ccmie. com。

努力为数百万英语熟练程度有限的和英语不熟练的学生提供双语教育。

■ 加拿大已经提供相当多的双语教育课程和无数促进多民族课程和教学内容的途径。

■ 法国提供全国性的在职培训,以帮助教师学会把法语作为第二外语来教。

■ 比利时为移民的孩子提供“过渡班级”,使他们接受为期两年的由一位比利时教师和本族语辅导教师提供的教学。

焦点问题回顾: 通过模仿其他国家的教育改革来提高自己学校的教学,这种做法的潜在好处是什么?在采用其他国家的学校改革方法时,教育工作者应该注意到什么弊端和其他注意事项?

第五节　结论:全球背景中的美国学校

各国之间的相似处不断增加

一些观察者认为,国际教育研究越来越有用,因为发达社会变得更相似了。全世界更多的公民变成中等阶层;学校体制和其他社会机构注重为应付高级技术和飞速的社会变化做好准备;大众传媒和别的技术具有跨国的共同影响。这并不意味着社会将精确地相似或者文化和社会差异将完全消失,但是社会机构的特征(包括家庭和学校)的确可能交融。例如,基尼奇·奥兰已经注意到日本的“Nintendo 孩子”——伴随着电脑、录像游戏和全球性的传媒长大的青年——“与其说他们与日本的其他几代人更相似,倒不如说与日本以外的年轻人有更多的共同之处”。①

更多学习,更多供给

如果这是真的,我们有很多东西要向别国的有效教育学习。在某种

① 基尼奇·奥兰:“中国的 60 万雅芳女士”,《新观点季刊》(1995 年冬),p. 15;佩克·耶尔:“种种辩论:观点”,《犹他读者》(1996 年 1—2 月合刊),pp. 35—36。

程度上，别国也能从美国学到东西。尽管这本书中讲了美国教育的许多短处，美国还是一个不介意学生的社会背景和以前的成绩，努力地教育所有学生的国际领袖。正如格伦·拉森总结说："美国的教育体制，就算它有各种毛病，……但它教育孩子之多，传授能力之广，教育环境之丰富，在孩子生命中占据时间之长，每个学生花费之少，胜过人类历史上曾有过的任何一种教育体制。"①

焦点问题回顾：你相信发达国家之间越来越多的相似性最终会导致教育体制越来越相似吗？

参考资料

日本小学课堂教学掠影

玛丽·怀特

20 世纪 80 年代早期访问日本后，哈佛大学教育研究生院的玛丽·怀特质疑一个大家普遍持有的观点：日本的学生用他们大部分时间进行高度的学科训练。尽管在日本的学术性中学有这种现象存在，但是怀特和其他学者说，日本教育者非常重视发展学会学习的技能和帮助学生掌握复杂的概念并理解。下面的节录是对怀特考察 5 年级数学班的描述。

我到的那天，班上正讲着求立方的一般情况。没有任何具体的事实、公式，甚至图形的展示，老师就要求学生取出数学日记本，用几分钟写下他们对这个新概念的感觉和猜测。我很难想象一位美国的数学老师一上课就要求检查学生对求立方的情绪取向（但也可能我受到的数学训练早过时了）。

然后，老师问学生对立方体的表面积和体积的猜测，问关于计算公

① 格伦·拉森："在美国不可能之事"，《校长》(1992 年 2 月)，pp. 52—53；史蒂芬·格劳巴尔："前言"，《迷孔菌》(1995 年秋)，pp. 5—30；卡伦·W.阿伦松："阅读统计"，《纽约时报》(2001 年 8 月 5 日)。

式的想法。她把同学分成几个学习小组，每组4—5人，又分发了测量和制作的材料。一个小组带着大硬纸板离开教室，去制作一个立方体测量器模型。其他各小组独立地想办法解决老师给的问题，并彼此较量着谁第一个完成。一会儿，立方体测量器小组回来了，扛着巨大的模型，教室里的每个人都为它的体积倒吸了一口气（至于多少个孩子可以装在里头，有许多说法和猜测）。接着，老师越过这个问题，又给全班出了另一个挑战性的难题，让他们在剩余的课堂时间中解决它。下课了，但问题没有解决，然而老师也没有做任何特别的努力去提示答案，尽管她告诫大家要继续思考（前些天这些学生得到了答案——只要兴趣不减就没有截止时间）。

这节课有一些特点值得一提。首先，侧重感受和猜测、实例的提供和发现机会。老师注重过程、参与、动手和执行，胜过管教（我们的观点）和讲授。第二，注重培养团队精神。任务分配给小组而不是个人（在工作间也是如此），尽管对个人的进步和成绩作了认真记录。孩子们在小组内通过尝试错误而得到支持、表扬，并被允许犯错误。小组又与别的组较量，小组的成功就是每个人的成功，反之亦然。

小组由老师安排，并被设计成各层次水平技能的混合——有一个领头的负责设计小组的工作，鼓励落后的成员，并向全班做一个详细的报告。

问题

1. 为什么要消除日本学校主要注意塑造的几乎是重复他们老师讲授的内容的"复制战士"这个神话如此困难？

2. 日本教师在描述他们的方法和目标时，经常咨询约翰·杜威。杜威风格的哪些观点和活动也体现在怀特的描述中？正如在本书"美国教育发展史"那一章提过的，他们可以运用哪些其他的与杜威哲学一致的活动？

【资料来源】玛丽·L. 怀特："日本教育：他们怎么干的？"，《公共利益》第76期（1984年夏），pp. 87—101。国事公司1984年授版权。

总　结

(1) 尽管教育体制的国际性差别很大，但是他们都面临着相似的给大量的学生提供有效教育的问题，这些学生的机会和成功与他们的社会和文化背景相关。

(2) 全球的教育环境显得基本相似。大多数国家的教师和课程侧重信息的演示，教师尽量地争取时间完成困难的，有时是相冲突的目标。

(3) 全球的学校体制在投入教育的资源、招生、师生比、男女学生比、集权和分权的程度、课程内容和讲授重点、高等教育和职业教育机会、私立学校的可行性及作用，以及学生成绩方面有很大不同。

(4) 在发展中国家研究教育的学者认为，重点应放在师资培训和初级教育上，提高学生的认知能力和增加女性受教育的机会。

(5) 许多国家提供的教育服务和活动很具示范性：法国的早期儿童教育，德国的职业技术教育，英国的小学阅读和数学教育，日本的数学和科学教育，以及欧洲和北美的多元文化教育。研究者能从研究别国的教育体制中学到很多，但要找出一个体制成功或失败的原因，或者它对不同社会的启示却并不总是容易的。

(6) 在努力地给所有群体的学生提供平等有效的教育机会方面，美国是一位国际领袖。

关键术语

双轨体制

国际教育成绩评估协会(IEA)

第三次国际数学与科学研究大会(TIMSS)

人才流失

有效学校

讨　论　题

（1）为什么各国的课程科目的设置如此相似？谁决定着应该教什么科目？应该由谁决定？

（2）发展中国家最重要的教育问题是什么？什么政策最适合于定位这些问题？

（3）美国的教育政策和活动在多大程度上模仿日本？哪些活动最值得学习？哪些没有必要学习？

（4）给大量的年轻人提供高等教育的机会有何利弊？可以或者应该为避免这些弊端做些什么？

专业发展的建议方案

（1）使用网络资源搜索支持和反对国家测试和国家课程的新论点。现在流行的论点是支持还是反对国家标准和课程？登录www. ed. gov，搜索科教资源信息中心（ERIC），寻找这些术语，它能提供一个有用的开端。

（2）考察一种或更多教育成绩的国际研究（如在本章引用的那些），看看美国的排名如何，是进步了还是退步了？

（3）研究两到三条别国使用的，但美国没有的教育政策和方法。它们在美国适用吗？如果可以的话，在实行时可能有什么问题？你准备怎样说服学校官员同意你在你的科目和教学范围内尝试这种政策或方法？

第十六章　美国学校的效率与改革

本书的大部分内容均论述了在中小学教育改革中存在的问题及趋势。本章则选用一些有力的材料,更为精确地论述了有关学校效率和改革的问题。在重点研究美国教育体系面临的几个主要挑战之后,我们会深入探索有效教学和有效学校的特征问题,我们也将对学校教育改革的进程及其他一系列在如何提高学校效率的话题中经常被讨论到的内容有一个初步的了解。

有关学校改革的讨论不可能在没有对实际的研究证据进行分析的情况下得到解决。这一章不可能对所有被提及的变化逐一讨论,但将会研究一些较有希望得到解决或已受广泛重视的问题。在你阅读本章时,尝试去判断哪些观点可以提供有力的证据支持以上讨论。对每一项提出的改革,思考哪些是成功的先决条件,哪些是可行条件,哪些又是不可行条件,它可能会影响你的教师生涯,同时考虑下列基本问题:

焦点问题

- 有效教学和有效学校的特征是什么?
- 有效学校改革顺利实施的关键是什么?
- 我们如何改进班级和学校层面的教学?

■ 学校应为那些特殊的学生(如低收入家庭子女、农村学生或者有天赋的学生)做些什么?

■ 有吸引力并且让学生有择校权的学校,其作用是什么?

■ 在学区和州学校系统内,正在推行什么样的改革措施?

■ 私立学校比公立学校更有效吗?

■ 择校计划的推广会不会改进教育质量?

第一节 推动学校发展的必要性

缺乏准备的劳动力

关于美国教育的许多评论都聚焦在这样一点:学校必须传授给学生作为合格社会劳动力所需的技能,以增强美国在国际上的经济竞争能力,相应的,有必要提高处境不利学生的能力也是其关注的一个方面。

几个主要的国家性报告和研究表明:很多美国学生未做好充分就业准备就踏入社会,但是日益复杂,以技术为主导的世界经济却要求他们"能够以适当的、理性的方式应对复杂的、多变的智能化的工作任务"。例如,对一些雇主的调查就表明,一半以上的在职劳动力都缺乏基本的工作技能。①

对教育公平的迫切需要

近期几乎所有研究报告都涉及提高经济处境不利学生的能力这样一项教育改革的要求,以使教育结果更加公平。除了公平的愿望,教育公平还与经济的竞争有关。例如,教育组织领袖论坛认为:"如果我们希望保持甚至改善我们的生活水准,我们就必须更加努力地工作,……但是仅仅依靠从稳固家庭而来的中产阶级的辛勤工作,是不可能取得成功的,……必须——在人类历史上首次——以大多数人的参与为特征。"

---

① 保罗·E.巴顿:《提升成绩,缩小差距》(华盛顿,哥伦比亚特区:国家教育目标小组,2001年),搜索www.aegp.gov(键入"巴顿")可得。

CCSSO 的建议

在改善处境不利学生受教育机会这一特殊领域中，教育工作者所付出的努力包括如下几点：

■ 帮助处境危险的学生和学校。对于那些成绩较低并且没有过硬的中学后教育资格证书的学生来讲，他们在社会和经济生活中的机会将大幅度减少。也许在所有帮助处境危险和不利学生的建议中，影响最深远的一个观点体现在各州教育官员委员会（CCSSO）的政策阐述中。CCSSO 的报告书表明，州的法律必须“保证教育计划和其他措施能合理地，有计划地确保所有人都能从高等学校毕业”。CCSSO 接着阐述，这样的保证政策，需要诸如州接管薄弱地区学校，支持学生从低成就学校或学区向“成功”学校或学区流动，减少差学校中学生百分比等一系列的强硬措施。同样，鲍勃·切斯（Bob Chase），全国教育协会主席，也声称：“公立学校的许多处于中产阶级的家长，也包括我，不愿他们的孩子也加入这个行列。这些学校……在斗争。教师们往往没有资格证书，校舍破旧不堪、人满为患。这种现状对孩子们来说是悲哀的。这是一种道德上的错误……我们正面临着美国教育史上最艰苦、最迫切的挑战……这是一项宏大的工程——必须由一代代的学校、一辈辈的学生来共同完成。”①

■ 和谐的教育改革需要与机会减少做不懈的斗争。尤其要重视旧城区的（教育）贫困问题。正如我们在“社会阶层、种族与学业成绩”那一章和其他篇章中所指出的，教育问题在旧城区的贫困集中的少数民族地区尤为严重。解决这个问题的可操作的方案需要各方面协调努力，包括解决贫困人口的就业、交通、住房、社会福利、消除种族隔离与违法犯罪等肯定的行动和其他措施。但毫无疑问，中学教育在这里起着关键性的作用。②

---

① 《确保处境危险学生的教育成功》（华盛顿，哥伦比亚特区：各州主要学校官员委员会，1987年）；《各州对于学生机会所负的责任》（华盛顿，哥伦比亚特区：各州主要学校官员委员会，1995 年），参见www. ccso. org/policy. html 网站；鲍勃·切斯：“对警告的回答”（2000 年 12 月 10 日），可在www. nea. org 查看。

② 《城市状况》（华盛顿，哥伦比亚特区：美国城市规划发展部，2000 年）。

■ 解决农村贫困人口集中地区存在的问题。一些农村的贫困集中地区和大城市中的贫困地区有不少相似之处。美国东部的阿巴拉契亚山脉地区和南部的欧扎克地区就属其列。尽管许多农村贫困地区没有少数民族人口,但那些无社会组织行为的指标——比例极高的少女怀孕、普遍的青少年违法犯罪、极差的学习成绩、悲观失望情绪的广泛存在——几乎和大城市贫困地区一样高。为了让美国经济作为一个整体而"发挥更出色的作用",这些农村的学生和旧城区的孩子一样,必须受到有效的教育。①

许多观察者坚信,我们对上述挑战所做的反应会对美国在 21 世纪是繁荣昌盛还是衰退落后起着历史性的决定作用。

焦点问题回顾: 你认为教育改革最迫切的原因是什么?

第二节　有效的课堂教学和学校的特征

寻求更佳的教育效率的势头在 1983 年成为一个全国不断增长的研究专题,从那时起已经产生了数百份研究报告、数千篇学术论文和改进计划。许多研究尝试着去界定有效班级和有效学校的特征。

一、有效的教学和指导

已经学到了很多

人们已经学习了许多有关有效课堂教学的办法,这一节概括的是在课堂管理、教学方法、学生分组和有关问题方面有效教学的研究结果。

有效班级的实践

关于课堂管理的研究表明,教学效率高的教师善于使用多样化的技巧,

---

① 莫林·沙利文和丹尼·米勒:"辛辛那提市阿巴拉契亚委员会和阿巴拉契亚身份",《哈佛教育评论》(1990 年 2 月),pp. 106—124;"为什么乡村事关重大"(2000 年),参见 www.ruraledu.org/streport.html 网站。

营造有价值的氛围来激励学生。教学效率高的教师强调以下所列的实践：①

(1) 确保学生明确教师的期望。

(2) 使学生知道如何获得帮助。

(3) 用纪念品和奖品来鼓励学生执行规则。

(4) 在不同活动中为学生提供平稳过渡。

(5) 分派给学生多样性的任务以保持他们的兴趣。

(6) 随时捕捉班级混乱或不安的迹象。

(7) 避免当面责备学生。

(8) 灵活处理突发事件。

(9) 运用学生已有的知识和经验安排工作。

(10) 帮助学生发展自我管理的技能。

(11) 确保所有学生均成为班级学习型组织的成员。

积极合理安排时间

有效学习时间。就像许多研究中所描述的那样，有效的教学方法使较多的学生拥有有效学习时间——学习活动有固定的时间。就像所预料的，那些学习活动有计划性的学生比那些没有事先安排的学生学习要好得多。关于有效学习时间的研究指出，要确实保证把时间落实到能真正使学生学到知识的活动上来。当然，学生的学习并非简单到只有把时间花在学习课本知识上这样一个职能，还有别的方面，例如适当的活动、学生学习目标的失败或成功、有关方法和学习材料方面的特征，而这些特征能起到激励的作用，这些也很重要。②

---

① 安妮·雷诺兹："什么是符合条件的启蒙教育？文献回顾"，《教育研究评论》(1992 年春)，pp. 1—36；杰伊·布罗菲和珍妮特·阿勒曼："课堂管理"，《社会教育》(1998 年 1 月)，pp. 56—58；"课堂管理"，《美国教师》(1999 年11—2000 年 1 月合刊)。

② 玛丽·罗坎普尔和林·科伦："课堂教学任务的成败：适应性学习和课堂教学"，《小学杂志》(1988 年 1 月)，pp. 297—311；迈克尔·萨多夫斯基："时间和学习"，《哈佛教育通讯》(1998 年 3—4 月合刊)；科里·布鲁斯特和詹尼弗·费戈："激发动机，提高学生家庭作业的有效时间"(2000 年)，这是为 NWREL 准备的一篇网上论文，参见网站 www.nwre/.org/request。

有技巧地提问和等待

激励学生对学习感兴趣的一个方法是：用一种能够保证学生的参与性，并促进学术内容的掌握的方式问一些适当的问题。一些研究证明：提问的技巧是有效教学的一个重要方面。一些研究还特别指出，稍长的"等待时间"(在提出一个问题和挑选、鼓励学生回答问题之间的间隔)能显著地提高学生的参与性，有利于其学习。另一些研究还表明，那些要求学生用心调控观念和信息的"高质量"提问，比那些只是集中于机械回忆事实的相对"难度较低的认知方面的"提问更有效。①

术语"指导教学"和"明确教学"(通常作为同义词使用)，常常指教师指导下的分步骤教学(指导教学有时也解释为"积极教学")。研究表明，这种方法和学生成绩的高水平之间有着必然的联系。巴拉克·罗森夏尔认为以下的6个教学步骤或功能是指导教学的重要组成部分。②

教学六步骤：

(1) 从对以往相关知识的回顾和学习目标的预习开始上新课。

(2) 循序渐进地提供新材料，每个步骤均提供清晰详细的解释，并鼓励学生积极地实践。

(3) 实践开始，注意引导学生，问些问题以验证其是否理解。

(4) 提供系统反馈和更正。

(5) 指导独立实践，监控并协助学生在座位上进行活动。

(6) 提供一周或一个月的回顾和测试。

明确教学的另外一些较著名的倡导者，像杰尔·布罗菲、托马斯·古德、马德林·亨特和简·斯托林斯，他们关于指导教学的内容大致与其相同。③

---

① 基尼斯·R.乔斯卡：《改进课堂提问》(1995年)；凯思琳·科顿：《最重要的学校教育实践》(弗吉尼亚州亚历山大：监督与课程发展协会，2000年)。

② 巴拉克·罗森夏尔："明确教学和教师培训"，《师范教育杂志》(1987年5—6月合刊)，pp. 34—36；巴拉克·罗森夏尔："教学研究的进展"(1996年)，参见网站 http://epaa.asu.edu/barak。

③ 史蒂文·A.斯塔尔和戴维·A.海斯主编：《阅读教学模式》(新泽西州马维：厄尔伯姆出版社，1996年)；罗伯特·J.马马诺、巴巴拉·B.盖蒂和希里·迪恩：《什么在课堂教学中发挥作用》(克罗拉多州奥罗拉：中部地区教育实验室，2000年)。

对于明确理解教学的批评

指导教学常忽略重要的更高层次的学习(如推理能力、批判性思维能力、对于概念的理解能力),而更侧重于指导学生分步骤地学习实际材料,这种倾向遭到了批评。在许多学校,教师被告知必须遵循这种指定的顺序,这种实践活动强调低层次的学习内容和无需考虑太多的程序化的学习内容,没有给学生的创造力和分析思考能力的发展留下充足的空间。①

更高层的焦点

然而,指导教学并不必过分注重低层次知识的学习。事实上,在上个10年,有关所有学科领域中的明确理解教学的课堂教学技巧已经形成。戴维・皮尔森(David Pearson)和他的同事列出了许多明确理解教学的方法。巴拉克・罗森夏尔把从1970年以来这种方法发展的特征定义为“巨大的成功”,使得教育者引以为豪。②

像明确教学一样,明确理解教学也强调预习与复习、反馈与修正、指导和独立实践,但它还系统强调教师在概念学习上的示范作用、新旧知识之间的连结、对学生理解力的检测和对学生的概括能力、推理能力和其他学习能力的系统训练。与明确理解教学有关的技巧和策略包括以下几点。③

明确理解教学的技巧

■“预测”活动,让学生在已掌握知识的基础上来预测将在新课中学

① 阿瑟・E.怀斯:“再谈法律规定的学习”;琳达・M.迈克内尔:《学校改革的矛盾》(纽约:路特里奇出版社,2000年)。

② 戴维・皮尔森和贾尼斯・多尔:“明确理解教学”,《小学杂志》(1987年11月),pp. 151—165;安・L.布朗:“学习的进步”,《教育研究者》(1994年11月),pp. 4—12;巴拉克・罗森夏尔:“明确的、有教师引导的认知策略教学案例”,参见网站 http://epaa.asu.edu/barak。

③ 巴巴拉・Z.普莱斯耶森:《思维的技巧:研究和实践》(华盛顿,哥伦比亚特区:全国教育协会,1986年);巴拉克・罗森夏尔和卡拉・迈斯德:“对互惠教学研究的回顾”,《教育研究评论》(1994年冬),pp. 479—530;米里亚姆・阿尔法斯:“意义阅读”,《美国教育研究杂志》(1998夏),pp. 309—332;朱蒂・里格维和琳达・萨维尔-赖斯:“概念地图”,《ENC焦点》第8卷(2001年第2期),pp. 34—36。

到什么。

■ 互惠教学,学生分小组学习或用其他合作方法学习,通过这些方法,学生能够为互相帮助理解材料担负起更大的责任。

■ 组织信息的"语义地图"和"语义网络"。

■ 发展观念和思维技巧的计算机模拟设计。

■ "元认知"学习策略,学生以此来控制和评估自己的学习过程。

■ "学会学习"策略。

■ 解决问题的模式,帮助学生分析其学习状况。

■ 对于一些越来越复杂的难题进行齐心协力的研究。

充当战略家的教师

博・琼斯和她的同事把这种技巧的有效使用描述为"战略性教学",一个要求教师充当战略家角色的概念。战略性教学强调学生在独立学习中构建意义和获得发展,教师只是学生学习的示范和媒介,正如"教师从教的动机准备及条件"这一章所提到的,许多分析者把这种教学方法用术语"反思性教学"来描述。①

学校对被动学习低层次技能的整顿重点放在那些来自工人阶级且成绩较差的学生身上。对这种模式的改变要求一些新的进行认知教学的方法,以及对整个教育体系中的教学计划要有根本的改变。②

以提高低成绩者思维技能为日标的特别计划,包括更高层次的思维技能计划(稍后将在这章中学到)、多产的思维计划和芝加哥的掌握学习(洞察力)计划。研究表明这样的手段确实起到了作用。然而,也有一些具体

---

① 迈克尔・普莱斯雷、雷切尔・布朗、佩吉・范・米特、特德・舒德:"实施策略",《教育领导》(1995年5月),p. 81;迈克尔・普莱斯雷:"发挥作用的阅读教学"(华盛顿,哥伦比亚特区:国际读书协会,1998年);鲍勃・凯斯利克:"策略性教学、策略性学习和思维技巧的信息",参见网站 www.adprima.com/strategi.htm。

② 丹尼尔・莱文:"对处于危险中的学生的教学思考:概括和思考";巴巴拉・Z.普莱斯耶森主编:"对处于危险中的学生的教学思考:研究远景"(华盛顿,哥伦比亚特区:全国教育协会和改善学校研究协会,1988年);琳达・达林-哈蒙德:《学习的权利》(旧金山:约塞-巴斯出版社,1997年);埃里克・库珀和丹尼尔・莱文:"理智教学";巴巴拉・Z.普莱斯耶森:《理智教学论文集》(伊利诺伊州阿灵顿高地:天光出版社,1999年)。

的困难必须一提，如许多学生对发展低层次学习的偏爱、许多教师对低成绩者较低的期望，以及强调认知发展的有效教学的高额财政费用。[①]

总而言之，对于有效教学和有效指导的研究表明，成功的改革计划必须包括几个方面：改进教师的课堂教学管理和提问技巧、提高有效时间、扩大指导教学和明确理解教学的用途和对低成绩学生介绍认知教学。

焦点问题回顾：你确信哪些有效教学的特征最能得到验证？需要努力发展的是哪一点？

二、有效学校的研究

聚焦更大的范围

先前的章节是在课堂教学这一层面对有效教学与指导的描述。但是，改革者也必须注意到，归根结底，学校作为一个机构，它的运作要顾及与整个大学校区及学校周边环境的关系。有效学校与地区作为一个整体可以帮助判别每一个课堂教学所发生的事。

爱德蒙的研究

近期许多有关有效学校的研究都集中在小学教育，通常效率的测评至少要部分地依据杰出学生的成绩，举例而言，罗纳德·爱德蒙和其他研究者认为，一所有效学校起码应具有以下特征：[②]

（1）不使人压抑，且存在有助于教学的安全有序的环境。

（2）有一个清楚的教学任务，在此基础上全体教职员工享有教学优先权，并作出评价程序和负责任的承诺。

---

① 斯坦利·珀格罗："向处于危险中的学生挑战"、"为教育劣势者的改革工作"，《教育领导》（1995年2月），pp. 20—24；斯坦利·珀格罗："什么是模范计划？"，《教育研究者》（1998年10月），pp. 22—29；巴巴拉·B. 泰耶：《艰难的真理》（纽约：师范大学出版社，2000年）。

② 琼·舒梅克："有效学校：最终测试研究"（前邮政出版社，1998年），p. 241；罗纳德·爱德蒙："城市贫困学生的有效学校"，《教育领导》（1979年10月），pp. 15—24；小威廉·J. 高斯厄、罗蒙·I. 皮切罗和琼·舒梅克："学校能变得更有效吗？"，《黑人教育杂志》（1985年夏），pp. 388—408；"什么是有效学校研究"，参见网站 www.mes.org。

(3) 分管教学领导的校长熟谙有效教学的特征。

(4) 营造出一种全体教职员工证明全体学生都能掌握富有挑战性技能的,充满高期盼度的气氛。

(5) 高效率的有效时间使大多数学生把时间花费在既定的掌握基本技能的活动上。

(6) 对学生发展进行频繁的检测,以改进个人表现和教学计划。

(7) 建立学校与家庭的良好关系,使家长支持学校的基本任务,并且在帮助实现的过程中发挥重要作用。

协调方法和材料

有助于提高学校效率的另一个特性是课程调整,即教学计划、方法、教材和测试的协调。当教职员工的发展集中于这种协调的时候,教师们很少仅仅依赖教科书,而是更可能选择或者创造一些最适合的讲授具体技能的教材去教给一组特别组成的学生。①

其他主要因素

根据新近的一些研究,有关异常有效学校的其他关键特征还包括:(1) 注意学校目标与文化多元主义和多元文化教育的关系;(2) 强调对学生个人问题的反馈和发展他们的社会技能;(3) 有致力于提高学生学习效率的教职员工;(4) 为使教学任务更实际和更易管理而表现出持续的关注;(5) 对低成绩学生的目标干涉。研究人员在西北地区教育实验室确定了100多种具体教育实验,把有助于提高学校效率的因素归为18类。②

---

① 丹尼尔·莱文和乔伊斯·斯塔克:“提高旧城区学业成绩的教学和组织安排”,《教育领导》(1982年12月),pp. 41—48;丹尼尔·莱文和劳伦斯·W.雷泽特:“异常有效学校”(威斯康星州麦迪森:全国有效学校研究和发展中心,1990年);克雷格·斯皮曼:“城市学校的转化”,《教育领导》(1995年12—1996年1月合刊),pp. 34—39;劳伦斯·W.雷泽特:“有效学校的关联”,参见网站 www.effectiveschools.com/correlates.pdf。

② 丹尼尔·莱文:“有效学校的现代化:研究与实践的发现与含义”,《黑人教育杂志》(1990年秋),pp. 577—584;凯思琳·高登:《有效学校实践:1995年新信息的研究综合》(俄勒冈州波特兰德:西北部地区教育实验室,1995年);杰拉德·R.理查森:“通过研究和识别而坚持州教育改革”,《CEIC评论》(1997年8月);丹尼尔·马塞尔:“地区在培养能力方面的作用”,《CPRE政策摘要》(2000年9月),pp. 1—7。

相对而言，对中学的研究工作很少，仅仅集中在异常有效的高中的特性上。因为绝大多数中学在教学目标和教学计划上有很多的差异性和复杂性，所以很难下结论说一个学校比另一个学校更有效率，尤其是在考虑到学生的社会阶层时。另外，在中学登记入学的取得高成绩的学生中，工人阶层子女所占比例较少。①

对低成绩者的帮助

近几年来，研究者已经确认并描述过一些中学在教育大范围学生方面显现出非常有效的结果。一般而言，这些学校致力于提高新生(即9—10年级)的低成绩和为老生提供额外支持。学校还把重点放在避免学生好、中、差的永久性的、固定的分类上。② 除此之外，下列方法通常也有效：③

(1) 为低成绩者所开设的校中校。那些阅读水平比同年级学生低两三个年级的学生会被分派在一个可以容纳80—100人的初级年级学习。如果他们的教师有能力且有与低成绩者合作的意愿，那么学生就能在学习基本技能的过程中得到很大收获，并迁移到正常课程中。

(2) 职业研究院。校中校的功能是录取来自不同年级的不同能力的

---

① 丹尼尔·U.莱文和尤金·尤班克斯："有效中学的组织安排"；参见约翰·J.兰和赫伯特·J.沃尔伯格主编：《为学习而进行的组织》(弗吉尼亚州赖斯顿：全国中学校长协会，1988年)；艾德斯·奎尔马斯和帕特里克·希尔兹：《校本改革》(华盛顿，哥伦比亚特区：美国政府印刷局，1995年)，在www.ed.gov/pubs/reform上可查阅；查尔斯·泰迪和戴维·雷诺兹编：《学校有效性研究》(宾夕法尼亚州莱维顿：法尔莫出版社，1998年)。

② 詹姆斯·特劳："主题"，《蓝图》(1999年秋)；朱迪·B.科丁和马克·S.塔克："一个关注学生表现的新的中学设计：第一部分"，《全国中学校长协会公告》第84卷(2000年)，pp.79—92。

③ 加里·威勒纪、格雷格亚·史密斯和波林·李普曼："重建城市学校"，《美国教育研究杂志》(1992年春)，pp.51—96；凯瑟琳·科顿："展望未来"，《西北教育》(2000年冬)，在www.nwrel.org/nwedu上可查阅；詹姆斯·J.坎普和贾森·C.斯奈普斯：《职业中学》(华盛顿，哥伦比亚特区：人力展示研究有限公司，2000年)；安·索科伍德："为西班牙裔青年改革教育"，《双语教育问题和全国教育信息交换所》(2000年1月)，在www.ncbe.gwu.edu/ncbepubs/issuebriefs/ibl.htm上可查阅；卡伦·E.奥斯特曼："学生需要在学校社区中有归属"，《教育研究评论》(2000年秋)，pp.323—367；"处在十字路口的青年"，《思考K-16》(2001年冬)，在www.edtrust.org/main/reports.asp上可查阅。

学生，职业研究院的教学集中于诸如计算机、生物或其他科学领域，如人文、艺术或一些职业研究，诸如法律强制力、新闻业等。原始数据表明职业研究院中的学生参与和取得的成绩。

(3) 通常意义的更小的中学单位。与像校中校这样的有着低入学率和被划分成更小单位的中学比，拥有相似学生的传统的大中学有着更多的生源和更高的成绩。把学生分配到更小的学校或单位可以提供更个性化的环境，在这样的环境中，教职员工也能给学生提供个别帮助。

不同的定义

对有效学校评价的研究。在对有效学校评价的研究中，许多观点应该铭记于心。首先，我们应该从纷繁复杂的各种定义中明晰其概念。关于有效学校的概念，有多少人讨论它们，就有多少种定义。一些人认为具有高学业成绩(考虑到社会阶层)的学校就是有效学校，另一些人认为能够确定和解决内在问题的"自我更新"的学校、能促进学生个人发展的学校、能提高学生成绩的学校及致力于发展独立学习技巧和培养对学习的兴趣的学校是有效学校。

集中对贫困学校的研究

大多数严密的研究集中于那些高贫困小学，在那里，学生的学习成绩要高于有类似处境不利学生的大多数其他学校。要鉴定异常有效的中学和在旧城区外边的学校是很困难的，在异常有效的中学学习成绩好的学生更普遍。另外，在旧城区外学校效率的关键因素与那些贫困地区的学校也有一些差异。①

研究方法的问题

关于方法论问题的其他研究大部分都受到了批评。例如，在某一年

① 丹尼尔·U.莱文和罗伯特·S.斯蒂芬森："有效的或值得称赞的学校是光彩夺目的吗?"，《城市评论》(1987年，第1期)，pp. 25—34；托马斯·科科伦和玛格丽特·戈茨："教学能力和表现好的学校"，《教育研究者》(1995年12月)，pp. 27—31；拉里·库班："学校怎样改革"，《师范学院记录》(1998年春)，pp. 453—477；纳奥米·G.胡斯曼和莫尼卡·R.马丁内斯："对转变表现差的学校的实践者们进一言"，《NCCSP问题概要》(2001年4月)。

里某个既定学科(例如阅读)方面鉴定为有效的学校,用别的方法或者在明年就不一定是有效的。另外,对学生社会阶层和家庭背景的控制经常是不适当的。例如,名牌学校招收旧城区的学生可能被作为异常有效学校的判断,但是如果以后的研究显示,那些学校招收的学生只是因为对附近地区的学校感到不满的贫困家庭的学生,成绩高就可能被更多地归因于学生的背景而非学校的特性。①

文献表述经常倾向于用未经证明的假定来辩论教师和校长应该在学校做什么这样一个问题。例如,一所学校拥有好领导和一种建设性的学校氛围的声明,并不能确切地说明它们是什么,或者将怎样完成教学任务的问题。②

虽然存在这些要求,对有效学校的研究已经确定了许多应该在学校改革和改进计划中被考虑的特性。研究亦给教育者提供了在实施这些计划时用最好的方法去实施的建议。

第三节　学校发展与改革的过程

对于过去改进学校措施的分析,使改革者对所应采取的步骤有了更好的理解,那些措施将保证改革的努力能发挥显著而持续的影响。能够从以往的努力中吸取的一些教训现表述如下:

适当的问题解决

改革经常对学生的表现几乎没有影响,因为许多问题的出现抑制了改革措施的实际应用。例如,专家可能提出一个令人惊叹的适合 4 年级的新科学课程,学区可能购买了大量新的课程材料,但是教师可能不选择使用这些教材,或者可能不知道怎样使用它们。一项革新不大可能发

① M.唐纳德和威廉·班布里奇:"所有的儿童都能学会:事实和谬误"。

② 朱迪斯·察普曼:"领导、管理和学校教育的有效性",《教育行政杂志》第 31 卷(1993 年,第 4 期),pp. 4—18;M.唐纳德和威廉·班布里奇:"有效学校运动的污染",《学校行政管理者》(2001 年 3 月),pp. 55—59。

挥作用,除非引进它的组织认为它能确定并解决日常问题。①

对于学校层面的聚焦

因为改革中的组织必须解决学校日常问题,所以注意点必须聚焦在个别学校的层面,那里发生着许许多多问题。②

实施的潜能

成功的学校改革也取决于是否能在一般的学校中得到可行的实施。使实施成功更有可能的3种特性是:具有与潜在用户的革新可比性;使那些没有真正理解潜在观念的人有可接近性;根据对教师在时间和能力方面提出要求的可操作性。莱文已经指出,很多方法有较高的"潜在的伤害性",因为它们非常难以实现。③

领导和分享的协议

有意义的改革要求改变许多机构安排,包括教职员工和学生时间表的变化,对教学方法和教材的选择和使用,以及决策的机制。在这方面一校之长是关键人物,但教职员工也必须对可能的和必要的变化有一种共同的看法。否则,教职员工对要求他们做出重大改变的行动将会大打折扣。④

教师的参与

因为期待教师改变其工作模式的人们不会通力合作,除非他们在提

---

① 小约瑟夫·F.约翰逊:"得克萨斯州学校改革的承诺"(1997年),粘贴在"得克萨斯大学明星中心",在www.starcenter.org上可查阅;琳达·兰伯特:《在学校中发挥领导职能》(弗吉尼亚州亚历山大:监督和课程协会,1998年);迈克尔·富兰和南希·沃森:"校本管理",《学校效率和学校改革》(2000年12月),pp.453—474。

② 丹尼尔·U.莱文:"通过本校员工的发展、组织文化的计划和改善来创建有效学校";戴维·H.霍普金斯和戴维·霍普金斯主编:《学校改革的发展计划》(伦敦:卡斯尔出版社,1994年),pp.37—48;安迪·哈格里夫斯主编:《学会改变》(旧金山:约塞-巴斯出版社,2000年)。

③ 戴维·P.克兰德尔、杰弗里·W.艾斯曼和卡伦·E.路易斯:"与学校改进工作成功有关的策略性计划问题",《教育行政季刊》(1986年夏),pp.21—53;简·福雷:"重建的诀窍",《学校行政管理者》(1996年1月),p.30;丹尼尔·U.莱文和雷娜·F.莱文:"改进教学的一些浪漫的和实用的观点"(纽约:第四届国际智力教学大会论文,1998年4月)。

④ 基尼斯·A.莱斯伍德:"朝向改革式领导的趋势",《教育领导》(1992年2月),pp.8—12;文斯·莫里莱诺和苏珊·德雷克:"成功的教育改革",《学习领导能力国际电子杂志》(1998年10月);潘尼·B.瑟伯灵和安东尼·S.伯里克:"芝加哥的学校领导和底线"。

出和实施变化方面也能发出自己的声音，所以教师必须有机会帮助选择和评价改革。①

教职员工的培训

在学校发展过程中，教职员工的发展是核心因素。在一所小学里，全部人员作为一个整体都应该参加；在中学里，科室和组可能是参加一些活动的适宜单位。教职员工培训应该是教师和管理者在每个舞台上一同工作的一个互动式过程。②

一致性

学校改革努力措施中的一致性起码包括两个维度。第一个指超越年级水平的一致：每个年级的教师都必须愿意帮助学生掌握适应他们年级水平的课程和标准，否则学生将会缺少下一年级获得成功应具备的技巧。第二个一致性指一个学校教学计划和教学方法的连贯性和兼容性。例如，如果教师在不同的时期各自选用不同的教材介绍重要的技巧，而且这些教材相互冲突，而不是相互加强，那么一些学生很可能学不好阅读。如果教师在一个班和另一个班制定了差异很大的准则，学生也难以掌握社会技巧。③

专业团体

学校不能保证所有学生都学习，除非教师们在一起工作，相互挑战，承担艰巨任务，为帮助低成绩者掌握逐渐充满挑战性的教材而负起责任。分析家以“职业团体”的发展来形容改革的这个特征。④

当你在阅读该章其余部分时，请注意该章描述的哪项改革计划可作

---

① 苏珊·莫尔·约翰逊：《工作中的教师》（纽约：基础图书出版社，1990年）；理查德·A.舒马克和菲利普·J.伦克尔：《学校中的组织发展手册》第4版（伊利诺伊州希望高地：韦伍兰德出版社，1998年）；彼得·塞奇：《学习的学校》（纽约：双休日出版社，2000年）。

② 布鲁斯·B.乔伊斯和马西娅·韦尔：《教学模型》第2版（新泽西州英格伍德·克利夫斯：普伦蒂斯-豪尔出版社，1991年）；艾伦·吉尼：“教练不只是为运动员”。

③ 弗雷德·M.纽曼、拜占·史密斯、艾兰·艾伦茨·沃斯和安东尼·伯里克：《学校教学大纲的一致性》（芝加哥：芝加哥学校研究联合会，2001年），在www.consortium-chicago.org上可查阅（搜索“学校教育计划一致”）。

④ 迈克尔·富兰：“教育改革的三个故事”，在www.pdkintl.org/kappan/kartiele.htm上可查阅。

为最好实践的例证。比如一个改革方案的例子,可以从“参考资料”栏中查找。

焦点问题回顾: 你认为作为一个教师,会加入你校的实施改革的队伍中吗?你认为教师应怎样做才能有助于改革实施的成功?

参考资料

少儿必读:一项行动计划

学习第一联盟是一个由 12 个合作性的全国教育协会组成的组织。在 1998 年 1 月关于阅读和数学的最高级会议上,该联盟提出了阅读和数学的“行动论文”。下文节选自改进学生阅读水平的计划。

如果我们从现在做起,可以保证几乎每一个 21 世纪出生的健康儿童到 9 岁时就可以流利阅读,而每个小学生到高中毕业时都会阅读……鉴于这种情况,该联盟呼吁教育工作者以及政策制定者出台以下策略:

(1) 教育决策立足于证据,而非观念形态。应该取消无休止的阅读大战(包括提倡变换各种阅读教学方法)。相对于其他学科,教育改革的钟摆更偏向于阅读。教育实践必须以证据为立足点,不以观念形态为立足点。

(2) 提倡选用具有证据的材料作为课本。综观历史,阅读课本主要是基于一些与证据几无关联的标准进行选材,这些材料无趣味性、费时费力或起不到主导作用。这些都有待改善。

(3) 提供恰当的专业发展空间。教师和教学辅助人员在教学策略方面必须接受高素质的职业培训。

(4) 鼓励全校采用有效措施。在大部分针对早期识字教学的最有效措施中,有一些是被全校所采纳的,可以引起普遍关注的,并在改革的过程中实施得非常好的计划和措施。

(5) 让家长支持孩子阅读。研究表明,父母的参与,尤其是对孩子在校取得的成功给予直接的支持，与孩子的阅读成绩有很大关系。

(6) 以学会阅读的研究为基础……(以及)以该研究在课堂教学中的应用为基础……来改进职前教育和教学。

(7) 为家教和小班化提供另外的人员。

(8) 进一步进行早期鉴定和介入。幼儿和小学一年级学生应该进行定期测试评估。这样我们能知道哪些孩子有阅读困难，以使老师在有必要时采取直接的和高质量的干预。

(9) 对低年级学生有责任采取必要措施。通常来说，最早的评估是针对 3 年级、4 年级的学生，但实际我们应该开发出更合理有效的测试，以适用于幼儿和 1 年级、2 年级学生。

(10) 缜密细致的阅读研究。如果我们的社会将早期教育的优先权放在像 1960 年太空探险那样高度的话，早期阅读障碍就会根除。

下列这些为学龄前孩子和团体安排的计划是当前最重要的一些辅助活动。

■ 提倡开展家庭识字活动，以帮助家长培养孩子在幼儿时期对读书的热爱。

■ 提倡全日制幼儿园，在课程设置上让所有孩子从 1 年级开始就为阅读做好准备。

■ 帮助贫困家庭，为其孩子提供健康的呵护和丰富的认知体验，因为孩子在入校开始学习时，需要这些经验。

■ 为所有 4 岁或更小的孩子提供高质量的学龄前计划。

■ 提高各种计划的质量和可行性，包括儿童早期关爱、课后计划、暑期计划以及其他放学后的培养机会，以促进儿童的健康发展和识字水平的提高。

问题

(1) 此活动计划是以何种方法与本章以及前几章，尤其是第一、第十一章的材料联系起来的？

(2) 你认为本文出现的计划是代表“系统的”改革吗？应增加哪些东

西使其更加系统化?

(3) 应该要求未来的老师学习与“学会阅读”有关的“研究基础”,不管他们的学科是什么,或达到哪一个水平。你同意这个观点吗? 为什么?

(4) 你怎样将该联盟所列出的这10种策略按照重要性进行排列? 如果没有足够的材料处理所有的策略,你将暂缓实行哪个策略?

(5) 当你成为一名教师时,你认为这篇文章可能对你所做的事产生影响吗?

【资料来源】儿童必读:《一项行动计划》(华盛顿:D. C.;第一学习联盟,1998年),参见www.learningfirst.org;也可参见儿童必读:《一个专业的发展指导》(华盛顿:D. C.;第一学习联盟,2000年),参见www.learningfirst.org。经允许后重印。联盟的成员包括美国师范学院协会、美国学校行政人员协会、美国教师联合会,教学督导和课程研究协会、主要州学校官员委员会、各州教育委员会、州教育董事会全国协会、全国小学校长协会、全国中学校长协会、全国学校委员会协会、全国家长教师协会和全国教育协会。

第四节　提高不同学业水平的途径

在本章中早先被引用的那些有效教学方法可以应用到个别课堂教学中,但也有很多教学方法有计划地应用于一些或所有的年级。例如,阅读提高计划通常把学生定位于幼儿园和小学阶段。在本章的这一节我们将要讨论一些类似的努力措施。

一、高层次思维训练(HOTS)方案

高层次思维训练的成分

由斯坦利·波格罗(Stanley Pogrow)和他的同事制定的HOTS计划是专为4—6年级补救阅读活动而设计的。HOTS计划有4个主要的组成部分:(1) 为解决计算机使用的问题;(2) 重点要求学生发展用语言改编戏剧的能力,以此来刺激语言开发;(3) 苏格拉底问答法;(4) 一门

早先描述过的强调元认知学习、学会学习和提高阅读理解技巧的训练思维技能的课程。现在将近 2 000 所学校中，HOTS 计划已经在阅读和数学方面使学生的表现取得了很大进步。①

更快的步伐

HOTS 计划的开发者也提出了以思维为基础的数学课程，并确定了一些教材和方法，去改进低成绩者对科学、社会研究和其他学科的理解。据波格罗称，HOTS 计划的结果显示，处境危险的学生有"惊人的理智和学术潜能"，但问题是很多人没有完全理解到这一点，如果有足够的时间和足够的资源，关于学习方面的这个问题将有可能被消除。②

二、全员成功策略

全面改变

在为改进处境不利学生的成绩而采取的最复杂的干预措施中，全员成功策略为小学生提供了精心的教学支持。全员成功策略也强调合作型学习和掌握式教学，由全职的协调者和学校的人力资源安排者提供技术支持和教职员工培训。在学生成绩方面可观的改进已经在城市和乡村地区被许多低成绩学校所证明。根据其开发者的观点，全员成功策略证明，处境不利学生的成功能在特定或者不特定的学校里得到保证。但是，该计划明确要求学校必须做出认真的承诺，以重新改组小学，并且重新分配使用可获得的资金。③

① "关于 HOTS 计划的一些重要的基本信息"，在www. hots. org 上可查阅。

② 斯坦利·波格罗："怎么处理第一章"；斯坦利·波格罗："帮助那些'只不过没有理解'的学生"，《教育领导》(1994 年 11 月)，pp. 62—68；斯坦利·波格罗："超越'良好开端'的心理"，《教育周刊》(2000 年 4 月 19 日)。

③ 罗伯特·E.史莱文："从不流动"，《教育领导》(1996 年 2 月)，pp. 4—7；罗伯特·E.史莱文："教育能减少社会不公平吗？"，《教育领导》(1997 年 12—1998 年 1 月合刊)；罗伯特·E.史莱文和南希·A.曼登主编：《100 万儿童：为了所有人的成功》(新泽西州马维：厄尔伯恩出版社，2001 年)。

三、提高阅读理解能力的途径

强调对现实生活的理解

阅读能力程度(DRP)测试部分地建立在最初由大学董事会开发的基础上,DRP方法正在很多城市的学校中成功地实施。该测试不像其他标准化阅读测试那样,它不评价学生在校内或校外遇到一些散文时真正理解的程度,也不看学生是高于还是低于抽象的年级水平。在用DRP计划确定学生的理解水平之后,全部学科领域的教师就会相应地调整他们的教学策略。在家庭作业和其他独立的任务方面,他们选择对于学生而言不至于太困难的材料;在课堂作业方面,他们会使用略微超出学生理解能力的材料,以帮助他们提高。①

四、卡默的学校发展方案

卡默的方法

由詹姆斯·卡默(James Comer)及其在耶鲁大学的同事提出的学校发展计划的目的是,通过提高对学生在社会和心理方面的服务,改进闹市区小学的成绩,强调父母的介入和对积极学习的支持、鼓励。让包括学生父母在内的参与者参加到学校操作(包括管理)的各个方面,还让教师、心理学家、社会工作者和其他来自诸如"精神健康团体"的专家,来共同设计和监督针对特殊问题学生安排的个人学习计划。课程和教学强调语言学习和社会技能的协调。在与其他改革方式一起实施学校发展计划之后,各学区的许多学校已经在学生成绩和行为方面取得了很大的

① 罗伯特·E.史莱文和约翰·K.斯克:"实施改革以改进异常有效的旧城区中学的理解技能",《皮博迪教育杂志》(1989年夏),pp. 87—106;罗伯特·E.史莱文:"能够改善非洲裔美国学生的学术表现的教学方法和干预",《黑人教育杂志》(1994年冬),pp. 46—63;罗伯特·E.史莱文、艾里克·J.库伯和阿沙·希利亚:"全国专业发展城市联盟",《黑人教育杂志》(2000年秋),pp. 305—322。

改进。①

五、阿尔杰·布里奇与 2000 公平计划

通过教育考试服务中心和大学董事会的合作开发，代数桥已建立起来，目的是帮助学生成功地从学习算术过渡到学习代数。它已经逐步融入到 2000 公平计划中，该计划强调了中学数学教育的其他方面，学生在前代数、代数、几何学和其他课程方面能得到帮助。新近数据表明，学生在数学方面取得了很大成绩，并且很多人在代数和其他高等数学课程方面取得了成功。②

六、组合运用以上各种方法

各种方法经常结合

上文论述的这些典型的调节方式并不互相排斥。教育工作者经常结合关于学校管理的各种有希望的管理方法，如综合的教职员工培训发展计划，测试内容的变化和本书别处所描述的让其他改革和干预方式一起发挥作用的掌握式教学法。例如，使用学校发展计划的机构就能实施 HOTS 计划、合作型学习和课程与教学中的其他改革。整个美国的学校系统正结合这些典型的干预方法，把它们作为全地区或者学校诸多工程的一部分。③

---

① 詹姆斯·P.卡默："教育贫穷的少数民族儿童"，《科学美国人》(1988 年 11 月)，pp. 42—48；凯瑟琳·沙利文-德卡、罗尔·卡罗尔·德法尔科和维代尔·罗伯茨："帮助学生避免冒险行为"，《教育领导》(1998 年 9 月)，pp. 80—82；托马斯·D.库克、罗伯特·F.墨菲和 H. 戴维·亨特："卡默的芝加哥学校发展计划"，《美国教育研究杂志》(2000 年夏)，pp. 535—597。

② 桑德拉·汉姆和艾里卡·沃克："学会正确地计算"，《人力展示研究合作组织工作论文》(1999 年 4 月)，在 www. mdrc. org/reports99/equity 2000 上可查阅；史蒂芬·格林："消除成绩的差距"，《教学与改革》(2001 年冬)，pp. 215—224。

③ 托马斯·R.贾斯奇、佩里·D.帕萨罗和韦恩·惠勒："索普·高顿学校"，《校长》(1991 年 9 月)，pp. 36—38；詹姆斯·H.布罗克、苏珊·I.埃弗森和托马斯·R.贾斯奇主编：《学校改进计划》(纽约：学者出版社，1995 年)；罗伯特·E.史莱文和欧拉托康伯·S.法索拉：《给我出示证据》(加利福尼亚州千橡树：考文出版社，1998 年)。

焦点问题回顾：你是否有机会参观采用上述方法进行教学的一些学校？哪个计划最吸引作为教师的你，为什么？

第五节　提高学校整体教育水平的改革方案

综合改革

就像早先描述的，许多改革，包括教学干预，被用于单个的班级或横贯几个年级，而且有些计划是雄心勃勃的，寻求提高整所学校所有年级的大部分或所有学科的成绩。这些努力被相应地称为“全校改革”、“全面建设改革”和“学校水平重组”。这样的行动一般反映出以研究为基础的认识（在本章前部分描述过），全校的教职员工最后确定其努力是否成功。它们也允许员工得到深入、持久的发展和技术帮助，这可以帮助教师掌握新的或不同的教育方法。这些最杰出的行动包括美国新式学校计划和学校全面改革示范计划。

一、美国新式学校计划

全校设计

美国新式学校（NAS）建立于 1991 年，是一个公益团体。它通过阐明那些参与学校各个方面的具体措施的广泛执行情况来支持教育改革（这些措施被 NAS 称为“设计”）。美国新式学校运用联邦政府和一些基金会提供的资金来主持 10 个“全校设计”，以此在第一阶段的 3 年或更长时间里帮助学校执行计划。计划包括前文所提的全员成功策略、协调中学和别的学校的 ATLAS 方案、教师培训计划和初中的流动学分计划。①

成功改革的核心特征

通过学习对成功实施具有重要作用的理念，NAS 开始采用在一些

① 小托马斯·J.格兰：《六年之后的美国新学校》（加利福尼亚州圣莫尼卡：兰德组织，1998 年），在www.rand.org 上可查阅（搜索“格兰”）。

学校执行成功的计划，并推广到其他学校。在这个阶段，分析家对某一所学校成功推广计划的一系列重要特征进行了确认：学校方面的有效竞争机制和计划；获取充分集中的资源能力；适当的以学校为基础的威信、以学生评估和学校活动为基础的责任制度；专业发展计划和永久性协助的合作机制。①

孟斐斯的美国新式学校

美国新式学校计划是孟斐斯公立学校改组创办会（建于1995年）的一个重要组成部分。经过一段时间的努力，已有34所学校引进了一种或另一种设计计划。第一年收集的资料显示，许多教师获益匪浅，正在试行新的、不同的教学策略，但同时也有必要更注重培训，让教师有更多的合作时间对课程、教学及测试等进行合理的安排。分析家总结出："学校的改革需要大量的精力、时间以及教师、行政人员和校委会的意见。"2001年，研究者公布：孟斐斯和其他地区的一些NAS学校比相同地区的类似学校取得了更大的成绩，但结果在地区间并非有持续的稳定性。研究者得出结论认为，这很大程度上取决于一所学校实施计划的质量和适当性。②

二、学校全面改革示范计划

学校全面改革示范计划（CSRD）是由联邦政府于1998年制定的。三年中每年耗资7.5万美元帮助参与学校推广"全校改革模式"。这种模式对学校的各个方面产生影响，并在其他地方的学生活动的发展方面有了成功记录。申请者被鼓励在27个可得数据的模式中进行挑选，以帮助发展他们的潜在效能。这些模式包括NAS设计（见第519页）、针对小学的直观教学方法、HOTS辅导计划、爱迪生学校（本章后文描述）、卡

① 马克·伯伦兹、苏珊·J.伯德里和希拉·N.科比：《面对全校改革的挑战》（加利福尼亚州圣莫尼卡：兰德组织，2002年）。

② 马克·伯伦兹、希拉·N.科比、斯科特·纳夫特尔和克里斯托夫·麦克维：《美国新学校中的实施和表现》（加利福尼亚州圣莫尼卡：兰德组织，2001年）。

默学校发展计划、有效学校方法、身心全面训练的“好书”计划。作为对前发展计划的一种替代，学校可以满足政府标准以获得当地的资金赞助。2001 年国会为 CSRD 计划拨款 2.6 亿美元。①

第六节　改进学校效率的相关努力

除了我们一直以来介绍的改革方法，还有许多相关的建议。我们没有足够的篇幅来介绍所有方法，以下将简短讨论几个相对重要的努力措施。

一、与其他机构、商业部门和社区的合作

许多学校和学区试图通过与其他机构的合作来改进教育质量，特别是商业和工业机构。最有希望的一些努力包括如下类型：②

合作的类型

■“伙伴”或“接纳”一所学校的合作计划是指商业机构、教堂、大学或者一些其他社区机构与个别学校密切合作，给职业课程学习、计算机教育提供帮助，例如延请导师或者讲座主持人，提供资金、设备或者帮助课程开发。

■ 教师与师范教育工作者协同工作，改进训练以及教学的专业发展学校的运作。

■ 为读书和其他积极行为设立的学生奖励基金。

---

① 劳拉·德斯米昂：“教师在城市学校改革中的作用”，《城市教育文摘》（教育情报交换所，2000 年 7 月），在http://eric-web.tc.columbia.edu/digests/dig 154.html 上可查阅；“改革模式”（2001 年），粘贴在“西南部教育发展图书馆”的因特网上，在www.sedl.org/csrd/models.html 上可查阅。

② 塞利亚·B.理查森：“格夫廷坎德交流中心”；凯伦·史密斯：“技术合作”，《T.H.E.杂志》（1998 年 10 月），在www.thejournal.com 上可查阅；“新型的商业伙伴”，《美国学校委员会杂志》（1998 年 1 月）；“关于工作的关键，教育者需要知道些什么”，论文粘贴在网站“教育工作的关键”，在www.act.org/workkeys/education 上可查阅。

■ 提供其他设备。

■ 雇主在作出录用决定以前就能检查学生的学校表现记录的方法的发展。

波士顿协定

一个与公立学校合作的影响更深远的例子是《波士顿协定》。在达成协议的1982年，商业领导人同意至少200个公司招募由波士顿公立学校毕业的职员，并且为学生提供雇用的机会。作为回报，学校领导同意对毕业生提出能力要求，增加安排毕业生进高等教育机构的比率和进行全职工作的比率，并且降低辍学和缺勤率。学校给城市学生的寄语是："如果在学校努力工作，掌握基本功，我们将帮助你找到工作。"

协定的扩展

到90年代后期，400多家公司加入了这个协定，活动已扩大到包括20多家地区学院和大学，数以万计的波士顿学生在暑期打工计划中找到了工作，并在毕业后得到帮助找到了全职工作。据负责该协定的官员所收集的数据显示，波士顿地区的高中毕业生不是进大学就是被雇用开始全职工作，而绝大多数大学新生都坚持学习到了毕业。①

合作项目

基金会的支持

《波士顿协定》的一个很显而易见的成功就是刺激了以改善教育为目的的大多数合作和基金会的努力。例如，麦克阿瑟基金会提供4 000万美元支持芝加哥公立学校的教育改革运动，比尔和美林达·盖茨基金会捐赠了35 000万美元，推动改进公立教育，安能伯格基金会提供上亿美元帮助芝加哥、洛杉矶、纽约和其他许多学区的学校。一些改革的努

① 罗伯特·斯瓦茨和珍妮特·哈格罗姆斯："波士顿协定"，《都市教育》(1986—1987年冬)，pp. 14—25；伦迪·L.德瓦和巴巴拉·斯布昂："没有文凭，就没有工作"，《美国学校委员会杂志》(1991年10月)，pp. 38—39；罗伯特·C.约翰逊："领导者们重温波士顿协定"，《教育周刊》(2000年5月17日)。

力还在美国的农村学校建立了网络。①

爱迪生学校

学校私有化

私有化指公立学校的运作类似于商业机构。最著名的私有化案例是在许多学区形成的爱迪生学校合并计划。爱迪生公司用3年的时间研究和发展,以确认改革的可行性成分,例如更长的在校时间和科技的推广,1995年公司赢得了运作4个学校的合同。现在公司已经与很多学区的100多个学校签订了契约,包括一些特权学校和使用综合改革基金的学校(本章在前面讨论过),几乎没有研究可以证实爱迪生学校的成功,研究者们在爱迪生学校是否对学生成绩有重大的影响上有不同看法。②

为高中毕业生保证中学后的教育

如上文所指,《波士顿协定》中一个关键因素(以及别处其他相似的项目)是从商业机构得到保证,帮助学生参加中学后教育。这一团体机构的数量还在不断增长,在那里,富有的个人、基金会、社区机构、学院和大学、州或者地方政府都在提供着类似的帮助。

项目的迅速增长

保证高中毕业生的中学后教育在1981年以后得到迅速增长。尤金·朗发起了"我有一个梦想"的活动,为纽约的61名6年级学生支付大学费用。54名最初的梦想者在这个活动中保持着联系,90%以上的人获得了高中文凭或证书,60%的人接受了高等教育。至2001年,慈善家们在类似计划中已经资助了1.3万名来自约60个城市低收入家庭的学生。③

---

① "教育:帮助所有儿童取得成就",比尔和美林达·盖茨基金会上的未标明日期的论文,在www.gates foundation.org/learning/ed上可查阅。

② F.哈沃德·纳尔森:"爱迪生学校学生成绩趋势",为美国教师联合会准备的未标明日期的论文,在www.aft.org/research/edisonschools上可查阅;约翰·E.查布:"私立可以成为公立的",《教育的事情》(2001年春),在www.edmatters.org上可查阅。

③ 艾琳诺·赫利姆斯基:《保证援助学生接受高等教育的私人计划》(华盛顿,哥伦比亚特区:美国会计总署,1990年),p.2;也可参见"我有一个梦想基金会",在www.ihad.org上可查阅。

二、学校改革的技术

作为学校改革措施的组成部分，教育工作者在学校新兴技术的介绍方面面临很多问题和挑战。我们将考虑几个主题，包括引进的新技术在学校和教室的应用，技术的有效使用与教育公平问题，并且审视过去 10 年在该方面的发展。

技术政策

计算机和其他技术的有效引进

分析家经过多方考虑确定，引入以计算机为基础的技术应用的决定将会引起或促进中小学生成绩的大幅度提高。把这样的考虑看做是具有政策和实践的含义，在教育体系的每一层次：联邦、国家、地区、学校和班级都是有用的。联邦官员和立法者与大量的问题进行了斗争，例如怎样链接学校的因特宽带网问题，怎样获得和推广研究计算机的有效使用，以及怎样帮助学院和大学应用计算机技术改进师范教育。州和地区的政策制定者经常思考并提出以下指导行动的建议：①

■ 州和学区的教育官员必须对支持各区在运用新技术方面的努力有一个明确的打算。

■ 教师必须接受如何有效使用信息技术的最新培训和技术支持。技术支持人员应该在地区和学校都有分布。

■ 在硬件、软件和培训方面的投资应该保持平衡。

■ 对教师资格的认定应该既包括知识和技能的评价，又要考虑计算机技术与课堂教学的结合。

■ 学校应该拥有专家和提供支持的社区伙伴。

---

① 西尔维亚·查普："明天的课堂教学"，《T．H．E．杂志》(1999 年 1 月)，在 www.thejournal.com 上可查阅；《因特网对学习的作用》(华盛顿，哥伦比亚特区：基于网络的美国总统和国会教育委员会，2000 年)，在 www.ed.gov/offices/ac/wbec 上可查阅；"把所有的孩子放在指尖上的世界级教育"(为美国教育部教育技术办公室准备的论文，2000 年)；基思·耶约克："虚拟学校"，《T．H．E．杂志》(2001 年 6 月)。

■ 研究还应着力于学校中的计算机应用。

在学校教育层面,研究者发现与以计算机为基础的技术的成功推广相关联的变量有以下几点。①

一些必需的集中

■ 计算机必须充分集中,达到一定数量才能产生效应。例如,一项研究表明,教室里有一台计算机并不能改变学生的成绩,但如果能提供3台甚至更多的计算机就能产生更好的效果。

■ 培训必须充分集中以产生效应。例如,一些研究发现为教师提供10个多小时的培训时间,比短时间的培训更有成效。

■ 教师掌握如何使用计算机可以帮助决定学生的成绩。例如,一个使用数据来自成百上千所学校的研究支持一个明显的结论:那些强调使用计算机来进行问题解决和概念学习的8年级教师所取得的成效,要远远超过那些强调低级的"题海战术"的教师。

必要的协调

使用计算机的计划必须与时间表、测试、班级规模和教学的其他方面相协调安排。如果学期太短或班级太大,教师就不能有效地上好一节课;或者如果教师全神贯注于为学生考试做准备或忙于其他紧急任务,计算机的可用性也起不到什么作用。

必要的训练

回顾一下在以计算机为基础的技术教育和学校改革的成功经验,如果说存在一个主题的话,那就是大量的、适当的教师培训无疑是一个必要条件。②

---

① 戴尔曼和爱德华·谢弗:"技术与成绩",《美国学校委员会杂志》(1997年7月);加里·莉莉:"技术辅导",《电子学校》(1999年1月),在www.electronic-school.com上可查阅;罗尔·范·霍恩:"高技术与常识"。

② 弗雷德·赖斯:"T.E.A.C.H.工程——技术丰富与课程帮助",《T.H.E.杂志》(1998年10月),pp.70—71;詹姆斯·P.坦布切:"对教师进行教学",《电子学校》(1998年3月);米尔顿·陈:"补偿",《儿童的未来》(2000年秋—冬),pp.168—172;理查德·L.斯沃伯和林·J.福克斯:"在我们的学校中把技术整合起来"。

回避贫困学校

新技术的使用和教育的公平性

另一个关键的问题，特别是在国家和州的层面，就是保证所有学生在享受技术革新所带来的好处方面的公平性。无论是在学校还是在家里，通常来自低收入家庭的学生与中等收入家庭的学生相比，他们在获得以计算机为基础的技术学习的机会方面会更少，近来，许多甚至绝大多数低收入家庭仍然买不起计算机。在低收入家庭的学生占高百分率的学校，计算机的使用机会通常是普遍的，但最近几年在美国各校出现的互联网和多媒体应用运动大多回避那些大城市中的高贫困学校。另外，如我们在“文化·社会化·教育”那一章提及的，女生在计算机接触和使用方面要落后于男生。全国教育技术协会的教育家正在研究拥有计算机技术学习机会的不同群体学生的差异，他们提供了如下许多建议，以此表明一所学校或学区的形势。①

对不公平的说明

■ 在使用新技术的过程中收集学生入学时的数据——检测基于人种、性别、语言状况、残疾状况和收入基础上的数据。

■ 搜集和传播一些很好的干预策略的信息，与全体教职员工讨论这些策略的可行性。

■ 协助教职员工提出发展公平计划。

■ 评估全体教职员工在确保计算机使用的公平性方面的活动开展得如何。

社区技术中心

许多在增加使用新技术机会的公平性方面所采取的措施不是发生

① 迈克尔·德图若斯：“富人的计算机?”，《技术评论》(1999 年 1—2 月合刊)；“消除接触和使用技术方面的公平性差距”，粘贴在全国教育技术联合会的因特网上，在www. netc. org/equity上可查阅。也可参见约翰·H.郝罗维：“数字划分”，《教育领导》(2000 年 10 月)；詹姆斯·M.罗恩根：“因特网接触和城市学校与社区的内容”，《城市教育文摘》(教育情报交换所，2000 年 10 月)，在http://eric-web. tc. columbia. edu/digests/dig 157. html上可查阅。

在学校，而是在社区。低收入的城乡社区中的街道计算机中心为居民们——成人和儿童——提供了机会去学习，并让他们从先进的技术中获益，某研究者评论说："社区技术中心保证了我们在面临21世纪的经济发展时，不被我们的同代远远甩在19世纪。"这个观点在将来会变得更加普遍，社区将与以学校为基础的努力相联系，以减少人们在学习以计算机为基础的技术方面的不公平。①

硅蛇油

关于在教育中应用以计算机为基础的技术的注意点

并非每个人都对新技术在教育制度改革方面产生积极影响的可能性持乐观态度。怀疑者很多，他们当中还包括那些对学校新近发展和计算机的一般演化所知甚多的分析家。例如，克利福德・斯托尔(Clifford Stoll)，因为对因特网的发展做出贡献而闻名，他在自己的一本名为《硅蛇油》的书中指出，虽然计算机在教室中使用可能较有趣，但娱乐和学习不是一回事。斯托尔把计算机看做一种潜在的电影，类似于一些教师多年前为了吸引学生而使用的不连贯的幻灯片。②

漫无目的地点击

与此类似，简・希利作为一名认为计算机有可能为学生打造新世界的热衷者而闻名世界。1998年，在使她的大多数读者感到震惊的一本书中，她对新技术应用于校内和校外而对孩子产生的影响提出了疑问。经过对学校两年的观察访问，她得出结论：许多教室里的计算机都被没有受过良好训练的教师所管理，他们的学生绝大多数做着不经思考的练习，玩着电脑游戏，所做的一切都和系统学习毫无关系，只是进行着愚蠢的网上冲浪，漫无目的地点击着。一些分析者同样通过对学校、班级的

① 米歇尔・雷斯尼克和纳达利・罗斯克："旧城区的计算机俱乐部会所"，《美国希望》(1998年7—8月合刊)；海伦・斯尔威斯："忘记孤独，我们现在在线"，《西北教育》(2000年冬)。

② 克利福德・斯托尔：《硅蛇油：关于信息高速公路的第二次思考》(纽约：双休日出版社，1995年)；托德・奥本海默："计算机幻想"，《大西洋》(1997年7月)；科克・A.约翰逊："教室里的计算机能提高学习成绩吗？"(2000年)，为传统基金会准备的论文，在www.heritage.org/library/cdal上可查阅。

观察访问得出结论：昂贵的多媒体系统经常更多地作为一种课堂控制手段，而不仅仅是一种学习工具，在得出上述结论的过程中，希利和其他怀疑者都经常提出下述警告和批评。下面将提到关于在教育方面怎样运用以计算机为基础的技术的注意点。①

创造性被减少

■ 支持计算机对学生学习起广泛积极性作用这一结论的研究一般都是有缺陷的、无效的。

■ 计算机强制性地把学生们限定在思想和行动的规定限度之内，大大限制了他们创造力的发挥。

■ 公众要求或希望课堂教学用先进技术武装起来，对这些感受到的或真实的要求和期待所给予的回应往往是学校购买了大量昂贵的计算机设备，而这些计算机设备往往很快就显得陈旧而被淘汰。

■ 这些很快就要过时的高技术所需的高额费用迫使学校严重减少了工艺、艺术、音乐及其他一些“副课”的开销。

■ 尤其对幼小的孩子们来说，花费在计算机上的大量时间常常代替本应该用于发展运动技巧和逻辑思维方面的时间。

■ 学生上线的大部分时间均花费在试图将他们变成忠实消费者的商业资源上面。

减少屏幕新生代的有效注意时间

■ 不仅仅是电视，还有数字技术正减少着孩子和“屏幕新生代”(在互联网时代长大的青少年)的有效注意时间。

■ 虚拟世界和想象的数字环境破坏了孩子们对现实生活的感觉。

■ 保罗・萨福(Paul Saffo)认为，数字技术比电视具有更强的时间消

① 斯托尔：《硅蛇油》；戴维・泰克和拉里・库班：《对乌托邦的简要修补》(马萨诸塞州剑桥：哈佛大学出版社，1995年)；简・M.希利：《未能上线》(纽约：西蒙和洛斯特出版社，1998年)；保罗・沙福：“新玩具”，《文明》(1998年11月)；琼・阿尔蒙主编：《傻瓜的金子》(马里兰州大学公园：童年联盟，2000年)；卡罗尔・泰尔：“一代人——从蹒跚学步的孩子到十几岁的孩子”，《教育领导》(2000年10月)。

磨性，它是那些令父母感到烦恼的由暴力和无聊、毫无内容的胡说八道组成的巨大空间，是“电脑空间的不毛之地”。

增加一个问题

那些在教室、学校甚至学区里以计算机为基础的技术得到有效使用的孤立的事例，并不能告诉我们在大多数情况下可能或不可能发生什么。事实上，整个教育系统曾经存在一段漫长而耻辱的失败史，在这段过程中，改革者三心二意地试图通过一些充满希望的执行措施来按比例增加电脑的广泛使用。

在回顾这些注意点时，我们应该把本节前面那一部分和本章前面部分铭记于心。这些部分明确指出，所采取的行动与计算机技术的成功推广紧密相连，与大量的在学校改革中所做的努力相连。要想使教师有效地使用计算机，学校和学区会提供大范围的持续的培训，以及所需的有意义的技术支持吗？会对这些新技术的介绍与课程目标、考试和学校气氛的改善结成紧密的联盟并协同发展吗？幸运的是，许多教育者正为此奋斗着。

三、农村教育

农村的多样性

公立学校超过三分之一的学生就读于农村学校，大约二分之一的学区在农村。为了提高农村教育，教育者必须面对农村地域的极大差异性，这使跨区域的归纳具有一定难度。一个研究组把农村学区定义为每平方英里少于150个居民和居住者，至少60%的人口居住在低于5 000人的社区。即使在这个相当有限的定义中，农村社区也例证了有数百个“亚文化”，它们在人种和种族组成、地域、经济结构和其他特点方面各不相同。①

部分源于这种多样性，在过去50年内，农村教育的特殊问题受到相

① 罗伯特·C.约翰逊：“农村教育”，《教育周刊》(1998年12月16日)；迈克尔·I.阿诺德：“农村学校：多种需要呼吁灵活的政策”，《麦克莱尔政策概要》(2000年5月)。

对较少的关注。近来，少数学者尝试研究在农村环境里获得高质量的教育需要做些什么。他们得出了以下几点主要结论。①

关于农村学校的结论

(1) 农村学校改革的关键要素是要依靠社区。因此，一些在市区有成效的改革在农村地区并不能取得很好的成效。

(2) 由于在美国农村存在这种惊人的多样性，因此学校的改改革努力也应有所不同，他们应该制定多元文化教育的目标。

(3) 农村学校的小型化也提供了优势，教师容易了解学生和他们的父母，学校可以与社区机构之间密切合作。

(4) 循环的经济衰退使得公共教育与其说是一种重要的力量，倒不如说是提供熟练技术人员和乡村社区的工作。

(5) 教育工作者应该相信农村社区的孩子和年轻人会觉得很受赏识，因为他们明白他们将在社区的未来建设中扮演一个重要角色。

(6) 农村学校的教师经常需要大量的技术支持。一些研究者提出，农村地区的教师培训不应仅是常规程序，更多的是要为许多合适的地区中广泛年龄层的学生培训师资。正如在“公共教育行政与管理”一章中所指出的，教育工作者也要根据一些小学校可能的优势，对学校合并的要求进行再评估。

师资短缺和远程教育

许多农村学校在吸引优秀教师方面都面临着严重的问题。因为很多州已经增加了对教师资格的要求，并且降低了允许没有适当证明就雇用教师的灵活性，所以一些农村地区不能够发现或者提供足够的教学人员，尤其是科学、数学和外语学科。这个问题可以得到部分解决，比如通过电视、网络以及其他形式的远程教育——一种有效付费方式的传递教

---

① 克雷格·R.豪雷：“在教育中研究农村”，《教育政策分析档案》(1997年4月30日)；托尼·哈斯和保罗·纳茨蒂戈：《赋予价值》(西弗吉尼亚州查尔斯顿：阿巴拉契亚教育实验室，1998年)；丹尼斯·斯巴克斯：“低收入，高障碍”，《员工发展杂志》(2000年夏)。

育来解决。[1]

调整课程与教学

对于阿巴拉契亚和其他贫困地区的低收入家庭的学生，教育者正针对他们的社会和文化背景，想方设法调整课程和教学，这种调整的典型例子可在福克斯法尔的方法中找到，它在校内外运用口述历史和当地文化材料来帮助提高学生的理解力和学习动机。[2]

四、非公立学校的效率

保证和税务信贷

像我们在"公共教育经费"一章中所提，有人提议为许多家庭的孩子进入私立学校提供保证和学费税务信贷，在这些方面一种运动正蓬勃发展着，在某种程度上，这种关于私立学校比公立学校更有效率的争论还有些可取之处。

科尔曼的研究

关于私立学校效率的争论因詹姆斯·科尔曼(James Colemen)和他的同事关于公立、私立学校比较的研究而变得更激烈。这些研究最主要的结论如下：(1) 当考虑到家庭背景的变量时，私立学校学生的成绩比公立学校要高；(2) 私立学校可提供一个更安全和更有序的环境；(3) 除了教会学校外，私立学校规模较小，班级规模也小，比公立学校容易鼓励更多的学生参与；(4) 私立学校需要更多家庭作业和更好的入学成绩；(5) 私立学校的学校气氛和有序纪律的优势有助于学生取得更高成绩。[3]

---

① 特洛伊·K.科雷："在农村地区推行技术"，《教育领导》(1998年5月)，pp. 71—73；凯西·克里斯蒂："农村的带头人"。

② 简·H.阿伦兹：《指望卓越：改善农村小学校》(华盛顿，哥伦比亚特区：教育发展与研究委员会，1987年)；埃利奥特·威金顿："福克斯法尔长大了"，《改革报告》(1993年1月)，p. 1，pp. 4—7；博比·A.斯塔恩斯："论黑暗时代，平行的宇宙和幻觉"。

③ 詹姆斯·科尔曼、托马斯·霍弗和萨莉·基尔戈：《公立和私立学校》(华盛顿，哥伦比亚特区：国家教育统计中心，1981年)；詹姆斯·科尔曼：《教育中的平等与成就》(克罗拉多州博尔德：韦斯特伍德，1990年)；巴巴拉·施奈德、凯瑟琳·S.希勒和詹姆斯·科尔曼："公立学校选择"，《教育评价与政策分析》(1996年春)，pp. 19—29。

查布和莫的结论

布鲁金斯研究所的约翰·查布(John Chubb)和特里·莫(Terry Moe)也在研究公立和私立学校的成绩区别。他们也得出结论,私立学校会比公立学校产生更高的成就。他们认为,这种差异的一个主要原因,是因为私立学校有更多的自治权和更少的官僚作风。举例而言,在教师的雇用和解聘方面,公立学校的校长比私立学校的校长要拘泥得多。除此之外,公立学校在承受来自外部的压力(例如中央办公室、州政府办公室或纳税人代表团)时,解决问题会更复杂和更易受影响。因此,公立学校的师生更愿意接收关于学校优先目标的混合信息,他们更倾向于共同为达成这些目标而工作。①

关于研究结果的争论

然而,许多教育者不同意私立学校比公立学校会产生更高成就的结论。批评者为他们的反对意见提供了如下理由:(1) 获得更好的方法或更好地考虑家庭背景变量其实削弱了私立学校学生的成绩优势;(2) 为进入高中而考虑成绩水平也会减弱或大大减少公立、私立学校的成绩差别;(3) 研究者所使用的统计学方法是不恰当的,会得出误导性的和不公正的结论;(4) 一方面在教会学校或其他的私立学校,另一方面在公立学校之间存在的差别是不重要的,它们不会产生长期的影响。②

科尔曼和他的同事与查布和莫为了支持他们的原始结论,引用了更多的数据并进行了更深入的讨论,特别是他们认为私立学校为了改善学生的成绩,就让相当高比例的学生参加学校的项目来实现。但是,即使

---

① 约翰·E.查布和特里·M.莫:《政治、市场和美国学校》(华盛顿:布鲁金斯研究所,1990年);伊迪斯·帕塞尔和理查德·罗思坦主编:《学校选择》(华盛顿,哥伦比亚特区:经济政策研究所,1994年);"和戴维·W.科克帕特里克的谈话"(1998年),粘贴在《学校选择新闻通讯》上,在www.schoolreport.com上可查阅;保罗·E.彼得森:"证书和测验分数",《政策评论》(1999年1—2月合刊)。

② 艾利斯·B.佩奇和蒂莫西·Z.基思:"美国私立学校的影响",《教育研究者》(1981年8—9月合刊),pp. 7—22;蒂莫西·Z.基思和艾利斯·B.佩奇:"天主教中学能改善少数民族学生的成绩吗?",《美国教育研究杂志》(1985年秋),pp. 337—349;戴维·贝克和科尼利厄斯·赖尔登:"普通美国天主教学校的'精英'和国家的教育危机"。

在考虑了一个人的家庭背景和社会阶层所起的作用之后，要把学生的动机区分开来也是很困难的，研究者可能还将就公、私立学校的相对有效性继续争论下去。①

五、名牌学校和可选择学校

许多改革公立学校的努力中都包含建立名牌学校和可选择学校的意向。

今天的名牌学校

正如在"提供平等的教育机会"那一章所说的，名牌学校被描述为一个通过提供给学生特殊的课程，使学生从不同社区自愿入学的场所。他们通常作为改革努力的一部分而得以建立，目的是消除教育上的种族隔离，并给学生提供在原来地区学校得不到的参加教学项目的机会。

可选择学校的优势

可选择学校可以提供许多普通公立学校不能提供的学习机会。从这个角度上来看，名牌学校是一个典型的可选择学校，许多教会学校和其他私立学校也是这样的，像街道研究所、街道补习学校和中学的"兴趣小组"。这样的机构旨在使教育与旧城区的学生有更多的联系。在可选择学校中的学习表明，它们通常招收那些在传统学校不成功或想尝试另一种形式教育的学生，与传统学校相比，可选择学校允许更多的个性化、更多的独立学习和与外界更开放的联系。它们提供小班化、高成员内聚力、高入学率、满意的学生、脱离外界控制和对教育的非认知目标的强烈关注。②

---

① 詹姆斯·S.科尔曼和托马斯·胡佛："对托伊伯-詹姆斯-凯恩-戈德伯格和摩根的回应"，《教育社会学》(1983年10月)，pp. 218—234；李·舒摩、德伯拉·L.范戴尔和科云索科·康："学校选择、家庭特点和家校关系"，《教育心理学杂志》(1996年，第18期)，pp. 451—460；海伦·F.拉德："城市教育中以市场为基础的改革"，为罗伯特·伍德·约翰逊基金会准备的论文，(2000年)。

② 丹尼尔·U.莱文："被教育疏远的旧城区青年：街道中学的课"，《黑人教育杂志》(1975年春)，pp. 139—148；蒂莫西·W.扬：《可以选择的公立教育》(纽约：师范学院出版社，1990年)；玛丽·安·赖韦德："可选择学校：艺术的状态"，《教育领导》(1994年9月)，(转下页)

可选择学校的类型

可选择学校的倡导者指出，对于孩子在某一街道的公立学校上学的父母而言，只有一种有代表性的教育模式。一些倡导者为在系统内建立可选择学校而争论；其他人认为惟一正确的选择是在系统之外。两种类型的倡导者通常都强调向学生提供他们希望上的学校。这个考虑产生了我们热烈争论的关于择校的话题。①

六、学校选择

近年来，择校计划作为一种更固定和更具可行性的方法被介绍到教育中来。其基本思想就是增加学生选择在哪里就读和愿意学什么的机会。最近的发展动态包括：

开放录取的入学选择

科罗拉多、明尼苏达、华盛顿和其他州的立法者批准了一些法律，这些法律扩大了学生的“开放录取”的入学选择。科罗拉多州的立法者要求所有学区都允许学生在区域内自由流动。明尼苏达州的综合选择计划不仅支持学区内外的流动，而且扩展了可选择的学校和计划。华盛顿州的立法机关提供给那些经历过“特别艰难和有害环境”的学生在空间允许的情况下自由进入另一学区的绝对权利；它也要求学区接受那些父母在邻近地工作或本人生活在该地的学生入学。

私人提供经费的担保

许多地区的慈善家为学生进入私立学校学习提供担保。在一些商

(接上页)pp. 28—31；罗安·A.柏林：“提出了但陪审团还是没通过”，《教育领导》(1995年12—1996年1月合刊)，pp. 90—91；“对更小的学区提供支持”，《西北教育》(2000年冬)，pp. 5—9；玛丽·安·赖韦德：“怎样解决不成功学生的问题”。

① 亚当·梅尔森：“一种文化领导模式”，《政策评论》(1999年1—2月合刊)，在www.polioyreview.com上可查阅(点击“档案”)；戴维·麦尔斯等：《两年后纽约市的择校》(华盛顿，哥伦比亚特区：数学政策研究所，2000年)，为卡托研究所准备的论文，在www.cato.org/dailys/12-07-00.html上可查阅；“9200人选择证书学校”，《公共政策论坛研究概要》(2001年1月31日)；丹·墨菲：“米尔沃基证书项目概述”，为美国教师联合会准备的未标明日期的论文，在www.aft.org/research/vouchers上可查阅。

业机构为学生入学提供奖学金后,2 200名纽约市的学生(选自4万名申请者)在1998—1999年进入私立学校学习,为旧城区学生提供相似帮助的国家计划所筹集的资金已经达到上百万美元。

政府提供经费的担保

虽然小规模的政府基金担保计划已在克利夫兰州和佛罗里达州实施,但最著名的担保计划是以米尔沃基的低收入家庭的孩子为对象,由威斯康星州立法机构提供经费的相当大的计划。起初是为帮助学生进入非宗教私立学校建立的,至1998年,米尔沃基计划扩展到了也吸纳宗教学校的加入。2001年,9 000多名受担保的学生被录取到112所私立学校,其中75%是宗教学校。

亚利桑那州的税务信用办法

1997年建立的亚利桑那州的普遍税务信用办法允许任何纳税人为进入公、私立学校的学生承担学费,以享受在州纳税义务上的税收减免政策(达到公立学校开销的一半之多)。除此之外,纳税人能够收到最多500美元的存款,这是来自"私人学费救济金"的奖励,而该救济金至少90%花费在学生的学费上,大约3万纳税人参与了2000年的税务信用安排。

特权学校

在"公共教育经费"一章中所讨论的特权学校,经常为学生和家长提供选择学校的机会,现今约40个州允许特权学校的建立,2 000多所特权学校由国家创办。

自愿录取的特权学校

研究数据没有得出"参与学校选择计划的学生的成绩要高于在固定公立学校就读学生"的结论,对于爱迪生学校、担保计划和特权学校的评价倾向于这样的结论:尽管某些学校取得了一些成绩,但大多是微小和不连续的。① 就像扩展学校选择的实施计划所补充的,支持和反对另外

① 托马斯·L.古德和珍妮弗·S.布兰登:"特权学校";亨利·M.莱文:"熊市", (转下页)

做法的推荐信行动被提出，那些支持完全选择的人建议在学区内和跨学区录取，为学生进入公立和私立学校提供担保，吸引整个学区和地区创立可选择的学校网络。择校计划的拥护者强调以下观点。①

支持择校的观点

■ 为处境不利学生提供的择校机会将使他们脱离原先质量较差的学校。

■ 成绩、热望和其他结果将改善许多学生，因为他们在自愿选择的学校将更具成功的动机。

■ 现有的公立学校和可选择性的学习机构(不管是公立的还是私立的)将对教育有较大改善，因为他们的教职员工将互相竞争来吸引学生。

■ 不断增加的学习机会将可获得并满足学生的关于学校计划和服务的需要。

■ 父母亲将变得更有作用，并被鼓励在子女的教育中担当一个更重要的角色。

择校计划的批评者对这些观点提出疑问，特别是涉及私立学校的公共财政方面，批评者们提出下述观点。②

反对择校的观点

■ 择校计划将加剧社会的阶层性和隔离性，因为有很多动机较高或成绩好的白人学生和少数民族学生将从那些低成绩或低社会阶层的学生占相当比例的学校中转出，造成不平衡性。

■ 学生转学大多数都是由中产阶级家庭的学生转向私立学校，那将

(接上页)《教育的事情》(2001年春)，"案例研究·米尔沃基和克利夫兰证书计划"，在美国教师联合会的证书主页上未标明日期的论文，在www.aft.org/vouchers/report/casstudy.html上可查阅。

① 马修·J.布卢耶艾特："学校教育中选择的案例"(2001年)，粘贴在"麦金莱克公共政策中心"的网址上的论文，在www.mackinac.org/s 2001－01上可查阅；也可参见在www.free-market.net/directorybycategory上列举的有关研究。

② 赫伯特·J.格罗弗："私立学校选择是错误的"，《教育领导》(1991年1月)，p.51；杰弗雷·R.海里格："重新思考学校选择"(新泽西州普林斯顿：普林斯顿大学出版社，1994年)；马丁·卡罗："择校吗？是私人化的吗?"，《教育研究者》(2000年10月)，pp.15—20。

减少中产阶级支持公立学校的意愿。

■ 对私立学校的公共财政资助是违宪的。

■ 在学校间展开吸引转学生的竞争本身并不会导致成绩的提高；本章描述的正在出现的另外一些改革措施更重要。

■ 许多学校因为吸引竞争机制的建立和终止将会打乱整个教育系统的运作。

■ 很少有理由或没有理由相信，目前只录取较少处境不利学生的大多数学校会比现在的学校更成功。

■ 即使有这样一个假定成立，即在择校计划中学校可以大幅提高成绩低的学生的学习成绩是可实现的，但学生和其父母并不知道如何去选择它们，这些杰出的优秀学校可能接收不到很多的成绩低的学生。

■ 虽然在内心深处有这样有责任心的想法，即这种不具吸引力的学校将失去学生，甚至可能倒闭，但要减少过度的责任心，因为接受公共基金的私立学校不受政府标准影响。

■ 私立学校机构的公共基金将导致在分裂的种族主义或宗教意识形态基础上的"邪教"学校的建立。

■ 私立学校的参与将使政府制定更多的规章。

对日益增多的分离主义的恐惧

一些建议扩大学生选择范围的支持者也存在对择校的担忧。例如，约翰·利奥认为择校计划是"教育改革的最好选择"，而且是教育的"新的600磅的大猩猩"，他认为，提供经费鼓励学校建立注重社会阶层、种族和经济分离主义的教育机制将对教育产生很大的危害。在这个背景中，很多分析家已经试图制定能使择校计划尽可能有建设性的政策。他们提出了如下建议。①

① 约翰·利奥："学校改革是最好的选择"，《美国新闻和世界报道》(1991年1月14日)，p. 17；斯塔奇·史密斯："特权学校的民主化潜能"，《教育领导》(1998年10月)，pp. 55—58；约翰·H.赫罗维："择校和学习的课程"，《教育领导》(2000年12—2001年1月合刊)。

讨论话题：美国是否应增加学生在校时间的总量？

讨论主题	赞成的观点	反对的观点
更多的在校时间：提高学生成绩的一个建议是通过延长学日或学年，或两者兼备来增加学生在校时间的总量。这个提议部分是建立在对别国的观察基础上，例如日本，在那儿学生们花费在学校的时间比美国学生要多得多。它也反映出研究表明有效任务时间是判断学生表现的重要条件。	1. 扩大学年或学日将给教师提供更多的与学生接触的时间，并且有了更多的教导学生的机会，这对处于危险中的学生相当重要，他们需要特别的关照和补救工作。 2. 一些国家，例如日本的经验表明，增加在校时间能帮助提高学生分数，许多国家性的特派计划报告也建议在校时间要延长。 3. 扩大在校时间有助于解决那些父母全日离家的儿童的问题，当他们的父母工作时，他们必须照顾自己。学校可以以这种方式使这样的家庭受益并改进教育。 4. 扩大学生在校时间将向纳税人表明，在提升教育标准方面学校是认真严肃的，纳税人将因此更愿意支持学校工作。 5. 目前的学校入学制度起源于农业社会时期，大人在劳动时，孩子需要帮助干农活。在工业社会，学生时间的最佳利用即给他们另外的学校教育，使他们更好地为 21 世纪做好准备。	1. 扩大在校时间将不会对在许多学校发生的低质量教育有所补偿。问题不是学校教育的数量而是质量，更长的时间可能意味着降低质量。 2. 日本与美国之间存在着如此多的社会和文化差异，因此简单的比较是没有效果的。"扩大学生在校时间将提高美国学生的成绩水平"一说没有明显有力的证据。 3. 不断增长的公共机构对基本家庭生活的阻碍将由于扩展学生在校时间而加重。这种阻碍，不管出自什么样的意图，都会导致现代家庭的破裂。 4. 扩大在校时间将需要大量新的费用去提高工资和建筑物的再装修；纳税人将不愿支付这些费用。 5. 关于延长学日或学年的效果我们所知甚少。我们文化中的孩子需要学校发生很大的改变吗？当他们在教室里呆太久时，他们的创造力和承受力会怎样？除非我们得到答案，否则我们将不会让孩子在学校花费太多的时间。

建设性的择校政策

■ 确保学生及父母得到充分的建议和信息。

■ 提供自由转学、奖学金和其他支持，确保择校是完全可行的，而且不受制于社会阶层。

■ 包括避免种族隔离和再隔离的指导。

■ 保证录取和招生手续是公平的，并且不排除大量来自最需要的学校的学生。

■ 从法规角度着手,减轻公立学校的政府运作痕迹。

■ 不忽视其他教育改革的必要性和可能性;除此之外,把选择当做一项综合的改革议程的一部分。

择校的大概结论

米尔沃基担保计划的重要评价者约翰·威特,经过对择校的可能性的考虑后得出结论:虽然"为了刺激学校在我们的旧城区加以改进和提高竞争力,可能需要一些惊人事件",大多数担保人可能会忽略贫困学区,因为"资金会四处流动,而一旦它被固定地花费在郊区和选择性的旧城区学校,它就没有了。"但是,他亦总结说,担保人对低收入家庭学生的有限投入可能是可取的,因为他们为那些学生提供了选择效率更高的学校的机会。丹·古德哈勃、帕特里克·麦克埃文和一些别的分析家研究了支持教育选择计划的观点的有限数据,他们也担心这些观点的潜在影响。他们认为还没有足够的材料指点他们怎样设计才能避免陷阱,例如分层和确保竞争中的积极影响。①

焦点问题回顾:你打算在一所公立或私立学校教学吗?无论在哪一种情况下,你认为扩大学校选择计划将会如何影响你的教师生涯呢?

七、拓展学校计划和全年制学校

拓展学习时间的争论

一些国家报告,包括《国家处在危急之中》和《时间的囚徒》,都提议加长学年或学日,以便为教与学提供更多的时间。这些报告中的一些也提议进行全年上课的学校计划,该计划是按循环时间表来运作的,使四

① 丹·古德哈勃:"择校:我们知道的够吗?",《教育研究者》(2000年11月),pp. 21—22;帕特里克·J.麦克埃文:"大规模证书计划的潜在影响",《教育研究评论》(2000年夏),pp. 103—149;约翰·威特:《教育的市场取向》(新泽西州普林斯顿:普林斯顿大学出版社,2000年),pp. 207—208。

分之三的学生进行为期 9 周的学习，而剩下的四分之一时间休假 3 周。全年上课的学校通常在学校过度拥挤的地方建立。现在大约有 200 多万学生加入了全年学习的学校计划，很多学区也已延长了学年或学日。然而，这些学区开展的这类运动通常也有争议，因为这些变化需要增加相当多的教职工花费，也会打乱父母照顾孩子的安排。如果要提高学生的成绩，那么，拓展学习时间的行动也需要课程和教学方面有实质性的变化。① 关于这个话题的争论，参见讨论话题栏。

八、有天赋的天才学生

天才教育的趋势

关于天赋和有才能学生的教育研究目前在增多。存在几个较广泛的研究计划倾向：急剧加速为天才学生提供学习机会；提供特别的"顾问"帮助；不断强调独立学习和探究性学习；使用个性化的教育大纲，就像对残疾学生那样提供参与高水平班的机会；根据学生的学习风格来授课；建立特殊学校、星期六计划和暑期学校；更多地利用社区资源；根据学生的兴趣和能力，通过各种观点进行教学分化；压缩课程计划，使课程内容更合理化；用更具挑战性的材料来替换学生原有的知识结构。②

不同的方法

有关天赋学生的一个主要问题是选择关于课程和教学的有效方法。一般而言，教育者倾向于强调通过有规律的课程活动来加速教学，或加大学习难度，但也有一些人坚持把两者合二为一的"融合"方法。为了发

---

① 全国教育时间与学习委员会：《时间的囚徒》(华盛顿，哥伦比亚特区：美国教育部，1994 年)；卡罗琳·M.施尔茨和史蒂文·L.奥伯格：《全年学校教育：回顾我们所知道的事情》(印第安纳州布卢明顿：Phi Delta kappa 出版社，2000 年)。

② 约翰·F.费尔何森："如何确定和发展特殊才能"，《教育领导》(1996 年 2 月)，pp. 66—69；卡伦·L.威斯特博格和小弗兰西斯·X.阿香博："高能力学生的成功课堂教学实践的多地点案例研究"，《天才儿童季刊》(1997 年冬)，pp. 42—51；萨莉·M.赖斯等："平等并不意味着一致"，《教育领导》(1998 年 11 月)，pp. 74—77；达纳·T.约翰逊："在混合能力的课堂里给天才儿童教数学"，《残疾和天才教育文摘》(ERIC 教育情报交换所，2000 年 4 月)。

展这种观点，一些分析家提倡可以把诸如此类的一些因素结合起来：(1)“内容”模式，强调加速学习；(2)“过程—结果”模式，强调通过独立学习和探究来丰富教学；(3)“认识论”模式，强调对知识系统的理解和认同。①

包含更多的少数民族学生

在天才教育方面，少数民族学生及经济贫困学生的低参与率已被许多关注者所陈述。证据表明，选择标准通常不能确定是否对参与计划的贫困学生有益。因此，很多努力是在扩大了天才的定义后进行的，包括形成非常强的问题解决技能、较高的创造性、较高的口头或非口头的流利表达能力、优秀的艺术成就和其他才能方面的指标。②

焦点问题回顾：你愿意在实施本章节所描述的这些改革的学校或学区教学吗？例如，你愿意在全年上课的学校工作吗？你怎样针对天赋学生进行有效的教学呢？

第七节　系统性重建与标准化改革

系统改进

近几年，很多围绕教育系统全部或部分地“结构改组”的努力措施已经被讨论。虽然这个术语就像“改革”一词被不同的方式解释着，但是它越来越可以用来表明对系统改进的需要——那就是改革同时阐明了教

① 乔伊斯·万·塔塞尔-巴斯卡：“对天才儿童的有效课程和教学模式”，《天才儿童季刊》(1980年秋)，pp. 162—168；安·罗宾逊和帕梅拉·R．克林肯·比尔德：“天才”，《心理学年鉴》(1998年，第49号)，pp. 117—139；M．苏·惠特洛克和E．吉恩·格实斯：“把天才教育扩展到常规课堂教学中”，《国家天才儿童研究中心新闻通讯》(2001年春)，在www.gifted.nconn.edu/news/ttr.html上可查阅。

② 詹姆斯·J．加拉格尔：“天才学生的教育：一个民权问题吗？”；斯蒂芬尼·麦金托什：“为没有受到服务的人提供服务：在少数民族和处境不利学生中的天才”，《学校行政人员》(1995年4月)，pp. 25—29；温迪·施瓦茨：“确定各种学生的才能的策略”，《ERIC城市教育情报交换所》(1997年5月)，在http://eric-web.tc.columbia上可查阅(搜索“温迪·施瓦茨”)。

育系统内部所有或大多数要素。例如，美国教育委员会的官员已经声明，那些从“校园到州议会大楼”的教育制度的全部或部分要被重新构建，以便在教学方面有系统的改进。系统的重建涉及教学方法、专业发展，对学生、教师和学校表现的评价，课程和材料，学校财政、学校管理、课程要求及教育的其他方面。①

使改革保持一致

当很多变化同时被引进时，重建和改革活动必须是连贯的。它们必定彼此相融并互相加强，而不是成为把时间和精力从优先的目标中分离出来的孤立的零星碎片。由于系统的改革试图通过确定学生表现的标准，然后对测验、教学方法和教材、专业发展以及教育的其他方面进行调整来获得一致性，因此，这些改革经常被称为“以标准化为基础的”改革。

州一级的系统改革

在州一级水平，系统改革的最好例证是在肯塔基州。1989 年，该州最高法院以无效和不公平为由宣布州内普通学校系统是违宪的，而后法院开始指示立法和行政机关改善“整个系统——它的所有部件和零件”的目的。因此，以下变化已作为肯塔基州教育改革法案的一部分，得到了有计划地分阶段实施。②

肯塔基计划的条款

■ 课程、教学和学生评价是以表现为基础的，强调以掌握为方向的学习和以标准为参照的测试。

■ 学校已经建立了由权威组成的管理委员会，在预算投入、课程和教学方面作出相关的决定。

■ 父母可以让子女从不满意的学校转学。

---

① 罗纳德·A.沃克：“给学校赋权”，《教师杂志》(1999 年 1 月)；“什么是系统改革?”(2001 年)，在www.nas.edu/rise/backg3.html 上可查阅。

② 托马斯·R.戈斯凯和肯特·彼得森：“课堂教学改革之路”，《教育领导》(1995 年 12 月—1996 年 1 月合刊)，pp. 10—15；马克·S.塔克和查尔斯·S.克拉克：“新的责任”，《美国学校委员会杂志》(1999 年 1 月)；“坚定不移的爱”，《洞察力》(2000 年 8 月)。

■ 不成功学校的教职员工能从州指定的专家那里得到帮助。

■ 在社区建立年轻人和家庭服务中心，有20%或更多的学生来自贫困家庭。

■ 所有地区为全部的4岁的处境不利儿童提供学前计划。

■ 为此变化支付的税款已经增加了几十亿美元。

得克萨斯州的收获

得克萨斯州的教育工作者和立法者也一直努力介绍系统改革的很多组成部分。为改变低成绩学校和学区的教学，得克萨斯州学术技能评估（TAAS）被用来进行确定和提供支持，特别是为低收入家庭的子女和少数民族学生所做的工作被大量报道。例如，在布拉佐斯波特的学生中，集中的教职员工发展，为低成绩者的辅导和其他改革努力，有助于使低收入家庭子女通过数学考试的比率从1992年的55%增加到2001年的96%。如果把一个州作为整体的话，低收入家庭子女通过阅读、写作和从TAAS中节选的数学考试的比例，从1994年的39%增长到了2000年的70%。尽管一些观察者抱怨太多的时间花费在为学生考试做准备，太多低成绩者被考试淘汰，但大多数分析家已经为得克萨斯州的教师努力改进所有学生的成绩而喝采。①

要在因特网上寻找关于州改革的信息资源，请参见“学校与网络技术”栏。

区一级的系统改革

高成绩的学区

在“教师从教的动机准备及条件”这一章中，我们描述了在纽约州的罗彻斯特公立学校的系统改革，在前一节我们引用了布拉佐斯波特地区和得克萨斯州其他地区的系统改革。全国的许多其他地区提出了优秀

---

① 泰斯·帕尔马菲：“金星的国度”，《政策评论》（1998年3—4月合刊）；克雷格·D.杰拉德：“真实的结果，保持挑战”（2001年），为“商业圆桌会议”准备的论文，在www.brt.org/pdf/532.pdf上可查阅；琳达·斯卡拉：“责任、公平与复杂性”，《教育研究者》（2001年5月）。

的改革方案，在他们州的以标准化为基础的学生评价方面取得了较大的成绩。除此以外，关于学区应做些什么使他们的改革计划更成功，我们已经有很多了解。例如，最近教育研究服务中心进行的一项研究报告指出，以下的实践是6个高成绩学区的特征，这些学区是以录取大量的低收入家庭子女参加而使成绩得到实际改善为基础的：①

- 教育官员和其他领导者广泛分享拥有高期待值的必要性的信念。
- 预算被分散到各个年级以加强责任的可能性。
- 做大量的工作对州考试的课程进行调整。
- 定期进行学生表现的评价，对落后的学生进行部分的辅导。

基于州标准评价表明学生的成绩有明显改进的地区，包括美国的一些最大的地区，他们录取大量的低成绩学生、少数民族学生、英语水平有限的学生。大城市学校委员会已经调查了它的55个大城市的所属地区，并且报告了如下内容：②

- 大城市学校已经在州评价的基础上在数学成绩方面获得了巨大的成功，在别的单独测试领域，诸如国家教育进步评价方面也一样。
- 在州阅读考评中也取得了成绩，但这些成绩不像独立使用别的测试内容一样确定。
- 就像地区报告中所说的那样，减少某些学校的差异已经取得了进步，有"初步的证据"表明少数民族与非少数民族学生之间数学成绩的差异可能会缩小。
- 约47%的地区在通过半数以上的年级考试中较快地提高了数学成绩，超过整个州的平均水平。阅读方面的可比性数字是37%。

巴尔的摩和芝加哥

在提高学生成绩的州评价和其他考试方面做得较好的是芝加哥的

---

① 戈登·卡威尔蒂和南希·普罗斯罗：《六个学区是怎样变成表现良好的系统的》（弗吉尼亚州阿灵顿：教育研究服务中心，2001年）。

② 《打击不平等》（华盛顿，哥伦比亚特区：大城市学校委员会，2001年）。

巴尔的摩和其他几个城市。在巴尔的摩，州里进行的每个年级的考试中，学生的数学和阅读成绩都得到提高，巴尔的摩的小学生在国家正规考试中也取得了好的成绩。5 年级学生的阅读水平从 1998 年的高于国家平均水平的 18%上升到 2001 年的 41%，1 年级学生的可比性成绩从 29%提高到 56%。巴尔的摩的观察者把这些成就归功于协调的改革措施，诸如专业发展的平衡读写能力，在阅读、写作和数学方面以标准化为基础的教学，提供更多的儿童早期、放学后、暑期学习的机会，对学生从一个年级到下一个年级提出升级要求。在有类似措施的芝加哥公立学校中，13—14 岁的孩子在阅读方面也取得了很好的成绩，1992 年和 2000 年之间几乎上升了一个年级。这些好成绩的取得均归功于伊利诺伊州和马里兰州全州范围内对提高学生、能力的改革。①

学校与网络技术

关于州评价和责任实践的信息

作为一个教师，你的学生的成绩必定受州的标准影响。要求学生、教师和学校为他们的成绩负责的要求在不断增长，你也会受其影响。

政策研究联合会的马格丽特·高茨和马克·达菲(CPRE)帮助制定了一个关于国家实践的报告，并准备了一个名为"50 个州的评价和责任"的 2001 年报告。这份报告可见于网站www.gse.upenn.edu/cpre，并能从宾夕法尼亚大学教育研究生院的政策研究联合会免费获得。

作者发现，所有的州都"从事着与高标准和挑战性内容有关的教育研究"，包括"所有学生的一套共同的学术标准、测量学生表现的评价方法，至少部分地针对学生学习成果的责任体系"。他们也指出，所有的州都出版，或者要求地区出版学校或者地区工作成绩鉴定，39 个州有全州

① 李兹·鲍威、艾里克·尼多西："改善测验分数，为变化而欢呼"，《巴尔的摩太阳报》(2001 年 5 月 18 日)；约翰·Q. 伊斯顿：《CPS 测验趋势周年回顾》，(芝加哥：芝加哥学校评论联合会，2001 年)，在www.consortium-chicago.org/acrobat/ttrends 2000.pdf 上可查阅。

性的评价，它们按照种族、民族和性别来对成绩报告进行归类。但是，它们得出结论认为，这些评价多么具有挑战性、怎样才能认为表现水平很高、怎样根据学校或学区的表现水平进行恰当的奖惩，以及表现差的学校得到帮助的数量和种类方面，有广泛的多变性。

经过一定的努力，CPRE 建立了一个互联网站，你可以了解到每个州用来评价学生表现的具体方法的细节。这些同与标准有关的一些政策和实践对应的州的方法包括：

- 决定怎样评价诸如缺乏学习能力和英语水平有限的特殊学生。
- 决定学校和学区怎样负起责任。
- 决定如何对待一类学校。

在www. gse. upenn. edu/cpre/doc/pubs/profiles. html，你能查找到你自己的州和其他州的信息。这也可以让你得到以下问题的答案：

（1）在你的学科范围内有全州性的考试吗？如果有，是哪个年级？

（2）在你的学科里，学生毕业必须通过考试吗？

（3）在你的州里，考试制度有没有发生变化？如果有，是什么变化？

（4）在你的州里，为低成绩学校提供哪些帮助？

（5）你的州怎样在评价策略和可行性政策方面与邻近的州相比较？

你也可在网站 www. achieve. org/achieve/achievestart. nsf/Search?OpenForm 上查找，你可以了解到，例如，对阿拉巴马 6 年级学生提出的英语标准，包括"应用一些策略去构建口语、书面语和视觉材料的意义"。你们州对 6 年级的英语标准又是怎样的呢？

通过搜索"Achieve，znc"网站，你也可以获得在各个年级和科目方面进行评价的独特标准的州信息（Achieve 是 1996 年由州长和社团领导者建立的一个代表两个政党的、非营利性的组织）。

结论：教育所面临的挑战

为迎接因国际竞争和弱势公民的问题而引起的国内挑战，美国的教育必须比现行制度更为有效。对于各个层次的学生，尤其是对一些弱势学生发展高等技能，在这一方面显得尤为重要。

新教师的关键作用

最近倡导的国内教育改革已反映出这些正在浮现出来的关注点。同时，在改进地区、学校和班级层次的教育效率方面，我们也学到了很多东西。然而，用这种理念来从根本上改革教育是一项困难而复杂的任务。新教师在决定改革的成败中扮演着举足轻重的角色。

总　结

(1) 现行教育制度受到改进学习成绩的挑战，这有利于美国在国际竞争中站稳脚跟，并给弱势学生和处于危险中的学生提供公平竞争的机会。

(2) 有效教学的研究对适当强调的一些方面提供了支持，如高效的班级管理、指导教学、有效学习时间、有技巧地提问学生、明确理解教学以及其他促进成绩的方法。

(3) 研究表明，通常在改进学生成绩方面作出成效的学校有明确的使命感、卓越的领导、对学生寄予厚望、积极的学校和家庭关系、有效的学习时间，学生监督以及有序的、具有人情味的气氛。研究还确定了一些更具体的特点，如课程安排以及全校范围内强调高技巧。在中学，研究者发现校中校、职业研究院和更小的中学单位更有效。

(4) 现在看来，假定教育者使用所学到的关于学校改进的方法，那么建立更具效率的学校还是具有可行性的。

(5) 许多努力，包括高级思维技能计划，都寻求改进所有年级的教学。

(6) 研究表明，个别学校的水平对改革是至关重要的，旨在改进所有学校的研究方面的努力都起源于这种研究。

(7) 许多学区和州进行的改革措施包括与商业机构和其他机构、有吸引力的学校和可选择学校以及全年上课的学校的合作。

(8) 目前所具有的技术为提高初级和中级教育提供了巨大的潜能，

但是对于技术的有效运用则需相当多的努力和资源。

(9) 一些研究指出非公立学校比公立学校的效率更高，许多研究者对这一结论提出疑问。

(10) 通过推广择校来提高教育效率极具可行性，但还有很多潜在的危险。

(11) 农村教育和天才儿童教育的提高工作亟待改善。

(12) 目前正努力出台系统化的、连续的改革，这些努力极有可能获得成功。

关键术语

有效学习时间	远程教育
指导教学	名牌学校
明确教学	可选择学校
明确理解教学	学校选择
战略性教学	全年制学校
合作计划	重建
学校私有化	系统改进

讨论题

(1) 在努力提高学生的高级技能方面最主要的障碍是什么？为了达到这个目标应该做些什么？

(2) 为什么学校效率必须依靠作为一个整体的学校，而非单独的班级？在教师所能做到的帮助改善学校效率的事情中，哪些是最重要的？

(3) 关于私立学校效率的研究说明了什么？他们是否能比公立学校产生更高的成就？如果答案是肯定的，怎么解释这种不同？

(4) 教育工作者在解释有效学校的研究中应注意些什么？在解释过

程中，最有可能犯什么样的错误？

（5）你愿意在一所非常贫困的学校工作吗？在那里教学可能会比在一所中产阶级的学校遇到更多的困难。承担这样的任务，哪种哲学上的决定性选择是重要的？

专业发展的建议方案

（1）收集和分析在你的社区发生的有关学校和其他组织（诸如商业机构和学院）合作的信息。这样的合作到什么程度才对学校有帮助？

（2）参观一个贫困学生占相当比例的学校，和师生双方交谈。写一份关于该校和本章介绍的异常有效学校在教学大纲和实践方面特征比较的报告。组织你个人文件夹中的材料去得出结论。

（3）列出你为了提高一所中学的效率所采取的最先的行动目录，并为你的目录进行阐释。你的提议怎样反映出对学校效率的研究？它们怎样反映出你个人的教育哲学？

（4）在最近的书刊、杂志或在因特网上的文章中，找到对于基础改革或者在公立学校中进行重建的建议。作者提议改革什么？怎样改？建议是否现实？它向我们描述了什么样的哲学观？要成功实施它需要什么样的条件和资源？成功的可能性是多少？

译后记

在2001年我研究生即将毕业时，导师朱永新教授正开始策划翻译出版《教育科学精品教材译丛》。在朱老师的鼓励和指导下，我接受了主持翻译本书的任务。经过认真的阅读和理解，我们发现，本书确实是一本优秀的教科书，它从政治、经济、法律、社会、文化以及哲学等不同的角度与层面，详细地阐述和分析了美国教育的历史基础和发展现状，客观地介绍和评述了世界发达国家不同的教育模式和教育思潮，深入地剖析了世界著名教育家的教育思想，同时对课程、教师等问题也进行了全面深入的探讨，对未来教育的发展趋势进行了客观的分析和预测。本书对那些想全面了解美国教育发展状况和从事比较教育研究的读者，具有较高的参考价值。尽管本书以介绍美国教育基础为主，但被世界各国教育家公认为教育学理论的著名教材。因此，我们十分乐意把它推荐给大家。同时，这本教材也为我们编写具有中国特色的本土化教材，提供了一个极好的范例。

本书由我主持翻译，具体参加翻译的人员有：曹健、郭彩琴、陶新华、唐忠明、王平、邱小敏、许士荣、杨树兵、杨春霞、袁芳、叶绪江、张亮、田月华、叶婉华、眭欣等人。本书由南京师范大学杨韶刚教授负责审校，眭欣、仇蓓玲、张静也帮助做了一些文字校对工作。本书能够顺利翻译出版,要特别感谢丛书主编朱永新教授,他对本书的翻译提供了很多的指导和帮助。此外,还要感谢江苏教育出版社赵明主任。

尽管我们对本书的翻译花了两年多时间,并请专家对此书进行数次审校,努力保证本书的质量,但可能仍然有一些疏漏之处,恳请读者批评指正。另外,考虑本书的篇幅过大,为节省读者的购买成本,降低书价,我们对原书中附录的少部分内容和极少数不影响内容阅读的图片作了删节,敬请读者谅解。

杨树兵

2003 年 11 月于南京

凤凰文库书目

一、马克思主义研究系列

《走进马克思》 孙伯鍨 张一兵 主编
《回到马克思：经济学语境中的哲学话语》 张一兵 著
《当代视野中的马克思》 任平 著
《回到列宁：关于"哲学笔记"的一种后文本学解读》 张一兵 著
《回到恩格斯：文本、理论和解读政治学》 胡大平 著
《国外毛泽东学研究》 尚庆飞 著
《重释历史唯物主义》 段忠桥 著
《资本主义理解史》(6卷) 张一兵 主编
《阶级、文化与民族传统：爱德华·P. 汤普森的历史唯物主义思想研究》 张亮 著
《形而上学的批判与拯救》 谢永康 著
《21世纪的马克思主义哲学创新：马克思主义哲学中国化与中国化马克思主义哲学》 李景源 主编
《科学发展观与和谐社会建设》 李景源 吴元梁 主编
《科学发展观：现代性与哲学视域》 姜建成 著
《西方左翼论当代西方社会结构的演变》 周穗明 王玫 等著
《历史唯物主义的政治哲学向度》 张文喜 著
《信息时代的社会历史观》 孙伟平 著
《从斯密到马克思：经济哲学方法的历史性阐释》 唐正东 著
《构建和谐社会的政治哲学阐释》 欧阳英 著
《正义之后：马克思恩格斯正义观研究》 王广 著
《后马克思主义思想史》 [英]斯图亚特·西姆 著 吕增奎 陈红 译
《后马克思主义与文化研究：理论、政治与介入》 [英]保罗·鲍曼 著 黄晓武 译
《市民社会的乌托邦：马克思主义的社会历史哲学阐释》 王浩斌 著

二、政治学前沿系列

《公共性的再生产：多中心治理的合作机制建构》 孔繁斌 著
《合法性的争夺：政治记忆的多重刻写》 王海洲 著
《民主的不满：美国在寻求一种公共哲学》 [美]迈克尔·桑德尔 著 曾纪茂 译
《权力：一种激进的观点》 [英]斯蒂芬·卢克斯 著 彭斌 译
《正义与非正义战争：通过历史实例的道德论证》 [美]迈克尔·沃尔泽 著 任辉献 译
《自由主义与现代社会》 [英]理查德·贝拉米 著 毛兴贵 等译
《左与右：政治区分的意义》 [意]诺贝托·博比奥 著 陈高华 译
《自由主义中立性及其批评者》 [美]布鲁斯·阿克曼 等著 应奇 编
《公民身份与社会阶级》 [英]T. H. 马歇尔 等著 郭忠华 刘训练 编
《当代社会契约论》 [美]约翰·罗尔斯 等著 包利民 编
《马克思与诺齐克之间》 [英]G. A. 柯亨 等著 吕增奎 编
《美德伦理与道德要求》 [英]欧若拉·奥尼尔 等著 徐向东 编
《宪政与民主》 [英]约瑟夫·拉兹 等著 佟德志 编
《自由多元主义的实践》 [美]威廉·盖尔斯敦 著 佟德志 苏宝俊 译

《国家与市场：全球经济的兴起》［美］赫尔曼·M. 施瓦茨 著　徐佳 译
《税收政治学：一种比较的视角》［美］盖伊·彼得斯 著　郭为桂 黄宁莺 译
《控制国家：从古雅典至今的宪政史》［美］斯科特·戈登 著　应奇 陈丽微 孟军 李勇 译
《社会正义原则》［英］戴维·米勒 著　应奇 译
《现代政治意识形态》［澳］安德鲁·文森特 著　袁久红 译
《新社会主义》［加拿大］艾伦·伍德 著　尚庆飞 译
《政治的回归》［英］尚塔尔·墨菲 著　王恒 臧佩洪 译
《自由多元主义》［美］威廉·盖尔斯敦 著　佟德志 庞金友 译
《政治哲学导论》［英］亚当·斯威夫特 著　佘江涛 译
《重新思考自由主义》［英］理查德·贝拉米 著　王萍 傅广生 周春鹏 译
《自由主义的两张面孔》［英］约翰·格雷 著　顾爱彬 李瑞华 译
《自由主义与价值多元论》［英］乔治·克劳德 著　应奇 译
《帝国：全球化的政治秩序》［美］麦克尔·哈特［意］安东尼奥·奈格里 著　杨建国 范一亭 译
《反对自由主义》［美］约翰·凯克斯 著　应奇 译
《政治思想导读》［英］彼得·斯特克 大卫·韦戈尔 著　舒小昀 李霞 赵勇 译
《现代欧洲的战争与社会变迁：大转型再探》［英］桑德拉·哈尔珀琳 著　唐皇凤 武小凯 译
《道德原则与政治义务》［美］约翰·西蒙斯 著　郭为桂 李艳丽 译
《政治经济学理论》［美］詹姆斯·卡波拉索 戴维·莱文著　刘骥 等译
《民主国家的自主性》［英］埃里克·A. 诺德林格 著　孙荣飞 等译
《强社会与弱国家：第三世界的国家社会关系及国家能力》［英］乔·米格德尔 著　张长东 译
《驾驭经济：英国与法国国家干预的政治学》［美］彼得·霍尔 著　刘骥 刘娟凤 叶静 译
《社会契约论》［英］迈克尔·莱斯诺夫 著　刘训练 等译
《共和主义：一种关于自由与政府的理论》［澳］菲利普·佩蒂特 著　刘训练 译
《至上的美德：平等的理论与实践》［美］罗纳德·德沃金 著　冯克利 译
《原则问题》［美］罗纳德·德沃金 著　张国清 译
《社会正义论》［英］布莱恩·巴利 著　曹海军 译
《马克思与西方政治思想传统》［美］汉娜·阿伦特 著　孙传钊 译
《作为公道的正义》［英］布莱恩·巴利 著　曹海军 允春喜 译
《古今自由主义》［美］列奥·施特劳斯 著　马志娟 译
《公平原则与政治义务》［美］乔治·格劳斯科 著　毛兴贵 译
《谁统治：一个美国城市的民主和权力》［美］罗伯特·A. 达尔 著　范春辉 等译
《论伦理精神》张康之 著
《人权与帝国：世界主义的政治哲学》［英］科斯塔斯·杜兹纳 著　辛亨复 译
《阐释和社会批判》［美］迈克尔·沃尔泽 著　任辉献 段鸣玉 译
《全球时代的民族国家：吉登斯讲演录》［英］安东尼·吉登斯 著　郭忠华 编
《当代政治哲学名著导读》应奇 主编
《拉克劳与墨菲：激进民主想象》［美］安娜·M. 史密斯 著　付琼 译
《英国新左派思想家》张亮 编
《第一代英国新左派》［英］迈克尔·肯尼 著　李永新 陈剑 译
《转向帝国：英法帝国自由主义的兴起》［美］珍妮弗·皮茨 著　金毅 许鸿艳 译
《论战争》［美］迈克尔·沃尔泽 著　任辉献 段鸣玉 译
《现代性的谱系》张凤阳 著

三、纯粹哲学系列

《哲学作为创造性的智慧：叶秀山西方哲学论集(1998—2002)》 叶秀山 著
《真理与自由：康德哲学的存在论阐释》 黄裕生 著
《走向精神科学之路：狄尔泰哲学思想研究》 谢地坤 著
《从胡塞尔到德里达》 尚杰 著
《海德格尔与存在论历史的解构：〈现象学的基本问题〉引论》 宋继杰 著
《康德的信仰：康德的自由、自然和上帝理念批判》 赵广明 著
《宗教与哲学的相遇：奥古斯丁与托马斯·阿奎那的基督教哲学研究》 黄裕生 著
《理念与神：柏拉图的理念思想及其神学意义》 赵广明 著
《时间性：自身与他者——从胡塞尔、海德格尔到列维纳斯》 王恒 著
《意志及其解脱之路：叔本华哲学思想研究》 黄文前 著
《真理之光：费希特与海德格尔论 SEIN》 李文堂 著
《归隐之路：20 世纪法国哲学的踪迹》 尚杰 著
《胡塞尔直观概念的起源：以意向性为线索的早期文本研究》 陈志远 著
《幽灵之舞：德里达与现象学》 方向红 著
《形而上学与社会希望：罗蒂哲学研究》 陈亚军 著
《福柯的主体解构之旅：从知识考古学到"人之死"》 刘永谋 著
《中西智慧的贯通：叶秀山中国哲学文化论集》 叶秀山 著
《学与思的轮回：叶秀山 2003—2007 年最新论文集》 叶秀山 著
《返回爱与自由的生活世界：纯粹民间文学关键词的哲学阐释》 户晓辉 著
《心的秩序：一种现象学心学研究的可能性》 倪梁康 著
《生命与信仰：克尔凯郭尔假名写作时期基督教哲学思想研究》 王齐 著
《时间与永恒：论海德格尔哲学中的时间问题》 黄裕生 著
《道路之思：海德格尔的"存在论差异"思想 》 张柯 著
《启蒙与自由：叶秀山论康德》 叶秀山 著
《自由、心灵与时间：奥古斯丁心灵转向问题的文本学研究》 张荣 著

四、宗教研究系列

《汉译佛教经典哲学研究》(上下卷) 杜继文 著
《中国佛教通史》(15 卷) 赖永海 主编
《中国禅宗通史》 杜继文 魏道儒 著
《佛教史》 杜继文 主编
《道教史》 卿希泰 唐大潮 著
《基督教史》 王美秀 段琦 等著
《伊斯兰教史》 金宜久 主编
《中国律宗通史》 王建光 著
《中国唯识宗通史》 杨维中 著
《中国净土宗通史》 陈扬炯 著
《中国天台宗通史》 潘桂明 吴忠伟 著
《中国三论宗通史》 董群 著
《中国华严宗通史》 魏道儒 著
《中国佛教思想史稿》(3 卷) 潘桂明 著
《禅与老庄》 徐小跃 著

《中国佛性论》 赖永海 著
《禅宗早期思想的形成与发展》 洪修平 著
《基督教思想史》 [美]胡斯都·L. 冈察雷斯 著 陈泽民 孙汉书 司徒桐 莫如喜 陆俊杰 译
《圣经历史哲学》(上下卷) 赵敦华 著
《禅宗早期思想的形成与发展》 洪修平 著
《如来藏与中国佛教》 杨维中 著

五、人文与社会系列

《环境与历史：美国和南非驯化自然的比较》 [美]威廉·贝纳特 彼得·科茨 著 包茂红 译
《阿伦特为什么重要》 [美]伊丽莎白·扬-布鲁尔 著 刘北成 刘小鸥 译
《现代性的哲学话语》 [德]于尔根·哈贝马斯 著 曹卫东 等译
《追寻美德：伦理理论研究》 [美]A. 麦金太尔 著 宋继杰 译
《现代社会中的法律》 [美]R. M. 昂格尔 著 吴玉章 周汉华 译
《知识分子与大众：文学知识界的傲慢与偏见，1880—1939》 [英]约翰·凯里 著 吴庆宏 译
《自我的根源：现代认同的形成》 [加拿大]查尔斯·泰勒 著 韩震 等译
《社会行动的结构》 [美]塔尔科特·帕森斯 著 张明德 夏遇南 彭刚 译
《文化的解释》 [美]克利福德·格尔茨 著 韩莉 译
《以色列与启示：秩序与历史(卷1)》 [美]埃里克·沃格林 著 霍伟岸 叶颖 译
《城邦的世界：秩序与历史(卷2)》 [美]埃里克·沃格林 著 陈周旺 译
《战争与和平的权利：从格劳秀斯到康德的政治思想与国际秩序》 [美]理查德· 塔克 著 罗炯 等译
《人类与自然世界：1500—1800年间英国观念的变化》 [英]基思·托马斯 著 宋丽丽 译
《男性气概》 [美]哈维·C. 曼斯菲尔德 著 刘玮 译
《黑格尔》 [加拿大]查尔斯·泰勒 著 张国清 朱进东 译
《社会理论和社会结构》 [美]罗伯特·K. 默顿 著 唐少杰 齐心 等译
《个体的社会》 [德]诺贝特·埃利亚斯 著 翟三江 陆兴华 译
《象征交换与死亡》 [法]让·波德里亚著 车槿山 译
《实践感》 [法]皮埃尔·布迪厄 著 蒋梓骅 译
《关于马基雅维里的思考》 [美]利奥·施特劳斯 著 申彤 译
《正义诸领域：为多元主义与平等一辩》 [美]迈克尔·沃尔泽 著 褚松燕 译
《传统的发明》 [英]E. 霍布斯鲍姆 T. 兰格 著 顾杭 庞冠群 译
《元史学：十九世纪欧洲的历史想象》 [美]海登·怀特 著 陈新 译
《卢梭问题》 [德]恩斯特·卡西勒 著 王春华 译
《自足语义学：为语义最简论和言语行为多元论辩护》 [挪威]赫尔曼·开普兰 [美]厄尼·利珀尔 著 周允程 译
《历史主义的兴起》 [德]弗里德里希·梅尼克 著 陆月宏 译
《权威的概念》 [法]亚历山大·科耶夫 著 姜志辉 译

六、海外中国研究系列

《帝国的隐喻：中国民间宗教》 [英]王斯福 著 赵旭东 译
《王弼〈老子注〉研究》 [德]瓦格纳 著 杨立华 译
《章学诚思想与生平研究》 [美]倪德卫 著 杨立华 译
《中国与达尔文》 [美]詹姆斯·里夫 著 钟永强 译

《千年末世之乱：1813 年八卦教起义》 [美]韩书瑞 著　陈仲丹 译
《中华帝国后期的欲望与小说叙述》 黄卫总 著　张蕴爽 译
《私人领域的变形：唐宋诗词中的园林与玩好》 [美]王晓山 著　文韬 译
《六朝精神史研究》 [日]吉川忠夫 著　王启发 译
《中国社会史》 [法]谢和耐 著　黄建华 黄迅余 译
《大分流：欧洲、中国及现代世界经济的发展》 [美]彭慕兰 著　史建云 译
《近代中国的知识分子与文明》 [日]佐藤慎一 著　刘岳兵 译
《转变的中国：历史变迁与欧洲经验的局限》 [美]王国斌 著　李伯重 连玲玲 译
《中国近代思维的挫折》 [日]岛田虔次 著　甘万萍 译
《为权力祈祷》 [加拿大]卜正民 著　张华 译
《洪业：清朝开国史》 [美]魏斐德 著　陈苏镇 薄小莹 译
《儒教与道教》 [德]马克斯·韦伯 著　洪天富 译
《革命与历史：中国马克思主义历史学的起源，1919—1937》 [美]德里克 著　翁贺凯 译
《中华帝国的法律》 [美]D. 布朗 等著　朱勇 译
《文化、权力与国家》 [美]杜赞奇 著　王福明 译
《中国的亚洲内陆边疆》 [美]拉铁摩尔 著　唐晓峰 译
《古代中国的思想世界》 [美]史华兹 著　程钢 译　刘东 校
《中国近代经济史研究：明末海关财政与通商口岸市场圈》 [日]滨下武志 著　高淑娟 孙彬 译
《中国美学问题》 [美]苏源熙 著　卞东坡 译　张强强 朱霞欢 校
《翻译的传说：构建中国新女性形象》 胡缨 著　龙瑜宬 彭珊珊 译
《〈诗经〉原意研究》 [日]家井真 著　陆越 译
《缠足："金莲崇拜"盛极而衰的演变》 [美]高彦颐 著　苗延威 译
《从民族国家中拯救历史：民族主义话语与中国现代史研究》 [美]杜赞奇 著　王宪明 高继美 李海燕 李点 译
《传统中国日常生活中的协商：中古契约研究》 [美]韩森 著　鲁西奇 译
《欧几里得在中国：汉译〈几何原本〉的源流与影响》 [荷]安国风 著　纪志刚 郑诚 郑方磊 译
《毁灭的种子：二战及战后的国民党中国》 [美]易劳逸 著　王建朗 王贤知 贾维 译
《理解农民中国：社会科学哲学的案例研究》 [美]李丹 著　张天虹 张胜波 译
《18 世纪的中国社会》 [美]韩书瑞 罗有枝 著　陈仲丹 译
《开放的帝国：1600 年的中国历史》 [美]韩森 著　梁侃 邹劲风 译
《中国人的幸福观》 [德]鲍吾刚 著　严蓓雯 韩雪临 伍德祖 译
《明代乡村纠纷与秩序》 [日]中岛乐章 著　郭万平 高飞 译
《朱熹的思维世界》 [美]田浩 著
《礼物、关系学与国家：中国人际关系与主体建构》 杨美慧 著　赵旭东 孙珉 译　张跃宏 校
《美国的中国形象：1931—1949 》 [美]克里斯托弗·杰斯普森 著　姜智芹 译
《清代内河水运史研究》 [日] 松浦章 著　董科 译
《中国的经济革命：20 世纪的乡村工业》 [日]顾琳 著　王玉茹 张玮 李进霞 译
《明清时代东亚海域的文化交流》 [日]松浦章 著　郑洁西 译
《皇帝和祖宗：华南的国家与宗族 》 科大卫 著　卜永坚 译
《中国善书研究 》 [日]酒井忠夫 著　刘岳兵 何英莺 孙雪梅 译
《大萧条时期的中国：市场、国家与世界经济》 [日]城山智子 著　孟凡礼 尚国敏 译
《虎、米、丝、泥：帝制晚期华南的环境与经济》 [美]马立博 著　王玉茹 译
《矢志不渝：明清时期的贞女现象》 [美]卢苇菁 著　秦立彦 译

《山东叛乱：1774 年的王伦起义》 [美]韩书瑞 著　刘平 唐雁超 译
《一江黑水：中国未来的环境挑战》 [美]易明 著　姜智芹 译
《施剑翘复仇案：民国时期公众同情的兴起与影响》 [美]林郁沁 著　陈湘静 译
《工程国家：民国时期(1927－1937)的淮河治理及国家建设》 [美]戴维・艾伦・佩兹 著　姜智芹 译
《西学东渐与中国事情》 [日]增田涉 著　周启乾 译
《铁泪图：19 世纪中国对于饥馑的文化反应》 [美]艾志端 著　曹曦 译
《危险的边疆：游牧帝国与中国》 [美]巴菲尔德 著　袁剑 译
《华北的暴力与恐慌：义和团运动前夕基督教传播和社会冲突》 [德]狄德满 著　崔华杰 译
《历史宝筏：过去、西方与中国的妇女问题》 [美]季家珍 著　杨可 译
《姐妹们与陌生人：上海棉纱厂女工，1919—1949》 [美]艾米莉・洪尼格 著　韩慈 译
《银线：19 世纪的世界与中国》 林满红 著　詹庆华 林满红 译
《寻求中国民主》 [澳]冯兆基 著　刘悦斌 徐硙 著

七、历史研究系列
《中国近代通史》(10 卷)　张海鹏 主编
《极端的年代》 [英]艾瑞克・霍布斯鲍姆 著　马凡 等 译
《漫长的 20 世纪》 [意]杰奥瓦尼・阿瑞基 著　姚乃强 译
《在传统与变革之间：英国文化模式溯源》 钱乘旦 陈晓律 著
《世界现代化历程》(10 卷)　钱乘旦 主编

八、当代思想前沿系列
《世纪末的维也纳》 [美]卡尔・休斯克 著　李锋 译
《莎士比亚的政治》 [美]阿兰・布鲁姆 哈瑞・雅法 著　潘望 译
《邪恶》 [英]玛丽・米奇利 著　陆月宏 译
《知识分子都到哪里去了：对抗 21 世纪的庸人主义》 [英]弗兰克・富里迪 著　戴从容 译
《资本主义文化矛盾》 [美]丹尼尔・贝尔 著　严蓓雯 译
《流动的恐惧》 [英]齐格蒙特・鲍曼 著　谷蕾 杨超 等译
《流动的生活》 [英]齐格蒙特・鲍曼 著　徐朝友 译
《生活的艺术》 [英]齐格蒙特・鲍曼 著　仇子明 等译
《流动的时代：生活于充满不确定性的年代》 [英]齐格蒙特・鲍曼 著　谷蕾 武媛媛 译
《波德里亚：一个批判性读本》 [美]道格拉斯・凯尔纳 编　陈维振 陈明达 王峰 译　李平武 审校
《齐格蒙特・鲍曼：后现代性的预言家》 [英]丹尼斯・史密斯 著　萧韶 译
《萨义德》 [英]瓦莱丽・肯尼迪 著　李自修 译
《瓦尔特・本雅明：救赎美学》 [美]理查德・沃林 著　吴勇立 张亮 译
《未来的形而上学》 [美]爱莲心 著　余日昌 译
《文化理论关键词》 [英]丹尼・卡瓦拉罗 著　张卫东 张生 赵顺宏 译
《自由的铁笼：哈耶克传》 [英]安德鲁・甘布尔 著　王晓冬 朱之江 译
《异端人物》 [英]特里・伊格尔顿 著　刘超 译
《当代文化理论》 [澳大利亚]安德鲁・米尔纳 著　刘超 译
《感受与形式》 [美]苏珊・朗格 著　高艳萍 译
《公共领域的伦理学》 [英]约瑟夫・拉兹 著　葛四友 译

九、教育理论研究系列

《教育研究方法导论》［美］梅雷迪斯·M. 高尔等 著　许庆豫等 译

《教育基础》［美］艾伦·C. 奥恩斯坦等 著　杨树兵等 译

《教育伦理学》贾馥茗 著

《认知心理学》［美］罗伯特·L. 索尔索 著　何华等 译

《现代心理学史》［美］杜·P. 舒尔兹 著　叶浩生等 译

《学校法学：案例和观念》［美］米歇尔·W. 拉莫特 著　许庆豫　译